W0341649

UTB

UTB **2385**

Eine Arbeitsgemeinschaft der Verlage

Beltz Verlag Weinheim und Basel
Böhlau Verlag Köln · Weimar · Wien
Wilhelm Fink Verlag München
A. Francke Verlag Tübingen und Basel
Paul Haupt Verlag Bern · Stuttgart · Wien
Verlag Leske + Budrich Opladen
Lucius & Lucius Verlagsgesellschaft Stuttgart
Mohr Siebeck Tübingen
C. F. Müller Verlag Heidelberg
Ernst Reinhardt Verlag München und Basel
Ferdinand Schöningh Verlag Paderborn · München · Wien · Zürich
Eugen Ulmer Verlag Stuttgart
UVK Verlagsgesellschaft Konstanz
Vandenhoeck & Ruprecht Göttingen
WUV Facultas · Wien

Handbuch der Geschichte Europas
herausgegeben von Peter Blickle

Band 1 Wolfgang Schuller
Das Erste Europa, 1000 v. Chr.–500 n. Chr.

Band 2 Hans-Werner Goetz
Europa im frühen Mittelalter, 500–1050

Band 3 Michael Borgolte
Europa entdeckt seine Vielfalt, 1050–1250

Band 4 Michael North
Europa expandiert, 1250–1500

Band 5 Günter Vogler
Europas Aufbruch in die Neuzeit, 1500–1650

Band 6 Heinz Duchhardt
Europa am Vorabend der Moderne, 1650–1800

Band 7 Wolfgang von Hippel
Europa zwischen Reform und Revolution, 1800–1850

Band 8 Jörg Fisch
Europa zwischen Wachstum und Gleichheit, 1850–1914

Band 9 Walther L. Bernecker
Europa zwischen den Weltkriegen, 1914–1945

Band 10 Rainer Hudemann
Europa auf dem Weg zur Union, 1945–1990

Handbuch der Geschichte Europas – Band 5

Günter Vogler

Europas Aufbruch in die Neuzeit 1500–1650

19 Karten

Verlag Eugen Ulmer Stuttgart

Günter Vogler, war von 1969 bis 1996 ord. Professor für deutsche Geschichte an der Humboldt-Universität zu Berlin. Sein Arbeitsschwerpunkt ist die Geschichte der frühen Neuzeit. Lehre und Forschung galten im Besonderen Reformation und Bauernkrieg sowie der Geschichte Preußens und weiteren Themen der deutschen Geschichte. Neben Überblicksdarstellungen liegen folgende Publikationen vor: *Preußen* (mit K. Vetter, 1970, 7. Aufl. 1984), *Die Gewalt soll gegeben werden dem gemeinen Volk* (1975, 2. Aufl.1983), *Nürnberg 1524/25* (1982), *Thomas Müntzer* (1989), *Absolutistische Herrschaft und ständische Gesellschaft* (1996).

Titelfoto: Spanisch-niederländischer Krieg 1568–1648. Seeschlacht bei Gibraltar am 25. April 1607 (Vernichtung der spanischen Flotte durch die Holländer).
- „Die Seeschlacht bei Gibraltar am 25. April 1607". -
Gemälde, 1622, von Cornelis Claesz van Wieringen (um 1580–1633).
Öl auf Leinwand, 180 x 490 cm. Amsterdam, Nederlands Scheepvaart Mus.
(Foto: akg-images)

Bibliografische Information Der Deutschen Bibliothek

Die Deutsche Bibliothek verzeichnet diese Publikationen in der Deutschen Nationalbibliografie; detaillierte bibliografische Daten sind im Internet über http://dnb.ddb.de abrufbar.

ISBN 3-8001-2803-9 (Ulmer)
ISBN 3-8252-2385-X (UTB)

Wollgrasweg 41, 70599 Stuttgart (Hohenheim)
E-Mail: info@ulmer.de
Internet: www.ulmer.de
Lektorat: Dr. Renate Blickle, Dr. Nadja Kneissler
Herstellung: Otmar Schwerdt
Satz: KL-Grafik, München
Druck: Gutmann, Heilbronn-Talheim
Bindung: Dollinger, Metzingen
Printed in Germany

ISBN 3-8252-2385-X (UTB-Bestellnummer)

Inhaltsverzeichnis

Verzeichnis der Abkürzungen

AMM A Miracle Mirrored. The Dutch Republic in European Perspective. Hg. von Karel Davids/Jan Lucassen, Cambridge 1995.

EGP ‚Europäische Geschichte' als historiographisches Problem. Hg. von Heinz Duchhardt/Andreas Kunz, Mainz 1997.

EWG Europäische Wirtschaftsgeschichte. Hg. von Carlo M. Cipolla. Bd. 2: Sechzehntes und siebzehntes Jahrhundert, Stuttgart/New York 1979.

FBG Focus Behaim Globus. Ausstellungskatalog des Germanischen Nationalmuseums. Hg. von Gerhard Bott, 2 Teile, Nürnberg 1992.

FLG Fischer Lexikon Geschichte. Hg. von Richard van Dülmen, Frankfurt a.M. 1990.

FoG Forschungen zur osteuropäischen Geschichte.

GG Geschichtliche Grundbegriffe. Historisches Lexikon zur politisch-sozialen Sprache in Deutschland. Hg. von Otto Brunner/Werner Conze/Reinhart Koselleck, Bd. 1–7, Stuttgart 1972–1992.

GWU Geschichte in Wissenschaft und Unterricht.

HEG Handbuch der europäischen Geschichte. Bd. 3: Die Entstehung des neuzeitlichen Europa. Hg. von Josef Engel (1971), 4. Aufl., Stuttgart 1994.

HEH Handbook of European History 1400–1600. Late Middle Ages, Renaissance and Reformation. Hg. von Thomas A. Brady/Heiko A. Oberman/James D. Tracy, 2 Bde., Leiden/New York/Köln 1995.

HEW Handbuch der europäischen Wirtschafts- und Sozialgeschichte. Bd. 3: Europäische Wirtschafts- und Sozialgeschichte vom ausgehenden Mittelalter bis zur Mitte des 17. Jahrhunderts. Hg. von Hermann Kellenbenz (1986), 2. Aufl., Stuttgart 1998.

HGR Handbuch der Geschichte Rußlands. Bd.1/II. Hg. von Manfred Hellmann. Stuttgart 1989; Bd. 2/I. Hg. von Klaus Zernack, Stuttgart 1986.

HH History of Humanity. Scientific and Cultural Development. Bd. 5: From the Sixteenth to the Eighteenth Century. Hg. von Peter Burke/Halil Inalcik, Paris 1999.

HZ Historische Zeitschrift.

KFE 1648. Krieg und Frieden in Europa. Hg. von Klaus Bußmann/Heinz Schilling, 3 Bde, Münster 1998.

SJH Scandinavian Journal of History.

TRE Theologische Realenzyklopädie. Hg. von Gerhard Krause/Gerhard Müller, Bd. 1 ff., Berlin/New York 1977 ff.

ZfG Zeitschrift für Geschichtswissenschaft.

ZHF Zeitschrift für Historische Forschung.

Vorwort des Herausgebers

Das Handbuch der Geschichte Europas (HGE) zeigt die historischen Voraussetzungen des modernen Europa. Es ermöglicht die kritische Auseinandersetzung mit Europa durch den Nachweis geschichtlicher Kontinuitäten und Brüche und dient damit dem Verständnis der europäischen Integration.

Das Handbuch der Geschichte Europas (HGE) umfasst 10 Bände in chronologischer Abfolge. Es behandelt jedes europäische Land gesondert sowie Europa als kulturelle Einheit insgesamt und ist in dieser Konzeption neu.

Das Handbuch der Geschichte Europas (HGE) vermittelt in kompakter Form gesichertes historisches Wissen auf dem neuesten Forschungsstand. Für jeden Band trägt ein Autor die Verantwortung. Alle Bände folgen der gleichen Gliederung. In einem einleitenden Kapitel über den Charakter der Epoche bringt der Autor seine eigene Interpretation zur Darstellung. Das Länderkapitel behandelt jedes europäische Land entsprechend seiner Bedeutung für die Epoche. Im Sachbereichskapitel werden die europäischen Gemeinsamkeiten herausgearbeitet, systematisiert nach Verfassung und Recht, Politik und internationalen Beziehungen, Gesellschaft und Wirtschaft sowie Kultur und Religion. Ein Schlusskapitel erörtert Forschungsstand, Forschungskontroversen und Forschungsperspektiven, wobei die nationalen historiographischen Traditionen angemessen berücksichtigt werden. Gelegentliche Modifikationen des Schemas sind sachbezogen. Ein umfassendes Verzeichnis der Literatur schließt jeden Band ab.

Bern, im Frühjahr 2002 *Peter Blickle*

1 Europa – ein Kontinent der Vielfalt Charakteristik der Epoche

1.1 Europa – ein bekannter Kontinent?

Wer fragt, was Europa ist, wird am häufigsten mit der Antwort konfrontiert, es sei eine Idee. Das soll für seine ganze Geschichte gelten, also auch für den Beginn der Neuzeit. Oskar Halecki – einer der wenigen, der Europa definitorisch eingrenzte – urteilte: „Europa kam als geschichtliche Gemeinschaft zustande, weil sich zahlreiche, untereinander völlig verschiedene Völker zu einer auf gemeinsamen kulturellen Auffassungen, Traditionen und Prinzipien beruhenden Zusammenarbeit vereinigten, ohne ihre Besonderheiten aufzugeben und ohne sich je politisch zu vereinigen."[1]

Wolfgang Schmale hingegen möchte „die Geschichte Europas an dem festmachen, was Menschen in der Antike, im Mittelalter und in der Neuzeit als Europa bezeichnet, als Europa wahrgenommen haben. Europa ist da, wo Menschen von Europa reden und schreiben, wo Menschen Europa malen oder in Stein meißeln, oder anders ausgedrückt, wo Menschen Europa imaginieren und visualisieren, wo Menschen in Verbindung mit dem Namen und dem Begriff Europa Sinn und Bedeutung konstituieren."[2]

Ein Blick in die umfangreiche Literatur zum Thema belehrt: Bisher wurde keine Definition angeboten, die allgemeine Gültigkeit beanspruchen kann. Vielleicht ist es auch müßig, nach einer solchen zu fragen, weil eine kurze Formel die Differenziertheit der auf dem Kontinent wahrzunehmenden Entwicklungen über Gebühr einebnen müsste. Differierende Interpretationen resultieren sowohl aus der Zugrundelegung unterschiedlicher Kriterien als auch aus der Tatsache, dass der Europabegriff zu verschiedenen Zeiten Unterschiedliches beinhaltet.[3] Die Wandlungen, die er erfuhr, resultieren aus wirtschaftlichen, sozialen, institutionellen, politischen und kulturellen Entwicklungen, aus der fortschreitenden Erschließung des Kontinents, der Erweiterung des Wissens über seine Gestalt und seine Geschichte, aus der Konfrontation mit dem „Fremden", der Begegnung mit Gesellschaften, Völkern und Kulturen außereuropäischer Kontinente. Das Nachfragen nach dem, was Europa in seiner Geschichte

---

1 O. Halecki, Europa, 5f.
2 W. Schmale, Geschichte Europas, 14.
3 Vgl. G. Barraclough, Einheit Europas, 7.

gemeinsam ist und was die Spezifik seiner historischen Epochen ausmacht, spiegelt zwei Seiten einer Medaille. Da hier nach dem Charakter einer bestimmten Epoche gefragt wird, steht nicht die Definition, sondern die Beschreibung im Vordergrund.

Der Begriff Europa ist mythologischen Ursprungs. Im Mittelalter erlangte er eine kulturelle, noch keine politische Dimension.[4] Seit der Mitte des 15. Jahrhunderts zeichnete sich dann eine stärkere Politisierung ab. Einen Anstoß gab der Philosoph und Kirchenpolitiker Nikolaus von Kues mit seiner Schrift *„De pace seu concordantia fidei“* (Über den Frieden oder die Einheit des Glaubens) von 1454. Sein Begriff von Einheit bot Raum für verschiedene Glaubensbekenntnisse und gleichberechtigte Staaten. „Er sucht Einheit nicht auf Ausschließlichkeit, sondern auf Einbeziehung zu gründen; für ihn umfasst Europa sowohl das griechische wie das lateinische Element, war Europa nicht mit dem Abendland identisch.“[5]

Nach der Eroberung Konstantinopels durch die Osmanen 1453 ergingen vermehrt Appelle, die Europäer sollten sich zur Abwehr der ihnen drohenden Gefahr zusammenschließen. Diesen Pragmatismus dokumentiert der Humanist Enea Silvio Piccolomini, seit 1458 Papst, in seinen „Türkenreden“, die einen politisierten Europabegriff reflektieren.[6] Seine *„Cosmographia“* von 1458 enthält ein Kapitel *„De Europae“*, in dem die meisten Länder des Kontinents – Russland ausgenommen – beschrieben werden. Er wurde zum „Wortführer eines neuen Europabegriffs“[7], indem er sich leidenschaftlich bemühte, die Staaten und Völker Europas zur Verteidigung gegen die osmanische Expansion zu mobilisieren.

Doch er, der nachdrücklich zur vereinten Aktion aufrief, machte in einem Brief an Leonardo dei Benvoglienti vom 5. Juli 1454 auch auf unübersehbare Schwierigkeiten aufmerksam: „Wie kannst Du so vielen Köpfen, als den christlichen Erdteil lenken, zu einem Kriegszug raten? Doch gut: nehmen wir an, dass sich alle Könige zum Kampf zusammenfinden! Wem willst Du die Führung anvertrauen? Welche Ordnung wird im Heere herrschen? Welche militärische Zucht? Welcher Gehorsam? Wer wird die große Schar ernähren? Wer wird die mannigfaltigen Sprachen verstehen? Wer wird die bunten Sitten lenken? Wer wird die Engländer mit den Franzosen befreunden? Wer die Genuesen mit den Aragonesen vereinen? Wer die Deutschen mit den Ungarn und den Böhmen versöhnen?“[8] Hier wird auf organisatorische Schwierigkeiten vereinten Handelns, vor allem aber auf tief verwurzelte Differenzen zwischen den europäischen Völkern aufmerksam gemacht.

Der böhmische König Georg von Podiebrad projektierte 1462 – also ein Jahrzehnt später – einen europäischen Fürstenbund auf föderativer Grundlage, um die Osmanen gemeinsam abzuwehren und den Frieden zu sichern. Dieser Bund, so heißt es im Entwurf, sei „vorwiegend zu Ruhm und Ehre der göttlichen Majestät, der heiligen römischen Kirche sowie des katholischen Glaubens und fernerhin dazu begründet und be-

4 Vgl. ebd., 23ff.; R. Hiestand, 'Europa' , 36ff; P. Segl, Grundlegung, 27ff.; B. Schneidmüller, Konstruktionen, 6ff.; H. Münkler, Reich, 97ff.

5 G. Barraclough, Einheit Europas, 22.

6 Vgl. D. Mertens, Europäischer Friede, 48ff.

7 W. Schulze, Europa, 44.

8 R. H. Foerster (Hg.), Idee Europa, 39.

schlossen", um „jenen gläubigen Christen schnellstmögliche Hilfe angedeihen lassen zu können, die vom Beherrscher der Türken als allergefährlichsten Widersacher des christlichen Namens unterdrückt werden".[9] Doch eine europaweite Föderation kam jetzt und später nicht zustande. Die politische Einigung des Kontinents blieb eine unerfüllte Hoffnung.

Wie kann Europa am Beginn der Neuzeit beschrieben werden? Einen Zugang ermöglicht die Unterscheidung zwischen dem „Europa der Geographen" und dem „Europa der Historiker": „Das Europa der Geographen ist ein klar definierbarer Kontinent, ein Raum, der einfach zu erkennende ‚natürliche' Grenzen hat. Sie reichen vom Atlantik bis zum Ural und Kaukasus. Unter den Historikern dagegen gibt es zur Definition von Europa viele Zweifel und Diskussionen: Wie kann man über die ganze Geschichte hinweg durchgängig ein gleiches Europa definieren? Lassen sich in der Geschichte des europäischen Kontinents Grenzen gegenüber den nichteuropäischen Nachbarn erkennen, die sich auf kulturelle Besonderheiten stützen? Kann man wirklich sagen, daß die innereuropäischen Beziehungen in der Vergangenheit eine eigenständige europäische Einheit begründet haben, mit der sich die Einwohner der zahlreichen europäischen Regionen trotz aller nationalen Unterschiede verbunden fühlten?"[10]

Der europäische Kontinent war an der Wende vom 15. zum 16. Jahrhundert in seinen Konturen bekannt. Er wies eine relativ stabile Topographie auf. Als Folge von Sturmfluten veränderte sich das Profil mancher Küste, indem Land abgebrochen oder Inseln überflutet wurden. In einigen Regionen wurden angesichts des Wachstums der Bevölkerung auch wenig ertragreiche Böden besiedelt und bewirtschaftet, Sümpfe trockengelegt und dem Meer oder den Flüssen Land abgerungen. Umweltprobleme entstanden durch Verschmutzung des Wassers – wenn Einwohner und Gewerbe, vor allem in den Städten, ihre Abfälle entsorgten- und der Luft, wenn technische Prozesse zum Ausstoß von Schadstoffen führten, wie das bei der Erzschmelze oder anderen auf Verbrennung von Holz oder Kohle beruhenden Verfahren geschah.

Eine auffallende Veränderung erfuhr das Landschaftsbild, wenn Wälder im Übermaß als Weide genutzt, durch Laubäsung der Schafe geschädigt oder in großem Umfang abgeholzt wurden, um den enormen Holzbedarf für Haus- und Schiffbau, Bergwerke, Hochöfen, Ziegeleien und Glashütten zu decken.[11] „Die Bäume, obschon sie nach wie vor fast ein Drittel der Fläche bedecken, sind längst in die Rolle armer Verwandter gedrängt, denen man geringgeschätzten Boden überläßt. Und der Wald ist allenthalben vom Menschen geprägt, der ihn, nachdem er ihn lange Zeit verschwenderisch ausgebeutet hat, nun rationell zu nutzen sucht und die Baumarten mit Bedacht auswählt."[12] Die Eingriffe in das natürliche Gleichgewicht verursachten dauerhafte Schäden. Ökologische Probleme haben eine lange Geschichte.

---

9 H. SCHULZE/I. U. PAUL (Hg.), Europäische Geschichte, 329.

10 R. GIRAULT, Europa der Historiker, 55.

11 Vgl. B. HERRMANN (Hg.), Umwelt (darin die Beiträge von H. KÜSTER, W. ACHILLES und U. TROITZSCH).

12 M. AYMARD/J. DUPÂQUIER, Landnahme, 39.

Abb. 1 (S. 16 u. 17): *Europa um 1500.*

Onegasee
Schweden
Finnland
Lado-
gasee
Russisches Reich
Tataren
von Kasan
Kasan
Aland
Upsala
Stockholm
Estland
Livland
Gotland
Moskau
Kalmar
Rjasan
Kurland
Polozk
Smolensk
Vilna
Königsberg
Pommern
Preußen
Minsk
Danzig
Don
Litauen
Goldene
Horde
Warschau
Polen
Kiew
Donez
Wolhynien
Ukraine
Poltawa
Oder
Weichsel
Galizien
Podolien
Saporoscher Kosaken
Asow
Mähren
Krimkhanate
Wien
Siebenbürgen
Asow-
sches
Meer
Österreich
Moldau
Buda
Pest
Steiermark
Ungarn
Krim
Szeged
Kroatien
Walachei
Schwarzes Meer
Bukarest
Bosnien
Varna
Serbien
Sarajevo
Trapezunt
Herze-
govina
Rumelien
Osmanisches Reich
Konstantinopel
Albanien
Neapel
(zu Spanien)
Anatolien
Euphrath
Ionische Inseln
Aleppo
Messina
Sizilien
Naxos
Rhodos
(1522 zum
osm. Reich)
Syrien
Damaskus
Mittelmeer
Kreta
Zypern

Wer von Europa spricht, denkt zuerst an das Festland, das Geographen und Reisende beschrieben. Dieses geographische Europa war ein „Anhängsel" Asiens, eine eurasische Halbinsel, deren Grenzen überwiegend von Meeren gebildet wurden. Charakteristisch waren zerklüftete Küsten, Halbinseln wie Spanien/Portugal, Griechenland, Italien, Dänemark und Norwegen/Schweden, Inseln von der Größe England/Schottlands und Irlands, Korsikas und Siziliens und weiteren im Mittelmeer, in der Nord- und Ostsee oder im Atlantik. Der Kontinent verfügte folglich über ausgedehnte Küsten. Davon wurde das wirtschaftliche und kulturelle Leben großer Bevölkerungsteile stark beeinflusst.[13] Die zahlreichen Häfen waren auf Flüssen oder Landwegen in überschaubaren Distanzen zu erreichen, so dass enge Beziehungen zwischen Küsten und Binnenland entstanden. Welche Rolle das Wasser im Denken und in den Wahrnehmungen vieler Menschen spielte, dokumentiert eindrucksvoll die niederländische Malerei, für die das Meer, die Flüsse und Kanäle, die Schiffe und das Leben am Wasser ein ständig wiederkehrendes Sujet bildeten. Das Meer war „ein Teil der europäischen Identität".[14]

Erheblich beeinflusst wurde das Leben der Menschen durch sich ändernde klimatische Bedingungen. „Die Bedeutung des Klimas für die frühe Neuzeit läßt sich kaum überschätzen. Bereits der alltäglichen Witterung kam ein erheblicher Stellenwert zu. Wetterkatastrophen mit Blitz- und Hagelschlägen, Überschwemmungen, Sturmfluten, extremen Kälte- oder Hitzeperioden führten regelmäßig zu tiefen Störungen, deren Folgen oft Jahre dauernde existentielle Krisen bedeuteten. Klimatische Extreme waren nicht selten auslösende oder verstärkende Ursachen für weiterwirkende Krisen: Hungerkatastrophen, Seuchen, Sozialrevolten und Kriege. Dies alles hing mit der überwiegend agrarischen Struktur der Vormoderne zusammen."[15]

In der ersten Hälfte des 16. Jahrhunderts herrschte wärmeres Klima vor. Um die Mitte des Jahrhunderts setzte ein Umschlag ein, indem lange und kalte Winter sowie feuchte Sommer dominierten. Extreme Anomalien waren in den Jahren 1585 bis 1597 und 1618 bis 1630 zu beobachten.[16] Die Gletscher in den Alpen drangen vor, die Vegetationsgrenze zog sich zurück und Stürme und Überschwemmungen nahmen zu. In den Jahren 1570 und 1634 verwüsteten Sturmfluten die Nordseeküste, und 1590 erschütterte ein Erdbeben Niederösterreich. Natürlich folgten auf Zeiten extremer Schwankungen „normale" Phasen. Aber die „kleine Eiszeit" verursachte eine gehäufte Zahl von Naturkatastrophen, Ernährungskrisen und Hungersnöten.[17]

Kartographisch wurde der Kontinent zunehmend differenzierter erfasst.[18] Die „Weltkarte" des Ptolemäus wurde zwar bis zum Ende des 16. Jahrhunderts nachgedruckt, stimmte aber mit den geographischen Beobachtungen nicht mehr überein. Eine Weltkarte von etwa 1470, die noch traditionell Jerusalem – das Zentrum der christlichen Heilsgeschichte – in den Mittelpunkt rückt und die Vorstellung von der

---

13 Vgl. M. Mollat du Jourdin, Meer, 20ff., 41ff.
14 Ebd., 292.
15 P. Münch, Lebensformen, 127.
16 Vgl. C. Pfister, Wetternachhersage, 75, 85ff.
17 Vgl. H. H. Lamb, Klima, 232ff.
18 Vgl. W. Schmale, Geschichte Europas, 45ff.; F. Wawrik, Weltkarten, 13ff.

Welt als von Gott gestifteter Ordnung tradiert, gibt die Küsten und Inseln des Mittelmeers, die Konturen der Pyrenäen-, Apenninen- und Balkanhalbinsel sowie die britischen Inseln annähernd exakt wieder. Skandinavien hingegen schwimmt als verhältnismäßig kleine Insel in der Ostsee. „Von der Landmasse her gesehen sind Mittel- und Westeuropa etwas knapp weggekommen. Das ist verständlich, denn der europäische Kontinent war viel besser und schneller zu durchqueren als die weiten und wüsten Strecken Afrikas und Asiens, und er mußte insofern in der Vorstellung des Kartenzeichners viel kleiner erscheinen."[19] Als Martin Behaim zwischen 1492 und 1494 seinen berühmten Globus anfertigte[20], markierte er auch Handelswege und verzeichnete spezielle Landesprodukte, die Gewinn verhießen, zum Beispiel Gold, Pfeffer, Perlen, Edelsteine, Pelze und Spezereien.[21] Die Zwecke, für die der Globus gedacht war, waren unverkennbar.

Wenn Kosmographen die „Welt" oder „Europa" beschrieben, folgten sie den Angaben der vorliegenden Literatur. Als Johannes Honter 1530 seine *„Rudimentorum Cosmographiae libri duo"* (Zwei Bücher über Grundzüge der Weltbeschreibung) in Krakau veröffentlichte, nannte er das Werk einen Grundriss, „den wir aus den zuverlässigsten Autoren zusammengetragen haben."[22] Die Grenzen des europäischen Kontinents zogen Matthias Ringmann und Martin Waldseemüller in ihrer *„Cosmographia introductio"* (Einleitung zur Weltbeschreibung) von 1507 wie folgt: „Europa wird im Westen vom Atlantik, im Norden vom Britannischen Meer, im Osten vom Don, vom Maeotischen See und vom Schwarzen Meer, im Süden vom Mittelmeer umschlossen. Es umfaßt auch Spanien, Gallien, Germanien, Rhaetien, Italien, Griechenland und Sarmatien."[23] Waldseemüller publizierte 1511 die erste Europakarte, die mit der Tradition brach, Jerusalem als Mittelpunkt darzustellen. Dieser neuen Sicht folgte dann der berühmte Kupferstich des flämischen Mathematikers und Kartographen Gerard Mercator von 1554.

Der Europabegriff wurde manchmal genutzt, um den besonderen Rang einer Stadt oder einer Leistung herauszuheben. Der Astronom Johannes Müller (Regiomontanus) lobte 1471 Nürnberg als „Mittelpunkt von Europa"; der Humanist Jakob Wimpfeling schrieb 1505, es gebe nichts Herrlicheres als das Straßburger Münster, das an Schönheit alle Bauwerke in Europa übertreffe; und der Frankfurter Bürger Heinrich Kellner rühmte seine Heimatstadt als *„emporium Europae"*, als Handelsplatz Europas.

Mehr noch wurde Europa eine herausragende Stellung eingeräumt. In der von Sebastian Münster zuerst 1544 veröffentlichten *„Cosmographia universalis"* (Allgemeine Weltbeschreibung) findet sich in der Ausgabe von 1580 eine Illustration, die Europa verzerrte Konturen aufzwang, weil der Kontinent in die Gestalt einer Königin gepresst wurde, während Teile Afrikas und Asiens in einer Ecke ihren Platz fanden. „Eine solche symbolische Darstellung entsprach völlig der traditionellen Auffassung von Euro-

---

19 W. BECKER, Bild, 42.
20 Vgl. J. WILLERS, Leben, 173ff.; DERS., Geschichte, 209ff.
21 Vgl. R. HILSENBECK, Weltkunde, 236.
22 L. BINDER, Honterus, 119.
23 Dokumente der Expansion, 2, 15f. Brittanisches Meer = Teil des Ärmelkanals, Maeotische See = Asowsches Meer.

pa als Mittelpunkt und Beherrscherin der Welt unter Vernachlässigung der neuen Entdeckungen und selbst der Veränderungen in der eigenen Struktur Europas, die im vorhergehenden Jahrhundert geschehen waren. Das Gebiet um Konstantinopel wurde noch immer als Graecia bezeichnet, als ob es keine türkische Eroberung gegeben hätte, und Moscovia war noch ein kleines Land jenseits weiter Wälder in der Nachbarschaft von Scythia und Tartaria."[24]

Auch andere allegorische Darstellungen führten Europa in weiblicher Gestalt vor. In der *„Iconologia"* des Cesare Ripa von 1593 trägt die Königin eine Krone – Zeichen für die beherrschende Stellung des Kontinents. In der einen Hand hält sie eine Kirche als Symbol für das Christentum, mit der anderen weist sie auf Kronen und Szepter, die auf die mächtigen Herrscher des Kontinents hindeuten.[25] Das Frontispiz im ersten Band von Matthäus Merians *„Theatrum Europaeum"* von 1635 zeigt eine Erdkugel, auf die Gott einen Lichtkegel fallen lässt, der nur West- und Mitteleuropa anstrahlt, während der südliche Teil, das östliche Polen und der größte Teil Skandinaviens im Schatten verbleiben. Der auf einem Thron sitzenden Königin Europa streben die anderen, durch allegorische Figuren charakterisierten Erdteile zu. „Dies dokumentiert das Bewußtsein europäischer Überlegenheit in einer Welt der Vielfalt."[26]

Was Europakarten nur unscharf vermittelten, gaben regionale Karten exakter wieder. Obwohl politische Grenzen nicht eingezeichnet oder nur angedeutet wurden, entstanden „nationale" Kartenwerke, die dem Benutzer einzelne Länder oder Landesteile vorführten. Sie zeichneten Küstenprofile, Gebirge, Flussläufe oder Handelsstraßen genauer nach. Das ihnen zugrunde liegende Wissen beruhte nicht selten auf Berichten von Reisenden, die über Land und Leute informierten.

Von 1496 bis 1498 unternahm beispielsweise der Kölner Arnold von Harff eine fast dreijährige Pilgerfahrt, die ihn durch Italien, Syrien, Ägypten, Arabien, Äthiopien, Nubien, Palästina, die Türkei, Frankreich und Spanien führte. Er besuchte Rom, Kairo, Jerusalem, Santiago de Compostela und viele andere Orte. Sein Tagebuch informiert über Entfernungen zwischen den einzelnen Orten, Besonderheiten der Regionen und Eigenheiten der Bewohner, und er verweist auf mancherlei Widrigkeiten seiner Reise.[27] Als Michel de Montaigne 1580/81 von Nordfrankreich nach Italien reiste, notierte er in seinem Tagebuch alle besuchten Orte, besichtigten Schlösser und Parks, die Beschaffenheit und Preise der Quartiere, die Gespräche mit Adligen, Patriziern und Theologen und manches mehr. Wer Spanien, Russland oder ein anderes Land besuchte, sammelte Informationen, die begrenzt sein mochten, aber doch wichtige Kenntnisse über die Landesbeschaffenheit, politische Verhältnisse und kulturelle Eigenarten vermittelten.

Reisende bewegten sich im allgemeinen in überschaubaren Regionen und dachten in kleinen Räumen.[28] Nur einzelne Gruppen überschritten diese Grenzen: Kaufleute leiteten ihre Warentransporte über Land- und Seewege zu fernen Märkten; Seeleute

---

24 O. Halecki, Jahrtausend, 264f.

25 Vgl. J. Hale, Renaissance, 24f.

26 W. Schmale, Das 17. Jahrhundert, 596.

27 Vgl. K. Herbers/R. Plötz, Nach Santiago, 210ff.

28 Vgl. A. Mączak, The traveller's view, 80.

lernten Häfen und Meere kennen; Pilger besuchten Jerusalem, Santiago de Compostela, Aachen und andere Wallfahrtsstätten; Künstler begaben sich an für sie attraktive Wirkungsorte; Studenten besuchten Universitäten in Italien oder in anderen Ländern; Söldner durchstreiften in Kriegs- und Nachkriegszeiten fremde Regionen; Exulanten suchten eine neue Heimat; Angehörige des hohen Adels oder Gesandtschaften begaben sich an die Höfe europäischer Herrscher.[29] Diese Gruppen repräsentierten indes eine Minderheit der Bevölkerung.

Für die meisten Menschen blieb der europäische Kontinent auch in der frühen Neuzeit eine unbekannte Welt. Für sie waren das Dorf oder die Stadt, die nähere Umgebung oder ein benachbarter Markt der Erfahrungsraum. Zudem entfernten sich Frauen in einem geringeren Radius vom Haus als Männer. „Europa" wurde folglich nur von einem begrenzten Teil seiner Bevölkerung in seiner Dimension wahrgenommen. Die Begegnung mit dem „Anderen", dem „Fremden" wies unterschiedliche Reichweiten auf.

Eine Folge war die Ausbildung „nationaler" Vorurteile.[30] Eine harmlose Variante dokumentiert ein Spanier, der als Söldner in den Niederlanden kämpfte und sich beklagte, dies sei ein Land, in dem „kein Lavendel und kein Thymian wachsen, keine Feigen, keine Oliven, keine Melonen und keine Mandeln; wo Petersilie, Zwiebeln und Kopfsalat saft- und kraftlos schmecken; wo Speisen, man sollte es kaum glauben, mit Kuhbutter statt mit Öl angerichtet werden."[31] Solche im Alltag gewonnenen Erfahrungen waren nicht außergewöhnlich, aber sie legten das Fundament für Aversionen und schließlich für aggressive Legenden.

Charakteristisch ist die *„Leyenda negra"* (schwarze Legende), die den Spaniern Hochmut, Grausamkeit, Herrschsucht und Sittenverderbnis vorwirft und im Reich ebenso wie in England, Frankreich und vor allem in den Niederlanden verbreitet wurde.[32] Begründet wurden in diesem Fall die Fremdenhass anstachelnden, aber auch nationales Bewusstsein fördernden Vorurteile mit der Grausamkeit der spanischen Inquisition, den „Schandtaten" Philipps II., den Weltherrschaftsgelüsten der Spanier, den an den Indianern begangenen Greueln und überhaupt dem „perversen" spanischen Volkscharakter. Solche Legendenbildungen gab es auch in Bezug auf andere Länder. „Es ging um den bewußten Einsatz xenophober Gefühle, um Gruppen mit divergierenden und manchmal auch entgegengesetzten politischen und religiösen Haltungen und Interessen davon zu überzeugen, daß sie gemeinsam einem gemeinsamen Feind Widerstand leisten mußten."[33]

Das „Europa der Geographen" war größer, als die meisten Bewohner des Kontinents wahrnahmen. Das „Europa der Historiker" war kleiner als das der Geographen. Eneas Silvio Piccolomini beschrieb Europa in einem weiten Radius. Doch wenn Historiographen im 16. Jahrhundert vorgaben, die Geschichte Europas zu behandeln, zeichnet sich oftmals eine Diskrepanz zwischen dem im Titel signalisierten Anspruch und

---

29 Vgl. H. Bausinger u. a. (Hg.), Reisekultur; H. Th. Gräf/R. Pröve, Wege.
30 Vgl. W. Schulze, Entstehung, 645ff.
31 Nach F. Braudel, Mittelmeer, 1, 338.
32 Vgl. W. Reinhard, Nation, 159ff.; W. Maltby, Black legend.
33 J. Pollmann, Feindschaft, 87.

dem Inhalt entsprechender Schriften ab. Francesco Vettori urteilte in seinem „*Sommario della istoria d'Italia*" (Abriss der Geschichte Italiens) von 1511/1527, die Ereignisse „unserer Zeit" seien eng miteinander verbunden, so dass man nicht nur die in Italien nennen und andere weglassen könne.[34] Doch die meisten Autoren lösten die Ankündigung nicht ein, die Geschichte der Staaten und Völker Europas vorzuführen. Insofern war es bemerkenswert, wenn Paolo Giovio in seinen „*Historiarum sui temporis libri*" (Bücher über die Geschichten seiner Zeit) von Spanien und England ebenso wie von Polen und Russland handelte.

Später wurde der Europabegriff von Historikern nach politischem Ermessen verengt. Die Orientierung auf das „Abendland" schloss die östlichen Regionen aus. Der flämische Diplomat Ogier Ghiselin von Busbeck berichtete 1554 aus Istanbul, die Stadt liege „in Europa" und blicke auf Asien und Afrika.[35] Die Grenzziehung zu Asien hin blieb indes umstritten. Gelegentlich wurde eine „wandernde Grenze"[36] konstatiert. Doch die Bereitschaft war wenig ausgeprägt, das Moskauer Reich („ein Europa für sich"[37]) zu integrieren. Der Herzog von Sully mied in seinem „Großen Entwurf" von 1632 eine definitive Entscheidung, denn Russland könne „mit ebensovielem Grunde zu Asien als zu Europa gerechnet und für ein ganz unzivilisiertes Land gehalten werden, so daß es mit der Türkei in eine Klasse gehört, ob man ihm gleich seit fünfhundert Jahren eine Stelle unter den christlichen Mächten angewiesen hat."[38] Spätestens seit der Mitte des 16. Jahrhunderts verzahnten sich jedoch östliche und westliche Interessen, intensivierten sich die Beziehungen und gewann die gegenseitige Wahrnehmung an Gewicht.[39] Ein Ausschluss des Moskauer Reichs aus der Europageschichte folgt einem europäischen Vorurteil.[40]

1.2 Tradierte Bausteine eines „einheitlichen" Europa

Der Europabegriff verweist – so können wir schließen – auf eine geographisch-topographische und eine historisch-politische Dimension. Ein Urteil lautet: „Zerstückelt und vielgliedrig, will Europa nichts von seiner Zerrissenheit wissen und kann sie doch nicht in Abrede stellen. Freilich beruhen auf der Behauptung seiner Einheit die starken Zeiten in seiner Geschichte."[41] Fundamentale gesellschaftliche Prozesse, die in diesem geographisch-politischen Raum einheitsstiftend wirkten, wurzeln in der Antike und im Mittelalter und erwiesen sich auch noch in der frühen Neuzeit als gewichtige Gestaltungsfaktoren: die Ausbreitung des Christentums und einer christlichen Kultur, die Ausbildung und Verbreitung des Feudalismus sowie die Existenz und der anhaltende Einfluss von Dynastien.

---

34 Vgl. J. Hale, Renaissance, 50.
35 Vgl. ebd., 26.
36 D. Gerhard, Regionalismus, 312.
37 F. Braudel, Erdkreis, 9.
38 H. Schulze/I. U. Paul (Hg.), Europäische Geschichte, 333.
39 Vgl. M. Keller (Hg.), Russen, 11ff.; D. Herrmann (Hg.), Deutsche, 149ff.
40 Vgl. E. Klug, Rußland, 265.
41 M. Aymard, Minderheiten, 69.

Das Christentum war das Resultat von Entwicklungen außerhalb Europas, aber seine Ausbreitung durch Missionierung konzentrierte sich lange Zeit auf den europäischen Kontinent.[42] Die Einheit der christlichen Kirche wurde wiederholt durch Konflikte und Spaltungen gefährdet, und 1054 erfolgte der definitive Bruch zwischen Rom und Byzanz. Doch trotz liturgischer und dogmatischer Differenzen und der Ausprägung verschiedener Kulturen in der römisch-lateinischen und der griechisch-orthodoxen Christenheit verband beide der ihnen gemeinsame Ursprung. „Einen einzigartigen Kontrast zu den politischen Spaltungen und dem permanenten Kriegszustand in dieser Periode bildet die unbestreitbare religiöse, soziale und kulturelle Einheit der lateinischen Christenheit, die Einheit der Glaubensvorstellungen und der kirchlichen Institutionen, der Liturgie und des Kirchenjahrs."[43]

Die christlichen Kirchen stifteten die Menschen verbindende Glaubensnormen, vermittelten Beziehungen zwischen ihnen, überwölbten die sich differenzierenden Gesellschaften und Staaten und dominierten die von den geistlichen Orden und den Universitäten repräsentierte Kultur. Der Terminus „*christianitas*" (Christenheit) besagte, dass – im Gegensatz zu *ecclesia* – „nicht nur der Klerus, sondern auch die Laien gemeint waren. So wenig freilich, wie *Ecclesia Romana* oder *Imperium* konnte Christianitas mit Europa und seinem Raum gleichgesetzt werden, denn auch Christianitas war universal in Abgrenzung zur nichtchristlichen Welt."[44] Dennoch ersetzten die Termini *christianitas* oder *respublica christiana* zunächst den fehlenden politischen Europabegriff. Diese Terminologie behielt ihre Bedeutung bis in das 16. Jahrhundert. Noch 1570 urteilte der Kartograph Abraham Ortelius in seinem Werk „*Theatrum orbis terrarum*" (Schauplatz des Erdkreises): „Europa nennet man das thaill da von alter her das christenreich in gelegen ist."[45]

Die Situation änderte sich gravierend mit den Reformationen seit dem zweiten Jahrzehnt des 16. Jahrhunderts, als die gespaltene Christenheit ein weiteres Mal auseinander brach und eine „*christianitas afflicta*" (zerstörte Christenheit) zur Realtität wurde.[46] Das war eine Folge der Bewegungen, die – vom Reich ausgehend – verschiedene Regionen Europas erfassten, deren kirchlich-religiöses Leben einschneidend veränderten und Gesellschaft und Politik stark beeinflussten. Diese Reformationen erreichten nicht das ganze christianisierte Europa, veränderten aber den Kontinent und hatten kein Pendant außerhalb seiner Grenzen.

Die Ausbildung christlicher Konfessionen als Folge der evangelischen Reformationen und der katholischen Reform und die konfessionelle Überformung der Gesellschaft und Politik vertieften die Spaltungen und begünstigten die Regionalisierung Europas. Der universale Anspruch der katholischen Kirche mit dem Papst als Oberhaupt und den geistlichen Orden als internationalen Institutionen wurde indes aufrecht erhalten und lebte in der europäischen Expansion fort. An ihr nahmen Missionare teil, die christliche Glaubensnormen in ferne Länder trugen und den dortigen Völkern den

---

42 Vgl. B. Moeller, Geschichte.

43 K. Pomian, Europa, 33.

44 R. Hiestand, 'Europa', 39.

45 Nach J. Hale, Renaissance, 16.

46 Zum Begriff vgl. H. Lutz, Christianitas afflicta, 16.

christlichen Glauben aufzwangen, so dass deren eigenständige religiöse Kultur deformiert oder vernichtet wurde. In Europa wurde der universale Anspruch in dem Maße fragwürdig, wie nationalkirchliche Strukturen in katholischen und protestantischen Ländern ausgebildet wurden. Trotzdem bewahrte der Kontinent seine geistig-kulturelle Prägung durch das Christentum. Die Gesellschaften der frühen Neuzeit lebten in und von dieser Tradition. Dieser Sachverhalt wurde durch Tendenzen der Säkularisierung in Politik, Kultur und Wissenschaft relativiert, aber nicht infrage gestellt.

Mit dem Feudalismus war eine den europäischen Kontinent und das Leben vieler Menschen für Jahrhunderte bestimmende Institution entstanden.[47] Die realen Verhältnisse legen ein weites, nicht nur juristisch gefasstes Verständnis des Terminus Feudalismus nahe. Die Feudalordnung wurde seit dem frühen Mittelalter ausgeformt, charakterisiert durch das Lehnswesen, die ihm zugrunde liegenden Eigentums- und Besitzverhältnisse und die daraus resultierenden Formen von Herrschaft und Abhängigkeit.

Konstitutiv für diese Verhältnisse sind einerseits Freiheit und Unfreiheit, andererseits die Unterscheidung von Eigentum und Besitz. „Herrschaft über Bauern hat eine personale und eine dingliche Wurzel. Einerseits rührt sie her von der früh- und hochmittelalterlichen Unfreiheit großer Bevölkerungsteile, andererseits ist sie Folge der Tatsache, daß von wenigen Ausnahmen abgesehen ... der Bauer nicht Eigentümer des Grund und Bodens ist, den er bewirtschaftet, sondern diesen in der Regel von einem adeligen oder geistlichen Herrn zur Nutzung überlassen erhält. Da die Leihe von Grund und Boden, von der das Wort Feudalismus herstammt, idealiter vom Herrn den ‚Schutz und Schirm' und vom (Grund)-Holden ‚Rat und Hilfe', später ‚Gehorsam' forderte, weitete sich die ökonomische Beziehung um eine herrschaftliche und eine ethische. Der Wissenschaftsbegriff ‚Grund-Herrschaft' sucht dem Rechnung zu tragen, wiewohl er nicht hinreichend deutlich zum Ausdruck bringt, daß der Grundherr gleichzeitig oft auch Leibherr und Gerichtsherr des Bauern war (wobei die grundherrliche Gerichtsbarkeit oft mit der dörflichen konkurrierte oder mit ihr verschmolz."[48]

Mit der Grundherrschaft entstand eine relativ einheitliche ökonomische und soziale Struktur. Sie erfuhr verschiedene Ausprägungen, war aber generell für die ländlichen Verhältnisse charakteristisch. Die sozialen Beziehungen beruhten auf Herrschaft und Abhängigkeit und hatten Pflichten und Leistungen zur Folge. Diesen Bedingungen war die große Mehrheit der ländlichen Bevölkerung unterworfen. Die Landwirtschaft war der dominante Wirtschaftszweig, und das änderte sich in der frühen Neuzeit nicht. Zu den Leistungen dieser Gesellschaft gehörte die Erschließung des Landes durch Rodung und Siedlung sowie die Bewirtschaftung des Bodens mit dem Ergebnis der Ertragssteigerung, so dass die Ernährung einer wachsenden Bevölkerung gesichert werden konnte.

Die sozialen Beziehungen der Feudalzeit widerspiegelt die ständische Ordnung.[49] Grundbesitzender Adel und abhängige bäuerliche Produzenten waren für sie konsti-

---

47 Vgl. M. BLOCH, Feudalgesellschaft, 180ff.; G. DUBY, L'économie rurale, 1, 53ff., 2, 375ff.; H. KAMMLER, Feudalmonarchien, 79ff.

48 P. BLICKLE, Bauer, 145f.

49 Vgl. G. DUBY, Ordnungen.

tutiv. Diese Ordnung erwies sich über mehrere Jahrhunderte als stabil. Sie blieb auch in der frühen Neuzeit eine tragende Säule, wurde allerdings in wachsendem Maße kritisch beurteilt, von sozialen Bewegungen wiederholt attackiert und im Gefolge ökonomischer und sozialer Wandlungen allmählich aufgelockert und modifiziert.

Auch Dynastien waren eine das politisch-gesellschaftliche System prägende Institution. Sie verliehen Europas politischer Ordnung Kontinuiät und Stabilität, besonders dann, wenn die monarchische Verfassung auf dem Prinzip der Erblichkeit beruhte. „Gerade eine europäische Geschichte kann nicht übersehen, daß unter den Faktoren, die in die europäische Vielfalt verbindende und einigende Züge hineinbringen, die Dynastien mit an erster Stelle stehen. Sie verklammerten dieses Europa, und sie taten es zumal dann noch, als die Mächte in zunehmendem Selbstbewußtsein ihrer Eigenart und ihrer Eigeninteressen auseinanderrückten und ihre nationale Eigenstaatlichkeit auszuprägen suchten."[50]

Aus den auf Verwandtschaft gegründeten Beziehungen des europäischen Hochadels ergab sich ein weitgespanntes Netz dynastischer Verflechtungen. Mit Hilfe von Verträgen und Bündnissen, vor allem aber einer gezielten Heiratspolitik wurden sie ständig ausgebaut. Von den fünf legitimen Kindern Ferdinands von Aragon schlossen zwei Töchter Ehen mit Repräsentanten der Krone Portugals, eine Tochter und ein Sohn heirateten Enkelkinder Maximilians I. und die jüngste Tochter wurde zuerst mit Prinz Arthur von Wales vermählt und nach dessen Tod von König Heinrich VIII. geehelicht. Das war typisch für die Politik aller europäischen Dynastien.

Von den Trägern der Kronen wurde erwartet, dass sie Schutz gewähren und das Gemeinwohl (*bonum commune*) fördern. Doch die Repräsentanten von Dynastien verfolgten unterschiedliche Interessen, und ihre Rivalitäten führten immer wieder zu Konflikten, die politisch und häufig militärisch ausgetragen wurden. Aber Dynastien vermochten in manchen Situationen auch vermittelnd und ausgleichend zu wirken. Insofern bildeten Herrscherhäuser ein Dach, unter dem verschiedene Kräfte existierten und agierten.

Königliche oder fürstliche Höfe, die als Residenzen ausgestaltet wurden, waren Zentren dynastischer Politik.[51] Patronage und eine an den Herrscher gebundene Klientel sicherten dem hohen Adel seinen Rang im politisch-gesellschaftlichen Gefüge.[52] So wurde er einerseits in das Herrschaftsgefüge eingebunden, und andererseits war seine politische Einflussnahme gewährleistet. Die Größe des Hofes, seine repräsentative Ausgestaltung und das Zeremoniell unterstrichen die Bedeutung eines Herrschers. Dynastien, höfische Zentren und der Adel als Herrschaftsstand dominierten das monarchisch verfasste Europa. Doch republikanische Inseln durchbrachen diese Verhältnisse.

Mit dem Christentum, dem Feudalismus und den Dynastien ist nicht vollständig beschrieben, was Europa gemeinsam war und die Entwicklung auch in der frühen Neuzeit beeinflusste. Aber diese Institute verweisen auf Kontinuitäten, auf denen die „Grundlegung" oder das „Werden" Europas beruhten. „Die Gesellschaft des Lehnswesens dachte

---

50 H. Weber, Dynastien, 31.

51 Vgl. R. G. Asch/A. M. Birke (Hg.), Princes; A. G. Dickens (Hg.), Courts; J. Adamson (Hg.), Courts.

52 Vgl. A. Mączak (Hg.), Klientelsysteme.

und sprach von der Atlantikküste Donegals bis zu den Pripetsümpfen in gleichen Begriffen. Die Kirche war ganz sicher eine übernationale Institution. Das aber heißt, dass wir von einer europäischen Weltanschauung sprechen dürfen, die allen diesen sich weithin erstreckenden Bereichen gemeinsam war. Man möchte glauben, dass diese Gemeinsamkeit der Weltanschauung irgendein Gefühl politischer Einheit hätte hervorbringen müssen. Aber eben das tat sie nicht. Die Einheit Europas im Mittelalter war eine Einheit der Kultur; keine Einheit, die politische Formen anzunehmen fähig war."[53]

1.3 Signifikante Tendenzen der Epoche

Bisher war von tradierten Bausteinen die Rede. Doch es gab auch solche, die erst für die frühe Neuzeit charakteristisch wurden. Darauf aufbauende Entwicklungen reichen manchmal bis in das 14. Jahrhundert zurück, erlebten aber ihre Entfaltung erst im 16. und 17. Jahrhundert, ohne die Entwicklung in allen Ländern oder Regionen des Kontinents gleichermaßen und zur gleichen Zeit zu forcieren. „Vorreitergesellschaften" setzten vielmehr Prozesse in Gang, die in anderen Gesellschaften oder Staaten erst später (oder verspätet) zum Tragen kamen.[54] Von ihnen ging eine Schubwirkung aus, und sie geben Aufschluss darüber, in welche Richtung Europa sich perspektivisch bewegte. Solche charakteristischen Tendenzen sind wiederholt benannt worden.[55] Man kann sie auf wenige reduzieren oder auf viele ausweiten. Wählt man einen Mittelweg, dann erscheinen die folgenden als signifikant:

Erstens eröffneten sich mit dem Buchdruck und der Einrichtung zahlreicher Druckstätten neue Möglichkeiten einer intensiven Kommunikation. Der Druck mit beweglichen, das heißt einzeln (und nicht im Block) gegossenen und wieder verwendbaren Lettern, wie ihn Johannes Gutenberg um die Mitte des 15. Jahrhunderts in Mainz (und fast zeitgleich Laurens Janszoon Koster in Haarlem) praktizierte, bewirkte eine bisher ungeahnte Ausweitung der Kommunikation mittels des gedruckten Wortes. Buchdruck und Papier waren in China seit längerem bekannt und von den Arabern nach Europa vermittelt worden. Gutenberg gelang es jedoch, die Druckqualität zu verbessern und die Druckproduktion zu steigern.

Die Bedeutung dieser Leistung war schon den Zeitgenossen bewusst. Der Elsässer Humanist Jakob Wimpfeling urteilte in seinen *„Epitome rerum Germanicarum"* (Abriss der deutschen Geschichte) von 1505: Im Jahr 1440 sei „der ganzen Welt eine große und beinahe göttliche Wohltat von Johannes Gutenberg durch die Erfindung einer neuen Art des Schreibens erwiesen worden." Er zitiert Philipp Beroaldus, einen neulateinischen Dichter und Professor an der Universität Bologna, „daß es keine genialere Erfindung gäbe als den Buchdruck oder, um mich lateinisch auszudrücken, als die Polygraphie, der nichts an Nutzen gleichkäme."[56]

---

53 G. BARRACLOUGH, Einheit Europas, 26.
54 Vgl. H. SCHILLING, Die neue Zeit, 19ff.
55 Vgl. zum Beispiel R. VIERHAUS, Grundlagen, 19ff.; R. van DÜLMEN, Formierung 5ff.; W. SCHULZE, 'Von den großen Anfängen', 3ff.; H. SCHILLING, ‚Emder Revolution', 111ff.; A. REESE, Mittelalter.
56 W. TRILLITZSCH (Bearb.), Renaissancehumanismus, 407.

Bis zum Ende des 15. Jahrhunderts wurden bereits an die 40 000 Titel in einer geschätzten Gesamtauflage von acht Millionen Exemplaren publiziert. Seit dem 16. Jahrhundert stieg deren Zahl dank der Einrichtung von Druckereien in zahlreichen europäischen Städten kontinuierlich an.[57] Stimuliert wurde das Wachstum durch die große Zahl von Flugschriften und Drucken, die in der frühen Phase der Reformation, während der französischen Bürgerkriege und der englischen Revolution veröffentlicht wurden und theologische und gesellschaftliche Debatten anregten.[58] Mittels des lateinischen Buches wurden die Kontakte zwischen der gelehrten Elite Europas intensiver und deren Erkenntnisse und Erfahrungen ausgetauscht. Bald stieg auch die Zahl der Drucke in den Landessprachen erheblich an. Der Buchdruck und das Entstehen eines Buchmarktes bewirkten einen zivilisatorischen Effekt, der „nur mit dem Beginn der hochkulturellen Schriftlichkeit überhaupt und der Medienrevolution unseres Jahrhunderts vergleichbar ist."[59]

Zweitens erlebten manche Regionen Europas in der frühen Neuzeit einen beispiellosen wirtschaftlichen Aufschwung. Das Wachstum der Bevölkerung seit dem ausgehenden 15. Jahrhundert, die Formierung frühneuzeitlicher Staaten und deren Bedürfnisse sowie die Ausweitung der Märkte hatten eine steigende Nachfrage nach Lebensmitteln und anderen Waren, nach Baumaterialien und Luxusgütern, nach Münzmetall und Waffen zur Folge. Das eröffnete manchen Gewerbezweigen große Chancen, ihre Produktion zu steigern. Die bäuerliche Tätigkeit und die Handwerksarbeit waren das Fundament der Versorgungswirtschaft. Doch angesichts der wachsenden Nachfrage erschöpften sich in manchen Zweigen die Möglichkeiten der herkömmlichen Produktionsweise. Die Arbeitsteilung im Handwerk begünstigte die Entwicklung neuer Formen der Produktion, zunächst in Gestalt des Verlagswesens, das ansatzweise den Einsatz von Kapital und den Übergang zur Lohnarbeit dokumentiert.

Der Bergbau zog angesichts der technischen Anforderungen einerseits und der lockenden Gewinnmöglichkeiten andererseits Kaufleute und Unternehmer an, die ihre meist durch Handels- und Geldgeschäfte erworbenen Vermögen zum Teil in die Produktion investierten. Georgius Agricola warb beredt für die Betätigung im Bergbau: Er sei „eines von den zehn besten und größten Dingen ..., viel Geld auf gute Weise zu erwerben", und wer mit Umsicht ein Vermögen gewinnen wolle, könne dies „auf keine andere Weise leichter als durch den Bergbau erreichen."[60] Folge der technischen Umgestaltungen und des Ausbaus der Produktionsstätten war die wachsende Abhängigkeit vom Kapital und die Zunahme von Lohnarbeit. Es entstanden Kapital- und Arbeitsmärkte[61] und in einigen Zweigen der Produktion kapitalistische Beziehungen in einer frühen Gestalt.

Der Aufschwung widerspiegelte sich am Beginn der frühen Neuzeit im Wirtschaftswachstum, in der Ausweitung des Warenspektrums und der Intensivierung von

---

57 Vgl. L. Febvre/H.-J. Martin, Book; E. L. Eisenstein, Druckerpresse; B. Richardson, Printing.

58 Vgl. St. Ozment, Pamphlet Literature, 85ff.; R. M. Kingdon, Pamphlet Literature, 233ff.

59 J. Burkhardt, Frühe Neuzeit, 364.

60 G. Agricola, De re metallica, 77.

61 Vgl. P. Spufford, Access, 303ff.; J. Lucassen, Labour, 367ff.

Marktbeziehungen. Mit den Kolonialreichen wurden neue Märkte gewonnen und ein Zuwachs an Ressourcen gesichert. Im Zuge dieser Entwicklung wurden in einigen Regionen Europas – und nur hier – Fundamente des frühen Kapitalismus und eines frühneuzeitlichen Weltmarkts geschaffen. Eine „europäische Weltwirtschaft“[62] war im Entstehen begriffen.

Drittens formierten sich im frühneuzeitlichen Europa Staaten mit einem spezifischen Profil.[63] Die Ausbildung von Flächenstaaten korrespondierte mit der Schaffung eines Gewaltmonopols, der Ausschaltung konkurrierender Gewalten und der Herstellung möglichst einheitlicher Untertänigkeitsverhältnisse. Diesem Ziel dienten Institutionen, die sachlich und räumlich für die Belange des ganzen Staates zuständig waren, die Vereinheitlichung des Rechts mittels römisch-rechtlicher Normen und der Einsatz von dem Herrscher verpflichteten Beamten.[64] Die Folge war eine Professionalisierung von Politik und Verwaltung, die Zunahme der Schriftlichkeit und eine Intensivierung der Kommunikation. Die Finanz- und Steuerpolitik bezweckte die materielle Absicherung staatlicher Aufgaben, die Militärpolitik die Verteidigung oder Ausweitung der Grenzen, die Kirchenpolitik die Unterordnung des Kirchenwesens unter die staatliche Kontrolle. Manchmal war das Ergebnis die Ausbildung von frühen Formen absolutistischer Herrschaft.

Die intensivere „Verstaatlichung“ vollzog sich zwar überall nach gleichem Muster, hatte jedoch keine generelle Normierung der Formen von Staatlichkeit zur Folge. Dominant war die monarchische Verfassung, aber die Kompetenzen der Herrscher differierten, je nach dem Gewicht, das ihnen oder ständischen Institutionen zukam. Im überwiegend monarchisch verfassten Europa existierten aber auch Eidgenossenschaften wie die Schweiz, ältere Republiken wie die italienischen Stadtstaaten und solche neueren Typs wie die Republik der Vereinigten Niederlande und das Commonwealth in England sowie als besondere Form die polnische Adelsrepublik. Monarchismus und Republikanismus verweisen auf alternative Möglichkeiten.[65] Daneben lebten genossenschaftliche Traditionen fort und wurden kommunalistische Konzepte verfolgt.[66] In ihnen manifestierte sich das Verlangen nicht an der Ausübung von Herrschaft beteiligter Schichten nach einer gesellschaftlichen Ordnung, die ihre aktive Teilhabe am politischen und gesellschaftlichen Leben gewährleistete. Ein radikales Gegenbild zu traditioneller Herrschaft und ständischen Hierarchien zeichneten Utopien, die auf dem Gleichheitsprinzip und der Arbeit aller zum Wohl der Gemeinschaft gründeten.

Die frühneuzeitlichen Staaten beanspruchten Souveränität.[67] Auch verstanden sich manche als nationale Monarchien. Die Existenz von *nationes* ist älteren Datums. Ursprünglich handelte es sich um Korporationen wie Universitäts- oder Konzilsnationen. Mit den sich konstituierenden neuzeitlichen Nationen wurde der Weg zur Ausbildung von Nationalstaaten beschritten, an dessen Ende das „Europa der Nationen“ stand. Der

---

62 Vgl. I. Wallerstein, Weltsystem.
63 Vgl. A. Rodriguez Sánchez, Politics, 154ff.
64 Vgl. W. Reinhard, Staatsgewalt, 125ff.
65 Vgl. H. G. Koenigsberger (Hg.), Republiken.
66 Vgl. P. Blickle (Hg.), Theorien; ders., Skizzen.
67 Vgl. H. Boldt u. a., Staat, 98ff.

Staatenpluralismus, die politische Dominanz der größeren und stärkeren unter ihnen und auch die konfessionellen Fronten erweckten Rivalitäten und Konflikte, die immer wieder gewaltsam ausgefochten wurden. Die Situation zwang, nach Mitteln zu suchen, die es ermöglichten, divergierende Interessen zu kanalisieren und auszugleichen.

In diesem Zusammenhang nahm die Idee eines Mächtegleichgewichts Gestalt an. Von einer notwendigen „Balance" sprach der florentinische Staatsmann und Geschichtsschreiber Francesco Guicciardini in seiner nach 1530 verfassten *„Storia d'Italia"* (Geschichte Italiens), als er Lorenzo Medici lobte: Dieser sei eifrig bedacht gewesen, „die italienischen Machtverhältnisse so im Gleichgewicht zu erhalten, daß sie weder nach der einen noch nach der anderen Seite ins Schwanken kämen."[68] Die Balanceidee ging in das politische Denken ein und war seit dem 17. Jahrhundert ein Leitgedanke politischen Handelns europäischer Mächte. Zwar wurden auch weiterhin Mächteinteressen in Kriegen ausgefochten, aber es eröffneten sich auch Möglichkeiten, in Konfliktsituationen die Beziehungen zwischen den Staaten mit Hilfe des entstehenden säkularen Völkerrechts zu regulieren.

Bereits in der zweiten Hälfte des 14. Jahrhunderts bezeichnete Nicolas de Oresme Europa als *„la région de la liberté et de la bonne policie"* (die Region der Freiheit und der guten Ordnung).[69] Mit den Stichworten „Freiheit" und „Ordnung" ist vorgezeichnet, was für die Perspektive Europas und seiner Menschen bedeutsam wurde: Dynamische Anpassung der staatlichen Institutionen an sich verändernde Gegebenheiten; Formung repräsentativer Institutionen als Korrektiv zu monarchischer Gewalt; Verbürgung von Rechten und Privilegien, die den sozialen Kräften Raum für ihr Handeln boten; Regelung der Beziehungen zwischen den Staaten nach säkularen Prinzipien; Austrag von Konflikten in rechtlichen Verfahren und Widerständigkeit auf der Basis eines Widerstandsrechts. Damit wurden auf dem europäischen Kontinent Wege beschritten, die außerhalb seiner Grenzen unbekannt waren.

Viertens war die beginnende Neuzeit eine Epoche der Reformationen. Eine Erneuerung von Kirche und Gesellschaft an Haupt und Gliedern war die Hoffnung des 15. Jahrhunderts.[70] Ein durchschlagender Erfolg war deren Befürwortern – die hussitische Revolution ausgenommen – erst im 16. Jahrhundert beschieden, als die von Martin Luther, Huldrych Zwingli und Jean Calvin initiierten Reformationen einen Durchbruch bewirkten. Grundlage war eine neue Theologie, die auch sozialethische Vorstellungen integrierte. „Die Theologie der Reformatoren weist vergleichsweise einheitliche Züge auf. Unterschiede, und zwar fundamentale, ergeben sich aus ihren divergierenden Verständnissen von ‚Evangelium' und deren Weiterungen in den ökonomischen, sozialen und politischen Bereich."[71] Später stießen die Reformdekrete des Trienter Konzils eine partielle Erneuerung der katholischen Kirche an.

Die reformatorischen Lehren wurden in vielen Ländern rezipiert. In einigen Ländern wurden Reformationskirchen begründet (Territorien des Reiches, Schweiz, England und Schottland, Skandinavien), für andere wurde der konfessionelle Pluralismus

---

68 F. Dickmann (Bearb.), Renaissance, 32.
69 N. De Oresme, Le livre, 297.
70 Vgl. G. Strauss, Ideas, 1ff.; E. Rummel, Voices, 61ff.
71 P. Blickle, Reformation, 223.

charakteristisch (Niederlande, Frankreich, Polen, Böhmen, Ungarn und Siebenbürgen). Auch streng dem katholischen Bekenntnis verpflichtete Länder wurden zeitweilig von reformatorischen Strömungen infiltriert (Italien und Spanien). Die Konsequenzen für das innerkirchliche Leben, für Gesellschaft und Politik waren in den die Reformation vollziehenden Ländern gravierend.

Eine Folge war die erneute Spaltung der *una sancta ecclesia*. Trotz humanistisch beeinflusster Bemühungen, die Einheit der Kirche zu bewahren beziehungsweise wieder herzustellen, wurde die Spaltung zur irreversiblen Realität. Jede der „großen Kirchen" – Katholiken, Protestanten und Calvinisten – beanspruchte künftig, die „wahre" Kirche zu sein und artikulierte ihr Glaubensverständnis in Bekenntnisschriften. Ihre organisatorischen Prinzipien unterschieden sich. Die katholische Kirche hielt an der hierarchischen Ordnung fest, hatte ihr Oberhaupt im Papst und ihre Hauptstadt in Rom. Die protestantischen Kirchen mit Wittenberg als Zentrum waren mit den staatlichen Institutionen verflochten und akzeptierten den Landesherrn als Bischof. Die Calvinisten mit ihrem Mittelpunkt Genf orientierten auf die autonome Gemeinde. Neben den großen Kirchen entstanden religiöse Gemeinschaften, die nicht gewillt waren, sich den Glaubensnormen und Organisationsstrukturen der Großkirchen zu fügen. Sie wurden – die Täufer und die Antitrinitarier beispielsweise – wie auch Juden und Muslime diskriminiert und verfolgt. Der religiöse Pluralismus führte nicht zwangsläufig zur Toleranz.

Die Konfessionalisierung nährte indes auch Rivalitäten, die als „Glaubenskrieg" oder „Konfessionskrieg" ausgefochten wurden. Diese Legitimation für gewaltsames Handeln war im 16. Jahrhundert neu.[72] Um das gewaltfreie Nebeneinander von Konfessionen zu ermöglichen, gewann der Gedanke religiöser Toleranz an Gewicht. Doch es war ein langer Weg von der zeitweiligen Tolerierung Andersgläubiger bis zur Toleranz als dauerhaftem Zustand. Die irreparable konfessionelle Spaltung ließ keinen anderen Weg offen, wenn die Gesellschaft nicht ins Chaos gestürzt werden sollte.

Fünftens war das frühneuzeitliche Europa konfliktträchtig. Fast alle Länder erlebten ständische, städtische und bäuerliche Rebellionen und Aufstände. Sie nahmen die Gestalt von Adelsfronden, Bilderstürmen, städtischen Erhebungen, bäuerlichen Aufständen oder Bauernkriegen an und verweisen auf ein breites Spektrum an Motiven: Sicherung von Privilegien und politischem Einfluss, Verteidigung oder Erweiterung gemeindlicher Autonomie, Durchsetzung der Reformation, Kampf gegen feudale oder staatliche Lasten, Abwehr von Kriegsfolgen und mehr. Obwohl die Ziele meist nur zum Teil oder auch nicht erreicht wurden, beeinflusste dieser Widerstand die gesellschaftliche Entwicklung manchmal nachhaltig.

Das Ringen um die Erneuerung der Gesellschaft wird mit den Kategorien Reform, Reformation und Revolution erfasst.[73] Reformen zielten auf systemimmanente Veränderungen, Reformationen auf eine kirchlich-religiöse Erneuerung, Revolutionen auf einen systemsprengenden Umbruch: Revolution „entwirft Zukunft, schafft Veränderung, die nicht Altes, Vergangenes wiederherstellen will."[74] Bis zur Mitte des 17. Jahr-

---

72 Vgl. K. Repgen, Religionskrieg, 91.
73 Vgl. E. Wolgast, Reform, 321ff.; N. Bulst u. a., Revolution, 653ff.
74 D. Langewiesche, Revolution, 250f.

hunderts erlebte Europa mehrere revolutionäre Umbrüche: mit der Reformation und dem Bauernkrieg im Reich, dem Befreiungskrieg der niederländischen Provinzen, als dessen Ergebnis die „Republik der Vereinigten Niederlande“ entstand, den Bürgerkriegen in England, die zur zeitweiligen Aufhebung der monarchischen Verfassung führten und das gesellschaftliche Kräfteverhältnis veränderten.

Die Revolten, Aufstände, Bauernkriege und Revolutionen festigten das Bewusstsein, dass Ungerechtigkeit, Untertänigkeit und Ausbeutung nicht hinzunehmen seien. Sie stärkten den Willen, Rechte und Gerechtigkeit einzuklagen. Begründet wurde mit ihnen eine Widerstandstradition, die für die europäischen Gesellschaften der frühen Neuzeit charakteristisch war.

Sechstens stießen europäische Mächte über die Grenzen des Kontinents hinaus vor, eroberten im Zuge der Entdeckungsfahrten überseeische Gebiete und begründeten Kolonialreiche. Zuerst wurden die atlantischen Küstenstaaten Portugal und Spanien aktiv, deren technische Mittel und seefahrerischen Kenntnisse es ermöglichten, die Südspitze Afrikas zu umschiffen, Indien und andere Regionen des asiatischen Kontinents anzusteuern, den Atlantik zu überqueren und die beiden Amerika zu entdecken. Später folgten ihrem Beispiel weitere Staaten.

Die Erschließung großer Teile der Welt hatte Folgen für das europäische Wirtschaftsleben, die politischen Orientierungen und das Bild der Welt. Die Entdeckungen und die Kolonisierung ermöglichten die Aneignung von Rohstoffen und Handelsgütern. Wenn auch die Möglichkeiten, die außereuropäischen ökonomischen Potentiale auszubeuten, nicht überschätzt werden dürfen, zogen die beteiligten europäischen Staaten daraus Gewinn. Eng verwoben mit der Erschließung anderer Kontinente war die Verbreitung des christlichen Glaubens. Im Gefolge der Missionierung wurden in manchen Ländern indigene religiöse und kulturelle Traditionen zerstört.

Siebtens stimulierten die in Italien sich entfaltenden kulturell-geistigen Strömungen eine grenzüberschreitende Kulturbewegung. Seit dem ausgehenden 15. Jahrhundert wurden Renaissance und Humanismus nördlich der Alpen rezipiert und beeinflussten das geistige Leben und die künstlerische Praxis nachhaltig. Die christliche Tradition war das Fundament des frühneuzeitlichen Weltbildes und prägte Werte und Normen der Gesellschaft. Aber ihre Funktion wurde relativiert, säkularisierten Sichten der Weg geebnet, der Vernunft ein Freiraum geschaffen und das Bemühen gefördert, die Schöpfungsordnung rational zu erklären. Traditionelle Mentalitäten lebten zwar fort, magische Vorstellungen waren tief verwurzelt und der Hexenwahn breitete sich aus. Aber die Orientierung auf Erfahrung, Beobachtung und Experiment führte zu vernunftgemäßen Erklärungen von Mensch, Natur und Gesellschaft und bereicherte die Weltkenntnis, stimuliert auch von der Begegnung mit außereuropäischen Kulturen.

Mit Renaissance und Humanismus wurde eine Epoche kulturell-geistiger Erneuerung eingeleitet, in der Bild und Wort eindrucksvoll zur Wirkung kamen. Umgekehrt regten reformatorische Lehren auch zur Bilderfeindlichkeit an, wurden Kunstwerke zerstört und wissenschaftliche oder literarische Werke auf den Index verbotener Bücher gesetzt. Trotzdem leitete die Renaissance mit ihren literarischen und künstlerischen Schöpfungen sowie wissenschaftlichen Leistungen eine anhaltende Blütezeit der Kultur Europas ein.

Achtens war für die frühe Neuzeit ein Normenwandel und das Verlangen nach der Sicherung von Grundrechten konstitutiv.[75] „Jede Phase definiert sich von dem Vorwalten eines bestimmten Normensystems, das in Form eines bewußten, entwickelten Programms auftritt, den Anspruch auf Gültigkeit für alle Lebensbereiche erhebt und in allen Teilen Europas – mutatis mutandis – zur Geltung kommt."[76] Bisher beruhte es auf den biblischen Normen und feudalen Ordnungen. Ein Wandel erfolgte nun unter dem Einfluss sich verändernder sozialer Beziehungen, eines neuen Politikverständnisses, der Reformationen mit ihren gesellschaftlichen Folgen sowie der Erfahrungen von Widerstandsbewegungen.

Mit der frühen Reformation und dem deutschen Bauernkrieg wurde ein Diskurs über Grund- und Menschenrechte angestoßen.[77] In Thomas Murners Schrift „Von dem großen Lutherischen Narren" von 1522 wurden drei Holzschnitte publiziert, die Fahnen schwingende Landsknechte zeigen. Die Losungen auf den Fahnen heißen: Evangelium, Wahrheit, Freiheit.[78] Gegner der Reformation unterstellen hier Luther, diese Fahnen gestohlen zu haben. Das Wesen der Reformation wurde trotz der polemischen Absicht zutreffend charakterisiert: das Evangelium als Fundament, seine unverfälschte Predigt als Mittel und christliche Freiheit als Ziel. Diese Trias wirkt wie ein Vorgriff auf die jakobinischen Schlagworte der Französischen Revolution: *Liberté, egalité, fraternité*. Doch eine Differenz zeichnet sich ab: Im 16. Jahrhundert war das Evangelium die Grundlage und christliche Freiheit das Ziel. Am Ende des 18. Jahrhunderts wurde die Motivation säkularisiert: Freiheit ist die Voraussetzung, um Gleichheit und Brüderlichkeit zu verwirklichen. Um postulierte Ideale zu konkretisieren, wurde bald über Freiheit der Person, der Meinungen, des Eigentums, des Handels, der Meere und andere einschlägige Themen diskutiert.[79]

Das Freiheitsverlangen reflektiert einen emanzipatorischen Prozess. „Das Freiheitsverständnis blieb über Jahrhunderte dialektisch gespannt zwischen Diesseits und Jenseits, hat davon aber auch nachhaltig befruchtende Impulse erhalten. Die Geschichte Europas kann man auch beschreiben als eine solche der Verzeitlichung der Freiheit als jenseitsorientierter Kategorie, ihrer Hereinnahme in den geschichtlichen Prozeß."[80] Das Verlangen nach Freiheit setzte die Existenz von Unfreiheit voraus. Diese konstituierende Beziehungen aufzubrechen und Grundrechte einzufordern, war das Ziel von Diskursen und sozial und politisch motivierter Widerständigkeit gleichermaßen. „Grundrechtsgeschichte ist die eigentliche Kehrseite der Machtgeschichte .... Sie ist auf weiten Strecken die Geschichte des Aufsuchens einer menschenwürdigen Ordnung."[81] Das *ius gentium*, die Vorstellung von allen Menschen eigenen natürlichen Rechten, war die Voraussetzung, um entsprechende Erwartungen einlösen zu können. Es fand seinen Niederschlag in postulierten Normen, im Entwurf alternativer Gesellschaftsbilder, auch in der Debatte um die Sklaverei und die Rechte fremder Völker.

---

75 Vgl. G. Kleinheyer, Grundrechte, 1046ff.
76 H. Lutz, Normen, 280.
77 Vgl. W. Schmale, Archäologie, 279ff.
78 Vgl. die Abbildungen in: A. Laube/M. Steinmetz/G. Vogler, Illustrierte Geschichte, 280.
79 Vgl. J. Bleicken u. a., Freiheit, 443ff.; G. Birtsch (Hg.), Grund- und Freiheitsrechte.
80 P. Blickle, Freiheit, 94.
81 G. Birtsch (Hg.), Grund- und Freiheitsrechte, 18f.

Diese signifikanten Tendenzen verweisen auf Eigenheiten der Geschichte Europas in der frühen Neuzeit. Sie zeigen an, welche Wege eingeschlagen wurden und welche Perspektiven sich eröffneten. Doch nicht alle Länder durchliefen die skizzierten Entwicklungen zur gleichen Zeit und mit gleichen Resultaten. Europas Geschichte der frühen Neuzeit war eine Geschichte der Ungleichzeitigkeiten und Ungleichheiten.

1.4 Europa – Einheit oder Pluralismus?

Ein politischer Europabegriff existierte im Mittelalter nicht, gewann aber seit dem ausgehenden 15. Jahrhundert allmählich Konturen; ein politisch geeintes Europa existierte am Beginn der frühen Neuzeit nicht, wurde aber in einigen Plänen konzipiert. „Im ganzen Verlauf der europäischen Geschichte hat es Faktoren gegeben, die auf größere Einheit, und Faktoren, die auf größere Mannigfaltigkeit hinwirkten: wahrscheinlich kann der Historiker, wenn er sicher gehen will, nur herausarbeiten, welches diese Faktoren zu verschiedenen Zeiten jeweils gewesen sind.“[82] War „Europa“ eine Realität, eine Idee, ein Mythos?

Ein engeres Zusammenrücken der Länder Europas war an der Wende vom 15. zum 16. Jahrhundert ein Gebot pragmatischer Politik. Denn nach der Eroberung Konstantinopels und der Unterwerfung großer Gebiete Südosteuropas durch die Osmanen war zu befürchten, sie könnten weitere Länder erobern. Im „christlichen Europa“ wurde folglich das Geschehen beobachtet, und es wurde auch erwogen, welche Rolle „dem Türken“ als „Zuchtrute“ in Gottes Plänen zufiel.[83] Es war geboten, sich auf eine effektive Abwehr vorzubereiten. Die „europäische Einheit“ als Problem praktischer Politik kam folglich zuerst mit der „Türkenfrage“ in die Diskussion.

Kritisch beobachtet wurde auch die Absicht der Habsburger, eine *„monarchia universalis“* zu schaffen. Die Idee einer Universalmonarchie[84] folgte der traditionellen Vorstellung, der Papst sei das geistliche und der Kaiser das weltliche Oberhoheit der Christenheit. Im frühneuzeitlichen Europa „stellte die Universalmonarchie den Entwurf einer Herrschaft dar, die – über allen anderen Herrschaften angeordnet – die Kompetenz beanspruchte, in die zwischenstaatlichen Beziehungen aller einzugreifen.“[85] Doch selbst die Machtfülle Karls V. war nicht hinreichend, um solche Pläne durchzusetzen. Er stieß auf Widerstand, weil die souveränen Mächte Europas ihre Interessen und ihren Status bedroht sahen und die Vorherrschaft einer Dynastie beziehungsweise eines Reiches ablehnten. Die deutschen Reichsstände opponierten unentwegt gegen die „spanische Servitut“, die dazu führe, die „deutsche Libertät“ zu vernichten (und sie bedienten damit die „schwarze Legende“). Universalistische Pläne, von wem auch immer sie verfolgt wurden, widersprachen dem sich etablierenden Staatenpluralismus.

Das universalistische Konzept zielte im übrigen nicht auf das ganze Europa. Denn die Parallelisierung mit dem geistlichen Führungsanspruch der Päpste über die Chris-

82 G. Barraclough, Einheit Europas, 6.
83 Vgl. B. Guthmüller/W. Kühlmann (Hg.), Türken.
84 Vgl. H. Boldt u. a., Monarchie, 170ff.
85 F. Bosbach, Monarchia universalis, 126.

tenheit reduzierte Europa seit der Kirchenspaltung auf das „Abendland". Die „Ostkirchen", das heißt der griechisch-orthodoxe und russisch-orthodoxe Bereich, waren ausgeschlossen. Doch auch die Absicht der russischen Großfürsten beziehungsweise Zaren, Moskau den Rang eines „dritten Rom" (nach Rom und Konstantinopel) zu verschaffen, war auf einen Teil Europas orientiert und nicht einlösbar.

An politischen Plänen, die Staaten Europas enger zusammenzuführen, fehlte es in der frühen Neuzeit nicht. Sie zielten indes immer auf Teile des Kontinents. Das gilt zum Beispiel für den dem böhmischen König Georg von Podiebrad zugeschriebenen, von dem Diplomaten Antoine Marini verfassten Entwurf eines christlichen Fürstenbundes von 1462. Er sah einen Bündnis- und Föderationsvertrag zwischen Böhmen, Frankreich und Venedig vor, um gemeinsam den Osmanen zu widerstehen, und er sollte weiteren Interessenten offenstehen. Damit Kriege, die viele Königreiche in Trübsal stürzten, aufhören und ausgetilgt werden, sollen die beteiligten Länder „durch eine löbliche Einigung in den Zustand gegenseitiger Achtung und Brüderlichkeit umgewandelt werden".[86]

Während dieser Vorschlag ein gewisses Maß an Realitätssinn zu erkennen gibt, unterbreitete Tommaso Campanella einundeinhalb Jahrhunderte später eine eigenartige Idee.[87] In der Schrift *„Monarchia Messiae"* (Königreich des Messias) von 1605 argumentierte er noch nachvollziehbar, „wenn nur einer regierte, würden Feindschaft, Ehrgeiz und Habsucht in der Welt aufhören."[88] In dem Traktat „Von der spanischen Monarchie" von 1620 plädierte er dann für die Übertragung der Weltherrschaft an die spanische Krone: Seit dem Beginn der Menschheitsgeschichte sei die Herrschaft über die Welt von Osten nach Westen gewandert (Assyrer, Meder, Perser, Griechen, Römer). So sei es nur folgerichtig, wenn nun die Spanier sie antreten würden.[89]

Dem Traktat ist in der deutschen Ausgabe ein anonymer Anhang beigefügt. Sein Autor fragt: „Ob zu wünschen, daß alle Christliche Herrschaften einem einigen Oberhaupt unterworffen werden?" Die Antwort ist als kritischer Kommentar zu Campanella zu lesen: „Wenn wir aber dieses alles im Grunde erwägen sollen, möcht es fast dahin ausschlagen, daß all dergleichen Discurs ganz vergebens und viel zu frech, auch höchst gefährlich sei, wenn man sich in dem gemeinen Leben danach regulieren, ein oder der andern Partei wirklich beifallen, besonders aber ein Fundament eines gefährlichen weit aussehenden Unternehmens darauf bauen und diese Discurs nicht nur zu Zeitvertreibung brauchen wollte."[90]

Mit der Ausübung der Weltherrschaft durch *eine* Macht wird an universalistische Vorstellungen erinnert, die sich als perspektivlos erwiesen. Im *„Grand dessin"* (Großer Entwurf) Maximilians de Béthune, Herzog von Sully, aus der Zeit um 1632 wird dagegen argumentiert, man solle das Haus Österreich „aus dem Besitz der Kaiserwürde und alles dessen setzen, was es in Deutschland, Italien und den Niederlanden hat, mit einem Wort, dasselbe auf das einzige Königreich Spanien einschränken".[91] An seine

86 H. Schulze/I. U. Paul (Hg.), Europäische Geschichte, 326.
87 Vgl. H. Gollwitzer: Geschichte, 83ff., bes. 89ff.
88 Nach R. H. Foerster, Europa, 125.
89 Ebd., 326.
90 Ebd., 130.
91 H. Schulze/I. U. Paul (Hg.), Europäische Geschichte, 334.

Stelle solle eine Gemeinschaft von Staaten treten. Das heißt, „ganz Europa in gleichem Verhältnis unter eine gewisse Anzahl von Mächten zu teilen, welche einander weder wegen ihrer Ungleichheit beneiden, noch in Absicht auf das zwischen ihnen nötige Gleichgewicht fürchten müßten."[92]

Alle derartigen Überlegungen blieben Gedankenspiele. Insofern war es realistischer, Staaten für kürzere Zeit in territorial begrenzten Bündnissen oder für längere Zeit in Föderationen, Unionen oder Bünden zusammenzuführen, die auf friedliche Kooperation mit einem Nachbarland oder dessen Integration orientiert waren.[93] Welches Gewicht den Partnern zufiel, hing von deren ökonomischer und politischer Stärke ab. In der Praxis erwies sich stets einer als dominant. In der Republik der Vereinigten Niederlande war das Holland, und so war es auch im Verhältnis Kastiliens zu Aragon, Dänemarks zu Norwegen, Schwedens zu Finnland, Polens zu Litauen oder Englands zu Schottland und Irland.[94]

Kein Weg führte zu einem politisch geeinten Kontinent. Die Realität war vielmehr ein seit langem regionalisiertes Europa.[95] Erstens hatte sich mit der längs von Elbe, Saale und Böhmerwald verlaufenden Ostgrenze des Karolingerreiches eine Trennlinie ausgebildet. Sie trat zwar seit dem 12. Jahrhundert in ihrer Bedeutung zurück, verlor sie aber niemals ganz. Zweitens verlief von Südosten nach Nordwesten die alte Grenze des römischen Reiches, dessen Binnenbereich frühzeitig „zivilisiert" wurde, während die Peripherie „unterentwickelt" blieb, so dass „die Geschichte Europas diesseits und jenseits der Grenze des Imperium Romanum das ganze Mittelalter hindurch (und wohl auch in der Neuzeit) unterschiedlich verlaufen ist."[96] Drittens dokumentiert die Unterscheidung von Okzident und Orient die Abgrenzung zwischen römisch-lateinischem und griechisch-orthodoxem Christentum. Diese Scheidelinie wurde „zur ausgeprägtesten ‚Strukturgrenze' in Europa bis weit in die Neuzeit hinein".[97]

Die europäischen Regionen werden in ihrer historisch-räumlichen Gliederung unterschiedlich beschrieben und eingegrenzt. Jenö Sücz unterschied drei Regionen: Westeuropa bilden die Staaten des atlantischen Raumes; zu Ostmitteleuropa zählen Polen-Litauen, Böhmen und Ungarn; Osteuropa ist mit dem Herrschaftsraum der russischen Großfürsten beziehungsweise Zaren identisch.[98] Wolfgang Schmale entwirft dagegen für die Zeit um 1500 ein an politisch-ökonomischen Strukturmerkmalen orientiertes Modell. Er unterscheidet zwischen auf die See orientierten Mächten im Westen (*Sea-based empires*), einer stadtorientierten Handels- und Gewerbezone in der Mitte (*City-based trade corridor*) und landorientierten Reichen im Osten (*Land-based empires*).[99] Doch keine Region stellte eine Einheit dar. Ostmitteleuropa zum Beispiel wies manche Gemeinsamkeiten auf, aber es war innerhalb seiner Grenzen ethnisch,

---

92 Ebd., 335.
93 Vgl. Th. Fröschl, Confoederationes, 21ff.
94 Vgl. Ders. (Hg.), Föderationsmodelle.
95 Vgl. P. Segl, Grundlegung, 30ff.
96 Ebd., 31.
97 Ebd., 32. Vgl. auch die kartographische Skizze, 35.
98 Vgl. J. Szücs, Regionen, 16ff., 54ff.
99 Vgl. W. Schmale, Geschichte Europas, 162.

konfessionell und politisch-institutionell differenziert.[100] Und gleiches gilt auch für andere Regionen.

Fernand Braudel kommentierte das Schema von Süczs mit weitreichenden Schlussfolgerungen: Es sei dem mittleren Europa nicht gelungen, „zu sich selbst zu finden, sich zu vollenden. Liegt das nur an seiner geographischen Lage, an der Mittellage, der es nicht entkommen kann? Die Nachbarn sind einfach zu sehr im Vorteil: Der Westen öffnet sich der Unermeßlichkeit des Atlantik, ihm gehört Amerika. Der Osten dehnt sich auf Kosten der dichten Landmasse Asiens aus .... Das mittlere Europa wird nie diese unerhörte Möglichkeit haben, sich räumlich auszudehnen, so gewaltig über sich selbst hinauszuwachsen. Es wird von seinen Nachbarn eingeschlossen, gefangengehalten."[101] Aus der historisch-geographischen Lage ergaben sich demnach für die Regionen Europas unterschiedliche Entwicklungschancen.

Der Kontinent präsentierte sich als Konglomerat von Staaten, die politisch, ökonomisch, konfessionell und kulturell ein vielfarbiges Spektrum offerierten. Die Strukturierung des Kontinents und das Profil seiner Teile lässt sich demzufolge auch noch anders beschreiben.

Erstens wurde die Regionalisierung durch die Ausbildung und Konsolidierung souveräner Staaten gefördert. Dynastische Beziehungen und Abhängigkeiten sowie Föderationen und Unionen begünstigten die Bildung politischer Zonen, in denen eine bestimmte Macht dominant war. Die Balanceidee vermochte Interessen zeitweilig auszugleichen, hielt aber die politische Regionalisierung nicht auf. Eine eindeutige Strukturgrenze ist in dieser Hinsicht nicht auszumachen, weil das Kräfteverhältnis zwischen den Staaten sich verschob, wie der Hegemoniewechsel von Spanien auf Frankreich anzeigt.

Zweitens hob sich eine Region intensiver Urbanisierung ab. Der Bogen spannt sich von Norditalien über die Schweiz und Süddeutschland, das Rheinland und die Niederlande bis nach England.[102] Die meist großen Städte dieser Region dominierten das europäische Wirtschaftsleben. Zugleich verlagerte sich der Schwerpunkt dieser urbanen Zone vom Süden auf den Nordwesten. Das Zentrum „wanderte" aus dem mediterranen in den atlantischen Raum Westeuropas.

Drittens existierten verschiedene Wirtschaftsregionen, die im Austausch standen, aber jeweils ein eigenes Profil aufwiesen: mediterrane Länder, atlantische Küsten, Ostseeraum, binnenländische Handels- und Gewerbegebiete. Eine Strukturgrenze markierte zudem die Agrarverfassung, die grundherrschaftliche und gutswirtschaftliche Gebiete unterschied (eine Teilung, die im wesentlichen der Ostgrenze des Karolingerreiches folgte). Diese Strukturierung widerspiegelt sich schließlich in der Differenz zwischen dem stärker gewerblich orientierten Westen und dem mehr agrarisch geprägten Osten.

Viertens wurde Europa im Ergebnis der Reformationen konfessionell regionalisiert. Die katholische Kirche repräsentierte nicht mehr allein das okzidentale Christentum.

---

100 Vgl. A. Mączak, East-Central Europe, 188ff. K. Zernack, Osteuropa, unterscheidet vier große Regionen der osteuropäischen Geschichte: Ostmitteleuropa, Südosteuropa, Nordosteuropa, Russland (31ff.).

101 F. Braudel, Vorwort. In: J. Szücs, Regionen, 6.

102 Vgl. K. Davids/J. Lucassen, , Introduction 11f. und die Grafiken 13–17.

Konfessionsgrenzen liefen künftig quer durch Staaten und Gesellschaften. Unterschieden werden kann – mehr oder weniger – zwischen dem Norden, der protestantisch wurde, und dem Süden, der katholisch blieb. Die ältere Kirchenspaltung zwischen weströmischer und oströmischer Kirche und die neuen konfessionellen Differenzierungen vervielfältigten die Landschaft der Glaubensgemeinschaften.

Fünftens lassen sich Kulturregionen und ihre Einflusszonen eingrenzen. Die Trennung zwischen lateinischer und orthodoxer Welt (und lateinischer und kyrillischer Schrift) und das Nebeneinander romanischer, germanischer, slawischer und finnisch-ugrischer Sprachen beeinflussten das kulturell-geistige Leben in der frühen Neuzeit erheblich. Im Raum der Latinität bildete Italien ein Zentrum, von dem aus die Renaissance in andere Regionen ausstrahlte. Später fiel den Niederlanden eine ähnliche Funktion zu.

Im Anschluss an ältere Traditionen wurden in der frühen Neuzeit strukturelle Differenzierungen in mehrfacher Hinsicht weiter ausgeprägt. Diese Regionalisierung widerspiegelt sich nicht zuletzt im gegenwärtigen wissenschaftlichen Interesse: „Wissenschaftlich läuft der main stream eher zu den Regionen denn zur Auffüllung eines umfassenden Europa-Begriffs.“[103]

War Europa in der frühen Neuzeit eine Realität, eine Idee oder ein Mythos? Alle Beobachtungen verfestigen den Eindruck, dass die „Grundlegung“ oder das „Werden“ Europas, von dem für die Zeit des Mittelalters immer wieder die Rede ist, in der frühen Neuzeit nicht kontinuierlich in Richtung einer Vereinheitlichung fortgesetzt oder gar intensiviert wurde. Dominant wurde die Regionalisierung. Zwar bildete Europa einen historisch-geographischen Raum mit vergleichbaren politisch-gesellschaftlichen Strukturen, aber seine Signaturen waren der Staatenpluralismus und die ökonomische, konfessionelle und kulturelle Differenzierung. Das Einheitliche wurde nur in der Vielfalt reflektiert. Die Gewichte neigten sich zugunsten des Pluralismus, so dass die „Mannigfaltigkeit stärker als die Einheit“ war.[104]

1.5 Europas Vorstoß über seine Grenzen hinaus

Um Europa in seiner Eigenart zu erfassen, muss der Blick auch „nach außen“ gerichtet werden. Was veranlasste die Europäer zur Überschreitung der Grenzen des Kontinents? Eine mit Fragen versehene Erklärung bietet Fernand Braudel an: „Auf einer Weltkarte ist Europa kaum zu sehen. Es erscheint als ein Ausläufer Asiens, ein Anhängsel, eine Landzunge, welche die ihr innewohnenden Kräfte nach außen freisetzen muss. Darin liegt seine Bestimmung: es scheint dazu verurteilt zu sein, aus sich herauszugehen, nicht in der Engnis zu verharren, in der es ist, sondern in die Fremde auszugreifen, dort Unruhe zu stiften und seinen Vorteil zu suchen. Ist diese Expansion, dieser Überdruck, sind diese über Jahrhunderte andauernden Beutezeuge die Folge einer intellektuellen und ethnischen Überlegenheit – gründet darin das Geheimnis der Leistungen, die es erbracht hat, mögen diese nun, wie es vorkommt, für bewun-

103 H. Duchhardt, Was heißt, 193.
104 O. Halecki, Europa, 44.

dernswert oder, was heute ebenso oft der Fall ist, für höchst bedenklich gehalten werden? Oder hat sich Europa, indem es sich öffnete und eine Vorrangstellung anstrebte, seine Überlegenheit allmählich erarbeitet, Frucht einer langen Reihe von Erfahrungen, Antwort auf die Herausforderungen durch die Welt?"[105]

Bis zum Ende des 15. Jahrhunderts waren Europa, Afrika und Asien bekannt. „Entdeckt" wurden seitdem die beiden Amerika und dann noch Australien. Das zwang, die Vorstellung aufzugeben, die drei Erdteile symbolisierten die göttliche Trinität. Während die „neue Welt" erst noch erschlossen werden musste, lagen über Asien und seine Gesellschaften, vor allem das Reich der Ming in China, das Mogul-Reich in Indien und die arabischen Gebiete Informationen vor, die ein hohes Niveau ihrer Entwicklung belegten.[106] Doch in der frühen Neuzeit demonstrierten einige europäische Mächte ihre Überlegenheit und initiierten eine Entwicklung, die als „Wunder Europas" bezeichnet wird.[107] In China und der islamisch-arabischen Region waren auch Voraussetzungen für einen solchen Weg gegeben, aber der Schritt in ein höheres Entwicklungsstadium erfolgte hier nicht. Warum wurden im einen Fall die Möglichkeiten genutzt, im anderen die Chancen vergeben?

Um 1500 nahm Europa mit seiner Bevölkerung nach China und Indien die dritte Stelle in der Welt ein. China zählte 100 bis 130 Millionen, Indien 100 bis 120 Millionen, Europa 70 bis 75 Millionen Menschen. Das waren etwa 80 Prozent der Weltbevölkerung.[108] Was Europa von den beiden großen asiatischen Regionen unterschied, war ein günstigeres Verhältnis zwischen Ressourcen, Bevölkerung und Einkommen: Die Bevölkerungszahl bewegte sich im Verhältnis zu den Ressourcen unterhalb des möglichen Maximums, während das Einkommen oberhalb des Minimums lag.[109] Ihren Vorsprung auf manchen Gebieten (Wissenschaft, Technik, Seefahrt, Handel) nutzten die außereuropäischen Gesellschaften nicht langfristig für die Gestaltung der Zukunft.[110] Im Wettstreit war Europa bald überlegen, und dies aus verschiedenen Gründen.

Erstens wirkten sich Europas geographische Bedingungen günstig aus: Es war ein überschaubarer, klimatisch relativ ausgeglichener und siedlungsmäßig weithin erschlossener Kontinent. Seine Ackerböden, Weiden, Wälder und Gewässer sowie Bodenschätze erlaubten Getreidebau, Viehhaltung, Holznutzung, Fischfang und die Entwicklung zahlreicher leistungsfähiger Gewerbe. Alle für die Lebenshaltung und die Belieferung der Märkte wichtigen Güter (Nahrung, Kleidung, Wohnung, Arbeitsgerät, Transportmittel) konnten produziert werden. Stimuliert wurde zudem durch die ökonomischen Bedürfnisse und die ansteigende Nachfrage der Übergang zu frühen Formen der kapitalistischen Produktion, der in der frühen Neuzeit außerhalb Europas nirgendwo erfolgte.

Zweitens brachten einige asiatische Gesellschaften eine Kultur hervor, von der Europa profitierte. Das gilt zum Beispiel für technische Kenntnisse und Erfahrungen, die

---

105 F. Braudel, Erdkreis, 7.
106 Vgl. E. L. Jones, Wunder Europa, 201ff.
107 Vgl. ebd.; P. Kennedy, Aufstieg, 48ff.
108 Vgl. E. L. Jones, Wunder Europa, 3, 184; etwas höhere Zahlen nennt J. Dupâquier, Population, 11.
109 Vgl. E. L. Jones, Wunder Europa, 24.
110 Vgl. Wang Sizhi, China, 319ff.

über die Araber nach Europa transferiert wurden: Buchdruck, Papierherstellung, Schießpulver und magnetische Kompassnadel. In China und anderen Regionen Asiens wurde der Buchdruck jedoch nicht weiter entwickelt und genutzt, während in Europa Druckstätten eingerichtet wurden, mit deren Hilfe die Kommunikation revolutioniert wurde.

Drittens entstanden in Europa souveräne Staaten. Im Vergleich mit den zentralisierten Großreichen und geschlossenen Gesellschaften Asiens war deren Vorteil die Mobilität ihrer Strukturen und die Dynamik ihrer Wirtschaft. Auch fanden die europäischen Länder zu einem Staatensystem, das Kräfte und Interessen zeitweilig ausbalancierte und Stabilität gewährleistete. Das schloss den Wettstreit konkurrierender Mächte und das Hegemoniestreben einzelner nicht aus. Dieses Staatensystem hatte außerhalb Europas kein Gegenstück.

Viertens boten die frühneuzeitlichen Staaten Europas Freiräume für die wirtschaftliche Betätigung. Anders als in den asiatischen Großreichen wurde das Eigentum geschützt. Günstig wirkte sich zudem die Nutzung effektiver Geschäftspraktiken und die Ausstattung mit Privilegien aus, die Produktion und Handel begünstigten. Solche Freiräume fehlten in den asiatischen Reichen.

Fünftens erschlossen einige europäische Länder überseeische Gebiete auf dem Seeweg. Da die Landwege nach Asien von Arabern und Osmanen kontrolliert und die Karawanenwege unsicher wurden, boten die Seerouten – obwohl auch sie Gefahren bargen – einen Ausweg. Die Märkte wurden erweitert und mit den Kolonialreichen eine „fiktive Bodenfläche“ erworben. „Die pro Kopf durchschnittlich verfügbare Bodenfläche war um 1500 in Westeuropa 9,7 ha gewesen, und die Entdeckungen vergrößerten diese Fläche auf fast 60 ha, also auf das Sechsfache.“[111] Auch wurde Europa mit den kolonialen Territorien faktisch um mehrere Klimazonen erweitert.

Die großen Reiche des asiatischen Kontinents vermochten ihre Vorzüge nicht gleichermaßen zu nutzen. Sie wurden zentralistisch verwaltet und autoritär beherrscht. Entscheidungen der politischen Zentrale wirkten sich manchmal verheerend aus. In China wurde beispielsweise 1436 die Herstellung seetüchtiger Schiffe untersagt, so dass Entdeckungs- und Handelsreisen und der Wettbewerb mit den aktiv werdenden westeuropäischen Staaten nicht möglich waren. Der Buchdruck wurde in arabischen Ländern übernommen, aber bald verboten. Eine erfolgreiche Konkurrenz mit den europäischen Mächten wurde zudem durch die fehlende Mobilität der Arbeitskräfte und die ausbleibende Kapitalbildung behindert. Auch gab es keine Eigentumssicherheit, wurden Wirtschaftserträge willkürlich zugunsten des Staates eingezogen und die Produktion von Luxusgütern und der Handel mit ihnen begünstigt. Hinzu kamen die negativen Folgen verheerender Kriege, von Naturkatastrophen und Seuchen. Die Immobilität der asiatischen Großreiche unterlag der Dynamik Europas.

Das „Wunder Europas“ wurde als Ergebnis der Wechselbeziehung von ökonomischer Freizügigkeit, politischem und militärischem Pluralismus und intellektueller Freiheit beschrieben.[112] Diese Konstellation verschaffte dem westlichen Europa, das bis zum 15. Jahrhundert dem mediterranen Raum nachstand, Vorteile und schließlich

111 E. L. Jones, Wunder Europa, 94.
112 Vgl. P. Kennedy, Aufstieg, 68.

eine überlegene Stellung. Im 16. Jahrhundert wurde der Prozess in Gang gesetzt, der heute als „Europäisierung der Welt" oder „Europäisierung der Erde" beschrieben wird.[113]

Die Folgen des Vorstoßes über die Grenzen des europäischen Kontinents hinaus waren zwiespältig. „Denn was bedeutet schließlich jener ominöse Gipfelpunkt der Geschichte, zu dem wir diese neue Zeit einer ‚Europäisierung der Welt' gemacht haben."[114] Die missionierenden und kolonisierenden Mächte verzeichneten einen Zuwachs an Gläubigen und eine Vergrößerung ihrer ökonomischen Ressourcen. Doch eigenständige kulturelle Traditionen wurden zerstört. Wo die indigene Bevölkerung in eroberten Ländern ausgerottet wurde, traten afrikanische Arbeitssklaven an ihre Stelle. „Ausgetauscht" wurden manche Kulturpflanzen, aber auch epidemische Krankheiten. Die Kolonisierung brachte Abhängigkeit, Ausbeutung und Abdrängung in die Unterentwicklung. Michel de Montaigne urteilte in seinen *„Essais"* ungeschminkt: „Wer hat jemals den Nutzen der Kaufmannschaft und des Handels so hoch gesetzt, des Perlen- und Pfefferhandels wegen so viele Städte zu schleifen, so viele Nationen auszurotten, so viele Millionen Menschen niederzumachen, und den reichsten und schönsten Teil der Welt zu verwüsten! Niederträchtige Siege!."[115]

1.6 Identitäten in Europa

Identität wird definiert als „das Bewußtsein der Zugehörigkeit zu einer Gemeinschaft und die Bejahung dieser Zugehörigkeit".[116] Die Stiftung von Identitäten erfolgte auf verschiedenen Ebenen: einer vertikalen, die eine Unterscheidung von regionalen, nationalen und europäischen Identitäten nahelegt, und einer horizontalen, die politische, soziale, religiöse und kulturelle Prägungen ausweist. Kannte das pluralistische Europa eine Identität, die als „europäisch" bezeichnet werden kann?

Ein bemerkenswertes Zeugnis findet sich bei dem Florentiner Kaufmann Giovanni Rucellei in seiner Schrift *„Zibaldone"* von 1464/73: „Ich danke Gott, dem Herrn, daß er mich als vernünftiges, unsterbliches Wesen geschaffen hat in einem Lande, wo als der wahre Glaube der christliche herrscht; nahe bei Rom, wo das Zentrum dieses Glaubens liegt; in Italien, dem edelsten und würdigsten Teil der Christenheit; in Toskana, einer der nobelsten Provinzen Italiens; in der Stadt Florenz, die man als die schönste nicht nur der Christenheit, sondern der ganzen Welt preist."[117] Mit der Christenheit und Rom, mit Italien, der Toskana und Florenz werden verschiedene Bezugspunkte in den Blick gerückt – ein universaler, ein national/territorialer, ein regionaler und ein lokaler. Sie alle stifteten im zitierten Fall Identität.

Identität kann auf ein Individuum oder eine Gruppe, ein Dorf oder eine Stadt, auf eine Landschaft, ein ganzes Land oder eine länderübergreifende Region bezogen sein.

---

113 Vgl. G. Stourzh, Einleitung, 9ff.
114 J. Fontana, Europa, 176.
115 M. De Montaigne, Essais, Bd. 3, 23f.
116 H. Münkler, Reich, 101.
117 Nach A. Frhr. von Müller, ‚Glücklichste Zeit', 64.

Angesichts des begrenzten Erfahrungshorizonts der meisten Menschen ist es fraglich, ob ein größerer Teil der Bevölkerung sich mit dem historisch-geographischen Raum Europas im Sinne der Zugehörigkeit zu einer „europäischen Gemeinschaft" identifizierte.

Für Bauern war der Lebensraum, der ihnen und ihren Familien die Existenz sicherte, ihre Dorfgemeinde, für Bürger war es die Stadtgemeinde, die ihnen Nahrungserwerb, vielleicht auch Aufstiegschancen bot. Die meisten Adligen waren auf das Umfeld orientiert, das von ihrem Aufenthaltsort oder Herrschaftsbereich abgesteckt wurde. Die Mehrzahl der Geistlichen war an ihr Kloster oder die ihnen anvertraute Gemeinde gebunden. Mit anderen Worten: Identität hat ihren Ursprung in einem lokalen Umfeld. Die regionalen Lebenswelten boten viele Möglichkeiten der Identitätsstiftung.[118] Marktbesuche, Geschäftsreisen, Kriegszüge, Pilgerreisen, Kavalierstouren oder andere Anlässe führten Menschen aus ihrer gewohnten Umgebung hinaus. Sie erweiterten ihren Horizont und sammelten Erfahrungen. Doch jeder verarbeitete sie auf seine Weise. Die Eigenarten von Adligen, Kaufleuten, Handwerkern, Bergleuten, Seefahrern, Gelehrten und anderen Gruppen schufen Solidaritäten, die quer durch die Gesellschaft schichtenspezifische Identitäten stifteten. Das gilt auch für die jüdische Identität, die von den ständigen Bedrohungen besonders geprägt wurde.

Eine andere Identifikationsebene war die Nation[119] oder das „Vaterland".[120] Doch eine nationale Identität trat nicht immer explizit in Erscheinung, sie konnte „sich auch in Geschichtsmythen (Vorstellungen über die Sitten und Institutionen von Römern, Galliern und Germanen), in der Idealisierung von Verfassungsmodellen (die alte Verfassung) oder in apokalyptischen Visionen (das auserwählte Volk) äußern".[121] Das Erinnern an die Vergangenheit als Stimulus für die Gegenwart förderten Humanisten mit einer „nationalen" Geschichtsschreibung und Literatur, die für die Nationen der frühen Neuzeit ihre lange Tradition, ihre heroische Geschichte und ihre großen Leistungen in Anspruch nahmen.

Gemeinsam ist diesen Geschichtsbildern, „eine ehrwürdige, bis in die Antike reichende Herkunft für die eigene Nation zu reklamieren."[122] Mit der Berufung auf die Trojaner in Frankreich, die Germanen im Reich, die Bataver in den Niederlanden, die Goten in Skandinavien oder die Sarmaten in Polen wurden die Wurzeln der eigenen Geschichte weit in die Vergangenheit zurück verlegt. Je älter eine Nation (scheinbar) war, desto respektabler war ihre Reputation in der Gegenwart – das war jedenfalls die Hoffnung. Die Orientierung an Mythen, die vermeintliches Geschehen der Vergangenheit als nationale Geschichte heroisierten, begünstigte nationale Vorurteile und das Bewusstsein, dass die eigene Nation auserwählt und anderen überlegen sei.[123] Nationale Identitäten belegen das Werden eines Europas der Nationen. Doch dieser Prozess

118 Vgl. G. Bossong u. a. (Hg.), Westeuropäische Regionen; A. Czacharowski (Hg.), Minderheiten; R. Babel/J.-M. Moeglin (Hg.), Identité régionale.

119 Vgl. A. D. Smith, National Identity; H. Berding (Hg.), Identität; K. Garber (Hg.), Nation und Literatur.

120 Vgl. G. Vogler, Hutten, 7ff.

121 H. Münkler, Reich, 57.

122 W. Schulze, Europa, 40.

123 Vgl. W. Schulze, Entstehung, 657.

dürfte über humanistische und politische Kreise hinaus von den meisten Menschen nicht wahrgenommen worden sein.

Eine europäische Identität reflektiert am ehesten das Bewusstsein, einer vom Christentum geprägten Welt anzugehören. Die Bezugnahme auf die europäische Christenheit wurde problematisch, als sich im Gefolge der Reformationen konfessionelle Identitäten ausbildeten. In der anonymen Schrift *„La Dispute d'un catholique de Paris, contre un Politique de la ville de Tours"* (Disput eines Katholiken von Paris gegen einen Vertreter der 'politique' der Stadt Tours) von 1591 erklärte der Autor: „Ich bin von Geburt Franzose und zudem Pariser, doch dank Gottes Gnade habe ich eine noch schönere Qualität: ich bin Christ und Katholik."[124] Die Folge der Konfessionalisierung waren Zonen konfessioneller Identität: eine katholische, eine lutherische, eine reformierte und eine gemischte Zone konfessionell-politischer Identitätsbildung, die wiederum in Beziehung zu nationalen oder regionalen Identitäten standen.[125] Dem könnte auch noch eine Zone orthodoxer Identität hinzugefügt werden.

Der Terminus „Europa" findet sich seit dem 16. Jahrhundert in unterschiedlichen Zeugnissen.[126] Zahlreiche Schriften trugen ihn jetzt im Titel, bis hin zu dem seit 1635 publizierten *„Theatrum Europaeum"*.[127] Ein besonderer Akzent wurde mit dem Adjektiv „neueuropäisch" gesetzt. Als im 17. Jahrhundert eine Schrift Giovanni Boteros übersetzt wurde, lautete ihr Titel „Von den Staatskräften im neueuropäischen Reich."[128] Doch außer der Zugehörigkeit zur europäischen Christenheit war das Bewusstsein, einer europäischen Gemeinschaft anzugehören, im 16. und 17. Jahrhundert nur einer begrenzten Zahl Menschen eigen. Der humanistische Gelehrte Erasmus von Rotterdam korrespondierte über Grenzen hinweg mit vielen Persönlichkeiten. Sein literarisches Schaffen war – wie das vieler anderer Gelehrter – nicht an Ländergrenzen gebunden. Aber eine solche Haltung war nicht für die Mehrheit der Menschen typisch.

Natürlich gab es Gelegenheiten, die einen Solidarisierungseffekt bewirkten. Als die Osmanen mehrmals bis an die Grenzen des Reiches vorstießen, erweckte das ein großes öffentliches Interesse, das Hunderte von Flugschriften bezeugen.[129] Die Bemühungen um die vereinte Abwehr hielten sich jedoch in Grenzen. Ein gemeinsames Handeln kam angesichts durchschlagender Sonderinteressen nur gelegentlich zustande. „Das territoriale Selbstbewußtsein wurde besonders aktiviert durch Invasionen oder andere Bedrohungen von außerhalb der Grenzen. In stabilen Perioden schwächte sich das territoriale Bewußtsein ab und das lokale trat hervor."[130]

Die verschiedenen Ebenen der Identitätsstiftung waren zumeist eng verwoben. In Régnier de la Planches *„Le Livre des Marchands"* (Das Buch der Kaufleute) von 1565 erklärte ein Goldschmied: „Denn, so behaupte ich, es gibt keinen Ruhm noch Adel, der damit vergleichbar wäre, Christ, Franzose und Pariser zu sein: dies heißt, alle drei

---

124 Nach W. Asholt, Programm, 415 Anm. 50.
125 Vgl. H. Schilling, Identität, 108ff.; B. Gordon (Hg.), Protestant History.
126 Vgl. H. Gollwitzer, Europa, 824ff.; Ders., Wortgeschichte, 167.
127 Vgl. W. Schmale, Das 17. Jahrhundert, 587ff.
128 Vgl. H. Gollwitzer, Wortgeschichte, 167.
129 Vgl. C. Göllner, Turcica.
130 W. Blockmans, Regionale Identität, 146.

Stände zu einem zu bilden."[131] Vorliegende Zeugnisse sprechen überwiegend nicht nur einen Identitätsfaktor an. Vielmehr werden unterschiedliche Ebenen in einen Zusammenhang gebracht.

Wie komplex die Situation sich darstellen kann, demonstriert das Beispiel der innerösterreichischen Länder. Hier existierte ein partikulares Landesbewusstsein der Steiermark, Kärntens und Krains, ein durch die Türkenbedrohung gefördertes Bewusstsein innerösterreichischer Gemeinsamkeit, ein Bewusstsein der Zugehörigkeit zum Haus Habsburg als dem angestammten Erbherrn, der Zugehörigkeit zur „deutschen Nation" und zum Reich, der Zugehörigkeit zur europäischen Christenheit. „So zeigt diese Bestandaufnahme umrißhaft ein ganz unterschiedlich geflochtenes Netz von Zugehörigkeiten regionaler, dynastischer und kultureller Art, dessen Entwicklungspotential noch als ganz offen angesehen werden muß."[132]

Offensichtlich waren die Möglichkeiten begrenzt, zu einer europäischen Identität zu finden. „Die europäischen Völker spüren, daß sie aufeinander angewiesen sind – und sie suchen dennoch in der Unterscheidung vom Nachbarn die eigene Identität. Diese Dialektik von Zuneigung und Distanzierung, diese Wechselwirkung von Zuwendung und Absonderung sind das eigentliche Prägemal der Geschichte Europas."[133]

Den verschiedenen Ebenen der Identitätsstiftung fiel in der frühen Neuzeit ein unterschiedliches Gewicht zu. Erstens waren für die Mehrheit der Menschen regionale Identitäten dominant, flankiert von einem – dahinter zurücktretenden – nationalen Bewusstsein. Zweitens entstanden politisch, religiös oder kulturell motivierte, auch schichtenspezifische Identitäten. Drittens konnte in Situationen der Bedrohung eine überregionale, auch unterschiedliche gesellschaftliche Schichten übergreifende Solidarisierung gefördert werden. Ein so motiviertes Gemeinschaftsbewusstsein war indes instabil, da es wieder verloren ging, wenn die Gefahr schwand. Viertens konnte aus der Außensicht Europa als historisch-geographische Einheit, als Gemeinschaft von Europäern wahrgenommen werden. Aus der Binnensicht wurde ein Europabewusstsein nur selten artikuliert. Ein Autor sprach 1533 von *„Europa nostra"* oder Francis Bacon 1623 von *„nos Europaeos"*[134], aber Allgemeingut war eine solche Identifikation vorerst nicht. Fünftens war die „europäische Identität" in der frühen Neuzeit primär ein Konglomerat von Identitäten, das in vielen Kombinationen existierte (Kongruenz oder Diskrepanz von nationaler und konfessioneller Identität usw.), und es entstanden auch Gegen-Identitäten.[135]

1.7 Europas Aufbruch in die Neuzeit

Umstritten ist, ob der Weg Europas vom Mittelalter in die Neuzeit sich als Prozess allmählichen Wandels darstellt oder ob gravierende Umbrüche ihn bewirkten und be-

131 Nach W. Asholt, Programm, 411 Anm. 27.
132 W. Schulze, Interpretationen, 165.
133 W. Weidenfeld, Europa, 21.
134 Vgl. W. Schulze, Europa, 49.
135 Vgl. O. Ranum, Counter Identities.

schleunigten. Die Auffassung ist verbreitet, dass eine Kumulation in die Zukunft weisender Entwicklungen sich an der Wende vom 15. zum 16. Jahrhundert abzeichnet, so dass mit dieser Wendezeit der Beginn der europäischen Neuzeit in Zusammenhang gebracht wird.

Es war lange üblich, diesen „Beginn" mit einem exakt zu datierenden Ereignis in Verbindung zu bringen. Am häufigsten wurden die Jahre 1453 (Eroberung Konstantinopels durch die Osmanen), 1492 ("Entdeckung" Amerikas durch Columbus), 1494 (Beginn des habsburgisch-französischen Hegemoniekonflikts) oder 1517 (Beginn der lutherischen Reformation) genannt. Sinnvoller ist es dagegen, diesen Beginn nicht an ein einzelnes Ereignis zu binden, sondern ein Bündel von Faktoren und fließende Übergänge zu berücksichtigen. Das ermöglicht, europäischen Prozessen den Vorrang vor nationalgeschichtlichen einzuräumen.

In dieser Darstellung wird die Geschichte Europas vom Ende des 15. bis zur Mitte des 17. Jahrhunderts verfolgt und als Aufbruch in die Neuzeit interpretiert. Was „Aufbruch" meint, könnte mit dem Modewort Modernisierung umschrieben werden. Aber dieses Etikett kann jede Zeit beanspruchen. Aufbruch soll insofern aussagen, dass ein Weg eingeschlagen und ein Stück weit begangen wird. Wenn am Terminus „Neuzeit" festgehalten wird, dann geschieht das nicht, weil er sich als ideale Kennzeichnung anbietet, sondern weil er eingeführt ist und bisher nicht durch eine sinnvollere Begrifflichkeit ersetzt wurde.

Bis heute ist strittig, welche generelle Entwicklungsrichtung in der Vielfalt der auszumachenden Prozesse sich abzeichnet. Ein Konsens dürfte am ehesten möglich sein, wenn die Epoche vom Ende des 15. bis zum Ende des 18. Jahrhunderts als Umbruchs- und Übergangszeit beschrieben wird. Ihre hauptsächliche Tendenz wurde von der Intensivierung gesellschaftlicher und politischer Prozesse bestimmt. Angesichts fundamentaler Herausforderungen erfuhren alle Bereiche unauffällige oder abrupte Wandlungen: Staat und Gesellschaft, Politik und Wirtschaft, Kirche und Religion, Kultur und Wissenschaft, Welt- und Menschenbild erlebten Transformationen in unterschiedlicher Intensität, in unterschiedlichem Tempo und in unterschiedlichen Dimensionen. Sie waren das Resultat menschlicher Arbeit, politischer Aktionen, sozialer Bewegungen und kultureller Anstrengungen, das Ergebnis reformerischer Tätigkeit und revolutionärer Umbrüche. In allem widerspiegelt sich eine bemerkenswerte Dynamik und das Ringen um alternative Möglichkeiten gesellschaftlicher Gestaltung.

Der Weg vom Mittelalter in die Neuzeit verlief indes nicht geradlinig. Aufbruch und Neuerung kollidierten mit Beharren und Tradition. Der Wandel wurde schubweise bewirkt, er signalisierte einen Beginn, noch nicht einen Abschluss. Er vollzog sich in kleinen und großen Schritten. Konflikte waren auszutragen, Hindernisse zu überwinden, Rückschläge keine Ausnahme. Tendenziell führte dieser Weg aus der feudalen in die bürgerliche Welt.

Der Titel „Europas Aufbruch in die Neuzeit" spricht diese Prozesse an. Ein Aufbruch signalisiert noch keine Ankunft, und die Neuzeit umschließt mehrere Jahrhunderte. Auch ist eine solche Charakterisierung nur aus der Retrospektive möglich. Von den Zeitgenossen war nicht zu erwarten, dass sie Veränderungen in ihrer Lebenswelt als Aufbruch in eine neue Zeit wahrnahmen, wenngleich manches Phänomen schon so gedeutet wurde und Ahnungen aufkeimten, in einer neuen Zeit zu leben.

2 Geschichte der europäischen Staaten vom Ende des 15. bis zur Mitte des 17. Jahrhunderts

2.1 Heiliges Römisches Reich deutscher Nation

Das Reich durchlebte seit dem Ende des 15. Jahrhunderts eine wechselvolle Geschichte. Aus dem Dualismus von Reich und Territorien resultierte ein permanentes Spannungsverhältnis zwischen dem Kaiser und den Institutionen des Reiches einerseits und den Interessen der partikularen Gewalten andererseits. Die Dynamik der gesellschaftlichen und staatlichen Entwicklung widerspiegelte sich im ökonomischen Aufschwung und in wirtschaftlichen Krisen, in sozialen und politischen Konflikten, im Bemühen um eine Reichsreform und in der Konsolidierung territorialer Staaten, in der Rezeption der Renaissancekultur. Vor allem aber stimulierten die Reformationen mit ihren politischen und sozialen Folgen und internationalen Wirkungen einen ambivalenten Aufbruch. Das Reich war zudem in die internationale Politik eingebunden. Aus seiner Lage im Zentrum Europas ergab sich einerseits die Chance, eine vermittelnde Rolle zu spielen, andererseits eigene Interessen im Kräftemessen der Mächte wahrzunehmen. Es drohte aber auch die Gefahr, zum Objekt machtpolitischer Ambitionen benachbarter Staaten zu werden, wie das vor allem im Dreißigjährigen Krieg der Fall war, als das Territorium des Reiches zum hauptsächlichen Feld der militärischen Aktionen wurde.

2.1.1 Reich und Territorien

Das Reich war mit einer geschätzten Zahl von 12 Millionen Menschen um 1500 und 15 Millionen um 1600 nach Frankreich das bevölkerungsreichste Land Europas. Das Bevölkerungswachstum, die steigende Nachfrage nach lebenswichtigen Gütern und die Ausweitung des Handels verliehen dem Wirtschaftsleben kräftige Impulse. Davon profitierten vor allem der Bergbau und die Metallverarbeitung, die Textilgewerbe und andere für den täglichen Bedarf produzierende Zweige. Manchen ökonomischen Bedürfnissen trugen Verbesserungen im Transport- und Nachrichtenwesen, die Nutzung des Wechselgeschäfts und das Entstehen von Kapitalmärkten Rechnung. Manche Neuerungen wurden aus Italien oder anderen Ländern übernommen. Ihre Nutzung sicherte deutschen Kaufleuten, Unternehmern und Handelsgesellschaften eine günstige Entwicklung ihrer Geschäftstätigkeit.

Wo die traditionellen Handwerke den Bedarf nicht mehr deckten, technische Neuerungen genutzt wurden und Kapital investiert wurde, entstanden frühe Formen kapitalistischer Produktion. Dieser Wandel vollzog sich indes nicht flächendeckend – es handelte sich gleichsam um Inseln, vor allem in den süd- und mitteldeutschen Wirtschaftsregionen. Generell blieben traditionelle Formen der Produktion dominant. Da etwa 80 bis 85 Prozent der Menschen auf dem Land lebten, bildete die agrarische Wirtschaft nach wie vor den quantitativ größten Zweig. Doch auch sie wurde vom Wachstum der Bevölkerung und der Ausweitung der Märkte beeinflusst.

Zwischen dem Reich[1] und den geistlichen und weltlichen Territorien und freien Städten bestand ein spannungsvolles Verhältnis.[2] Oberhaupt des Reiches war ein gewählter Kaiser, der seit 1438 aus dem Haus Habsburg kam, so dass das Herrscheramt faktisch erblich geworden war. Diese Dynastie war „nach Herkunft, Interessenlage und Mentalität am Rande Deutschlands angesiedelt, nicht zu vergleichen mit der zentralisierenden, nationalen, sammelnden Tätigkeit der gleichzeitigen Königshäuser anderer europäischer Staaten."[3] Bis zum Ende des 15. Jahrhunderts bildete sich als allgemeine Versammlung des Kaisers und der Reichsstände der Reichstag aus, der über Reichsangelegenheiten beriet und beschloss. Dieses wichtigste politische Forum rekrutierte sich aus den geistlichen und weltlichen Kurfürsten, Fürsten, Grafen und Herren sowie Vertretern der Reichsstädte.

Seit dem Beginn des 16. Jahrhunderts lautete die offizielle Bezeichnung „Heiliges Römisches Reich deutscher Nation". Der Terminus Reich bildet das „vermutlich komplizierteste, vielschichtigste und aspektreichste Begriffsfeld älterer Staatssprache."[4] Während das *imperium* (Reich) ursprünglich die Herrschaft über mehrere *regna* (Deutschland, Reichsitalien, Burgund) beinhaltete, erfolgte in einem längeren Prozess eine Eingrenzung auf die „deutsche Nation". Nachdem seit dem Beginn des 15. Jahrhunderts gelegentlich zwischen dem „heiligen Reich" und „allen deutschen Landen" differenziert wurde, ging die eingrenzende Formel mit dem Landfrieden Friedrichs III. von 1486 in die Sprache der königlichen Kanzlei ein: „Römisches Reich Teutscher Nation". Mit dem Kölner Reichsabschied von 1512 erhielt sie ihre zitierte endgültige Prägung. Das Reich wurde nun mit den deutschen Landen gleichgesetzt, ohne dass Grenzen schon eindeutig gezogen waren. Auch zählten zum Reich um 1500 noch die Niederlande, die Schweiz und Teile Oberitaliens.

Zum römischen König wurde 1486 der Habsburger Maximilian I. gewählt.[5] Nach dem Tod seines Vaters 1493 übte er allein die Herrschaft aus, und 1508 nahm er den Titel „erwählter römischer Kaiser" an. Die „Erblande", die österreichischen Besitzungen, bildeten seine Hausmacht, und Innsbruck wurde seine Residenz. Die Randlage seiner Territorien zwang ihn, sich im Reich eine Klientel zu schaffen, und das geschah hauptsächlich auf dem Weg über die vorderösterreichischen Besitzungen der Habsburger.[6]

---

1 Vgl. G. Schmidt, Geschichte; K. O. Frhr. v. Aretin u. a., Reich, 456ff.
2 Vgl. H. Duchhardt, Verfassungsgeschichte, 13ff.
3 H. Lutz, Ringen, 29.
4 K. O. Frhr. v. Aretin u. a., Reich, 423.
5 Vgl. H. Wiesflecker, Maximilian I.
6 Vgl. V. Press, Vorderösterreich, 10ff.

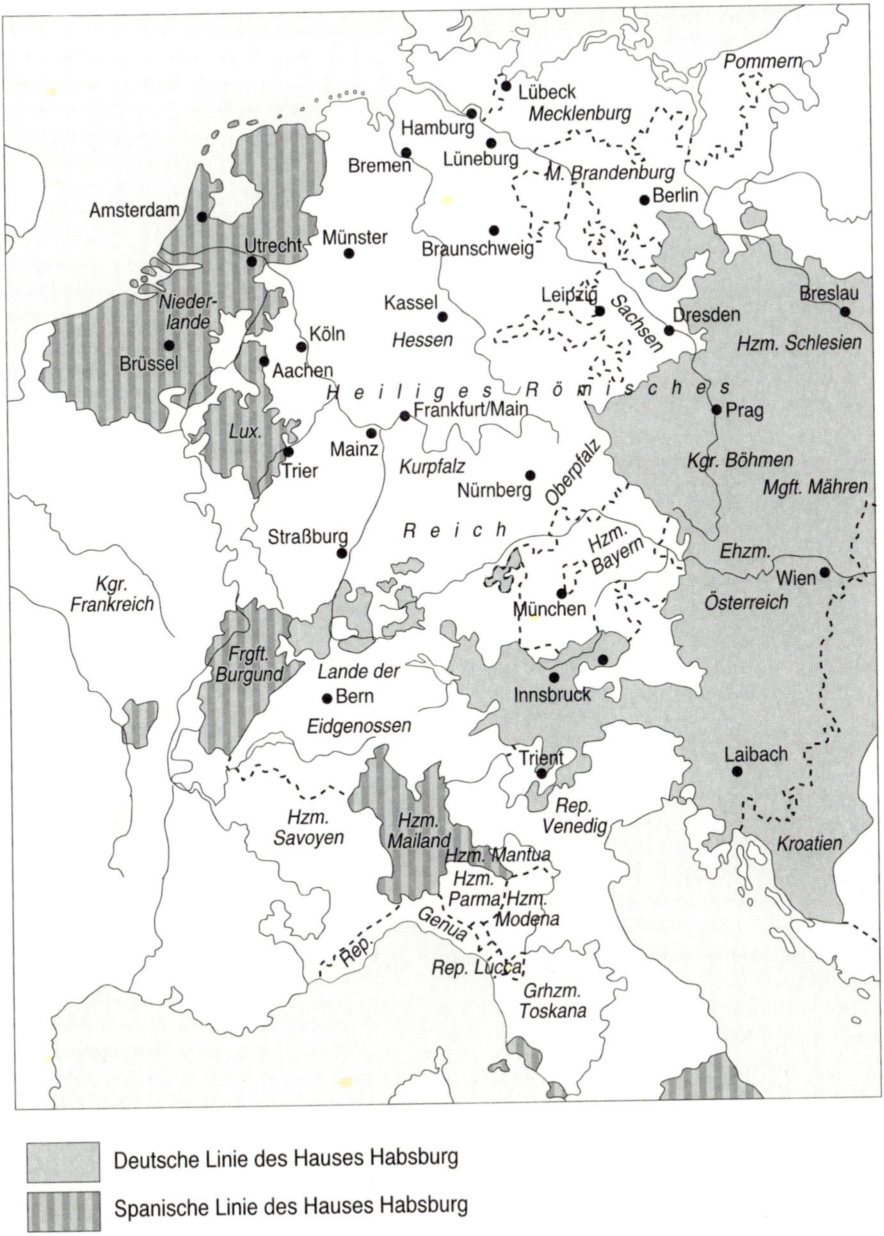

Abb. 2: *Das Reich im 16. Jahrhundert.*

Maximilians Politik zielte primär auf die Stärkung seiner Hausmacht, erst in zweiter Linie auf die Wahrnehmung von Reichsinteressen. Die Heirat mit Maria von Burgund 1477 galt dem burgundischen Territorium, das er nach dem Tod seines Schwiegervaters Karl dem Kühnen mit dem französischen König Ludwig XI. teilen musste. Eine zweite Ehe – Maria verstarb 1492 – mit der Mailänderin Bianca Maria Sforza 1494 führte zum Konflikt mit der französischen Krone. Am 31. März 1495 schlossen der Papst, das spanische Königspaar, der Herzog von Mailand, der Doge von Venedig und Maximilian I. die „Heilige Liga" von Venedig „für die Ruhe Italiens und das Heil der ganzen christlichen Religion, zur Erhaltung der Würde und Autorität des Apostolischen Stuhls, zum Schutze der Rechte des Heiligen Römischen Reiches und für die Verteidigung und Erhaltung der Staaten der vorgenannten Vertragspartner."[7] Die Wahrnehmung von älteren Reichsrechten und habsburgischen Interessen in Italien kollidierte mit den Ambitionen der französischen Krone und provozierte einen Dauerkonflikt, der in den folgenden Jahrzehnten in mehreren Kriegen ausgefochten wurde.

Ansprüche auf den spanischen Thron suchte Maximilian I. mit der Verheiratung zweier seiner Kinder mit den dortigen Thronerben abzusichern. Seinem Enkel Karl fiel dann 1516 dieses Erbe zu. Um die Kronen von Ungarn und Böhmen zu gewinnen, die der Jagiellone Wladislaw innehatte, schloss Maximilian mehrmals Heirats- und Erbverträge, die sich 1526 auszahlten, als sein Enkel Ferdinand die Herrschaft in beiden Ländern antrat. Die Osmanen, die 1478 in Kärnten und 1479 in die Steiermark einfielen, zwangen den Kaiser, die Verteidigung der Reichsgrenzen zu organisieren. Mehrmals wurde ein „Türkenkreuzzug" erwogen. Am 30. Juli 1501 erklärte Kardinal Raimundo Peraudi gegenüber dem Reichsregiment, Papst und Kurie hätten „wegen der äußersten Notlage des christlichen Glaubens die heiligen Schätze der kämpfenden Kirche öffnen lassen."[8] Ein Kreuzzug kam zwar nicht zustande, aber die Türkenabwehr blieb über Jahrzehnte aktuell.

Um das Reich besser zu regieren, den inneren Frieden zu sichern und sich gegen äußere Bedrohungen zu wappnen, mahnten Reformschriften wiederholt die notwendigen Entscheidungen an. Doch verschiedene Konzepte lagen im Widerstreit: Der Mainzer Erzkanzler Berthold von Henneberg plädierte für die Unterordnung des Kaisers unter die Reichsstände, Maximilian wollte die monarchische Gewalt stärken, und eine Gruppe von Reichsfürsten zeigte sich nur an der Erweiterung ihrer Mitsprache interessiert.

Die Verhandlungen während mehrerer Reichstage führten schließlich zu folgenden Regelungen: 1495 wurde ein Ewiger Landfriede vereinbart, um das den inneren Frieden bedrohende Fehdewesen einzudämmen; als höchste Gerichtsinstanz wurde ein Reichskammmergericht geschaffen, dem es oblag, die Einhaltung des Landfriedens zu überwachen; auch wurde die Erhebung eines „gemeinen Pfennigs" als allgemeine Reichssteuer beschlossen (seit 1521 wurde die ältere Form der Matrikelbeiträge wieder praktiziert). Das 1500 eingerichtete Reichsregiment nahm während der Abwesenheit des Kaisers die Geschäfte im Reich wahr, stellte aber schon 1502 seine Tätigkeit

7 I. Wiesflecker-Friedhuber (Hg.), Quellen, 66.
8 Ebd., 115.

ein und wurde erst zwei Jahrzehnte später reaktiviert. Die Zahl von sechs Reichskreisen wurde 1512 auf zehn erweitert, indem nun die habsburgischen Erblande und die Territorien der Kurfürsten einbezogen wurden. Ihnen fiel jetzt die Aufgabe zu, den Landfrieden zu wahren und die Urteile des Reichskammergerichts zu exekutieren. Ergebnis der Reformpolitik war einerseits eine stärkere Unterordnung der Glieder des Reiches unter die kaiserliche Gewalt. Andererseits eröffnete die Festigung des Reichstags den Reichsständen Möglichkeiten, ihre Interessen zur Geltung zu bringen.

Im Verhältnis von Reich und Territorien war das Kernproblem die „Spannung zwischen einem älteren und einem neueren Prinzip politischer Organisation“[9]: Die Territorien beschritten den Weg von der Landesherrschaft zur Landeshoheit. Dazu gehörte ihre flächenhafte Abrundung. Mit der Primogenitur sollten Landesteilungen vermieden werden. Wo sie dennoch erfolgten, wie 1485 im Kurfürstentum Sachsen, hatte dies auf lange Sicht negative Folgen. Die Beseitigung von Korporationen, die sich bisher dem fürstlichen Zugriff entzogen, die Aufhebung städtischer oder niederadliger Autonomie und die Unterordnung von Kirche und Klerus unter landesherrliche Kontrolle zielten auf die Integration von bisher Privilegierten.

Die Landstände beriefen sich auf den Grundsatz *„Quod omnes tangit, ab omnes approbari debet“* (Was alle betrifft, dem muss von allen zugestimmt werden). Manche Landesherren suchten indes, deren Rechte zu beschneiden und im besonderen das Recht auf Steuerbewilligung zu beseitigen. Das gelang allerdings in dieser Zeit noch nicht. Als sich 1514 im Herzogtum Württemberg Untertanen gegen die von Herzog Ulrich verursachte Steuerlast und die städtische Ehrbarkeit erhoben, endete der Konflikt mit dem Tübinger Vertrag vom 8. Juli: Die Landstände übernahmen die Schulden des Landesherrn, und dieser billigte ihnen als Gegenleistung mehr Mitsprache in allen das Land betreffenden Angelegenheiten zu.

Das „Staatswerden“ vollzog sich auf zwei Ebenen: Während im Reich ältere Strukturen fortlebten und ausgestaltet wurden, gewannen manche Territorien durch institutionelle Neuerungen einen Vorsprung und ein „modernes“ Profil. Fürstliche Herrschaft hatte ihr Zentrum im Hof. Die neuen Residenzen wurden meist repräsentativ ausgestaltet. Das bot Architekten und Künstlern Möglichkeiten, ihr Können zu entfalten. Zur wichtigsten Institution wurde der fürstliche Rat, der mit studierten und kompetenten Juristen besetzt wurde. Herrschaftsrechte wurden normiert, erweitert und kodifiziert, um auf die verschiedenen Lebensbereiche stärker Einfluss nehmen zu können.

In Schwierigkeiten gerieten infolge dieser Entwicklung viele Angehörige des niederen Adels. Mancher – wie Götz von Berlichingen – flüchtete sich in räuberische Fehden, andere traten in den Dienst von Landesherren (Hofämter, Heerwesen) oder der Kirche (Domkapitel, Klöster, Chorherrenstifte). Auch bürgerliche Schichten arrangierten sich mit dem landesherrlichen Regiment. Nicht integriert wurde die Mehrzahl der Juden. Sie wurden aus vielen Kommunen und Territorien vertrieben.[10]

Da in zahlreichen Städten, namentlich den großen, die soziale Differenzierung zügig voranschritt, das patrizische Regiment Unmut hervorrief oder der Druck von Sei-

9 H. Schilling, Aufbruch, 14.
10 Vgl. N. T. Gidal, Juden, 74ff.

ten mancher Landesherren zunahm, entluden sich seit den siebziger Jahren des 15. Jahrhunderts soziale und politische Spannungen in mehreren Aufruhrwellen.[11] Seit 1475 wurde in Augsburg und in weiteren Städten die Alleinherrschaft des Patriziats angefochten. Eine zweite Welle setzte mit einem Aufstand in Erfurt 1509 ein und erfasste wiederum eine große Zahl von Städten. Das Spektrum der Forderungen war weit gefächert. Sie betrafen die städtische Autonomie und die Finanzpolitik ebenso wie die Beteiligung bisher von der Herrschaft ausgeschlossener Schichten am Regiment und soziale Belange der unteren Schichten. Bürgerausschüsse übten zeitweilig neben den alten Räten Herrschaft aus, vermochten sich aber in den meisten Fällen auf Dauer nicht zu behaupten.

Grundherren gingen dazu über, die Leistungen abhängiger Bauern zu erhöhen. Diesem Zweck diente mancherorts die Wiedereinführung der Leibeigenschaft, um ältere Rechte zu aktivieren oder neue Verpflichtungen davon abzuleiten. Auch wurden Bauern von der Allmendenutzung ausgeschlossen und der herrschaftliche Druck auf die Dorfgemeinden verstärkt. Solche Tendenzen traten zuerst im Südwesten des Reiches zutage, wo die politische Zersplitterung stark ausgeprägt war, intensive Stadt-Land-Beziehungen bestanden und die Hofteilung verbreitet war. Daraus erwachsende Konflikte führten gelegentlich zu spektakulären Aktionen. So erhielt der Viehhirte und Musikant Hans Böheim 1476 in Niklashausen im Bistum Würzburg viel Zulauf, als er verkündete, die Jungfrau Maria habe ihm eingegeben zu predigen, es solle künftig keine geistlichen und weltlichen Obrigkeiten mehr geben und jeder seine Nahrung selbst erarbeiten. Der Bischof ließ ihn hinrichten, doch seine Predigt erweckte weithin ein Echo.[12]

Im Elsass und am Oberrhein kulminierten die bäuerlichen Proteste 1493, 1502, 1513 und 1517 in längerfristig vorbereiteten Verschwörungen.[13] Das Symbol der Verschworenen war der „Bundschuh", die Fußbekleidung des Bauern. Sie wollten, so verlautete 1502, nach Schweizer Art die Freiheit erstreiten, niemandes Herrschaft erdulden, keinen Zins und Zehnt geben und den Fürsten keine Steuern zahlen. Seit 1513 beriefen sie sich ausdrücklich auf das „Göttliche Recht". Ihre Fahne zeigte Christus am Kreuz, zu seinen Füßen einen knieenden Bauern und darunter die Losung „Nichts denn die Gerechtigkeit Gottes". Damit erhielten die Forderungen eine prinzipielle Legitimation. Denn „Gerechtigkeit Gottes" hieß, dass allein die Normen des Evangeliums Richtschnur sein sollten. Deshalb sollten die Leibeigenschaft, Zins, Zehnt und Steuern sowie die Ausplünderung durch die Geistlichkeit abgetan, die Allmende zurückgegeben und keines Menschen Herrschaft mehr geduldet werden. Alle Verschwörungen wurden verraten und forderten Opfer. Aber die Berufung auf das Göttliche Recht ermöglichte auch künftig, Widerstand zu legitimieren und Forderungen zu rechtfertigen.

Mit der Botschaft der Bibel, vor Gott seien alle Menschen gleich, kollidierten die realen Verhältnisse. Deshalb sprachen Kritiker von einer „verkehrten Welt". Joseph Grünpecks Schrift *„Speculum naturalis"* (Natürlicher Spiegel) von 1508 handelte unter anderem „Von der Veränderung aller Stände". Ein Holzschnitt demonstriert, was ge-

11 Vgl. A. Laube/G. Vogler u. a., Epoche, 58ff.
12 Vgl. K. Arnold, Niklashausen.
13 Vgl. Th. Adam, Joß Fritz, 87ff.

meint war: Ein Bauer liest am Altar die Messe, ein Priester führt auf dem Feld den Pflug, und das Kirchengebäude steht auf dem Kopf. Die Botschaft war verständlich: Die gesellschaftliche Ordnung bedarf eines radikalen Wandels. Schon in der älteren Reformschrift „*Reformatio Sigismundi*", die 1476 erstmals gedruckt wurde, war zu lesen: „Gehorsamkeit ist tot, Gerechtigkeit leidt Not, nichts steht in rechter ordenung."[14]

Herangereift war eine Krisensituation: Sie offenbarte sich in der Reichsreformdiskussion, in den Aufständen von Städtebürgern und den Verschwörungen von Bauern und nicht zuletzt in dem Verlangen nach einer Kirchenreform. Das Krisenbewusstsein äußerte sich in Endzeiterwartungen, Totentanzdarstellungen und der Interpretation der osmanischen Expansion als Strafe Gottes. Prophetien kündigten eine Sintflut und Erhebungen der Untertanen an.[15] Eine umfassende Reichs- und Kirchenreform schien einen Ausweg zu weisen. Johannes Lichtenberger prophezeite schon 1488: „Es wird eine neue Reformation, ein neues Gesetz und ein neues Reich, eine ehrliche, züchtige Wandlung in geistlichen und weltlichen Dingen" geschehen.[16]

2.1.2 Reformation und Bauernkrieg

Ein Signal kam aus Wittenberg: Am 31. Oktober 1517 übermittelte Martin Luther dem zuständigen Bischof 95 Thesen über Lehre und Praxis des Ablasses. Die Kirche lehrte, durch den Kreuzestod Christi und die Verdienste der Heiligen sei ein Gnadenschatz erworben worden, der es ermögliche, sich von zeitlichen Strafen für Sünden durch Bußübungen und gute Werke zu lösen. An deren Stelle waren indes zunehmend Geldleistungen getreten. Als Papst Leo X. einen Ablass ausschrieb, von dessen Erlös die Peterskirche in Rom neu errichtet werden sollte, und dieser auch in Kursachsen vertrieben wurde, meldete Luther sich zu Wort. Seine Thesen gelangten schon bald in die Öffentlichkeit.

Den Augustinermönch und Professor der Heiligen Schrift[17], bedrängte die Frage, ob der Loskauf von Strafe gegen Geld mit der kirchlichen Lehre vereinbar sei, mehr noch, ob der zürnende und strafende Gott nur durch Opfer zur Gnade bewogen werden könne. Allmählich verdichtete sich seine Erkenntnis, Christus habe mit seinem Tod Gott mit den Menschen versöhnt. Deshalb bedürfe es allein des Glaubens (*sola fide*), denn Gott vergebe nicht um des Verdienstes willen, sondern aus Gnade und Liebe. Die erste seiner Thesen lautete folglich, das ganze Leben eines Gläubigen solle Buße sein.[18]

Der Ablassstreit eskalierte und löste eine Reformbewegung aus, in der sich theologisch-religiöse, gesellschaftliche und politische Anliegen bündelten. Im Juni 1518 wurde gegen Luther der kanonische Prozess eröffnet. Im Verlauf einer Disputation in Leipzig vom 27. Juni bis 16. Juli 1519, zu der Andreas Bodenstein (Karlstadt) von dem Ingolstädter Theologen Johann Eck herausgefordert wurde, bezweifelte Luther, dass

14 H. Koller (Hg.), Reformation, 50.
15 Vgl. H. Talkenberger, Sintflut.
16 J. Lichtenberger, Practica, fol. H 2.
17 Vgl. M. Brecht, Luther.
18 Vgl. M. Luther, Studienausgabe, Bd. 1, 176.

der Papst die höchste Autorität der Kirche verkörpere und Konzilen unfehlbar seien. Das Echo in der Öffentlichkeit war nachhaltig, und mit der Idee einer Reform des Kirchenwesens sympathisierten künftig Menschen aus allen Schichten.

Zu dieser Zeit veränderten sich die politischen Konstellationen: Am 12. Januar 1519 verstarb Maximilian I., am 28. Juni wurde der spanische König Karl I. zum Kaiser gewählt. Luther widmete ihm 1520 seine Schrift „An den christlichen Adel deutscher Nation von des christlichen Standes Besserung", die im selben Jahr 16 weitere Ausgaben erlebte. Drei von den Papisten errichtete Mauern, so war zu lesen, müssten niedergerissen werden: die geistliche sei der weltlichen Gewalt übergeordnet, die verbindliche Auslegung der Heiligen Schrift gebühre allein dem Papst, und nur dieser könne ein Konzil einberufen. Heftig kritisierte Luther das verweltlichte, geldgierige Rom. Er plädierte für eine Kirche der Laien, die das Wort Gottes ohne Vermittlung durch die Priester annehmen.

Mit der Schrift *„De captivitate Babylonica ecclesiae"* (Von der babylonischen Gefangenschaft der Kirche) verwarf Luther die geistliche Hierarchie, indem er die Kirche als Anstalt der Sakramentsverwaltung infrage stellte. In dem Pamphlet „Von der Freiheit eines Christenmenschen" erklärte er, das Evangelium mache jeden Christen aus göttlicher Gnade im Glauben frei, doch in weltlichen Dingen müsse er sich fügen und dem Nächsten in Liebe dienen. Viele Laien ignorierten indes diese Limitierung christlicher Freiheit, weil sie überzeugt waren, das Evangelium gebiete auch die Beseitigung sozialer Nöte. In solchen Interpretationen offenbarte sich die gesellschaftliche Sprengkraft der reformatorischen Theologie.

Am 10. Dezember 1520 verbrannte Luther in einem demonstrativen Akt einen Druck der päpstlichen Bulle, die ihn zum Widerruf aufforderte, sowie kanonische Rechtsbücher – ein Zeichen des Bruchs mit der römischen Kirche. Am 3. Januar 1521 wurde der Kirchenbann über ihn verhängt. Die *„Causa Lutheri"* wurde in die Reichspolitik gezogen, als er nach Worms geladen wurde und Kaiser und Reichsstände von ihm den Widerruf erwarteten. Am 18. April 1521 bekannte Luther, er könne nicht widerrufen, weil es beschwerlich und gefährlich sei, wider das Gewissen zu handeln, es sei denn, er werde durch das Zeugnis der Heiligen Schrift widerlegt. Daraufhin verhängte ein kaiserliches Edikt vom 25. Mai 1521 über ihn die Reichsacht: Der Geächtete sollte von niemandem beherbergt, nach Ablauf des Geleits festgenommen und ausgeliefert, seine Schriften vernichtet und seine Lehre nicht länger verbreitet werden. Doch Luther wurde mit Wissen des sächsischen Kurfürsten Friedrich des Weisen am 4. Mai 1521 insgeheim auf die Wartburg bei Eisenach verbracht. Hier übertrug er das Neue Testament in die deutsche Sprache und später in Wittenberg, unterstützt von Mitarbeitern, bis 1534 die ganze Bibel. Die Ausformung der deutschen Schrift- und Literatursprache wurde davon nachhaltig beeinflusst.

Das Verschwinden Luthers verunsicherte seine Anhänger, aber sein Auftreten in Worms verlieh der Bewegung auch Auftrieb. In Wittenberg wurden seit Dezember 1521 unter dem Einfluss Karlstadts Kirche und Stadtverfassung umgestaltet. Luther kehrte daraufhin am 6. März 1522 besorgt zurück und predigte, Neuerungen sollten erst nach gründlicher Vorbereitung der „Schwachen im Glauben" und im Zusammenwirken mit der weltlichen Obrigkeit, dem von Gott eingesetzten Regiment, vorgenommen werden. Vielerorts wurde das Wormser Edikt nicht respektiert, Predigtstörungen, Spottprozessionen, Klosteraustritte und Kirchenstürme häuften sich und zeugten vom Anwachsen einer die Reformation vorantreibenden Volksbewegung.

Im „Gesprächbüchlein Neu-Karsthans“ von 1521 klagte ein Bauer, die Pfaffen plagten ihn fort und fort, und sollte das noch länger andauern, „ich würde mich einmal gröblich vergessen, denn sie überziehen das Spiel.“[19] Da auch Luther mit Unruhen rechnete, publizierte er 1522 „Eine treue Vermahnung zu allen Christen, sich zu hüten vor Aufruhr und Empörung“: Aufruhr sei ein Werk des Teufels, argumentierte er. Deshalb wolle er sich an die halten, die Aufruhr erleiden, und nicht an diejenigen, die ihn verursachen. Er stellte sich gegen die Kräfte, die es nicht „beim Wort“ bewenden lassen wollten und ein Widerstandsrecht beanspruchten.

Angehörige der Ritterschaft griffen 1522 zu den Waffen, nachdem Ulrich von Hutten in leidenschaftlichen Pamphleten den Pfaffenhass geschürt und zum „Pfaffenkrieg“ aufgerufen hatte. Unter Führung Franz von Sickingens befehdeten sie den Trierer Erzbischof und Kurfürsten Richard von Greiffenclau. Das Unternehmen brach Anfang Mai 1523 zusammen. Erfolgreicher war die reformatorische Bewegung in einer Zahl von Reichsstädten, in denen es gelang, die Räte zu Neuerungen zu drängen.[20]

In dem Maß, in dem aus dem Evangelium Folgerungen abgeleitet wurden, wie die Reformation gestaltet werden solle, profilierte und differenzierte sich die Bewegung: Adlige, Bürger und Bauern rezipierten die neue Lehre jeweils auf ihre Weise. Neben Luther traten Männer wie Karlstadt, Martin Butzer oder Huldrych Zwingli mit eigenständigen Vorstellungen hervor. Manche Prediger tendierten zu einer radikalen Erneuerung von Kirche und Gesellschaft. Thomas Müntzer verkündete unter Berufung auf den Propheten Daniel, alle Gewalt werde dem Volk Gottes gegeben. Darauf wollte er die Menschen angesichts der nahen „Endzeit“ vorbereiten.[21]

Im Juni 1524 erhoben sich Untertanen in der Landgrafschaft Stühlingen.[22] Bald weitete dieser Aufstand sich zum große Teile des Reiches erfassenden Bauernkrieg aus.[23] Die Abläufe zeigten gleiche Muster: Artikulierung von Beschwerden, Bildung bewaffneter Bauernhaufen, Gründung christlicher Verbündnisse, Verhandlungen mit den Grundherren, Ablehnung unzureichender Ergebnisse, bewaffnete Konfrontationen. Erfasst wurden vor allem – aber nicht nur – jene Gebiete, in denen der Druck geistlicher und weltlicher Grundherren am stärksten war. Mit der Berufung auf das Göttliche Recht legitimierten die Aufständischen das Verlangen nach materieller Entlastung, sozialer Besserstellung und gemeindlicher Selbstbestimmung.

Im Verlauf weniger Monate breiteten die Aufstände sich lawinenartig aus. Um die Jahreswende 1524/25 wurde Oberschwaben erfasst, im Frühjahr 1525 das Elsass, Baden und die Pfalz, Württemberg und Franken, Thüringen, das Harzvorland und Teile des Erzgebirges und seit Juni auch die Alpenländer. Gleichzeitig wurden zahlreiche Städte von Rebellionen erschüttert, die von den bäuerlichen Aufständen oder anderen Motiven stimuliert wurden. Die städtischen Räte versagten den Bauern indes zumeist die Unterstützung.

---

19 W. Lenk (Bearb.), Dialog, 91.
20 Vgl. B. Moeller, Reichsstadt, 18ff.
21 Vgl. G. Vogler, Müntzers Sicht, 218ff.
22 Vgl. H. Oka, Bauernkrieg.
23 Vgl. P. Blickle, Revolution; G. Vogler, Gewalt.

Eine Ausnahme bildeten kleine Städte, deren Beziehungen zum Umland eng und die mit Problemen konfrontiert waren, die auch die ländliche Bevölkerung zum Aufstand trieben. Bauernhaufen waren die übliche Form militärischer Organisation. Sie knüpften an die Gewohnheiten der Landsknechte und die städtischen und ländlichen Aufgebote an. Christliche Vereinigungen wurden gegründet, um Herrschaft im Interesse des „gemeinen Mannes" dort auszuüben, wo geistliche oder weltliche Obrigkeiten ausgeschaltet wurden.

Auskunft über Beschwerden und Forderungen geben unterschiedliche Dokumente. Die „Zwölf Artikel" aus Oberschwaben von Ende Februar 1525 konzentrieren sich auf Anliegen, die allgemeine Geltung beanspruchen konnten. Sie verlangten eine Minderung feudaler Leistungen, die Abschaffung der Leibeigenschaft, die Stärkung der Dorfgemeinden und die Wahl der Pfarrer durch die Gemeinden. Diese Artikel wurden in 25 Drucken verbreitet, so dass Bauernhaufen auch andernorts sie sich zu eigen machten.[24] Eine solche Resonanz war anderen, manchmal radikaler ausfallenden Artikeln nicht beschieden. Im nur handschriftlich verbreiteten „Artikelbrief" aus dem Schwarzwald wurde zum Beispiel erklärt, alle Belastungen und Bedrückungen durch geistliche und weltliche Obrigkeiten nicht länger tragen zu wollen und ihre Verursacher zu entmachten. Im fränkischen Taubertal hieß es bündig: "Und was das hailig ewangelium aufricht, soll uffgericht sein, was das niderlegt, soll nidergelegt sein und bleyben."[25]

Ein „Reformationsentwurf", über den ein „Bauernparlament" in Heilbronn beraten sollte (wozu es aber nicht kam), griff auf Anliegen der Reichsreform zurück und verlangte eine Reform aller Stände, Städte und Gemeinden, damit künftig niemand mehr unbillig beschwert werde. Der Entwurf einer „Landesordnung" für Tirol aus der Feder Michael Gaismairs verknüpfte Probleme der Reformation mit sozialen und politischen Erfordernissen des Landes und umriss die Konturen einer gesellschaftlichen Ordnung zum Nutzen des „gemeinen Mannes".

Die Forderungen zielten auf die ökonomische Entlastung der Untertanen, die Anhebung ihrer sozialen Stellung, die Sicherung von Rechten der Dorfgemeinden und die Umsetzung von Anliegen der reformatorischen Bewegung. Gelegentlich begegnet auch die Forderung, Privilegien des Adels und der Geistlichkeit aufzuheben und generell eine Ordnung zu schaffen, die dem „gemeinen Mann" einen ihm gebührenden Platz einräumt.

Nachdem die Herrschenden anfangs nicht in der Lage waren, effektiv Widerstand zu leisten und sich auf Verhandlungen einließen, änderte sich die Situation seit dem Frühjahr 1525, als der Schwäbische Bund und einige Fürsten über genügend Söldner für einen Gegenschlag verfügten. Sie verfolgten seitdem die Taktik, die Bauernhaufen zu isolieren und nacheinander niederzuwerfen. Die Niederlagen der Württemberger bei Böblingen am 12. Mai, der Thüringer bei Frankenhausen am 15. Mai und der Elsässer bei Zabern am 17. Mai zeigten an, dass der Bauernkrieg seinen Höhepunkt überschritten hatte. In Tirol und angrenzenden Gebieten begannen die Aufstände allerdings erst im Juni 1525 und dauerten bis in das Jahr 1526 hinein an, ohne den Niedergang der Bewegung noch aufhalten zu können.

---

24 Vgl. G. Vogler, Verbreitung, 206ff.
25 A. Laube/H. W. Seiffert (Hg.), Flugschriften, 109.

Der deutsche Bauernkrieg erlangte Dimensionen wie keine bäuerliche Erhebung zuvor. Mehr als 200 000 Aufständische attackierten wirkungsvoll geistliche und weltliche Gewalten und erschütterten das Gefüge obrigkeitlicher Herrschaft. Die Christlichen Vereinigungen praktizierten ansatzweise ihre Vorstellungen von einer gerechten gesellschaftlichen Ordnung. Die weitreichenden Ziele konnten nicht durchgesetzt werden. Regional wurden allerdings manche Zugeständnisse erstritten.[26] An die 100 000 Aufständische verloren ihr Leben. Die Herrschenden lebten indes noch längere Zeit in der Furcht vor neuen Erhebungen.[27]

2.1.3 Reformationsfrage und Konfessionalisierung

Als die Herrschenden nach der Niederwerfung der aufständischen Bauern und Städtebürger ihren Handlungsspielraum zurückgewannen, die Rebellen abstraften und wieder in die Untertänigkeit führten, trat der Reformationsprozess in ein neues Stadium. Während des Reichstags in Nürnberg 1524 hatten die Reichsstände verlangt, ein „Nationalkonzil" einzuberufen, um Entscheidungen in der Reformationsfrage herbeizuführen. Da Karl V. dieses Ansinnen zurückwies, verständigten die Stände sich in Speyer 1526 auf den Kompromiss, in ihren Territorien „so zu leben, zu regieren und sich zu halten, wie ein jeder solches gegen Gott und die kaiserliche Majestät hofft und vertraut zu verantworten."[28] Damit wurde eine definitive Entscheidung bis zu einem allgemeinen Konzil vertagt.

Die evangelischen Reichsstände nutzten diese Situation indes, um weitere Städte und Territorien der Reformation zuzuführen. Nachdem Kursachsen und Hessen vorangegangen waren, schlossen sich das Herzogtum Preußen, die Markgrafschaften Ansbach und Bayreuth und das Herzogtum Braunschweig-Lüneburg an. In einer Reihe von Städten im Norden des Reiches – von Göttingen und Görlitz bis Hamburg und Rostock – wurden die patrizischen Räte beseitigt und reformatorische Umgestaltungen eingeleitet. Mit Hilfe benachbarter Landesherren gelang es zwar in den meisten Fällen, die alten Herrschaftsverhältnisse wieder herzustellen, aber die reformatorischen Neuerungen blieben erhalten.[29]

Der reformatorischen Bewegung verbundene Fürsten nahmen nun stärker auf den Reformationsprozess Einfluss, einerseits um seine Ergebnisse zu sichern, andererseits um seine radikalen Züge zu beschneiden. Territoriale Kirchenordnungen regelten das religiöse Leben landeseinheitlich. Mit der Übernahme der kirchlichen Gerichtsbarkeit wurde die juristische Kompetenz weltlicher Gewalten erweitert. Mit der Säkularisation des Kirchenguts gelangte geistlicher Besitz erheblichen Umfangs in ihre Verfügungsgewalt. Das Kirchenregiment übte nun der jeweilige Landesherr aus. Die Reformation mutierte zur „Fürstenreformation".

Altgläubige Reichsstände traten während des Reichstags zu Speyer im April 1529 für die weitere Geltung und endliche Respektierung des Wormser Edikts ein und woll-

---

26 Vgl. P. Blickle, Revolution, 254ff.
27 Vgl. G. Vogler, Verhandlungen, 173ff.
28 Reichs-Abschiede, 2. Teil, 274.
29 Vgl. A. Schindling/W. Ziegler (Hg.), Territorien

ten Neuerungen bis zu einer Konzilsentscheidung unterbinden. Dagegen protestierten fünf Reichsfürsten und 14 Reichsstädte. Aus den „Protestierenden" wurden später die „Protestanten" – der Name wurde auf die ganze evangelische Bewegung übertragen.[30] Doch diese waren uneins, und auch der hessische Landgraf Philipp scheiterte Anfang Oktober, als er mittels eines Religionsgesprächs in Marburg eine Einigung zwischen Luther und Zwingli herbeiführen wollte. Nach allgemeiner Auffassung setzte ein politisches Bündnis die Übereinstimmung in der Lehre voraus. Ein Konsens der Evangelischen kam jedoch nicht zustande, so dass auch die Bemühungen um ein Bündnis nur begrenzt von Erfolg waren.

Karl V. war indes entschlossen, die „Ketzerei" auszurotten. Vor seinen Räten erklärte er am 16. September 1528: „Ich schwöre zu Gott und seinem Sohne, daß nichts in der Welt mich so bedrückt wie die Häresie Luthers und daß ich das Meinige dafür tun werde, daß die Historiker, die von der Entstehung dieser Ketzerei in meinen Tagen erzählen, auch hinzufügen, daß ich alles dagegen unternommen habe."[31] Als er während des Reichstags in Augsburg 1530 die drohende „Religionsspaltung" durch Widerlegung der „Irrlehren" der Evangelischen aufhalten wollte, legten mehrere Reichsstände die von Philipp Melanchthon verfasste *„Confessio Augustana"* (Augsburgische Konfession) vor, die ihr Glaubensverständnis moderat definierte. Doch die Evangelischen konnten sich nicht auf eine gemeinsame Bekenntnisschrift einigen. Sowohl Zwingli als auch mehrere oberdeutsche Städte legten eigene Bekenntnisschriften vor. Das beförderte den Prozess, der schließlich zur Ausbildung mehrerer christlicher Konfessionen führte.

Karl V. war weiterhin am Erhalt der Kircheneinheit und an einer Einigung der Glaubensparteien interessiert. Die Lösung der Probleme sollte ein Konzil bewirken. Doch es wuchs auch die Gefahr eines gewaltsamen Zusammenstoßes. Deshalb schlossen sich evangelische Fürsten und Städte am 27. Februar 1531 in Schmalkalden zu einem Defensivbündnis für den Fall zusammen, „do wir von wegen der cristenlichen, billichen und rechtmessigen sachen, davon unser cristenlich verstentnus meldung tut, von jemandts wollten uberzogen, vergwaltigt ader sunst in ander weg ... beschwert werden".[32] Diesen „Schmalkaldischen Bund"[33] dominierten Kursachsen und Hessen. Unter seinem Schutz wurde die protestantische Einflusssphäre in den folgenden Jahren ausgeweitet, vor allem 1534 durch den Anschluss der Herzogtümer Württemberg und Pommern.

Viele Gläubige lehnten indes eine institutionalisierte Kirche und deren Bindung an die Obrigkeiten ab. Vor allem die Täuferbewegung gewann Tausende Anhänger.[34] Sie wurden des Landes verwiesen und mit der Todesstrafe bedroht, verbrannt oder ertränkt. Im Februar 1534 errichtete jedoch eine militante Gruppe in Münster in Westfalen gemäß der biblischen Verheißung das „neue Jerusalem".[35] Bis zum 25. Juni 1535 widerstand

---

30 Vgl. S. Bräuer, Protestierende, 91ff.

31 A. Kohler (Hg.), Quellen, 138.

32 H. H. Hofmann (Hg.), Verfassungsorganismus, 80.

33 Vgl. G. Haug-Moritz, Schmalkaldischer Bund.

34 Vgl. H.-J. Goertz, Täufer, 15ff.; C.-P. Clasen. Anabaptism, 15ff.

35 Vgl. K.-H. Kirchhoff, Phänomen, 282ff.

dieses „Täuferreich" den Belagerungstruppen. Dann wurde die Stadt durch Verrat eingenommen. Danach existierten Täufergemeinden zwar im Verborgenen weiter, aber die der Bewegung innewohnende obrigkeitsfeindliche Potenz erschöpfte sich bald.

Um die Mitte der dreißiger Jahre verebbte der bäuerliche Widerstand, verlor die Stadtreformation an Schwungkraft und gewannen die fürstlich gesteuerten Reformationen an Einfluss. Die „Wittenberger Konkordie" vom 29. Mai 1536 dokumentierte erstmals einen Konsens zwischen verschiedenen protestantischen Strömungen. Auch vermittelte Jean Calvins im selben Jahr veröffentlichte *„Institutio christianae religionis"* (Unterricht in der christlichen Religion) dem reformatorischen Denken neue Impulse.

Karl V. waren die Hände gebunden, solange die Osmanen die Grenzen bedrohten und der Krieg mit der französischen Krone andauerte. So wurde zunächst noch versucht, durch Religionsgespräche einen Ausgleich zu finden, um die Einheit der Kirche zu bewahren.[36] König Ferdinand und der Schmalkaldische Bund vereinbarten am 23. Juli 1532 in Nürnberg einen „Religionsfrieden", der den protestantischen Reichsständen bis zu einem Konzil einen „Friedstand" gewährte, während diese sich zur Türkenhilfe verpflichteten. Am 10. April 1539 wurde diese Regelung in Frankfurt am Main noch einmal verlängert. Da Karl V. die Hilfe der protestantischen Fürsten gegen Frankreich benötigte, sah er sich während des Reichstags zu Speyer 1544 zu einigen Zugeständnissen gezwungen. Erstmals räumte er ihnen das Recht ein, ihre Kirchen und Klöster zu reformieren. Auch suspendierte er alle Prozesse und Sanktionen in Religionssachen.

Am 9. Juni 1546 schrieb der Kaiser an seine Schwester: Die Gefahr für die Religion sei außerordentlich groß, wenn ihr nicht ohne Aufschub begegnet werde, weil sonst auch der Rest Deutschlands von der Kirche abfalle.[37] Doch für einen Krieg fehlten Karl V. vorerst die Mittel. Er wurde schließlich möglich durch einen Frieden mit Frankreich, ein Bündnis mit dem Papst und einen Waffenstillstand mit dem Sultan. Auch gewann der Kaiser Bayern als Verbündeten, und der evangelische Herzog Moritz von Sachsen erklärte sich bereit, Neutralität zu wahren. Die Protestanten debattierten lange, ob es ein Recht gebe, die Waffen gegen den Kaiser zu gebrauchen.[38] Luther mahnte zum Frieden, aber angesichts der drohenden Gefahr setzten sich diejenigen durch, die ein Widerstandsrecht für den Fall befürworteten, dass der Kaiser die Rechte der Reichsstände verletze.

Im Schmalkaldischen Krieg 1546/47 fügte Karl V. (unterstützt von Moritz von Sachsen) den Protestanten eine vernichtende Niederlage zu. Den Sieg befestigte er dann während des Augsburger Reichstags 1547/48 durch das *„Interim"* vom 15. Mai 1548, das den Protestanten die Priesterehe und den Laienkelch zubilligte, aber an der katholischen Lehre festhielt. Die *„Formula reformationis"* appellierte an die Verantwortung der altgläubigen Bischöfe und verpflichtete die geistlichen Reichsstände, die traditionellen Formen des Ritus wieder herzustellen und zu bewahren. In einer Reihe süddeutscher Reichsstädte wurden die Räte suspendiert und ein kaiserliches Regiment eingerichtet.

---

36 Vgl. G. Müller (Hg.), Religionsgespräche.
37 A. Kohler (Hg.), Quellen, 325.
38 Vgl. H. Scheible, Widerstandsrecht; E. Wolgast, Religionsfrage, 17ff.

Im Norden erhob sich gegen das „Interim" heftiger Widerstand, vor allem in Magdeburg, das mit der Reichsacht belegt wurde. Dessen Theologen vertraten ein Widerstandsrecht, das den aktiven Kampf gegen obrigkeitliche Weisungen in Religionssachen für rechtmäßig erklärte. Davon wurden die monarchomachischen Schriften beeinflusst. Bald formierten sich die Kräfte, die die „deutsche Libertät" gefährdet sahen und sich der „viehischen, untreglichen und ewigen servitut, wie in Hispania und sonsset gesehen wirdet"[39], nicht fügen wollten. Wortführer der Opponenten war jetzt Moritz von Sachsen. Gedeckt durch den Vertrag von Chambord vom 15. Januar 1552, der ihm französische Rückendeckung sicherte, wandte er sich von Karl V. ab, und protestantische Fürsten überfielen im März das kaiserliche Lager und stießen bis Innsbruck vor. Verhandlungen mit König Ferdinand hatten den Passauer Vertrag vom 2. August zum Ergebnis, der das „Interim" suspendierte und einen „Religionsfrieden" bis zum nächsten Reichstag vereinbarte. Damit wurde der Kompromiss angebahnt, der während des Augsburger Reichstags 1555 reichsrechtlich verbindlich wurde.

Mit dem „Religionsfrieden" vom 25. September 1555 sagten Katholiken und Protestanten sich gegenseitig Tolerierung zu, ohne dass eine Seite den Anspruch aufgab, allein die christliche Wahrheit zu vertreten. Es wurde ein „Friede" vereinbart, der Religionsfragen galt, aber mit weltlichen Mitteln exekutiert und im politischen System verankert wurde. Mit ihm wurden die Ergebnisse der Reformation reichsrechtlich festgeschrieben und die Säkularisation von Kirchengut nach dem Stand von 1552 anerkannt. Auch wurde den Landesherren zugebilligt, über das Glaubensbekenntnis ihrer Untertanen zu entscheiden. Der Greifswalder Jurist Joachim Stephani fand dafür 1582 die Formel „*Cuius regio eius religio*" (Wer die Herrschaft innehat, bestimmt auch die Religion). Der Reichsabschied enthielt zudem einige Klauseln, so den „Geistlichen Vorbehalt", demzufolge geistliche Fürsten, wenn sie konvertierten, ihre Herrschaft verloren. Das entstandene Kräfteverhältnis war im Reichsrecht festgeschrieben worden, aber die Interpretation mancher Artikel blieb strittig, so dass neue Konflikte programmiert waren.

2.1.4 Konfessionelle Spaltungen und neue Konflikte

Eine neue Situation entstand, als Karl V. 1555/56 abdankte und sein Imperium aufteilte. Am 12. September 1556 übertrug er seinem Bruder Ferdinand – seit 1531 römischer König – die Kaiserwürde.[40] Die Kurfürsten sanktionierten diesen Schritt im Februar 1558. Auf den Kaiser als Schutzherrn hofften nach wie vor Ritterschaft, Bürger und Bauern, die Reichsgerichte anriefen, um ihre Beschwerden mit rechtlichen Mitteln auszufechten. Das Bemühen des Kaisers, die Arbeit von Institutionen des Reiches effektiver zu gestalten, wurde allerdings von den Reichsständen beargwöhnt, weil sie eine Einschränkung ihrer Rechte befürchteten. Kaiser und Reichsstände waren aber aufeinander angewiesen. Sie repräsentierten ein „System komplementärer Staatlichkeit": „Dabei organisierten – idealtypisch gesprochen – das Reich Außenverteidi-

---

39 A. von DRUFFEL, Reichsgeschichte, 340.
40 Vgl. E. LAUBACH, Ferdinand I.

gung und Rechtssystem, die Reichskreise Exekutionswesen und Infrastruktur, die Territorialstaaten Verwaltung und Disziplinierung der Untertanen."[41]

Die Situation war indes gespannt, denn die wirtschaftliche Blütezeit war überschritten, viele Menschen fürchteten um ihre Existenz, und Hungerkrisen häuften sich. Soziale Konflikte brachen vermehrt auf und wurden durch konfessionelle Spannungen verschärft. Die Auslegung des „Religionsfriedens" führte immer wieder zu Reibereien, der Kampf um das Kirchengut hielt an und der gemischt-konfessionelle Status mehrerer Reichsstädte provozierte wiederholt Auseinandersetzungen. Protestantische Reichsstände brachten weitere geistliche Territorien in ihre Gewalt: der sächsische Kurfürst die Bistümer Meißen, Merseburg und Naumburg, der Brandenburger die Bistümer Brandenburg, Havelberg und Lebus, und zwischen beiden dauerte der Streit um Magdeburg und Halberstadt an.[42] Die Reichstage dieser Zeit waren folglich neben der Türkenabwehr und der Landfriedenssicherung ständig mit der „Religionsfrage" befasst.

Die alte Kirche war angesichts der Erfolge der evangelischen Bewegung gezwungen, auf die veränderten Verhältnisse zu reagieren. Reformbemühungen in der katholischen Kirche führen zurück in die Zeit vor dem Beginn der evangelischen Reformationen. Sie boten Ansatzpunkte für die „katholische Reform", die mit den Beschlüssen des 1545 eröffneten und – nach mehreren Unterbrechungen – 1563 beendeten Konzils von Trient auf den Weg gebracht wurde.[43] Die katholische Kirche grenzte sich deutlich von der evangelischen Lehre ab, sanktionierte die hierarchische Ordnung, verwarf das allgemeine Priestertum, hielt am Bibeltext der lateinischen *Vulgata* fest und sprach sich für eine verbesserte Seelsorge aus.

Kaiser Ferdinand I. und seit 1564 Maximilian II. waren keine militanten Katholiken. Ferdinand hatte 1555 seine Bereitschaft zu Kompromissen bewiesen, und Maximilian war bemüht, im bikonfessionellen Reich den Frieden zu wahren und das Nebeneinander der Konfessionen zu gewährleisten. Als er sich während des Augsburger Reichstags von 1566 für die Anerkennung des „Religionsfriedens" von 1555 einsetzte, gelang es Kardinal Giovanni Francesco Commendone, die katholischen Reichsstände zur Annahme der Konzilsdekrete zu bewegen, ohne dass sie sofort allerorts praktiziert wurden.[44] Ihre Umsetzung verfolgte die Absicht, verlorenes Terrain zurück zu gewinnen, gefährdete Bistümer zu sichern und neue Einflussbereiche zu erschließen. Katholische Reform und Gegenreformation im Sinne der Zurückdrängung protestantischen Einflusses gingen künftig Hand in Hand.

Seit den vierziger Jahren ließen sich die Jesuiten im Reich nieder. Die zu bedingungslosem Gehorsam gegenüber Gott und Papst verpflichteten Mitglieder des geistlichen Ordens nutzten Beichtstühle, Kanzeln, Universitätskatheder, Kunst und Theater, um die katholischen Glaubensnormen zu befestigen. Der Ordensprovinzial Petrus Canisius, dessen Katechismen weite Verbreitung fanden, gründete zahlreiche Niederlassungen. Das Erzbistum Köln und das Herzogtum Bayern waren die wichtigsten

---

41 G. Schmidt, Geschichte, 44.
42 Vgl. E. Wolgast, Hochstift, 218ff.
43 Vgl. G. Maron, Katholische Reform, 45ff.
44 Vgl. H. Molitor, Reform, 399ff.; E. Koch, Zeitalter, 92ff.

Stützpunkte der gegenreformatorischen Politik. Von hier aus wurde vor allem im Westen des Reiches und in den Alpenländern die Rekatholisierung betrieben.

Die Calvinisten waren in den „Religionsfrieden“ nicht eingeschlossen.[45] Der pfälzische Kurfürst Friedrich III. bemühte sich vergeblich, die Vereinbarkeit der Lehre Calvins mit der Confessio Augustana nachzuweisen. Der von ihm angeregte „Heidelberger Katechismus“ von 1563 war in mehreren deutschen Territorien das Vorbild für calvinistische (reformierte) Gemeindeordnungen. Als in Kursachsen Kritik an orthodoxen Tendenzen im Luthertum geübt und eine calvinistische Verschwörung vermutet wurde, schritt Kurfürst August I. 1574 ein. Lutherische Theologen erarbeiteten eine Bekenntnisschrift, die dem Vordringen des Calvinismus einen Riegel vorschieben sollte. Diese „Konkordienformel“ von 1577 und das „Konkordienbuch“ von 1580 akzeptierten viele protestantische Reichsstände, Prediger und Lehrer. Wer die Unterschrift verweigerte, weil er sich obrigkeitlichem Glaubenszwang nicht fügen wollte, musste mit Verfolgung rechnen. Ende der achtziger Jahre ließ Kurfürst Christian I. calvinistisch gesinnte Beamte und den Kanzler Nikolaus Krell gewähren, weil er mit ihrer Hilfe den ständischen Einfluss zurückzudrängen gedachte. Nach seinem Tod 1591 wurden die Repräsentanten dieser Politik ausgeschaltet und Krell nach jahrelanger Gefangenschaft 1601 hingerichtet.

Seit 1576 trug Rudolf II. die Kaiserkrone. Er war von der spanischen Katholizität geprägt worden, gab sich realitätsfernen Neigungen hin und reagierte auf drängende Probleme nur zögernd. Doch eskalierten gerade in dieser Zeit Konflikte, die sich aus differierenden Interpretationen des „Religionsfriedens“ ergaben, wie Vorgänge in Köln, Aachen und Straßburg ausweisen. Selbst die als notwendig erkannte Kalenderreform führte zum Dissens. Am 24. Februar 1582 dekretierte Papst Gregor XIII., ab dem 4. Oktober solle der Kalender um die elf Minuten korrigiert werden, die das Jahr im Vergleich mit dem tatsächlichen Lauf der Gestirne zu lang sei. Die entstandene Differenz von zehn Tagen wurde durch Überspringen der Zeitspanne bis zum 14. Oktober korrigiert. Doch die Protestanten opponierten, weil der Kaiser die Reform ohne Befragen der Reichsstände verbindlich machte. Folglich existierten bis 1700 im Reich zwei Zeitrechnungen nebeneinander.

Die krisenhafte Situation an der Wende des 16. zum 17. Jahrhundert löste eine neue Welle von Rebellionen auf dem Land und in den Städten aus.[46] In den ostelbischen Gebieten richtete sich bäuerlicher Widerstand primär gegen die ansteigenden Fronlasten. Andernorts waren die abgeforderten Steuern der Kritikpunkt. Den Höhepunkt bildete ein Bauernaufstand in Oberösterreich von 1595 bis 1597, in dem sich Belastungen des Türkenkrieges und Repressionen gegen evangelische Gläubige verquickten. Finanzkrisen, Misswirtschaft und die konfessionell gespannte Lage lösten in vielen Städten Unruhen aus. Während des Frankfurter Aufstands unter Führung des Lebkuchenbäckers Vincenz Fettmilch wurden 1612 der Rat gestürzt und die Juden vertrieben. Hessen-Darmstadt und Kurmainz stellten als Exekutoren der verhängten Reichsacht die alte Ordnung wieder her.

---

45 Vgl. E. Wolgast, Reformierte Konfession; M. Schaab (Hg.),Territorialstaat.
46 Vgl. P. Blickle, Unruhen, 34ff.

Als die auf friedlichen Ausgleich bedachte Generation von Fürsten und Räten ausstarb, verschärften sich die konfessionellen Konfrontationen. In der Reichsstadt Donauwörth attackierten 1607 Protestanten eine Prozession der katholischen Minderheit. Mit der Exekution der am 3. Juli über die Stadt verhängten Reichsacht wurde der bayerische Herzog Maximilian I. betraut. Im Dezember besetzte er die Stadt. Die protestantischen Reichsstände prangerten diesen Schritt während des Regensburger Reichstags 1608 an und verlangten die Bestätigung des Augsburger Religionsfriedens, während die katholischen Reichsstände die Rückgabe des seit 1552 säkularisierten Kirchenguts forderten. Als einige evangelische Stände die Beratungen verließen, kam kein Reichstagsabschied zustande und wurde die Reichsverfassung faktisch außer Kraft gesetzt. Die Krisensituation mündete in die Lähmung der Reichsorgane.

Am 15. Mai 1608 schlossen sich in Auhausen bei Nördlingen einige lutherische und reformierte Fürsten unter Führung der Kurpfalz nach dem Vorbild des Schmalkaldischen Bundes zu einer Union zusammen, weil sie befürchteten, dass „etliche“ es auch künftig nicht unterlassen würden, „in dem gelibten Vatterlandt eine Unruhe nach der andern anzurichten, ... und also, soviel es an Ihnen, die uhralte löbliche ganze verfassung des Reichs in einen haufen zuewerfen.“[47] Im Gegenzug wurde am 10. Juli 1609 in München unter Bayerns Führung die Liga katholischer Fürsten gegründet, weil zu besorgen sei, „das die friedliebende gehorsame Catholische Stennde des Reichs, von den unrüehigen vergewaltigt, und uberzogen, darauß gewißlich nichts anders, dann ausreittung der alten wahren allein seelig machenden Religion, und derselben zugewanten, beneben undertrükhung aller gleichmessiger billicheiten, recht und Reichssatzungen zugewartten.“[48]

Ein großer Krieg drohte mit dem Streit um die Erbfolge in den Herzogtümern Jülich und Kleve. Die Ermordung des französischen Königs Heinrich IV. im Mai 1610 veränderte die Situation. Mit dem Vertrag von Xanten vom 12. November 1614 wurde vorerst ein Kompromiss gefunden, indem die strittigen Territorien zwischen Pfalz-Neuburg und Brandenburg aufgeteilt wurden.

Das neuralgische Zentrum wurde Böhmen.[49] Mit dem Majestätsbrief vom 9. Juli 1609 sagte Kaiser Rudolf II. den böhmischen Ständen die freie Religionsausübung auf der Grundlage der „Böhmischen Konfession“ von 1575 zu: Niemand solle „zu einer andern Religion durch Gewalt oder auf irgendeine ersonnene Art gezwungen werden.“[50] Die Religionsfreiheit und die Ständerechte galten als Schutz gegen die zentralistische Politik der Habsburger. Doch der Majestätsbrief wurde wiederholt verletzt. Daran änderte sich auch nichts, als Rudolf II. am 23. Mai 1611 zugunsten seines Bruders Matthias als König von Böhmen abdankte. Nach dem Tod Rudolfs am 13. Juni 1612 übernahm Matthias auch die Kaiserkrone und verlegte den Hof wieder von Prag nach Wien.

Aus den Streitigkeiten im Haus Habsburg ging schließlich der von den Jesuiten in Ingolstadt erzogene Erzherzog Ferdinand als Sieger hervor. Am 6. Juni 1617 wurde er

---

47 G. Lorenz (Hg.), Quellen, 68.
48 Ebd., 104.
49 Vgl. K. Richter, Die böhmischen Länder, 261ff.
50 Ebd., 99.

vom böhmischen Landtag als künftiger König angenommen (nicht gewählt) und am 1. Juli 1618 als König von Ungarn gekrönt. Er geriet in Gegensatz zu den böhmischen Ständen, als auch er die Gewissens- und Religionsfreiheit missachtete. Denn seine gegenreformatorische Politik ließ die evangelischen Stände befürchten, dass auch ihre politischen Freiheiten beseitigt werden sollten.

Angesichts der Zuspitzung der Lage in Böhmen[51], der komplizierten Situation im Reich und der internationalen Spannungen wurde ein großer Krieg zum drohenden Menetekel.[52]

2.1.5 Der Dreißigjährige Krieg

Am 23. Mai 1618 klagte eine Abordnung des böhmischen Adels unter Führung des Grafen Heinrich Matthias von Thurn die habsburgischen Statthalter auf der Prager Burg an, die im Majestätsbrief zugesicherten Rechte zu verletzen. Da die Räte Wilhelm von Slawata und Jaroslav von Martinitz als „unserer Religion größte Feind" galten[53], wurden sie und ein Sekretär kurzerhand in den Burggraben gestürzt. Die Szene erinnerte an die *„defenestratio"* der Hussiten von 1419. In dem dadurch ausgelösten und sich ausweitenden Krieg verwoben sich Konflikte zwischen den böhmischen Ständen und den Habsburgern, politische Rivalitäten zwischen dem Kaiser und den Reichsständen, Streitigkeiten der „Religionsparteien", der Kampf der Ostseeanlieger um die Vorherrschaft in diesem Raum, der Krieg zwischen Spanien und der Republik der Vereinigten Niederlande und die Auseinandersetzung zwischen Spanien und Frankreich um die Hegemonie in Europa. Es war ein Bündel von dreizehn Kriegen und zehn Friedensschlüssen[54] – der erste europaweite militärische Konflikt.

Am 25. Mai 1618 bildeten die böhmischen Stände den Rat der Defensoren um: Ein dreißigköpfiges Direktorium übernahm die Regierungsgeschäfte. Am 2. Juni wurden die Jesuiten aus dem Land gewiesen. Der am 23. Juli 1619 zusammentretende böhmische Konföderationslandtag gab dem Land am 31. Juli eine neue Verfassung. Das bedeutete den Bruch mit den Habsburgern. Die „Konföderationsakte" verankerte die Rechte der Stände, die ein Wahlkönig zu respektieren hatte. Die Länder der böhmischen Krone verstanden sich als Föderation unabhängiger Ständestaaten und hofften, die protestantischen Stände Mitteleuropas vereinigen zu können. In der Konföderation schlossen sich am 16. August Böhmen, Mähren, Ober- und Niederschlesien, die Ober- und Niederlausitz und die evangelischen Stände in Österreich unter der Enns zusammen. Sie beschlossen am 22. August 1619 die Absetzung Ferdinands, da er gegen die Freiheiten des Landes gehandelt habe.

Am 27. August 1619 wurde der pfälzische Kurfürst Friedrich V. zum böhmischen König gewählt. Er war Schwiegersohn des englischen Königs Jakob I., Neffe des niederländischen Statthalters Moritz von Oranien und auch mit dem schwedischen König Gustav II. Adolf verwandt. Die Stände hofften, auf diesem Weg die Unterstützung

---

51 Vgl. J. Petráň, Anfänge, 85ff.
52 Vgl. dazu auch die entsprechenden Länderkapitel.
53 K. Richter, Die böhmischen Länder, 227.
54 Vgl. G. Schmidt, Krieg, 8.

der Union und einiger europäischer Mächte zu gewinnen. Diese Hoffnung erwies sich als trügerisch, und Böhmen isolierte sich international zunehmend. Auch agierte das Direktorium defensiv und unentschieden und befand sich in einer ungünstigen Lage, als die Kriegshandlungen begannen.

Nach dem Tod von Kaiser Matthias im März 1619 wurde Ferdinand am 28. August zum Kaiser gewählt. Er verbündete sich im Oktober mit dem Bayernherzog Maximilian I., im April 1620 mit Kursachsen, und er wurde durch spanische Truppen und päpstliche Hilfsgelder unterstützt. Zudem vereinbarten am 3. Juli 1620 Liga und Union, sich nicht anzugreifen. Kaiserliche Truppen und die der Liga stießen nach Böhmen vor, spanische Söldner drangen in die Rheinfalz ein und sächsische Kontingente bemächtigten sich der Lausitzen und Schlesiens. Die böhmischen Stände erlitten am 8. November 1620 in der Schlacht am Weißen Berg bei Prag eine schwere Niederlage. Friedrich V. floh aus dem Land, wurde am 22. Januar 1621 mit der Reichsacht belegt und lebte fortan im niederländischen Exil. Sachsen wurden für seine Unterstützung 1623 die beiden Lausitzen als Pfand übertragen und Bayern die pfälzische Kurwürde sowie die Oberpfalz und Oberösterreich als Pfandherrschaft zugesprochen.

Die Niederlage traf Böhmen schwer. Die Besitzungen des böhmischen Adels wurden konfisziert und Parteigängern des Kaisers übergeben, so dass eine neue Aristokratie entstand, die Anführer des „böhmischen Aufstands" hingerichtet, die Anhänger evangelischer Bekenntnisse zur Emigration gezwungen und die Jesuiten zurückgerufen. Die Böhmische Hofkanzlei verlegte Ferdinand II. nach Wien, um sie besser unter Kontrolle halten zu können. Die „verneuerte Landesordnung" vom 10. Mai 1627 (für Mähren vom 1. Juli 1628) nahm den böhmischen Ländern die Selbständigkeit und befestigte das habsburgische Regiment.

Das Kriegsgeschehen verlagerte sich inzwischen in die Oberpfalz, nach Franken und an den Rhein. Johann Tserclaes von Tilly, der Befehlshaber der Ligaarmee, und Albrecht von Wallenstein, der in kaiserliche Dienste getreten war, stießen in das nördliche Deutschland vor, so dass zu befürchten war, die katholischen Mächte könnten sich in der protestantisch dominierten Region festsetzen. Das mobilisierte den dänischen König Christian IV., der sich das Amt eines Kreisobersten des niedersächsischen Reichskreises übertragen ließ, und einige deutsche Fürsten.[55] Die große antihabsburgische Koalition, um die sie sich bemühten, kam nicht zustande, aber in der Haager Allianz vom 19. Dezember 1625 fanden sich wenigstens Dänemark, England, die Niederlande und einige Reichsstände zusammen.

Um die steigenden Kriegskosten zu decken, wurden im Reich minderwertige Münzen in Umlauf gebracht und inflationäre Tendenzen begünstigt.[56] Da die Bevölkerung die Lasten zu tragen hatte, entlud sich deren Unwille gegen die Münzmeister, die „Kipper und Wipper", die in Flugschriften als „Geld-, Land- und Leuteschinder" angeprangert und deren Häuser gestürmt wurden.[57] Bald waren Landesherren gezwungen, das Münzwesen neu zu ordnen, um die Störungen im Wirtschaftsleben zu beseitigen. Die Beschaffung der Gelder für den Krieg erfolgte seitdem zunehmend durch Erhebung

55 Vgl. J. Hein, Der ‚Dänische Krieg', 103ff.
56 Vgl. P. Ilisch, Geld, 345ff.
57 Vgl. U. Rosseaux, Kipper und Wipper.

von Kontributionen, deren Eintreibung und Verteilung dem Militär oblag. „Auf diese Weise wurden feindliche, neutrale, verbündete und sogar auch eigene Lande gezwungen, die Kriegführung ... zu finanzieren. Das hat es möglich gemacht, auf dem Höhepunkt von 1632 allein in Deutschland gleichzeitig etwa 250 000 Soldaten zu unterhalten; es zwang aber auch dazu, möglichst weite Gebiete (durch Werbeplätze, Garnisonen usw.) besetzt zu halten und für die 'kämpfende Truppe' der Feldarmeen das Kriegstheater regelmäßig von wirtschaftlich erschöpften in weniger oder kaum erfaßte Gebiete zu verlagern."[58]

Bauern und Bürger kleiner Städte wehrten sich gegen die Belastungen und Bedrückungen mittels eines Kleinkriegs gegen raubende und plündernde Söldner. Im Harz leisteten seit dem Frühjahr 1626 die „Harzschützen" den Truppen Wallensteins Widerstand. In Oberösterreich, dem bayerischen Pfandbesitz, lösten die steigenden grundherrlichen Belastungen und staatlichen Steuerforderungen im Mai 1626 einen Bauernkrieg aus, den im November kaiserliche und bayerische Truppen niederschlugen. Am 5. Mai 1628 wurde das erschöpfte Land kaiserlichen Kommissaren unterstellt und Bayern als Ersatz die Kurpfalz übertragen.

Im Zuge ihres Vorstoßes nach Norden besiegten Wallenstein am 25. April 1626 Graf Ernst von Mansfeld bei Dessau und Tilly am 27. August den Dänenkönig bei Lutter am Barenberg. Mit Ausnahme des belagerten Stralsund, das sich 1628 erfolgreich verteidigte und die habsburgisch-spanischen Pläne der Seeherrschaft in der Ostsee zunichte machte, verdrängten die kaiserlichen und ligistischen Truppen alle Gegner vom Territorium des Reiches. Am 22. Mai 1629 willigte Christian IV. in den Lübecker Frieden ein. Er wurde schonend behandelt, aber als Kriegsgegner ausgeschaltet.

Ferdinand II. war es nun möglich, sich den Norden des Reiches zu unterwerfen. Am 6. März 1629 erließ er unter Umgehung der Reichsstände ein Restitutionsedikt, das die Rückgabe der nach 1552 von Protestanten in Besitz genommenen Kirchengüter verfügte und den „geistlichen Vorbehalt" von 1555 bekräftigte. Evangelische Kirchen wurden geschlossen und katholische Klöster wieder eingerichtet. Wer sich dem Glaubenszwang nicht fügte, musste emigrieren. Gegen diese Politik protestierten evangelische Reichsstände, und sie war unter katholischen Fürsten umstritten, zumal unklar war, auf welchen rechtlichen Grundlagen sie beruhte und wem das restituierte Kirchengut zufallen sollte.

Wallenstein geriet inzwischen ins Zwielicht von Verdächtigungen, weil ihn viele Reichsfürsten wegen seines Machtzuwachses (er war Herzog von Friedland und wurde 1628 mit dem Herzogtum Mecklenburg belehnt) und seiner umfangreichen Vollmachten als Feldherr, auch wegen seines Eintretens für eine maßvolle Politik beargwöhnten. Während eines Kurfürstentages in Regensburg bedrängten sie den Kaiser massiv, so dass er Wallenstein am 13. August 1630 entließ und dessen große Armee reduzierte. Ferdinand II. wurde zudem vorgeworfen, er wolle – von Wallenstein unterstützt – im Reich ein absolutistisches Regiment aufrichten. Als Begründung diente unter anderem sein Engagement im Mantuanischen Erbfolgekrieg. Die Reichsstände befürchteten eine Änderung der Reichsverfassung. Mit dem Regensburger Frieden vom 13. Oktober 1630 schied der Kaiser aus dem Mantuakrieg aus.

---

58 K. Repgen, Dreißigjähriger Krieg, 172.

Seit 1625 wurden deutsche Territorien zunehmend von Seuchen heimgesucht. In dieser Zeit der Angst, der Not und des Gewissenszwanges erlebte der Hexenwahn einen traurigen Höhepunkt. Der Jesuit Friedrich Spee legte seine persönlichen Erfahrungen als Beichtvater bei Hexenprozessen in seiner lateinischen, anonym publizierten Schrift „*Cautio criminalis seu de processibus contra sagas*" von 1631 nieder (Vorsichtige Rechtsprechung oder über die Hexenprozesse). Erst 1647 erschien eine deutsche Übersetzung. Doch seine Mahnungen vermochten es nicht, die Verfolgungen einzudämmen. In der Zeit „ägyptischer Knechtschaft" erhofften viele Abhilfe von einem neuen Josua, Gideon oder Judas Makkabäus. Der erwartete Messias schien in Gestalt des schwedischen Königs Gustav II. Adolf aufzutauchen.

Am 6. Juli 1630 landete eine schwedische Armee auf der Insel Usedom und besetzte Pommern. Hinter den propagandistischen Verlautbarungen, die „deutsche Libertät" zu schützen und die protestantische Christenheit vom päpstlich-jesuitischen Joch zu befreien, stand das wirtschaftlich-politische Interesse, die Herrschaft über den Ostseeraum zu sichern und die Habsburger von den Küsten fern zu halten. Frankreichs Unterstützung sicherte sich Schweden mit dem Vertrag von Bärwalde vom 23. Januar 1631. Frankreich zahlte jährlich 400 000 Reichstaler, um eine Armee von 30 000 Mann und 6 000 Reitern zu unterhalten. Im Reich gewannen die Schweden als Bundesgenossen im August 1630 nur Magdeburg und im November Hessen-Kassel.

Als kaiserliche Truppen unter dem Kommando Tillys am 20. Mai 1631 Magdeburg erstürmten und am folgenden Tag eine Feuersbrunst die Stadt vernichtete, trat am 12. September Kursachsen an die Seite Schwedens, während Brandenburg sich zur Neutralität verpflichtete. Die Schweden stießen nach der Niederlage Tillys am 17. September bei Breitenfeld (nahe Leipzig) bis nach Bayern vor. Geistliche Besitzungen wurden schwedischen Generalen als Kriegsbeute, aber auch protestantischen Fürsten und Städten übergeben, um sich eine Klientel zu sichern. In dieser für die Habsburger prekären Situation betraute der Kaiser Wallenstein am 15. Dezember 1631 erneut mit dem Oberbefehl. Dieser fiel in Sachsen ein und stellte am 16. November 1632 die Schweden bei Lützen (südlich von Leipzig) zur Schlacht. Die Schweden zeigten sich leicht überlegen, verloren aber ihren König.

Der schwedische Reichskanzler Axel Oxenstierna, der den Oberbefehl übernahm, erkannte, dass die Kriegführung angesichts von Unruhen in der Armee, Versorgungskrisen und fehlendem Kredit nicht wie bisher finanziert werden konnte.[59] Deshalb sollten die Lasten möglichst auf deutsche Verbündete abgewälzt werden. Diesen Zweck verfolgte der am 27. April 1633 in Heilbronn vereinbarte Bund evangelischer Fürsten. Doch ihm traten nur die vier nordwestdeutschen Reichskreise bei. Er hatte nicht lange Bestand.

Frankreich verfolgte die Entwicklung mit wachsender Besorgnis, und im Reich näherten sich angesichts der „schwedischen Servitut" einige Fürsten dem Kaiser. Wallenstein wurde – wegen seiner Friedenssondierungen? – des Hochverrats bezichtigt, am 24. Januar 1634 erneut entlassen und am 25. Februar in Eger ermordet. Spanische und kaiserliche Truppen besiegten am 5./6. September bei Nördlingen die Schweden, deren Herrschaft in Süddeutschland zusammenbrach. Ferdinand II. war seitdem auf einen Ausgleich bedacht und schloss am 30. Mai 1635 in Prag mit Kursachsen einen

59 Vgl. H. Langer, Krieg, 193f.

Frieden, an dem die ausländischen Mächte nicht beteiligt waren. Sachsen sicherte sich die beiden Lausitzen (die es seit 1623 als Pfandbesitz innehatte) und erreichte, dass wesentliche Bestimmungen des Restitutionsedikts für 40 Jahre ausgesetzt wurden. Im Juli schlossen sich weitere evangelische Reichsstände diesem Friedensschluss an.

Doch der Krieg war nicht beendet, die Armeen verwüsteten das Land, warben Söldner, beanspruchten Fourage, Vorspann und Winterquartiere und erhoben Kontributionen – getreu der Devise, der Krieg müsse den Krieg ernähren. Nur so war es zum Beispiel Schweden möglich, eine Armee von 150 000 Mann zu unterhalten. Folglich hielt auch jetzt der Widerstand der bedrängten Bevölkerung an. In Bayern kulminierte er im Dezember 1633 in einem Aufstand, der die Söldner zum Verlassen der Dörfer zwang.

Am 19. Mai 1635 erklärte Spanien Frankreich den Krieg, um dessen Hegemonie zu brechen, Im März 1636 folgte Ferdinand II., und Schweden und Frankreich vereinbarten ein Bündnis. Die Spanier und die Franzosen operierten überwiegend in Flandern. Spanien wurde empfindlich getroffen, als Herzog Bernhard von Sachsen-Weimar am 17. Dezember 1638 Breisach eroberte und die spanische Flotte am 21. Oktober 1639 vor Dover unterlag. Die spanischen Nachschubwege in die Niederlande waren damit unterbrochen. Nach dem französischen Sieg bei Rocroi am 19. Mai 1643, der Besetzung des linken Rheinufers und dem Vorstoß bis an die niederländische Grenze zeigten sich Spanien und die nördlichen Niederlande an Verhandlungen über einen Friedensschluss interessiert.

Nach dem Tod Ferdinands II. am 15. Februar 1637 verlor das Geschehen an konfessioneller Schärfe. Sein Nachfolger Ferdinand III., der am 22. Dezember 1636 zum Kaiser gewählt worden war, konnte nicht mehr mit der Unterstützung durch Spanien rechnen. Nach der Niederlage der kaiserlichen Armee bei Jankau in Böhmen am 6. März 1645 waren die Habsburger nur noch bemüht, Schlimmeres zu verhüten. Der Krieg im Reich hatte sich ohnehin schon seit längerem in strategische Operationen ohne größere Schlachten aufgelöst. Es ging nun vornehmlich darum, günstige Positionen für Friedensverhandlungen zu markieren.

Die anhaltende Bedrohung von Existenz und Leben zahlloser Menschen nährte die Hoffnung auf einen baldigen Friedensschluss. Dichter, Komponisten und Maler hegten die Erwartung, dass die Kriegsfurie gezähmt werde und Mars das Schwert in die Scheide stecke. Andreas Gryphius artikulierte die „Trauerklage des verwüsteten Deutschland" (später: „Tränen des Vaterlands") in Versen, der Dresdner Hofkapellmeister Heinrich Schütz verlieh der Friedenshoffnung in Tönen Ausdruck, Peter Paul Rubens und andere Maler in Friedensallegorien. In „Bauernklagen" wurde das Wüten der Soldateska angeprangert, und selbst „Soldatenlieder" verhehlten die Kriegsmüdigkeit nicht. Für die Beendigung des Krieges sprachen auch andere gewichtige Faktoren: Krisen in Spanien und der niederländischen Republik, der Beginn der englischen Revolution, Aufstände in Neapel und Sizilien, Bauernerhebungen und Fronden in Frankreich sowie die Erschöpfung der Ressourcen der kriegführenden Mächte.

Bereits 1634 hatte Urban VIII. – ohne Erfolg – einen Friedenskongress ins Gespräch gebracht.[60] Während des Nürnberger Kurfürstentages 1640 wurde Ferdinand III. ge-

60 Vgl. K. Repgen, Friedensverhandlungen, 355ff.

drängt, Friedensverhandlungen einzuleiten. Während des anschließenden Regensburger Reichstags wurden die Vorstellungen konkretisiert, unter welchen Bedingungen verhandelt werden solle.[61] Mit den Hamburger Präliminarverträgen vom 25. Dezember 1641 einigten sich Frankreich und Schweden mit dem Kaiser auf die Einberufung eines allgemeinen Friedenskongresses. Dieser wurde nach Vorverhandlungen am 4. Dezember 1644 in Münster (hier verhandelten Schweden und der Kaiser) und Osnabrück (dem Verhandlungsort Frankreichs, Spaniens, der nördlichen Niederlande und des Kaisers) eröffnet.[62] Zunächst standen Debatten über Zeremoniell und Verfahrensfragen im Vordergrund, um den organisatorischen Rahmen abzustecken, da es für einen Kongress solcher Dimension bisher keine verbindlichen Regeln gab. Immerhin reisten zwischen 1643 und 1646 109 Delegationen an, die 16 europäische Staaten und die Reichsstände vertraten.

Einer der fähigsten Unterhändler war der kaiserliche Diplomat Graf Maximilian von Trauttmansdorff. Als neutraler Vermittler fungierte die Republik Venedig, da die protestantischen Mächte eine päpstliche Vermittlung ablehnten, der Papst wiederum Gespräche mit „Häretikern" ausschloss. Vor dem Beginn der Verhandlungen hatten die Mächte ihre Ziele in Instruktionen fixiert, die im Prozess der Beratungen verändert wurden, wenn die Situation dazu zwang. „Jeder zeigte sich grundsätzlich friedensbereit – falls auf seine Bedingungen eingegangen würde. Und dies ständig auszuloten, erforderte unentwegt bilaterale oder über Dritte vermittelte Fühlungnahme zwischen den kriegführenden Mächten."[63]

Am 24. Oktober 1648 wurden die „Friedensinstrumente" unterzeichnet. Diese anerkannten das Ausscheiden der Schweiz aus dem Reichsverband, das sich seit längerem abzeichnete und jetzt völkerrechtlich sanktioniert wurde. Auch wurde die Unabhängigkeit der Republik der Vereinigten Niederlande bestätigt, wie es im Vertrag vom 30. Januar 1648 vereinbart worden war. Schweden behauptete die Vorherrschaft im Ostseeraum und fasste im Norden Deutschlands Fuß, und Frankreich schuf sich für die Zukunft eine vorteilhafte Position am Rhein. Einige deutsche Fürsten – vor allem die von Bayern, Sachsen und Brandenburg – konnten dank der Unterstützung durch Schweden beziehungsweise Frankreich ihr Territorium zum Teil beträchtlich erweitern, da beide Mächte interessiert waren, im Reich ein Gegengewicht zu den Habsburgern aufzubauen.

Das alles wurde mit den Begriffen Amnestie und Restitution beziehungsweise Satisfaktion und Rekompens legitimiert.[64] Amnestie hieß, alles seit 1618 Geschehene solle vergessen und nicht strafbar sein, Restitution bedeutete, den Vorkriegszustand wieder herzustellen, was territoriale Veränderungen nicht ausschloss. Satisfaktion und Rekompens galten der Entschädigung und der Vergütung von Kriegslasten. Daran war vor allem Schweden interessiert, um die Kosten der Demobilisierung bestreiten zu können.

Die Friedensschlüsse regelten ferner Fragen des Reichsreligionsrechts und der Reichsverfassung. In die konfessionelle Gleichstellung wurden nun die Reformier-

---

61 Vgl. K. Bierther, Reichstag, 227ff.
62 Vgl. F. Dickmann, Frieden.
63 K. Repgen, Friedensverhandlungen, 355.
64 Vgl. ebd., 362ff.

ten/Calvinisten einbezogen. Die Säkularisationen wurden nach dem Besitzstand von 1624 anerkannt und Mehrheitsentscheidungen in Religionsfragen künftig ausgeschlossen. Den Landesherren wurden Rechte wie das *ius foederum* (Bündnisrecht) und das *ius armorum* (Recht zur Unterhaltung von Truppen) zugesprochen. Das begünstigte das fürstliche Streben nach Souveränität, wenngleich die föderale Einheit des Reiches Bestand hatte.

Der Geistliche Paul Gerhardt fasste die Gefühle der Menschen in die Worte: „Gottlob, nun ist erschollen, das edle Friedenswort". Doch die Festlegungen des Vertragswerks mussten erst noch exekutiert werden und die Armeen waren noch nicht entlassen. An vielen Orten wurde die Nachricht vom Friedensschluss trotzdem freudig aufgenommen und das Ereignis festlich begangen. Mit den Verträgen wurden drei Kriege beendet: der zwischen Spanien und der niederländischen Republik, zwischen Schweden und dem Kaiser und zwischen Frankreich und dem Kaiser. Doch die anvisierte *„pax universalis"* war nicht zustande gekommen. Im wesentlichen betrafen die gefundenen Regelungen das mittlere Europa. Eine Zeit gesicherten Friedens wurde nicht eingeläutet. Die Kriegszeiten gehörten nicht der Vergangenheit an: Der Krieg zwischen Frankreich und Spanien wurde bis 1559 weitergeführt und neue militärische Konflikte – im Ostseeraum und zwischen England und den Niederlanden – traten bald hinzu. Aber das in den Friedensverhandlungen praktizierte Völkerrecht bot künftig eine Grundlage für die Regelung der Staatenbeziehungen und friedlichen Ausgleich.

2.2 Die iberischen Staaten

Auf der Pyrenäenhalbinsel konstituierte sich seit dem ausgehenden 15. Jahrhundert das frühneuzeitliche Spanien, das zur dominanten Macht in Europa aufstieg und die Hegemonie bis zur Mitte des 17. Jahrhunderts behauptete. Seine herausragende Stellung beruhte auf vier Säulen: Erstens wurde mit der Personalunion der Kronen Kastiliens und Aragons das Fundament für einen zentralistischen Staat gelegt. Zweitens wurde mit der Vollendung der Reconquista die iberische Halbinsel von fremder Herrschaft befreit. Drittens wurde mit der überseeischen Expansion das spanische Weltreich begründet. Viertens wurde die strikte Katholizität des Landes gesichert. Die Beziehungen zwischen Spanien und Portugal verweisen auf immer wieder auflebende Rivalitäten. Spanien gewann zwar die portugiesische Krone, doch nach sechs Jahrzehnten setzte sich das Streben der Portugiesen nach Unabhängigkeit durch. Der Aufstieg Spaniens, einer an der Peripherie Europas gelegenen Macht, erklärt sich aus günstigen inneren und äußeren Bedingungen. Das Land bietet aber auch ein Exempel, wie das Ausbleiben von Innovationen eine Krisensituation heraufbeschwor und den Verlust der Führungsrolle zur Folge hatte.

2.2.1 Personalunion von Kastilien und Aragon

Am Beginn der frühneuzeitlichen Geschichte Spaniens war die Thronfolge umstritten. Für Heinrich IV., seit 1454 König von Kastilien, war Johanna, seine Tochter aus erster Ehe, die Thronfolgerin. Eine Adelsfraktion plädierte dagegen für seine Halbschwester

Isabella. Im Pakt von Toros de Guisando von 1468 einigten sich beide Seiten auf Isabella als Thronerbin. Sie sollte eine Ehe jedoch nur im Einvernehmen mit dem König eingehen. Als sie sich 1469 für den aragonesischen Thronfolger Ferdinand entschied, war Heinrich IV. nicht konsultiert worden. Der Erzbischof von Toledo forcierte die Eheschließung, obwohl der päpstliche Dispens nicht vorlag. Der war erforderlich, weil Isabella und Ferdinand verwandt waren. Doch Paul II. verweigerte seine Ausfertigung (er wurde erst 1471 von Sixtus IV. erteilt). So wurde die Urkunde gefälscht und die Ehe am 19. Oktober 1469 in Valladolid geschlossen. Heinrich IV. enterbte daraufhin Isabella, musste aber später ihre Rechte anerkennen.

Nach dem Tod des Königs am 11. Dezember 1474 trat die als beharrlich, eitel und gottesfürchtig geltende Isabella die Nachfolge an.[1] Am 13. Dezember krönte sie sich in Segovia, wurde aber nicht ungeteilt anerkannt. Auch beanspruchte Ferdinand von Aragon nach seinem Eintreffen am 2. Januar 1475 die kastilische Krone für sich. Nach heftigen Auseinandersetzungen fixierte am 15. Januar ein Schiedsspruch die Rechte beider: Isabella fiel die königliche Würde zu, Ferdinand die Rolle als Mitregent. Beide handelten künftig weithin einvernehmlich.

Zuerst war das Königspaar – *„Los Reyes Catholicos"* (Katholische Könige) lautete der ihnen 1494 von Papst Alexander VI. verliehene Ehrentitel – herausgefordert, den Thron zu sichern. Als eine Ehe des portugiesischen Königs Alfons V. mit Johanna wahrscheinlich wurde, unterstützte ein Teil des kastilischen Adels dieses Projekt. Aragon befand sich zu dieser Zeit im Krieg um das Roussillon, weil Frankreich mit den Pyrenäen eine natürliche Grenze gewinnen wollte. Nach dem Fall Perpignans im März 1475 wurde ein Waffenstillstand vereinbart (und am 9. Oktober 1478 ein Friedensvertrag geschlossen), der es dem Königspaar ermöglichte, den Konflikt um den Thron auszutragen. Um Johannas Thronanspruch durchzusetzen, fielen im Mai 1475 portugiesische Truppen in Kastilien ein. Nach der Schlacht von Toro am 1. März 1476 zogen sie sich zurück. Viele bisher Johanna unterstützende Adlige wandten sich nun dem Königspaar zu. Am 4. September 1479 verzichtete Alfons V. im Vertrag von Alcácovas gegen wirtschaftliche Zugeständnisse auf die Krone Kastiliens. Die künftige Zusammenarbeit wurde durch familiäre Verbindungen der Dynastien abgesichert, während Johanna sich in ein portugiesisches Kloster zurückzog.

Im selben Jahr übernahm Ferdinand den Thron von Aragon. Über die Ehegemeinschaft waren nun Kastilien und Aragon verbunden, wahrten aber beide ihre Selbständigkeit. Das Herrscherpaar residierte in Kastilien, das fünf bis sechs Millionen Einwohner zählte, Aragon dagegen weniger als eine Million. Das ungleiche Gewicht beider Kronen zeichnete sich darin am deutlichsten ab. Schritte zur Festigung der monarchischen Gewalt galten vor allem Kastilien. Hier waren die *Cortes* – die Ständeversammlung – schwächer als in Aragon, Katalonien und Valencia. Ihnen gehörten 17 privilegierte Städte an, während Adel und Klerus kaum noch teilnahmen. Ihr Einfluss auf Besteuerung und Gesetzgebung war begrenzt. In den Ländern der Krone Aragon dagegen durften ohne Zustimmung der Cortes keine Steuern erhoben und Gesetze erlassen werden. Die Voraussetzungen für die Stärkung der monarchischen Gewalt waren insofern in Kastilien günstiger als in Aragon.

---

1 Vgl. J. PÉREZ, Ferdinand und Isabella, 57ff.

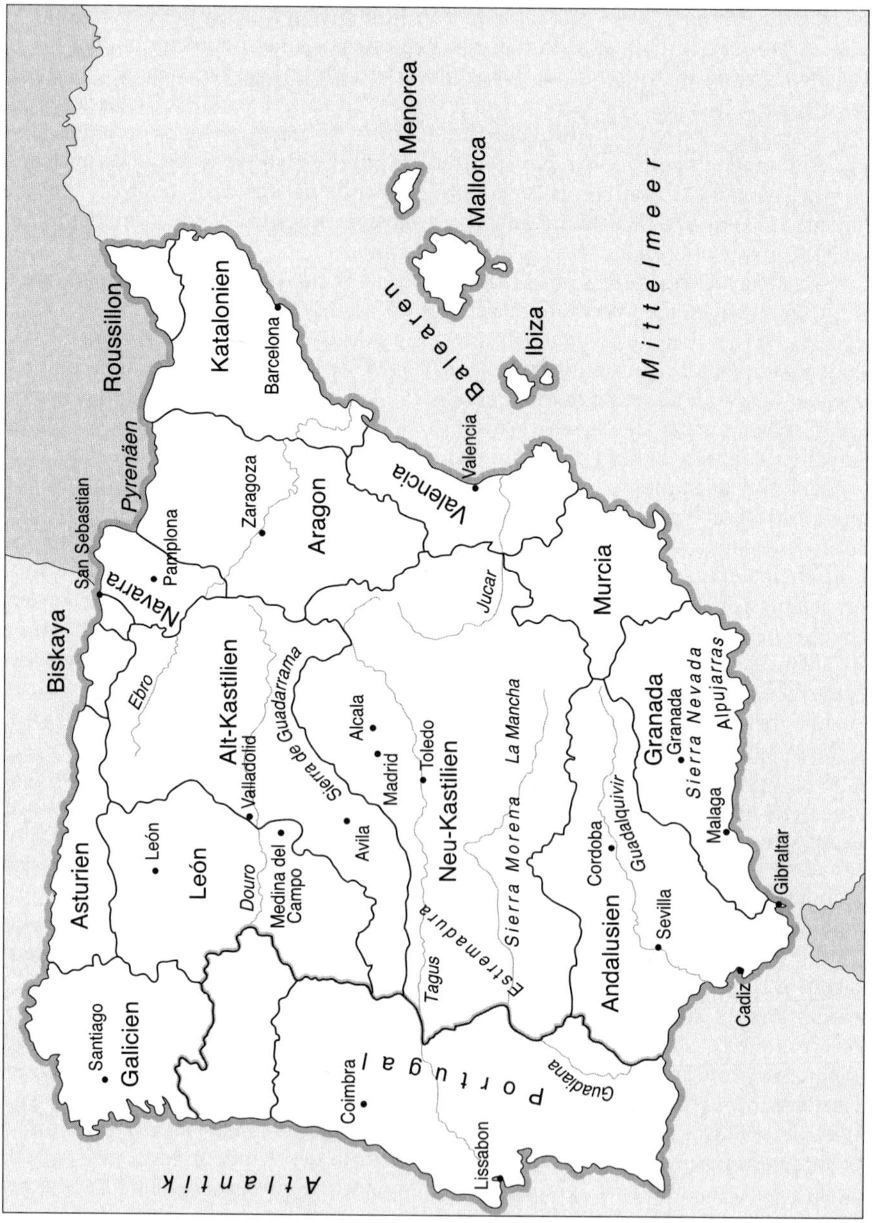

Abb. 3: *Spanien und Portugal um 1500.*

Die 1476 in Madrigal tagenden kastilischen Cortes standen vor der Aufgabe, die Finanzen zu ordnen, die Einnahmen zu erhöhen und die öffentliche Sicherheit zu gewährleisten. Die Kommunen wollten mit Hilfe des Städtebundes der Hermandades Gesetzlichkeit und Ordnung in eigener Verantwortung sichern. Das Königspaar schuf indes mit der *Santa Hermanidad* eine mit großen Vollmachten ausgestattete Gerichts- und Polizeiinstitution für ganz Kastilien, deren Mitglieder die Krone ernannte. Die Versammlung der Cortes in Toledo 1480 beauftragte einen Ausschuss, die Rechtmäßigkeit der Schuldverschreibungen (*juros*) aus der Zeit Heinrichs IV. zu prüfen. Um die Staatsschuld zu senken, wurde die Hälfte der Juros annulliert. Betroffen waren Städte, aber auch während des Thronkonflikts mit Johanna sympathisierende Adlige.

Mit der Einrichtung des Königlichen Rats von Kastilien (*Consejo Real de Castilla*) als höchstem Organ wurde die Verwaltung professioneller.[2] Aus ihm wurden später spezielle Räte ausgegliedert. Die an Einfluss gewinnenden königlichen Sekretäre wurden aus dem niederen Adel und bürgerlichen Schichten rekrutiert. In den Städten wurde die inflationäre Vermehrung von Ratsämtern begrenzt und mit Hilfe von der Krone eingesetzter *Corregidores* die kommunale Autonomie beschnitten. Eine problematische Entscheidung trafen die Cortes, als sie die räumliche Trennung von Christen und Juden veranlassten. Die jüdischen Viertel (*aljamas*) wurden an den Rand der Städte verlegt und deren Bewohnern Geschäfte nur in ihren Häusern erlaubt.

Das Wirtschaftsleben beruhte überwiegend auf der Landwirtschaft.[3] Der Getreidebau wurde jedoch durch die sich ausweitende Schafhaltung reduziert. Die Zahl der vom „ehrenhaften Rat der Mesta“ (*Honrado consejo de la Mesta*) – der vom Hochadel dominierten Vereinigung der Herdenbesitzer – gehaltenen Schafe stieg von 1400 bis 1500 von einer auf drei Millionen an. Das Verbot, die Herden auf ihrer Wanderung zu behindern, wirkte sich nachteilig für die agrarische Produktion aus. Wichtige Exportgüter – neben der Wolle – waren Wein, Olivenöl, Obst und Gemüse, Lederwaren, Tuche und Seidenstoffe. Einige Maßnahmen wiesen in eine merkantilistische Richtung (Exportverbot für Edelmetalle und Münzen sowie für einen Teil der Rohwolle zugunsten einheimischer Gewerbe). Die Wirtschaft Spaniens profitierte zudem vom mediterranen Handel und später von der Verlagerung der Handelswege vom Mittelmeer an den Atlantik, ehe seit der Mitte des 16. Jahrhunderts regressive Tendenzen sich abzeichneten. Die materielle Basis der Krone wurde durch Abschöpfung von Handelsgewinnen, die Rückführung entwendeten Kronguts und die Verfügung über die ausgedehnten Besitzungen der Ritterorden von Alcántara, Calatrava und Santiago gestärkt.

Die Königreiche Aragon, Valencia und Mallorca und die Grafschaft Katalonien wurden 1494 dem Rat von Aragon (*Consejo Real, Sacra y Suprema de Aragón*) unterstellt. Die Region durchlebte indes eine schwierige Zeit: Barcelona litt unter einer Wirtschaftskrise, Adel und Städte okkupierten einen großen Teil des Kronguts und bäuerliche Unruhen griffen um sich. Die Beruhigung der Landbevölkerung gelang erst 1486 mit dem Schiedsspruch von Guadalupe, der den *Remensa*-Bauern (die Abgaben an Grundherren leisteten) zugestand, Verpflichtungen durch eine einmalige Zahlung abzulösen.

---

2 Vgl. F. Walser/R. Wohlfeil, Zentralbehörden, 39ff.
3 Vgl. J. Vicens Vives, Historia social.

Die Macht der Kirche wurde beschränkt, indem die Festungen geistlicher Herren königlichen Offizieren unterstellt, finanzielle Leistungen an die Krone vereinbart und mit der Kurie über die Besetzung kirchlicher Ämter verhandelt wurde. Einige geistliche Würdenträger waren ergebene Diener des Königspaares. Um den Bildungsstand des Welt- und Ordensklerus zu heben, wurden 1484 das Kolleg von Santa Cruz und 1508 die Universität von Alcalá de Henares gegründet. Hier wurde 1514/17 in sechs Bänden die *„Complutenser Polyglotte“* veröffentlicht, die dem von Humanisten vertretenen Grundsatz folgte, die biblischen Schriften mehrsprachig zu edieren.

Die Inquisition wurde bisher von den Dominikanern gehandhabt, jetzt aber als unter königlicher Kontrolle stehendes Glaubensgericht ausgebaut.[4] Das Königspaar erwirkte 1478 eine päpstliche Bulle, die ihm die Ernennung von Inquisitoren zubilligte. Im Jahr 1483 wurden ein Inquisitionsrat (*Consejo de la Suprema y General Inquisición*) geschaffen, in den Städten Kastiliens Inquisitionsgerichte eingerichtet und 1487 das Netz der Glaubensgerichte auf Aragon ausgedehnt. Von der Inquisition bedroht waren vor allem „Neuchristen“ (*Conversos*), die vom Juden- zum Christentum konvertierten, aber verdächtigt wurden, weiterhin jüdische Riten zu praktizieren. Bis 1490 wurden in Kastilien an die 2 000 Conversos zum Tode verurteilt und annähernd 15 000 mit anderen Strafen belegt, ihr Besitz oder Vermögen zugunsten der Krone eingezogen und zur Finanzierung des Krieges gegen das Emirat Granada verwendet.

Gemäß dem Grundsatz, die politische Einheit Spaniens verlange die Einheit im Glauben, die jedoch durch die Existenz jüdischer Gemeinden gefährdet sei, verfügte ein königliches Edikt vom 31. März 1492, Juden sollten sich taufen lassen oder das Land verlassen.[5] Die bisher geübte, aber schon eingeschränkte Toleranzpolitik wurde damit aufgegeben. Da viele auswandernde Juden wohlhabend und qualifiziert waren, entstand dem Land beträchtlicher wirtschaftlicher Schaden. An die 50 000 Auswanderer fanden zunächst in Portugal Aufnahme. Aber auch hier standen sie 1496/97 vor der Frage, zu konvertieren oder vertrieben zu werden.

Die Reformschritte Isabellas und Ferdinands stärkten die Autorität der Krone. Adel und Klerus wurden in ihren Rechten beschränkt und Fundamente für eine Staatskirche gelegt. Der Preis für die Einheit im Glauben waren indes wachsende Intoleranz und wirtschaftliche Schäden. Institutionell war Spanien nicht vereinheitlicht worden. Nur der Katholizismus bildete – neben der Eheunion – ein einigendes Band, und die Inquisition war die einzige das Land überwölbende Institution.

Als die Thronwirren überstanden waren, eröffneten die katholischen Könige den Krieg gegen das von den Mauren wirtschaftlich zur Blüte geführte Emirat Granada, um die *Reconquista* – die Rückeroberung des maurischen Territoriums – zu vollenden. „Angesichts des überaus lebendigen Kreuzzugsgeists der Spanier nämlich – einer untrennbaren Mischung von religiöser Leidenschaft, Abenteuerlust und Beutegier – war das Unternehmen gegen Granada wie nichts geeignet, die Gegensätze des gerade überstandenen Bürgerkriegs in Kastilien vergessen zu machen und zugleich die Autorität des Königspaars zu stärken.“[6]

---

4 Vgl. H. Kamen, Inquisition.
5 Vgl. M. Grüttner, Vertreibung, 167f., 183f.
6 H. Rabe, Die iberischen Staaten, 588.

Übergriffe an den Grenzen und Zwistigkeiten im Emirat nutzte Ferdinand seit 1482, um die letzte maurische Bastion auf der iberischen Halbinsel zu zerschlagen. Am 2. Januar 1492 wurde die Stadt Granada nach mehrmonatiger Belagerung gegen die Zusicherung übergeben, die Religion der Mauren, ihr Recht, ihr Eigentum und ihre Selbstverwaltung zu respektieren. Um sie zu integrieren, trat Hernando de Talavara, seit 1492 Erzbischof von Granada, für eine maßvolle Politik ein. Doch am kastilischen Hof setzten sich – angeführt vom Erzbischof Francisco Jimenez de Cisneros von Toledo – die Gegner dieser Politik durch. Zwangsbekehrungen lösten im Bergland der Alpujarras eine anhaltende Aufstandsbewegung aus. Ein königliches Edikt vom 11. Februar 1502 stellte die Mauren vor die Alternative, sich taufen zu lassen oder auszuwandern, und auch *Moriskos* – zum Christentum „bekehrte" Mauren – wurden künftig verfolgt.

Der Erfolg in Granada nährte die Absicht, die muslimische Herrschaft in Nordafrika zu beseitigen. Papst Alexander VI. erteilte 1494 seinen Segen für einen Kreuzzug. Doch nach der Bildung einiger Brückenköpfe blieb das Unternehmen stecken, da inzwischen französische Truppen in Italien einfielen und Ferdinand die mit der Krone von Aragon verbundenen Königreiche Sizilien und Sardinien und vor allem Neapel sichern musste. Die Franzosen eroberten zwar Neapel, mussten es aber wieder aufgeben und 1504 definitiv als Bestandteil der Krone Aragon anerkennen.

Auch wurden Eheprojekte erwogen, um in den Besitz Portugals zu gelangen, womit die Ressourcen Spaniens erheblich erweitert worden wären. Dort lebten um 1500 etwa eine Million Menschen. Lissabon war eine Drehscheibe des internationalen Handels. Von hier wurden Wein, Öl und Holz exportiert, auch Gold, Elfenbein, Perlen, Seide, Gewürze und Zucker in andere Länder vermittelt. König Johann II. stärkte – gestützt auf die Städte – durch Reformen die Stellung der Krone gegenüber Adel und Kirche. Die mächtigen Adelsfamilien, denen vorgeworfen wurde, mit Kastilien zu konspirieren, wurden ausgeschaltet. Nach der Hinrichtung des Herzogs von Braganza 1483 flohen viele seiner Parteigänger nach Kastilien. Die Absicht, über eine Eheverbindung das Land zu gewinnen, scheiterten 1498 endgültig, als die für eine Heirat vorgesehene Infantin Isabella verstarb.

Mit der kolonialen Expansion erfolgte der Übergang von der Reconquista zur *Conquista*. Die Portugiesen nutzten zuerst die Gunst der Lage am Atlantik und drangen während des 15. Jahrhunderts kontinuierlich an der Küste Westafrikas vor.[7] Als die Spanier 1475 von den kanarischen Inseln Besitz ergriffen, kollidierten die Interessen beider Mächte.[8] Der Vertrag von Alcácovas vom 4. September 1479 grenzte dann die Interessengebiete ab. Er schloss Spanien von Fahrten nach Afrika aus, ließ ihm aber den Weg nach Westen offen. Als Christopher Columbus aufgrund des am 17. April 1492 geschlossenen Vertrags die erste Entdeckungsfahrt unternahm, um „über einen kürzeren Weg zu den Gewürzinseln zu gelangen"[9], bezweckte das Unternehmen, den spanischen Einfluss in westlicher Richtung auszuweiten, das Christentum in die fernöstlichen Länder zu tragen und die Herrscher dieser Region für ein Bündnis gegen die Osmanen und Muslime zu gewinnen. Das erwies sich als Illusion, aber mit der Er-

7 Vgl. C. R. Boxer, Portuguese Seaborne Empire, 15ff.
8 Vgl. J. H. Parry, Spanish Seaborne Empire, 39ff.
9 F. Dickmann (Hg.), Renaissance, 39.

schließung der mittelamerikanischen Ostküste und weiterer Gebiete wurde die koloniale Durchdringung eingeleitet.

Während Portugal in seinen Besitzungen Handelsstützpunkte errichtete, „neigte Spanien wohl aus seiner Erfahrung aus den Maurenkriegen eher zur effektiven Inbesitznahme, Unterwerfung und Christianisierung bzw. Europäisierung der Urbevölkerung und zur Einbeziehung der neuen Gebiete in den Besitzstand der Krone. Handelskolonisation und Siedlungskolonisation sind mithin die Alternativen der iberischen Expansionspolitik des 15. und 16. Jahrhunderts mit jeweils unterschiedlichen Konsequenzen für die angetroffene einheimische Bevölkerung."[10] Die spanischen Fahrten nach Amerika belasteten indes die Beziehungen zu Portugal. Der Vertrag von Tordesillas vom 7. Juli 1494 grenzte dann die Interessensphären beider durch eine 370 Meilen westlich der Kapverdischen Inseln gedachte Nord-Südlinie ab. Die Gewinne des Amerikahandels hielten sich zwar vorerst in Grenzen. Doch die Ressourcen der entdeckten Länder begünstigten Spanien in seinem Ringen um eine hegemoniale Stellung.

Vor diesem Hintergrund entfaltete sich der Lebensstil der spanischen Aristokratie, den Romanzen, Ritterromane und das Theater reflektierten. In das katholisch geprägte Geistesleben fand aber auch der christliche Humanismus Eingang. Rezipiert wurden Errungenschaften der Renaissance, zum Beispiel Bauformen aus Italien und Frankreich. Ihr eigenständiges Profil gewannen sie mit der Integration maurischer Elemente, die sich in filigranen Gestaltungen niederschlugen. In Portugal schuf der seit 1495 regierende König Manuel I. eine effektive Verwaltung, und der Hof war das Zentrum, an dem die Ideale der Ritterschaft und der Kreuzzüge gepflegt wurden, aber auch dem Humanismus das Tor offen stand. Die italienische Renaissance beeinflusste den Kirchen-, Kloster- und Schlossbau. Künstler und Gelehrte pflegten Kontakte in zahlreiche Länder, so dass Portugal mit vielen Fäden in die internationale Kultur eingebunden war.

Am 26. November 1504 verstarb Königin Isabella. Laut testamentarischer Verfügung sollte Ferdinand für die minderjährige Infantin Isabella die Regentschaft übernehmen. Die Cortes akzeptierten das, aber ein Teil des Adels wollte seinen geschwundenen Einfluss zurück gewinnen und sprach sich für Philipp den Schönen – den Gemahl Johannas und Schwiegersohn Ferdinands – als Thronfolger aus. Als Philipp im April 1506 in Spanien eintraf, verständigte er sich mit Ferdinand: Dessen Kompetenz wurde auf Aragon beschränkt. Doch der neue König verstarb bereits am 25. September, so dass die Regentschaft nun doch Ferdinand zufiel. Er wurde noch einmal in Nordafrika und Italien aktiv. Ein letzter großer Erfolg gelang ihm 1512, als er vom Süden des Königreichs Navarra Besitz ergriff.

Mit dem Tod Ferdinands am 23. Januar 1516 fiel das spanische Erbe an seine geisteskranke Tochter Johanna. Angesichts ihrer Unfähigkeit, die Regierungsgeschäfte zu führen, sollte ihr ältester Sohn Karl die Regentschaft ausüben. Da er sich am Hof seiner Tante Margarete in Brüssel aufhielt, trat an seine Stelle vorerst Kardinal Cisneros. Karls burgundischer Hof negierte indes die testamentarische Verfügung und rief den

---

10 W. L. Bernecker/H. Pietschmann, Geschichte Spaniens, 1. Aufl., 66.

Sechzehnjährigen am 14. März 1516 zum König von Kastilien aus. Seine Herrschaft in Spanien resultierte aus einem dynastischen Zufall, und sie wurde staatsstreichartig in Szene gesetzt.[11]

2.2.2 Spanien in der Zeit Karls I. (V.)

Am 17. September 1517 ging Karl I. mit großem Gefolge in Asturien an Land. In Tordesillas suchte er seine Mutter Johanna auf und vereinbarte, mit ihr gemeinsam die Herrschaft auszuüben. Doch faktisch lag die Macht allein bei ihm. Da der um Ausgleich bemühte Erzbischof Cisneros bald verstarb und Karls flämische Berater arrogant auftraten, kam es 1518 während der Versammlung der Cortes in Valladolid zur Konfrontation: Die Cortes verlangten von Karl, die kastilischen Rechte zu respektieren, keine Ämter an Ausländer zu vergeben, die Landessprache zu erlernen, in Kastilien zu residieren, bald zu heiraten und das Land erst nach der Geburt eines Thronfolgers zu verlassen. Auch trugen die Ständevertreter ihre Beschwerden vor, die wirtschaftliche, rechtliche und kirchliche Belange betrafen. Erst als Karl die meisten Forderungen akzeptierte, anerkannten ihn die Cortes und bewilligten die verlangten Gelder. In Aragon musste Karl mehrere Monate verhandeln, um seine Anerkennung zu erreichen, und eine noch längere Zeit brauchte es, ehe er in Katalonien anerkannt wurde.

Karl I. erlernte die kastilische Sprache und residierte überwiegend in Städten Kastiliens. Nach der Eheschließung mit der portugiesischen Infantin Isabella am 10. März 1526 führte ihn die Hochzeitsreise nach Granada. Die Stadt war seit der Vertreibung der Mauren Symbol für die Überwindung des Islam in Spanien, und die königliche Kapelle an der Kathedrale beherbergte die Familiengruft der Dynastie. Neben der nasiridischen Alhambra ließ der König seit den dreißiger Jahren einen Renaissancepalast errichten, den er niemals bewohnte, der aber „in seinem programmatischen Anspruch und in seinen Aussagen zur Herrschaftsauffassung Karls V. ein einzigartiges Dokument politischer Architektur" ist.[12]

Als im Januar 1519 die Nachricht vom Tod Maximilians I. eintraf, sprach sich der Großkanzler Mercurino Gattinara für die Kandidatur Karls I. bei der fälligen Kaiserwahl aus. Am 28. Juni 1519 wurde er in Frankfurt am Main gewählt und beherrschte nun – als Karl V. – ein Imperium in Europa und Übersee. Doch in Spanien stauten sich Probleme. Im Sommer 1519 bildeten in Valencia revoltierende Handwerker eine Bruderschaft (*Germania*) und brachten die Stadt und das Umland in ihre Gewalt. Auch gewann die Bewegung der *Comuneros* in Teilen Kastiliens an Einfluss, so dass das Land auf eine soziale Revolution zuzusteuern schien.

Die Bewegung der *Comunidades* wurde durch Karls Absicht angestachelt, sich trotz ungelöster Probleme im Land in das Reich zu begeben. In der am 31. März 1520 vor den Cortes in Santiago de Compostela verlesenen Thronrede betonte der König seine Verbundenheit mit Kastilien und motivierte die Annahme der Kaiserkrone mit dem Kampf gegen die Glaubensfeinde. Doch die Cortes weigerten sich, die für die Reise geforderten Gelder zu bewilligen. Die Beratungen wurden vertagt, einige Städte unter

---

11 Vgl. J. LYNCH, Spain, 49ff.
12 R. WOHLFEIL, Kriegsheld, 72.

Druck gesetzt und während der in La Coruna wieder aufgenommenen Verhandlungen deren Zustimmung zu den Geldforderungen erzwungen. Am 20. Mai 1520 verließ Karl Spanien und setzte Kardinal Adrian von Utrecht für die Zeit seiner Abwesenheit als Regenten ein.

Inzwischen begannen die Comunero-Aufstände, um ständische Rechte zu verteidigen und zu erweitern.[13] In Toledo und dann in weiteren Städten wurden die Corregidores vertrieben und die Herrschaft von einer Comunidad ausgeübt. Am 8. Juli schlug Toledo eine Zusammenkunft vor, um die erzwungene Steuer zu annullieren und einen Kastilier als Regenten einzusetzen. Die Junta trat am 1. August in Avila zusammen, wurde aber nur von Toledo, Segovia, Salamanca, Toro und Zamora beschickt. Sie versagte Adrian von Utrecht und dem Consejo Real die Anerkennung.

Die Ereignisse eskalierten, als königliche Truppen sich der in Medina del Campo verwahrten Geschütze zu bemächtigen suchten. Da die Stadt sich widersetzte, wurde sie niedergebrannt. Die Folge war, dass weitere Kommunen sich der Junta anschlossen. Ende August 1520 entsandte diese eine Abordnung nach Tordesillas zu Johanna, die offenbar manche Beschwerden für berechtigt hielt. Die Junta verlegte daraufhin am 17. September ihren Sitz nach Tordesillas. Inzwischen setzte Karl V. zwei Angehörige des kastilischen Hochadels als Mitregenten ein, was als Zeichen gedeutet wurde, dass die Bewegung gewaltsam niedergeworfen werden solle. Am 26. September erklärte die Junta dagegen, sie allein sei für die Geschicke des Landes zuständig. Eine zu Karl in die Niederlande abgefertigte Abordnung ließ dieser gefangensetzen. Auch scheiterten die Bemühungen, die Unterstützung des portugiesischen Königs Manuel I. zu gewinnen. Da die Bewegung zudem stärker soziale Züge annahm, zogen sich manche Städte zurück und war der kastilische Adel bereit, die Regenten zu unterstützen.

Am 5. Dezember 1520 griffen königliche Truppen Tordesillas an und brachten Johanna unter ihre Kontrolle. Am 23. April 1521 wurden die Streitkräfte der Junta bei Villalar geschlagen. Die meisten Städte unterwarfen sich. Nur einige – unter ihnen Toledo – leisteten noch eine zeitlang Widerstand. Viele Teilnehmer flohen in benachbarte Länder. Die Germanias in Valencia wurden im Frühjahr 1522 niedergeworfen. Nach der Rückkehr Karls im November wurden die meisten Beteiligten amnestiert, ausgenommen die Anführer. Zu den Schwächen der Bewegung zählte, dass sie auf kastilische Städte beschränkt blieb und soziale Interessen der Gewerbestädte negierte. Nach der Niederlage der Comuneros wurde die königliche Autorität gefestigt. Der Monarch konnte künftig die Ressourcen Kastiliens für seine imperialen Pläne in Anspruch nehmen.

Das politische Ziel Karls V. war, dem spanisch-habsburgischen Imperium die Hegemonie zu sichern. *„Monarchia universalis"* oder *„dominium mundi"* waren im 16. Jahrhundert dafür die Schlagworte. Mercurino Gattinara folgte der Vorstellung, Christus sei der geistliche Hirte der Christenheit, während die „Welt" unter einem säkularen Herrscher geeint werden solle. „Der Rückgriff auf die universale Kaiseridee und Zielsetzungen wie die Verteidigung der Religion gegen innere und äußere Feinde, die Bekämpfung von Türken und anderen Ungläubigen oder die Bekehrung von Heiden

13 Vgl. J. PÉREZ, L'Espagne, 174ff.

schienen den Ratgebern Karls geeignet, diese einheitliche Willensbildung zustande zu bringen."[14] Die Basis dieser Politik war Kastilien, das sich indes durch immer neue Anleihen verschuldete. Seit den dreißiger Jahren warnten Ratgeber den Herrscher häufiger, die Ressourcen nicht zu überfordern.

Das Imperium Karls V. vereinte europäische und überseeische Besitzungen. Das Regiment im Reich übertrug er gemäß der Erbteilung von 1521/22 seinem Bruder Ferdinand. Er selbst herrschte über Spanien, die Niederlande, Sizilien, Sardinien, Neapel, Mailand sowie Gebiete in Mittel- und Südamerika. Gattinara erweiterte das System von Räten mit jeweils spezifischen Aufgaben und Kompetenzen.[15] Die wichtigste Institution war der Kastilienrat (*Consejo Real de Castilla*) als oberster Gerichtshof. Aus ihm wurde der Rat für kastilische Angelegenheiten (*Consejo de la Camara de Castilla*) ausgegliedert, auch ein Finanzrat (*Consejo de Hacienda*) als oberste Finanzbehörde geschaffen. Die Abwicklung und Kontrolle des Handels mit Amerika lag seit 1503 bei dem Haus für Indien (*Casa de la Contratación de las Indias*) in Sevilla, die Verwaltung der überseeischen Besitzungen seit 1524 beim Indienrat (*Consejo Real y Supremo de las Indias*).

Der Mitte der zwanziger Jahre geschaffene Staatsrat (*Consejo de Estado*) nahm seine Koordinierungsfunktion zunächst nur ungenügend wahr. Erst unter Philipp II. wurde er das wichtigste Regierungsinstrument. Für die Arbeit der verschiedenen Consejos und die Kommunikation mit der Krone waren die leitenden Sekretäre zuständig. Als solcher kontrollierte seit 1524 der aus armen Verhältnissen aufgestiegene Francisco de los Cobos fast alle Räte Kastiliens. Um Konflikte auszuräumen, wurde 1528 eine französische Abteilung unter Nicolas Perrenot de Granvelle und eine spanische Abteilung unter Los Cobos eingerichtet, der sich zudem der schwierigen Finanzpolitik und der Formung eines kompetenten Beamtentums widmete. Nach dem Tod Gattinaras 1530 wurde das Amt des Großkanzlers nicht wieder besetzt.

Karl V. war noch ein „umherziehender Kaiser" ohne feste Residenz. Da er sich wiederholt nicht in Spanien aufhielt, beauftragte er Regenten beziehungsweise Regentinnen mit seiner Vertretung: Adrian von Utrecht, seine Gemahlin Isabella, seinen Sohn Philipp und seine Töchter Maria und Johanna. Sie waren an das Mitwirken von Regentschaftsräten gebunden.

Die Inquisition konzentrierte sich jetzt auf die Bekämpfung des *„luteranismo"*, die angeblich schlimmste Form der Häresie.[16] Schon 1521 verbot Adrian von Utrecht die Einfuhr lutherischer Schriften und ließ alle verfolgen, die beschuldigt wurden, Anhänger Luthers zu sein. Davon waren auch Gläubige betroffen, die keinesfalls „lutherische" Lehren vertraten oder verbreiteten. Das hatte auch Folgen für den in Spanien rezipierten Erasmianismus, der nach 1530 zurückgedrängt wurde. Einige Schriften von Erasmus wurden 1538 auf den Index gesetzt, was seine Anhänger am Hof in Schwierigkeiten brachte.

Die imperialen Orientierungen Karls V. verstrickten Spanien immer wieder in militärische Unternehmen. Die Auseinandersetzungen mit der französischen Krone und den Osmanen dauerten während der ganzen Zeit seiner Herrschaft an. Als Chaireddin

---

14 W. L. Bernecker/H. Pietschmann, Geschichte Spaniens, 1. Aufl., 80f.
15 Vgl. F. Walser/R. Wohlfeil, Zentralbehörden, 199ff.
16 Vgl. M. Hroch/A. Skýbová, Ecclesia militans, 115ff.

Barbarossa die spanischen Brückenköpfe in Nordafrika bedrohte, gelang es Karl V. im Juni 1535, Tunis zu erobern – ein Unternehmen, das viel Aufsehen erregte.[17] Doch auf Dauer vermochte er diese Eroberung nicht zu behaupten. Auch schlug 1541 der Angriff auf Algier fehl. Um die eroberten überseeischen Gebiete zu integrieren, wurden Gouverneure eingesetzt und 1535 beziehungsweise 1543 die Vizekönigreiche Neuspanien und Peru geschaffen. Zu einer kontroversen Diskussion führte die Frage, wie die Indianer zu behandeln seien. Der Dominikanermönch und spätere Bischof von Chiapas, Bartolomé de las Casas, war ein entschiedener Gegner der Conquista und nahm 1540 Einfluss auf die *„leyes nuevas"* (neue Gesetze), mit denen die Zuweisung von Land mit Bewohnern an einen Besitzer eingeschränkt wurde. Ihre Durchsetzung stieß jedoch auf mancherlei Widerstand.

Nach anhaltenden Bemühungen erreichte Karl V., dass Papst Paul III. 1545 ein Konzil eröffnete, um seit langem angestaute kirchenpolitische und religiöse Probleme auf den Reformweg zu bringen. Auch erzielte er 1546/47 im Schmalkaldischen Krieg einen bemerkenswerten Sieg über die protestantischen Fürsten im Reich. Als aber 1555 ein „Religionsfriede" vereinbart wurde, trug der Kaiser diesen nicht mit. Er war zu diesem Zeitpunkt bereits gewillt, die Macht in andere Hände zu legen. Am 25. Oktober 1555 betraute er in Brüssel seinen Sohn Philipp mit der Herrschaft in den Niederlanden, am 16. Januar 1556 desgleichen in Kastilien, Aragon, Sizilien und den amerikanischen Besitzungen. Am 12. September übertrug er die Kaiserwürde auf seinen Bruder Ferdinand. Mit der Abdankung gestand er faktisch das Scheitern seiner Politik ein. Am 28. September ging er in Spanien an Land und bezog am 3. Februar 1557 ein Domizil beim Kloster San Géronimo de Yuste in der Extremadura, wo er am 21. September 1558 verstarb.

Karls Politik in Spanien galt dem Erhalt des Status quo. Er führte weiter, was das katholische Königspaar eingeleitet hatte. Seine Politik gewann eine universale Dimension, versäumte aber im Innern, eine Erneuerung anzustoßen, so dass traditionelle Strukturen konserviert und die „Refeudalisierung" begünstigt wurden. Auch bestand ein Spannungsverhältnis zwischen Karls „Hispanisierung" und seinen europaweiten Ambitionen. Er symbolisierte den Aufstieg einer Macht an der Peripherie Europas und programmierte zugleich deren späteres Scheitern.

2.2.3 Spanien – die europäische Hegemonialmacht

Die Abdankung Karls V. zeugte vom Scheitern der imperialen Pläne, bedeutete aber nicht den Verlust der spanischen Hegemonie. Auch unter Philipp II. blieb Spanien die bedeutendste Macht in Europa. Der neue König war von der religiösen Würde seines Amts erfüllt, zeichnete sich durch Pflichtgefühl und Arbeitseifer aus, galt aber als unnahbar, und das 1548 nach burgundischem Vorbild am spanischen Hof eingeführte religiöse und weltliche Zeremoniell[18] vergrößerte noch die Distanz zwischen dem Herrscher und seiner Umgebung. Die Regentschaftsjahre von 1543 bis 1548 waren Philipps politische Lehrzeit, die Aufenthalte in Italien, im Reich, in den Niederlanden und in

---

17 Vgl. H. Duchhardt, Tunisunternehmen.
18 Vgl. Ch. Hofmann, Hofzeremoniell, 91ff.

England zwischen 1548 und 1559 vermittelten ihm Erfahrungen in der internationalen Politik.

Philipps Ehen geben Aufschluss über die politischen Orientierungen. Die Ehe mit der portugiesischen Königstochter Maria Manuela 1543 (sie verstarb bereits 1545) spricht für das Interesse an einvernehmlichen Beziehungen zum Nachbarland Portugal. Die Verheiratung mit der – wesentlich älteren – englischen Königin Maria Tudor 1554 sollte eine festere Verbindung zwischen beiden Ländern anbahnen. Doch auch sie verstarb schon nach vier Jahren. Der 1559 den Konflikt mit Frankreich beendende Friede von Cateau-Cambrésis wurde 1560 durch die Ehe Philipps mit Elisabeth von Valois besiegelt. Als sie 1568 verstarb, heiratete er 1570 Anna von Österreich, die Tochter Kaiser Maximilians II., um die Beziehungen zur österreichischen Linie der Habsburger zu festigen.

Seit der Rückkehr aus England 1559 verließ Philipp II. Spanien nicht mehr. Für seinen Regierungsstil war charakteristisch, mit Beratern und Consejos überwiegend schriftlich zu verkehren. Nur wenige Vertraute hatten zu ihm Zugang, und den hohen Adel hielt er vom Hof weitgehend fern. Als eifriger Sammler richtete er eine Bibliothek mit 14 000 Bänden ein, darunter eine Ausgabe des Koran und Schriften von Erasmus, auch eine Galerie bedeutender Gemälde, unter ihnen 40 Arbeiten von Hieronymus Bosch. Seit 1561 war Madrid Philipps ständige Residenz – ein Zeichen, dass die Monarchie ihren Schwerpunkt weiterhin in Kastilien hatte. Im Jahr 1563 wurde mit dem Bau von San Lorenzo de El Escorial begonnen. Der 1586 vollendete, in seinen Dimensionen gewaltige, in seiner Gestaltung schlichte Renaissancebau war Königspalast, Kloster und Familiengruft der Dynastie.

Regiert wurde weiterhin mittels der Räte. Die wichtigste Rolle spielte der Staatsrat (Consejo de Estado). Aus ihm wurde der Kriegsrat (*Consejo de Guerra*) herausgelöst, dem die Militärverwaltung in allen Besitzungen der Krone oblag. Neu eingerichtet wurden 1555 ein Rat für Italien, 1582 für Portugal, 1588 für Flandern und für Navarra. Der Inquisitionsrat übernahm 1551 einen in Löwen erarbeiteten Index verbotener Bücher und gab 1559 eine erweiterte Fassung heraus. Mit der Umsetzung der Trienter Dekrete wurde 1564 begonnen und eine Neugliederung der Erzbistümer und Bistümer in Kastilien und Aragon vorgenommen. Die Cortes berief Philipp II. wiederholt ein, um Steuern bewilligen zu lassen.

Den internationalen Rang Spaniens baute Philipp II. aus, doch er musste Konflikte an mehreren Fronten zugleich ausfechten und auch Rückschläge hinnehmen.[19] Das Interesse, als Weltmacht zu überleben, und die Strategie, anzugreifen um zu verteidigen, überforderte die Ressourcen des Landes, und 1557 wurde erstmals der Staatsbankrott erklärt.

Der Friede von Cateau-Cambrésis vom 3. April 1559 leitete die Aussöhnung mit Frankreich ein, das die spanische Herrschaft in Italien und in Burgund anerkannte. Seitdem konzentrierte sich das spanische Interesse auf die mediterrane Region.[20] Die Eroberung von Tripolis schlug 1559/60 fehl, aber 1563 sprengten spanische Truppen die Belagerung von Oran durch algerische Korsaren und 1565 die von Malta durch die

19 Vgl. G. Parker, Grand Strategy.
20 Vgl. F. Braudel, Mittelmeer, 3, 100ff.

Osmanen. Als letztere 1570 Zypern eroberten und der Herrscher von Algier Tunis besetzte, fanden sich Spanien, Venedig und der Papst in einer „Heiligen Liga" zusammen. Der Seesieg unter dem Befehl von Philipps Halbbruder Juan d'Austria bei Lepanto 1571 forderte große Opfer, doch die Osmanen verloren den Nimbus der Unbesiegbarkeit. Die osmanische Seeherrschaft im westlichen Mittelmeer war gebrochen, und Spanien konnte sich anderen Schauplätzen zuwenden.

Zur kritischen Region wurden die Niederlande. Im Gefolge des 1566 beginnenden Unabhängigkeitskrieges sagten sich die nördlichen Provinzen 1581 von Spanien los. Der Süden verblieb unter spanischer Herrschaft, und längere Zeit wurde darum gekämpft, die nördlichen Provinzen zurück zu erobern. Aber die Spaltung war irreversibel. Der Konflikt löste zudem eine Debatte über die Verfassung der spanischen Monarchie aus. Kontrahenten waren Herzog Alba, der für die unitarische Variante nach dem Vorbild Kastiliens eintrat, und Fürst Eboli und der Staatssekretär Antonio Pérez, die aufgrund der Erfahrungen Aragons für die föderalistische Tradition plädierten. Philipp II. befürwortete zunächst den Unitarismus. Doch die Spaltung der Niederlande führte schließlich dazu, sich für den Föderalismus zu entscheiden.

Die Hinwendung zum atlantischen Raum ergab sich aus der Bedrohung des Seeverkehrs zwischen Spanien und den Niederlanden durch englische Piraten. Vorerst scheuten beide Seiten eine offene Auseinandersetzung. Spanien konzentrierte sich auf den Erwerb der portugiesischen Krone. Beim Tod König Sebastians am 4. August 1578 gelangte der betagte und kinderlose Kardinal Heinrich von Avis auf den Thron. Doch dessen Nachfolge beanspruchten mehrere Kandidaten. Der spanische König leitete seine Ansprüche von seiner Mutter Isabella von Portugal und seiner ersten Ehe ab. Beim Tod Heinrichs am 31. Januar 1580 entsandte Philipp II. Truppen unter dem Kommando des Herzogs von Alba, während die Flotte den Tejo – die Zufahrt nach Lissabon – blockierte. Im August kapitulierte die Stadt, und im April 1581 anerkannte die Ständeversammlung zu Tomar den spanischen König. Er sagte zu, die Unabhängigkeit und die Gesetze des Landes zu respektieren, einen Vizekönig portugiesischer Herkunft zu bestellen und den *Consejo de Portugal* ausschließlich mit portugiesischen Mitgliedern zu besetzen. Doch die Opponenten verstummten nicht, da die Dominanz Kastiliens sich für Portugal negativ auswirkte.

Mit der Krone von Portugal weitete Philipp II. seine Herrschaft nicht nur über die ganze Pyrenäenhalbinsel aus, sondern auch über das zweite große Kolonialreich. Sein Berater Antoine Perrenot de Granvelle schlug ihm 1586 vor, die Residenz von Madrid nach Lissabon zu verlegen, weil von dort aus ein Angriff auf England und die Befriedung der Niederlande erfolgen könnten. Der König folgte dem Vorschlag nicht, aber er verdeutlicht, wie der Besitz Portugals sich für Spanien – auch hinsichtlich der Kontrolle der atlantischen Schiffahrtswege – auswirkte.

Der Konflikt mit England verschärfte sich, als Elisabeth I. mit den niederländischen Provinzen ein Bündnis einging und zur Intervention bereit war. Als 1585 englische Truppen den Vormarsch der unter dem Kommando Alexander Farneses stehenden Spanier stoppten, entschloss sich Philipp II. zum Angriff. Im Frühjahr 1588 stach die spanische Armada in Lissabon mit 130 Schiffen in See und traf im Ärmelkanal auf die gleichstarke englische Flotte. Zwischen dem 31. Juli und 8. August kam es zu mehreren Gefechten. Als den Spaniern die Munition ausging und die Einschiffung der Truppen Farneses für eine Invasion auf der britischen Insel misslang, gab der Befehlshaber Gaspar Pérez de Guzman, Herzog von Medina Sidonia, den Befehl, die britischen Inseln zu umschiffen. Nach sechs Wochen erreichte die geschlagene und durch einen Sturm dezimierte Armada die spanischen Häfen.

Seitdem trat für Spanien wieder Frankreich in den Vordergrund. In der Zeit der Bürgerkriege unterstützte Philipp II. die katholische Seite, um ein Übergewicht der Hugenotten zu verhindern. Als Heinrich von Navarra 1589 auf den Thron gelangte und der spanische König die Gefahr eines protestantischen Königtums heraufziehen sah, eröffnete er 1590 den Krieg unter dem Vorwand, Ansprüche seiner Tochter Isabella zu verteidigen. Doch eine spanische Thronfolge war in Frankreich unerwünscht. Heinrich IV. erklärte – durch ein Bündnis mit England gedeckt – 1595 seinerseits Spanien den Krieg. Philipp willigte schließlich am 2. Mai 1598 in den Frieden von Vervins ein, der im wesentlichen die Abmachungen von 1559 bestätigte.

Der tief verwurzelte Regionalismus Aragons entlud sich 1590 in einem antikastilischen Aufstand unter Führung von Antonio Pérez, der 1579 von Philipp II. gefangengesetzt worden und dann nach Aragon geflohen war. Der König hatte 1563 geschworen, die Freiheiten Aragons zu wahren, setzte aber 1588 einen Kastilier als Vizekönig ein. Von Frankreich protegiert, wollte Pérez Aragon von der kastilischen Krone lösen und nach venezianischem Vorbild eine Republik errichten. Im Herbst 1591 besetzten kastilische Truppen das Aufstandszentrum Zaragoza. Pérez rettete sich nach Frankreich, andere Anführer wurden hingerichtet. Die Cortes bestätigten 1592 die alte Verfassung und damit die föderalistische Struktur, so dass der Regionalismus und die Spannung zu Madrid fortlebten.

Spanien war ein stabiler Eckpfeiler der katholischen Kirche und setzte die Trienter Dekrete um. Doch erfolgte ihre Veröffentlichung mit dem Vorbehalt, dass sie königlichem Recht entsprächen. Das Prinzip der Einheit im Glauben wurde nun durch das der *„limpieza de sangre“* (Reinheit des Blutes) ergänzt. Wer ein höheres Amt ausüben wollte, musste seine nicht-jüdische Abstammung nachweisen. Die 1558 verschärfte Zensur und das Verbot des Studiums an ausländischen Universitäten von 1572 – ausgenommen waren Bologna und Rom – erschwerten künftig den geistigen Austausch mit dem übrigen Europa. Seit den siebziger Jahren entspannte sich die Situation, aber die Inquisition verhängte weiterhin Todesurteile. Die meisten Spanier billigten dieses Vorgehen. Sie fürchteten die Inquisition, aber mehr noch verabscheuten sie die Ketzerei.

Hart traf die intolerante Politik die Moriskos, denen nicht nur wegen des religiösen Dissenses, sondern auch wegen der vermuteten Beziehungen zu den Feinden Spaniens in Nordafrika misstraut wurde. Karl V. hatte ihnen in Granada die Ausübung ihrer Religion gewährt. Nun gebot ein königliches Edikt vom 1. Januar 1567, ihre Riten aufzugeben und innerhalb von drei Jahren die spanische Sprache zu erlernen. Als Verhandlungen keine Lösung brachten, erhoben sich 1568 vom Hochland der Alpujarras bis zu den Küstengebieten 15 000 Moriskos. Nach zwei Jahren Kampf unterlagen sie den königlichen Truppen. Im Herbst 1570 verfügte Philipp II. die Deportation von 80 000 Moriskos in andere Gebiete Spaniens.

Die ambitiöse Politik zwang die Krone, immer aufs neue Kredite aufzunehmen, so dass schließlich bis zu 80 Prozent der Ausgaben auf den Schuldendienst entfielen. Der

König war wiederholt – 1557, 1560, 1575 und 1596 – gezwungen, eine Umschuldung vorzunehmen. Die Inanspruchnahme des internationalen Kapitals ermöglichte zwar, die benötigten Gelder zu beschaffen, brachte Spanien aber auch in die Abhängigkeit ausländischer Kaufleute oder Gesellschaften und führte zu einer schweren Krise. Eines ihrer Symptome war die „Preisrevolution“, ein inflationärer Prozess, der durch den Import amerikanischer Edelmetalle ausgelöst wurde und die spanische Wirtschaft schwächte. Nach Schätzungen wurden von 1503 bis 1660 300 Tonnen Gold und 2 500 Tonnen Silber eingeführt.[21] Ein Teil wurde zur Begleichung von Schulden exportiert, ein anderer für den Kauf von Grundbesitz verwendet. Die Vergabe von Adelstiteln, die Steuerfreiheit versprachen, brachte der Krone zwar Einnahmen, verstärkte aber auch die Refeudalisierung. „Das soviel betonte Streben des Spaniers nach dem Adelsstatus und die damit einhergehende Geringschätzung manueller und kommerzieller Tätigkeiten, hat durch diese wirtschaftlichen Krisenphänomene des späten 16. Jahrhunderts sicherlich starke Impulse empfangen.“[22]

Obwohl Spanien seinen internationalen Rang behauptete, offenbarte sich die krisenhafte Situation in außenpolitischen Misserfolgen, in der nicht bewältigten Auseinandersetzung mit den Moriskos sowie in wachsenden wirtschaftlichen Problemen.

2.2.4 Eine kritische Zeit für die Monarchie

Als Philipp II. am 13. September 1598 verstarb, übernahm den Thron sein einziger überlebender Sohn. Philipp III. ging mit dem Erbe sorglos um und wurde massiv mit der *„decadencia“* konfrontiert.[23] Er war mehr an höfischen Vergnügungen als an Regierungsgeschäften interessiert. Das zeigte schon seine 1599 in Valencia prunkvoll begangene Hochzeit mit Margarete von Österreich. Das Regiment überließ er seinem Vertrauten Francisco Gómez de Sandoval y Rojas, später Herzog von Lerma. Der hatte faktisch die Stellung eines Premierministers inne, hielt sich ständig in der Nähe des Königs auf, entfernte Kritiker vom Hof und besetzte Ämter mit Männern seiner Klientel, die – wie er selbst – ihren Besitz auf Kosten der Krone vermehrten.

Obwohl wirtschaftliche und politische Probleme sich häuften, waren herausragende kulturelle Leistungen ein Signum dieser Zeit. Humanistische Einflüsse und religiöse Spiritualität, mystische Traditionen und ein kritischer Blick auf die Gesellschaft formten das Profil der spanischen Literatur und Malerei, des Theaters und der Volkskultur im *„siglo de oro“* (goldenes Zeitalter), für das neben vielen anderen der Maler El Greco und der Romancier Miguel de Cervantes stehen.

Philipp III. und Lerma waren angesichts der geschrumpften Ressourcen gezwungen, das Land aus Kriegshandlungen möglichst herauszuhalten. Die *„pax hispanica“* beabsichtigte, die gleichzeitige Kriegführung an mehreren Fronten zu beenden. Nach dem gescheiterten Versuch, den irischen Aufstand gegen die englische Krone zu unterstützen, nutzte Lerma den Wechsel von den Tudors zu den Stuarts 1604 zum Friedensschluss. Mit der niederländischen Republik wurde 1609 ein bis 1621 befristeter

---

21 Vgl. A. Kohler, Karl I./V., 57.
22 W. L. Bernecker/H. Pietschmann, Geschichte Spaniens, 1. Aufl., 118.
23 Vgl. J. Lynch, Hispanic World, 17ff.

Waffenstillstand vereinbart. Herausgefordert wurde Spanien noch einmal, als Karl Emanuel von Savoyen 1613 die Grafschaft Montferrat beanspruchte und die „spanische Straße“ von Oberitalien in die südlichen Niederlande gefährdet war.[24] Der 1615 ausgehandelte Vertrag von Asti beließ Montferrat beim Herzogtum Mantua. Spanien konnte daraus keine Vorteile ziehen. Auch wurde inzwischen der spanisch-portugiesische Kolonialbesitz von England und den Niederlanden attackiert, so dass Konfrontationen in Übersee sich häuften.

Die iberische Halbinsel durchlebte eine kritische Zeit: Der Verfall der kastilischen Wirtschaft, die Auswanderung nach Amerika, Kriege, Missernten und Seuchen verursachten erhebliche Bevölkerungsverluste. Die Pestepidemie, die zwischen 1596 und 1602 das Land heimsuchte, forderte eine halbe Million Menschen. Kastilien verlor innerhalb eines halben Jahrhunderts eine Million Einwohner. Dazu trug seit 1609 auch die Vertreibung von 270 000 Moriskos bei. Ein großer Teil ging nach Nordafrika.

Um sich Kritikern zu entziehen, verlegte Lerma 1601 den Hof nach Valladolid, doch schon 1606 wurde der Schritt rückgängig gemacht. Angesichts ständiger Finanzskandale mussten wiederholt die Cortes von Kastilien einberufen werden, um Steuern bewilligen zu lassen. Traktate, die Beschwerdeschriften glichen, kritisierten die Steuerlast und die Verschwendung, verwiesen aber auch auf das mangelnde Arbeitsethos der Spanier. Philipp III. distanzierte sich schließlich von Lerma und entließ ihn im Herbst 1618. Zum Nachfolger wurde dessen Sohn Cristóbal Sandoval y Rojas, Herzog von Uceda, bestellt. Der setzte den bisherigen Kurs fort, verfügte aber über weniger Kompetenzen als sein Vater.

Im Interesse der „pax hispanica“ lag es, sich des Besitzes der österreichischen Habsburger zu versichern. Im Onate-Vertrag vom 6. Juni 1617 (benannt nach dem spanischen Gesandten in Wien) verpflichtete sich Erzherzog Ferdinand, der spätere Kaiser Ferdinand II., „daß so bald seine männliche Linie abgehen würde, ernennte Königreiche mit ihren angehörigen Stücken und Pertinenzien widerumb an Spanien“ fallen sollten.[25] Auch verlangte Philipp III. zur Sicherung der „spanischen Straße“ Gebiete im Elsass und in Oberitalien. Der Erbfall trat nicht ein, aber der durch das Rheintal führende Weg wurde seit dem Beginn des Dreißigjährigen Krieges von der Kurpfalz bedroht. Deshalb fielen spanische Truppen im August 1620 von den südlichen Niederlanden aus in die Rheinpfalz ein und sicherten die strategisch wichtige Rheinstraße.

Mit Philipp IV. gelangte im März 1621 ein gebildeter Herrscher auf den Thron, der sich an den Regierungsgeschäften interessiert zeigte und der Aufgabe verschrieb, den katholischen Glauben zu verteidigen, die Autorität der Krone zu wahren und die spanische Hegemonie zu sichern. Das kulturelle Leben profitierte davon: das Theater mit den Werken von Lope de Vega, Tirso de Molina und Pedro Calderón de la Barca, die Malerei mit den Werken Jusepe de Riberas, Francisco de Zurbaráns, Bartolomé Esteban Murillos und des Hofmalers Diego Rodriguez de Silva y Velázquez. Der jesuitisch erzogene Priester und Moralist Baltasar Gracián y Morales erinnerte in der Zeit des Verfalls der spanischen Gesellschaft an die Leistungen des „goldenen Zeitalters“ und vermittelte der Aristokratie eine elitäre Lebenslehre.

---

24 Vgl. die Wegeskizze bei G. PARKER, Army, 51.
25 G. LORENZ (Hg.), Quellen, 189.

Das „siglo de oro" wurde indes zunehmend von Misserfolgen und Elend überschattet.[26] Der Günstling Gaspar Pérez de Guzmán, Herzog von Olivares, erlangte zahlreiche Hofämter und faktisch den Rang eines Premierministers.[27] Er beschnitt die Rechte der Consejos und richtete Juntas ein, die diesen übergeordnet waren oder mit ihnen konkurrierten. Seine Reformvorschläge bezweckten, die finanziellen Probleme des Landes durch die Bekämpfung der Korruption und die Reduzierung der Ausgaben zu bewältigen. Eine Reformjunta ebnete im Februar 1623 den Weg, um einige Vorschläge umzusetzen, obwohl die Cortes Widerstand leisteten. Vor allem aber wollte Olivares die innere Spaltung Spaniens überwinden. In einer Denkschrift von 1624 hieß es, der Monarch müsse König von Spanien werden, er solle nicht nur Herrscher über unterschiedliche Reiche sein. Sein Programm lautete: ein König, ein Gesetz, eine Münze (*un rey, una ley, una moneda*). Das war ein bemerkenswerter, aber illusionärer Anspruch. Als Olivares 1625 eine *„union de armes"* (eine bewaffnete Union) schaffen wollte, um alle Teilreiche unter Umgehung ihrer Privilegien am Krieg zu beteiligen, stieß dieses Projekt auf Widerstand und scheiterte. Seit 1626 verebbte der Reformeifer, und 1627 folgte ein weiterer Staatsbankrott.

In der für Spanien prekären Situation wurde der 1621 auslaufende Waffenstillstand mit der niederländischen Republik nach einer langen Diskussion nicht verlängert. Die spanischen Repräsentanten in Brüssel plädierten für einen Friedensschluss, aber in Madrid wurde auf eine Revision des demütigenden Waffenstillstands von 1609 gedrängt. Einige bemerkenswerte Erfolge verzeichneten die Spanier 1625: Ein Angriff Frankreichs und Savoyens auf die verbündete Republik Genua scheiterte, eine Offensive der Engländer gegen Cádiz wurde abgeschlagen und nach längerer Belagerung die strategisch wichtige brabantische Stadt Breda eingenommen. An der Ostseeküste wollte Olivares einen Flottenstützpunkt errichten, um die Niederländer vom Ostseehandel abzuschneiden.[28] Das schien möglich zu sein, als Wallenstein Stralsund belagerte. Doch die Einnahme der Stadt misslang und damit auch der spanische Plan.

Im Jahr 1628 griffen die Spanier in den Mantuanischen Erbfolgekrieg ein, um ihre Stellung in Italien wieder zu befestigen. Doch Spanien gewann mit dem Frieden von Cherasco vom 6. April 1631 keinen Vorteil. Eine neue Situation entstand 1635, als sich Frankreich offen in die Kämpfe in Mitteleuropa einschaltete und am 19. Mai Spanien den Krieg erklärte, um es als Hegemonialmacht zu verdrängen. Spanien musste nun gleichzeitig gegen Frankreich und die niederländische Republik Krieg führen. Um diese Situation zu bereinigen, wuchs das Interesse, mit der niederländischen Republik einen Ausgleich zu finden.

Gravierende innere Probleme und Konflikte kamen hinzu.[29] Olivares anerkannte, dass manche Beschwerden der Ständeopposition berechtigt seien, und er empfahl dem König, Aragonesen und Portugiesen staatliche Ämter zu übertragen. Doch sein Prinzip *„multa regna, sed una lex"* (viele Reiche, aber ein Gesetz) bot den Ländern der Kro-

---

26 Vgl. M. Devèze, Philippe IV, 27ff.
27 Vgl. J. H. Elliott, Olivares.
28 Vgl. Ders., Krieg, 29.
29 Vgl. J. Lynch, Hispanic World, 131ff.

ne keinen rechtlichen Schutz. Auch unterstützte Frankreich das Unabhängigkeitsverlangen in Katalonien und Portugal.[30] Der Machtverfall Spaniens war eklatant.

Ein Aufstand in Katalonien richtete sich seit Mai 1640 gegen die Einquartierung königlicher Truppen nach Beginn des Krieges gegen Frankreich, resultierte aber auch aus dem anhaltendem Streit um Steuer- und Kriegslasten.[31] Als in Barcelona am 7. Juni der Vizekönig bei einem Fluchtversuch ermordet wurde, wollte Olivares den Konflikt mit Waffengewalt beenden. Am 16. September trat daraufhin unter Führung des Domherrn und Präsidenten der Generalversammlung Kataloniens Pau Claris die *Junta de Bracos* zusammen, die alle Schichten des Landes repräsentierte. Claris erreichte in Verhandlungen mit Richelieu, dass Frankreich Hilfstruppen schickte. Im Oktober setzte Olivares ein Heer in Richtung Katalonien in Marsch. Das Nahen der königlichen Truppen und der mögliche Umschlag des Aufstands in eine soziale Bewegung veranlasste die Junta am 23. Januar 1641, Ludwig XIII. als Graf von Barcelona und damit als Herrscher über Katalonien anzuerkennen. Das französische Protektorat dauerte bis 1652 an.

Ein schwerer Rückschlag war auch der Abfall Portugals. Hohe Adlige und der Klerus fügten sich zu keiner Zeit der spanischen Herrschaft. Sie beabsichtigten, die Unabhängigkeit des Landes wieder herzustellen. Die Arroganz von Olivares, der mangelnde Respekt der Spanier vor den portugiesischen Institutionen und deren Unfähigkeit, das portugiesische Kolonialreich gegen die Angriffe der Niederländer zu verteidigten, verliehen den Opponenten Auftrieb. Seit den dreißiger Jahren verschlechterten sich die Beziehungen, als Aufstände im Alentejo, der Algarve und dem Ribatejo sich gegen die Steuerpläne von Olivares richteten und dieser eine stärkere Beteiligung Portugals am Krieg gegen Frankreich verlangte. Auch schädigte die von Madrid gegen England und die Niederlande verhängte Handelsblockade den Außenhandel Portugals.

Eine Versammlung hoher Adliger, unterstützt von den Jesuiten, bot am 12. Oktober 1640 dem Herzog von Braganza die Krone an. Am 1. Dezember wurde der Palast des Vizekönigs in Lissabon gestürmt und am 15. Dezember der Herzog als Johann IV. feierlich zum König proklamiert. Am 28. Dezember billigte die Ständeversammlung die *„restauracio"*, mit der – nach zeitgenössischer Auffassung – die rechtmäßige Dynastie und die Freiheit Portugals wieder hergestellt wurden. Eine an die Ständeversammlung Kataloniens gesandte Adresse spricht für Beziehungen zwischen beiden Bewegungen. Eine Rückeroberung des Landes gelang den Spaniern nicht mehr.

Da gravierende finanzielle Probleme nicht gelöst wurden, geriet Olivares zunehmend in Schwierigkeiten. Seit den zwanziger Jahren verdoppelte sich die Steuerlast und stieg die Kreditaufnahme auf das Fünffache. Die in großen Mengen geprägten Kupfermünzen (*vellóns*) wurden immer wieder auf- und abgewertet, so dass die Inflation um sich griff und die Münzen diskreditiert wurden. Die Regierung stand 1647 erneut vor dem Staatsbankrott. Die Opponenten, zu denen die um ihre Privilegien bangenden Stände gehörten, scharten sich um Königin Isabella und Prinzessin Margarita von Savoyen. Der Sturz von Olivares dokumentierte das Scheitern der Reformpolitik.

Der König nahm die Regierungsgeschäfte selbst in die Hand. Sein erster Minister

---

30 Vgl. F. SÁNCHEZ-MARCOS, Freiheitsbestrebungen, 207ff.
31 Vgl. J. H. ELLIOTT, Revolt, 356ff.

Luis de Haro kehrte zur traditionellen Regierungsweise zurück. Die Juntas wurden abgeschafft und die Arbeitsweise der Consejos wieder hergestellt. Doch die prekäre wirtschaftliche Lage löste Hungerrevolten aus, und seit 1647 verbreitete sich eine Pestepidemie. In Neapel begann in diesem Jahr ein Aufstand, der auf die Loslösung von Spanien und die Unterstellung unter die französischen Krone zielte und im Frühjahr 1648 niedergeworfen wurde. In Granada eskalierten Hungerrevolten, in Andalusien verursachten eine Pestepidemie und Missernten Erhebungen gegen die Steuerlast und die Verteuerung von Lebensmitteln.

Das Interesse Spaniens, aus dem Krieg auszuscheiden, erklärt sich aus dieser Situation. Am 30. Januar 1648 wurde im Rahmen der Westfälischen Friedensverhandlungen mit der niederländischen Republik ein Sonderfrieden vereinbart, der die Selbständigkeit der nördlichen Provinzen anerkannte und in die Friedensverträge vom 24. Oktober einging. Der Krieg gegen Frankreich wurde erst mit dem Pyrenäenfrieden von 1659 beendet. Spanien verlor seine Bedeutung als Hegemonialmacht, und Frankreich trat an seine Stelle. Die spanische Monarchie war künftig nur noch eine zweitrangige Macht.

2.3 Die Niederlande

Seit dem Ende der burgundischen Herrschaft 1477 waren die Habsburger Landesherren der niederländischen Provinzen. Die nördlichen Landesteile warfen im 16. Jahrhundert im Ergebnis eines Jahrzehnte andauernden Befreiungskampfes die Herrschaft der spanischen Habsburger ab, konstituierten sich als Republik und verteidigten die errungene Unabhängigkeit, die 1648 völkerrechtlich anerkannt wurde. Die südlichen Provinzen verblieben unter habsburgischer Herrschaft. Der politische Erfolg des kleinen Landes, sein wirtschaftlicher Aufstieg und seine kulturellen Leistungen werden als sein „goldenes Zeitalter“ interpretiert. Der neue Staat wurde nach den Worten des englischen Botschafters Sir William Temple von manchen gefürchtet, von anderen beneidet, und er war für alle Nachbarn ein Wunder. Die Republik genoss international großes Ansehen und zeichnete sich durch ihre bemerkenswerte geistige Ausstrahlungskraft aus. Bewunderung bezeugten ihr vor allem jene, die die errungene Unabhängigkeit, die Gewissensfreiheit und die Leistungen in Kultur und Wissenschaft schätzten.

2.3.1 Unter habsburgischer Herrschaft

Das burgundische Reich mit den Zentren Flandern und Brabant fiel beim Tod Herzog Karls des Kühnen in der Schlacht von Nancy 1477 an seine Tochter Maria, die im selben Jahr mit dem Habsburger Maximilian vermählt wurde. Sie setzte die auf Machtausbau bedachte Politik der burgundischen Herzöge fort. Doch die widerständigen Provinzen – voran Flandern – trotzten ihr das „Große Privileg“ vom 11. Februar 1477 ab, das deren Autonomie anerkannte und die Respektierung ihrer Privilegien zusagte. Sanktioniert wurde damit der Partikularismus als Merkmal der politischen Kultur der Niederlande.

Nach dem Tod Marias 1482 übernahm Maximilian die Regentschaft, die er – seit 1486 römischer König und nach dem Tod seines Vaters 1493 allein Herrscher im Reich – 1494 auf Ersuchen der Generalstaaten an seinen Sohn Philipp den Schönen übergab. Der war mit den Institutionen und Problemen des Landes besser als sein Vater vertraut, stieß aber auf Widerstand, weil er die Rechte der Provinzen und Stände missachtete. Beim Tod Philipps 1506 fiel das Erbe an seinen minderjährigen Sohn Karl. Deshalb fungierte seine Tante Margarete von Österreich bis 1515 als Landvögtin. Da Karl 1516 auch die Herrschaft in Kastilien antrat und sich seit 1517 überwiegend in Spanien aufhielt übernahm Margarete 1518 noch einmal das Amt. Nach ihrem Tod 1530 regierte Karls Schwester Maria von Ungarn von 1531 bis 1555 das Land autoritär. Sie stützte sich auf ausländische Berater und ignorierte den einheimischen hohen Adel, der in eine Oppositionsrolle gedrängt wurde.

Als Karl sich 1531 in Brüssel aufhielt, bestätigte er die Privilegien der Stände, richtete einen Staatsrat ein, dem zwölf hohe Adlige – meist aus dem Süden – angehörten, auch einen Geheimen Rat, dem die Veröffentlichung von Gesetzen und die Kontrolle der Verwaltung oblag, und einen Finanzrat, der die Einkünfte des Herrschers verwaltete. Der schon ältere Große Rat zu Mechelen fungierte als Appellationsgerichtshof. Im Jahr 1548 wurde dann ein Burgundischer Reichskreis geschaffen. Damit wurde die Unabhängigkeit der burgundischen Erblande vom Reich indirekt anerkannt. Die Pragmatische Sanktion von 1549 legte fest, dass die niederländischen Territorien „für immer eins und unteilbar“ sein sollten. Philipp II. führte später die institutionelle Reform weiter, indem er 1559 mit päpstlicher Zustimmung drei Kirchenprovinzen mit vierzehn Bistümern einrichtete. Sie wurden mit diesem Schritt aus den Erzbistümern Köln und Reims herausgelöst. Der Einfluss der weltlichen Gewalt über die Kirche wurde verstärkt und deren „Niederlandisierung“ gefördert.

Damit einher ging die Ausweitung des Territoriums: Hinzu gewonnen wurden 1524 Friesland, 1528 Utrecht und Overijssel, 1536 Groningen (mit Ommeland) und Drenthe und 1543 Geldern. Die traditionelle Zahl von 17 Provinzen ist zwar für das Jahr 1555 korrekt, veränderte sich aber von Zeit zu Zeit und war eher eine vom Zufall diktierte symbolische Größe.[1] Mit dem Ausbau der habsburgischen Macht ging eine begrenzte Vereinheitlichung einher. Barrieren bildeten die großen Flüsse mit ihrem Ost-West-Lauf, und auch sprachlich zeichneten sich Grenzen ab: Im Süden wurde französisch (wallonisch) gesprochen (auch am Hof in Brüssel), während im Norden niederdeutsche Dialekte vorherrschten.

Von den etwa drei Millionen Einwohnern lebten zwei Drittel in Flandern, Brabant und Holland, der größere Teil davon wiederum in wenigen großen Städten. In Gent und Antwerpen waren es jeweils 40 000, in Brügge und Brüssel jeweils 30 000, in den vier größten Städten Hollands – Leiden, Amsterdam, Haarlem und Delft – jeweils 10 000 bis 15 000. Die Bevölkerung Antwerpens wuchs bis 1566 auf 89 000 Einwohner an. Flandern, Brabant und Holland zählten zu den entwickeltsten Regionen Europas.

---

1 Vgl. R. Fruin, Geschiedenis, 24; J. Huizinga, Uit de voorgeschiedenis, 140ff. Es handelte sich um: Brabant, Limburg, Luxemburg, Gelderland mit Zutphen, Vlaanderen, Artois, Hainaut, Holland, Zeeland, Namur, Flandre-Wallonne, Tournai und Tornaisis, Mechelen, Friesland, Utrecht, Overijssel mit Drenthe und Groningen mit Ommelanden.

Abb. 4: *Die niederländischen Provinzen 1555.*

Der hohe Grad der Urbanisierung prägte das Wirtschaftsleben der Provinzen.[2] Das ökonomische Wachstum beruhte auf der Textilproduktion, dem Fischfang, dem Schiffbau, der Frachtschiffahrt und einem sich ausweitenden Handel, der den Kaufleuten eine starke Position sicherte. In den östlichen Provinzen lag der Schwerpunkt auf der spezialisierten Landwirtschaft, die überwiegend von persönlich freien Produzenten betrieben wurde. Die Habsburger erschlossen sich die Ressourcen der Provinzen durch die Erhebung von Steuern. An der wachsenden Steuerlast entzündete sich nicht zuletzt die Opposition gegen die spanische Herrschaft.

Das unterschiedliche ökonomische und politische Gewicht der Provinzen widerspiegelte sich in Struktur und Rolle der General- und der Provinzialstaaten. Trotz begrenzter Rechte bildeten sie ein gewisses Gegengewicht zum „spanischen System". Die Generalstaaten (*Staten Generaal*) verstanden sich seit der Versammlung von 1464 als Repräsentation der Provinzen und deren partikularen Interessen. Sie traten zusammen, um einem neuen Herrscher zu huldigen, einen Landvogt zu empfangen, Gesetze zu billigen und Steuerforderungen entgegenzunehmen, deren Quotierung mit den Vertretungen der Provinzen ausgehandelt wurde. Nur durch die Ablehnung von Steuern konnten sie die Politik des Landesherrn beeinflussen. Karl V. empfahl deshalb, man solle sie möglichst nicht einberufen.[3]

Die Provinzialstände (*Staten*) bildeten in Holland ursprünglich Geistlichkeit, Adel und Städte. Die Geistlichkeit schied angesichts ihrer geringen Bedeutung bald aus. Die sechs „großen Städte" Amsterdam, Leiden, Delft, Dordrecht, Gouda und Haarlem verfügten über je eine, der Adel als Vertreter des Landes und der kleinen Städte nur über eine einzige Stimme. Als seit 1572 18 Städte mit Stimmrecht an den Versammlungen teilnahmen, wurde der bürgerliche Einfluss noch verstärkt. Auch in Brabant beschickten Geistlichkeit, Adel und Städte die Staten, aber nur die vier „Hauptstädte" Antwerpen, Brüssel, Löwen und Herzogenbusch konnten abstimmen. In Flandern waren sie nach „vier Gliedern" organisiert: Gent, Brügge, Ypern und Het Vrye. Die Vertreter des Adels (ausgenommen Het Vrye), des Klerus sowie der anderen Städte nahmen nur beratend teil. Die Staaten von Friesland und Groningen waren schon immer adelsfrei.

Die Provinzialstände widerspiegeln tendenziell das Erscheinungsbild der Gesellschaft. Der Adel beschickte den Staatsrat und stellte die Statthalter der Provinzen, war aber nur in den Staten von Artois und Hainaut dominant. In den anderen Provinzialständen bildeten die größeren Städte die Mehrheit. Ihr ökonomisches Gewicht versetzte sie in die Lage, Steuerforderungen abzulehnen. Doch politische Entscheidungen vermochten sie nur begrenzt zu beeinflussen. Angesichts seines finanziellen Interesses verfolgte Karl V. zeitweilig eine vorsichtige Politik. Konflikte blieben indes nicht aus. Ein Aufstand in Gent 1537/39 richtete sich primär gegen die Steuerpolitik.

Die bürgerliche Dominanz wirkte sich positiv auf das kulturelle Leben aus. In den Rhetorikerkammern (*rederijkers*), die sich nach dem Vorbild der Handwerkergilden organisierten, übten sich Bürger in der Redekunst, der Dichtung und dem Theaterspiel. Sie boten später ein Forum für Kritik an der Kirche, bis Herzog Alba die Zusammenkünfte verbot. Manche Stadt ließ repräsentative Bauten errichten – zum Beispiel

2 Vgl. J. de Vries/A. van der Woude, Economy.
3 Vgl. H. G. Koenigsberger, States-General, 135.

die Rathäuser in Brüssel und Löwen und die Tuchhallen in Brügge und Ypern. Später kamen italienische Einflüsse zum Tragen, so beim Bau des Rathauses in Antwerpen 1561/65. Schon früher öffneten sich Maler wie Quentin Massys, Joos van Cleve, Lucas van Leiden und Jan Gossaert neuen Tendenzen in der Malerei. Eigene Wege gingen Hieronymus Bosch und einige Jahrzehnte später Pieter Breughel der Ältere.

Bald wurden die Obrigkeiten mit reformatorischen Lehren konfrontiert.[4] Kleriker sorgten sich um das Seelenheil der Bevölkerung, neue Kirchen wurden gebaut und die religiöse Malerei florierte. Doch die Kirche bot den Menschen nicht mehr die erhoffte Sicherheit. Neue Impulse gingen von der *Devotio moderna* aus, einer Laienbewegung, die das Leben streng nach christlichen Normen einrichten wollte. Sie entfaltete sich innerhalb der katholischen Kirche, infiltrierte diese aber mit neuen Ideen. Der mit dem internationalen Humanismus vertraute Rudolph Agricola sorgte für dessen Verbreitung in den Niederlanden. Er wurde in den Lateinschulen in Deventer, Zwolle, Kampen und Groningen, auch in Holland, Brabant und Flandern rezipiert. Humanistische Ideen und die evangelische Botschaft formten sich im Werk von Erasmus von Rotterdam zu einem christlichen Humanismus.[5]

Das war der Boden, auf dem Lehren Martin Luthers Wurzeln schlugen. Das bezeugen Erasmus in seinen Briefen und Albrecht Dürer in seinem Tagebuch der niederländischen Reise. Begünstigt wurde die Rezeption von der Verbreitung des christlichen Humanismus, der Existenz zahlreicher Städte, dem Handelsverkehr mit dem Reich, und den Druckereien Antwerpens. Hier erschienen bis 1546 dreizehn lateinische Ausgaben von Schriften Luthers, auch 27 Drucke in niederländicher, 7 in französischer, 5 in dänischer, 3 in englischer und eine in spanischer Übersetzung.[6] Doch schon früh setzten Repressionen ein: Schriften Luthers wurden dem Feuer übergeben, die Augustinermönche Hendrik Vos und Johan van Essen 1523 in Brüssel verbrannt und das Augustinerkloster in Antwerpen abgerissen. Die 1545 eingerichteten Inquisitionstribunale forcierten die Verfolgungen. Von 1523 bis 1565 wurden 1 300 „Häretiker" exekutiert. Die reformatorischen Kräfte wurden dadurch nicht zum Schweigen gebracht, doch es fehlte ihnen an organisatorischem Rückhalt, was die Ausformung verschiedener Strömungen mit fließenden Grenzen begünstigte.

Einflussreich waren zeitweilig die Täufer und später die Calvinisten.[7] Von Ostfriesland aus, wo Melchior Hoffman Endzeiterwartungen schürte, fassten die Täufer in den Niederlanden Fuß. Nach einem gescheiterten Aufstand in Amsterdam und der Niederwerfung der Täuferherrschaft in Münster 1535 verlor das Täufertum seine radikalen Züge. Gepredigt und praktiziert wurde nun die Absonderung von der „Welt". Nach der Mitte des 16. Jahrhunderts förderten die niederländische Übersetzung von Calvins *„Institutio"* von 1560 sowie die Flüchtlingsgemeinden in Emden, Straßburg und London die Verbreitung calvinistischer Lehren. Die *„Confessio Belgica"* von 1561, verfasst von dem Prediger Guy de Bray, wurde die wichtigste Bekenntnisschrift der niederländischen Calvinisten.

---

4 Vgl. O. J. De Jong, Kerkgeschiedenis, 85ff.
5 Vgl. J. Israel, Dutch Republic, 41ff.
6 Vgl. G. Vogler, Martin Luther, 72.
7 Vgl. W. Bergsma, Church, 213ff.

Am 25. Oktober 1555 versammelten sich die Generalstaaten im Palast der Herzöge von Brabant in Brüssel. In einer feierlichen Zeremonie übertrug der von Krankheit gezeichnete Karl V., geleitet von dem Nassauer Prinzen Wilhelm von Oranien, die Herrschaft in den Niederlanden seinem Sohn Philipp II. Als dieser nach dem Friedensschluss von Cateau-Cambrésis 1559 die Niederlande verließ, setzte er Margarete von Parma als Landvögtin ein und ließ eine Reihe spanischer Berater zurück. Unter ihnen befand sich der enge Vertraute Karls V., Bischof und seit 1561 Kardinal Antoine Perrenot de Granvelle, der sich für ein autoritäres Regime verwandte.

Nachdem schon der spanische Staatsbankrott von 1557 sich negativ auf die niederländische Wirtschaft auswirkte, traf seit 1560 die Besteuerung importierter spanischer Wolle das Tuchgewerbe schwer. Auch wurden die Niederlande faktisch vom Kolonialhandel ausgeschlossen. Da der Export gewerblicher Erzeugnisse und der Import von Getreide für das Land lebenswichtig waren, wurde es angesichts von Arbeitslosigkeit und Preissteigerungen in Krisen gestürzt und besonders 1565/66 sozialen Spannungen ausgesetzt.

Die Opposition hoher Adliger richtete sich gegen die Politik, die Provinzen mit quasiabsolutistischen Mitteln dem spanischen Regiment zu unterwerfen. Ein „fremder" Herrscher verletzte die Privilegien der Stände und bürdete der Bevölkerung immer neue Lasten auf. Vertreter des Hochadels warfen deshalb 1562 Granvelle Willkürherrschaft vor und erreichten, dass dieser 1564 das Land verlassen musste. Doch Philipp II. war nicht zu einer moderateren Politik bereit, sondern gewillt, wie Granvelle es nannte, „die Sünde der Unverschämtheit abzustrafen".[8] Als im November 1565 königliche Depeschen eintrafen und verlangten, Ketzer unnachsichtig zu verfolgen, traten die Grafen Lamoraal von Egmont und Philipp von Hoorn sowie Prinz Wilhelm von Oranien, die für eine maßvolle Religionspolitik eintraten, aus Protest aus dem Staatsrat aus. Sie beriefen sich auf die in der brabantischen *Joyeuse Entrée* (*Blijde Inkomst*) von 1356 verbürgten Freiheiten und verstanden ihren Widerstand als Notwehr. Ausgelöst wurde mit diesen Ereignissen die während der folgenden Jahrzehnte anhaltende Debatte über die Legitimität des Widerstands.[9]

Eine Gruppe calvinistisch gesinnter Adliger verbündete sich im Januar 1566 im sogenannten „Kompromiß"[10] und verlangte von der Landvögtin am 5. April, die Häresiegesetze zu suspendieren und die Religionspolitik zu korrigieren.[11] Margarete wollte die Opponenten mit einigen Versprechen zufriedenzustellen. Doch der Konflikt war auf diesem Weg nicht zu lösen: Es begann der Aufstand gegen die spanische Herrschaft, der auf politische, religiöse und soziale Motive verweist und als Rebellion, Bürgerkrieg, Befreiungskampf, Unabhängigkeitskrieg oder Revolution gedeutet wird.

---

8 H. H. Rowen (Hg.), Low Countries, 27.
9 Vgl. M. van Gelderen, Political Thought, 110ff.
10 Vgl. E. H. Kossman/A. F. Mellink (Hg.), Texts, 59ff.
11 Vgl. ebd., 62ff.

2.3.2 Der Aufstand gegen die Spanier

Seit August 1566 entlud sich die Unzufriedenheit in einer Welle von Bilderstürmen. Nach der ersten Aktion am 10. August in Steenvoorde griffen sie von Westflandern auf zwölf Provinzen über. An die 5 000 Kirchen und Klöster wurden „gereinigt", die Kirchenschätze registriert und für gemeinnützige Zwecke verwendet. Es handelte sich um organisierte, oftmals von Predigern angeregte und kontrollierte Aktionen kleiner Gruppen. Manchmal ging die Initiative auch von prominenten Bürgern aus. Zur selben Zeit verschlechterte sich die soziale Lage eines großen Teils der Bevölkerung. Das „*hongerjaar*" 1566[12] nutzten Getreidespekulanten aus. Schon 1565 kritisierte das Pamphlet „*Van't coren*" (Über das Getreide) die Manipulationen der Spekulanten. In Gent verflochten sich Bilderstürme und Angriffe auf die Getreidehändler.

Der Aufstand hatte seine Wurzeln in der repressiven Religionspolitik, der Verletzung von Privilegien und gravierenden sozialen Problemen. Stimuliert wurde er von reformatorischen Ideen, dem Konflikt mit dem „spanischen System" und der Abschöpfung der Wirtschaftskraft des Landes. Als die Landvögtin ein hartes Vorgehen befürwortete, um die Ordnung wieder herzustellen, lehnten hohe Adlige Gewaltanwendung ab. Nun sollte Wilhelm von Oranien, der in den Staatsrat zurückgekehrt war, im Auftrag Margaretes mit den Mitgliedern des „Kompromisses" einen Ausgleich aushandeln. Am 25. August 1566 verkündete die Landvögtin die Abschaffung der Inquisition und eine Amnestie für Mitglieder des „Kompromisses". Der löste sich daraufhin auf und manche seiner Mitglieder unterstützen die Regierung bei der Verfolgung der Bilderstürmer. Der katholische Gottesdienst wurde wieder hergestellt. Wo Calvinisten und Lutheranern die Ausübung ihres Glaubens erlaubt wurde, sahen sie darin einen Schritt in Richtung der Gottesdienstfreiheit.

Die Repressionen verstärkten sich wieder, als Margarete 1567 von Fernando Alvarez de Toledo, Herzog von Alba, abgelöst wurde.[13] Eine geheime Instruktion trug ihm auf, das Land dem spanischen Regiment zu unterwerfen, damit es „in allen Provinzen einen König gibt und Brüssel die Hauptstadt ist, wie Paris in Frankreich".[14] Am 22. August 1567 zog Alba mit 3 000 Söldnern in Brüssel ein, am 9. September ließ er während eines Banketts Egmont, Hoorn und weitere hohe Adlige verhaften (Wilhelm von Oranien war schon im April ins Exil nach Dillenburg gegangen). Egmont und Hoorn wurden am 5. Juni 1568 hingerichtet, Ämter im Land Spaniern übertragen, Garnisonen und Städte mit spanischen Truppen belegt und ein „*Conseil des troubles*" (Rat der Unruhen) berufen, dem es oblag, alle der Ketzerei verdächtigen oder an antispanischen Aktionen beteiligten Personen zu verfolgen. Der Rat fällte während der Zeit seiner Existenz bis 1572 insgesamt mehr als 8 000 Urteile. Mehr als eintausend Todesurteile wurden öffentlich vollstreckt. Etwa 60 000 Flüchtlinge, unter ihnen viele Kaufleute und Handwerker, suchten in nord- und westdeutschen Städten Schutz.

---

12 Vgl. E. Kuttner, Het hongerjaar.
13 Vgl. W. Maltby, Alba.
14 A. L. E. Verheyden, Le Conseil, 508.

Der Terror machte einen Ausgleich unmöglich. Der Oranier bereitete eine militärische Aktion gegen die Spanier vor, um die „nicht zu tolerierende Sklaverei“[15] abzuwerfen. Er schloss 1568 einen Allianzvertrag mit den französischen Hugenottenführern Condé und Coligny, fand aber keine Bundesgenossen, die effektive Hilfe leisteten und scheiterte mit seinem Unternehmen. Philipp Marnix van Sint Aldegonde, der ihm zur Seite stand, veröffentlichte 1569 seine Satire *„Den Bijencorf der H. Roomsche Kercke“* (Der Bienenkorb der Heiligen Römischen Kirche) – eine Anklage der katholischen Kirche, Verteidigung der Bilderstürmer und Rechtfertigung des Befreiungskampfes. Im März 1569 verlangte Alba von den Generalstaaten, die in Spanien übliche *Alcabala* einzuführen. Das war eine auf Besitz sowie den Kauf von Mobilien und Immobilien liegende Steuer. Proteste zwangen ihn jedoch, sie bis 1571 auszusetzen. Stattdessen forderte er zwei Millionen Gulden als Subsidien.

Inzwischen begann angesichts des Wütens der Spanier in Flandern, Artois und Hainaut ein Kleinkrieg der *„Buschgeusen“*, in den Nordprovinzen der *„Wassergeusen“*.[16] Ihre Gegner schmähten sie, *„que les gueux“* (wie die Bettler) zu handeln und gaben ihnen damit ihren Namen. Als England und Friesland den Wassergeusen keinen Unterschlupf mehr gewährten, suchten sie an der niederländischen Küste Stützpunkte zu gewinnen. Am 1. April 1572 besetzten sie den Hafen von Brielle auf der Insel Voorne in der Maasmündung, eroberten – von Calvinisten unterstützt – mehrere Städte in Holland und Seeland und verliehen dem Aufstand neue Schwungkraft.

Im Juli 1572 versammelten sich die Staten von Holland ohne Zustimmung des Landesherrn in Dordrecht, nahmen am 20. Juli – wie Seeland kurze Zeit später – Wilhelm von Oranien als Statthalter an und übten nun die Regierungsgewalt aus. Der Schritt signalisierte eine veränderte Rechtslage: Nicht mehr der Landesherr, sondern die Ständevertreter legitimierten den Statthalter, und schon die Einberufung der Versammlung war ein unbotmäßiger Akt. „Unter dem Druck der Verhältnisse wurden so neue Elemente in die praktische Politik eingebracht.“[17] Der Oranier musste zwar zusagen, die Geusen nicht zu unterstützen, doch das Vorgehen Albas und seiner Truppen machte diese Verpflichtung gegenstandslos. Die Spanier eroberten im Juli Mechelen, im November Zutphen und nach sieben Monaten Belagerung am 12. Juli 1573 Haarlem. Die im August begonnene Belagerung Alkmaars musste Alba im Oktober abbrechen, was einer Niederlage gleichkam.

Am 15. Oktober 1573 wurde Alba durch den spanischen Statthalter in Mailand Luis de Requesens ersetzt. Der suchte die Situation durch einige Zugeständnisse zu beruhigen: Der „Rat der Unruhen“ wurde aufgelöst und die Steuerpolitik moderater gehandhabt. Doch auch er beabsichtigte, die Provinzen gewaltsam zu unterwerfen. Seit Ende Oktober 1573 belagerten die Spanier Leiden. Schließlich durchstachen die Verteidiger die Deiche und überfluteten das Umland, so dass die Geusen mit ihren Schiffen die Stadt erreichten, sie am 2. Oktober 1574 entsetzten und die Spanier zum Rückzug zwangen. In Anerkennung dieses Erfolgs beschlossen die Staten von Holland am 6. Januar 1575, in Leiden in einem verlassenen Kloster eine Universität einzu-

---

15 H. H. Rowen (Hg.), Low Countries, 38

16 Vgl. J. C. A. de Meij, Watergeuzen.

17 L. Blok, Wilhelm von Oranien, 16.

richten.[18] An ihr lehrten unter anderem Justus Lipsius und Joseph Justus Scaliger, der Lehrer von Hugo Grotius. Nach einer schwierigen Zeit des Aufbaus zog sie Studenten aus vielen europäischen Ländern an.

Viele ohne Sold gebliebene spanische Söldner zogen nach dem Abzug von Leiden führerlos nach Süden. Im Oktober 1575 fiel Maastricht in ihre Hände. Am 4. September 1576 erhob sich die Bevölkerung in Brüssel, als meuternde Truppen die Stadt plünderten, und in einigen Städten wurden die Spanier aus ihren Garnisonen verjagt. Da Requesens im März verstorben war, traf im November Juan d'Austria als neuer Landvogt in Brüssel ein.

Neue Impulse vermittelten dem Aufstand die Generalstaaten. Am 8. November 1576 vereinbarten sie mit Holland und Seeland die „Genter Pazifikation", da „die Spanier täglich fortfahren, die arme Bevölkerung zu bedrücken und zu ruinieren und sie in ewige Sklaverei zu zwingen".[19] Der Beistandspakt besagte, sie wollten ihre Zwistigkeiten vergessen und den Kampf um die Wiederherstellung der alten Freiheiten gemeinsam führen. Die Ketzergesetze wurden außer Kraft gesetzt und das reformierte Bekenntnis in Holland und Seeland vorläufig anerkannt. Der Oranier wurde als Befehlshaber der Truppen und Statthalter der beiden Provinzen bestätigt. Die Staten verstanden sich jetzt als Souverän, dem der Statthalter untergeordnet war. Juan d'Austria und der Staatsrat akzeptierten einige Punkte der „Pazifikation" und sagten den Abzug der spanischen Truppen zu. Dem Oranier gelang es allerdings nicht, die verschiedenen Gruppen mit ihren unterschiedlichen Interessen auf Dauer zusammenzuhalten.

Mit dem Überfall auf Namur im Juli 1577 brach der Landvogt das Abkommen. Die Folge war eine Radikalisierung der Befreiungsbewegung. In Brüssel wurde im August als neues Machtorgan ein Komitee der Achtzehn gebildet. Dem Beispiel folgten viele Kommunen Flanderns und Brabants, indem sie von den Zünften beschickte Komitees installierten. Auf deren Drängen riefen die Generalstaaten Wilhelm von Oranien nach Brüssel. Sein festlicher Einzug am 23. September 1577 nährte die Hoffnung, die antispanische Front der Provinzen werde sich festigen. Doch die katholisch-aristokratischen Gegner sahen in den Aktionen der Calvinisten eine Verletzung der „Pazifikation". Als der Statthalter von Flandern sich Gents zu bemächtigen suchte, übernahm ein von Tausenden Webern und Tuchmachern unterstütztes calvinistisches Komitee am 23. Oktober 1577 die Macht. Die Stadt verweigerte die Zahlung von Steuern und zwang die Truppen der Generalstaaten zum Abzug. Im Frühjahr 1578 besetzten die Genter die Städte Oudenaarde, Kortrijk, Arras, Ypern und Brügge und errichteten auch dort ein calvinistisches Regiment. Im Mai folgte Amsterdam diesem Beispiel. Vielerorts wurde mit denen abgerechnet, die die Spanier unterstützt hatten.

Flandern und Brabant erlebten zudem eine neue Welle von Bilderstürmen. Auch begannen bewaffnete Bauern den Kampf gegen die Spanier. Sowohl Wilhelm von Oranien als auch die Konservativen im Süden suchten in dieser Situation nach ausländischer Hilfe. Französische Truppen stießen nach Flandern vor, und ein von England finanziertes Heer unter Führung des reformierten Pfalzgrafen Johann Casimir fiel in Brabant ein. Ihnen gelang es jedoch nicht, die Spanier zu verdrängen. Die Städte

---

18 Vgl. W. Otterspeer, Het bolwerk.
19 E. H. Kossman/A. F. Mellink (Hg.), Texts, 126.

wurden wieder unterworfen, im Dezember 1578 auch Gent. Nach dem Tod Juan d'Austrias am 1. Oktober wurde der militärisch erfahrene Alexander Farnese, Herzog von Parma, von Philipp II. als Generalstatthalter in die Niederlande beordert.

Die sozialen und religiösen Gegensätze im Süden verhinderten eine geschlossene antispanische Opposition. Die „Unzufriedenen" (*Malcontenten*) schlossen sich am 6. Januar 1579 in der Union von Arras zusammen, anerkannten Philipp II. als rechtmäßigen Souverän und akzeptierten allein das katholische Bekenntnis. Das wallonische Flandern und die Provinzen Artois, Hainaut und Namur unterwarfen sich der spanischen Herrschaft.

Im Gegenzug bildeten am 23. Januar 1579 die Provinzen Holland, Seeland und Utrecht die Utrechter Union[20], der später Geldern und Friesland sowie die Städte Antwerpen, Brügge, Brüssel, Gent Ypern und Zutphen beitraten. Diese defensive Allianz respektierte die Privilegin der Provinzen und die Gewissensfreiheit. Ihr kleinster gemeinsamer Nenner war der Kampf gegen die Spanier. Doch Farnese eroberte in den folgenden Jahren beinahe alle Städte in Flandern, Brabant, Geldern und Overijssel.

Wilhelm von Oranien sondierte jetzt, um weitere Hilfe zu erlangen, da ohne sie keine Wende herbeizuführen war. Doch weder der französische König Heinrich III. noch die englische Königin Elisabeth I. waren bereit, das Herrscheramt in den Niederlanden zu übernehmen. Mit dem Vertrag von Plessis-les-Tours vom 19. Juli 1580 wurde schließlich François von Alençon, Herzog von Anjou, der Bruder des französischen Königs, von den Generalstaaten als Landesherr angenommen. Begleitet wurde diese und die folgende Entwicklung von der Diskussion, welches die beste Verfassung für die Niederlande sei.[21]

Die Situation war anachronistisch: Souverän war immer noch Philipp II., und die Aufständischen hatten wiederholt bekundet, ihn als Landesherrn zu respektieren. Doch mit dem *„Plakkaat van Verlatinge"* vom 26. Juli 1581 sagten die Generalstaaten sich vom spanischen König los.[22] Der erste Teil begründet den Schritt: Ein Hirte versorge seine Schafe und ein Vater seine Kinder – so solle auch ein Fürst handeln. Wenn er aber Privilegien und Freiheiten nicht achte, gebe es ein Recht, ihn zu verlassen (*„verlatinge"*). Im zweiten Teil wird Philipp II. vorgehalten, er habe die Klagen der Untertanen missachtet, sie mit Gewalt überzogen und der Gewissensfreiheit beraubt, das Land mit neuen Steuern belastet, Repräsentanten der Provinzen hinrichten lassen und Wilhelm von Oranien mit dem Bann belegt. Deshalb – so der dritte Teil – hätten die Generalstaaten sich einmütig entschieden, den König von Spanien zu verlassen. Da das monarchische Prinzip beibehalten wurde, trat nun Anjou an Philipps Stelle, allerdings mit beschränkten Kompetenzen. Das calvinistische Bekenntnis wird in dem Dokument nicht erwähnt, wohl aus Rücksicht auf den katholischen Herzog. Dennoch markierte die „Verlatinge" einen revolutionären Schritt, mit dem die Konstituierung eines selbständigen niederländischen Staates eingeleitet wurde.

20 Vgl. ebd., 165 ff.
21 Vgl. M. van Gelderen, Political Thought, 166ff.
22 Vgl. L. Blok/K. Vetter, Unabhängigkeitserklärung, 708ff.

2.3.3 Vom Krieg zum „goldenen Zeitalter"

Die Situation blieb nach der „Verlatinge" kompliziert. Der Herzog von Anjou traf erst im Februar 1582 in den Niederlanden ein. Um seinen begrenzten Handlungsspielraum zu erweitern, inszenierte er einen Staatsstreich: Am 16. Januar griff er Antwerpen an, um die Stadt in seine Gewalt zu bringen und dann von den Generalstaaten eine Erweiterung seiner Kompetenzen zu erpressen. Das Unternehmen endete kläglich. Anjou zog sich nach Frankreich zurück, wo er 1584 verstarb. Damit endete die Phase, in der die Generalstaaten ihre Hoffnungen auf Frankreich setzten.

Der Krieg ging weiter, weil sowohl Spanien als auch einige niederländische Provinzen eine Entscheidung zu ihren Gunsten erzwingen wollten. Das Kriegsglück stand auf Seiten der Spanier. Sie nahmen 1584 Ypern, Gent und Brügge, 1585 Antwerpen und weitere Städte ein. Die Erfolge Farneses reduzierten das Territorium der Aufständischen auf Holland, Seeland, Utrecht und Friesland. Als Wilhelm von Oranien am 10. Juli 1584 in Delft Opfer eines Mordanschlags wurde, verloren die Niederlande zudem ihre bedeutendste Führungsgestalt. Die englische Königin entschied sich jetzt für den Krieg gegen Spanien und entsandte 1585 eine Armee unter Robert Dudley, Graf von Leicester. Die Generalstaaten ernannten ihn zum Landvogt. Doch ihm gelang es nicht, den Vormarsch Farneses aufzuhalten, so dass er 1587 das Land wieder verließ.

Damit endete das Bemühen, einen neuen Landesherrn zu finden. „Nicht freiwillig sollten die Niederlande zur Republik werden, sondern weil sie nach Ablehnung ihres alten Herrn keinen neuen fanden, der unter den von ihnen gestellten Bedingungen regieren wollte."[23] Die Provinzen vermieden es bisher, sich als souverän auszugeben. Erst Ende der achtziger Jahre fanden sie sich damit ab. Im 17. Jahrhundert wollten einige Autoren beweisen, dass die Souveränität der Provinzen auf einer langen Tradition beruhe. So argumentierte auch Hugo Grotius in seinem *„Tractat vande Oudtheyt vande Batavische nu Hollandsche Republique"* von 1610. In der „Verlatinge" spielte diese Argumentation keine Rolle. Nun wurde sie bemüht, um die Interessen der Republik gegen die autoritären Ansprüche der Oranier, aber auch gegen die Habsburger zu verteidigen.

Die mehr zufällig als planmäßig entstandene Republik umfasste weniger als die Hälfte des niederländischen Territoriums. Entstanden war im Ergebnis des revolutionären Prozesses der Form nach eine ständisch-föderale, in sozial-politischer Hinsicht eine bürgerlich-aristokratische Ordnung. Die von den General- und Provinzialständen repräsentierten Kräfte regierten jetzt aus eigener Machtvollkommenheit. Aus den traditionellen ständischen Institutionen wurden Verwaltungsorgane. Der Handlungsspielraum der bürgerlichen Oberschicht war größer geworden. Der Adel, der großen Anteil an der Befreiung des Landes hatte, behielt seine Privilegien, stellte die Statthalter und besetzte den Staatsrat, verfügte aber im Norden schon immer über weniger Macht als im Süden. Obwohl die sieben Provinzen[24] formal gleichberechtigt waren, beherrschte Holland aufgrund seiner ökonomischen Stärke die Republik. Die Regenten und die Kaufleute in den holländischen Städten waren die entscheidende

23 J. J. Woltjer, Bürgerkrieg, 665.
24 Vgl. P. J. van Winter, Provincien, 6ff.

Abb. 5: *Die niederländische Republik.*

politische Kraft. Mit dem Vetorecht in den Generalstaaten konnte Holland jeden gegen seine Interessen gerichteten Beschluss verhindern. Die „holländische Tradition" prägte künftig das gesellschaftliche Leben des ganzen Landes.[25]

Seit den achtziger Jahren ließ der Druck auf die Republik nach, da Spanien gegen die Osmanen im Mittelmeer Krieg führte, einen Angriff auf England plante und Farnese in den Bürgerkrieg in Frankreich eingriff. So wurde es möglich, alle Gebiete nördlich des Rheins sowie große Teile Brabants zu befreien. Die Schließung der Scheldemündung 1585 schwächte die Stellung Antwerpens, dessen wirtschaftliche Funktion Amsterdam übernahm.[26] Der neue Staat konsolidierte sich im Norden, und mit dem Anschluss von Groningen 1594 erhielt er seine endgültige Gestalt. Die südlichen Provinzen verblieben unter spanischer Herrschaft. Die Teilung war irreparabel.

Ihre internationale Stellung festigte die Republik 1596 durch Bündnisse mit England und Frankreich. Der Einfluss der Oranier blieb erhalten. Der militärisch erfahrene Prinz Moritz[27] – Sohn Wilhelms von Oranien – war Statthalter in Holland, Seeland und Utrecht, und 1591 stellte die Dynastie in fünf Provinzen die Statthalter. Sie waren allerdings von den Provinzialständen abhängig, so dass die Austarierung des Gleichgewichts zwischen Statthaltern und Ständen ein vorrangiges politisches Anliegen war. Erheblichen Einfluss erlangte auch Johann von Oldenbarnevelt, der Landesadvokat und spätere Ratspensionär von Holland.

Seit dem ausgehenden 16. Jahrhundert erlebten die nördlichen Niederlande eine wirtschaftliche Blütezeit.[28] Amsterdam stieg innerhalb weniger Jahrzehnte zum führenden Platz des Welthandels auf. Die Wirtschaftskraft wurde zudem durch aus dem Süden zuziehende Unternehmer und Kaufleute sowie nach 1580 durch die Zuwanderung portugiesischer Juden gestärkt. Mit den Gewinnen wurden der Krieg und dann der Wiederaufbau finanziert und einem größeren Teil der Bevölkerung ein angemessener Wohlstand ermöglicht.[29]

Seit Beginn des 17. Jahrhunderts konkurrierten die Holländer erfolgreich gegen Portugiesen und Spanier in Asien und Südamerika. Nach dem Sieg einer niederländischen Flotte bei Java 1602 wurden die Portugiesen verdrängt und Batavia (Jakarta) das Zentrum der niederländischen Kolonien in Südostasien. Die am 20. März 1602 gegründete Vereinigte Ostindische Kompanie (VOC) – die größte Kompanie in Europa – und die 1609 in Amsterdam eröffnete Bank verhalfen dem Handelsaustausch zu einer bemerkenswerten Blüte. Die VOC vereinigte alle bisher in der Republik existierenden Kompanien unter einer Oberleitung. Teilhaber konnten alle Bürger des Landes werden, gleich welche Summe Kapital sie einbrachten. Die Kompanie erhielt das Recht, ostwärts des Kaps der guten Hoffnung und jenseits der Magellanstraße „mit Fürsten und Potentaten Bündnisse und Verträge im Namen der Generalstaaten der Vereinigten Niederlande ... zu schließen, dort Festungen und feste Stützpunkte anzulegen, Gouverneure, Kriegsvolk und Beamte zur Wahrnehmung der Justiz und anderer nöti-

---

25 Vgl. J. C. Boogman, Tradition, 89ff.

26 Vgl. P. O'Brien, Urban Achievement; C. Lesger, Handel.

27 Vgl. H. H. Rowen, Princes, 32ff.

28 Vgl. J. G. van Dillen, Rijkdom; J. Israel, Primacy.

29 Vgl. L. Noordegraaf/J. Luiten van Zanden, Economic growth, 410ff.

ger Dienste, zur Erhaltung der Festungen und zur Aufrechterhaltung von Ordnung, Sicherheit, Polizei und Rechtspflege ... zu bestellen".[30]

Die Leistungen niederländischer Kaufleute, Seefahrer und Techniker wurden in anderen Ländern bewundert, studiert und genutzt. Die Niederlande verfügten über die größte Handelsflotte, ein entwickeltes Kreditwesen und ein wegweisendes Seerecht. Da ein großer Teil des Landes unter dem Pegel des Meeres lag, war dessen Schutz durch Deiche, Drainagen und Kanäle ein existentielles Problem. Ingenieure und andere Fachleute widmeten sich erfolgreich dieser Aufgabe. Bis 1650 wurden alle Seen nördlich des IJ trockengelegt und 27 000 Hektar Land gewonnen. Die Bevölkerung der Republik wies einen vergleichsweise hohen Bildungsstand und Alphabetisierungsgrad auf. Von der Universität Leiden gingen wichtige Impulse für die Entwicklung der Wissenschaften aus. Weitere Universitäten wurden in Franeker, Groningen, Amsterdam, Utrecht und Harderwijk eingerichtet.

Das geistige und kulturelle Leben widerspiegelt sich in Leistungen auf dem Gebiet der Philosophie, Geschichtsschreibung, Literatur, Malerei und Musik, einem vielseitigen Volksleben und einem hohen Standard der Wohnkultur. Der Philologe und Kaufmann Hendrijk Laurenszoon Spiegel veröffentlichte 1584 die erste Grammatik des Niederländischen. Pieter Corneliszoon Hooft verfasste eine Geschichte des Befreiungskampfes gegen die spanische Fremdherrschaft und Tragödien zu Themen der nationalen Geschichte. Den Übergang zur Barockliteratur markiert das Werk des zum Katholizismus konvertierten Joost van den Vondel. Mit seiner Tragödie *„Gysbreght van Aemstel"* wurde 1637 die *„Shouwburg"*, das erste Amsterdamer Theater, eröffnet. Von 1629 bis 1649 lebte der Philosoph, Mathematiker und Physiker René Descartes in den Niederlanden und veröffentlichte 1637 in Leiden seinen *„Discours de la méthode"* (Erörterung über die Methode). In Leiden und Amsterdam entstand das malerische und zeichnerische Werk von Rembrandt Harmensz van Rijn, das von Peter Paul Rubens in Antwerpen und an Höfen in Italien, Spanien, Frankreich und England.

Ein politisches Konfliktfeld waren Meinungsverschiedenheiten über einen Friedensschluss mit Spanien. Da die Spanier in einige Gebiete nördlich des Rheins vorrückten, aber den Niederländern in Ostindien nicht gewachsen waren, wurden 1607 Verhandlungen aufgenommen. Doch zwischen Moritz von Oranien und radikalen Calvinisten einerseits, Oldenbarnevelt und kompromissbereiten Calvinisten andererseits war strittig, ob der Krieg bis zu einer Entscheidung weitergeführt oder aus finanziellen Gründen beendet werden solle. Die Spanier waren natürlich nicht bereit, die „Verlatinge" von 1581 und die Tolerierung der Calvinisten anzuerkennen.

Oldenbarnevelt gelang es schließlich am 9. April 1609, wenigstens einen Waffenstillstand für zwölf Jahre – also bis 1621 – zu vereinbaren.[31] Die Republik wurde in dem Dokument faktisch als souveräner Staat behandelt, aber nur für die Vertragsdauer, und beide Seiten sagten zu, den gegenwärtigen territorialen Besitzstand zu respektieren. Einige seiner wesentlichen Forderungen konnte Spanien nicht durchsetzen (Aufgabe der amerikanischen Besitzungen der Niederländer, Einschränkung der Aktivitäten der VOC, Garantie der Toleranz für Katholiken). Die Republik gewann an internationaler

---

30 F. Dickmann (Bearb.), Renaissance, 405.
31 Vgl. H. H. Rowen (Hg.), Low Countries, 112f.

Reputation. Doch bald traten neue Spannungen auf, da seit 1614 spanische Truppen im Westen des Reiches stationiert wurden und Konfrontationen in Ostasien, Westafrika und der Karibik nicht ausblieben.

Ein weiteres Konfliktfeld ergab sich aus theologischen Differenzen zwischen entschiedenen und gemäßigten Calvinisten. Seit 1604 fochten die Leidener Professoren Jacobus Arminius und Franciscus Gomarus ihre konträre Interpretation der Prädestinationslehre aus. Während Gomarus eine strenge Auslegung vertrat, räumte Arminius der Verantwortung des einzelnen einen gewissen Anteil ein. Die Folge war ein heftiger und anhaltender Diskurs über das Verhältnis von Staat und Kirche. Die Arminianer verlangten in ihrer *Remonstranz* von 1610 den Schutz durch die Staten von Holland, die Gomaristen (oder Kontraremonstranten) traten dagegen für die Unabhängigkeit der Kirche ein. Oldenbarnevelt und die Staten von Holland suchten zu vermitteln, setzten sich aber mit ihrer *„Resolutie tot den vrede der kereken"* (Resolution über den Frieden in der Kirche) nicht durch. Da die Gomaristen arminianische Prediger ablehnten und eine Kirchenspaltung drohte, waren Oldenbarnevelt und manche städtischen Regenten entschlossen, gegenüber den Kontraremonstranten keine Toleranz zu üben.

Als ein Bürgerkrieg drohte, trat Moritz von Oranien demonstrativ an die Seite der Kontraremonstranten. Staatsstreichartig ließ er am 28. August 1618, gestützt auf die Armee und eine knappe Mehrheit in den Generalstaaten, Oldenbarnevelt und einige von dessen Mitstreitern gefangensetzen. Der Ratspensionär wurde zum Tode verurteilt und 1619 hingerichtet. Hugo Grotius, mit lebenslangem Gefängnis belegt, gelang 1621 die Flucht. Eine von Dezember 1618 bis Mai 1619 in Dordrecht tagende Synode verurteilte die arminianische Lehre. In den Städten wurden die Remonstranten aus den Ratsgremien entfernt. Die Generalstaaten beschlossen, die Bibel nach der originalen Überlieferung übersetzen zu lassen. Diese *„Statenbijbel"* von 1637 trug wesentlich zur Formung einer gemeinsamen niederländischen Sprache bei. Künftig wurden allein die Reformierten oder Calvinisten offiziell anerkannt, ohne dass sie eine Staatskirche bildeten.[32] Wer ein Amt übernahm, sollte Mitglied der reformierten Kirche sein. Lutheranern, Täufern und Katholiken wurde ihr Gottesdienst erlaubt, wenn sie sich in Gebäuden versammelten, die nicht als Kirche zu erkennen waren.

Seit längerem existierten auch spiritualistische Strömungen. Dirck Volckertsz Coornhert, der mit ihnen sympathisierte, setzte sich als überzeugter Humanist zugleich kritisch mit ihnen auseinander und befürwortete schon früh die Religionsfreiheit. Eine Belebung erfuhr die religiöse Reformbewegung durch die *„nadere reformatie"* (dem Sinn nach: vertiefte Reformation), die das Ziel verfolgte, die subjektive Glaubenserfahrung, die individuelle Frömmigkeit und die Erneuerung der öffentlichen Moral zu fördern. Diese Variante des Pietismus vertrat vor allem Willem Teelinck, Prädikant in Middelburg, der den Obrigkeiten unentwegt vorhielt, ihre Aufgaben zu vernachlässigen. Ein größerer Erfolg war dieser Erneuerungsbewegung nicht beschieden.

Die Niederlande wurden im 17. Jahrhundert ein multikonfessioneller Staat mit Dominanz der Reformierten. Diese konfessionelle Struktur legte es nahe, die Gewissensfreiheit zu respektieren und Toleranz zu üben. Der hessische Diplomat Hermann Wolff

---

32 Vgl. L. Blok, Öffentlichkeitskirche, 381ff.

berichtete 1630, von den Holländern seien „viel papstisch, arminianisch, lutterisch und deren dreierlei, wiedertauferisch und deren sechtzehenerlei, welche so weit von einander seindt, dass jede secte und ardt ihre eigene kirche hatt; portugisisch, ja viel von denen und zwar der grösseste theil atheisten und libertiner seindt, und allerlei religionen und secten geduldet werden."[33] Die Praktizierung von Gewissensfreiheit und Toleranz trugen dazu bei, dass die Niederlande in dieser Zeit Geistesleben und Kultur in Europa nachhaltig beeinflussten.

Nach dem Staatsstreich von 1618 traten Moritz von Oranien und seit 1625 sein Nachfolger Friedrich Heinrich[34] wie Fürsten auf. Die anwachsende Macht des Statthalters beargwöhnten die Regenten in Holland. Doch vorerst wurde das Kriegsthema wieder aktuell. Vom Beginn des Dreißigjährigen Krieges 1618 waren die Niederlande nicht direkt betroffen. Sie unterstützten aber den calvinistischen Adel Böhmens.[35] Nach Ablauf des Waffenstillstands mit Spanien 1621 waren sie dann gezwungen, wieder zu den Waffen zu greifen. Friedrich Heinrich hoffte auf einen Aufstand in den südlichen Niederlanden und begann einen Feldzug, der keine Unterstützung fand und scheiterte. Seit 1625 verbesserte sich die Situation für die Republik, der nun vor allem an der Schaffung von Pufferzonen lag. Entscheidende Erfolge gelangen den Niederländern 1629 mit der Eroberung von Herzogenbusch und 1637 mit der Rückgewinnung von Breda.

Spannungen zwischen dem Statthalter und den Staten von Holland resultierten einerseits aus den wachsenden Kriegsbelastungen und andererseits der Befürchtung, sie könnten ihre wirtschaftlich vorteilhafte Position verlieren, wenn die Scheldesperre aufgehoben würde. Während die Handelsstädte Amsterdam und Rotterdam für den Friedensschluss plädierten, weil ihr Handel – zumal über See – geschädigt wurde, traten die Textilstädte Leiden und Haarlem für die Fortsetzung des Krieges ein, um ihre südniederländischen Konkurrenten auszuschalten.

Obwohl Friedrich Heinrich und die orthodoxen Reformierten – wie schon 1609 – einen Frieden mit den katholischen Spaniern ablehnten, reiste 1646 eine niederländische Delegation nach Münster und wurde am 30. Januar 1648 – gegen den Willen Utrechts[36] – ein Friedensvertrag vereinbart[37], mit dem Spanien die sieben nördlichen Provinzen als „freie und souveräne Staaten, Provinzen und Länder" anerkannte.[38] Nach der Ratifizierung durch Philipp IV. und die Generalstaaten wurden die Artikel am 15. Mai in Münster offiziell verkündet und dann in den Friedensvertrag vom 24. Oktober integriert und damit völkerrechtlich sanktioniert. Ein kleines Land war aus der Auseinandersetzung mit einer großen Macht als Sieger hervorgegangen. Nach dem erfolgreich durchgestandenen Kampf um Unabhängigkeit und Souveränität blieben zwar Konflikte nicht aus, aber die ökonomischen und kulturellen Leistungen belegten den Beginn eines *„gouden eeuw"* (goldenen Zeitalters) der Republik.[39]

---

33 Nach L. van Tongerloo, Hessisch diplomaat, 71.
34 Vgl. H. H. Rowen, Princes, 56ff.
35 Vgl. J. Polišenský, Nizonemská politika.
36 Vgl. D. E. A. Faber/R. E. de Bruin, Utrecht, 413ff.
37 Vgl. H. H. Rowen (Hg.), Low Countries, 178ff.
38 Ebd., 181. Vgl. auch: J. Dane (Red.), Vrede van Münster.
39 Vgl. W. Frijhoff/M. Spies, Bevochten eendracht.

2.4 Die Schweizer Eidgenossenschaft

Die Schweizer Eidgenossenschaft war ein Bund von Städten und Länderorten, dessen archaische Verfassung der städtischen und ländlichen Bevölkerung Selbstbestimmung und Mitsprache sicherte, so dass die „Schweizerfreiheit" – auch außerhalb der eidgenössischen Grenzen – von manchen als vorbildhaft beschworen wurde. Die staatliche und gesellschaftliche Ausformung der Eidgenossenschaft hatte indes vieles mit anderen Staaten gemeinsam. Eine zunächst noch favorisierte expansive Politik musste angesichts der Lage zwischen den größeren Mächten – dem Reich und Frankreich, Savoyen und Mailand – bald aufgegeben werden. Der Ausweg war ein Interessenausgleich und die Wahrung der Neutralität. Doch das Land blieb ein einflussreicher Faktor in der europäischen Politik, nicht zuletzt dank der Ausstrahlung der Reformationen, wie sie Huldrych Zwingli in Zürich und Jean Calvin in Genf in Gang setzten.

2.4.1 Das Land und die internationale Politik

Den eidgenössischen Bund bildeten im 15. Jahrhundert acht Orte (das war die zeitübliche Bezeichnung für die Kantone): die drei Städte Zürich, Bern und Luzern, die vier Länderorte Uri, Schwyz, Unterwalden und Glarus sowie Zug. Ein habsburgischer Spion sprach von acht an den Schwänzen zusammengebundenen Ratten. Obrigkeit waren in den Städten Räte, in den Länderorten Landvögte. Der Zahl nach überwogen die Länderorte, aber die Städte waren wirtschaftlich überlegen und bauten ihre territoriale Herrschaft aus – so Bern, Zürich, Luzern und Freiburg, auch Solothurn, Basel und Schaffhausen. Mehrere Bauernaufstände suchten diese Expansion abzuwehren. Die Bundesmitglieder verfolgten ihre partikularen Interessen. Ihr Zusammenhalt beruhte auf dem Gründungsmythos, nach dem Uri, Schwyz und Unterwalden den Bund auf dem Rütli gegen die usurpatorische Politik der österreichischen Landvögte schlossen, Wilhelm Tell den schlimmsten der Vögte tötete und später weitere Orte sich der „Schweizerfreiheit" anschlossen.[1] Die Vorstellung, hier existiere ein Land, dessen Bewohner über ihre Geschicke frei entscheiden, verfestigte sich zum Mythos, der zeitweilig auf den südwestdeutschen Raum ausstrahlte.[2]

Ein eidgenössisches „nationales" Bewusstsein wurde durch humanistische Einflüsse genährt, indem nach dem Ursprung der Eidgenossen gefragt, ihre Geschichte geschrieben und ihr Freiheitswille und ihre Kampfbereitschaft herausgehoben wurden. Im Jahr 1479 veröffentlichte Albrecht von Bonstetten seine *„Superior Germaniae Confoederationis descriptio"* (Beschreibung der oberdeutschen Eidgenossenschaft). Diese Tradition setzte Heinrich Glareanus mit seiner *„Helvetiae Descriptio"* (Beschreibung Helvetiens) fort. Der vielseitige Humanist Joachim Watt (Vadianus) berief sich nicht auf eine kantonale Herkunft, sondern bezeichnete sich als Helvetier. Manche Städte boten bedeutenden Künstlern eine Wirkungsstätte. In Basel und Luzern arbeitete einige Jahre Hans Holbein der Jüngere, in Basel auch Urs Graf, in Bern Niklaus Manuel, in Zürich

---

1 Vgl. U. Im Hof, Chroniken, 16.
2 Vgl. Th. A. Brady, Turning Swiss, 34ff., 222ff.

Hans Leu der Jüngere und Hans Asper. In der Baukunst wurden Formen der Renaissance erst seit der zweiten Hälfte des 16. Jahrhunderts rezipiert.

Bis zum Anfang des 16. Jahrhunderts stieg die Zahl der Bundesmitglieder auf dreizehn an: 1481 wurden Freiburg und Solothurn, 1501 Basel und Schaffhausen und 1513 Appenzell aufgenommen. Damit erlangten die eigene Territorien beherrschenden Städte ein Übergewicht. Die Orte bildeten den Kern der Eidgenossenschaft. Um sie gruppierten sich die „zugewandten Orte": die Städte St. Gallen, Mülhausen, Biel und Rottweil, die Fürstabtei St. Gallen und die Grafschaft Neuenburg sowie das Wallis und die Drei Bünde/Graubünden (Grauer Bund, Gotteshausbund, Zehngerichtebund). Die „gemeinen Herrschaften" wurden von den Orten gemeinsam verwaltet (Baden, Freiamt, Thurgau, Rheintal und Sargans sowie Lugano, Mendrisio, Locarno und Valle Maggia). Die Eidgenossenschaft hatte ihre größte geographische Ausdehnung erreicht, die bis 1564 erhalten blieb. Die dreigliedrige Struktur von Tal- und Stadtgemeinden, Territorien und Bünden war „das eigentümlichste Merkmal des ganzen Staatsgebildes".[3]

Alle Orte betreffende Fragen wurden von Tagsatzungen unter Beachtung einer strengen Rangordnung beraten und die Beschlüsse allen zugestellt. Verbindlich wurden sie erst, wenn alle Orte zustimmten. Den Vorsitz führte seit Ende des 15. Jahrhunderts Zürich, Sitzungsort war das Rathaus in Baden. Rechtlich wurde die Eidgenossenschaft durch Gewohnheitsrechte und Bundesbriefe zusammengehalten. Für alle bindend war auch das „Stanser Verkommnis" von 1481, das nach den Burgunderkriegen Spannungen zwischen Städten und Länderorten beseitigen sollte.[4] Als die Städte vorschlugen, einen einheitlichen Bund mit gleichen Rechten für alle zu schaffen, lehnten die Länderorte dies ab, da sie nach der Aufnahme von Freiburg und Solothurn ein Übergewicht der Städte befürchteten. So wurde die föderale Struktur festgeschrieben und die starke Stellung der einzelnen Orte besiegelt. Sie gingen aber die Verpflichtung ein, sich nicht anzugreifen und Untertanen anderer Orte nicht zum Ungehorsam zu verleiten. Die Tendenz zur Bildung eines Bundesstaates wurde abgebogen, aber „die Chance der einzelnen Orte, sich zu modernen Staaten zu entwickeln", erhöht.[5]

Die Eidgenossenschaft wies in der ersten Hälfte des 16. Jahrhunderts etwa 800 000, um die Mitte des 17. Jahrhunderts wenig mehr als eine Million Einwohner auf und zählte zu den dicht bevölkerten Ländern. Kriege, Abwanderung und Epidemien verursachten wiederholt Rückschläge. In St. Gallen wurden zwischen 1500 und 1640 14, in Genf 13 Epidemien registriert.[6] Die Verluste wurden meist in kurzer Zeit ausgeglichen. Basel (9 000 bis 10 000 Einwohner) und Genf (10 000 bis 17 000) zählten zu den größeren Städten, gefolgt von Zürich (5 000 bis 8 000), Bern (5 000), Schaffhausen (3 700 bis 6 000) und St. Gallen (4 500 bis 5 500). Sie präsentierten sich als Stadtstaaten, in denen bürgerliche Kreise das Regiment innehatten und der Adel in die städtische Gesellschaft integriert war. Die quantitativ größte gesellschaftliche Schicht war der Bauernstand.

---

3 L. von Muralt, Renaissance, 402

4 Vgl. E. Walder, Stanser Verkommnis, 3ff., 163ff.

5 H. C. Peyer, Verfassungsgeschichte, 84.

6 Vgl. M. Körner, Glaubensspaltung, 364.

Die natürlichen Gegebenheiten erklären den Vorrang der agrarischen Produktion, deren Struktur sich durch Ausdehnung der Weidewirtschaft zu Lasten des Ackerbaus veränderte. Angesichts des Niedergangs des Textilgewerbes mussten jedoch die Schafe dem Großvieh weichen. Exportiert wurden Schlachtvieh, Hartkäse, Holz und Textilwaren, eingeführt Getreide, Salz und Wein. Größere gewerbliche Unternehmen waren angesichts der starken ausländischen Konkurrenz, des Kapitalmangels und des Widerstands der Zünfte kaum lebensfähig. Nur die Herstellung preiswerter textiler Erzeugnisse wie Leinewand war lohnend. In St. Gallen, Basel, Zürich und Genf begünstigte das ländliche Verlagswesen diese Entwicklung.

Die Schweiz war Durchgangsland für den internationalen Handel. Über die Alpenpässe lief ein beträchtlicher Teil des Warenaustauschs zwischen dem Süden und Westeuropa, den Säumergenossenschaften tätigten. Jahrmärkte, vor allem in Luzern und Lugano, wickelten den Viehexport ab. Die Genfer Warenmessen konnten sich jedoch nicht gegen Lyon und andere Messeplätze behaupten. Ein beachtlicher Wirtschaftsfaktor war das Reislaufen, der Solddienst für fremde Mächte.[7] Die Strukturkrise der Wirtschaft hatte nicht nur die Zunahme von Landstreichern und Bettlern zur Folge, sie begünstigte auch die Ausbreitung des Reislaufens. Nach der Schlacht von Nancy 1477, in der eidgenössische Söldner sich bewährten, wurden wiederholt Verträge mit Mailand, Savoyen, Österreich und dem Papst geschlossen. Vor allem sicherte Frankreich sich für seine Kriege Schweizer Söldner. Ihre Zahl wird für das 16. und 17. Jahrhundert auf 80 000 Mann geschätzt.[8]

Gefahr drohte dem Land während der Burgunderkriege angesichts der von Karl dem Kühnen erhobenen Gebietsansprüche. Am 25. Oktober 1474 erklärten ihm die Eidgenossen den Krieg. Raubzüge in die Freigrafschaft Burgund und die savoyische Waadt beantwortete Karl 1476 mit einen Angriff, den die Schweizer überraschend mit den für sie erfolgreichen Schlachten bei Grandson am 2. März und bei Murten am 22. Juni abwehrten. Im Inneren opponierten Länderorte wiederholt gegen das militärische Gewicht der Städte mit eigenmächtigen Handlungen. So richtete sich zum Beispiel 1477 der „Saubannerzug" junger Leute aus der Zentralschweiz gegen Genf. Am 23. Mai 1477 antworteten Zürich, Bern, Luzern, Freiburg und Solothurn mit dem Abschluss eines ewigen Burgrechtsvertrags. Längerfristig ging es um die Festigung der sich lockernden Beziehungen zwischen den eidgenössischen Orten. Das Ergebnis war das „Stanser Verkommnis" von 1481.

In dem seit 1494 ausgetragenen Konflikt zwischen den Habsburgern und den Valois kämpften Schweizer Söldner auf beiden Seiten. Die Eidgenossen verfolgten aber auch eigene Interessen. Um die Route über den Gotthardpass zu sichern, waren einige Orte interessiert, die Herrschaft bis in die Lombardei auszudehnen. Ein Hindernis war das mailändische Bellinzona. In der Frage des Verhältnisses zu Mailand gingen die Meinungen indes auseinander. Während Bern angesichts der Gegnerschaft zu Frankreich an einem Kriegserfolg Mailands interessiert war, wurde die Gegenpartei gestärkt, als die französische Krone 1495 mit Zürich, Luzern, Uri und weiteren Orten ein Bünd-

---

7 Vgl. B. Koch, Kronenfresser, 151ff.
8 Vgl. M. Körner, Glaubensspaltung, 380.

nis vereinbarte. Die Orte fanden in der Zeit der italienischen Kriege nur kurzzeitig zu einheitlichem Handeln.

Zwischenzeitlich trugen die Eidgenossen den „Schwabenkrieg" gegen Maximilian I. als Landesherrn von Tirol aus. Ausgelöst wurde er im Februar 1499 durch Streitigkeiten um österreichische Rechte in Graubünden. Als der 1495 in Worms vereinbarte Reichslandfriede durchgesetzt werden sollte, beriefen die Eidgenossen sich auf ihre Privilegien. Tirol wurde vom Schwäbischen Bund, Graubünden von der Eidgenossenschaft unterstützt. Sie entschied den Konflikt mit dem Sieg bei Dornach am 22. Juli zu ihren Gunsten. Im Baseler Frieden vom 22. September verzichtete Maximilian I. auf die Exekution der Wormser Beschlüsse. Die wichtigste Folge war 1501 die Aufnahme von Basel und Schaffhausen in die Eidgenossenschaft. Mit der „Erbeinigung" von 1511 wurde dann das Verhältnis zu den Habsburgern normalisiert. Die Eidgenossen bemühten sich künftig, ihre Eigenständigkeit durch kaiserliche Privilegien abzusichern und Beeinträchtigungen ihrer Autonomie zu verhindern. Eine Loslösung vom Reich war nicht beabsichtigt, aber die Beziehungen lockerten sich.[9]

Auf dem italienischen Schauplatz waren inzwischen die Franzosen erfolgreich. Im August 1499 eroberten sie das Herzogtum Mailand. Die Eidgenossen tendierten mehrheitlich zunächst zu Frankreich. Doch Papst Julius II. gelang es, sie auf seine Seite zu ziehen. Er wurde vom Sittener Bischof Matthäus Schiner unterstützt, der die Vertreibung der Franzosen aus Mailand befürwortete. Im April 1500 unterwarf Bellinzona sich den Schweizern, und 1503 musste die französische Krone dieses Resultat akzeptieren. In den folgenden Jahren kämpften die Schweizer um die Herrschaft über Mailand. Sie drängten die Franzosen über die Alpen zurück, setzten 1512 Massimiliano Sforza als Herzog ein und übernahmen die Schutzherrschaft. So kontrollierten die Schweizer nun alle Alpenpässe und die Lombardei. Doch Franz I. gelang es, die Eidgenossen zu spalten. Bei Marignano südöstlich von Mailand fügten dann seine Artillerie und Kavallerie am 13./14. September 1515 den Schweizer Fußtruppen eine schwere Niederlage zu.

Am 29. November 1516 wurde in Freiburg im Üchtgau ein „ewiger Friede" vereinbart, der den Eidgenossen alle Herrschaften im Tessin und das Veltlin sowie Pensionen und Handelsrechte sicherte. Er hatte aber auch „den Rückzug der Eidgenossenschaft aus der Verstrickung in die Großmachtpolitik zurück zur kleinstaatlichen Haltung" zur Folge.[10]

Am 5. Mai 1521 kam ein Bündnis- und Soldvertrag mit Frankreich zustande, der lange Zeit die Beziehungen zwischen beiden bestimmte. Mit ihm sicherte Franz I. sich Schweizer Söldner für die Kriegführung in Oberitalien. Diese erlitten indes schwere Verluste in den Schlachten von Bicocca 1522 und Pavia 1525, da ihre Kampfesweise den Handfeuerwaffen und der Artillerie des Gegners unterlegen war. Die Eidgenossenschaft schlug künftig den Weg der Neutralität ein. „Was die Zeit überdauerte, war aber ein militärisch-kriegerischer Ruhm, der sich als Furcht und Achtung vor diesem sonderbaren Gebirgs- und Bauernvolk noch lange erhalten sollte, denn als Partner für Soldbündnisse blieben die Schweizer weiterhin sehr umworben. Schließlich war

9 Vgl. B. Braun, Eidgenossen.
10 H. von Greyerz, Schweiz, 693.

während all dieser für Europa so merkwürdigen Begebenheiten ein neuartiger Staat hervorgetreten, der zwischen Alpen und Jura, Genfer See und Bodensee die Dinge in seine eigene Hand genommen hatte, und der sich nun konsolidieren und stabilisieren sollte."[11]

2.4.2 Die Reformationen Zwinglis und Calvins

Als Huldrych Zwingli in Zürich und Jean Calvin in Genf der Reformation ein spezifisches Profil verliehen, erweckte das über die schweizerischen Grenzen hinaus ein nachhaltiges Echo. Die Obrigkeiten der eidgenössischen Orte kontrollierten zwar seit dem Ende des 15. Jahrhunderts schon weithin das Kirchenwesen, aber es bestand weiterhin Reformbedarf. Am 11. Dezember 1518 wurde Zwingli zum Leutpriester am Großmünster in Zürich gewählt.[12] Er hatte sich eingehend mit den biblischen Büchern, den Kirchenvätern und auch mit Schriften Luthers beschäftigt, von denen einige bereits 1518 in Basel gedruckt wurden. Sie bestätigten ihm seine später in die Worte gefasste Erkenntnis: „Summa des euangelions ist, das unser herr Christus Jhesus, warer gottes sun, uns den willen sines himmlischen vatters kundt gethon unnd mit siner unschuld vom tod erlöst und gott versuent hat."[13] Zwingli war humanistisch gebildet, sozial interessiert, politisch engagiert und interpretierte von daher die Schrift. „‚Glaube an das Evangelium' bedeutet bei Zwingli nicht nur ein persönliches Ergreifen der gnädigen Verheißung des ewigen Heils, sondern zugleich die Entscheidung für eine totale Wendung des sozialen und politischen Lebens."[14] Das hatte Folgen für seine Auffassung von Kirche, Gesellschaft und Obrigkeit.

Als Zwingli 1521 gegen das Reislaufen predigte, weil der Schweizer Boden alle Bewohner zu nähren vermöge, hielt der Züricher Rat sich von dem Soldvertrag mit Frankreich fern. Widerspruch meldeten aber diejenigen an, die vom Solddienst lebten. Da Zwinglis Auftreten Spannungen hervorrief, war der Rat interessiert, die Einhelligkeit der Predigt herzustellen. Zwingli wiederum wollte vor der Gemeinde nachweisen, dass seine Predigt dem Wort Gottes entspreche. Die Disputation vom 29. Januar 1523, zu der der Rat einlud, provozierte die Altgläubigen, denn die städtische Obrigkeit beanspruchte eine Entscheidungsbefugnis in kirchlichen Angelegenheiten und erwartete von den Altgläubigen, die von Zwingli verfassten und ihnen kurzfristig zugestellten 67 Artikel anhand der Schrift zu widerlegen, gab ihnen aber keine Gelegenheit, ihren eigenen Standpunkt vorzutragen.[15] Nach der Disputation beschlossen Bürgermeister und Großer Rat als christliche Obrigkeit, Zwingli solle das Evangelium wie bisher verkünden und die schriftgemäße Predigt die Norm für Stadt und Landschaft sein.

Während einer zweiten Disputation vom 26. bis 28. Oktober wurde über die Entfernung der Bilder und die Abschaffung der Messe diskutiert. Es war ein Disput über den Charakter der Reformation. Danach wurde im Züricher Gebiet schrittweise das

11 U. Im Hof, Schweiz, 46.
12 Vgl. O. Farner, Zwingli; U. Gäbler, Zwingli; G. W. Locher, Zwinglische Reformation.
13 H. Zwingli, Sämtliche Werke, 1, 458.
14 G. W. Locher, Zwingli, 180.
15 Vgl. H.-J. Goertz, Machtbeziehungen, 57f.

Kirchenwesen reformiert: Die Bilder wurden aus den Kirchen entfernt, die Heiligenverehrung eingestellt, die Klöster aufgelöst, die Priester vom Zölibat befreit, eine Almosenordnung erlassen, die Verwaltung des Kirchenguts geregelt, ein Ehegericht eingerichtet und zum Sittengericht erweitert, der Bischof durch einen Antistes ersetzt und die „Prophezei" für die Ausbildung von Predigern geschaffen. Als der Rat am 12. April 1525 mit knapper Mehrheit die Abschaffung der Messe beschloss, galt die Reformation in Zürich als gesichert. Diese Entscheidungen beeinflussten in der folgenden Zeit reformatorische Neuerungen in Städten der Ostschweiz und in west- und süddeutschen Reichsstädten.[16]

Zwingli wurde indes mit einer Strömung konfrontiert, die entschieden dafür eintrat, die christlichen Gemeinden aus der Obhut des Staates zu lösen. Untertanen im Landgebiet – darunter Anhänger Zwinglis – opponierten gegen die Herrschaft des Züricher Rats und sprachen sich für die Autonomie der Gemeinden aus. Der Streit entzündete sich 1523 an der Zehntleistung. Zwingli hatte diese Praxis kritisiert. Als aber Gemeinden die Leistung verweigerten, trat er dagegen auf, um die finanziellen Grundlagen der Kirche zu erhalten. Es war ein Machtkampf zwischen den Landgemeinden und dem Rat. „Die Machtbeziehung veränderte sich zu einer innerreformatorischen Zerreißprobe. Geblieben ist die Weigerung, sich nicht regieren zu lassen; gewandelt haben sich die Gegner: nicht mehr der Klerus, sondern die Radikalen auf der einen, der Rat und Zwingli auf der anderen Seite."[17]

Es zeichnete sich ab, dass die Radikalen eine andere Reformation als Zwingli im Auge hatten. Ihr Signum wurde die Glaubenstaufe, die Taufe im mündigen Alter. Nach einem öffentlichen Gespräch am 17. Januar 1525 verurteilte der Züricher Rat am 21. Januar deren Verhalten. Sie fügten sich indes nicht und vollzogen an diesem Tag die erste Erwachsenentaufe. Die „Täufer" gründeten Gemeinden, und trotz Verfolgung breitete sich die Bewegung über die Grenzen der Eidgenossenschaft hinaus aus.

Im Bauernkriegsjahr 1525 kam es auch in einigen Gebieten der Schweiz zu Erhebungen von Bauern. Ihre Forderungen hatten vieles mit den „Zwölf Artikeln" gemeinsam: Ablehnung der Leibeigenschaft und des Zehnten, Wiederherstellung der Allmenderechte, Pfarrerwahl und freie Predigt des Evangeliums. Die Aufständischen erstritten einige Zugeständnisse, zum Beispiel den Loskauf von der Leibeigenschaft und auch von einigen Leistungen. Doch die „Obrigkeit als größter Grundbesitzer und Inhaber von Rechten und Abgaben tat selbstverständlich alles, um das bestehende Gefüge in Staat und Gesellschaft zu erhalten und fester zu ordnen."[18]

Die Reformationsfrage beschäftigte mehrmals Tagsatzungen. Vor allem die Fünf Orte (Luzern, Uri, Schwyz, Unterwalden und Zug) verurteilten die Haltung des Züricher Rats und suchten die Ausbreitung der Reformation zu verhindern. Anfang 1525 wurde ein Glaubensmandat vereinbart, das die traditionellen Dogmen und Riten festschrieb. Es gelang indes nicht, in Zürich die alten Verhältnisse wieder herzustellen. Ein weiterer Versuch, den reformatorischen Prozess einzudämmen, wurde 1526 mit der Badener Disputation unternommen. In Anlehnung an die Beschlüsse des Regensbur-

16 Vgl. A. SCHINDLER/H. STICKELBERGER (Hg.), Zürcher Reformation.
17 H.-J. GOERTZ, Machtbeziehungen, 62.
18 L. von MURALT, Renaissance, 466.

ger Konvents von 1524 bannten neun Orte Zwingli und seine Anhänger. Doch Bern veranstaltete vom 6. bis 26. Januar 1528 eine eigene Disputation und entschied sich mit dem Reformationsmandat vom 7. Februar für die evangelische Predigt. Dieses Mandat bildete auch die Grundlage für die Reformation in Sankt Gallen, Basel und Schaffhausen. Im Zuge dieser Entwicklung wurde Zürich aus seiner Isolation herausgeführt.

Absicht der genannten und weiterer Städte war es, die geistliche Herrschaft abzuwerfen, ihre Territorialherrschaft auszubauen und das Kirchengut in Anspruch zu nehmen. In manchen Kommunen sprachen sich die Zünfte aus sozialen Motiven für reformatorische Neuerungen aus, während die grundbesitzende und handeltreibende Oberschicht sich verweigerte. Basel vermied eine eindeutige Entscheidung in der Lehrfrage, plädierte aber für eine tolerante Haltung und erklärte am 29. Februar 1528, „das hinfur keiner den andern von des gloubens wegen hassen, unfruntschaft zufugen, sonder einem yeden fry sin sölli ze glouben nach dem im von gott gnad verlyhen, und ein yeder, was er siner seel heil sin verhofft“.[19] In den bäuerlichen Orten Glarus und Appenzell entschieden sich die einzelnen Kirchgemeinden für oder gegen die Reformation. In den Untertanengebieten wurde es üblich, dass die Obrigkeiten per Mandat eine Entscheidung trafen.

Zu ihrem Schutz schufen die sich der Reformation anschließenden Orte ein Netz von „christlichen Burgrechten“[20] – ein evangelisches Bündnissystem in und außerhalb der Eidgenossenschaft. Burgrechte wurden zwischen 1527 und 1530 von Zürich und Bern mit St. Gallen, Schaffhausen, Biel, Basel, Mülhausen und Konstanz vereinbart. Die altgläubigen Fünf Orte und König Ferdinand antworteten mit der „Christlichen Vereinigung“ vom 22. April 1529 und sagten sich zu, beim „wahren christlichen Glauben“ zu bleiben.

Als im Berner Oberland die Altgläubigen, die das Reformationsmandat des Rats ablehnten, von Unterwalden unterstützt wurden und dessen Truppen im Herbst 1528 in das Gebiet einfielen, war das für Bern und Zürich ein Fall von Landfriedensbruch. Im Juni 1529 eröffneten sie den Krieg, um die Fünf Orte zu zwingen, die freie Predigt des Evangeliums zu respektieren. Doch ehe die Kampfhandlungen begannen, wurde mit dem Ersten Kappeler Landfrieden vom 26. Juni eine Schlichtung erreicht. Die Fünf Orte mussten den Gemeinen Herrschaften die evangelische Predigt zugestehen und das Bündnis mit den Habsburgern auflösen. Auch wurde jedem Ort das Recht zugebilligt, in der Glaubensfrage mehrheitlich zu entscheiden. Damit wurde der weiteren Ausbreitung der Reformation in altgläubigen Orten ein Riegel vorgeschoben und der konfessionellen Spaltung der Eidgenossenschaft vorgearbeitet.

Zwingli und Zürich gaben indes ihr Bemühen nicht auf, weitere Orte für die Reformation zu gewinnen und durch eine aktive Bündnispolitik ihre Stellung abzusichern. Am 5. Januar 1530 wurde Straßburg in das Burgrecht aufgenommen und am 18. November das „Christliche Verständnis“ Zürichs, Basels und Straßburgs mit dem hessischen Landgrafen Philipp vereinbart. Aber die von Hessen angestrebte größere Allianz protestantischer Städte und Fürsten kam aufgrund der theologischen Differenzen

19 E. Dürr/P. Roth (Hg.), Basler Reformation, 3, 50.
20 Vgl. W. Bender, Reformationsbündnisse.

nicht zustande. Damit war den Zwinglianern der Weg in den Norden des Reiches verlegt.

In Zürich wurde inzwischen im Sinne der „Verchristlichung" aller Lebensbereiche seit Januar 1529 ein strikter Kirchenzwang praktiziert und mit dem Mandat vom 26. März 1530 sanktioniert. Wer den Gottesdienst am Sonntag nicht regelmäßig besuchte, verfiel dem Bann. Ferner ging es um die Beseitigung der Messe, der Altäre und der Bilder, die Ordnung der Feiertage, die Verwendung des Kirchenguts, die kirchliche Segnung der Ehe und das sittliche Leben in der Stadt und auf dem Land. Diese strenge Ordnung stieß indes auf Widerstand, der von den Fünf Orten unterstützt wurde. Zwingli war bereit, die Verantwortung zu übernehmen und ersuchte am 26. Juli 1531 um seine Entlassung.

Bisher nicht gelöste Konflikte brachen vollends auf, als die Fünf Orte im Frühjahr 1531 Hilfe für die Graubündner, die sich im Krieg mit dem Kastellan von Musso befanden, von deren Rückkehr zum alten Glauben abhängig machten. Die reformierten Orte verhängten daraufhin gemäß einer Bestimmung des Ersten Kappeler Landfriedens eine Lebensmittelsperre. Zwingli drängte zum Angriff, doch die Städte des Burgrechts waren dazu nicht bereit. Als die Fünf Orte ihren „Absagebrief" übermittelten, machten dic Züricher mobil, waren aber nicht vorbereitet und sind „nie so schlechtlich und elendigklich mit der statt panner ußzogen".[21] Beim ersten Angriff am 11. Oktober 1531 wurde das Züricher Aufgebot dezimiert. Zwingli wurde niedergestochen, sein Leib gevierteilt und verbrannt. Die Entscheidung fiel am 24. Oktober mit den Rückzug der Berner und der Züricher.

Am 16. November willigte Zürich in den Zweiten Kappeler Landfrieden ein, woraufhin auch Bern, Basel und Schaffhausen Frieden schlossen. Die christlichen Burgrechte wurden aufgehoben, doch die freie Entscheidung der Orte und der Zugewandten über den Glauben bestätigt – ein erster „Religionsvergleich" und eine Vorwegnahme des Prinzips, das im Reich der Religionsfrieden von 1555 sanktionierte. Den Gemeinen Herrschaften wurde die Rückkehr zur alten Kirche erleichtert, der Anschluss an das neue Bekenntnis hingegen erschwert. In Gemeinden mit altgläubiger Minderheit wurde die Parität hergestellt, was Anlass für ständige Reibereien bot. Den Fünf Orten wurde es möglich, ihren Einfluss zu verstärken.

Zürich durchlebte eine schwere Krise. Am 9. November 1531 trat Heinrich Bullinger die Nachfolge Zwinglis an. Er widmete sich der inneren Festigung des neuen Kirchenwesens durch Klärung von Lehrfragen, Ausbildung der Pfarrer und Verbesserung des Unterrichts in den Schulen. In den süddeutschen Reichsstädten verlor der Zwinglianismus allerdings seinen zeitweilig erheblichen Einfluss. Erhalten blieb er, wo der Kappeler Landfriede reformierte Gemeinden erlaubte, zum Beispiel in einigen Gemeinen Herrschaften (Thurgau, Baden, Rheintal, Toggenburg, Sargans). Geschwächt wurde allerdings der Zusammenhalt des eidgenössischen Bundes, da Tagsatzungen künftig nicht mehr allein als Zusammenkunft aller Orte, sondern auch als Sondertagung konfessioneller Partner stattfanden.

In der Ostschweiz waren wichtige Entscheidungen gefallen, im Westen noch nicht. Am 8. Februar 1526 hatten Bern, Freiburg und Genf ein Burgrecht vereinbart. Genf

---

21 Nach L. von Muralt, Renaissance, 521.

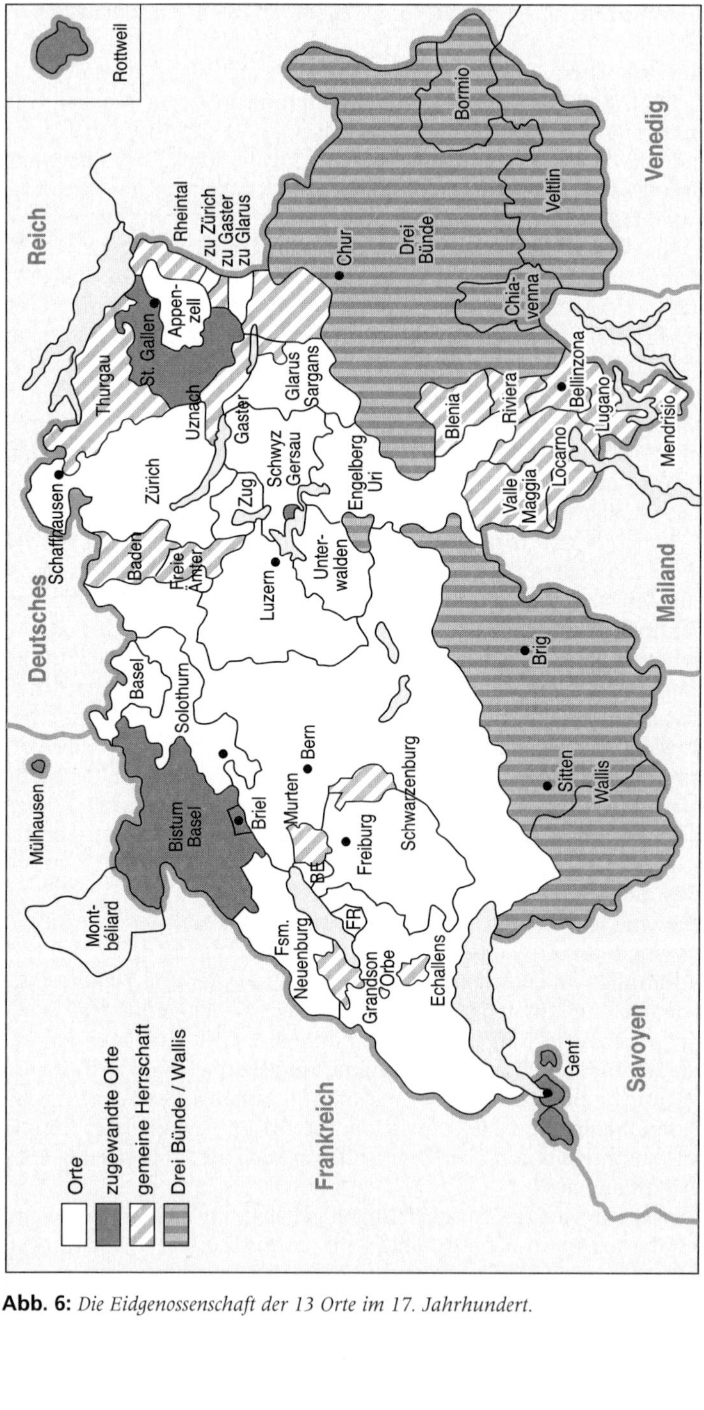

Abb. 6: *Die Eidgenossenschaft der 13 Orte im 17. Jahrhundert.*

war Kreuzungspunkt wichtiger Handelsstraßen, aber nicht Mitglied der Eidgenossenschaft. Als Herzog Karl III. von Savoyen, dessen Territorum die Stadt umschloss, sich ihrer bemächtigen wollte, eilten im Oktober 1530 beide Bündnispartner Genf zu Hilfe. Im Frieden von Saint-Julien vom 19. Oktober sagte der Herzog zu, Genf nicht länger zu bedrängen und freien Durchzug für dessen Handel zu gewährleisten. Als Pfand setzte er die Waadt ein, an deren Besitz Bern interessiert war. Ende 1535 bot der französische König Franz I. Genf seinen Schutz an. Daraufhin erklärte Bern am 16. Januar 1536 Savoyen den Krieg, um Frankreich zuvor zu kommen, und besetzte die Landschaften um den Genfer See. Die Inbesitznahme der Waadt war der Schlussstein in der Berner Territorialpolitik.

Die neue Situation ermöglichte, nun auch in Genf der Reformation den Weg zu bahnen. Seit den zwanziger Jahren wurden in der Stadt Schriften Luthers verbreitet, seit 1532 verkündete Guillaume Farel die neue Lehre. Am 10. August 1535 beschloss der Große Rat, die Messe abzuschaffen, am 21. Mai 1536 plädierte die Stadtgemeinde für eine Reform der Kirche. Die Stadt löste sich vom Bischof, aber erst Jean Calvin und dann Theodor Beza verliehen dem Kirchenwesen ein eigenes Profil. Calvin hatte Paris aufgrund der Verfolgung von Protestanten verlassen müssen.[22] In Basel veröffentlichte er im März 1536 sein Hauptwerk *„Christianae religionis institutio"* (Unterricht in der christlichen Religion), ein bis zur Genfer Ausgabe von 1559 wiederholt erweitertes Kompendium der evangelischen Lehre, wie er sie verstand.

Charakteristisch für Calvins Theologie war die Lehre von der Prädestination: „Unter Vorherbestimmung verstehen wir Gottes ewige Anordnung, vermöge deren er bei sich beschloss, was nach seinem Willen aus jedem einzelnen Menschen werden sollte! Denn die Menschen werden nicht alle mit der gleichen Bestimmung erschaffen, sondern den einen wird das ewige Leben, den anderen die ewige Verdammnis zugeordnet."[23] Wirtschaftliche Betätigung war für ihn nicht Sünde und Armut kein Verdienst. Fleiß und Sparsamkeit, Mäßigung und Nüchternheit galten ihm als christliche Tugenden, das Streben nach Erfolg als sittliche Aufgabe. Städtische Schichten konnten sich mit dieser Lehre identifizieren.

Calvin kam 1536 nach Genf, geriet aber wegen der Kirchenzucht in Konflikt mit dem Rat. Als er und Farel der Gemeinde wegen sittlicher Missstände am Ostersonntag 1538 das Abendmahl verweigerten, wurden beide aus der Stadt verbannt. Calvin ließ sich in Straßburg nieder und wurde erst 1541 nach Genf zurückgerufen, als seine Anhänger an Einfluss gewannen. Mit den *„Ordonnances ecclésiastiques"*, die der Große Rat am 9. November und die Gemeinde am 20. November annahmen, wurde Calvins Gemeindeordnung verwirklicht: Den Pastoren oblag die Wortverkündigung, den Doktoren der Unterricht, den Ältesten die Überwachung des sittlichen Lebens und den Diakonen die Verwaltung der kirchlichen Stiftungen und die Armen- und Krankenfürsorge. Diese neue Ordnung stieß indes noch jahrelang auf Widerstand, da die Eingriffe in traditionelle Gewohnheiten und die Reglementierung des sittlichen Lebens nicht von allen bereitwillig angenommen wurden. Doch die Calvinisten setzten sich durch, und die Stadt war künftig ein Zufluchtsort für Glaubensflüchtlinge.

---

22 Vgl. W. Bouwsma, Calvin.
23 J. Calvin, Unterricht, 2, 515.

Toleranz wurde in Genf allerdings nicht geübt. Im Ergebnis eines Ketzerprozesses wurde am 27. Oktober 1553 der Antitrinitarier und Arzt Michael Servet verbrannt, weil er mit seinen Schriften Unfrieden in die Kirche trage. Auch andere der Häresie Verdächtigte wurden verurteilt oder aus der Stadt vertrieben. Kritische Beobachter wie der aus Frankreich emigrierte protestantische Humanist Sebastian Castellio sprachen sich nachdrücklich für Toleranz und Religionsfreiheit aus.[24] Die 1559 gegründete *„Académie"* wurde das Zentrum, von dem aus Calvins Lehre ausstrahlte. Er selbst nahm regen Anteil am Schicksal seiner Glaubensgenossen in Frankreich und unterstützte mit seinen Korrespondenzen seine Anhänger von Schottland und Skandinavien bis Polen und Ungarn – bis zu seinem Tod am 27. Mai 1564.

2.4.3 Konfessionalisierung und Neutralität

Konfessionell war die Eidgenossenschaft nun gespalten: Die Ostschweiz stand unter zwinglianischem, die Westschweiz unter calvinistischem Einfluss, die Zentralschweiz blieb überwiegend katholisch. Für das Überleben der reformierten Gemeinden war künftig ein gemeinsames Bekenntnis wichtig. Nach hartnäckigem Bemühen Bullingers und als Konsequenz seiner Kritik an dem im Reich verfügten Interim wurde im Mai 1549 mit Calvin und Farel der „Consensus Tigurinus" (Züricher Übereinkunft) vereinbart. Eine Annäherung der Standpunkte erfolgte in der Abendmahlsfrage, nicht aber in der Lehre von der Prädestination. Politisch war von Bedeutung, dass alle reformierten Orte den Konsens annahmen. Mit der *„Confessio Helvetica posterior"* von 1566, dem zweiten Helvetischen Bekenntnis, wurde dann eine theologische Einigung erzielt, eine gemäßigte Interpretation der Prädestination vermittelt und eine deutliche Grenze gegen Rom, aber auch gegen Lutheraner und andere evangelische Strömungen gezogen. Dieses Bekenntnis wurde von fast allen reformierten Orten und Zugewandten akzeptiert. Auch die Reformierten in Schottland, Böhmen, Polen und Ungarn sowie die Synode von Dordrecht 1618/19 orientierten sich an ihm.[25]

Das neue Kirchenwesen, das in Zürich, Bern und Genf Gestalt annahm und dessen Ordnungen andernorts übernommen wurden, beseitigte die geistliche Hierarchie und hob den Rat einer Stadt oder die Landgemeinde in den Rang einer christlichen Obrigkeit. Mit Hilfe von Chorgerichten, Ehegerichten oder Konsistorien und der Visitation der Gemeinden wurde das sittliche Leben streng kontrolliert und wurden Vergehen gegen die Sittenmandate hart geahndet. „Die sprichwörtliche eidgenössische Einfachheit erhielt ihre Fortsetzung im reformierten Sündenernst."[26]

Politisch entstand eine neue Lage, als aufgrund des Friedens von Cateau-Cambrésis das Herzogtum Savoyen wieder hergestellt wurde. Im Lausanner Vertrag vom 30. Oktober 1564 musste Bern auf die südlich des Genfer Sees gelegenen Gebiete verzichten, aber das Burgrecht mit Genf wurde anerkannt. Wenig Resonanz fand dessen Interesse an einer engeren Verbindung mit der ganzen Eidgenossenschaft. Inzwischen erforderten die Ereignisse in Frankreich Aufmerksamkeit. Eidgenössische Söldner kämpf-

---

24 Vgl. H. R. Guggisberg, Castellio.
25 Vgl. A. Mühling, Kirchenpolitik.
26 U. Im Hof, Schweiz, 65.

ten während der Bürgerkriege im Dienste beider Konfliktparteien. Als die Beziehungen der katholischen Orte zur französischen Krone sich lockerten, vereinbarten sie am 8. Mai 1577 eine Allianz mit Savoyen. Die Reaktion war 1579 ein Schutzbündnis Frankreichs mit Bern und Solothurn zugunsten Genfs. Als Karl Emanuel seit 1580 seinen Anspruch auf die Stadt mit Nachdruck verfolgte, engagierte sich folglich neben Bern auch Frankreich für den Schutz der Rhonestadt. Am 2. Dezember 1582 vereinbarte Genf eine Allianz mit Frankreich, am 30. August 1584 Burgrechte mit Zürich und Bern und wurde als zugewandter Ort anerkannt.

Schon vor dem Ende des Trienter Konzils bemühten sich altgläubige Obrigkeiten, verlorenes Terrain wieder zu gewinnen: Konstanz wurde 1548 rekatholisiert, Locarno vertrieb 1555 die Reformierten, und Aegidius Tschudi verfolgte von 1558 bis 1564 im „Glarnerhandel" hartnäckig die Absicht, Glarus zum alten Glauben zurückzuführen. Doch er wurde nur unzureichend unterstützt und zog sich in das Kloster Rapperswil zurück. Die zwei Konzilsteilnehmer der katholischen Orte nahmen 1564 die Trienter Reformdekrete an. Diese wurden jedoch nur selektiv und zögerlich umgesetzt.

Auftrieb erhielt die katholische Reform erst nach einer Visitationsreise des Mailänder Erzbischofs Carlo Borromeo 1570. Im Jahr 1574 kamen die ersten Jesuiten nach Luzern. Bald wurden Jesuitenkollegien und – zuerst in Altdorf 1581 – Kapuzinerklöster zur Verbesserung von Predigt und Seelsorge gegründet, seit 1579 am *„Collegium Helveticum"* in Mailand Priester für die Schweiz ausgebildet sowie zahlreiche barocke Kirchen gebaut. Doch der Nuntius Giovanni Francesco Bonhomini registrierte 1579 während einer Visitationsreise noch viele Missstände und den Widerstand einer reformunwilligen Geistlichkeit. Erst 1586 wurde in Luzern eine ständige päpstliche Nuntiatur eingerichtet.

Am Anfang des 17. Jahrhunderts waren die Konfessionsgrenzen endgültig gezogen. „Die katholische Schweiz zählte etwa zwei Fünftel der Gesamtbevölkerung, hauptsächlich ländlich-alpiner Art mit nur drei Stadtkantonen. Sie war wirtschaftlich schwächer und eingeschnürt zwischen Zürich, Bünden und Bern. Die reformierte Schweiz – ihrerseits fast überall von katholischem Gebiet umschlossen – verfügte über die reicheren landwirtschaftlichen Gegenden, umfasste die Großzahl der Städte, darunter solche, die sich industriell entwickeln sollten."[27] Da eine auf territoriale Ausdehnung bedachte Politik keine Chancen mehr besaß, waren die konfessionellen Blöcke interessiert, ihr Verhältnis zueinander auszubalancieren und verlässliche Partner zu gewinnen. Begünstigend wirkte das anhaltende Interesse auswärtiger Mächte an Schweizer Söldnern und am Durchzugsrecht für ihre Truppen. Die Gegenleistung waren Geldzahlungen, Handelsprivilgien und Versorgungsgarantien.

Die konfessionsorientierte Bündnispolitik wurde fortgesetzt, als die katholischen Orte der Innerschweiz am 5. Oktober 1586 den „Goldenen Bund" vereinbarten, „staatsrechtlich eigentlich nichts anderes als eine Erneuerung und Wiederbekräftigung der Eidgenossenschaft im engeren, konfessionellen Rahmen"[28], und am 12. Mai 1587 eine Allianz mit Spanien schlossen. Auch unterstützten die Innerschweizer gemeinsam mit Solothurn, Freiburg und Luzern unter Führung Ludwig Pfyffers die Liga im

27 Ebd., 69.
28 P. Stadler, Gegenreformation, 604.

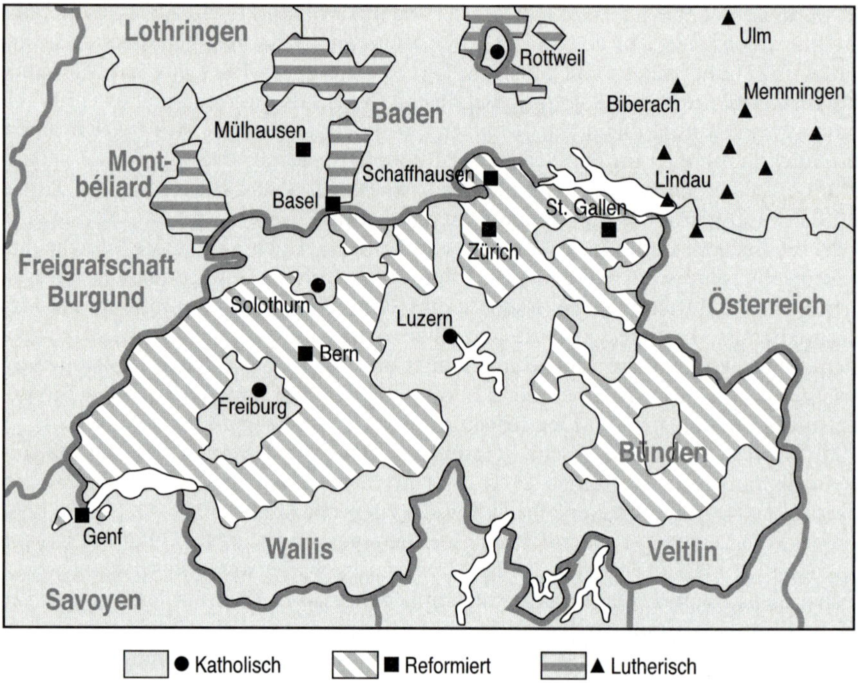

Abb. 7: *Die Konfessionen in der Eidgenossenschaft zu Beginn des 17. Jahrhunderts.*

Kampf gegen die Hugenotten. Zürich und Bern standen dagegen an Seiten Genfs, das sich bis zum Frieden von Saint-Julien vom 21. Juli 1603 wiederholt der Bedrohung durch Savoyen zu erwehren hatte. Auch nahmen sie 1587 Mülhausen in ihren Schutz, schlossen im Mai 1588 einen Vertrag mit Straßburg und dann mit Graubünden. Die katholischen Orte verfolgten die gegenreformatorische Politik weiter (Landesteilung in Appenzell 1597, Rekatholisierung des Wallis seit 1602, Erneuerung des spanischen Bündnisses 1604), näherten sich dann aber Frankreich unter Heinrich IV. Auf der anderen Seite gingen Zürich und Bern am 6. März 1615 ein Bündnis mit Venedig und Bern 1617 ein solches mit Savoyen ein.

In den konfessionell paritätischen Gebieten blieben Konflikte nicht aus. Sie wurden meistens von Tagsatzungen geschlichtet. Denn diese waren trotz der konfessionellen Spaltung bedacht, ihre Funktion als Institution des ganzen Bundes wahrzunehmen. Auch die gemeinsame „heroische" Vergangenheit wurde von allen gepflegt. „Man sieht: die Bündnisverknüpfungen eidgenössischer Orte und Zugewandter wiesen am Vorabend des Dreißigjährigen Krieges nach den verschiedensten Seiten hin. Das barg Gefahren in sich und bot doch auch Vorteile: Gerade die Verflochtenheit und Widersprüchlichkeit ihrer Verbindungen im einzelnen hat die Eidgenossenschaft als Ganzes davor bewahrt, in die Katastrophe hineingezogen zu werden. Es ergab sich aus diesen Voraussetzungen, dass die Neutralität zwar noch keineswegs zu einem staatsrechtlichen Prinzip, aber doch zu einer von Fall zu Fall erprobten und in zunehmendem Grade als verbindlich erkannten Verhaltensweise für die Eidgenossenschaft werden konnte."[29]

Nachdem die eidgenössischen Orte sich schon 1546/47 entschieden hatten, sich aus dem Schmalkaldischen Krieg herauszuhalten, verfolgten sie während des Dreißigjährigen Krieges eine gleiche Politik, so dass das Land vom Kriegsgeschehen weitgehend verschont blieb. In welchem Maße jedoch Sonderinteressen einen Ort belasten konnten, zeigte sich in Graubünden, wo zwischen führenden Familien und Gemeinden konfessionelle Zwistigkeiten geschürt und mehrmals tumultuarische Auseinandersetzungen provoziert wurden. Auch kreuzten sich hier Interessen Spaniens, Mailands, Venedigs und Frankreichs sowie Zürichs und Berns. Hart umkämpft war vor allem das strategisch bedeutsame Veltlin, das die habsburgischen Lande mit Mailand verband und für die Spanier als Durchzugsgebiet zu den Kriegsschauplätzen in Mitteleuropa unentbehrlich war.[30] So wurde Graubünden zwischen 1620 und 1631 zum politischen Objekt mehrerer Mächte. Die Bevölkerung wurde von wechselnden Kriegsparteien drangsaliert, war konfessionell gespalten und erlebte Hungersnöte und Epidemien.

Die Eidgenossen verfolgten eingehend, was sich im Reich während des Dreißigjährigen Krieges ereignete.[31] Sie übten Neutralität, um den inneren Frieden zu wahren. Die Bauern profitierten zunächst von günstigen Exportmöglichkeiten für ihre Produkte, doch schädigte die Zerrüttung des Münzwesens das wirtschaftliche Leben. Die reformierten Orte waren zudem mit dem kaiserlichen Restitutionsedikt konfrontiert. Ein Bündnisangebot Schwedens lehnten die Eidgenossen – die Katholiken vehement, die Reformierten erst nach längerem Bedenken – ebenso ab wie den Durchzug spanischer Truppen. Die Idee der bewaffneten Neutralität setzte sich allmählich durch.

Wiederholte Grenzverletzungen (1633 belagerten schwedische Truppen Konstanz, 1638 eroberte Bernhard von Sachsen-Weimar die vier Waldstädte) zwangen zur Verbesserung der Landesdefension, und mehrere Städte bauten ihre Befestigungen aus. Eine Tagsatzung entschied sich 1638 für bewaffnete Neutralität, aber erst im Januar 1647 kam das Defensionale von Wil zustande, um die Grenzen des Thurgau, des Rheingaus und von Sargans zu schützen. Da es an Geld fehlte, mussten zur Finanzierung der Verteidigung Steuern erhoben werden. Die Städter waren an diese Praxis gewöhnt, nicht aber die Landbevölkerung, so dass sich Unmut ausbreitete und Bern 1641 und Zürich 1646 mit Steuerrevolten konfrontiert wurden.

Als die Verhandlungen über einen Friedensvertrag in Münster und Osnabrück begannen, beantragte Basel 1645 bei der Tagsatzung, eine eidgenössische Delegation zu entsenden.[32] Den Anlass boten einige Zwischenfälle. Als ein Weintransport vom Elsass nach Basel überfallen worden war, gelangte der Streit um Schadensersatz bis vor das Reichskammergericht. Basel war nun interessiert, eine Bestätigung der Exemtion von

---

29 Ebd., 620f.
30 Vgl. A. Wendland, Nutzen.
31 Vgl. K. v. Greyerz, Schweiz, 133ff.
32 Vgl. F. Egger, Wettstein, 423ff.

der Rechtsprechung des Reichskammergerichts im Friedensvertrag zu verankern. Da die Tagsatzung eine Entscheidung verzögerte, reiste Bürgermeister Johann Rudolf Wettstein im Dezember 1646 nur mit dem Mandat Basels und der vier reformierten Orte zum Friedenskongress. Erst am 20. Februar 1647 legitimierten ihn die dreizehn Orte, darüber zu verhandeln, „eine löbliche Eidgenossenschaft bei ihrem freien, souveränen Stand und Herkommen fürbaß ruhig und ohnturbiert zu lassen."[33]

Wettstein gelang es, die großen Mächte gegeneinander auszuspielen und mit französischer und schwedischer Unterstützung den Kaiser zum Nachgeben zu bewegen. Im September 1647 sagten sie zu, den „schweizerische Artikel" in die definitiven Friedensverträge aufzunehmen.: Basel und den anderen Orten der Eidgenossenschaft wurde die Exemtion vom Reich und seiner Gerichtsbarkeit zugestanden. Auch die Orte und Zugewandten, die zur Zeit des Schwabenkrieges 1499 noch nicht vollberechtigte Mitglieder der Eidgenossenschaft waren, sollten nicht mehr vom Reichskammergericht belangt werden. Im Juli 1648 billigten alle dreizehn Orte der Eidgenossenschaft das Ergebnis. Mit den „Friedensinstrumenten" vom 24. Oktober 1648 wurde die Souveränität der Eidgenossenschaft völkerrechtlich anerkannt. Um diesen neuen Status praktisch durchzusetzen, brauchte es noch Jahre, und den Eidgenossen wurde erst allmählich bewusst, daß sie in Europa einen neuen Platz gefunden hatten.

2.5 Die italienischen Staaten

Auf der Apenninenhalbinsel entstanden glanzvolle Städte, die lange Zeit andere urbanisierte Regionen überschatteten; hier bildeten sich zuerst frühe Formen kapitalistischer Produktion und moderner Staatlichkeit aus; hier formte sich mit Renaissance und Humanismus eine geistig-kulturelle Bewegung, die auf andere Regionen Europas ausstrahlte. Aber Italien präsentierte sich politisch zersplittert. Auf seinem Territorium existierten mehrere Königreiche, zahlreiche Fürstentümer, aristokratische Stadtrepubliken und der Kirchenstaat mit Rom als Zentrum der Christenheit. Deren anhaltende Rivalitäten lösten wiederholt Kriege aus. Das begünstigte die expansive Politik der österreichischen und spanischen Habsburger, der französischen Krone sowie der Osmanen. Zum Schicksal Italiens wurde, dass konkurrierende europäische Mächte ihren Kampf um die Vorherrschaft, den schließlich Spanien für sich entschied, lange Zeit vor allem auf italienischem Territorium ausfochten. Die italienischen Staaten vermochten nur bedingt eine selbständige Rolle in der europäischen Politik zu spielen, brachten aber ihren kulturellen Rang eindrucksvoll zur Geltung.

2.5.1 Bemühen um ein Gleichgewicht

Der Friede zu Lodi vom 9. April 1454 beendete den Krieg zwischen Florenz, Mailand und Venedig und generell eine Zeit militärischer Konflikte in Italien.[1] Das ermöglichte, einen Vertrag zu schließen, dem zufolge es keine Kriege mehr zwischen den italie-

---

33 Nach P. Stadler, Gegenreformation, 642.

1 Vgl. G. Galasso/L. Mascilli Migliorini, L'Italia, 3ff.

nischen Staaten geben und im Fall ausländischer Einmischung sich alle beistehen sollten. Diese am 30. August in Venedig für 25 Jahre vereinbarte *„Lega italica"*, die unter dem Protektorat des Papstes stand und 1480 erneuert wurde, sollte den Frieden und die Ruhe Italiens gewährleisten.[2] Ihr traten Venedig, Florenz, Mailand, Neapel und der Papst bei, und sie übernahm den Schutz kleinerer Staaten und Herrschaften, so dass de facto ganz Italien eingeschlossen war. An sie geknüpfte Erwartungen wurden jedoch nur bedingt eingelöst, so dass manchmal zweiseitige Bündnisse Ersatzlösungen boten. Das System funktionierte in etwa vier Jahrzehnte und belebte die politische Zusammengehörigkeit. Francesco Guicciardini beschrieb es in seiner „Geschichte Italiens" als Politik, die darauf ausgerichtet war, das Gleichgewicht zu erhalten.

Die Halbinsel bot ein vielfarbiges Bild politischer Strukturen, wirtschaftlicher Profile und sozialer Verhältnisse.[3] Politisch dominierten die fünf „großen" Staaten: die Republiken Venedig und Florenz, das Herzogtum Mailand, das Königreich Neapel und der Kirchenstaat. Daneben existierten die Republiken Genua, Siena und Lucca, die Signorien der Gonzaga von Mantua und der Este von Modena, Reggio und Ferrara, das Herzogtum Savoyen, das Fürstentum Elba und Piombino sowie kleinere Herrschaften vor allem in der Romagna und der Mark Ancona.

Um 1500 zählte Italien 10 Millionen, um 1650 11,5 Millionen Einwohner. Die Bevölkerungszahl lag zwischenzeitlich schon höher, wurde jedoch durch Seuchen und Kriege dezimiert. Missernten traten jetzt seltener auf, aber der Niedergang der Landwirtschaft verursachte bis in das 17. Jahrhundert wiederholt Zeiten des Hungers. Auffällig war das Gefälle zwischen dem urbanisierten Norden und dem feudalisierten Süden, wo große Grundbesitzer dominierten. In manchen Gebieten wurde die Halbpacht (*mezzadria*) praktiziert, so dass neue Formen von Abhängigkeit und Ausbeutung entstanden. Das Wirtschaftsleben beherrschten Kaufleute, Bankiers und Unternehmer. Sie rekrutierten sich auch aus dem Stadtadel, der sich wirtschaftlicher Tätigkeit zuwandte. Während in Genua der Gegensatz zwischen Stadtbürgertum und Adel erhalten blieb, verschmolzen in anderen Kommunen beide zu einem neuen Patriziat, das sich abschloss und dem Regiment einen aristokratischen Charakter verlieh.

Als der Handel keine hohen Gewinne mehr abwarf und das Vordringen der Osmanen die Möglichkeiten erfolgreicher Handelsexpansion eingrenzte, löste das Umstrukturierungen aus. Das Bankgeschäft florierte angesichts des großen Geldbedarfs der Staaten. Genua spielte in dieser Branche eine führende Rolle. Schwerpunkt der gewerblichen Unternehmen war die Textilproduktion. Sie widmeten sich besonders der Herstellung von Wollerzeugnissen, gerieten aber angesichts der wachsenden ausländischen Konkurrenz mancherorts in Schwierigkeiten. Dagegen behielten Seidenwaren, Glas und Fayencen ihre Bedeutung für den Export.

Die seit dem 14. Jahrhundert sich entfaltende Kultur der Renaissance erlebte am Ende des 15. und in den ersten Jahrzehnten des 16. Jahrhunderts ihren Höhepunkt.[4] Sie hatte in Florenz, später in Rom ihr Zentrum, wo Mäzene Literatur, Kunst und Architektur förderten. Auftraggeber waren aber auch die Republik Venedig, die fürstli-

2 Vgl. N. Rubinstein, System Italiens, 105ff.
3 Vgl. G. Cipriani u. a., I secoli; R. Alonge u. a., Il tramonto.
4 Vgl. A. Cole, Renaissance.

Abb. 8: *Italien am Ende des 15. Jahrhunderts.*

chen Höfe von Mailand, Urbino, Ferrara, Mantua und Neapel, städtische Korporationen und wohlhabende Bürgerfamilien.[5] Diese Renaissancekultur beeinflusste bald die meisten Länder Europas.

Die Republik Venedig mit ihren 1,7 Millionen Einwohnern war der mächtigste italienische Staat. Die exklusive Schicht der Kaufleute beherrschte den Großen Rat, den Senat, die Signorie (das waren der *Doge* und seine Räte), das oberste Gericht und den für die Sicherheit zuständigen Rat der Zehn.[6] Bereits 1423 beschloss der Große Rat, die Volksversammlung abzuschaffen – die Kommune der Venezianer mutierte zur *„Serenissima"* (die Durchlauchtigste). Die Republik erweiterte bis zum 15. Jahrhundert ihr Territorium erheblich (Treviso, Feltre, Belluno, Bassano, Vicenza, Verona, Padua, Aquileja, Brescia, Bergamo, Ravenna). Dieser Festlandsbesitz (*terra ferma*) bot der Lagunenstadt ein Äquivalent für die gefährdeten Besitzungen in der Levante. Da die Republik von Getreidelieferungen abhängig war, traf die osmanische Kontrolle der Dardanellen sie empfindlich. Doch vorerst erlebte sie noch eine Blütezeit. Diese äußerte sich auch kulturell – in den Werken Andrea Palladios, Gentile und Giovanni Bellinis, Giorgiones und Tizians, aber auch in Oper und *Commedia dell'arte*.

Die Republik Florenz war die kleinste der fünf „Großen", aber „in vielem der Prototyp italienischer Renaissancegesellschaften".[7] Mit ihren Textilbetrieben und den Beziehungen in die Levante und nach Nordafrika verkörperte sie einen bedeutenden Wirtschaftsfaktor. Im Stadtbild wurden die Geschlechtertürme von bürgerlichen Wohnbauten verdrängt. Adlige wandten sich Handel und Bankgeschäften zu, Bürger erwarben Landbesitz und passten sich dem adligen Lebensstil an, und aus beiden Gruppen rekrutierte sich die politische Führungsschicht. Seit 1434 festigte die Bankiersfamilie Medici ihren Einfluss und besetzte Ämter mit ihrer Klientel, drängte aber im Interesse des inneren Friedens die Institutionen der Republik nur allmählich zugunsten eines aristokratischen Regiments zurück.[8] Das Mäzenatentum Cosimo und Lorenzo Medicis hob das Ansehen von Florenz als künstlerische Metropole. Hier wirkten eine zeitlang Leonardo da Vinci, Raffael und Michelangelo, dessen kolossaler David auf der Piazza della Signoria seinen Platz fand.

Das Herzogtum Mailand beherrschte nach einem kurzen Intervall als Republik in der Nachfolge der Visconti und mit Unterstützung Venedigs der im März 1450 zum Herzog proklamierte Condottiere Francesco Sforza. Ein Teil des Adels verhielt sich allerdings oppositionell, und der Steuerdruck verursachte wiederholt Unruhen. Die Ungunst seiner Lage – Genua und Modena schnitten es vom Meer ab – wurde durch wirtschaftliche Leistungsfähigkeit kompensiert. Zeitweilig – von 1464 bis 1476 – stand Genua unter der Herrschaft Mailands. Die Genuesen verloren wichtige Handelsniederlassungen im östlichen Mittelmeer und am Schwarzen Meer, blieben aber eine bedeutende Handels- und Seemacht. Seit 1494 wurde das Herzogtum Mailand in die Machtkämpfe der Habsburger und der Valois verstrickt, wechselte mehrmals die Herrschaft und verlor faktisch seine Selbständigkeit.

---

5 Vgl. B. Roeck, Kunstpatronage.
6 Vgl. F. Gilbert, Venedig, 10ff.
7 A. Frhr. von Müller, 'Glücklichste Zeit', 48.
8 Vgl. F. Diaz, Toscana.

Im Königreich Neapel, das im Vergleich mit dem Norden rückständig war, stärkte nach einer Zeit der Anarchie der Vizekönig Alfons V. von Aragon die Autorität der Krone. Er betrieb eine expansive Politik, stützte sich auf die reichen Bürger, musste aber den mächtigen Baronen Konzessionen machen. Das tyrannische Auftreten seines Sohnes Ferrante erweckte dann heftige Opposition gegen die Aragonesen. Johann von Anjou suchte daraus Nutzen zu ziehen. Doch 1464 setzte Ferrante sich durch. Sein Hof war das Zentrum des kulturellen Austauschs zwischen Spanien und Italien. Zahlreiche Einwanderer verstärkten den spanischen Einfluss in Wirtschaft und Verwaltung.

Die territoriale Basis der Päpste war der Kirchenstaat, der sich zwischen den Norden und Süden Italiens schob, eine effiziente Verwaltung hervorbrachte und dessen Landesherr als Oberhaupt der Christenheit einen herausragenden Rang unter den italienischen Herrschern einnahm.[9] Nikolaus V., ein Freund der Humanisten, ebnete der Renaissancekultur den Weg nach Rom, begründete die *Bibliotheca Vaticana* und baute die Stadt am Tiber zur Metropole mit dem bedeutendsten Hof in Europa aus. Den Päpsten war es indes angesichts des Zölibats nicht möglich, eine Dynastie zu begründen. Um diesen Nachteil zu kompensieren, übertrug Calixt III. Regierungsaufgaben an Verwandte, auch Herrschaften in fürstlichem Rang. Unter Alexander VI. und seinem Sohn Cesare Borgia erlebte dieser Nepotismus einen ersten Höhepunkt.[10] Als Vikariate in der Romagna und der Mark Ancona den Jahreszins schuldig blieben, übergab der Papst 1499 das Gebiet Cesare Borgia als Herzog. Dieser bedrohte nun Florenz und Siena, besetzte das Fürstentum Piombino und brachte Urbino und Camerino in seine Gewalt.

Obwohl das Renaissancepapsttum außerhalb Italiens bald heftiger Kritik ausgesetzt war, gingen von Rom geistige und kulturelle Impulse aus und festigte es seine Stellung unter den Staaten Italiens. „Die strukturelle Modernisierung des Kirchenstaates entsprach dabei in vielerlei Hinsicht der sich gleichzeitig in den westeuropäischen Staaten vollziehenden Neuordnung."[11] Die gewachsene Macht widerspiegelt der Neubau der Peterskirche in Rom. Julius II. beauftragte Donato Bramante mit dem Kirchenbau über dem Grab des Apostels Petrus und legte am 18. April 1506 den Grundstein. Nach Bramantes Tod übernahm 1514 Raffael die Leitung, 1520 Antonio Sangallo und 1546 Michelangelo, der dem Bauwerk im wesentlichen seine heutige Gestalt gab. Giovanni Lorenzo Bernini vollendete dann seit 1629 das Ensemble mit den Kolonnaden des Petersplatzes.

Die Pentarchie wirkte politisch konsolidierend, wurde aber schon bald mit den Ansprüchen europäischer Mächte konfrontiert. Der Herzog von Orléans machte Rechte auf Mailand geltend, die Anjou beanspruchten Neapel, und die Habsburger reaktivierten Rechte in „Reichsitalien", wovon Gebiete bis an die Grenzen des Kirchenstaates betroffen waren. Die Gefahr eines Eingriffs in die italienischen Angelegenheiten war immer gegenwärtig.[12] Auch war der Expansion der Osmanen zu begegnen. Als das venezianische Negroponte (Euböa) 1470 in die Hand der Osmanen fiel, verbündeten sich Papst Paul II., Venedig, Mailand, Florenz und Neapel. Doch der Papst starb, und Venedig war seit 1472

---

9 Vgl. M. Caravale/A. Caracciolo, Stato pontificio, 65ff.
10 Vgl. W. Reinhard, Nepotismus, 145ff.
11 I. Mieck, Europäiche Geschichte, 35.
12 Vgl. G. Galasso/L. Mascilli Migliorini, L'Italia, 27ff.

im Krieg auf sich allein gestellt. Die Republik verlor mit dem Frieden von Skutari vom 25. Januar 1479 fast alle Besitzungen an der dalmatinischen Küste sowie mehrere Inseln in der Ägäis und verpflichtete sich zur Zahlung eines jährlichen Tributs, sicherte sich aber die freie Schiffahrt in der Adria. Die Verluste wurden zum Teil kompensiert, als 1489 Königin Caterina Cornaro von Zypern die Insel an Venedig übergab.

Das Gleichgewicht der Pentarchie war indes immer wieder gefährdet. Seit 1469 regierten in Florenz Lorenzo Medici („*il Magnifico*") und sein Bruder Giuliano. Die Republik erlebte Pracht und Luxus, aber auch Sittenverfall und soziale Entwurzelung, und sie wurde mit dem expansiven Nepotismus Papst Sixtus IV. konfrontiert. Florenz verbündete sich im November 1474 mit Venedig und Mailand, der Papst mit Neapel. Italien war in zwei Parteien gespalten. Mit der „Verschwörung der Pazzi" im April 1478 war beabsichtigt, die beiden Medici zu ermorden und Florenz in den Machtbereich Roms einzubeziehen. Doch der Plan scheiterte und Lorenzo erlangte eine fürstenähnliche Stellung. Papst Sixtus IV. verhängte das Interdikt und exkommunizierte Lorenzo, weil er gegen die Kirche rebelliere. Die Geistlichkeit widersetzte sich diesem Spruch. Am 6. März 1480 schloss Lorenzo mit Neapel Frieden, im Dezember trat der Papst diesem Friedensschluss bei.

In Mailand verdrängte Lodovico Sforza („*il Moro*") 1480 seinen Neffen Giovanni Galeazzo (dessen Vormund er war), und 1482 lösten die Spannungen zwischen Venedig und dem Herzogtum Ferrara einen Krieg aus. Papst Sixtus IV. ergriff für Venedig Partei, weil er das Herzogtum für seinen Neffen Girolamo Riario zu gewinnen hoffte, während Mailand, Florenz und Neapel Ferrara unterstützten. Doch die Pläne des Papstes zerschlugen sich, und Venedig gewann mit dem Frieden von Bagnolo vom 7. August 1484 nur einen schmalen Landstreifen.

Die „*pace d'Italia*" war erneut gefährdet, als 1485 in Neapel eine „Verschwörung der Barone" angezettelt wurde und sich zum Konflikt mit Papst Innozenz VIII. ausweitete. Venedig und Genua hielten sich an Rom, Florenz und Mailand an Neapel. Ein 1486 vermittelter Ausgleich sollte den Kirchenstaat vor weiterem Schaden bewahren und die französische Hilfe für die Opponenten in Neapel unterbinden. Als der Konflikt 1489 noch einmal aufbrach und der Papst drohte, sich unter den Schutz des Königs von Frankreich zu stellen und diesen mit Neapel zu belehnen, gelang es der florentinischen Diplomatie im Januar 1492, Rom und Neapel auszusöhnen.

So lange das Bemühen um eine ausgleichende Politik anhielt, wurde eine ausländische Invasion verhindert. Als jedoch Lorenzo Medici am 8. April 1492 starb, „war in Italien kein Fürst und Staatsmann mehr da, der über den einzelstaatlichen Rivalitäten stand und dessen Wirken den Fortbestand des stets labilen Gleichgewichtssystems hätte sichern können."[13]

2.5.2 Krise des Staatensystems

Als das mühsam austarierte Gleichgewicht zerbrach, fochten fremde Mächte ihre Rivalitäten auf italienischem Territorium aus. „Die Herrschaft über Italien bedeutete Verfügung über den Reichtum der merkantilen Zentren und über die erhebliche Agrar-

13 H. Lutz, Italien, 863.

produktion im Norden und in der Mitte der Halbinsel, sie bedeutete die Sicherung der Vormacht im Mittelmeer und schließlich den Schlüssel zur europäischen Hegemonie."[14] Im August 1494 fielen französische Truppen in Piemont ein[15], weil Karl VIII. Neapel für die Anjou beanspruchte. Der Sieg bei Rapallo am 5. September brachte sie in den Besitz von Genua. Am 31. Oktober kapitulierte Florenz. Die Medici wurden vertrieben und die republikanische Verfassung wieder hergestellt. Der Dominikaner Girolamo Savonarola, der seit 1491 in Bußpredigten Luxus, Wucher und moralischen Verfall anprangerte, war jetzt faktisch Herr der Stadt, setzte den Abzug der Franzosen durch und leitete Reformen ein, stieß aber auf den Widerstand der Oberschicht und Roms und wurde am 23. Mai 1498 als Ketzer hingerichtet.

Die Franzosen setzten ihren Siegeszug fort. Sie zogen am 31. Dezember 1494 in Rom und am 22. Februar 1495 in Neapel ein. Am 31. März vereinbarten Papst, Kaiser, Mailand, Venedig und Aragon eine „Heilige Liga", um die „Ruhe Italiens" wieder herzustellen. Spanische und venezianische Truppen vertrieben die Franzosen aus Neapel. Der von dem neuen König Federico mit Frankreich am 25. Februar 1497 geschlossene Waffenstillstand stellte den Status quo wieder her. Die politische Situation hatte sich indes verändert: Spanien und Venedig kontrollierten jetzt den Süden Italiens während Florenz durch die inneren Konflikte geschwächt war.

Ludwig XII. führte die Politik seines Vorgängers weiter und übernahm nach der Kapitulation Lodovico Sforzas am 9. April 1500 das Herzogtum Mailand. Ein Vertrag mit Papst Alexander VI. und Ferdinand von Aragon vom 29. Juni 1501 sah die Aufteilung Neapels vor. Doch beim Angriff eines französisch-päpstlichen Heeres kapitulierte Federico am 1. August und trat seine Rechte an die französische Krone ab. Spanien machte Frankreich den Besitz jedoch streitig. Der Krieg endete am 31. Januar 1504 mit einem Waffenstillstand. Neapel wurde spanisches Vizekönigreich, während im Norden Frankreich seine Herrschaft konsolidierte. Ein Aufstand in Genua im Frühjahr 1507 wurde von keiner Macht unterstützt, so dass die Republik ihre Freiheiten verlor und unter französischen Einfluss geriet.

Die Republik Venedig war noch unabhängig. Im Frühjahr 1508 scheiterte ein Angriff Maximilians I. Er vereinbarte daraufhin mit Ludwig XII. am 10. Dezember in Cambrai eine Koalition, der sich 1509 Papst Julius II., Spanien und weitere Mächte anschlossen. Ziel war die Eroberung des venezianischen Festlandbesitzes. Nach der Niederlage bei Agnadello am 14. Mai 1509 verlor Venedig fast die ganze Terra ferma. Am 24. Februar 1510 schloss Julius II. überraschend Frieden und die unnatürliche Koalition wurde gesprengt. Doch die Situation der Bevölkerung Venedigs war kritisch und wirtschaftliche Schwierigkeiten häuften sich.[16]

Am 5. Oktober 1511 schlossen Papst, Kaiser, Venedig und Spanien eine neue „Heilige Allianz". Da Florenz der Koalition fernblieb, war die Republik 1512 Ziel eines Angriffs. Spanische Truppen stellten das Regiment der Medici wieder her. Inzwischen griffen die Eidgenossen in das Geschehen ein. In Mailand und Genua brach die französische Herrschaft zusammen. Am 29. Dezember setzten die Schweizer Massimiliano

14 Ebd., 864.
15 Vgl. P. MERLIN u.a., Piemonte sabaudo, 26ff.
16 Vgl. F. GILBERT, Venedig, 24ff.

Sforza – den Sohn Ludovicos – als Herzog ein. Daraufhin vereinbarte Frankreich am 23. März 1513 eine Allianz mit Venedig. Nach der Niederlage bei Novara am 6. Juni traten die Franzosen den Rückzug an. Franz I., der neue König, suchte Mailand wieder zu gewinnen. Die Eidgenossen unterlagen im September 1515 bei Marignano. Am 15. Oktober übertrug Massimiliano Sforza die Herrschaft dem französischen König, und auch Genua geriet wieder in französische Hand. Die Verbündeten anerkannten Frankreichs Vorherrschaft in Oberitalien.

Im Gefolge der militärischen Konflikte zerbrach das italienische Staatensystem und befestigten Spanien im Süden und Frankreich im Norden ihre Herrschaft. Nur Venedig und der Kirchenstaat behaupteten sich noch. Die Erfahrungen dieser Konflikte verarbeitete Niccolò Machiavelli in seinen viel beachteten Schriften, in denen er die negativen Folgen der unberechenbar gewordenen Politik analysierte und über Mittel nachdachte, wie ein stabiler Staat geschaffen werden könne.

2.5.3 Italien – Schauplatz von Machtkämpfen

Die Auseinandersetzung zwischen den Häusern Valois und Habsburg bestimmte das militärisch-politische Geschehen in Italien auch in den folgenden Jahrzehnten. „Die einzelnen Staaten der Halbinsel werden zu Schachfiguren im politischen Spiel der Großmächte, die keine Eigenbewegung mehr besitzen, von den Spielern nach ihrem Gutdünken benutzt und gelenkt. Nur die Republik Venedig und anfangs auch das Papsttum versuchen sich dagegenzustemmen und sich eine gewisse Handlungsfreiheit zu wahren; bald aber scheiden auch sie als ernsthafte Machtfaktoren aus."[17]

Karl V. wollte alte Reichsrechte (*iura imperialia*) über Ober- und Mittelitalien reaktivieren. Sein aus Piemont stammender Großkanzler Gattinara legitimierte damit das Programm einer „*monarchia universalis*", in dem Italien eine Säule bildete. Über den Erfolg entschied der Ausgang der habsburgisch-französischen Rivalität. Am 28. Mai 1521 vereinbarten Kaiser Karl V. und Papst Leo X. eine Allianz, um gemeinsam eine Umklammerung des Kirchenstaates zu verhindern und die Franzosen aus Mailand und Genua zu vertreiben. Der Krieg wurde nach wechselvollen Kämpfen mit dem Sieg der Kaiserlichen bei Pavia am 24. Februar 1525 und der Gefangennahme des französischen Königs entschieden. Im Madrider Frieden vom 14. Januar 1526 verzichtete Franz I. auf Mailand und Genua und die Ansprüche auf Neapel. Nach seiner Freilassung erklärte er den Vertrag für erpresst und nichtig.

Der Machtzuwachs der Habsburger ermöglichte der französischen Krone, als Garant italienischer Freiheit aufzutreten. Am 22. Mai 1526 schlossen Franz I. und Clemens VII. und weitere Staaten die Liga von Cognac, um die Spanier aus Neapel zu vertreiben und in Mailand die alten Herrschaftsverhältnisse wieder herzustellen. Doch sie fanden nicht zu einer effektiven Zusammenarbeit. Deutsche Landsknechte, die vergeblich auf ihren Sold warteten, zogen im Frühjahr 1527 nach Rom, belagerten den Papst in der Engelsburg und plünderten seit dem 6. Mai wochenlang die Stadt („*Sacco di Roma*"). Zur Entlastung rückte im August ein französisches Heer mit Unterstützung des Genueser Admirals Andrea Doria in Genua und im Januar 1528 in Neapel ein. Die

17 M. Seidlmayer, Geschichte Italiens, 303f.

Absicht, den Papst zu befreien, wurde hinfällig, als dieser und der Kaiser am 26. November 1527 vereinbarten, den Kirchenstaat wieder herzustellen.

Ein Umschwung erfolgte, als Andrea Doria mit seiner Flotte auf die kaiserliche Seite wechselte, Karl V. die Unabhängigkeit Genuas wieder herzustellen zusagte und die Franzosen Neapel aufgeben mussten. Im Frieden von Cambrai vom 3. August 1529 verzichtete Franz I. auf alle Ansprüche. Karl V. dagegen wurde am 22. Februar 1530 in Bologna vom Papst zum römisch-deutschen Kaiser gekrönt. Florenz kapitulierte nach zehnmonatiger Belagerung am 12. August und nahm Alessandro Medici als Herzog an.

Die Habsburger beherrschten beziehungsweise kontrollierten nun einen großen Teil Italiens. „Von dem Ideal jener 'Herrschaft ohne Gewalt', die Gattinara – vielleicht in Anlehnung an Dantes Monarchia – einst seiner Heimat zugedacht hatte, war dieses neue System freilich weit entfernt. Habsburgische Herrschaft und ‚*Libertà d'Italia*' waren seitdem für mehr als drei Jahrhunderte in ein Spannungsverhältnis geraten, das wechselnde Gezeiten, aber keinen dauerhaften Ausgleich kannte."[18] Hauptgegner blieb Frankreich, doch das Verhältnis zwischen Kaiser und Papst verschlechterte sich. Beide folgten unterschiedlichen Vorstellungen, wie die Protestanten zu bekämpfen seien. Das begünstigte die Annäherung Roms an Frankreich. Auch weiteten die Osmanen mit den Aktionen Chaireddin Barbarossas ihre expansive Politik auf das westliche Mittelmeer aus. Frankreich schloss im Mai 1534 mit diesem einen Vertrag, um sich seiner Flotte zu versichern. Doch Karl V. gelang es im Juni 1535, Tunis zu erobern.

Als am 1. November 1535 der letzte Sforza starb, erneuerte Franz I. seine Ansprüche auf Mailand, während Karl V. das Herzogtum als erledigtes Reichslehen einzog.[19] Die Franzosen besetzten daraufhin 1536 Savoyen und Piemont. Im Juni 1538 traf sich Papst Paul III. mit Karl V. und Franz I. in Nizza, um die „christlichen Mächte" für den Kampf gegen die Osmanen zu gewinnen. Am 18. Juni vereinbarten die Teilnehmer eine Waffenruhe für zehn Jahre, um gemeinsam die Osmanen vom italienischen Festland fernzuhalten. Venedig willigte indes angesichts wenig effektiver Unterstützung am 20. November 1540 in einen ungünstigen Frieden mit dem Sultan ein. Auch scheiterte Karl V. 1541, als er Algier erobern wollte, so dass die Osmanen im Mittelmeer die Oberhand behielten. Ein weiterer Krieg zwischen Karl V. und Franz I. seit 1542 endete mit dem Frieden von Crépy vom 18. September 1544, mit dem Frankreich sich das Herzogtum Savoyen sicherte.

Rom musste endlich klarstellen, wie auf die sich in zahlreichen europäischen Ländern ausbreitenden reformatorischen Bewegungen und die sich mit Hilfe der Obrigkeiten konstituierenden Reformationskirchen reagiert werden solle. Auch Italien wurde vom reformatorischen Geist beeinflusst. In Neapel verbreitete der Spanier Juan Valdez spiritualistisch-mystische Ideen, in Siena der Kapuziner Bernardino Ochino, in Venedig der Augustiner Pietro Martire Vermigli sowie Pier Paolo Vergerio radikale Lehren. Die Inquisition belangte alle, die des Protestantismus verdächtigt wurden. Viele, die befürchten mussten, als Ketzer verurteilt zu werden, suchten im Ausland Zuflucht.

Im Umfeld des Papstes gingen die Meinungen auseinander, wie auf das Reformationsverlangen zu reagieren sei. Die Kardinäle Jacopo Sadoleto, Gasparo Contarini und

---

18 H. Lutz, Italien, 876.
19 Vgl. D. Sella/C. Capra, Milano.

Giovanni Morone traten für eine katholische Reform ein, andere sahen die primäre Aufgabe in der Bekämpfung der Protestanten. Karl V. drängte seit langem, ein Konzil einzuberufen, um die Einheit der Kirche wieder herzustellen. Als es im Dezember 1545 in Trient zusammentrat, war er enttäuscht, weil die Protestanten fernblieben und damit das Ziel, die Kirche zu einen, hinfällig wurde. Die Beziehungen kühlten sich zudem ab, als das Konzil im Frühjahr 1547 angesichts des Schmalkaldischen Krieges sicherheitshalber nach Bologna verlegt wurde, denn Karl V. hatte den Reichsständen zugesagt, es werde „in deutschen Landen" stattfinden.

2.5.4 Spanische Dominanz in Italien

Um die Mitte des 16. Jahrhunderts war Italien in das habsburgische System fest eingebunden. In Neapel und Sizilien regierten spanische Vizekönige, in Mailand war Ferrante Gonzaga Gouverneur, Genua war dem Kaiser ergeben, Herzog Cosimo de Medici in Florenz war Schwiegersohn des Vizekönigs von Neapel, und Siena und Piombino kontrollierte der kaiserliche Gesandte in Rom. Am Hof des französischen Königs Heinrich II. und seiner Gemahlin Katharina von Medici sammelten sich die Gegner der Habsburger. Paul IV. ging mit Frankreich eine Allianz ein, um Italien von den Spaniern zu befreien. Der Krieg begann im Herbst 1556, wurde mit wechselndem Erfolg auf dem Territorium des Kirchenstaats und Neapels ausgetragen und endete für Rom am 12. September 1557 mit dem Friedensschluss von Cave bei Palestrina. Der Kirchenstaat war faktisch in die Abhängigkeit Spaniens geraten, wenngleich die Päpste bemüht waren, durch wechselnde Koalitionen sich einen Freiraum zu sichern und das Übergewicht einer Macht zu verhindern.

Spanien und Frankreich schlossen am 3. April 1559 den Frieden von Cateau-Cambrésis. Er bedeutete für Italien das Ende der Kriegszeit, aber auch – ausgenommen Venedig – der politischen Selbständigkeit seiner Staaten, für Frankreich den Verlust seiner Dominanz im nördlichen Italien. Es übergab Savoyen und Piemont an Herzog Emanuel Philibert, sicherte sich aber die Markgrafschaft Saluzzo. Korsika fiel wieder an Genua, der Herzog von Mantua blieb im Besitz von Montferrat, und Florenz übernahm Siena und die südliche Toskana. Philipp II. anerkannte die Herrschaft der Farnese in Parma und Piacenza, während ein Küstenstreifen um Orbetello (*Stato dei Presidi*) die Verbindung Spaniens nach Genua und Neapel sicherte.

Den Friedensschluss diktierten innere Probleme Frankreichs, das Anwachsen der osmanischen Macht und die überseeische Orientierung Spaniens. Um die spanische Politik und Verwaltung in Mailand, Neapel, Sizilien und Sardinien zu koordinieren, schuf Philipp II. 1563 den Italienrat (*Consejo de Italia*). Die Vizekönige beziehungsweise Gouverneure arbeiteten mit den regionalen Institutionen zusammen. Der Senat in Mailand und die Parlamente in Neapel und Sizilien existierten weiter[20], nahmen aber die Interessen der Einheimischen nur unzureichend wahr, so dass die Unruhe wuchs und sich Mitte des 17. Jahrhunderts in mehreren Revolten entlud.

---

20 Vgl. H. G. Koenigsberger, Parliaments, 27ff.

In Savoyen übernahm Emanuel Philibert ein durch die Kriege stark in Mitleidenschaft gezogenen Land.[21] Er hob regionale Privilegien auf, berief die Stände von Piemont 1560 und die von Savoyen 1561 letztmals ein, reorganisierte Verwaltung und Gerichtswesen, baute eine Kriegsflotte auf, löste die spanischen und französischen Garnisonen auf und formte einen absolutistischen Staat. In der Republik Venedig nahm die Herrschaft stärker oligarchische Züge an. Das Patriziat zog sich aus Handelsunternehmen zurück und legte Kapital in Grundbesitz an. Einen Rückschlag bewirkte zudem das Auftauchen holländischer und englischer Kaufleute im Levantehandel. Genua unterstützte die Spanier nicht nur mit seiner Flotte, sondern auch mit Krediten und partizipierte an den kolonialen Gewinnen durch den Umschlag amerikanischen Silbers, war jedoch zwischen 1559 und 1567 mit einem hartnäckigen Aufstand auf Korsika konfrontiert, und auch in der Hauptstadt rebellierten 1575/76 Opponenten. Florenz dehnte seine Herrschaft unter Cosimo I. de Medici über den größten Teil der Toskana aus. Sein persönliches Regiment stieß auf keinen Widerstand, und 1569 verlieh ihm der Papst den Titel eines Großherzogs der Toskana.

Das im Januar 1562 nach Trient zurückgekehrte Konzil schloss in der dritten Sitzungsperiode 1563 seine Arbeit ab und rüstete die Kirche für ihre künftigen Aufgaben.[22] Rom war das Zentrum, von dem aus katholische Reform und Gegenreformation mit Autorität in der Christenheit durchgesetzt werden sollten. Der Ausbau der kurialen Zentrale, die Verbesserung des Finanzwesens und die Einrichtung von Nuntiaturen ermöglichten es dem Papsttum, seinen Einfluss international zu verstärken und eine größere Akzeptanz der katholischen Reform auch in der italienischen Gesellschaft zu sichern.[23]

Papst Paul IV. war bemüht, die „christlichen Mächte" zum gemeinsamen Kampf gegen die Osmanen zu bewegen. Im östlichen Mittelmeer widerstanden ihnen nur noch das venezianische Zypern und die Johanniter auf Malta.[24] Rom, Spanien, Venedig, Genua, Savoyen und die Johanniter verständigten sich und entsandten eine Flotte unter dem Oberbefehl Juan d'Austrias. Am 7. Oktober 1571 besiegte sie im Golf von Korinth die zahlenmäßig überlegenen Osmanen in der Seeschlacht von Lepanto. Der Sieg offenbarte, dass sie verwundbar waren. Die Ausnutzung dieses Erfolgs verhinderten Gegensätze zwischen Spanien und Venedig. Die Republik verzichtete 1573 in einem Sonderfrieden auf Zypern und verpflichtete sich zur Übernahme eines beträchtlichen Teils der Kriegskosten, sicherte aber seine Handelsvorrechte sowie Korfu, das nördliche Dalmatien und Istrien und zunächst auch noch Kreta als letzte Bastion seiner Seeherrschaft im östlichen Mittelmeer.

Ein anderes Problem war das Verhältnis zu Frankreich. Papst Gregor XIII. unterstützte den Kampf gegen die Hugenotten. Sixtus V. stand dann vor der Frage, sich für Spanien oder Heinrich von Navarra zu entscheiden. Als erste katholische Macht anerkannte Venedig 1590 Heinrich IV. Im Jahr 1595 folgte Papst Clemens VIII. und erteilte ihm Absolution. Damit gewann Rom seine Bewegungsfreiheit im Verhältnis zu Spa-

---

21 Vgl. P. Merlin u. a., Piemonte sabaudo, 53ff.
22 Vgl. E. Gleason, Catholic Reformation, 317ff.; H. Jedin, Trient.
23 Vgl. W. Reinhard, Reformpapsttum, 37ff.
24 Vgl. G. Cozzi u. a., Venezia, 52ff.

nien zurück. Es wurde "wieder jenes Gleichgewicht der katholischen Mächte hergestellt, an dem den italienischen Staaten wie dem Reformpapsttum gleichermaßen gelegen war."[25] Im Gefolge des Konzils demonstrierte das Papsttum ein gestärktes Selbstbewusstsein. Doch die Beziehungen zu den italienischen Staaten prägten zahlreiche Konflikte, veranlaßt durch die Ernennung von Bischöfen, umstrittene Kompetenzen der Gerichte, Vermögens- und Steuerfragen oder das Vorgehen der Inquisition. Neben Mailand, Neapel und Sizilien musste das mit dem Interdikt belegte Venedig von 1606 bis 1607 einen solchen Konflikt auskämpfen.[26]

Das für die italienischen Staaten aktuelle Problem von Eigenständigkeit und Abhängigkeit sensibilisierte sie für staatstheoretische Fragen. „Es gehört zu den wichtigsten Erscheinungen des italienischen Lebens im Bezugsfeld von katholischer Erneuerung und politischer Selbstbehauptung unter der spanischen Vorherrschaft, dass in immer neuen Ansätzen um die prinzipiellen Fragen von Staat und Politik und um ihre religiös-ethische Begründung gerungen wurde. Angesichts der starken Nachwirkung der Lehren Machiavellis wurden Versuche unternommen, die empirischen Einsichten in die Autonomie der politischen Sphäre mit den Forderungen der christlichen Ethik in Einklang zu bringen."[27]

Eine neue Phase expansiver Politik ging von Savoyen aus, als Herzog Karl Emanuel I. – angelehnt an Spanien – aus der Krise in Frankreich Nutzen zu ziehen suchte[28], 1588 die Markgrafschaft Saluzzo besetzte und 1590 in die Provence einfiel. Im Frieden von Lyon vom 17. Januar 1601 wurden dann die territorialen Streitfragen bereinigt. Später trat der Savoyer an die Seite Heinrichs IV. Nach dessen Tod setzte er wieder auf Spanien. Als 1612 Herzog Francesco von Mantua starb, besetzte Savoyen die Markgrafschaft Montferrat und rückten spanische Truppen in Piemont ein. Karl Emanuel I. erschien vielen wegen seines Kampfes gegen die Spanier als Verteidiger italienischer Interessen und wurde moralisch unterstützt. Während des gleichzeitigen Krieges zwischen Venedig und den österreichischen Habsburgern schloss die Republik ein Verteidigungsbündnis mit Savoyen und den Niederlanden, während Karl Emanuel Beziehungen zur protestantischen Union im Reich aufnahm. Neu war, dass die Gegner der Habsburger sich mit deutschen und niederländischen Protestanten verständigten. Als Frankreich mit einem spanischen Bündnis drohte, wurden diese Beziehungen abgebrochen. Der Friede von Paris vom 6. September 1617 beendete den Konflikt.

2.5.5 Während des Dreißigjährigen Krieges

Während des Dreißigjährigen Krieges war Italien ein peripherer Schauplatz, aber angesichts der strategischen Bedeutung des Veltlin und des Kampfes um Mantua in das Ringen der Mächte involviert.[29] Zwischen dem Kaiser, Spanien und Frankreich entbrannte zwischen 1620 und 1626 der Kampf um die Kontrolle der Alpenpässe. Als im

---

25 H. Lutz, Italien, 890.
26 Vgl. G. Cozzi, Venezia, 87ff.
27 H. Lutz, Italien, 892.
28 Vgl. P. Merlin u. a., Piemonte sabaudo, 182ff.
29 Vgl. R. Oresko/D. Parrott, Reichsitalien, 141ff.

Veltliner Tal Katholiken am 19. Juli 1620 Protestanten massakrierten, besetzte der Mailänder Gouverneur Herzog von Feria – der den „Aufstand" inszeniert hatte – das Territorium, um die Katholiken zu „schützen". Da keine Macht diese Akion unterstützte, übernahm Papst Gregor XV., der den Krieg von Italien fernhalten wollte, die Festungen im Veltlin. Als die Franzosen 1625 von Graubünden aus das Veltlin attackierten, war ihre kleine Armee nicht in der Lage sich durchzusetzen. In geheimen Verhandlungen mit Spanien wurde schließlich der Vertrag von Monzón vom 5. März 1626 ausgehandelt. Die päpstliche Treuhandschaft wurde beendet, das Gebiet gelangte wieder unter die Oberhoheit Graubündens, wurde aber von den Habsburgern kontrolliert, und den Graubündnern wurde das katholische Bekenntnis garantiert. Frankreich musste seine italienischen Pläne vorerst aufgeben.

Im Mantuanischen Erbfolgekrieg der Jahre 1628 bis 1631 lebte der habsburgisch-französische Konflikt erneut auf. Mit Herzog Vincenzo II. von Gonzaga starb im Dezember 1627 die Hauptlinie der Gonzaga aus. Um die Nachfolge bewarben sich Ferrante von Gonzaga-Guastalla, der Kandidat Spaniens, und Karl von Gonzaga-Nevers, der von Frankreich protegiert wurde und die Reichslehen Mantua und Montferrat besetzte. Der Kaiser, Spanien und Frankreich wollten einen Krieg vermeiden, da ihr Interesse sich auf andere Schauplätze konzentrierte. Doch die zu einem Kompromiss nicht bereiten italienischen Fürstentümer ersuchten sie um Unterstützung.

Im Frühjahr 1628 griffen die Spanier Montferrat an. Frankreich waren die Hände noch gebunden, solange La Rochelle nicht eingenommen war. Doch im Februar 1629 griff es dann ein, unterstützt von Savoyen und Venedig. Ein kaiserliches Heer schloss inzwischen Mantua ein, das am 16. Juli 1630 kapitulierte, während die Franzosen Savoyen besetzten. Doch mit der schwedischen Offensive in Norddeutschland erlangte dieser Schauplatz Priorität. Der Kaiser schied schon mit dem Regensburger Frieden vom 13. Oktober 1630 aus dem Mantuakrieg aus. Die anderen Kriegsparteien vereinbarten am 6. April 1631 den Frieden von Cherasco: Karl von Gonzaga-Nevers wurde mit Mantua und Montferrat belehnt, Herzog Viktor Amadeus das von den Franzosen besetzte Savoyen zurück gegeben. Ein geheimer Vertrag sprach Frankreich die Festungen Pinerolo und Perosa in Piemont zu, so dass es nun über Einfallstore nach Italien verfügte.

Die Päpste wollten die Neutralität wahren. Der Kaiser, Spanien und die katholische Liga rechneten jedoch mit der Unterstützung Roms. Als Frankreich sich mit Schweden verbündete, hoffte Urban VIII. vergeblich, die katholischen Mächte würden enger zusammenrücken. Am 11. Juli 1635 schloss Viktor Amadeus I. von Savoyen ein Bündnis mit Frankreich, dem die Herzöge von Parma, Mantua und Modena beitraten. Im September eröffneten sie den Krieg gegen die Spanier in Mailand. Französische Truppen rückten in das Veltlin ein. Die Kämpfe zogen sich hin, da Frankreich beabsichtigte, die Truppen der Habsburger so lange wie möglich zu binden und die spanischen Verbindungen zu stören. Sie wurden in Savoyen über mehrere Jahre von bürgerkriegsähnlichen Auseinandersetzungen begleitet.

In Neapel wurde die spanische Herrschaft kurzzeitig infrage gestellt. Hier war vor allem die ländliche Bevölkerung einem doppelten Druck ausgesetzt – sie hatte Steuern an den Staat abzuführen und die feudalen Lasten zu tragen. Das löste bäuerliche Unruhen und eine Massenflucht in die Hauptstadt aus, die in der ersten Hälfte des

17. Jahrhunderts auf 300 000 Einwohner anwuchs. Der am 7. Juli 1647 ausgelöste Aufstand unter Leitung des Fischhändlers Tommaso Masaniello resultierte aus der steuerlichen Belastung der Unterschichten und den Konflikten mit dem Adel.[30] Nach der Ermordung des Anführers nahm die Bewegung radikalere Züge an. Am 22. Oktober wurde die Republik ausgerufen, am 24. Dezember Heinrich von Guise zum „Herzog der Republik“ gewählt, im April 1648 dann die spanische Herrschaft wieder hergestellt. Auch in Palermo waren die Spanier von 1647 bis 1649 mit Revolten konfrontiert.[31]

Als die Friedensverhandlungen anstanden, um den Dreißigjährigen Krieg zu beenden, beauftragte Papst Urban VIII. 1643 den Kölner Nuntius Fabio Chigi, die Interessen der Kurie wahrzunehmen. Rom war jedoch nicht bereit, die protestantischen Mächte als Verhandlungspartner anzuerkennen oder gar Zugeständnisse an die Protestanten zu billigen. Als die Verträge zur Unterschrift vorlagen, legte Chigi folglich Protest ein, und Papst Innozenz X. sanktionierte diesen mit einem Breve vom 26. November 1648. Der Friedensschluss wurde auf diesem Weg nicht verhindert, und die Wirkung des Protests war gering, aber das Papsttum stellte sich mit diesem Schritt neben die europäische Staatengemeinschaft.

2.6 Frankreich

Die französische Monarchie nahm im Ensemble der europäischen Mächte einen herausragenden Platz ein. Seit Philipp dem Schönen führten die Könige den Titel „*Rex christianissimus*“ (Allerchristlichster König), und Frankreich verstand sich als „älteste Tochter der Kirche“. Seit dem 16. Jahrhundert wurde die monarchische Gewalt gestärkt und die politische Einheit des Landes gefestigt. Auch entfaltete sich eine bemerkenswerte geistige, literarische und künstlerische Kultur. Aber heftige politische, soziale und konfessionelle Konflikte, dynastische Querelen und ständische Fronden begleiteten die Ausformung des frühneuzeitlichen Staates und schließlich die Ausbildung absolutistischer Herrschaft. Den frühen Kapitalismus und die Renaissance nahm das Land wie eine Importware auf, und an den Entdeckungen und der Bildung von Kolonialreichen hatte es zunächst nur geringen Anteil. Doch seine internationale Reputation wuchs, und schließlich präsentierte es sich als mächtigster Staat Europas, der Spanien die Hegemonie streitig machte und seinen Anspruch in langwährenden Auseinandersetzungen mit den Habsburgern durchsetzte.

2.6.1 Innere Festigung und äußere Konflikte

Seit dem Ende des Hundertjährigen Krieges bestimmte die Politik der französischen Krone das Ziel, die partikularen Kräfte zu zügeln und die zentrale Gewalt zu stärken. Ludwig XI. schränkte den Einfluss des Hochadels ein, förderte die bürgerliche Entwicklung und regelte das Verhältnis von Staat und Kirche. Er erweiterte die Kron-

---

30 Vgl. A. Musi, Masaniello; R. Villari, Revolt.
31 Vgl. H. G. Koenigsberger, Revolt, 253ff.

Abb. 9: *Frankreich im 16./17. Jahrhundert.*

domäne, gewann 1477 das Herzogtum Burgund, 1481 die Provence und – allerdings mit unsicherem Status – das Roussillon. Seit 1607 waren die Grenzen der Krondomäne und der Monarchie identisch, ohne dass bereits eine innere Vereinheitlichung erfolgt war.[1]

Frankreich war um 1500 mit 16 bis 18 Millionen Einwohnern das bevölkerungsreichste Land Europas. Obwohl das Territorium bis zur Mitte des 17. Jahrhunderts nicht wesentlich erweitert wurde, die Lebenserwartung gering war und Bürgerkriege, Hungersnöte und Seuchen die Bevölkerung dezimierten, stieg die Bevölkerungszahl bis 1650 auf 18 bis 20 Millionen. In vielen Städten verdoppelte sich die Einwohnerschaft. Das „Ungetüm" Paris – das Zentrum der Monarchie – profitierte vor allem vom Zuzug vom Land und wies um 1650 550 000 Bewohner auf. Lyon und Rouen, Bordeaux und Marseille konnten mit solchen Zahlen nicht aufwarten, waren aber wichtige Plätze des Handels, des Finanz- und des Wirtschaftslebens überhaupt.

In der Ile-de-France und auf den Hochebenen wurden Getreide und Gewerbepflanzen angebaut und die Produktion zu Lasten der Viehwirtschaft ausgeweitet. Das Land war weithin autark, die Überschüsse an Getreide, Wein und Salz wurden exportiert. Seit den sechziger Jahren des 16. Jahrhunderts mehrten sich dann Subsistenzkrisen. Die Gewinnung von Metallen fiel kaum ins Gewicht, aber importierte Rohstoffe wurden zu Glocken und Kanonen verarbeitet. Die Erzeugnisse aus Wolle, Baumwolle und Seide, vor allem aus Westfrankreich, wurden in europäische Länder und nach Amerika exportiert. Bedeutung erlangten auch der Buchdruck und die Papierproduktion, aber technische Neuerungen wurden manchmal erst spät rezipiert. „Der moderne Kapitalismus ist italienisch oder deutsch, nicht aber französisch."[2]

Das Werden der französischen Nation dokumentiert im 16. Jahrhundert der Name *„Francia"* für die Monarchie, die der König personifizierte, die ihre Identität aber aus der Einheit von Krone, Volk und Territorium gewann.[3] Der Ordensgeistliche, Historiker und Diplomat Robert Gaguin veröffentlichte 1495 ein *„Compendium super Francorum origine et gestis"* (Leitfaden über den Ursprung der Franken und ihre Taten), das innerhalb eines Jahrhunderts 17 Mal aufgelegt wurde. Es belegt – wie auch andere Schriften – das Entstehen eines Bewusstseins, das die Franzosen von den Nachbarn abgrenzt und ihre Auserwähltheit betont. Auch verdrängte jetzt der gallische den trojanischen Ursprungsmythos: Die Römer besiegten und vertrieben die Gallier, aber im 5. Jahrhundert eroberten sie – nun Franken genannt – ihr Land wieder und bezeugen mit ihren Taten die Ehrwürdigkeit Frankreichs. In der Zeit der Bürgerkriege galten Debatten dann der Frage, wer den Traditionen der französischen Geschichte treu geblieben und der bessere Franzose sei.[4]

Für den unmündigen Karl VIII., dem 1483 der Thron zufiel, übernahm seine ältere Schwester Anne de Beaujeu die Regentschaft und verhinderte durch ihre geschickte Politik, dass adlige Opponenten zum Zug kamen. Als sie 1484 die Generalstände nach Tours einberief, nahmen nicht – wie bisher üblich – geladene Personen, sondern

---

1 Vgl. I. MIECK, Entstehung, 26ff.
2 J. MEYER, Frankreich, 51.
3 Vgl. W. SCHMALE, Geschichte Frankreichs, 106f.
4 Vgl. ebd., 24f.

von den Ständen in den Ämtern (*baillages*) gewählte Repräsentanten teil, weil die anstehenden Fragen „*tout le peuple du royaume*" (das ganze Volk des Königreichs) beträfen. Die Generalstände, die „*assemblée des trois états*" (Versammlung der drei Stände) profilierten sich als Repräsentativorgan und wurden von der Krone nach Ermessen einberufen – überwiegend in Krisensituationen. Die Stände verfügten über das Recht, Beschwerdeschriften (*cahiers de doléances*) vorzulegen, und mancher Missstand in Verwaltung, Justiz und Kirche wurde auf deren Grundlage durch königliche Gesetze abgestellt. In einigen Landesteilen existierten Provinzialstände, denen es allerdings nicht gelang, sich als die partikularen Interessen fördernde Institutionen auszubilden.[5] Für das ganze Land zuständig war der 1495 eingerichtete „Große Rat" (*grand conseil*). Die Parlamente prüften als Gerichtshöfe die Gesetzestexte.

Nach dem Kampf um das burgundische Erbe, der mit dem Vertrag von Senlis vom 23. Mai 1493 beendet wurde und die Teilung besiegelte, führte Karl VIII. das Land seit 1494 in das Abenteuer der italienischen Kriege, um die Ansprüche des Hauses Anjou auf das Königreich Neapel durchzusetzen. Französische Truppen eroberten in kurzer Zeit ein beträchtliches Territorium. Die am 31. März 1495 von Papst, Kaiser, Venedig und Mailand vereinbarte Liga zwang sie dann zum Rückzug. Als Ludwig XII. 1498 die Krone übernahm, machte er Ansprüche des Hauses Orléans auf das Herzogtum Mailand geltend. Es ging ihm darum, eine Blockierung Frankreichs zu verhindern, den Zugang zum Mittelmeer zu sichern, die Ressourcen Italiens zu gewinnen und das Papsttum zu kontrollieren. Französische Truppen besetzten Mailand und griffen Neapel an. Hier stießen sie auf den Widerstand der Spanier, die den Kampf 1504 für sich entschieden, und 1513 musste Frankreich auch Mailand räumen. Aber die französische Monarchie, die Niccolò Machiavelli in seinen Reiseberichten als gewaltige Macht beschrieb, meldete mit diesen militärischen Aktionen ihren Hegemonieanspruch an.

Franz I. – seit 1515 König – gelangte nach dem Sieg über die Eidgenossen bei Marignano am 13./14. September 1515 wieder in den Besitz Mailands. Der dann 1521 erneut auflebende Krieg, in dem Karl V. der entscheidende Gegner war, endete mit der Niederlage der Franzosen bei Pavia am 24. Februar 1525, der Gefangennahme des Königs und dem Madrider Frieden vom 14. Januar 1526. Franz I. gab seine Ansprüche auf Burgund und Mailand sowie die Lehnsherrschaft über Flandern und das Artois auf. Nach seiner Freilassung – seine beiden Söhne verblieben als Geiseln in Gefangenschaft – negierte er die eingegangenen Verpflichtungen und vereinbarte am 22. Mai 1526 mit dem Papst, Mailand, Venedig und Florenz die Liga von Cognac. Der Krieg endete diesmal mit dem von Louise von Savoyen und Margarete von Österreich vermittelten „Damenfrieden" von Cambrai vom 3. August 1529, der Franz I. im Besitz von Burgund beließ, die anderen im Madrider Frieden festgelegten Abtretungen aber bestätigte.

Die administrative Ausgestaltung des Staates wurde weithin von Erfordernissen des Krieges diktiert. Franz I. – unterstützt von seinem Kanzler Antoine Duprat – verstärkte die Kontrolle über die staatlichen Institutionen mit der Tendenz zu einem frühen absolutistischen Regiment. Das 1523 eingerichtete Schatzamt (*trésor de l'epargne*) wurde vom Königlichen Rat beaufsichtigt. Ihm flossen alle Einnahmen zu – Domänenein-

---

5 Vgl. K. Malettke, Pays d'Election, 73ff.

künfte, Steuern, Subsidien und Gelder aus dem Ämterverkauf. Um die Steuererhebung zu vereinfachen, wurde das Land in 16 Finanzbezirke eingeteilt. Die Befugnisse der Gouverneure in den Provinzen wurden beschränkt und die politische Betätigung der Parlamente unterbunden. Der Connétable Karl von Bourbon, der letzte der großen Lehnsherren, wurde entmachtet und 1532 die Bretagne endgültig dem König zugeordnet. Als 1534 der Seefahrer Jacques Cartier Neufundland entdeckte, nahm er das Ufergebiet des St.Lorenz-Stroms für die französische Krone in Besitz, ohne dass dies weitere Folgen hatte. Franz I. befürwortete die Freiheit der Meere, betrieb aber keine zielgerichtete koloniale Politik.

Der Hof war noch nicht sesshaft, residierte jedoch seit 1537 überwiegend in Fontainebleau, das italienische Künstler ausgestalteten. Die Nähe zu Paris begünstigte die Niederlassung von Behörden in der Metropole an der Seine. In den letzten Regierungsjahren Franz I. wurde am Hof ein am spanischen Vorbild orientiertes Zeremoniell praktiziert. „War der König von Frankreich bis dahin ein eher populärer König gewesen, der dem Volk präsent war, zu dem man ziemlich freien Zugang hatte und der öffentlich mit vielen Eingeladenen tafelte, so wurden jetzt Barrieren errichtet."[6] Der Kontakt zum Monarchen sowie dessen Tageslauf wurden streng reglementiert.

Die italienischen Kriegszüge brachten Beute ins Land, und – so paradox es klingt – sie begünstigten die Rezeption von Renaissance und Humanismus. Nach dem *Sacco di Roma*, der viele italienische Künstler verunsicherte, beabsichtigte der kulturell ambitionierte König, sie nach Frankreich zu holen – wie schon zuvor Leonardo da Vinci, der die letzten Jahre seines Lebens nahe Amboise verbrachte. Wenn es auch nicht gelang, das Zentrum geistig-kulturellen Lebens von Italien nach Frankreich zu transferieren, entfaltete sich die Renaissancekultur. „Dem Frankreich der Kathedralen folgte das Frankreich der Schlösser."[7] Eindrucksvolle Zeugnisse sind Chambord und die große Zahl von prachtvollen und manchmal intimen Bauwerken längs der Loire, des Hauptverkehrsweges dieser Zeit.[8]

Der Ämterkauf als Mittel des Aufstiegs einerseits und Einnahmequelle der Krone andererseits florierte zur Zeit Franz I.[9] Um Ämter und Privilegien zu erlangen, pflegte mancher Adlige in der Nähe des Hofes – fern von seinen Besitzungen – eine luxuriöse Lebensweise. Zu bürgerlichen Unternehmern unterhielt die Krone Beziehungen, weil sie auf deren Geld angewiesen war und aus ihren Reihen befähigte Beamte gewann. Die Lage vieler Bauern verbesserte sich infolge der Agrarkonjunktur. Aber ihre Lasten stiegen, da die Einkommen- und Grundsteuer (*taille*) einen größeren Teil ihres Ertrags abschöpfte. Im Westen und Südwesten des Landes erhob sich 1542 heftiger Widerstand gegen die Salzsteuer (*gabelle*), als der König die bisher zugestandene geringere Belastung zugunsten einer einheitlichen Regelung für das Land aufhob. Der Widerstand der „*Pitauds*" eskalierte 1548 zum antifiskalischen Aufstand. Er wurde niedergeworfen, aber im September 1549 in den aquitanischen Provinzen die Gabelle aufgehoben.

---

6 I. MIECK, Entstehung, 162.
7 J. MEYER, Frankreich, 18.
8 Vgl. R. POLIDORI/J.-M. PÉROUSE DE MONTCLOS, Schlösser.
9 Vgl. I. MIECK, Entstehung, 147f.

Da die Löhne von Arbeitern und Gesellen nur langsam, die Getreidepreise aber um ein Vielfaches anstiegen, verschlechterte sich deren soziale Lage erheblich. Manchmal schlossen sie sich in Bruderschaften zusammen und streikten, und wenn die Not extrem wuchs, eskalierten die Streiks zu Revolten. In Lyon wurden im April 1529 im Gefolge einer Hungersnot die Getreidespeicher und die Häuser von Kaufleuten geplündert. Um Abhilfe zu schaffen, wurde im Mai 1531 eine Zentralstelle (*aumone générale*) eingerichtet, die Brot und Almosen verteilte und Arbeit beschaffte. Diesem Beispiel folgten andere Städte. Widerstand wurde auch provoziert, weil die Kriegslasten auf die Bevölkerung abgewälzt wurden.

Die Zeit der Kriege brach indes nicht ab. Seit 1536 kam es zu einem weiteren Waffengang, als in Mailand die Sforza ausstarben. Ein am 18. Juni 1538 in Nizza von Paul III. vermittelter Waffenstillstand brachte der französischen Krone nur geringe Gebietsgewinne in Piemont. Seit 1542 lebte der Krieg wieder auf, den Karl V. diesmal vor allem auf französischem Territorium führte. Er wurde am 18. September 1544 mit dem Frieden von Crépy beendet: Franz I. gab die Ansprüche auf Neapel und Karl V. die auf Burgund auf.

2.6.2 Reformatorische Einflüsse und politische Konflikte

Eine Erneuerung der Kirche war das Anliegen des humanistisch geprägten Reformkatholizismus.[10] Guillaume Briçonnet, seit 1515 Bischof von Meaux, begann 1518 in seiner Diözese mit Reformen und gewann als Mitstreiter Jacques Lefèvre d'Etaples und andere erasmisch gesinnte Humanisten. Sie stießen aber auf Widerstand. Briçonnet floh nach Straßburg, andere wurden eingekerkert und zum Widerruf gezwungen. Seit 1520 waren lutherische Einflüsse in Paris, Lyon, Avignon und weiteren Städten zu beobachten. Die Sorbonne – die Pariser Universität – verwarf am 15. April 1521 die Lehre Luthers, und das Pariser Parlament verbot die Verbreitung seiner Schriften. Die Verfolgung der *„hérésie lutherienne"* forderte die ersten Opfer – am 8. August 1523 wurde der Augustinermönch Jean Vallière in Paris verbrannt.

Franz I. war an der Religionsfrage nicht sonderlich interessiert. Das Konkordat von Bologna von 1516 ließ der Krone im Grunde freie Hand in Kirchenangelegenheiten, so dass von einem Bruch mit Rom wenig Vorteile zu erwarten waren. „Andererseits war zwar eine Spaltung der nationalen Kirche höchst unerwünscht, aber eine Verbesserung der Kirchenzucht und eine Erneuerung im Sinne eines *Réformisme gallican* konnte nur willkommen sein."[11] Zum Eklat kam es, als in der Nacht des 17./18. Oktober 1534 in Paris und anderen Orten – angeblich auch an der Tür des königlichen Schlafzimmers in Amboise – ein antikatholisches Pamphlet angeheftet wurde.[12] Diese *„affaire des placards"* löste neue Verfolgungen aus. „Hatte die Zerschlagung der 'Gruppe von Meaux' den Weg einer inneren Erneuerung der gallikanischen Kirche im humanistischen Geiste versperrt, so trug die Plakataffäre dazu bei, dass die keineswegs aus-

---

10 Vgl. Ph. BENEDICT, France, 417ff.
11 I. MIECK, Entstehung, 232.
12 Vgl. St. SKALWEIT, Affaire, 445ff.

sichtslosen Versuche, über die Grenzen hinweg zu einer Verständigung über religiöse Grundsatzfragen zu gelangen, scheiterten."[13]

Am 24. Juni 1539 erging ein Ketzermandat und am 1. Juni 1540 der Auftrag an die Parlamente, die Häretiker zu verfolgen. Daraufhin begann in Aix-en-Provence die Ausrottung der zunächst tolerierten Waldenser. Seit April 1545 wurden ihre Siedlungen zerstört und Tausende getötet, verstümmelt oder auf Galeeren verbannt. Neue Impulse gingen inzwischen von Genf aus – von Jean Calvin und Guillaume Farel. Calvins *„Institutio"* erschien 1539 und ergänzt 1559 in französischer Übersetzung. Bald erstarkten die Hugenotten (*„Eyguenots"* – Eidgenossen alias Verschwörer) – die französische Variante des Protestantismus. Sie schlossen sich in Gemeinden zusammen, um dem politischen Druck zu widerstehen. Calvin unterstützte sie mit den *„Ordonnances ecclésiastiques"* von 1541.

Heinrich II., seit 1547 König und seit 1553 mit Katharina von Medici verheiratet, wurde im Westen und Südwesten mit Aufständen gegen die Steuerlast und am Hof mit Intrigen konfrontiert. Auch führte sein Engagement in Italien und das Bündnis mit den Osmanen zum Bruch mit Papst Julius III. und zur Wiederbelebung des antirömischen Gallikanismus. Nach der Niederlage der deutschen Protestanten im Schmalkaldischen Krieg 1546/47 waren diese an französischer Hilfe interessiert. Im Vertrag von Chambord vom 15. Januar 1552 sagte der König ihnen Unterstützung gegen Karl V. zu und erhielt vorläufig die Bistümer Metz, Toul und Verdun zugesprochen.

Ein weiterer Krieg um italienische Gebiete seit 1556 erschöpfte die finanziellen Mittel Frankreichs und Spaniens. Im Friedensvertrag von Cateau-Cambrésis vom 3. April 1559 gab Frankreich seine italienischen Ansprüche endgültig auf und gewann nur die strategischen Plätze Saluzzo und Pinerolo. Die spanische Dominanz auf der Apenninenhalbinsel blieb bestehen. Die Verabredung einer Ehe Philipps II. mit Heinrichs Tochter Elisabeth ließ hoffen, dass nicht so bald eine neue antifranzösische Koalition geschmiedet würde. Heinrich II. nahm einen nicht demütigenden, aber doch wenig befriedigenden Vertrag an. „Wichtiger als alles andere war ihm die Bewahrung der nationalen Einheit, und diese sieht er vor allem durch die Ausbreitung des Calvinismus bedroht."[14]

Der Friedensschluss ermöglichte, die in zahlreichen Städten existierenden calvinistischen (hugenottischen) Gemeinden zu bekämpfen, um die Einheit des Landes und die Autorität der Krone zu wahren. Heinrich II. übertrug 1551 die Ketzerverfolgung den königlichen Gerichten. Das Edikt von Compiègne von 1557 belegte alle Anhänger reformatorischer Lehren mit der Todesstrafe. Ausgestaltet wurden auch Institutionen, die ein absolutistisches Regiment begünstigten. Die Kompetenzen der königlichen Sekretäre – sie trugen jetzt den Titel Staatssekretär – wurden erweitert und 1552 die Gerichtsorganisation ausgebaut.

Als Heinrich II. am 10. Juli 1559 den Verletzungen erlag, die er sich bei einem Turnier zugezogen hatte, präsentierte die Monarchie sich als konsolidierter Staat, der sich gegen die Habsburger behauptet und eine Phase demographischen Aufschwungs, ökonomischen Wachstums und kultureller Blüte erlebte. Der Thronwechsel stürzte das

13 I. Mieck, Entstehung, 234.
14 A. Bourde, Frankreich, 758f.

Land allerdings in eine Krise. Franz II. – mit Maria Stuart verheiratet, einer Nichte der Brüder Guise – war politisch unerfahren und auf Ratgeber angewiesen. Der streng katholische Herzog Franz von Guise und dessen Bruder Karl, Erzbischof von Reims, forcierten die anticalvinistische Politik. Zugleich verschlechterte sich die ökonomische Situation, wuchs die Steuerlast und geriet ein Teil des Adels in wirtschaftliche Nöte.

Den Calvinisten schlossen sich neben Kaufleuten und Intellektuellen jetzt auch unzufriedene Adlige mit ihren Untertanen an, unter ihnen die Bourbonen König Anton von Navarra und sein Bruder Ludwig von Condé sowie Admiral Gaspard de Coligny. Die Calvinisten profilierten sich politisch und gewannen vornehmlich im Süden an Einfluss. Eine Synode calvinistischer Gemeinden verabschiedete Ende Mai 1559 in Paris ein Glaubensbekenntnis und eine Kirchenordnung, die zu ihrer Festigung beitrugen.

Die Politisiserung der Calvinisten und die wachsenden Spannungen stärkten den Willen, den Einfluss der Guise am Hof zu brechen und die Autorität des Königs wieder herzustellen. Ein Anschlag sah vor, den König dem Einfluss seiner Umgebung in Amboise durch seine Entführung zu entziehen und die Guise zu ermorden. Doch das Unternehmen schlug im März 1560 fehl, die Verschwörer wurden an den Mauern des Schlosses erhängt. Katharina von Medici, die Mutter des Königs, setzte die Berufung Michel de l'Hopitals zum Kanzler durch. Seine auf Verständigung bedachte Politik unterstützte im August 1560 eine Ständeversammlung. Sie sprach sich für die Einberufung der Generalstände aus, die seit 1506 nicht mehr getagt hatten und jetzt einen Ausgleich herbeiführen sollten.

Als Franz II. schon am 5. Dezember 1560 verstarb, übernahm für den zehnjährigen Karl IX. – ein Bruder des Königs – Katharina von Medici die Regentschaft. Am Hof wurde sie argwöhnisch beobachtet, denn sie war machtbewusst, von Italienern umgeben und bemüht, die Balance zwischen den Bourbonen und den Guise zu halten. Die Generalstände traten Ende Dezember 1560 in Orléans zusammen. Der Kanzler setzte sich für eine friedliche Beilegung der Konflikte ein. Die Beratung über Steuerforderungen lehnten die Stände mit der Begründung ab, kein Mandat zu besitzen, erwirkten aber eine Ordonnanz, die einigen ihrer Beschwerden Rechnung trug: die Steuern wurden gesenkt, die Zahl der Beamten reduziert und die Ämterkäuflichkeit eingeschränkt. Die Wirkung blieb indes hinter den Erwartungen zurück. Bei einer weiteren Zusammenkunft in Pontoise im August 1561 beschlossen die Generalstände, weltlichen Besitz der Kirche zugunsten der Tilgung von Staatsschulden einzuziehen.

Da die Guise ihre Verbindungen zum spanischen König Philipp II. intensivierten und Anton von Navarra sich wieder der katholischen Kirche zuwandte, war Katharina von Medici am Ausbau der Kontakte zu den Hugenotten interessiert. Das von ihr angeregte Religionsgespräch in Poissy im Herbst 1561 offenbarte jedoch die tiefen Gegensätze zwischen Katholiken und Hugenotten.[15] Das Edikt von Saint-Germain vom 17. Januar 1562 sollte die Situation entschärfen: Um den Frieden und die Einheit des Landes zu wahren, wurden bis zur Entscheidung durch ein Konzil oder eine andere Regelung „alle früheren Verbote und daran geknüpften Strafen ausgesetzt, suspendiert und vertagt, soweit sie sich auf Versammlungen beziehen, die bei Tage und außerhalb

---

15 Vgl. W. Reinhard, Glaube, 89ff.

der Städte zum Zweck von Predigten, Gebeten und anderen Übungen ihrer Religion veranstaltet werden."[16] Den Hugenotten wurden demzufolge Gottesdienste in Privathäusern außerhalb der Städte erlaubt und damit erstmals dem Grundsatz religiöser Toleranz in Maßen entsprochen.

Wie schwer dies umzusetzen war, zeigte sich schon nach kurzer Zeit: Am 1. März 1562 überfiel Franz von Guise in Vassy in Lothringen zum Gottesdienst versammelte Hugenotten und metzelte sie nieder. Anschließend nötigte er Katharina von Medici und den König, von Fontainebleau nach Paris überzusiedeln, so dass Karl IX. wieder unter die Kontrolle der Guise geriet.

2.6.3 Die Zeit der Bürgerkriege

Der Überfall von Vassy löste – nach ersten gewaltsamen Zusammenstößen im Süden – eine Erhebung der Hugenotten aus. Seitdem durchlebte Frankreich eine Zeit der Bürgerkriege, in denen sich religiöse, politische und außenpolitische Motive verwoben.[17] Die von wirtschaftlichen Krisen und sozialer Not begleitete Gewaltwelle gefährdete die Einheit der Monarchie und führte zum Machtverfall des Königtums. Diese Situation zwang viele Städte, ihre Befestigungen auszubauen, zumal sie Zufluchtsorte für verfolgte Hugenotten waren.

Im ersten, 1562 beginnenden Bürgerkrieg planten die Hugenotten, von Orléans aus Paris einzunehmen. Doch seit Februar 1563 wurden sie von Franz von Guise belagert. Als er einem Attentat erlag, ließ Katharina von Medici sich auf Verhandlungen ein. Ergebnis war das Edikt von Amboise vom 19. März 1563, das den Hugenotten ermöglichte, privat ihrem Glauben nachzuleben. Ludwig von Condé, der in Gefangenschaft geraten war, akzeptierte das minimale Zugeständnis. Die Regentin glaubte, das Land sei nun befriedet und seine Katholizität gesichert. Doch zwischen Politikern und Theologen wurde diskutiert, was ein „Interim" als Zeichen der Mäßigung beinhalten solle.

Der Friede währte nicht lange, denn die Hugenotten fühlten sich durch den Terror Herzog Albas in den Niederlanden bedroht und begannen im September 1567 den zweiten Bürgerkrieg, belagerten Paris, scheiterten aber am 10. November, da Katharina spanische Truppen zu Hilfe rief. Die Kurpfalz unterstützte die Hugenotten, doch eine Entscheidung fiel nicht. So wurde am 23. Mai 1568 der Friede von Longjumeau vereinbart, der im wesentlichen das Edikt von Amboise bestätigte.

Katharina von Medici gab jetzt ihre auf Ausgleich bedachte Politik auf. Michel de l'Hopital fiel in Ungnade, und Jesuiten provozierten die Hugenotten durch Gewalttaten. Coligny und Condé fanden Zuflucht in der Hafenstadt La Rochelle und begannen – von der englischen Königin Elisabeth I. unterstützt – 1569 den dritten Krieg. Obwohl sie am 13. März in der Schlacht bei Jarnac – südöstlich von La Rochelle – unterlagen und Condé getötet wurde, kontrollierten sie jetzt ein größeres Gebiet. Der Friede von Saint-Germain vom 8. August 1570 gestand ihnen Gottesdienst und Gewissensfreiheit sowie die Städte La Rochelle, Montauban, La Charité und Cognac als Sicherheitsplätze zu.

---

16 F. Dickmann (Bearb.), Renaissance, 252.
17 Vgl. M. Pernot, Les guerres.

Coligny wurde im September 1571 in Paris in Gnaden aufgenommen. Er wollte Karl IX. bewegen, in den Kampf der Niederländer gegen Spanien einzugreifen (Französische Expeditionen nach Florida und Brasilien forderten zu dieser Zeit die Spanier heraus). Katharina sah darin ein aussichtsloses Unternehmen und in Coligny einen Konkurrenten. Am 18. August 1572 wurde in Paris in Anwesenheit vieler Hugenotten die Hochzeit Heinrichs von Navarra mit Margarete, der Tochter Katharinas und Schwester Karls IX., gefeiert. Bei dieser Gelegenheit wurde am 22. August ein Attentat auf Coligny verübt. Da er überlebte und ein Racheakt zu befürchten war, entschied man am Hof, die sich noch in Paris aufhaltenden Hugenotten zu ermorden.[18] In der Nacht vom 23. zum 24. August wurde Coligny umgebracht, an den folgenden Tagen wurden Tausende Hugenotten massakriert – 3 000 in Paris, 6 000 im ganzen Land.

Die Bluttat der „Bartholomäusnacht" löste den vierten Bürgerkrieg aus. Die Besatzung von La Rochelle widerstand im Frühjahr 1573 einem Angriff, und der Kompromissfriede von Boulogne vom 6. Juli sprach erstmals von der *„religion prétendue réformee"* (der sogenannten reformierten Religion). In Nîmes und Montauban entstand quasi ein hugenottischer Staat, der Ständeversammlungen einberief und Steuern erhob. Auch suchten die Hugenotten ihr Verhältnis zur Krone zu klären und die Legitimität ihres Widerstands zu begründen. Der Jurist François Hotman publizierte 1573 seine Schrift *„Franco-Gallia, seu Tractatus isagogicus de regimine regum Galliae et de jure successionis"* (Das französische Gallien oder einführende Abhandlung über Herrschaft und Nachfolgeordnung der Könige Galliens), in der er tyrannische Herrschaft verwarf und für die Rechte der Ständevertretungen eintrat.

Die Diskussion kulminierte 1579 in dem Pamphlet *„Vindiciae contra Tyrannos"* (Strafgericht gegen die Tyrannen) Die Verfasser, wahrscheinlich Philippe du Plessis-Mornay und Hubert Languet, beriefen sich auf die Lehre vom Herrschaftsvertrag: Wenn ein Herrscher die ihm gesetzten Schranken überschreite, gebe es ein Recht zum Widerstand, „und alle und jede Hilfe, welche uns Recht und gerechte Gewalt gegen Tyrannen an die Hand geben, kann dann gegen ihn angewandt werden."[19] Die Entscheidung liege aber nicht im Ermessen Einzelner, sondern bei den Inhabern von Rechten. Direkte Aktionen des Volkes wurden verworfen. Doch angesichts der sich verschärfenden Konfrontation mit dem Königtum befürworteten die „Monarchomachen", die strikten Gegner der absoluten Monarchie, den Tyrannenmord.

Beim Tod Karls IX. am 30. Mai 1574 fiel die Krone an seinen Bruder Heinrich III.[20], der kurz vorher zum polnischen König gewählt worden war. Bis zu seiner Rückkehr aus Polen übernahm Katharina von Medici erneut die Regentschaft. Heinrich von Damville, königlicher Statthalter im Languedoc, suchte zwischen Hugenotten und gemäßigten Katholiken zu vermitteln. Als dies scheiterte, begann der fünfte Bürgerkrieg. Die Hugenotten behaupteten sich im Süden, unterstützt von pfälzischen Truppen, und gewannen mit Heinrich von Navarra einen befähigten Führer. Am 6. Mai 1576 wurde der für sie günstige Frieden von Beaulieu geschlossen. Er gestand ihnen volle Religionsfreiheit und den Zugang zu staatlichen Ämtern zu. Auch sollten die Ge-

---

18 Vgl. I. Mieck, Bartholomäusnacht, 73ff.
19 F. Dickmann (Bearb.), Renaissance, 264.
20 Vgl. G. Chaix, Heinrich III., 77ff.

neralstände einberufen werden, um die Beschwerden von Untertanen zu prüfen, zumal sich seit den siebziger Jahren bäuerliche Aufstände mehrten.

Die Gegner des Friedensedikts vereinten sich unter Führung Heinrich von Guises in der „Heiligen katholischen Liga". Die zu beschwörenden Artikel verlangten, der Krone Gehorsam zu leisten, das katholische Bekenntnis zu verteidigen und die „alten Freiheiten" zu sichern. Da das Vertrauen in die Politik der Krone schwand, wurden den königlichen die ständischen Rechte gegenübergestellt. Im November 1576 traten die

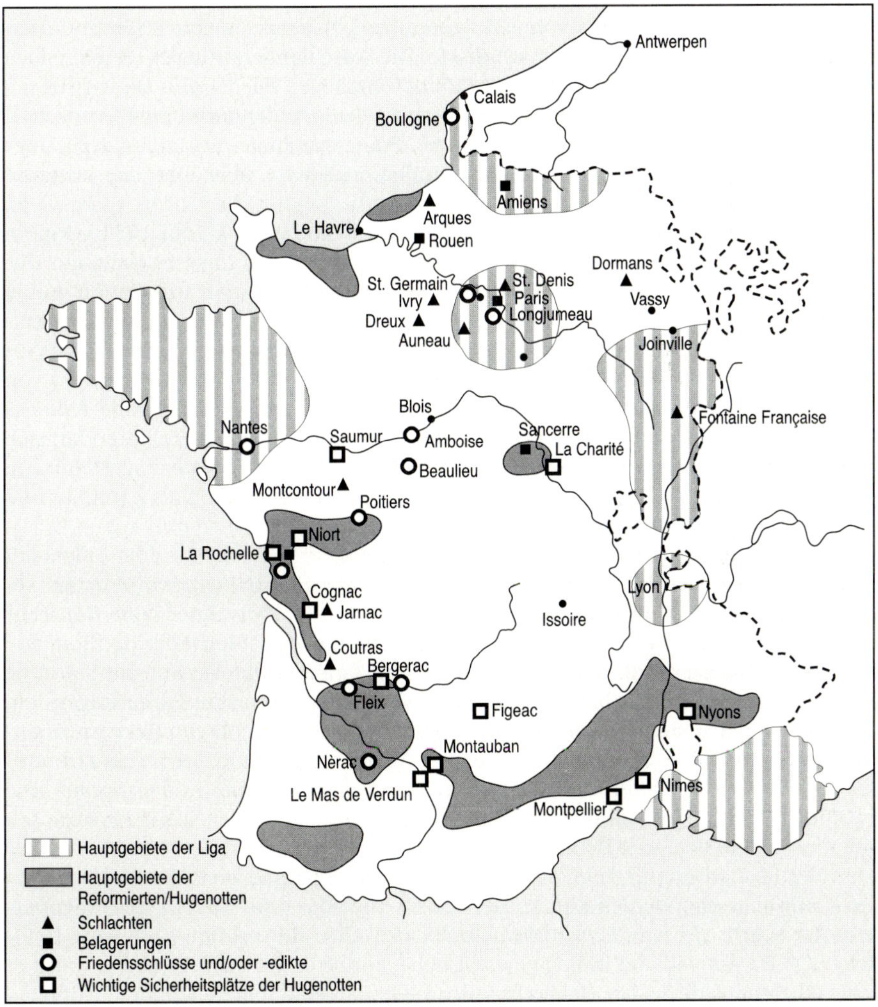

Abb. 10: *Die Bürgerkriege in Frankreich.*

Generalstände in Blois zusammen. Dominant waren die Anhänger der Liga. Sie plädierten für eine gewaltsame Niederwerfung der Hugenotten. Die Vertreter des dritten Standes befürchteten indes, ein neuer Krieg habe belastende Steuern zur Folge. Die *„politiques"*, eine auf Vermittlung bedachte Gruppe, traten für einen politischen Ausgleich zwischen Krone und Hugenotten ein. Jean Bodin, der als Vertreter des dritten Standes der Ballei Vermandois teilnahm, sah in dem Verlangen nach Stärkung der Generalstände eine unzulässige Beschränkung des Souveräns und befürwortete die absolute Gewalt des Monarchen, aber auch eine begrenzte religiöse Toleranz.

Die Liga eröffnete im selben Jahr eine Offensive. Dieser sechste Bürgerkrieg endete mit dem Edikt von Poitiers vom 17. September 1577, das die den Hugenotten bisher gewährten Zugeständnisse einschränkte. Die Auseinanderetzungen lebten jedoch bereits 1579 als Folge einer Reihe von Plünderungszügen wieder auf. Diesen siebten Bürgerkrieg beendete der von Franz von Anjou – dem Bruder des Königs – vermittelte Frieden von Fleix vom 26. November 1580. Franz war an der Beendung der Kämpfe interessiert, weil er sich in den Niederlanden engagierte, aber hier eine klägliche Rolle spielte und scheiterte.

Da Heinrich III. kinderlos blieb und Franz von Anjou am 10. Juni 1584 verstarb, war nach dem geltenden Erbrecht der Bourbone Heinrich von Navarra – also ein Hugenotte – der nächste Anwärter auf den Thron. Angesichts dieser Konstellation wurde am 31. Dezember 1584 die „Heilige Liga" gegründet, um das katholische Bekenntnis zu verteidigen, die „Häretiker" auszurotten und die Thronbesteigung Heinrichs zu verhindern. Ihr Kandidat für den Thron war Karl von Bourbon, der Onkel Heinrichs von Navarra. Da die Hugenotten im Süden erfolgreich waren und die Liga große Teile des Landes im Norden kontrollierte, schwand der Einfluss Heinrichs III. Er unterwarf sich faktisch der Liga, als er im Vertrag von Nemours vom 7. Juli 1585 alle Zugeständnisse an die Hugenotten widerrief. Der Papst bannte Heinrich von Navarra als Häretiker und erklärte dessen Thronrecht für nichtig.

Die erneuten Kämpfe, der achte und längste Bürgerkrieg, sahen an der Spitze der verfeindeten Parteien Heinrich III., Heinrich von Guise und Heinrich von Navarra (es war der „Krieg der drei Heinriche"). Der König versuchte, Paris unter seine Kontrolle zu bringen, scheiterte aber am 12. Mai 1588 angesichts des Widerstands der Bevölkerung. Die in Blois tagenden Generalstände forderte er am 9. Oktober auf, zur Stärkung der königlichen Autorität beizutragen. Doch sie wiederholten ihre Forderungen von 1576. Vor allem sollte der König beeiden, dass er nur das katholische Bekenntnis anerkenne. Heinrich III. befürchtete, er solle abgesetzt werden und ließ am 23. Dezember 1588 Heinrich von Guise und einen Tag später dessen Bruder Karl ermorden. Die Führung der Liga übernahm Herzog Karl von Mayenne. In der scheinbar ausweglosen Situation verbündete sich Heinrich III. mit Heinrich von Navarra.

In der Liga wurde inzwischen tatsächlich diskutiert, unter welchen Bedingungen der König abgesetzt werden könne. Der Pariser Theologe Jean Boucher argumentierte in der Schrift *„De iusta Henrici tertii abdicatione"* (Über die legitime Absetzung Heinrichs III.): Da das Volk den König gewählt habe, könne es ihn auch absetzen, wenn er seine Pflichten verletze. Die Generalstände und Parlamente sollten befinden, wann ein solcher Fall vorliege. Die Situation änderte sich indes dramatisch: Im Sommer 1589 schlossen Heinrich III. und Heinrich von Navarra Paris fast vollständig ein. Doch am

1. August wurde der König von dem Dominikanermönch Jacques Clément ermordet. Heinrich von Navarra – jetzt Heinrich IV. – übernahm den Thron und residierte in Tours. Die Herrschaft der Bourbonen begann.

Im Frühjahr 1590 belagerte Heinrich IV. erneut Paris. Die Liga wurde jetzt von Alexander Farnese unterstützt, und die Spanier richteten in Paris eine Garnison ein. Dieses Engagement führte gemäßigte Kräfte in der Liga – vor allem die Pariser Oberschicht – an die Seite der „politiques". Doch Heinrich IV. vermochte sich vorerst militärisch nicht durchzusetzen. Die Bevölkerung hingegen wurde durch Preissteigerungen, Hungersnöte, Epidemien und Kriegsschäden schwer belastet.

Die Wortführer der Liga sahen die Voraussetzung für die Befriedung des Landes und die Wiederherstellung seiner Einheit in einem König, den alle anerkennen. Eine Lösung erwartete man von einer Tagung der Generalstände. Doch zu den im Januar 1593 in Paris beginnenden Beratungen fanden sich nur Vertreter der von der Liga kontrollierten Provinzen sowie des Papstes und der spanischen Krone ein. Der Vorschlag, die spanische Infantin Isabella – Tochter Philipps II. – für den französischen Thron zu gewinnen, fand keine Resonanz. Das Pariser Parlament, das die Liga unterstützte, aber gegenüber den „politiques" aufgeschlossen war, ließ am 28. Juni 1593 verlautbaren, es widerspreche den Gesetzen der Monarchie, die Krone aus konfessionellen Gründen in fremde Hände zu geben.

Heinrich IV. reagierte geschickt, als er Verhandlungsbereitschaft signalisierte, den Schutz des katholischen Bekenntnisses zusagte und vor dem spanischen Einfluss warnte. Ausschlaggebend für seine Anerkennung war die Konversion zum Katholizismus in Saint-Denis am 25. Juli 1593. Er musste aber noch einmal zu den Waffen greifen, ehe er am 22. März 1594 in Paris einziehen konnte und die meisten nordfranzösischen Städte sich unterwarfen. Karl von Mayenne ergab sich im Oktober 1595, die Bretagne leistete noch bis 1598 Widerstand. Am 17. Januar 1595 erklärte Heinrich IV. Spanien den Krieg, um dessen andauernde Eingriffe zu unterbinden, erlitt jedoch anfangs empfindliche Rückschläge. Schließlich willigten die Spanier, die zugleich gegen England und die Niederlande Krieg führten, am 2. Mai 1598 in den Frieden von Vervins ein, der im wesentlichen die Abmachungen von Cateau-Cambrésis von 1559 bestätigte.

Die Verständigung mit den Hugenotten erfolgte mit dem Edikt von Nantes vom 13. April 1598.[21] Eingangs erklärte der König, dass die „Erinnerung an die Geschehnisse ... ausgelöscht und unterdrückt sein soll, wie wenn nichts vorgefallen wäre."[22] Niemand solle sie erwähnen, ihretwegen prozessieren oder jemanden verfolgen. Den Katholiken wurde zugesichert, an allen Orten nach ihrem Bekenntnis leben zu können, den Hugenotten (den Anhängern der „sogenannten reformierten Religion") Gewissensfreiheit und Gottesdienst, der Besuch von Schulen und Universitäten und die Übernahme von Staatsämtern zugestanden. Auch wurden ihnen zahlreiche Sicherheitsplätze überlassen, an denen sie Truppen unterhalten durften. Die Umsetzung dieser Festlegungen erfolgte in einem zähen Ringen. Mehr als fünf Millionen Hugenotten waren nach Süden abgegedrängt worden, verfügten hier aber über 80 Sicherheitsplät-

21 Vgl. J. Garrisson, L'Édit.
22 F. Dickmann (Bearb.), Renaissance, 265.

ze und verwalteten an die 40 kleinere Städte. Die Zeit anhaltender Bürgerkriege und anarchicher Zustände war vorerst beendet.

2.6.4 Das schwere Erbe und Heinrich IV.

Heinrich IV. stand vor der Aufgabe, die Ordnung in dem zerrütteten Land wieder herzustellen. Weite Landstriche waren verwüstet, die Finanzen in desolatem Zustand, der Partikularismus verbreitet. Die Tatkraft des Königs, sein Ehrgeiz und seine Praxis, Entscheidungen selbst zu treffen, ermöglichten es, seine Stellung zu festigen. Im Mittelpunkt stand die Ordnung der Finanzverhältnisse, die seit 1596 Baron de Rosny und seit 1606 Herzog Maximilian de Sully betrieben. Letzterer schränkte die Zahlungen an Gläubiger ein, reduzierte die Zahl der Steuerbefreiten, drängte auf Sparsamkeit und Aufstellung eines Etats und inspizierte persönlich die Abrechnungen der Schatzmeister. Auch wurde 1604 der Vorschlag des Bankiers Charles Paulet angenommen, königliche Ämter zu verpachten und deren Inhaber von der Wahrnehmung des Amts zu dispensieren. Mit der *„Paulette“* wurde kurzfristig Geld beschafft, aber ein problematischer Weg beschritten.

Die Bürgerkriegssituation und deren Folgen mobilisierten ländliche Untertanen wiederholt zum Widerstand, zum Beispiel in der Normandie, der Bretagne und dem Périgord.[23] Ihren Höhepunkt erreichten die Revolten Mitte der neunziger Jahre. Abhilfe war dringend geboten. Um die elende Lage vieler Bauern zu verbessern, wurde die Anpflanzung von Maulbeerbäumen und die Trockenlegung von Sümpfen gefördert. Die Freigabe des Getreidehandels gewährleistete eine bessere Versorgung der Bevölkerung. Die Taille wurde gesenkt, doch andere Steuern – *Aide* und Gabelle – stiegen, so dass die Steuerlast auch künftig permanent zu Klagen Anlass gab. Um ständig Gelder zur Verfügung zu haben, nahm Sully Kredite auf und wurden Steuern verpachtet, aber durch ungünstige Verträge der Bereicherung Vorschub geleistet. Sully ließ sich von fiskalischen und demographischen Interessen leiten und orientierte sich auf die Landwirtschaft. Dagegen förderte der königliche Rat Barthélemy Laffémas die Gewerbe mittels staatlicher Hilfe. Es wurden Manufakturen für Luxuswaren gegründet (Tuche, Brokat, Seide, Leder- und Glaswaren) und der Handel nach Spanien und Italien sowie in die Niederlande staatlich unterstützt. Laffémas befürwortete faktisch eine merkantilistische Wirtschaftspolitik.

Frankreich hatte bisher kein Kolonialreich begründet. Katharina von Medici initiierte zwar 1582 und 1583 einige Seeunternehmen, um die iberischen Besitzungen zu erobern, aber die Flotten scheiterten kläglich. Heinrich IV. billigte dann 1598 die Gründung der *„Compagnie du Canada“*, die mehrere Expeditionen aussandte. Als Samuel de Champlain 1608 Quebec gründete, hatte das keine weiteren Folgen. Französische Kaufleute nutzten die Handelswege nach Amerika, Afrika und Indien, aber für eine effektive koloniale Politik fehlten Geldgeber, und es gab auch Widerstände, da die politische Orientierung auf Europa ausgerichtet war. Erst 1635 wurde von Guadeloupe, Martinique und Dominique Besitz ergriffen.

---

23 Vgl. I. Mieck, Entstehung, 88ff.

Im Interesse des inneren Friedens und der Aussöhnung handhabte Heinrich IV. das Edikt von Nantes maßvoll. Er war zum Beispiel bemüht, die während der Bürgerkriege von der Krone abgefallenen Adligen zu integrieren. Doch Verschwörungen blieben auch künftig nicht aus. Als der König deshalb 1602 seinen alten Waffengefährten Charles de Gontaut, Herzog von Biron, hinrichten ließ, unterwarfen sich einige seiner Widersacher. Seine Autorität festigte der König auch gegenüber Parlamenten und Städten. In die Beamtenschaft wurden überwiegend seine Gefolgsleute aufgenommen. Den Beschlüssen des Konzils von Trient stand er reserviert gegenüber. Er verkündete sie erst 1600, verwies aus diesem Anlass auf die Freiheiten der gallikanischen Kirche und bekräftigte das Edikt von Nantes.

Die innere Konsolidierung ermöglichte, wieder stärker außenpolitische Interessen wahrzunehmen. Die Auseinandersetzung mit Spanien wurde verdeckt geführt, indem Frankreich antispanische Aktionen in den Niederlanden unterstützte. Im Ergebnis des Savoyischen Kriegs wurde im Frieden von Lyon vom 17. Januar 1601 ein Gebietsaustausch vereinbart, der die Stadt besser schützte und eine Verbindungslinie zwischen Spanien und den Niederlanden unterbrach. Die antihabsburgische Orientierung förderte die Annäherung an protestantische Fürsten im Reich. Als Heinrich IV. erwog, in den Konflikt um die Erbfolge in Jülich und Kleve einzugreifen, drohte angesichts der differierenden Interessen mehrerer Mächte ein europäischer Krieg.

Eine dramatische Wende nahm das Geschehen, als der fanatische Katholik Francois Ravailac am 14. Mai 1610 Heinrich IV. ermordete. Maria von Medici – seit 1600 mit ihm verheiratet – setzte ihrem Gemahl 1613 mit dem Reiterstandbild auf dem Pont-Neuf in Paris ein Denkmal. Vorbild war das von Giovanni da Bologna zur Erinnerung an Cosimo de Medici 1594 für Florenz geschaffene Werk. Der Tod des Königs bedeutete einen herben Rückschlag für das Land und führte erneut in eine Zeit der Ungewissheit und der Unordnung.

Heinrichs Sohn Ludwig war erst neun Jahre alt, also noch unmündig. Der Vater hatte für diesen Fall die Einsetzung eines Regentschaftsrats vorgesehen. Doch das Parlament betraute Maria von Medici mit den Regierungsgeschäften. Die Regentin führte die bisherige Politik weiter, plädierte aber auch für eine Annäherung an Spanien und vereinbarte 1611 eine Ehe Ludwigs XIII. mit Anna von Österreich, die 1615 geschlossen wurde. Sully missbilligte diese Politik und trat zurück. Die Hugenotten provozierte Maria durch die Bevorzugung von Katholiken und die Orientierung auf Spanien. Führende Adelsgeschlechter suchten aus der Situation Vorteil zu ziehen und Ämter zu gewinnen. Gewalt und Straßenraub nahmen zu, so dass das Land sich in einer bürgerkriegsähnlichen Situation befand.

Als die Generalstände im Oktober 1614 in Paris zusammentraten und bis Februar 1615 tagten, war der Anlass die Volljährigkeit des Königs, vor allem aber die Lage, die durch eine mehrere Monate andauernde Adelsrevolte unter Führung der Prinzen von Geblüt Heinrich von Condé und Heinrich von Bouillon heraufbeschworen worden war. Im Verlauf der Beratungen wurden erhebliche Differenzen sichtbar: zwischen dem Adel, der auf seinen politischen Rechten beharrte, und dem dritten Stand, der die Abschaffung der Pensionen verlangte; zwischen dem Klerus, der auf der uneingeschränkten Annahme der Trienter Dekrete bestand, und dem dritten Stand, der sich für den Gallikanismus einsetzte. Die Generalstände zerstritten sich über den Steuerforderungen, entschieden auch keine andere Frage, und sie wurden künftig nicht mehr einberufen. Die Krone profitierte insofern, als sich Klerus und dritter Stand auf ihre Seite schlugen. Als Wortführer der Opposition verstand sich nun das Pariser Parlament.

Der junge König war nicht gewillt, sich von den Regierungsgeschäften länger fernhalten zu lassen. In dem Italiener Concino Concini, dem von seiner Mutter protegierten Günstling, sah er seinen Widersacher und ließ ihn am 24. April 1617 ermorden.

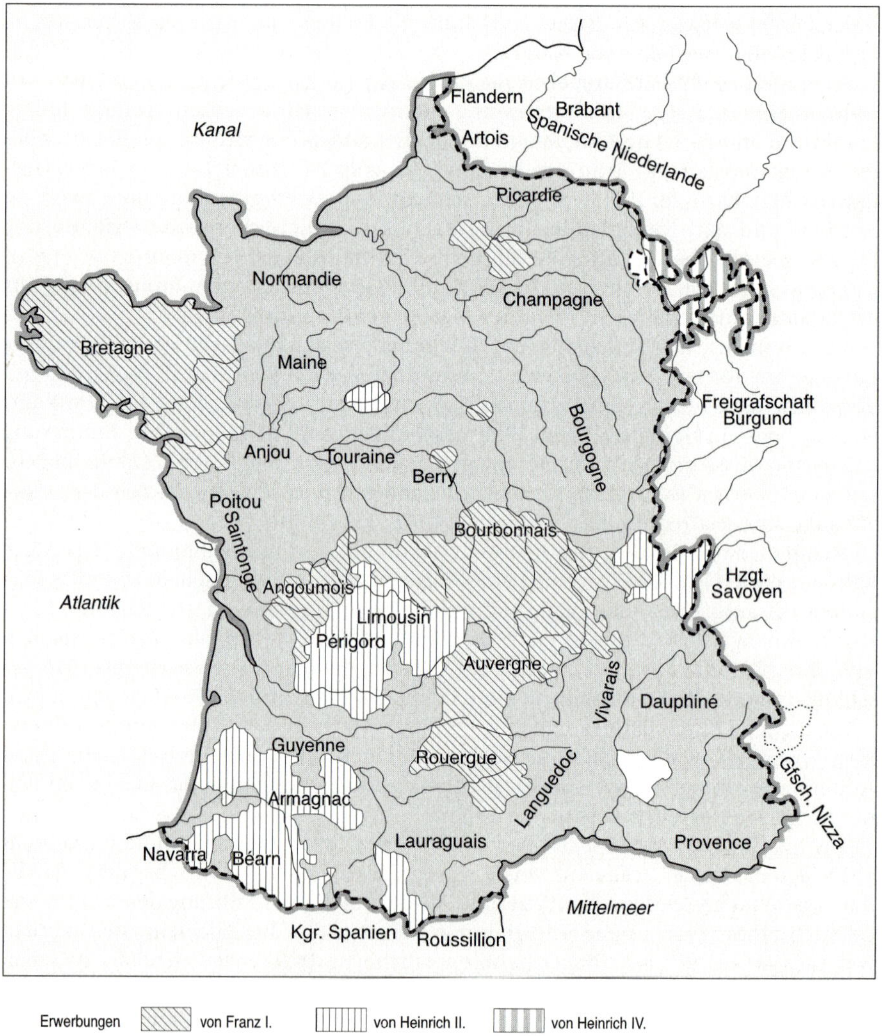

Abb. 11: *Frankreich beim Tod Heinrichs IV.*

An dessen Stelle trat Charles d'Albert de Luynes, der sich genau so bereicherte wie sein Vorgänger. Maria von Medici verlor ihren Einfluss am Hof, während manche Ratgeber aus der Zeit Heinrichs IV. zurückgeholt wurden. Im Süden begannen die Hugenotten 1621 einen Krieg, als sie Besitzungen an den katholischen Klerus zurückgeben sollten. Der Friede von Montpellier vom 16. Oktober 1622 beendete diesen Konflikt.

2.6.5 Richelieu und der Dreißigjährige Krieg

Ludwig XIII. hatte eine hohe Meinung von sich selbst, doch das politische Feld beherrschten der Erste Minister und seine *„creatures"*, die er an wichtigen Stellen der Verwaltung einsetzte. Das Ministeramt übernahm am 13. August 1624 Armand-Jean du Plessis, Herzog von Richelieu. Er kam aus dem Kleinadel des Poitou, war Bischof von Lucon, Abt von Cluny und Citeaux und seit 1622 Kardinal.[24] Seine politische Karriere begann er 1614 als Sprecher des Klerus während der Tagung der Generalstände. Er war Beichtvater der Königin und gelangte 1617 eine zeitlang in den königlichen Rat.

Richelieu diente Ludwig XIII. treu, und für diesen war ein Mann der Kirche von Vorteil, da er keinen Grund hatte, eine eigennützige Politik im Interesse von Nachkommen zu betreiben. Mit seiner Politik wollte er die Autorität und die Macht der Krone stärken und gegen Angriffe verteidigen. „Das außenpolitische Programm Richelieus basierte nicht allein auf machtpolitischen Erwägungen und Prinzipien. Es ist vielmehr auch – und nachhaltig – gekennzeichnet durch die Orientierung auf allgemeine Rechtsprinzipien und durch die Orientierung an konfessionellen Überlegungen sowie an einem theologisch fundierten Staatsethos."[25]

Die Hugenotten verfügten im Süden faktisch über einen eigenen Staat, der nun aufgelöst werden sollte. Der 1625 begonnene Feldzug gegen La Rochelle endete am 28. Oktober 1628 mit der Kapitulation der Festung, da der Entsatz durch eine englische Flotte scheiterte. Danach mussten auch Stützpunkte wie Montauban, Castres und Nimes aufgegeben werden. Das „Gnadenedikt" von Alès vom 28. Juni 1629 liquidierte die Sicherheitsplätze der Hugenotten, machte Synoden von der Zustimmung des Königs abhängig, bestätigte aber die freie Religionsausübung. Richelieu gab die Absicht nicht auf, die religiöse Einheit des Landes wieder herzustellen, verwarf aber die Anwendung von Gewalt als Mittel.

Als Richelieu dem König 1629 vorschlug, die Umklammerung durch die Habsburger aufzubrechen, stieß er auf den heftigen Widerstand derer, die von Ludwig XIII. erwarteten, dass er die Hugenotten vernichte und gute Beziehungen zu Spanien herstelle. Am 10. November 1630 verlangte Maria von Medici als Sprecherin dieser Fraktion die Entlassung Richelieus. Doch Ludwig XIII. entschied sich am 11. November für seinen Ersten Minister. Es war *„la journée des dupes"* (der Tag der Geprellten). Maria zog sich nach Moulins zurück. Auch künftig wurden noch Intrigen angezettelt, um die Macht des Königs zu beschneiden, aber der behauptete sich gegen die Angriffe.

Während des Dreißigjährigen Krieges beabsichtigte Frankreich zunächst, die Neutralität zu wahren. Später, mit dem offenen Kriegseintritt, war Richelieus Ziel ein Frie-

24 Vgl. J. Bergin/L. Brockliss (Hg.), Richelieu.
25 K. Malettke, Reichspolitik, 177.

den für die ganze Christenheit. Es sollte ein Gleichgewicht der Mächte hergestellt, der Staatenpluralismus gesichert und der französische König als Protektor eine herausgehobene Stellung einnehmen. „Die Idee, daß eine Gruppe von europäischen Staaten mit Frankreich als ihrem Zentrum ein Gegengewicht gegen die Habsburger bilden sollte, war ein integraler Bestandteil seiner ständig um die Problematik der Friedenssicherung kreisenden Überlegungen."[26] Zunächst erforderten jedoch einige regionale Konflikte das französische Engagement. Das war im Veltlin und dann im Mantuanischen Erbfolgekrieg der Fall, wo es zu verhindern galt, dass die Habsburger ihre Positionen in dem strategisch wichtigen Festungsgürtel im Nordwesten Italiens ausbauten. Mit dem Vertrag von Cherasco 1631 mussten die Franzosen Savoyen wieder aufgeben, blieben aber im Besitz der Festungen Pinerolo und Perosa.

Die Aufmerksamkeit wurde jedoch bald stärker auf den zentralen Schauplatz gelenkt. Nachdem schwedische Truppen am 6. Juli 1630 auf der Insel Usedom an Land gegangen waren, unterstützte Frankreich sie gemäß dem Vertrag von Bärwalde vom 23. Januar 1631 mit Subsidien. Im selben Jahr schloss Bayern einen Defensivvertrag mit Frankreich, weil es sich von den spanischen Truppen in der Pfalz bedroht sah. Die französische Krone war jetzt bedacht, die östliche Grenze zu sichern, aber auch den Weg zum Rhein offenzuhalten. Deshalb wurden 1633 Nancy und danach mehrere Städte im Elsass besetzt. Das entsprach der von Richelieu konzipierten „Passagenpolitik", das heißt, an den Grenzen Ausfalltore zu schaffen und zu sichern.

Vor allem war Frankreich aber auf den Konflikt mit Spanien fixiert. Nachdem die Kaiserlichen am 5./6. September 1634 die Schweden und ihre Verbündeten bei Nördlingen besiegt hatten, reagierte Frankreich am 19. Mai 1635 mit der Kriegserklärung an Spanien. Die französische Armee erlitt zunächst einige empfindliche Niederlagen. Nachdem sie reorganisiert worden war, wendete sich das Blatt allmählich. Schließlich gelang es den Franzosen, die Spanier aus dem Roussillon zu verdrängen. Auch schürte Frankreich die Erhebungen in Katalonien und in Portugal. Bei Rocroi in den Ardennen wurden am 19. Mai 1643 die gefürchteten spanischen Tercios geschlagen. Aber ein Ende des Krieges stand noch nicht in Aussicht.

Der Krieg diktierte auch die Ausgestaltung des Regiments in Richtung absolutistischer Herrschaft. Die Zusammenkünfte des Ersten Ministers mit den Staatssekretären waren die Keimzelle eines Ministerrats. Das Amt des *Connétable* wurde 1627 abgeschafft und die Armee dem Kommando des Königs unterstellt. Seit 1633 wurden mit umfassenden Vollmachten versehene *Intendanten* (Kriegskommissare) in die Provinzen entsandt, denen die Aufrechterhaltung der Ordnung, die Ausübung der Justiz und die Erhebung von Steuern oblag. Daraus wurde eine dauerhafte Institution. Da die Berufung der Intendanten ohne Rücksicht auf Geburtsrecht und Ämterkauf erfolgte, waren diese neuen Beamten eine zuverlässige Stütze der Krone.

Das Problem war die Beschaffung der Gelder für die Kriegführung. Nicht nur die eigene Armee (1639 betrug die Truppenstärke 148 000 Mann) musste finanziert, sondern auch die Zahlung der vereinbarten Subsidiengelder an mehrere Staaten sichergestellt werden. Von 1630 bis 1640 vervierfachte sich deshalb die Steuerlast. Die Taille

26 Ebd., 180.

erbrachte zum Beispiel 1610 11,5 Millionen, 1643 aber 44 Millionen Ecus. Betroffen war vor allem der dritte Stand. Da zudem gehäuft Missernten, Hungersnöte und Epidemien auftraten, zum Beispiel 1630/31 sowie 1640 bis 1652, war eine zwangsläufige Folge der Unmut über die Lasten und der Widerstand gegen die Bedrückungen.

Der König missachtete oftmals Privilegien der Stände, setzte in Städten Bürgermeister ein und beschränkte Gemeinderechte. Es verging kaum ein Jahr ohne städtische Unruhen – zum Beispiel in Dijon 1630, Lyon 1630 bis 1632, Aix-en-Provence 1632, Paris 1633, Rouen 1634, Marseille 1644. Auch mehrere große Bauernaufstände – vor allem im Süden – versetzten die Monarchie in Unruhe: 1633 bis 1635 in Guyenne, 1636 im Angoumois und Limousin und in Poitou, 1637 erhoben sich die *„Croquants"* (Taugenichtse) im Périgord und 1639 die *„Nu-Pieds"* (Barfüßige) in der Normandie. Stets wurden Truppen in Bewegung gesetzt, um die Rebellionen niederzuwerfen.[27] Als Parlamente sich weigerten, administrative Akte – wie es üblich war – zu registrieren, untersagte Ludwig XIII. ihnen 1641 jeden Eingriff in die Politik.

Als Richelieu im Dezember 1642 und Ludwig XIII. im Mai 1643 verstarben, war der Thronerbe Ludwig XIV. erst vier Jahre alt. Die Regentschaft übernahm seine Mutter Anna von Österreich, Tochter des spanischen Königs Philipp III., so dass eine „Spanisierung" der französischen Politik befürchtet wurde. Erster Minister wurde Jules Mazarin (Giulio Mazzarini).[28] Er stammte aus den italienischen Abruzzen, sammelte in päpstlichen Diensten politische, diplomatische und militärische Erfahrungen und war seit 1634 Nuntius in Frankreich. Richelieu nahm ihn in seine Dienste. Mazarin erbte nicht nur dessen Macht, sondern auch die hinterlassenen Probleme: Die Kassen waren leer und die Unzufriedenen opponierten (Adelsrebellionen, anhaltende städtische und bäuerliche Aufstände). Im benachbarten England begann eine Revolution, und die Auseinandersetzung mit den Habsburgern musste zu Ende geführt werden.

Mazarin wurde 1638 eingebürgert, aber als Italiener geschmäht und die Zusammenarbeit mit Michel Particelli d'Emery – einem Steuerpächter italienischer Herkunft – verübelt. Der wollte die Finanzlöcher durch Steuererhöhungen, Anleihen und den Verkauf von Ämtern stopfen. Da Zinszahlungen sich verzögerten und am Ende unterblieben, wurden Geldgeber geprellt. Die angestauten Probleme lösten 1648 die *Fronde* des Parlaments aus.[29] Als Anna von Österreich das Pariser Parlament zwingen wollte, die Steueredikte zu registrieren, verweigerte es am 16. Januar den Akt.

Das Parlament und die Gerichts- und Rechnungshöfe vereinten sich am 13. Mai, um Reformen anzustoßen: Neue Steuern sollten nur mit ihrer Zustimmung erhoben, die Intendanten und die Steuerpacht abgeschafft, Steuerrückstände erlassen und die Willkür bei Verhaftungen ausgeschlossen werden. Das lief auf die Begrenzung der monarchischen Gewalt hinaus. Als Mazarin und die Regentin einige populäre Opponenten verhaften lassen wollten, begann am 27. August 1648 in Paris ein Aufstand. Die königliche Familie floh in der Nacht vom 5. zum 6. Januar 1649 nach Saint-Germain-en-Laye. Das Parlament übernahm faktisch die Regierungsgewalt. Doch die Uneinigkeit der Frondeure schwächte die Bewegung. Mit dem Vertrag von Rueil vom

27 Vgl. Y.-M. Bercé, Croquants; R. Pillorget, Les mouvements.
28 Vgl. P. Goubert, Mazarin.
29 Vgl. O. Ranum; La Fronde; M. Pernot, La Fronde.

15. März 1649 endete die Parlamentsfronde. Dem Hof wurde gegen vage Versprechungen ermöglicht, nach Paris zurück zu kehren.

Am 7. September 1651 wurde Ludwig XIV. für volljährig erklärt. Jetzt begann die Adelsfronde gegen die bisherige Regentin und den Ersten Minister, in die einige Prinzen involviert waren. Noch einmal herrschten Zustände wie in der Zeit der Bürgerkriege. Der Zug des Prinzen Ludwig von Condé nach Paris löste seit dem 1. Juli 1652 Straßenkämpfe aus. Sein Schreckensregiment forderte 2 000 Opfer. Im Oktober stellte er sich unter den Schutz spanischer Truppen. Mazarin war geflüchtet und bereit, auf sein Amt zu verzichten. Doch seine Widersacher waren zerstritten, so dass er im Februar 1653 die Geschäfte wieder übernahm. Die Adelsfronde brach Anfang August endgültig zusammen. Die Macht der Krone wurde nicht beschränkt.

Erheblichen Einfluss übte Frankreich während der Verhandlungen über einen Frieden in Münster und Osnabrück aus. Im Vertrag vom 24. Oktober 1648 wurden ihm definitiv die Bistümer Metz, Toul und Verdun sowie einige strategisch wichtige Gebiete an seiner Ostgrenze zugesprochen. Es war neben Schweden Garantiemacht des Friedensschlusses. Auch waren von der Haltung der französischen Delegation viele andere Entscheidungen abhängig. Der Krieg gegen Spanien war allerdings noch nicht beendet. Eine Wende brachten erst die Erfolge des Marschalls Henri de La Tour, Vicomte de Turennes. Am 4. Juni 1559 wurde dann der Pyrenäenfrieden geschlossen.

Mit den Friedensschlüssen von 1648 und 1659 sicherte Frankreich vor allem seine Grenzen. „In den beiden Verträgen lassen sich zwei Tendenzen unterscheiden. Einerseits wurden besonders im Pyrenäenfrieden die Berggrenzen und Wasserläufe als natürliche Grenzen bestätigt. Damit wurde eine lineare Grenze geschaffen, die auf der Karte verzeichnet, und wenn nötig, durch Grenzsteine markiert wurde. Andererseits hielt man im Nordosten die alten Praktiken breiter Grenzzonen bei, in denen sowohl ins fremde Gebiet vorgerückte französische Festungen wie auch fremde Enklaven auf französischem Gebiet nebeneinander existierten.“[30] Spanien war militärisch und wirtschaftlich geschwächt. Frankreich stand der Weg zur Hegemonie offen. Diese zu stabilisieren und auszubauen, war Inhalt der Politik Ludwigs XIV. und seiner „perfekten Monarchie“.[31]

2.7 Die britischen Inseln

Die Geschichte der britischen Inseln wird oftmals auf die Englands reduziert. Doch dazu gehören auch Wales, Schottland und Irland mit ihrer je eigenen Geschichte. Vom europäischen Festland her gesehen kann England das größere Interesse beanspruchen. Es handelt sich jedoch – so wird der Sachverhalt manchmal knapp umschrieben – um zwei Inseln, drei Königreiche und vier Nationen. Deren Geschicke waren eng verflochten, aber auch von Eigenarten und konfliktreichen Beziehungen geprägt. Die Politik der englischen Krone, die drei anderen „Nationen“ zu integrieren, forderte deren teils heftigen Widerstand heraus und war nur bedingt erfolgreich. Sie verteidigten ihre

---

30 J. Meyer, Frankreich, 281.

31 W. Schmale, Geschichte Frankreichs, 133.

Eigenständigkeit, was enge Beziehungen auf manchen Gebieten nicht ausschloss. Den Austausch mit dem Festland dokumentieren dynastische, politische, wirtschaftliche und kulturelle Verbindungen. Auch wies die *„new monarchy"* Züge auf, die den frühneuzeitlichen Staaten generell eigen waren. Doch manche Entwicklungen offenbaren ein eigenes Gepräge, manche Institutionen erfuhren eine spezifische Ausformung, beispielsweise der Parlamentarismus oder die Reformation. In den ersten Jahrzehnten des 17. Jahrhunderts stauten sich Probleme und lösten eine Revolution aus, in deren Folge die Gesellschaft und der Staat sich veränderten und die monarchische Verfassung vorübergehend aufgehoben wurde.

2.7.1 Stärkung der königlichen Gewalt

England verschliss seine Kräfte während des „Hundertjährigen Krieges" gegen Frankreich und seit 1455 in den „Rosenkriegen" zwischen den Häusern York und Lancaster.[1] In der Schlacht bei Bosworth am 22. August 1485 wurde König Richard III. getötet. Heinrich Tudor, Graf von Richmond, übernahm noch auf dem Schlachtfeld die Krone. Mit seiner Krönung durch den Erzbischof von Canterbury am 30. Oktober begann die Herrschaft der Tudors. Heinrich VII. berief sich auf das Thronrecht des Hauses Lancaster, das allerdings umstritten war, und er heiratete am 18. Januar 1486 Elisabeth, die älteste Tochter Eduards IV., um seinen Anspruch zu legitimieren.

England und Wales zählten um 1500 etwa 2,3 Millionen, um 1650 etwa 5,5 Millionen Einwohner. In Schottland waren es zur selben Zeit 800 000 beziehungsweise eine Million, in Irland 800 000 beziehungsweise 1,5 Millionen. Auf den britischen Inseln lebten folglich insgesamt um 1500 etwa vier Millionen und um 1650 acht Millionen Menschen. Davon wohnten 1520 etwa 94 Prozent und 1700 noch 85 Prozent auf dem Land. Nur London konnte sich mit den Metropolen des Festlandes messen: Es wuchs von 60 000 Einwohnern um 1500 auf 400 000 um 1640 an. In England wurde englisch und in Wales walisisch gesprochen, in Irland und in Schottland sprach um 1500 der größere Teil der Bevölkerung gälisch und nur eine Minderheit englisch. Hinzu kamen kleine Gruppen, für die cornisch, norwegisch oder französisch die Muttersprache war.

Landbesitz entschied über den Einfluss in der Gesellschaft und im Staat. In der Hand des Adels befanden sich im 17. Jahrhundert 70 Prozent des bebauten Landes. Von den rund 100 Geschlechtern des englischen Hochadels (*nobility*) hob sich die Masse der niederen Adligen (*gentry*) ab. Manchem wohlhabenden Bauern (*yeomen*) gelang noch der Aufstieg. Ausgeprägter war aber die soziale Polarisierung und das Anwachsen der Unterschichten. Landarme und Landlose lebten oftmals von Heimarbeit im Rahmen der expandierenden Textilproduktion. Den Grundbesitzern und kapitalistischen Pächtern stand die große Zahl ländlicher Lohnarbeiter gegenüber.

Die Politik Englands zielte auf die Integration von Wales, Irland und Schottland.[2] Relativ konfliktlos erfolgte die Inkorporation von Wales, die 1536 eingeleitet und 1543 faktisch vollendet wurde, indem alle englischen Gesetze verbindlich wurden. Beab-

---

1 Vgl. C. Carpenter, Wars.
2 Vgl. St. G. Ellis, Tudor state, 40ff.

sichtigt war seit längerem, Irland zu erobern und zu kolonisieren. Der englische König nahm 1541 den Titel eines Königs von Irland an, aber zu diesem Zeitpunkt war nur ein Teil der Insel unterworfen, und noch lange verfolgten Aufstände das Ziel, die Unabhängigkeit zu verteidigen. In Schottland, das die Stuarts regierten, suchten sowohl England als auch Frankreich Einfluss auf die Geschicke des Landes zu nehmen. Das führte ständig zu Konflikten, bis 1603 ein Stuart die englische Krone übernahm und die Personalunion hergestellt wurde.

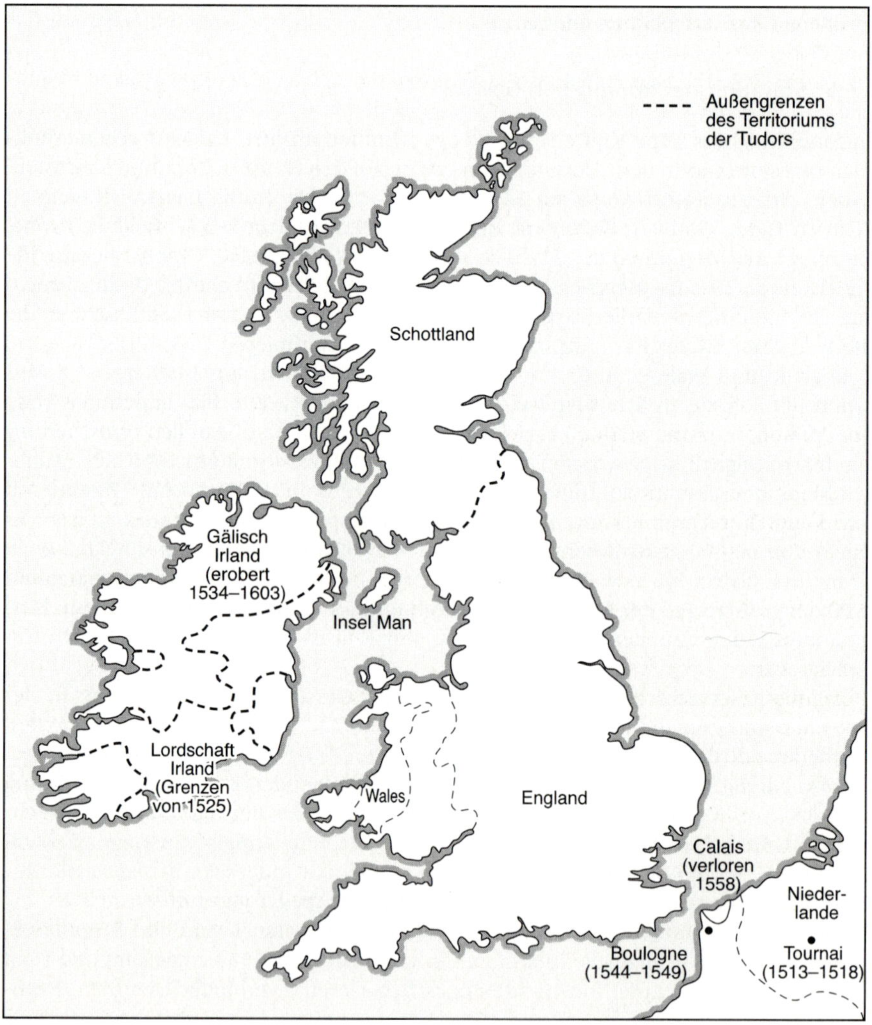

Abb. 12: *Die Territorien der Tudors.*

Der englische König verfügte über Vorrechte (Prärogativen), die seinen Handlungsspielraum absteckten.[3] Ein königlicher Rat (*kings council*) stand ihm beratend zur Seite.[4] Das Parlament konnte Gesetze erlassen und Steuern bewilligen.[5] Seine Einberufung oder Auflösung lag im Ermessen des Königs. Dem *House of Lords* (Oberhaus) gehörten die Aristokraten und die Bischöfe an, dem *House of Commons* (Unterhaus) die Vertreter der Grafschaften (*counties*) und der berechtigten Städte (*boroughs*), die aus den Oberschichten kamen. Dieses Unterhaus hatte hinsichtlich seiner Kompetenz kein Pendant auf dem Kontinent. Beide Häuser waren dem „*common law*" verpflichtet und verstanden sich als Wahrer der „englischen Freiheiten" – im Einvernehmen mit der Krone oder in Opposition zu ihr.

Heinrich VII. überwand schrittweise die durch die „Rosenkriege" verursachte chaotische Situation. Zwar suchten Angehörige des Hauses York ihn 1487 und 1492 zu stürzen, aber er festigte seine Stellung. Er nutzte seine Prärogativen, um die Verwaltung effektiver zu gestalten, die Rechtsprechung zu verbessern und die Finanzen zu ordnen. Obwohl Hof und Regierung immer mehr Geld benötigten, vermied es Heinrich VII., sich von Bewilligungen des Parlaments abhängig zu machen, wenn nicht militärische Unternehmen ihn dazu zwangen. Doch 1497 rebellierten Untertanen in Cornwall gegen Kriegssteuern und 1504 opponierte das Parlament gegen die Finanzpläne des Königs. Um den Einfluss der großen Grundbesitzer zu beschneiden, wurden die richterlichen und polizeilichen Befugnisse, die in den Grafschaften traditionell bei den Sheriffs lagen, Friedensrichtern (*justices of the peace*) übertragen, die meist der Gentry entstammten und faktisch die Lokalverwaltung bildeten. Für mehr Rechtssicherheit sorgte der königliche Rat, der in der „Sternkammer" von Westminster Hall tagte. Das Parlament war bedacht, Gesetze möglichst einvernehmlich mit dem König zu verabschieden.

Außenpolitisch näherte sich Heinrich VII. mit dem am 17. März 1489 in Medina del Campo geschlossenen Vertrag Spanien an. Die am 14. November 1501 geschlossene Ehe Prinz Arthurs mit Katharina von Aragon besiegelte diese Politik. Ein Einfall in die Bretagne verfolgte das Ziel, auf dem Festland Fuß zu fassen. Das Unternehmen endete mit dem Vertrag von Étaples vom 3. November 1492, mit dem England seine Ansprüche auf den französischen Thron gegen eine finanzielle Abfindung aufgab.

Kompliziert waren die Beziehungen zu Irland.[6] Hier lebten gälische Ureinwohner, altenglische Barone sowie englische und schottische Neusiedler. Ein Teil des Landes war von der englischen Krone unterworfen worden. Der Statthalter Richard von York musste jedoch dem irischen Parlament zugestehen, dass es an die englische Krone, nicht an die Gesetzgebung der englischen Monarchie gebunden sei. Die eigentlichen Herrscher waren große Grundbesitzer wie die Kildare und Osmond. Die Rivalitäten zwischen den Geschlechtern sowie zwischen diesen und der gälischen Bevölkerung sorgten ständig für Unruhe.

In Schottland gelang es König Jakob IV. seit 1488, das Krongut zu vermehren, die Herrschaft auf die Highlands auszudehnen und Einfluss auf die Kirche zu nehmen,

---

3 Vgl. G. R. Elton (Hg.), Tudor Constitution, 18ff.

4 Vgl. ebd., 87ff.

5 Vgl. ebd., 228ff.

6 Vgl. St. G. Ellis, Ireland, 70ff.

zum Beispiel bei der Berufung von Bischöfen oder der Vergabe von Pfründen.[7] Das Parlament beherrschte der Adel. Edinburgh war das Zentrum der Monarchie, und der erfolgreiche Handel ermöglichte, das kulturelle Leben zu fördern. Um die englische Nordgrenze zu sichern, plante Heinrich VII. seit 1495, seine Tochter Margaret mit dem schottischen König zu verheiraten. Er sah darin wohl auch einen Schritt zu einer späteren Union. Im Sinne seiner Ausgleichspolitik wurde am 24. Januar 1502 ein ewiger Friede vereinbart und am 8. August 1503 die Ehe geschlossen.

2.7.2 Heinrich VIII. und die Reformation

Mit Heinrich VIII. gelangte 1509 ein theologisch und humanistisch gebildeter Herrscher auf den Thron.[8] Er heiratete am 11. Juni Katharina von Aragon, die Witwe seines Bruders Arthur, und wurde am 24. Juni gekrönt. Die auf Ausgleich bedachte Politik verfolgte er nicht weiter. Nach der Vereinbarung einer Liga mit Papst Julius II., Venedig und Spanien begann er 1512 einen Krieg gegen Frankreich, das 1513 den schottischen König Jakob IV. als Bündnispartner gewann. Als dessen Truppen die Grenze nach England überschritten, wurden sie bei Flodden vernichtend geschlagen und der König getötet. Die schottische Krone fiel an den erst ein Jahr alten Jakob V. In der Zeit der Regentschaftsregierung vertiefte sich die Spaltung des Adels in eine profranzösische und eine proenglische Fraktion, womit weitere Konflikte programmiert wurden. Mit dem Frieden von St.-Germaine-en-Laye vom 7. August 1514 gewann England das Tournai. Der Londoner Friede vom 5. Oktober 1518 öffnete dann Wege, die Geschicke auf dem Festland eher diplomatisch zu beeinflussen. Die vergebliche Kandidatur Heinrichs VIII. bei der Kaiserwahl 1519 markierte aber die Grenzen solcher Möglichkeiten.

Als Heinrich VIII. beabsichtigte, sich von Katharina zu trennen („*the king's great matter*"), beeinflusste das Eheproblem den Verlauf der Reformation. Spannungen zwischen Kirche und Gesellschaft waren in England nicht besonders ausgeprägt, aber das Land öffnete sich reformatorischen Ideen.[9] Die Tudors förderten sie schließlich in England, Wales und Irland, aber mit unterschiedlichen Resultaten, und in Schottland nahm sie gegen den Willen der Krone eine eigene Gestalt an.

Am 12. Mai 1521 wurden in London Schriften Luthers verbrannt. Der König polemisierte in dem Traktat „*Assertio septem sacramentorum*" (Verteidigung der sieben Sakramente) heftig gegen Luthers „*De captivitate Babylonica ecclesiae*". Papst Leo X. verlieh ihm dafür am 11. Oktober den Titel „*fidei defensor*" (Beschützer des Glaubens). Die von William Tyndale besorgte englische Übersetzung des Neuen Testaments, die sich in den Kommentaren an Luther anlehnte, wurde 1525 in Köln gedruckt. Über 6 000 Exemplare gelangten in das Land und wurden positiv angenommen. Viele Exemplare wurden aber auch verbrannt. Miles Coverdale edierte dann 1535 eine Übertragung des Alten und Neuen Testaments, für die er verschiedene Vorlagen benutzte.

Lordkanzler Thomas Wolsey war Erzbischof von York und *Legatus a latere* (Sonder-

---

7 Vgl. J. Wormald, Court.
8 Vgl. J. J. Scarrisbrick, Henry VIII.
9 Vgl. W. I. P. Hazlett, British Isles, 455ff.; D. M. Loades, Revolution.

bevollmächtigter des Papstes) und beherrschte als solcher faktisch die englische Kirche. Reformen waren von ihm nicht zu erwarten. Er konzentrierte sich auf außenpolitische Aktionen. Im Vertrag von Brügge vom 25. August 1521 sagte England Kaiser Karl V. Unterstützung im Fall eines Krieges mit Frankreich zu. Doch mit dem Beitritt zur Liga von Cognac im Mai 1526 schloss England sich den Gegnern des Kaisers an. Konflikte um die Thronfolge befürchtete Heinrich VIII., weil Katharina „nur" eine Tochter gebar. Auch trug er Bedenken, ob die Ehe mit der Witwe seines Bruders gültig sei. Inzwischen band er sich an Anna Boleyn und suchte seit 1527 nach einer kirchenrechtlichen Lösung des Eheproblems. Doch Papst Clemens VII. bestätigte weder die Gültigkeit der Ehe, wie Spanien hoffte, noch deren Ungültigkeit, die Heinrich VIII. anstrebte. Da der Lordkanzler keinen Ausweg fand, ließ der König ihn 1529 fallen.

Heinrich VIII. wählte jetzt den Weg, Rom die Kompetenz über englische Angelegenheiten zu entziehen. Viele Mitglieder des Parlaments, das am 3. November 1529 zusammentrat, waren antiklerikal gesinnt. Heinrich VIII. ließ sie im Unterhaus gewähren, zumal das Verlangen nach einer Neuordnung der kirchlichen Verhältnisse wuchs. Thomas Cromwell – seit 1531 Lordkanzler – fand schließlich eine Lösung des Problems: Er wies nach, dass kirchliche Ordnungen nicht von der Krone sanktioniert seien und deshalb keine Gesetzeskraft besäßen. Der Papst drohte Heinrich VIII. am 25. Januar 1532 die Exkommunikation an, aber schrittweise erfolgte nun die Lösung von Rom.

Mit dem *„Act of Annates"* (Gesetz über die Annaten) vom März 1532 wurde die Zahlung der Gelder eingestellt, die bei der Einsetzung eines Bischofs an Rom zu leisten waren. Am 15. Mai verabschiedete das Parlament den *„Act for the submission of the clergy to the king's majesty"* (Gesetz über die Unterwerfung des Klerus unter die Autorität des Königs).[10] Der König trat an die Stelle des Papstes als Gesetzgeber für die Geistlichkeit und diese anerkannte Heinrich VIII. als *„supreme head"* (Oberhaupt). Der *„Act in Restraint of Appeals"* (Gesetz über die Beschränkung der Appellationen) von 1533 untersagte, in Ehe- und Testamentssachen in Rom zu appellieren. Damit wurde es möglich, Heinrichs Ehe aufzulösen. Am 25. Januar 1533 fand heimlich die Eheschließung mit Anne Boleyn statt, und am 23. Mai erklärte der zum Erzbischof von Canterbury berufene Thomas Cranmer die erste Ehe des Königs für nichtig. Ein Thronfolgestatut bestätigte dies, so dass Katharinas Tochter Maria nun als illegitim galt, während Kinder aus der Ehe mit Anne legitimiert wurden. Doch auch sie gebar „nur" eine Tochter.

Am 3. November 1534 wurde mit dem *„Act of Supremacy"* (Oberhoheitsgesetz) die Trennung von Rom definitiv und der König als *„supreme head in earth of the Church of England"* (irdisches Oberhaupt der Kirche von England) anerkannt. Fortan beherrschte er die Kirche kraft des göttlichen Ursprungs der Suprematie, ohne sie institutionell, dogmatisch oder liturgisch zu reformieren. Der *„Act of Succession"* (Thronfolgegesetz) vom 26. März 1534 verpflichtete alle Untertanen, den Eid auf die neu bestimmte Stellung des Königs, die Ehe mit Anna und die Thronfolge von deren Kindern zu leisten. Im *„Treason Act"* (Verratsgesetz, zweites Thronfolgegesetz) wurden alle Beamten und Geistlichen, die den Suprematseid verweigerten, des Hochverrats bezichtigt und mit dem Tode bedroht. John Fisher, Bischof von Rochester, und der ehemalige Lordkanz-

10 Vgl. G. R. Elton (Hg.), Tudor Constitution, 339ff.

ler Thomas More waren gewillt, die Ordnung der Thronfolge zu akzeptieren, nicht aber, den päpstlichen Primat zu verleugnen. Beide wurden gefangen gesetzt und – wie auch eine Anzahl Kleriker – hingerichtet.

Seit 1536 wurden die Klöster aufgelöst[11], ihr Besitz zugunsten der Krone eingezogen und größtenteils veräußert. In den nördlichen Grafschaften erhob sich dagegen Widerstand. In der „*Pilgrimage of Grace*" (Pilgerfahrt der Gnade) verwoben sich seit Oktober der Protest gegen feudale Abhängigkeit (besonders im Nordwesten) und gegen die Auflösung der Klöster (besonders in Lancashire). Die Aufständischen verlangten die Absetzung des reformatorisch gesinnten Erzbischofs Thomas Cranmer, die Auslieferung Cromwells und die Wiederherstellung der alten Kirche. Die Krone wendete die Gefahr ab, indem sie einige Zugeständnisse offerierte, so dass die Aufständischen die Waffen niederlegten, ließ aber im Frühjahr 1537 viele Teilnehmer hinrichten.

Nach der Trennung von Rom war eine innere Reform der Kirche nicht mehr zu umgehen, zumal Cromwell die Auffassung vertrat, England müsse sich aus außenpolitischen Gründen den Glaubensnormen der protestantischen Staaten annähern. Doch die am 11. Juli 1536 verabschiedeten „Zehn Artikel" beschränkten sich im wesentlichen auf die Reduzierung der Sakramente auf drei. Diese Artikel waren für alle Geistlichen verbindlich, um ein einheitliches Bekenntnis zu sichern. Angesichts der Unruhe im Land traten die Konvokationen – lokale Versammlungen der Geistlichkeit – von Canterbury und York zusammen und vereinbarten am 16. Juni 1539 „Sechs Artikel", die den alten Glaubensnormen folgten und sich gegen Neuerungen richteten.

Die Lösung von Rom und die Oberhoheit des Königs über die Kirche stärkten dessen Stellung. Das wichtigste Regierungsorgan wurde der 1536 aus dem königlichen Rat herausgelöste „*privy council*" (Kronrat). Auch wurden verschiedene „courts" – besonders für Finanzsachen – gebildet. Cromwell trat für eine Allianz mit Karl V. gegen Franz I. ein, Thomas Howard, Herzog von Norfolk, dagegen für eine solche mit Frankreich.

Da Heinrich VIII. sich inzwischen an Jane Seymour band, bezichtigte er Anne Boleyn des Ehebruchs und der Verschwörung. Am 19. Mai 1536 wurde sie hingerichtet und ihre Tochter Elisabeth für illegitim erklärt. Jane, die der König am 30. Mai heiratete, verstarb bei der Geburt des Sohnes Eduard im Oktober 1537. Cromwell vermittelte daraufhin eine Ehe mit Anna von Kleve, die aber nur vom 6. Januar bis 9. Juli 1540 Bestand hatte. Thomas Howard empfahl dem König nun seine Nichte Catharina und beschuldigte Cromwell der Häresie. Am 28. Juli 1540 wurde dieser wegen angeblichen Hochverrats ohne Gerichtsverfahren exekutiert. Am selben Tag kam die Ehe mit Catharina zustande. Doch auch sie wurde ihrer Liebschaften wegen am 13. Februar 1542 hingerichtet. Ein letztes Mal heiratete der König am 12. Juli 1543, und zwar die politisch nicht interessierte Witwe Catharina Parr.

In Schottland hielt Jakob V. an der alten Kirche fest. Auch schloss er ein Bündnis mit Frankreich, heiratete 1537 eine Tochter Franz I. und nach deren Tod 1538 Maria Guise, die Tochter des Herzogs von Lothringen. Als Heinrich VIII. im Oktober 1542 den Krieg gegen Schottland eröffnete, versagte der Adel Jakob V. die Unterstützung, um ein Debakel wie 1513 zu vermeiden. Das Heer ergab sich den Engländern ohne größe-

11 Vgl. ebd., 374ff.

ren Widerstand. Da Jakob V. am 12. Dezember 1542 verstarb, fiel der schottische Thron an seine gerade geborene Tochter Maria Stuart. Die Regentschaft übernahm ihre Mutter Maria Guise. Im Vertrag von Greenwich von 1543 wurde eine Ehe der neuen Königin mit Prinz Eduard vereinbart. Doch die Schotten lehnten diese Heirat ab. Daraufhin zerstörten die Engländer 1544/45 Edinburgh und weitere Städte und Siedlungen. Die Finanzen Englands waren jedoch erschöpft, so dass am 7. Juni 1546 der Friede von Camp geschlossen wurde. Inzwischen wurde eine Ehe zwischen Maria Stuart und dem französischen Dauphin Franz vereinbart und die Sechsjährige 1548 nach Frankreich geschickt.

Irland wurde von einem königlichen Bevollmächtigten (*lord deputy*) regiert. Das Amt hatte lange Zeit die Familie Kildare inne. Um deren Macht zu brechen, ließ Heinrich VIII. 1534 einige Mitglieder hinrichten und deren Besitz konfiszieren. Das irische Parlament akzeptierte 1536/37 die englischen Reformationsgesetze und nahm am 18. Juni 1541 Heinrich VIII. als König von Irland an. Englische Kronbeamte übernahmen die Verwaltung. Konfisziertes Klostergut wurde Baronen übergeben, um sie an die Krone zu binden. Die englische Grafschaftsverfassung wurde auf Irland übertragen. Die gälischen sozialen Strukturen wurden durch Grundherrschaften ersetzt, so dass deren Inhaber Lehnsleute der Krone wurden. Die Politik der Anglisierung erweckte jedoch heftigen Widerstand. Es gelang nicht, das ganze Land für die Reformation zu gewinnen und die gälische Identität völlig zu verdrängen.

Die Verbreitung des Humanismus förderte in England zunächst der Theologe John Colet, der sich auch für eine Erneuerung des Kirchenwesens verwandte. Bald fand diese geistige Strömung auch Eingang in die Universitäten Oxford und Cambridge.[12] Mit der Einrichtung öffentlicher Schulen wurde breiteren Kreisen der Zugang zu elementarer Bildung ermöglicht. Thomas More analysierte in seinen Schriften kritisch die englische Gesellschaft und entwarf mit "*Utopia*" (dem „Land Nirgendwo") ein Gegenbild, das zum Nachdenken über Alternativen anregte. Auch hielt sich Erasmus von Rotterdam fünf Jahre in England auf. Bedeutende Maler fertigten Porträts von Fürsten, Bürgern und Gelehrten, so Hans Holbein der Jüngere, der sich 1532 endgültig in England niederließ. Der Kirchenbau spielte kaum noch eine Rolle, dagegen die Errichtung von Palästen und Wohnbauten, zunächst noch im spätgotischen Formen folgenden Tudorstil, bald auch unter Verwendung von Stilelementen der Renaissance.

Heinrich VIII. starb am 28. Januar 1547. Er stärkte die Monarchie und seine Stellung vor allem mittels der Reformation, die unter starkem obrigkeitlichen Einfluss vorangetrieben wurde und sich primär als politisches Ereignis darstellte. Eine grundlegende Erneuerung der Kirche stand vorerst noch aus. „Seine Herrschaftsweise hatte in ihrer Verbindung von elementarer Gewalttätigkeit und staatsmännischem Kalkül viel vom Zuschnitt eines Renaissance-Fürsten an sich. Erst sein Tod setzte die Kräfte frei, die er selbst ins Spiel gebracht hatte, die aber erst unter Elisabeth zu Mitträgern der Herrschaftsordnung wurden."[13]

Da der Thronfolger Eduard VI. minderjährig war, sollte das Regiment ein Regentschaftsrat übernehmen. Doch dieser bestellte Eduards Onkel Edward Seymour, Graf

---

12 Vgl. P. Meissner, England, 68ff.
13 K. Kluxen, Geschichte Englands, 198.

von Hertford und später Herzog von Somerset, zum Protektor. Im November 1547 hob das Parlament den „Act of Treason" von 1534 auf – England öffnete sich unterschiedlichen protestantischen Strömungen. Aus den Niederlanden, Frankreich und Italien kamen verfolgte Protestanten ins Land, unter ihnen 1549 der Straßburger Martin Butzer. Thomas Cranmer, Erzbischof von Canterbury, humanistisch gebildet und von Luther beeinflusst, rezipierte auch Lehren Zwinglis und später Calvins, was seine 42 Artikel von 1553 widerspiegeln. Am 15. Januar 1549 autorisierte das Parlament mit dem ersten *„Act of Uniformity"* (Gleichförmigkeitsgesetz) das von Cranmer vorgelegte *„Book of common prayer"* (Buch über das allgemeine Gebet).[14] Englisch wurde Sprache der Liturgie und die tägliche Messe von einem Wortgottesdienst abgelöst. Als Sakramente wurden nur Taufe und Abendmahl anerkannt, aber ein eindeutiges Bekenntnis zur Realpräsenz vermieden. Liturgie und Lehre beruhten auf Kompromissformeln. Entschiedene Reformer enttäuschte, dass das „Prayerbook" sich nur unvollkommen von den katholischen Zeremonien löste.

Wirtschaftliche Probleme flankierten die religiösen Spannungen – vor allem Preissteigerungen und die Einhegungen (*enclosures*), das heißt die Zusammenlegung und Einzäunung landwirtschaftlicher Flächen, da der lukrative Wollhandel die Ausweitung der Schafzucht förderte. In Norfolk rebellierten im Juli 1549 Betroffene unter Führung des Grundbesitzers und Händlers Robert Kett gegen die Einhegungen. Die Proteste zwangen Somerset, diese Praxis zu verbieten, wogegen die Gentry opponierte. In Cornwall erhoben sich zur selben Zeit Untertanen gegen die Einführung des „Book of Common Prayer" und den Gottesdienst in englischer Sprache, weil das Cornisch negiert wurde.

Diese und weitere unterschiedlich motivierte Revolten wurden gewaltsam unterdrückt, Somerset von aristokratischen Opponenten entmachtet und nach einem Hochverratsprozess am 22. Januar 1552 hingerichtet. Protektor wurde John Dudley, Graf von Warwick, seit 1551 Herzog von Northumberland, Fürsprecher der Gentry und Förderer der Protestantisierung Englands. Unter dem Einfluss Butzers wurde 1552 das „Book of Common Prayer" revidiert. Diese stärker reformatorischen Anliegen Rechnung tragende Fassung wurde am 1. November vom Parlament mit dem zweiten *„Act of Uniformity"* autorisiert.

Eduard VI. verstarb fünfzehnjährig am 6. Juli 1553. Kurz vorher – am 12. Juni – erklärte er Jane Gray (Nichte Heinrichs VIII. und Schwiegertochter Dudleys) zur Thronfolgerin und am 21. Juni Maria (Tochter Katharinas von Aragon) und Elisabeth (Tochter Anne Boleyns) für illegitim. Am 10. Juli wurde Jane in London die englische Krone, Maria Stuart („die Katholische") in Norfolk die schottische übertragen. Doch die englische Bevölkerung lehnte Jane ab und sah in Maria die wahre Erbin des Throns. Jane wurde in den Tower verbracht und am 12. Februar 1554 hingerichtet. Da Dudley und seine Parteigänger sich für Elisabeth als Königin verwandten, wurden auch sie exekutiert. Maria zog inzwischen triumphal in London ein und wurde am 1. Oktober 1553 gekrönt.

---

14 Der volle Titel lautet: „Books of the common prayer and administration of the Sacraments, and other rites and ceremonies of the Church after the use of the church of England" (Bücher über das allgemeine Gebet und die Verwaltung der Sakramente und andere Riten und Zeremonien der Kirche nach dem Brauch der Kirche von England).

Maria I. wollte das von ihrem Vater „in die Sünde geführte Land“ wieder zum Gehorsam bringen, das heißt kompromisslos rekatholisieren. Evangelische Bischöfe wurden durch katholische ersetzt, viele Prediger entlassen und Altgläubigen wieder Ämter übertragen. Das Parlament hob im Oktober 1553 den „Act of Uniformity“ auf, war aber nicht bereit, die Kirchengüter zurück zu geben, weil das den Widerstand der Gentry provoziert hätte. Ein 1554 gewähltes Parlament setzte die Ketzergesetze wieder in Kraft und anerkannte den Papst als Oberhaupt der englischen Kirche. Kardinal Reginald Pole kehrte aus Rom zurück und wurde im Dezember 1555 zum Erzbischof von Canterbury ernannt. Opfer der Verfolgungen waren etwa 300 Protestanten, unter ihnen Cranmer. Andere flohen oder passten sich an. Die Repressionen nährten bei Teilen der Bevölkerung den Hass gegen „*popery*“ (Papisterei) und trugen dazu bei, das protestantische Bewusstsein zu vertiefen.

Als der Plan einer spanischen Ehe Marias bekannt wurde, zogen im Frühjahr 1554 Thomas Wyatt und einige hundert Bauern aus Kent nach London, weil sie die Unabhängigkeit des Landes gefährdet sahen. Die Rebellion wurde niedergeworfen, und auch der Widerstand des königlichen Rats und des Parlaments fruchtete nicht. Maria I. heiratete am 25. Juli 1554 Philipp, den Sohn Karls V. Als Folge wurde England seit 1557 in den französisch-spanischen Krieg verstrickt. Im Januar 1558 eroberten die Franzosen das schlecht verteidigte Calais. England verlor damit seinen einzigen Stützpunkt auf dem Festland. Die gegenreformatorische Politik endete 1558 mit dem Tod der kinderlosen Königin und Kardinal Poles.

2.7.3 Elisabeth I. und die Stabilisierung der Monarchie

Am 17. November 1558 übernahm Elisabeth I. – die Tochter Anne Boleyns und Heinrichs VIII. – den Thron.[15] Sie galt als stolz, energisch, intelligent und attraktiv. Da sie zu einer Ehe nicht zu bewegen war, blieb ungeklärt. wer ihr nachfolgen würde. Sie berief William Cecil, seit 1571 Baron Burghley, als Sekretär in den königlichen Rat und gewann mit ihm einen Mann mit staatsmännischen Fähigkeiten, der ihr bis zu seinem Tod 1598 diente. Beide hatten vieles gemeinsam: „Religion war für sie Gewissenssache und nur für den Bestand der äußeren Ordnung Staatsangelegenheit; beide waren vorsichtig, auf Ruhe bedacht und sahen die Schranken ihrer Politik.“[16]

Elisabeth I. beabsichtigte, die anglikanische Kirche wieder herzustellen.[17] Doch radikale Reformen waren von ihr nicht zu erwarten. Sie musste berücksichtigen, dass Papst Paul IV. sie nicht als legitime Thronerbin anerkannte und war angesichts der engen schottisch-französischen Beziehungen auf das Wohlwollen Philipps II. angewiesen. Aber zurückkehrende Glaubensflüchtlinge erwarteten die Abschaffung der katholischen Zeremonien und manche eine presbyterianische Kirchenverfassung: Nicht eingesetzte Bischöfe, sondern gewählte Älteste sollten den Gemeinden vorstehen. Die Puritaner plädierten für eine Reinigung der Kirche und der Lehre von allem, was an

15 Vgl. W. MacCaffrey, Elizabeth I.; Ch. Haigh, Elizabeth I.
16 P. Wende, Geschichte Englands, 206.
17 Vgl. R. L. Greaves, Society and Religion.

die alten Zeiten erinnerte, für eine verinnerlichte Frömmigkeit, die Predigt des Evangeliums und eine einfache Form des Gottesdienstes.[18]

Der Friedensvertrag von Cateau-Cambrésis von 1559 und die Anerkennung durch Frankreich und Spanien erweiterten den Handlungsspielraum der Königin. Am 29. April 1559 nahm das Parlament das „Book of Common Prayer" wieder an und reaktivierte den „Act of Uniformity" und den „Act of Supremacy". Eliabeth I. wurde nach Diskussionen *„supreme governor"* (oberste Verwalterin), nicht „supreme head" (Oberhaupt) der anglikanischen Kirche, um Bedenken gegen eine Frau als Leiterin der Kirche zu zerstreuen. Das Uniformitätsgesetz stellte im wesentlichen die Liturgie von 1549 wieder her und verlangte von den Gläubigen Konformität in äußerlichen Dingen, zum Beispiel Anwesenheit beim Gottesdienst ohne Abendmahlszwang. Die von Maria I. berufenen Bischöfe wurden meist durch zurückkehrende Emigranten ersetzt. Druck übten vor allem puritanische Laien aus, die für eine stärker an der Bibel orientierte Lebensweise eintraten.

Zu den während der Herrschaft Marias I. ins Ausland Geflüchteten gehörte John Foxe. Er hatte sich für reformatorische Neuerungen eingesetzt und die Ausarbeitung einer Geschichte der englischen Märtyrer seit John Wiclif begonnen. Nach seiner Rückkehr veröffentliche er 1563 sein illustriertes Werk *„Acts and Monuments of These Latter and Pericolous Days"* (Taten und Denkmale dieser letzten und gefährlichen Tage). Es wurde als „Buch der Märtyrer" populär, wiederholt veröffentlicht und stärkte das Bewusstsein, dass die anglikanische Kirche in einer langen Tradition stehe.

Das *„Settlement"* – die Vollendung der Reformation durch Entscheidungen von Krone und Parlament – konstituierte die anglikanische Staatskirche. Sie hatte sich von Rom gelöst, präsentierte sich als Bischofskirche mit der Königin als Verwalterin, vertrat in der Lehre protestantische Positionen, hielt aber an manchen katholischen Zeremonien fest. Die Puritaner sahen im „Settlement" eine interimistische Lösung, weil sie Kompromisse ablehnten. Darauf reagierte 1562 John Jewel mit der *„Apologia Ecclesiae Anglicanae"* (Rechtfertigung der anglikanischen Kirche). Im Februar 1563 wurde die Lehre in 39 Artikeln ohne definitive Entscheidungen festgeschrieben. Sie schlossen eine Einigung verschiedener Strömungen nicht aus – eine pragmatische Reaktion auf das bestehende Kräfteverhältnis.

In Schottland wurden seit den zwanziger Jahren evangelische Lehren verbreitet, aber deren Anhänger verfolgt. Der im Dezember 1557 begründete *„Covenant"* (Bund) der *„Lords of the Congregation"* lehnte die französische Ehe der Königin und die mögliche Einbeziehung Schottlands in den englisch-französischen Krieg ab und setzte sich entschieden für die Reformation ein. John Knox wirkte zunächst in England, verließ während der Rekatholisierung das Land und wandelte sich während seines Aufenthalts in Genf zum radikalen Calvinisten, „der von der Autonomie des religiösen Prinzips gegenüber dem Staat durchdrungen war, Fürsten dieser Welt mit der Furchtlosigkeit alttestamentlicher Propheten entgegentrat und auf die Menge durch seine volkstümlich einfache Predigt wirkte, in der alle Gegner zu Teufeln und Götzendienern wurden."[19] Nach seiner Rückkehr im Mai 1559 rief Knox in Schottland zu Bilder- und

18 Vgl. Ch. Hill, Society and Puritanism.
19 E. Schulin, England und Schottland, 920.

Klosterstürmen auf. Die Lords waren zum Kampf gegen die katholische und frankreichfreundliche Regentin Maria Guise bereit. Doch Elisabeth I. wollte ihnen nur bei französischen Übergriffen Hilfe leisten.

Nach dem Tod der Regentin Maria lehnte im August 1560 eine Versammlung von Lords den päpstlichen Primat ab, verbot die Messe und setzte die *„Confessio Scotica"*, die von Knox vorgelegte Bekenntnisschrift der Calvinisten in Kraft, nicht aber sein *„Book of Discipline"*. So entstand die eigenartige Situation, dass zwar ein neues Bekenntnis angenommen, aber die alte Kirchenverfassung beibehalten wurde. Im August 1561 – nach dem Tod Franz II. – kehrte Maria Stuart nach Schottland zurück. Sie wusste Frankreich und Spanien an ihrer Seite und beanspruchte nun auch den englischen Thron. Im März 1566 verlangte sie, den alten Glauben wieder herzustellen, stieß aber auf den heftigen Widerstand protestantischer Lords. Als ihr zweiter Gemahl Henry Stuart, Earl of Darnley, am 10. Februar 1567 ermordet wurde und der Verdacht aufkam, Maria Stuart könne dazu angestiftet haben, wurde sie im Verlauf einer Adelsrebellion gefangengesetzt und verzichtete im Juli 1567 zugunsten ihres einjährigen Sohnes Jakob VI. auf die Krone. Als ihr die Flucht gelang, begab sie sich unter den Schutz Elisabeths.

In der spanischen Botschaft in London wurden seitdem Verschwörungspläne geschmiedet. Eine Erhebung im Norden Englands 1569 verfolgte die Absicht, mit schottischer Unterstützung die katholische Kirche wieder herzustellen und die Anerkennung Maria Stuarts als englische Thronfolgerin zu erreichen. Der Regent James Stuart, Graf von Murray, hinderte jedoch die schottischen Katholiken, die Grenze in Richtung Süden zu überschreiten. Der Aufstand brach 1570 zusammen, an die 800 Lehnsleute wurden verbannt oder exekutiert, ihr Besitz konfisziert und die Autorität der Krone wieder hergestellt. Andrew Melville, der 1574 aus Genf zurückgekehrte Nachfolger von Knox, legte 1578 das *„Second book of Discipline"* vor, in dem er für eine Presbyterialverfassung eintrat: Alle Mitglieder der Kirche sollten gleichberechtigt sein und den Gemeinden nur ein gewählter Ältester (presbyter) vorstehen. Seitdem dauerte der Streit um die presbyteriale oder episkopalistische Kirchenverfassung an.

In Irland stieß die Anglisierung auf anhaltenden Widerstand, der in der Zeit Elisabeths I. in mehreren Aufständen kulminierte. Von 1559 bis 1567 rebellierte in Ulster Shane O'Neill, Lord of Tyrone, gegen die Einführung des englischen Rechts, von 1569 bis 1573 und von 1579 bis 1583 waren es die Desmonds in Munster, und 1594 bis 1603 opponierte Hugh O'Neill, Lord of Tyrone, dessen Bewegung fast ganz Irland erfasste. Der englischen Königin gelang es nach mühevollen Kämpfen, die Erhebungen niederzuwerfen, zumal die Adelsgeschlechter zerstritten waren und sich auch gegenseitig befehdeten. Inzwischen kamen englische Siedler ins Land, wurde das englische Recht durchgesetzt und die englische Verwaltung ausgebaut.

In England erwies sich der Anglikanismus als stabil. Da Konformität aber nur in äußerlichen Dingen verlangt wurde, blieb Raum für verschiedene Glaubensnormen und Strömungen. In den neunziger Jahren befürwortete Richard Hooker die Kirchenpolitik der Königin. In seiner Schrift *„Laws of ecclesiastical polity"* (Regeln der Kirchenpolitik) argumentierte er in Auseinandersetzung mit den Puritanern im Sinne einer *via media*. Als radikale Puritaner opponierten, wurden Nonkonformisten mit Gefängnis oder Verbannung bedroht, eine Auswanderungswelle – vor allem in die Niederlande –

ausgelöst und auch den Katholiken Einschränkungen auferlegt. Opponenten artikulierten ihre abweichenden Auffassungen künftig nur noch verdeckt. Die Monarchie gewann an innerer Stabilität.

Da Pius V. am 8. Juli 1570 Elisabeth exkommunizierte und die Beziehungen zu Spanien sich verschlechterten, wurde am 21. April 1572 in Blois ein englisch-französisches Bündnis vereinbart. Frankreich sagte Hilfe bei der „Pazifizierung" Schottlands zu, und England hoffte, Spanien isolieren zu können. Die Absetzung der Königin verlangte nach der Exkommunikation niemand, aber an Komplotten, in die auch Maria Stuart verstrickt war, fehlte es in den folgenden Jahren nicht. Sie scheiterten ebenso wie die von Irland ausgehenden Expeditionen. Nachdem Maria Stuart der Konspiration überführt worden war, wurde sie am 8. Februar 1587 hingerichtet.

Nach dem Frieden von Cateau-Cambrésis und dem Verlust von Calais orientierte England sich stärker auf den Atlantik. Obwohl nach der Amerika-Fahrt John Cabots 1496 weitere Expeditionen folgten, war Englands Aktionsradius durch die portugiesische und spanische Dominanz eingeengt. Weitere Bemühungen galten deshalb vor allem der Erschließung einer Nord-Ost-Passage nach Asien. Eine 1552 gestartete Expedition gelangte bis nach Archangelsk und bahnte dem englischen Tuchhandel nach Russland den Weg. Auf den atlantischen Routen brachten englische Seefahrer Beute auf. Die Krone tolerierte das und beantwortete portugiesische Proteste mit dem Verweis auf das Recht freien Handels. Als 1564 eine spanische Flotte englische Schiffe überfiel, forcierte Francis Drake die Piraterie.[20] Er wurde zum Schrecken der spanischen Küstenbewohner und griff die spanische Silberflotte an. In den Jahren 1577 bis 1580 befuhr er erstmals die Südpassage in den Pazifik. Eines seiner drei Schiffe kehrte auf dem Weg um das Kap der guten Hoffnung zurück – es war die erste englische Weltumsegelung. Im Jahr 1585 begründete Richard Grenville in Virginia eine englische Kolonie.

Das englische Engagement für den Aufstand in den Niederlanden entsprang dem Gegensatz zu Spanien, das in den achtziger Jahren ein Übergewicht erlangte. Nach dem Abschluss eines Bündnisses am 10. August 1585 störten die Engländer die Seeverbindungen der Spanier, Elisabeth I. entsandte eine Armee unter Führung Robert Dudleys, Graf von Leicester, in die Niederlande, sie operierte aber erfolglos. Die Königin war primär auf den Schutz des Kanals bedacht. Philipp II. rüstete 1587 eine große Flotte aus, um sie gegen England auslaufen zu lassen. Als die Armada in den Kanal einlief, gewannen die Engländer dank besserer Schiffe, Mannschaften und Ausrüstung am 28. Juli 1588 die Seeschlacht. Die Niederlande wurden dadurch spürbar entlastet. Seit 1589 unterstützte England auch Heinrich IV. und 1596 wurde eine Allianz mit Frankreich vereinbart, als eine spanische Invasion zu drohen schien. Mit dem Tod Philipps II. schwand die unmittelbare Gefahr.

Elisabeth I. stabilisierte die Monarchie, regierte mit Hilfe des Privy Council und berief das Parlament ein, wenn sie Geld benötigte. Wichtige Gesetze betrafen das wirtschaftliche und soziale Leben. Das *„Statute of Artificers"* (Handwerkerstatut) von 1563 regelte die Ausbildung und Arbeit in den Gewerben. Das *„Poor Rate Law"* (Armensteuergesetz) von 1572 führte eine Steuer für soziale Zwecke ein. Andere Gesetze sollten

---

20 Vgl. H. Kelsey, Francis Drake.

negative Folgen der Einhegungen beheben, das Betteln und Vagabundieren eindämmen sowie Arbeitslosigkeit und unverschuldete Armut verhindern. Der *„Act for the Relief of the Poor“* (Gesetz zur Unterstützung der Armen) von 1598 auferlegte den Pfarrgemeinden die Armenversorgung und Arbeitsbeschaffung. Die Maßnahmen sollten sozialen Krisen entgegenwirken, denn gegen Ende des 16. Jahrhunderts gab es in England gehäuft Missernten, Epidemien und Preissteigerungen.

Abb. 13: *England und Wales zur Zeit der Tudors.*

In der elisabethanischen Zeit erlebte die Renaissancebaukunst eine Blüte. Hofadel, neue Aristokratie und bürgerliche Oberschicht ließen auf dem Land Paläste errichten, die dem Repräsentationsbedürfnis und der gehobenen Wohnkultur Rechnung trugen. Charakteristisch waren hohe Schornsteine (wie in Frankreich) und effektvolle Ziergiebel (wie in den Niederlanden und in Deutschland), ehe dann mit den Bauten von Inigo Jones der Palladianismus Einzug hielt. Epochemachend war das elisabethanische Theater.[21] Christopher Marlowe brachte als erster in den achtziger Jahren die Geschichte des *„Doktor Faustus"* auf die Bühne. William Shakespeare lebte von 1592 bis 1611 in London und verfasste 37 Tragödien, Komödien und Romanzen. Sie führen vor, wie England als nationale Monarchie geformt, wie um Macht gerungen oder diese missbraucht wurde, wie Leidenschaften, Großmut oder Borniertheit menschliche Schicksale prägten. Shakespeare zeichnete Individuen, die Konfliktsituationen meisterten oder an ihnen zerbrachen. Realistische Darstellung und humanistische Gesinnung verschafften seinem Werk Geltung. Nach seinem Tod 1616 dominierte bald die höfisch-heroische Bühne, bis die Puritaner 1642 die Theater schlossen.

Elisabeth I. starb am 24. März 1603. England hatte sich in der Zeit ihrer Herrschaft verändert (weniger erfolgreich war sie in Irland).[22] Da Ordnung und Recht gestärkt und Sonderinteressen zurückgedrängt wurden, schlug die Idee eines „nationalen" Gemeinwesens Wurzeln. Entstanden waren aber auch neue Probleme, die künftig die Entwicklung beeinflussten.

2.7.4 Stuartmonarchie und Verfassungskonflikte

Da Elisabeth I. kinderlos blieb, trat ein, was sie zu verhindern gesucht hatte: Kurz vor ihrem Tod benannte sie als Thronfolger den schottischen König Jakob VI., den Sohn Maria Stuarts, der als Jakob I. die englische Krone übernahm. Die Stuarts lösten die Tudors ab und das ganze Territorium der britischen Inseln – England, Wales, Irland und Schottland – wurde nun in Personalunion regiert.[23] Die Anglikaner sahen in Jakob den König, der das Erbe der Tudors antrat, die Katholiken den Monarchen, der die Ansprüche seiner Mutter Maria Stuart wahrnahm. Doch Herrschaft interpretierte er anders als in England unter Berufung auf die Lehre vom Herrschaftsvertrag bisher üblich. In seiner anonym veröffentlichten Schrift *„The True Law of Free Monarchies"* (Das wahre Recht unbeschränkter Monarchien) von 1598 argumentierte er, da Gott die erbliche Monarchie geschaffen habe, stehe der Monarch über dem Gesetz, sei er auserwählt und unangreifbar und könne weder kontrolliert noch abgesetzt werden. Im Parlament würden Gesetze „von den Untertanen lediglich beantragt, aber vom König allein ... gemacht."[24] Es blieb kein Raum für einen Herrschaftsvertrag oder ein Widerstandsrecht. Der Konsens zwischen Krone und Parlament wurde fragwürdig.

Ein erster Zusammenstoß erfolgte während der *„Hampton Court Conference"* im Januar 1604, als die Puritaner Reformen erwarteten, der König aber die Bischofskirche

---

21 Vgl. J. H. Astington, Court Theatre.
22 Vgl. D. M. Palliser, Age.
23 Vgl. K. von Greyerz, England; J. Robertson, Union, 104ff.
24 F. Dickmann (Bearb.), Renaissance, 352.

verteidigte und eine presbyterianische Kirchenverfassung ablehnte. Etwa 300 Geistliche verloren ihr Amt, weil sie das „Book of Common Prayer" nicht akzeptierten. Die Katholiken hofften auf Tolerierung, wenn sie sich loyal verhielten. Der König respektierte dies nicht und provozierte das *„Gunpowder-Plot"* (Schießpulverkomplott) vom 5. November 1605. Eine Explosion im Keller des Parlaments sollte König, Lords und Commons töten. Der Plan wurde aufgedeckt, die Katholiken waren diskreditiert, und die erneut genährte Furcht vor *„popery"* hielt lange vor.

Jakob I. beabsichtigte nicht, das Parlament auszuschalten, gestand ihm aber nur eine eingeschränkte Rolle zu.[25] In einer *„Apology"* verteidigte dieses 1604 seine Rechte, vor allem die Redefreiheit in allen die Untertanen und ihren Besitz betreffenden Angelegenheiten: „Unsere Privilegien und Freiheiten sind unser Recht und verpflichtendes Erbe nicht weniger als unsere Länder und Güter."[26] Der König setzte sich über solche Debatten hinweg. Ihm war an der Auffüllung seiner durch Freigebigkeit, Gunstbeweise und Verschwendung geleerten Kassen gelegen. Ohne Zustimmung des Parlaments legte er höhere Zölle auf Importgüter. Als ein Londoner Kaufmann den Zoll nicht zahlen wollte, weitete sich die Debatte 1610 zum Disput über die Finanz- und Steuerpolitik der Krone aus. Die mit dem *„Great Contract"* anvisierte Regelung scheiterte ebenso wie ähnliche Bemühungen 1614, so dass Jakob I. bis 1620 ohne das Parlament regierte.

Der König suchte jetzt andere Finanzquellen zu erschließen. Er verkaufte Titel und Ministerposten an Günstlinge und verlieh Handels- und Gewerbemonopole. Diese Praxis löste wiederum eine grundsätzliche Debatte aus. Als der Abgeordnete Peachum aus Somersetshire ein Pamphlet über Missbräuche der Regierung veröffentlichte, klagte ihn Kronanwalt Francis Bacon des Hochverrats an. Der Lordoberrichter Edward Coke hielt die Kritik indes für berechtigt und wurde daraufhin entlassen. Doch er galt nun als Anwalt des „common law" gegen die Ansprüche der Krone.

Außenpolitisch war Jakob I./VI. um die Friedenswahrung bemüht. Das erforderte, einen Ausgleich mit den katholischen Mächten zu suchen. Der seit 1585 andauernde Krieg gegen Spanien wurde 1604 beendet. Beharrlich suchte der König nun seinen Sohn mit einer spanischen Infantin zu verheiraten. Die Konfrontation mit den antispanischen Opponenten im Lande wurde durch die 1613 geschlossene Ehe seiner Tochter Elisabeth mit dem reformierten Kurfürsten Friedrich V. von der Pfalz abgemildert. Nach dessen Niederlage bei Prag 1620 war Jakob allerdings nicht bereit, ihn zu unterstützen – ein Zeichen der hilflosen Haltung gegenüber den Konflikten auf dem Festland. Die englischen und schottischen Protestanten waren indes überzeugt, einem auserwählten Volk anzugehören, das zur Verteidigung des Protestantismus berufen sei.

Im Jahr 1620 berief Jakob I. das englische Parlament, weil er Geld benötigte. Die Bewilligung wurde davon abhängig gemacht, dass die Mittel für den Kampf gegen die Feinde des Protestantismus verwendet und die Monopole aufgehoben würden. Bacon wurde verdächtigt, die Vergabe von Monopolen gefördert und sich bereichert zu haben – 1621 verlor er sein Amt. Heftigen Streit lösten die spanischen Heiratspläne aus. Das Unterhaus sprach sich für die Ehe mit einer protestantischen Prinzessin aus und

---

25 Vgl. D. L. Smith, Stuart Parliaments.
26 Nach K. Kluxen, Geschichte Englands, 267.

verlangte die Kriegserklärung an Spanien. Der König untersagte daraufhin außenpolitische Debatten. Das Unterhaus antwortete am 18. Dezember 1621 mit der *„Great Protestation"* und verteidigte sein Recht, alle Angelegenheiten der Monarchie frei zu diskutieren. Der empörte König riss die Seite mit dieser Resolution aus dem Protokoll und löste zwei Tage später das Parlament auf. Damit endete die Zusammenarbeit zwischen diesem und der Krone.

Nach dem Tod Jakobs I./VI. am 6. April 1625 war sein Nachfolger Karl I. mit den aus der Auseinandersetzung mit der Politik seines Vaters gestärkt hervorgegangenen Opponenten konfrontiert. George Villiers, Herzog von Buckingham, hatte schon 1624 die antispanische Stimmung geschürt und auf einen Krieg hingearbeitet. Als Karl I. 1625 Henriette Maria heiratete, eine Schwester des französischen Königs Ludwig XIII., wuchs zudem die Befürchtung, der König tendiere zum Katholizismus. Auch erwies sich die Hilfe für die französischen Hugenotten als wenig effektiv, zumal die Befreiung von La Rochelle misslang. Die erfolglose Ausgleichspolitik und die inkompetente Kriegführung diskreditierten die Krone. Die Ermordung Buckinghams 1628 empfanden deshalb viele als Erleichterung.

Das englische Parlament berief Karl I. wiederholt ein. Doch war es zunehmend dem Druck einer politisierten Öffentlichkeit ausgesetzt. Das Tonnen- und Pfundgeld (*tonnage and poundage*) – ein Zoll auf Import- und Exportgüter – wurde dem Monarchen traditionell bei Regierungsbeginn auf Lebenszeit gewährt. Doch 1625 sollte die Zusage auf ein Jahr begrenzt werden. Das hätte erfordert, das Parlament bald wieder einzuberufen, was als Schritt zur Periodizität verstanden werden konnte.

Die *„Petition of Right"* von 1628 verlangte, das Recht des Parlaments zur Steuerbewilligung zu respektieren und die Abgeordneten vor willkürlicher Verhaftung zu schützen – das „common law" sollte vor den königlichen Prärogativen rangieren.[27] Obwohl es sich nur um eine Petition, nicht um ein einklagbares Gesetz handelte, musste der König am 7. Juni zustimmen. Der Konflikt verschärfte sich 1629, als die Parlamentsmitglieder trotz der Drohung Karls I., die Sitzungen zu beenden, zusammen blieben und mit der *"Protestation"* vom 2. März diejenigen als Hochverräter anklagten, die das Tonnen- und Pfundgeld und eine Änderung der Religionspolitik befürworteten. Schließlich bezichtigte der König das Unterhaus des Umsturzes. Er ließ neun führende Mitglieder festnehmen und aburteilen. Bis 1640 wurde das englische Parlament nicht wieder einberufen.

In der parlamentslosen Zeit, die manche mit elf Jahren Tyrannei gleichsetzten, pflegte Karl I. ein persönliches Regiment, das absolutistische Züge annahm, ohne eine entsprechende institutionelle Ausgestaltung zu erfahren.[28] Dringlich blieb für die Krone die Erschließung finanzieller Quellen. Deshalb wurde seit 1635 das Schiffsgeld (*ship money*) im ganzen Land eingefordert. Ursprünglich wurde es nur von an der Küste gelegenen Grafschaften und Städten erhoben, um bei Gefahr die Verteidigung zu finanzieren. Da nur die Besitzenden betroffen waren, hielt sich die Opposition dagegen in Grenzen, zumal auch Schritte unternommen wurden, um die soziale Situation zu verbessern. Die „Sternkammer" schritt zum Beispiel gegen die Einhegung unbebauten

---

27 Vgl. J. P. Kenyon (Hg.), Stuart Constitution, 82ff.
28 Vgl. K. Sharpe, Personal Rule.

Landes ein, weil darin die Ursache für steigende Getreidepreise gesehen wurde. Sie strengte andererseits Prozesse an, um von den Verurteilten Gelder zu erpressen.

William Laud, seit 1633 Erzbischof von Canterbury, war „ein Fanatiker der Ordnung, der Stabilität, der Disziplin und des Gehorsams, die er in Kirche und Staat gleichermaßen mit Strenge durchzusetzen versuchte."[29] Den theologisch-liturgischen Pluralismus wollte er zugunsten von Uniformität überwinden. Karl I. unterstützte diese Politik, so dass die Puritaner befürchteten, am Hof breite sich „popery" aus. Gentry und Kaufmannschaft sympathisierten deshalb mit dem Puritanismus. Der König beabsichtigte, mittels der Kirchenpolitik, Schottland fester an England anzubinden.[30] Im Juli 1637 ordnete er die Einführung des „Book of Common Prayer" in dem calvinistisch dominierten Land an. Die Opponenten vereinigten sich daraufhin am 2. Februar 1638 im *„National Covenant"*, um die calvinistische Lehre zu verteidigen. Während der *„Glasgow Assembly"* im November erklärten sie die Bischofskirche für abgeschafft. Der König entschloss sich zum Feldzug, fand aber in England wenig Unterstützung. Im *„First Bishop's War"* (erster Bischofskrieg) 1639 drängte die schottische Armee das englische Heer zurück.

Da die Finanzen der Krone ausgeschöpft waren, riet Thomas Wentworth, Graf von Strafford, zur Einberufung des englischen Parlaments. Es trat am 13. April 1640 zusammen, tagte aber nur drei Wochen („kurzes Parlament"). Karl I. löste es auf, weil die Abgeordneten frühere Forderungen wiederholten, über Besteuerung und Regierungspraxis diskutierten, Garantien gegen eine vorzeitige Auflösung verlangten und sich für die jährliche Einberufung aussprachen. Inzwischen schlug der zweite „Bischop's War" fehl. Im Waffenstillstand von Ripon vom September 1640 musste England den Schotten die Erstattung der Kriegskosten zusagen – und das bei leeren Kassen. Eine erneute Einberufung des Parlaments war unumgänglich.[31]

Die Politik Karls I. in England, Schottland und Irland beruhte auf gleichen Grundlagen und verfolgte gleiche Ziele. Sie wurde mit repressiven Mitteln betrieben, provozierte heftigen Widerstand und löste die Aktionen aus, die einen revolutionären Prozess dokumentieren.

2.7.5 Die Revolution der Jahre 1640 bis 1649

Am 3. November 1640 trat in London das „lange Parlament" zusammen, um die schwelenden Verfassungsprobleme endlich zu lösen. Anknüpfend an frühere Debatten und unerledigte Gravamina sollten Übergriffe des Monarchen künftig verhindert, die Macht der Krone begrenzt und die Position des Parlaments gestärkt werden. „Zur Verhinderung eines Staatsstreichs und zur Sicherung des Erreichten erschienen Eingriffe in die Prärogative unumgänglich. Paradox formuliert: Die Abwehr der Konterrevolution machte eine Revolution erforderlich."[32] Mehrere Gesetze fixierten die rechtlichen Grundlagen der Finanzpolitik und beschnitten die politischen Instrumente der Krone.

---

29 H.-Ch. SCHRÖDER, Revolutionen, 33.
30 Vgl. C. V. WEDGWOOD, Great Rebellion.
31 Vgl. J. KENYON/J. OHLMEYER, Civil Wars; J. MORRILL, Revolt.
32 H.-Ch. SCHRÖDER, Revolutionen, 52.

Die durch ihre Rechtsprechung berüchtigte „Sternkammer" und der faktisch wie ein Inquisitionsgericht arbeitende *„Court of High Commission"* wurden abgeschafft, Schiffsgeld und Monopole für ungesetzlich erklärt, die Nutzung von Privilegien zur Geldbeschaffung untersagt und die Zölle vom Parlament kontrolliert. Als Urheber der kritisierten Politik galten vor allem Laud und Strafford. Letzterer wurde beschuldigt, den Einsatz einer irischen Armee gegen die englischen und schottischen Opponenten geplant zu haben. Sie wurden am 11. November verhaftet, des Hochverrats angeklagt und Strafford am 12. Mai 1641 hingerichtet.

Der *„Triennial Act"* (Dreijahresgesetz) von 1641 sah vor, das Parlament mindestens alle drei Jahre einzuberufen. Verweigere sich der König, sollte der Lordkanzler aktiv werden. Komme dieser seiner Pflicht nicht nach, sollten Wahlen in den Grafschaften stattfinden. Es war ein Schritt in Richtung der Parlamentssouveränität und seiner Konstituierung durch die lokalen Institutionen. Diese entschiedene Haltung gegenüber der Krone war aufgrund mehrerer Faktoren möglich: die Unterstützung durch Petitionen und Demonstrationen der Bevölkerung Londons, die Allianz mit den rebellierenden Schotten und die Angst vor einer katholischen Verschwörung. Der König musste jetzt Gesetzen zustimmen, die seine Vorrechte einschränkten und seine Politik verurteilten. Doch die Befürchtung war begründet, Karl I. könne die Zugeständnisse zurücknehmen, sobald er dazu in der Lage sei. Denn es ging nicht mehr „nur" um die Verteidigung der traditionellen Rechte und Freiheiten, sondern um neue Verfassungselemente.

Ein Bündel von Faktoren erklärt, was diesen revolutionären Prozess verursachte. Seit dem Beginn der Stuartherrschaft schwelten und eskalierten Konflikte: die Opposition gegen die Steuerpolitik, die außenpolitischen Misserfolge, das Verlangen nach Vollendung der Reformation, die soziale Unzufriedenheit und die Entfremdung von Krone und Bevölkerung. Karl I. löste keines der Probleme und brüskierte das englische Parlament, so dass dieses die „nationalen" Interessen verteidigte, die Gesellschaft sich polarisierte und die Front gegen König und Royalisten gestärkt wurde. Auftrieb verliehen dem revolutionären Prozess zudem die Ereignisse in Schottland und Irland, so daß die Entwicklung in den „Krieg der Königreiche" einmündete.[33]

Im englischen Parlament führten Puritaner die Opposition an. Die calvinistische Lehre vermittelte ihnen die Überzeugung, dass ihr Handeln gerechtfertigt ist. „Von Luther auf die Gründung protestantischer Kirchen eingeschränkt, erhielt der Reformationsbegriff in der Englischen Revolution wieder etwas von seinen ursprünglichen revolutionären Implikationen."[34] Zahlreiche politische Pamphlete und Petitionen verlangten die Abschaffung der Bischofskirche und weitere Veränderungen. Auch fanden angesichts wirtschaftlicher Krisen und der Aktivität der unteren Schichten mit dem Evangelium legitimierte Gleichsheitsforderungen und Endzeiterwartungen Resonanz. Die Oberschichten wurden aufgeschreckt, doch der König präsentierte sich als Verteidiger von Ordnung und Besitz.

Am 23. Oktober 1641 versammelten sich angesichts der aggressiven Politik der Puritaner und sozialer Erschütterungen katholische Iren in Kilkeny, vereinbarten eine

---

33 Vgl. J. Morrill, Britain, 28ff.

34 H.-Ch. Schröder, Revolutionen, 60.

Konföderation und bekundeten ihre Loyalität gegenüber der Krone.[35] Als der Vizekönig diesen Akt negierte, griffen die Konföderierten zu den Waffen und vernichteten einen großen Teil der englischen Siedlungen. Karl I. war zu einer Gegenaktion nicht in der Lage.

Inzwischen verdichtete sich in England die Befürchtung, die Invasion einer schottischen Armee stehe bevor und der König wolle mit ihrer Hilfe die Opponenten niederwerfen. Das Parlament bewilligte daraufhin Gelder für die Bekämpfung des irischen Aufstands unter der Bedingung, dass die Truppen von Personen geführt werden, die sein Vertrauen besitzen. Die *„Grand Remonstrance"* (Großer Einspruch) vom 1. Dezember 1641 begründete diese Haltung mit einer kritischen Bilanz der Politik Karls I. und nannte als Verursacher der Missstände Papisten, Bischöfe und falsche Berater. Das Parlament beanspruchte deshalb ein Mitspracherecht bei der Besetzung von Ämtern.[36] Am 13. Dezember wurde das Dokument publiziert. Viele Abgeordnete lehnten das ab, weil die Veröffentlichung die Spaltung zwischen beiden Häusern vertiefe und die Abwendung vom König signalisiere.

Karl I. nutzte die Differenzen aus und bezichtigte am 3. Januar 1642 vor dem Oberhaus John Pym, John Hampden und weitere Parlamentsmitglieder des Hochverrats. Am 4. Januar erschien der König im Unterhaus mit 300 Bewaffneten, um die Angeklagten festnehmen zu lassen. Da sie inzwischen in Sicherheit gebracht worden waren, verlangte er deren Auslieferung. Doch das Unterhaus erklärte, „daß dies einen schweren Bruch der Rechte und Privilegien des Parlaments darstellt und unvereinbar mit dessen Freiheit und Unabhängigkeit" ist.[37] Die Angeklagten wurden einige Tage später triumphal nach Westminster zurückgeführt, während der König sich aus London zurückzog. Am 5. März billigte das Parlament eine Milizordnung, die dem König die Kommandogewalt entzog.

Diese Entwicklung wirkte polarisierend: Der Westen und Norden Englands hielt sich an den König, der Osten und Süden an das Parlament.[38] Doch eine scharfe Abgrenzung gab es nicht. „Der größte Teil des Hochadels und ein beträchtlicher Teil der Gentry waren royalistisch, wobei viele von ihnen vorher Opponenten der Krone waren. Selbst viele derjenigen, die zum Protestantismus neigten, waren für den König und gegen die Extremisten, die die Bischofskirche gänzlich beseitigen wollten. Die Kaufleute in den Hafenstädten, die mit ihnen wirtschaftlich oder verwandtschaftlich verbundene Gentry und die Yeomen-Farmer standen meist auf Seiten des Parlaments .... Aber es gab viele Ausnahmen; selbst Familien spalteten sich in Anhänger der Krone und des Parlaments. Nur alle Katholiken entschieden sich aus Furcht vor dem Puritanismus für die Sache des Königs."[39]

Als der König den Heerbann aufbot, beschloss das Parlament am 12. Juli 1642, eine eigene Armee aufzustellen.[40] Am 22. August richtete Karl I. in Nottingham die könig-

35 Vgl. M. Ó Siochrú, Ireland.
36 Vgl. J. P. Kenyon (Hg.), Stuart Constitution, 228ff.
37 F. Dickmann (Bearb.), Renaissance, 375.
38 Vgl. H. Haan, Prosperität, 95.
39 K. Kluxen, Geschichte Englands, 308f.
40 Vgl. W. Reinhard, Staat und Heer, 207ff.

liche Standarte als Zeichen der Kriegserklärung auf. Seine Truppen rückten gegen London vor, brachen das Unternehmen aber vor dem Winter ab. Im Jahr 1643 kontrollierten sie zwei Drittel des Landes. Die Situation änderte sich, als am 17. August 1643 ein Bündnis mit den Schotten vereinbart wurde und London die Parlamentsarmee unterstützte. In der Schlacht von Marston Moor im Juli 1644 schlugen schottische Truppen und Cromwells Reiterei erstmals die königliche Kavallerie.

Oliver Cromwell entstammte dem Landadel in Huntingdonshire, wurde Mitglied des Unterhauses, war puritanisch gesinnt und ließ sich bei politischen Entscheidungen von einem strengen Biblizismus leiten.[41] Er wurde 1643 Oberst eines Kavallerieregiments und mit der Reorganisation der Armee betraut. Die Führung der *„New Model Army"* übernahmen im Juni 1645 Thomas Fairfax als Oberbefehlshaber und Cromwell als Lieutenant-General. Diese neu gebildete Armee bestand aus gut ausgerüsteten und regelmäßig bezahlten Berufssoldaten. Ihr Kern waren Cromwells Truppen, deren Disziplin und Enthusiasmus bald die ganze Armee durchdrang. Im Gegensatz zu den Milizen war die neue Armee nicht ortsgebunden, und sie wurde von Offizieren geführt, die für die Ziele der Revolution zu kämpfen bereit waren. Obwohl die Heeresreform noch nicht abgeschlossen war, stellte diese Armee sich am 14. Juni 1645 bei Naseby erfolgreich zur Schlacht. Mit der Kapitulation Oxfords, wo sich das royalistische Hauptquartier befand, am 24. Juni 1646 endete der erste Bürgerkrieg.

Das Parlament spaltete sich in die zu Kompromissen bereite Mehrheit der *Presbyterianer* und die radikale Minderheit der *Independenten*. Die Presbyterianer traten für eine Kirche mit Ältesten und Synoden ein und plädierten für Uniformität, also eine intolerante Haltung gegenüber anderen Glaubensgemeinschaften. Sie waren zu Verhandlungen mit der Krone und einen Ausgleich im Interesse des inneren Friedens bereit. Die Independenten plädierten für eine freikirchliche, aus autonomen Kongregationen gebildete tolerante Kirche und lehnten Kompromisse mit der Krone ab. Chiliastische Vorstellungen nährten zudem die Idee, die Erwählten zu sammeln, um sie auf das Reich Christi vorzubereiten.

Die Armee, in der die Independenten Fuß fassten, wurde zum selbständigen Machtfaktor. Als die Prebyterianer im Parlament deren Auflösung betrieben, wurden Proteste laut, zumal sie nicht respektierten, dass Sold ausstand und eine Amnestie für Handlungen während des Bürgerkriegs erwartet wurde. Den Protest artikulierten Soldatenräte (*agitators*), die in den Truppenteilen seit April 1647 gewählt wurden. Ende Mai brachte die Armee den König in ihre Gewalt, um mit ihm einen Frieden auszuhandeln. Doch der sah angesichts des Konflikts zwischen der Mehrheit des Parlaments und der Armee keinen Anlass zu ernsthaften Verhandlungen und floh auf die Insel Wight. Die Armee besetzte daraufhin am 4. August London und schloss mehrere presbyterianische Mitglieder aus dem Unterhaus aus.

Inzwischen wurden die gut organisierten *Leveller* (Gleichmacher) aktiv, deren Repräsentant John Lilburne war.[42] Gemeint waren ursprünglich Bauern, die sich gegen Einhegungen zur Wehr setzten. Jetzt fanden die Leveller bei in ihrer Existenz bedrohten Londoner Handwerkern und auch in der Armee Resonanz. Sie stützten sich auf

---

41 Vgl. J. Morrill (Hg.), Oliver Cromwell.
42 Vgl. G. F. Aylmer, Levellers.

das Naturrecht, verteidigten die Rechte des Volkes gegen die Praktiken des Parlaments, traten für Volkssouveränität und Grundrechte ein (Rechtssicherheit und Wahlrecht, Gewissens- und Glaubensfreiheit) und propagierten einen militanten Egalitarismus. Ihr Ideal waren Kleineigentümer, einfache Verfassungsstrukturen, überschaubare Gesetze und Transparenz der Politik.

Als im Londoner Vorort Putney Vertreter der Armee vom 28. Oktober bis 1. November 1647 über eine neue Verfassung diskutierten, war der springende Punkt die Eigentumsfrage.[43] Die Offiziere sahen das Eigentum und die soziale Ordnung bedroht, die Leveller plädierten dagegen für eine prinzipielle Neuordnung. Inzwischen erhoben sich in Südwales und Kent Royalisten, verbündete sich Karl I. mit dem schottischen Adel, fiel im Mai 1648 in England ein und eröffnete den zweiten Bürgerkrieg. Ein Teil der Bevölkerung unterstützte den König aus Unmut über die Parlamentspolitik, die Steuerlast, die Belästigungen durch die Armee und die Eingriffe der vom Parlament bestellten Ausschüsse in den Grafschaften. In der Schlacht von Preston vom 17. bis 19. August wurden die Schotten von der New Model Army vernichtend geschlagen. Der zweite Bürgerkrieg war damit faktisch beendet.

Die Parlamentsmehrheit war weiterhin zum Kompromiss mit der Krone bereit, aber die Armee und vor allem die Leveller wollten Karl I. zur Verantwortung ziehen. Als das Unterhaus am 5. Dezember 1648 beschloss, mit dem König zu verhandeln, blockierte am 6. Dezember Oberst Pride den Sitzungsort Westminster Hall. Von den 471 Mitgliedern des Parlaments wurden 231 verhaftet oder am Betreten des Hauses gehindert. Cromwell hatte die Royalisten, die Schotten und das Parlament besiegt, und das wurde als Zeichen Gottes gedeutet. Doch um die gewonnene Macht legitim zu handhaben, bedurfte es einer rechtlichen Grundlage. Das „gesäuberte" Parlament – es war nur noch ein „Rumpf" – beschloss deshalb, dem König den Prozess zu machen. Das Unterhaus entschied am 1. Januar 1649, Karl I. wegen Hochverrats anzuklagen. Ein am 3. Januar gebildeter *„High Court of Justice"* (Oberster Gerichtshof) sollte das Verfahren abwickeln. Da das nur noch aus 13 Lords bestehende Oberhaus den Prozess ablehnte, wurde es am 4. Januar mit der Begründung aufgelöst, alle Gewalt gehe vom Volk aus und sei den gewählten Vertretern übertragen worden. Das Unterhaus bekannte sich zum Prinzip der Volkssouveränität.

Die Anklage lautete, Karl I. habe die alten Freiheiten missachtet, sich tyrannischer Gewalt bedient und Krieg gegen das Parlament und das von diesem repräsentierte Volk geführt. Während des Prozesses am 6. Januar 1649 bestritt Karl I. die Kompetenz des Gerichts, denn kein König könne von seinen Untertanen gerichtet werden. Doch am 27. Januar wurde er zum Tode verurteilt und am 30. Januar enthauptet. Er sollte ohne Aufsehen und Pomp beerdigt werden. Es war dennoch ein bemerkenswerter Akt. „Monarchen waren zwar immer wieder insgeheim umgebracht worden, aber es war noch nie zuvor geschehen, dass ein König als König im Namen des Volkes öffentlich angeklagt und hingerichtet wurde."[44] Karl I. war überzeugt, als Märtyrer zu sterben, der Königtum und Recht verteidigt hatte.[45]

---

43 Vgl. J. P. Kenyon (Hg.), Stuart Constitution, 310f.

44 H.-Ch. Schröder, Revolutionen, 131.

45 Vgl. E. Cochrane u. a. (Hg.), Early Modern Europe, 424ff.

Viele Menschen waren schockiert, andere sahen in der Hinrichtung die Bestrafung eines „Schuldigen", der die Misere des Landes verursachte, und die Erfüllung einer chiliastischen Vision, den Anbruch einer neuen Zeit. Es begann ein publizistischer Streit. Am Tag der Hinrichtung des Königs kursierte in London ein Pamphlet: *„Eikon Basilike: The Portraiture of his Sacred Majesty in his Solitudes and Sufferings"* (Das Bildnis des Königs: Das Porträt seiner heiligen Majestät in ihrer Einsamkeit und ihren Leiden), das bis Jahresende 35 Auflagen erlebte, auch in andere Sprachen übersetzt wurde und Karl I. als Märtyrer darstellte. John Milton, seit März 1649 im Dienst des neu geschaffenen Staatsrats, wurde beauftragt, darauf zu antworten.[46] Er widerlegte in der Schrift *„Eikonoklastes"* (Bilderstürmer) die Argumente, die der König und Royalisten zu ihrer Rechtfertigung ins Feld führten. Karl I. habe – darin kulminiert Miltons Argumentation – die englischen Freiheiten ausgehöhlt und tyrannisch wie kein anderer König gehandelt. Milton verteidigte später auch die Republik gegen Angriffe.

Nach der Hinrichtung des Monarchen war über eine Verfassung für England zu entscheiden. Die Leveller offerierten in den *„Agreements of the People"* in der Armee diskutierte Projekte, die auf eine parlamentarische Republik orientierten, in der die Macht des Parlaments seine Grenze in den Freiheitsrechten der Bürger finden sollte.[47] „Die Grundrechtsforderungen der Leveller zogen letztlich die Konsequenz aus dem Widerstand des Parlaments gegen die Gewalt der Krone, indem sie den Anspruch des Unterhauses, Garant der Freiheit aller Engländer zu sein, aufnahmen und zugleich diese Freiheit gegen jede politische Macht zu sichern trachteten."[48] Diesen demokratischen Forderungen wirkte jedoch die weitere Entwicklung entgegen.

Am 6. Februar 1649 wurde das Oberhaus abgeschafft, am 13. Februar verabschiedete das „Rumpfparlament" das Gesetz über die Ernennung eines *„Council of State"* (Staatsrat) als Exekutivorgan, am 17. März schaffte es das „Königsamt" ab und erklärte England zur Republik: „Das Volk von England soll von nun an als Gemeinwesen und freier Staat regiert werden." Es verkörpert die höchste Autorität dieser Nation, repräsentiert von seinen Vertretern im Parlament und von denen, die zum Wohl des Volkes als Beamte und Minister bestellt werden.[49] Die Republik wird hier mit den Begriffen *„Commonwealth"* (Gemeinwesen) und *„Free State"* (freier Staat) zurückhaltend umschrieben. Die Macht, die bisher beim König und bei beiden Häusern des Parlaments gelegen hatte, beanspruchte jetzt der „Rumpf" des Unterhauses. Der jährlich neu zu wählende Staatsrat bestand aus 14 Mitgliedern, die fast alle zugleich Parlamentsmitglieder waren. Vorbild war die Regierung durch Komitees während der Bürgerkriege. Das Staatssiegel trug die Inschrift: „Im ersten Jahr der durch Gottes Segen wiederhergestellten Freiheit".

In Schottland wurde Karl II. als König ausgerufen. Im Juni 1650 kehrte er aus Holland zurück und übernahm das Regiment. Cromwell entschloss sich zum Angriff, zog im September in Edinburgh ein und schlug die Schotten endgültig im September 1651 bei Worcester. Der König floh nach Frankreich, der die Regierungsgeschäfte aus-

---

46 Vgl. B. K. Lewalski, Milton.

47 J. P. Kenyon (Hg.), Stuart Constitution, 308ff.

48 P. Wende, Geschichte Englands, 153.

49 Nach E. Schulin, England und Schottland, 956.

übende Parlamentsausschuss und die presbyterianische Kirche wurden entmachtet und Schottland als Teil des „Commonwealth" behandelt. Irland wurde von der Konföderation von Kilkeny kontrolliert. Als Katholiken und royalistische Protestanen beabsichtigten, in England einzufallen, kamen ihnen im August 1649 Cromwells Truppen zuvor, eröffneten den Krieg und unterwarfen und verwüsteten das Land in einem Feldzug gegen die „papistischen Rebellen".[50]

Die Revolution hatte ihren Höhepunkt überschritten, aber sie war noch nicht beendet. Auch wenn die Ausgestaltung des „Commonwealth" bald in konservative Bahnen gelenkt wurde, Cromwell als Lordprotektor fungierte, die Armee dominierte und schließlich mit Karl II. am 23. Mai 1660 die Monarchie wieder eingerichtet wurde, bedeutete dies nicht die Rückkehr zu den vorrevolutionären Zuständen. Zwar erfolgten keine gravierenden Umbrüche in den Besitzverhältnissen und der Sozialstruktur der Gesellschaft, aber die neue Verfassung widerspiegelte ein verändertes Kräfteverhältnis in der Gesellschaft und verlieh der politischen Ordnung ein neues Profil. Das war das Ergebnis eines revolutionären Prozesses.

2.8 Die skandinavischen Länder

Die Geschicke im Norden Europas prägten zwei konkurrierende Mächte – die Königreiche Dänemark (mit Schleswig-Holstein) und Norwegen einerseits und das Königreich Schweden (mit Finnland) andererseits. Seit der Gründung der Union von Kalmar 1397 wurde die Politik davon bestimmt, die Beziehungen zwischen Dänemark und Schweden auszubalancieren. Lange Zeit war Dänemark dominierend, doch Schweden intensivierte seine Bemühungen, von der Union unabhängig zu werden. Die Entwicklung im Norden wurde zudem von inneren Konflikten in den Ländern und der expansiven Politik Russlands und Polens beeinflusst. Mit der wachsenden wirtschaftlichen Bedeutung des Ostseeraumes wurde nicht nur die Konkurrenz zwischen Dänemark und Schweden angestachelt, sondern auch das Interesse west- und osteuropäischer Mächte stimuliert, stärkeren Einfluss zu gewinnen. Die an der Peripherie gelegene skandinavische Region wurde zum Interessenfeld europäischer Politik. Unter diesen Konstellationen formten sich in einem großen, über den Polarkreis hinausreichenden Raum mit dünner Bevölkerung und begrenzten Ressourcen frühneuzeitliche Staaten, deren internationales Prestige anwuchs, so dass Schweden schließlich den Weg zur Großmachtbildung beschreiten konnte.

2.8.1 Das Ende des Unionskönigtums

Die seit 1397 bestehende Union von Kalmar war für die nordischen Länder einendes Band und ständiges Konfliktfeld zugleich. Als 1448 der Unionskönig Christoph III. verstarb, wurde in Dänemark am 25. September mit der Wahl Christians I. von Oldenburg eine neue Dynastie begründet. Die Schweden wählten am 20. Juni den Reichsmarschall Knutsson Bonde zum König (Karl VIII.), um dänische Unionspläne zu

---

50 Vgl. S. Barber, Commonwealth, 195ff.

verhindern. In Norwegen verfügten beide Länder über eine Klientel. Am 21. Oktober 1449 fiel diese Krone an Karl VIII. Aber schon am 29. Juli 1450 verlor er sie an Christian I., der am 24. Juni 1457 auch die von Schweden in seine Hand brachte, 1460 das Herzogtum Schleswig und die Grafschaft Holstein in Besitz nahm und 1473 mit Dithmarschen belehnt wurde. Christian I. verfügte damit über einen Länderkomplex, dessen Ausdehnung in Europa fast einmalig war.[1] Er übte die Herrschaft über Dänemark, Schweden (mit Finnland), Norwegen (mit Island, Grönland und weiteren Inseln) sowie Schleswig und Holstein aus.

Diesen Herrschaftskomplex bildeten allerdings Länder mit einer vergleichsweise geringen Bevölkerung: Um 1500 waren es etwa 1,5 Millionen und um 1650 2,4 Millionen Einwohner (davon lebten in Dänemark 1,5 Millionen, in Schweden 0,9 Millionen). Einwanderer kamen aus deutschen Gebieten, den Niederlanden und Schottland. Der leichte Bevölkerungsanstieg im 16. Jahrhundert wurde wiederholt durch Pestepidemien unterbrochen, in Dänemark zuletzt 1611 und 1629/30. In Schweden begann in der zweiten Hälfte des 16. Jahrhunderts eine Siedlungsexpansion, die bis 1620 anhielt und sich auf Waldrandzonen und den Norden konzentrierte. Der Anteil der städtischen Bevölkerung lag bei etwa fünf Prozent. Die Mehrzahl der Städte war klein. Kopenhagen verfügte um 1400 über etwas mehr als 3 000, um 1650 aber über 90 000 Einwohner. Bergen und Stockholm beherbergten um 1500 jeweils 6 000 bis 7 000 Einwohner, um die Mitte des 17. Jahrhunderts dann das Mehrfache, so dass das Verhältnis von ländlicher und städtischer Bevölkerung sich allmählich zugunsten der Städte verschob.[2]

Wirtschaftliche Grundlage waren die Heringsfischerei, in Dänemark und Süd- und Mittelschweden der Getreidebau, in Dänemark die Ochsenmast und in Schweden und Norwegen der Kupfer-, Silber- und Eisenbergbau. Metalle wurden im Land erst seit dem 17. Jahrhundert verarbeitet, als niederländische Unternehmer sich niederließen. Sie widmeten sich vor allem – so seit 1627 Louis de Geer – der Waffenproduktion. Exportprodukte waren in Dänemark Getreide und Ochsen, in Schweden Metalle, landwirtschaftliche Erzeugnisse, Holz, Pelze und Fisch. Dagegen mussten Luxusgüter, in Dänemark auch Metallerzeugnisse, in Schweden Salz und Tuche importiert werden. Die Handwerker, die nach deutschem Zunftrecht organisiert waren, produzierten überwiegend für den lokalen und regionalen Markt. Dänemark profitierte von den für die Sunddurchfahrt erhobenen Zöllen.

Der Adelsstand umfasste in Schweden etwa 400 bis 500 Mitglieder, in Norwegen etwa 300 Familien und nahm in Gesellschaft und Politik eine dominante Stellung ein. Sie beruhte auf Grundbesitz und Abgaben- beziehungsweise Steuerfreiheit. Während der Adel sich in Dänemark im 16. Jahrhundert als geschlossener Stand präsentierte, war in Schweden die Grenze zur bäuerlichen Oberschicht noch fließend. Da hier die Krone Beamte und Offiziere mit Grundbesitz belohnte, wuchs deren Hufenbesitz erheblich an. Auch die Geistlichkeit verfügte über beträchtliche Ländereien, sie gelangten aber nach der Reformation zum großen Teil in die Hand der Krone und des Adels.

In den Städten lebten Kaufleute und Handwerker. Ein eigenständiges Bürgertum

---

1 Vgl. A. von Brandt, Die nordischen Länder, 964.
2 Vgl. R. Sandberg, Growth, 296ff.

bildete sich indes angesichts des lange Zeit vorherrschenden Einflusses hansischer Kaufleute nur ansatzweise. Die Bauern wurden in Dänemark mit der Ausbildung der Gutsherrschaft zunehmend in Unfreiheit gedrängt, während sie in Schweden und Norwegen frei blieben, meist als Pächter über den Boden weitgehend uneingeschränkt verfügten und aktiv am öffentlichen Leben teilnahmen, zum Beispiel an der Landesverteidigung und der Rechtspflege.[3] In Schweden waren seit Anfang des 16. Jahrhunderts vier Stände im Reichstag vertreten: neben Adel und Geistlichkeit auch Bauern und Bürger. Der dänische Reichsrat wurde dagegen von Adligen besetzt, die sich als Repräsentanten aller Stände verstanden.

Obwohl es in Dänemark und Schweden Befürworter der Union gab, wuchs unter dem schwedischen Reichsverweser Sten Sture dem Älteren das Bemühen, die Unabhängigkeit zu erstreiten. Da Christian I. in Schleswig und Holstein gebunden war, suchte er nach einem Ausgleich. Doch im Sommer 1471 erschien er mit Flotte und Heer vor Stockholm. In der Schlacht am Brunkeberg am 10. Oktober löste die dänische Schlachtordnung sich nach heftigem Kampf „wie eine Wetterwolke" auf. Der König entkam mit Mühe und verlor einen großen Teil seiner Truppen. Der Erfolg Sten Stures schwächte die Unionsanhänger, und da der dänische Reichsrat einen weiteren Krieg ablehnte, beschränkte Christian I. sich künftig auf Verhandlungen, um seinen Anspruch als Unionskönig zu wahren. Der Reichstag zu Strängnas schloss 1477 eine dänische Thronkandidatur für alle Zeiten aus und unterstrich die Selbständigkeit des Landes mit der Gründung der Universität Uppsala. Zwei Jahre später wurde auch in Kopenhagen eine Universität eingerichtet.

Nach dem Tod Christians I. am 21. Mai 1481 trat sein Sohn Johann die Nachfolge an. Die Diskussion um die Union lebte erneut auf, aber erst nach der Aushandlung des Thronrezesses von Helmstad vom Februar 1483 in Norwegen und dem von Kalmar vom August in Schweden wurde Johann als Unionskönig akzeptiert. Die Rezesse bezweckten, ihn auf die Rolle eines formalen Unionsoberhaupts zu beschränken und die Regierungsgewalt und Gesetzgebung den Reichsräten zu belassen. Beide Länder ließen sich zudem für den Fall der Verletzung der Rezesse ein Widerstandsrecht verbriefen.

König Johann schloss 1490 einen Bündnisvertrag mit England und 1493 mit Russland ab. In Schweden löste die damit drohende Gefahr eines dänischen oder russischen Angriffs eine Krise aus. Russische Truppen fielen tatsächlich 1495 in Karelien ein und belagerten Viborg. Sten Sture vereinbarte 1497 mit Ivan III. einen Waffenstillstand, aber die Opponenten erwirkten seine Absetzung als Reichsverweser. Als auch Johann angriff, unterlag Sture mit seinem Bauernaufgebot. Nach dem Sieg bei Rotebro wurde Johann am 25. November 1497 in Stockholm gekrönt, während Sture sich auf seine finnischen Besitzungen zurückzog. Die Unionspolitik obsiegte noch einmal. Doch in Norwegen schwelte der Konflikt zwischen der dänischen und schwedischen Klientel, und in Schweden stachelte die Niederlage der Dänen gegen die Dithmarscher Bauern bei Hemmingstedt im Februar 1500 den Widerstand gegen die Union wieder an. Im Gefolge einer Rebellion gewann Sten Sture 1501 die Macht zurück, die nach seinem Tod am 14. Dezember 1503 an Svante Nilsson Sture überging.

---

3 Vgl. St. Imsen, Kommunalismus, 16ff.

Christian II. verfolgte nach dem Tod Johanns am 21. Februar 1513 eine ambitiöse, rücksichtlos-expansive Politik. Er akzeptierte die Thronrezesse, auch das darin verankerte Widerstandsrecht, aber er hielt sich nicht daran. In Norwegen regierte er mit dänischen Beamten, und in Schweden ging er seit 1517 gewaltsam gegen die Sture vor. Eine inszenierte Intrige veranlasste Papst Leo X. Ende 1519, Sten Svantesson Sture zu bannen und über Schweden das Interdikt zu verhängen. Die Dänen unterwarfen das Land, und am 4. November 1520 wurde Christian II. gekrönt. Am 8. und 9. November wurden mehr als 100 Anhänger der Sture und Gegner der Union wegen angeblicher Ketzerei hingerichtet („Stockholmer Blutbad"). Die Repressionen lösten einen Aufstand aus, den der junge Adlige Gustav Eriksson Vasa anführte und den hansische Kaufleute Lübecks unterstützten. Gustav Eriksson wurde 1521 Reichsverweser und auf dem Reichstag zu Strängnäs am 23. Juni 1523 zum König von Schweden gewählt. Die Union war zerbrochen, und da in Dänemark und Schleswig-Holstein der Adel gegen Christian II. opponierte, setzte der Reichsrat ihn am 23. Januar 1523 ab und übertrug die Krone seinem Onkel Friedrich I. von Holstein-Gottorp.

Mit der Auflösung der Union endete eine Epoche in der Geschichte der nordischen Staaten. „In Schweden gingen Gustav Vasa und seine Gefolgsleute nun daran, nach ihren eigenen Vorstellungen ein Regiment zu schaffen, das die königliche Macht und deren Prärogativen betonte, während in Dänemark ... der Reichsrat und die Aristokratie ein Regime einzurichten suchten, das die königliche Gewalt begrenzte und kontrollierte."[4] Künftig konkurrierten beide im Kampf um die Vorherrschaft über die Ostsee.

2.8.2 Reformation und Kampf um die Ostsee

Die Reformation war in den nordischen Ländern mehr ein politisch und fiskalisch als religiös motiviertes Ereignis.[5] Seit den zwanziger Jahren verbreiteten Prediger reformatorische Lehren, zum Beispiel Hans Tausen in Dänemark, Olaus Petri in Schweden und Michael Agricola in Finnland. Städtebürger begrüßten die Kritik an kirchlichem Prunk und mönchischem Müßiggang, Adlige waren am Kirchengut interessiert, und die Krone suchte ihre Macht mittels der Reformation zu stärken. Drucke des Neuen Testaments oder der ganzen Bibel wurden in dänischer, isländischer, schwedischer und finnischer (aber nicht in norwegischer) Übersetzung verbreitet. Auch Schriften Luthers wurden in die Landessprachen übertragen.

In Schweden war das Interesse der Bevölkerung an der Reformation gering, da in den dünn besiedelten ländlichen Gebieten kaum Anlass zur Kritik an kirchlichen Missständen bestand. Reformen wurden deshalb vor allem von der Krone angestoßen. Die Reformation sollte dem Herrscher ermöglichen, „die landschaftlichen und ständischen Sonderrechte und Sonderinteressen zugunsten einer effektiven Zentralverwaltung und Steuerpolitik zu beseitigen, den Widerstand der Bauern gegen den staatlichen Fiskalismus, den der alten Sture-Partei und der Unionsfreunde im Hochadel gegen den jungen Emporkömmling energisch auszuräumen, vor allem aber: die finanzielle Not-

4 M. F. Metcalf, Scandinavia, 539; H. Gustafsson, Conglomerates, 45ff.
5 Vgl. J. Schildhauer, Reformation, 19ff.

lage zu bewältigen, die dem Staatsaufbau im Wege stand. Das war nur mit Hilfe des Kirchengutes möglich."[6] Immerhin kontrollierte die Kirche 21 Prozent des nutzbaren Landes.

Während des Reichstags zu Västeras 1527 stimmten – nach einer Rücktrittsdrohung Gustav Vasas – Adel und Bürgerstand einem Rezess zu, der eine „Reduktion" kirchlichen Besitzes ermöglichte. In der Folge wurden der größte Teil der Ländereien und des mobilen Eigentums der Kirche eingezogen, die Burgen der Bischöfe dem König übertragen, dem Adel die seit 1454 der Kirche geschenkten Ländereien zurückgegeben und die Steuerimmunität des Klerus aufgehoben. Bis 1560 stieg der Anteil der Krone am Ackerland von 5,5 auf 28 Prozent.[7] Das Interesse von Adel und Bauern an Landbesitz wurde befriedigt und die Geldnot der Krone behoben. Mit Rom wurde nicht abrupt gebrochen, aber schrittweise erfolgte auch eine Reform des Kirchenwesens. Olaus Petri folgte dabei dem lutherischen Vorbild. Auf der Grundlage der *Confessio Augustana* (offiziell wurde sie erst 1593 angenommen) wurde bis Ende der dreißiger Jahre in Schweden und Finnland eine lutherische Landeskirche eingerichtet.[8]

In Dänemark waren Glaubensfragen stärker präsent. Doch auch hier nutzte das Königtum die Reformation für seine Stärkung.[9] Das Herzogtum Holstein wurde schon 1526 unter der Administration von Friedrichs I. Sohn Christian lutherisch infiltriert. Der König sympathisierte mit der Lehre des Wittenbergers und tolerierte deren Verbreitung, tat dies aber nicht offen kund. Nach dem Regierungsantritt Christians III. bekannte sich 1536 der Reichstag zu Kopenhagen offiziell zur Reformation. Die Kirchenordnung Johannes Bugenhagens von 1537 gab der dänischen Kirche ihre Gestalt. Das säkularisierte Kirchengut fiel an die Krone und wurde zum Teil dem Adel als Lehen übertragen. Norwegen folgte dem dänischen Beispiel, zog das Kirchengut zugunsten der Krone ein, nahm Bugenhagens Kirchenordnung in der revidierten Fassung von 1539 an und verbreitete die dänische Übersetzung der Bibel von Christian Pedersen. In Island wurde die Reformation in den fünfziger Jahren übernommen.

Während dieser Zeit suchte die Hansestadt Lübeck ihre alte Stellung im Ostseeraum wieder zu erlangen.[10] Die Stadt an der Trave war aus ihrer Mittlerrolle im Ostseehandel verdrängt worden, da Holländer und Engländer überlegen waren und das Herzogtum Preußen und Danzig die lübische Vorherrschaft nicht mehr hinnahmen. Diese Situation verschärfte Spannungen in Lübeck: Nichtpatrizische Kaufleute verlangten eine aktive Außenpolitik gegenüber den Niederlanden und Dänemark. Nach der Einführung der Reformation und der Verdrängung des Patriziats aus dem Regiment schienen die Thronwirren in Dänemark Lübecks Absicht zu begünstigen.

Als der 1523 vertriebene Christian II. 1531 in Norwegen landete und mit Unterstützung der Gegner Friedrichs I. die Herrschaft zurück zu gewinnen suchte, wurden in Kopenhagen die Privilegien der Lübecker erneuert, aber auch der Handelsvertrag mit den Niederländern bestätigt. Friedrich I. verstarb am 10. April 1533. Kaiser Karl V.

---

6 A. von Brandt, Die nordischen Länder, 978f..
7 Vgl. M. F. Metcalf, Scandinavia, 540.
8 Vgl. T. R. Skarsten, Reception, 81ff.
9 Vgl. L. Grane/K. Hørby (Hg.), Reformation.
10 Vgl. G. Korell, Jürgen Wullenwever, 58ff.

setzte sich für die Erbansprüche seiner Nichte Dorothea – Christians II. älteste Tochter – ein. Den Thron gewann jedoch – von holsteinischen Truppen unterstützt – Christian III. aufgrund eines zweifelhaften Erbrechts. Er war seit Mai 1534 mit dem Angriff der Lübecker konfrontiert (nach zwei Grafen in Diensten Lübecks als „Grafenfehde" bezeichnet). Bauernaufstände in Jütland und Schonen und die Unterstützung durch Kopenhagen und Malmö begünstigten deren Vormarsch. Doch dann wurde Lübeck von den Holsteinern belagert und die Trave gesperrt. Am 26. August 1535 übernahm der patrizische Rat wieder das Regiment. Doch die Niederlage war nicht mehr abzuwenden. Lübeck schloss 1536 in Hamburg Frieden. Der Rat anerkannte Christian III. als dänischen König und erreichte, dass seine Handelsrechte bestätigt wurden.

Im Ergebnis der „Grafenfehde" festigte Dänemark seine Stellung, während Lübeck und die Hansestädte ihre Rolle als Machtfaktor im Ostseeraum verspielten. Die auf Privilegien beruhende und gewaltsam aufrecht erhaltene Handelsherrschaft war überholt und für die niederländischen und englischen Schiffe der Weg in die Ostsee frei. In den skandinavischen Ländern beschleunigte sich die Herausbildung einer eigenen Kaufmannschaft und deren Integration in das internationale Wirtschaftsleben.[11] Den Norwegern sagte Christian III. 1535 zu, ihre Gesetze und Freiheiten zu achten. Doch angesichts seiner durch den Ausgang der „Grafenfehde" gestärkten Stellung hielt er die Zusagen nicht ein. Die „Handfeste" von 1536 bezeugt die Absicht, Norwegen zu einem Teil des dänischen Reiches herabzustufen.[12] Der Reichsrat wurde nach dänischem Vorbild durch „Herrentage" ersetzt. An ihnen nahmen dänische Reichsräte und Vertreter des norwegischen Adels teil. Sie hatten gesetzgeberische Befugnisse und fungierten als Gerichtshof. Norwegen blieb zwar ein eigenständiges Königreich, aber seine politische Selbständigkeit wurde erheblich eingeschränkt.

Bis etwa 1560 existierte ein – wenn auch instabiles – Gleichgewicht der Kräfte im Norden, das den Ausbau kultureller Kontakte begünstigte. Die Renaissancekultur vermittelten deutsche und niederländische, aber auch französische und italienische Künstler und Handwerker. Die Errichtung sakraler Bauwerke ging seit der Reformation zurück, aber mit dem Wasa-Grab im Dom zu Uppsala von 1562/70 und dem Neubeziehungsweise Umbau königlicher Schlösser entstanden bemerkenswerte profane Bauwerke in Kopenhagen, Gripsholm, Kalmar, Vadstena und Uppsala.[13]

Kenntnisse über die Geographie des Nordens vermittelte der Theologe und Kartograph Olaus Magnus, seit 1544 Erzbischof in Uppsala, aber überwiegend in Rom lebend, mit der *„Carta marina"* (Seekarte) von 1539 und der 1555 in Rom publizierten *„Historia de gentibus septentrionalibus"* (Geschichte der Völker des Nordens), von der auch französische, italienische, holländische und deutsche Ausgaben erschienen. Er beschrieb die Bewohner, die Natur und das Klima, Berge und Seen, Acker- und Bergbau, Religion und Gesetz. Die Ausformung der Landessprachen wurde durch die Herausgabe von Bibeln und reformatorischen Drucken gefördert. Universitäten und Schulen folgten dem von Philipp Melanchthon entworfenen Bildungsprogramm. Das ABC-Buch Michael Agricolas von 1543 war die erste Schrift in finnischer Sprache.

---

11 Vgl. J. P. Maarbjerg, Scandinavia, 29ff.; D. G. Kirby, Northern Europe, 3ff.
12 Vgl. H. Gustafsson, Conglomerates, 55ff.
13 Vgl. E. Forssman, Schwedische Baukunst, 191ff.

Gustav Vasa, der das Regiment straff führte, nutzte die relativ friedliche Zeit für die Ausgestaltung der Verwaltung, um Besteuerung und Wirtschaftstätigkeit besser zu kontrollieren. Im Jahr 1540 erzwang er die Erbhuldigung der Stände, und 1544 wurde vom Reichstag zu Västeras das erbliche Thronfolgerecht eingeführt.[14] Das „neue" Schweden Gustav Vasas „war protestantisch, ‚national' (in seiner Führungsschicht), und das Königtum regulierte jetzt (nach der Beseitigung lange bestehender hansischer Einflusspositionen) das Wirtschaftsleben des Staates."[15]

Mit dem Speyerer Vertrag von 1544 anerkannte Karl V. den Dänenkönig, und dieser garantierte die freie Sunddurchfahrt der Niederländer. „Der Vertrag begründete auf lange Zeit eine für Dänemark politisch, für die Niederlande wirtschaftlich äußerst vorteilhafte Interessengemeinschaft der beiden Mächte."[16] In seinen letzten Lebensjahren förderte Christian III. administrative Reformen, um die Leistungskraft des Staates zu steigern. So wurden zum Beispiel eine Kanzleiordnung verabschiedet, eine Münzreform vorgenommen und zusätzliche Steuern erhoben.

Seit der Auflösung der Kalmarer Union behauptete Dänemark seine Stellung im Ostseeraum. Aber Schweden forcierte sein Bemühen, selbst diesen Platz einzunehmen, während Norwegen stärker an das dänische Reich gebunden wurde. Diese Konstellation beeinflusste die weitere Ausgestaltung der Herrschaftssysteme und die Beziehungen zwischen den nordischen Mächten.

2.8.3 Baltische Frage und schwedisch-polnische Union

Am 1. Januar 1559 übernahm Friedrich II. den dänischen Thron, am 29. September 1560 Gustav Vasas Sohn Erik XIV. die schwedische Krone. Die wirtschaftliche Bedeutung der baltischen Region und das strategische Gewicht der Sunddurchfahrt boten den nordischen Staaten die Chance, ihre Positionen auszubauen.[17] Das stachelte aber auch deren Rivalität an, da beide daran interessiert waren, die Ostsee zu kontrollieren. Zugleich waren sie mit der expansiven Politik des russischen Zaren Ivan IV. und des polnischen Königs Sigismund II. August konfrontiert.[18] Christian III. und Gustav Vasa hatten die administrativen, finanziellen und militärischen Voraussetzungen geschaffen, um diese Rivalitäten auszufechten.

Gustav Vasas Söhne Johann und Erik verfolgten expansive Pläne, wurden aber vom Vater zurück gehalten. Nach 1560 waren Erik XIV. die Hände nicht mehr gebunden. Als Dänemark 1559 auf der Insel Ösel – einem Teil des Ordensstaates – Fuß fasste, erstreckte sich die Kette seiner strategischen Stützpunkte vom Öresund über Schonen und Gotland bis in den Finnischen Meerbusen. Wollte Schweden seine Einflusssphäre erweitern, musste es diesen Riegel aufsprengen. Erik XIV. wollte deshalb den Finnischen Meerbusen unter seine Kontrolle bringen. Dänemark und Schweden waren aber zugleich mit dem Interesse Russlands am Zugang zur Ostsee und dem Polens am Territorium des zerfallenden Ordensstaates im Baltikum konfrontiert.

---

14 Vgl. N. Runeby, Erbreich, 293ff.
15 K. Zernack, Schweden, 207f.
16 A. von Brandt, Die nordischen Länder, 980.
17 Vgl. D. G. Kirby, Northern Europe, 107ff.
18 Vgl. J. P. Maarbjerg, Diplomatic Relations, 167ff.

Ein Objekt der Begierde war angesichts seiner verkehrsgeographischen Schlüsselstellung Livland. Als die Föderation zwischen dem Deutschen Orden, dem Erzstift Riga, den Stiftern Kurland, Ösel-Wieck und Dorpat sowie der Stadt Riga in eine Krise geriet, griff Polen im August 1557 in die livländischen Wirren ein. Russland reagierte 1558 mit einem Angriff, eroberte am 12. Mai Narva und am 19. Juli Dorpat. Die drohende Teilung des Landes aktivierte Schweden, das sich 1561 Estland sicherte, einen Umschlagplatz des Ost-West-Handels. Doch Narva, das sich in russischer Hand befand, war ein hartnäckiger Konkurrent. Die Blockade des Hafens durch die Schweden wurde nach einer Annäherung an den Zaren gelockert, die Zufahrt aber nicht für Dänen, Polen und Lübecker geöffnet.

Als diese drei eine Koalition vereinbarten, wurde der siebenjährige Nordische Krieg der Jahre 1563 bis 1570 eröffnet. Die Schweden fielen in Norwegen ein, eroberten Trondheim und stießen nach Süden bis Bahus und Akershus vor. Weite Gebiete wurden verwüstet, ehe es Dänen und Norwegern gelang, Trondheim 1564 zurück zu gewinnen und die Belagerung von Akershus abzuwehren. Die dänisch-norwegische Überlegenheit zwang die Schweden schließlich zum Rückzug. Obwohl sie Jämtland und Tröndelag einige Zeit besetzt hielten, brachte ihnen der Krieg keine territorialen Gewinne.

Angesichts ausbleibender Hilfe für Schweden suchte Erik XIV. den Ausweg in einem autokratischen Regiment, das in den „Sturemorden" gipfelte: Am 24. Mai 1567 ließ er Mitglieder der Familie und weitere Angehörige des Hochadels unter dem Vorwurf des Hochverrats ermorden. Am 29. September 1568 wurde er abgesetzt und die Krone seinem Bruder Johann III. übergeben. Mit dem Friedensschluss vom 13. Dezember 1570 in Stettin gab Dänemark seinen Anspruch auf die Krone Schwedens auf, während Schweden auf Gebietsansprüche verzichtete und die Blockade Narvas aufhob. Die schwedische Hoheit über Livland wurde anerkannt, aber das Gebiet unter dänischen Schutz gestellt. Keine der Kriegsparteien vermochte es, ihre Interessen voll durchzusetzen.

Die nordischen Mächte bewahrten ein labiles Gleichgewicht. Das suchte Johann III. zu ändern, indem er sich den katholischen Mächten näherte. Ein Zeichen war die Entsendung päpstlicher und spanischer Gesandter nach Stockholm. Damit verschärften sich allerdings innere Gegensätze. Die protestantischen Opponenten führte Johanns Bruder Karl von Södermanland an. Als Ivan IV. 1578 große Teile Livlands besetzte, nahm Schweden den Kampf wieder auf. Seine und polnische Truppen stießen bis Pskov vor, so dass der Zar bereit war, den Krieg zu beenden. Im Frieden von Jam Zapol'skij vom 15. Januar 1582 verzichtete Russland zugunsten Polens auf Livland, während Schweden sich mit dem am 10. August 1583 an der Plussja geschlossenen Frieden Estland mit Narva und den größten Teil des Küstengebiets im Südosten des Finnischen Meerbusens sicherte. Russland wurde jedoch der freie Handelsverkehr zugestanden. Ein neuer Vorstoß von Zar Boris Godunov brachte Moskau in den Besitz von Ingermanland und Kexholm. Der Friede von Teušina im Mai 1595 bestätigte dann im wesentlichen den Friedensschluss von 1583.

Die Wahl Sigismunds III. – ein Sohn Johanns III. – zum polnischen König am 19. August 1587 wurde in Schweden mit Besorgnis aufgenommen. Der von den Jesuiten erzogene Herrscher befürwortete eine Union zwischen Polen und Schweden

Abb. 14: *Schwedens Expansion 1560-1658.*

und beabsichtigte, Estland an Polen abzutreten. Johann III. erlangte die Zustimmung des schwedischen Hochadels zu den Unionsplänen durch die Kalmarer Statuten von 1587 mit der Zusage, der König werde die Privilegien des Adels, die Rechte der Kirche und die Selbständigkeit Schwedens respektieren. In der Zeit seiner Abwesenheit sollte ein vom Hochadel – ausgenommen Herzog Karl – besetzter Staatsrat regieren.

Die Union wurde mit dem Tod Johanns III. am 17. November 1592 Realität. Im September 1593 traf Sigismund III. mit großem katholischem Gefolge in Schweden ein. Das erregte heftigen Widerstand, so dass Herzog Karl und der Hochadel sich versöhnten. Vor der Krönung in Uppsala im Februar 1594 musste der König die ständische Verfassung, die Mitregierung des Reichsrats und die lutherische Konfession als Staatsreligion akzeptieren. Bei Abwesenheit des Königs sollten Reichsrat und Herzog Karl gemeinsam regieren.

Als der Konflikt zwischen Herzog und Reichsrat wieder aufbrach, betrieb Karl gegen den Willen Sigismunds und des Reichsrats die Einberufung eines Reichstags. Mit Hilfe der unteren Stände setzte er 1595 in Söderköping seine Anerkennung als Reichsverweser durch. Dagegen opponierte vor allem Klas Fleming, Statthalter in Finnland und treuer Anhänger Sigismunds. Doch Karl machte sich die mit dem „Keulenkrieg" (*klubbekriget*) von 1596/97 entstandene Situation zunutze. Dieser Aufstand der Bauern von Österbotten und benachbarten Gebieten wurde durch Hungersnot, hohe Besteuerung und Bedrückungen durch Militärunternehmer verursacht.[19] Die Aufständischen unterlagen, aber Karl befestigte während des Reichstags zu Arboga seine Stellung. Daraufhin landete Sigismund III. 1598 mit einem Heer in Schweden. Nach einigen Zusammenstößen gab er seine Sache auf. Mit seinem Abzug endete die kurzzeitige schwedisch-polnische Union.

Der Reichstag zu Linköping im Februar 1699 schloss Sigismund III. und seine Nachkommen vom schwedischen Thron aus und übertrug Karl die Krone. Am 22. März 1604 nahm er definitiv den Königstitel an (Karl IX). Im Februar 1599 verurteilte ein ständisches Sondergericht zahlreiche Angehörige des hohen Adels wegen Hochverrats, weil sie zu Sigismund III. gehalten hatten. Als Sigismund III. 1600 sein Versprechen einlöste und Estland Polen einverleibt wurde, fiel Karl 1601 in Livland ein, um diese Entscheidung rückgängig zu machen, scheiterte aber mit seinem Unternehmen. „Der schwedisch-polnische Gegensatz war damit unheilbar geworden. Da beide Seiten in der Folgezeit Helfer und Verbündete in ganz Europa suchten, wurde der Norden zwangsläufig immer mehr in die großen europäischen Verwicklungen hineingezogen. Es lag nahe, dass in diesem Zusammenhang auch die alte schwedisch-dänische Spannung wieder auflebte."[20]

Dänemark blieb in dieser Phase im Hintergrund, weil nach dem Tod Friedrichs II. am 4. April 1588 aufgrund der Minderjährigkeit seines Sohnes Christian IV. ein Regentschaftsrat bis 1596 die Geschäfte führte. Als der König das Regiment übernahm, offenbarte er politische und militärische Fähigkeiten, aber auch absolutistische Neigungen, und manchmal fehlte ihm das rechte Augenmaß.[21] Unter seiner Herrschaft er-

19 Vgl. DERS., Background, 1ff.
20 A. von BRANDT, Die nordischen Länder, 985.
21 Vgl. S. HEIBERG (Hg.), Christian IV.

fuhr das dänische kulturelle Leben einen bemerkenswerten Aufschwung. Der über Holland vermittelte Palladianismus beeinflusste die Gestaltung der prachtvollen Schlösser Frederiksborg und Rosenberg und den Bau der Börse in Kopenhagen.[22] Auch erlebte die Hofmusik eine Blütezeit.[23] Die Kosten für viele Projekte belasteten indes den Etat schwer.

Das schwedische Engagement im Osten nutzte Christian IV. aus, indem er langfristig einen Krieg vorbereitete. Er baute die Flotte aus, wollte auch ein stehendes Heer aufstellen (letzteres befürwortete jedoch der Reichsrat nicht). In Kopenhagen entstanden die Werft und das Arsenal. Eine Kette von Festungen wurde errichtet und eine Handelsblockade verhängt, die Lübeck und die Niederländer traf. Als Dänemark 1611 den Krieg gegen Schweden eröffnete, verstarb am 30. Oktober Karl IX. Sein Nachfolger Gustav II. Adolf war erst siebzehn Jahre alt. Doch der Hochadel akzeptierte eine vorzeitige Mündigsprechung, nachdem der neue König die Adelsprivilegien bestätigt hatte. Reichskanzler wurde Axel Oxenstierna.

2.8.4 Dänemarks Krise - Schwedens Aufstieg

Die ambitiöse Außenpolitik Christians IV. und Gustav II. Adolfs leitete eine neue Phase der Auseinandersetzung ein. Dänische Truppen eroberten 1611 Kalmar und Göteborg und 1612 Älvsborg und versperrten den Schweden den Zugang zur Nordsee. Aber der Angriff auf Stockholm scheiterte, und Schweden setzte sich in den norwegischen Grenzprovinzen Jämtland und Härjedalen fest. Der englische König Jakob I. vermittelte den Frieden von Knäred vom 20. Januar 1613. Schweden musste die norwegischen Grenzprovinzen aufgeben, den Livlandhandel freigeben und Älvsborg in dänischem Pfandbesitz belassen, bis eine hohe Lösesumme bezahlt war, kam aber wieder in den Besitz von Kalmar und Borgholm auf Öland. Die Bedingungen waren für Schweden drückend, doch es wurde in die Lage versetzt, die Konflikte mit Russland und Polen auszutragen. Die Position Christians IV. war gestärkt worden. Auch waren die Dänen zur See überlegen, aber es glückte ihnen auch diesmal nicht, Schweden zu erobern.

Als die Novgoroder Karl Philipp, den erst zehn Jahre alten Bruder Gustav II. Adolfs, als Fürst annahmen, wurde 1614 ein neuer Waffengang ausgelöst. Die in die Defensive gedrängten Russen willigten am 27. Februar 1617 in den Frieden von Stolbovo. Mit ihm endete die „Herrschaft" Karl Philipps, aber Schweden gewann ganz Ostkarelien, das Gebiet zwischen Ladogasee und Finnischem Meerbusen sowie das angrenzende Ingermanland. Damit verbesserte es seine strategische Position in Finnland und Estland, und Russland wurde von der Ostsee abgeschnürt. Aber die Auseinandersetzung mit Polen wurde nur durch einen Waffenstillstand ausgesetzt.

Die Friedensschlüsse mit Dänemark und Moskau brachten Schweden eine Atempause, die es ermöglichte, nach den finanziellen Anspannungen der Kriegszeit neue Ressourcen zu erschließen und administrative und konstitutionelle Reformen einzuleiten: 1614 wurde ein Hofgericht als oberstes Organ der Rechtsprechung geschaffen, 1617 wurden die Adelsprivilegien revidiert, eine neue Reichstagsordnung verabschie-

22 Vgl. J. M. Neumann, Baukunst, 205ff.
23 Vgl. O. Kongsted, Musikerschaft, 115ff.

det, das lutherische Bekenntnis als Staatsreligion verankert und eine Union mit Polen verboten, 1618 eine zentrale Kammerverwaltung eingerichtet, eine Kanzleiordnung erlassen (die endgültig 1626 in Kraft trat) und das Heerwesen durch Einführung geregelter Aushebungen reorganisiert. Die innere Festigung war möglich, weil der König die privilegierte Stellung des Hochadels respektierte und diesen in Verwaltung, Diplomatie und Kriegführung einsetzte, so dass Adels- und Staatsinteressen weithin zur Deckung gebracht wurden.

Auch Christian IV. reorganisierte seinen Staat, ohne gleiche Erfolge wie Schweden vorweisen zu können. Er förderte die Gründung von Manufakturen und Handelskompanien, konzentrierte sich jedoch auf militärische Belange. Ohne Erfolg ließ er sich auf Auseinandersetzungen mit den norddeutschen Hansestädten und den protestantischen Bistümern im Norden des Reiches ein. Dagegen erwies Schweden sich zunehmend als nordische Führungsmacht.

Als mit Beginn des Dreißigjährigen Krieges die kaiserlichen und ligistischen Truppen bis nach Norddeutschland vorrückten, wurden die Interessen Dänemarks und Schwedens unmittelbar berührt.[24] Christian IV. bot der Krieg die Gelegenheit, seine Ansprüche auf norddeutsche Gebiete zu verfolgen, nachdem er schon in säkularisierten Stiften Fuß gefasst hatte. Ohne sichere Verbündete eröffnete er 1625 die Kampfhandlungen. Eine schwere Niederlage erlitt er am 27. August 1626 bei Lutter am Barenberg (südlich von Braunschweig). Albrecht von Wallenstein besetzte Mecklenburg und Teile Pommerns. Seine Truppen und die Tillys stießen bis Holstein und Jütland vor. Dem dänischen König blieb keine andere Wahl, als am 22. Mai 1629 in den Lübecker Frieden einzuwilligen. Er erlitt keine territorialen Verluste, musste aber seine Expansionsabsichten und seine Bündnisse mit norddeutschen Fürsten aufgeben. Wenn er schonend behandelt wurde, war das dem Interesse geschuldet, ihn nicht in die Arme Schwedens zu treiben.

Gustav II. Adolf engagierte sich vorerst auf dem mitteleuropäischen Kriegsschauplatz nicht direkt, weil 1620 der Waffenstillstand mit Polen auslief. Im Juli 1621 fielen schwedische Truppen in Livland ein und brachten Riga und im folgenden Jahr einen Teil Kurlands in ihre Hand. Eine Entscheidung vermochten sie aber nicht zu erzwingen. Der Kriegsschauplatz wurde daraufhin nach Preußen verlagert, um die polnischen Seeverbindungen zu unterbrechen. Als die Schweden das Übergewicht erlangten, wurde am 16. September 1629 der auf sechs Jahre befristete Waffenstillstand von Altmark (südlich von Elbing) vereinbart. In diesem Zeitraum blieb Schweden im Besitz von Livland und der preußischen Küste und durfte in den preußischen Häfen Zölle erheben. Mit den Verträgen von Lübeck und Altmark verlagerten sich die machtpolitischen Gewichte im Norden zugunsten Schwedens, „es beherrschte eine große Zahl von Häfen, zu denen regelmäßige Fahrtwege der westeuropäischen Handelsflotten führten. Schweden begann eine Macht zu werden, mit der man draußen in Europa zu rechnen hatte.“[25]

Auf dem mitteleuropäischen Schauplatz wurde Schweden aktiv, als Wallenstein Stralsund belagerte. Gustav II. Adolf entsandte – neben Dänemark – ein Hilfskorps. Im

24 Vgl. J. HEIN, Der ‚Dänische Krieg', 103ff.
25 I. ANDERSSON, Schwedische Geschichte, 214.

August 1628 gaben die Kaiserlichen die Belagerung auf. Am 6. Juli 1530 landeten die Schweden auf der Insel Usedom, um den Krieg von Schwedens Grenzen fernzuhalten und den Aktionsradius auf die Gegenküsten und deren Häfen auszuweiten. Nach der Unterwerfung Pommerns wurde am 23. Januar 1631 mit Frankreich ein Vertrag über Subsidienzahlungen vereinbart. Als die Kaiserlichen Magdeburg niederbrannten, schlossen Brandenburg und Sachsen Verträge mit Gustav II. Adolf. Nach dem Sieg von Breitenfeld am 17. September 1631 stießen die Schweden bis an den Rhein und nach Süddeutschland vor. Wallenstein gelang es jedoch, sie allmählich zurück zu drängen. Am 16. November 1632 waren die Schweden in der Schlacht bei Lützen leicht überlegen, verloren aber ihren König.

Für die sechsjährige Thronerbin Christina übernahmen Inhaber der Reichsämter das Regiment. Der Reichskanzler Axel Oxenstierna hielt sich bis 1636 bei der schwedischen Armee im Reich auf. Die Regenten vergaben inzwischen Ländereien der Krone als Belohnung an Adlige, Militärs und Beamte. Mit der von Oxenstierna vorbereiteten und von den Ständen 1634 beschlossenen „Regierungsreform" wurde die Praxis sanktioniert, die sich unter Gustav II. Adolf herausgebildet hatte. Die zentrale Verwaltung bildeten Kollegien: Kanzlei-, Kammer-, Kriegs- und Admiralitätskollegium (1637 kamen ein Berg- und 1651 ein Kommerzkollegium hinzu). Auch wurden eine Gerichtsordnung und eine Instruktion für die Statthalter in den Provinzen erlassen, die Aushebung der Armee auf der Basis der Provinzen eingeführt und die Arbeitsweise des Reichstags verbessert.

Der schwedische Hochadel, der seinen Besitz vermehrte, verlieh seinem Standesbewusstsein in repräsentativen Bauten Ausdruck – zum Beispiel dem 1641 begonnenen, von Axel Oxenstierna initiierten Bau des Ständehauses („Ritterhaus") in Stockholm. Politiker und Heerführer, die vom Krieg profitierten und die adlige Wohnkultur in Süddeutschland kennengelernt hatten, ließen sich Paläste errichten – unter ihnen Oxenstierna, Magnus Gabriel De la Gardie, Karl Gustav Wrangel und Lennart Torstensson.

Der Waffenstillstand mit Polen wurde mit dem Vertrag von Stuhmsdorf vom 12. September 1635 für 26 Jahre verlängert. Schweden blieb im Besitz Livlands, musste aber die preußischen Häfen und Festungen aufgeben. Im Reich errangen die schwedischen Truppen in den folgenden Jahren noch einige militärische Erfolge. Doch die Bereitschaft zum Friedensschluss wuchs bei ihnen ebenso wie bei anderen am Krieg beteiligten Mächten.

Ehe es dazu kam, entschloss sich Oxenstierna, den dänischen Konkurrenten auszuschalten. Seit Ende 1643 wurden die Stifte Bremen und Verden besetzt und Jütland eingenommen. Frankreich und die Niederlande verhinderten indes die völlige Niederwerfung Dänemarks, um der Machtentfaltung Schwedens einen Riegel vorzuschieben. Mit dem Frieden von Brömsebro vom 13. August 1645 erreichte Schweden dennoch lange Zeit verfolgte politische und territoriale Ziele. Schwedische Schiffe wurden vom Sundzoll befreit. Als Garantie für die Einhaltung dieser Bestimmung wurde Schweden für 30 Jahre Halland übergeben, das die Sundkontrolle ermöglichte. Mit der Abtretung der Inseln Ösel und Gotland verlor Dänemark strategische Positionen in der mittleren Ostsee. Mit dem Gewinn der norwegischen Provinz Bahuslen und den Landschaften Jämtland und Härjedalen wurde die schwedische Grenze besser gesichert. Dänemark verlor endgültig seine Vormachtstellung im Ostseeraum.

In den Friedensverhandlungen, die 1644 in Münster begannen und am 24. Oktober 1648 mit der Unterzeichnung der Verträge endeten, konnte Schweden einen beträchtlichen Teil seiner territorialen Ansprüche durchsetzen. Es gewann Vorpommern und Wismar sowie die Herzogtümer Bremen und Verden. Das entsprach zwar nicht den Erwartungen, die Gustav II. Adolf gehegt hatte. Doch Schwedens wirtschaftliche und politische Macht wurde gestärkt. Als Oxenstierna drei Jahre später Instruktionen für das einzurichtende Kommerzkollegium ausarbeitete, fasste er die gewonnenen Vorteile zusammen: Er verwies auf die Bedeutung der „Ströme des Ostens und der vornehmsten anderen Ströme, die Schweden und die von ihm untertänigen Provinzen durchfließen .... Das sind, außer den alten Strömen des Reiches, die Newa, Narwa, Düna und Oder, dazu die Elbe und Weser an der Nordsee, ferner die über die Maßen schönen und kostbaren Häfen, meist an der Ostsee, dazu an der Weser und im Kattegat, deren gleichen anderswo nicht viele zu finden sind. Und es fehlt nichts, als dass sie nun nützlich verwendet und gebraucht, von den Einwohnern selbst ausgenutzt und gepflegt werden."[26]

In diesen Resultaten widerspiegeln sich die Veränderungen im Norden des Kontinents: Dänemark musste seine führende Rolle an das an Einfluss gewinnende Schweden abtreten, das den Norden stärker in die europäische Politik führte und seiner „Großmachtzeit" entgegenging. Dänemark schuf ein neues Fundament seiner Politik schließlich mit dem Übergang zu absolutistischer Herrschaft 1660/65.[27]

2.9 Russisches Reich

Seit dem ausgehenden 15. Jahrhundert wurden im territorial zersplitterten russischen Reich in kurzer Zeit die letzten noch selbständigen Stadtrepubliken und Fürstentümer der Herrschaft Moskaus unterworfen und ein zentralisierter Staat geschaffen. Für das „neue Russland" wurde die „Selbstherrschaft" der Zaren charakteristisch. Viele politische und gesellschaftliche Prozesse liefen ähnlich wie im mittleren und westlichen Europa ab, weisen aber auch erheblich abweichende Züge auf. So ging beispielsweise die Gestaltung des einheitlichen russischen Staates nicht mit der Formierung eines ökonomisch einflussreichen Bürgertums einher, bildeten ständische Institutionen kein effektives Gegengewicht zur Herrschaft der Großfürsten beziehungsweise Zaren, ergab sich aus dem Ausbleiben einer Reformation ein eigenartiges Verhältnis von Kirche und Staat und wurde die Zarenherrschaft nicht mit einer säkularisierten Ideologie legitimiert. Bemerkenswert war indes, wie zielstrebig die „Sammlung der russischen Erde" vorangebracht und vollendet wurde. Die Einheit des russischen Reiches wurde trotz mancher Krisen gewahrt, die Beziehungen zwischen Russland und den europäischen Staaten wurden intensiviert und das Moskauer Reich ein gewichtiger Faktor der europäischen Politik.

---

26 Nach ebd., 233.

27 Vgl. K. Krüger, Absolutismus, 179ff.; D. Gerhard, Frühabsolutismus, 270ff.; G. Vogler, Bürgertum, 316ff.

2.9.1 Expansion und autokratisches Regiment

Am Ende des 15. Jahrhunderts präsentierte sich das Großfürstentum Moskau nach einem letzten Aufbäumen der partikularen Gewalten als Mittelpunkt des großrussischen Reiches. Ivan III., den sein Vater zum Mitregenten erhob und der seit 1462 allein regierte, vollendete durch Eroberung und andere Schritte die „Sammlung der russischen Erde". Mit der Auflösung der Teilfürstentümer (*udelij*) und der Anerkennung des Moskauer Herrschers verließen bis 1500 etwa 200 Fürsten- und *Bojaren*familien ihre Güter und traten in seinen Dienst. Daneben stützte er sich verstärkt auf einen Dienstadel. Ivan III. nannte sich im Verkehr mit auswärtigen Mächten nun häufiger „Zar" und „Herrscher von ganz Russland". Auch wurde er nicht mehr als *„Gospodin"* (Herr), sondern als *„Gosudar"* (Herrscher) angesprochen.

Moskau widersetzten sich noch die Großfürsten von Tver und Rjasan und die Stadtrepubliken Novgorod und Pskov. Lange Zeit bestanden zu Novgorod gute Beziehungen.[1] Doch ein Teil der dortigen Aristokratie tendierte zu Polen und Litauen. Als die Stadtrepublik 1471 ein Bündnis mit Litauen einging, um ihre Freiheiten zu sichern, setzte Ivan III. seine Truppen in Marsch. Sie verwüsteten das Land und besiegten die Novgoroder am Selon. Ein *Veče* (Volksversammlung) beschloss daraufhin die Kapitulation. Ivan III. verlangte die Abtretung eines Teils des Novgoroder Territoriums und eine hohe Kontribution, beließ es aber bei der bisherigen Ordnung. Novgorod wurde noch als Partner behandelt und seine Autonomie in Grenzen anerkannt.

Da Ivan III. den Sieg nicht maßlos ausnutzte, gewann er einen großen Teil der Bevölkerung für sich. Doch Kontroversen und Tumulte veranlassten ihn zu einer Strafexpedition. Am 18. Januar 1478 wurde die der Stadt belassene Selbständigkeit beseitigt. Die Bojaren wurden enteignet und in andere Landesteile umgesiedelt. Der Erzbischof und die Klöster verloren die Hälfte ihres Grundbesitzes. Sichtbares Zeichen der Unterwerfung war die Überführung der Večeglocke, mit der traditionell die Volksversammlung einberufen wurde, nach Moskau. Da gelegentlich noch Opponenten auftraten, vollzogen die Moskauer mehrmals Strafgerichte. Das Großfürstentum Tver, das nominell noch souverän war, musste sich 1485 unterwerfen. Moskau hatte die Rivalität mit den Nachbarn zu seinen Gunsten entschieden.

Der Moskauer Großfürst schaltete die partikularen Gewalten aus, aber er war noch von den Tataren abhängig, die an der unteren Wolga herrschten. Die russischen Fürsten wurden vom Khan in Saraj mit der Großfürstenwürde belehnt und mussten bei jedem Thronwechsel um Bestätigung ihres Titels nachsuchen. Mit den Krimtataren war Ivan III. verbündet, doch die Goldene Horde unternahm immer wieder Plünderungszüge in russische Grenzgebiete. Als beide sich 1480 an der Ugra bewaffnet gegenüberstanden und das Eis den Übergang über den Fluss ermöglicht hätte, wagte keiner den Angriff. Das „Stehen an der Ugra" zahlte sich für Ivan III. aus, denn die Goldene Horde, das tataro-mongolische Reich an der unteren Wolga, befand sich bereits im Zerfall und löste sich 1502 endgültig auf. So wurde Russland ohne Waffengang vom tatarischen Joch befreit. Die Tataren fielen zwar noch öfters in russisches Territorium ein, doch die alten Verhältnisse wurden nicht wieder hergestellt.

---

1 Vgl. R. G. SKRYNNIKOV, Tragedija.

Im Nordwesten ließ Ivan III. 1492 gegenüber Narva die Burg Ivangorod als Stützpunkt auf dem Weg zur Ostsee errichten. Zugleich sollte sie den Handlungsraum des Deutschen Ordens in Livland eingrenzen. Die Schließung des Hansekontors in Novgorod 1494 bezweckte, den Handel der Hansekaufleute in Russland zu unterbinden. Nach dem Tod des polnischen Königs Kasimir IV. 1492 ging Ivan III. zum Angriff über. Der bis 1503 andauernde Krieg brachte Moskau territoriale Gewinne, war aber nur ein Präludium in der Auseinandersetzung mit den Nachbarmächten Polen und Schweden.

Ivan III. beherrschte ein Territorium, das viermal so groß wie das seines Vaters war und etwa neun Millionen Einwohner zählte (um 1600 waren es dann etwa 15 Millionen). Der „Gosudar" zerschlug die alten Udele, ließ sie jedoch in Gestalt der seinen Söhnen und Verwandten übertragenen Fürstentümer faktisch wieder aufleben. „Dieser beispiellose staatliche Expansions- und Integrationsprozess war mit der Ablösung eines jahrhundertealten Familienherrschaftssystems durch das Konzept der Alleinherrschaft eines *Dominus legibus solutus* verknüpft; die Legalität der fürstlichen Sippe wurde durch die Macht des Herrschers der ganzen Rus (*Gosudar' Vseja Rusi*) ersetzt, des Herrschers, der sich zunächst auf die Gnade des Chans und dann auf die Gnade Gottes berief."[2] Mit dem Gesetzbuch (*Sudebnik*) von 1497 wurden erstmals gleiche Rechtsnormen für das gesamte Herrschaftsgebiet geschaffen. Eine zentrale Verwaltung existierte jedoch noch nicht. Die Nachfolge wollte Ivan III. durch Einsetzung eines Mitregenten regeln, befürchtete jedoch, Opponenten könnten diesen auf ihre Seite ziehen.

Ivan III. stützte sich auf den Bojarenadel Nordostrusslands.[3] Je vornehmer dessen Abstammung war, desto höher war sein Rang in Moskau. Wurde das nicht respektiert, verwandelten sich Diener in Opponenten.[4] Die Formierung einer Schicht von Dienstadligen, an die Dienstgüter (*pomest'je*) auf Zeit mit der Verpflichtung zu Militärdienst vergeben wurden, hing davon ab, in welchem Maß der Herrscher über Grundbesitz verfügen konnte. Um den Bodenfond zu vergrößern, beabsichtigte Ivan III., geistlichen Besitz zu säkularisieren. Die Frage, ob Klöster auf Grundbesitz verzichten sollten, beschäftigte 1503 eine Synode. Nil Sorskij sprach sich dafür und für ein asketisches Leben der Mönche aus. Doch die Synode verwarf die Haltung der „Uneigennützigen". Ivan III. blieb folglich nur der Weg, Ländereien des hohen Adels in Anspruch zu nehmen.

Die Synode beschäftigte sich auch mit häretischen Bewegungen. Seit den siebziger Jahren des 15. Jahrhunderts traten die „Judaisierenden" mit antihierarchischen, antitrinitarischen und bilderfeindlichen Lehren hervor. Abt Josif von Volokolamsk, der ein Bündnis von geistlicher und weltlicher Gewalt befürwortete, erwirkte ihre Verurteilung. Als später Maxim Grek (der Grieche), der in einem Athos-Kloster lebte, in Italien studierte und 1518 nach Russland kam, für eine vom Staat unabhängige Kirche eintrat und den Klöstern das Recht auf Landbesitz und Sklaven absprach, wurde er 1525 und 1531 in Prozessen wegen Landesverrats und Häresie angeklagt und in ein entlegenes Kloster verbannt. Seine Gegner rückten seine Auffassungen in die Nähe der „Martinschen deutschen Häresie".[5]

---

2 K. Zernack, Polen und Rußland, 147.
3 Vgl. A. A. Zimin, Formirovanie.
4 Vgl. H. Rüss, Adelsoppositionen.
5 Vgl. P. Hoffmann, Widerhall, 352.

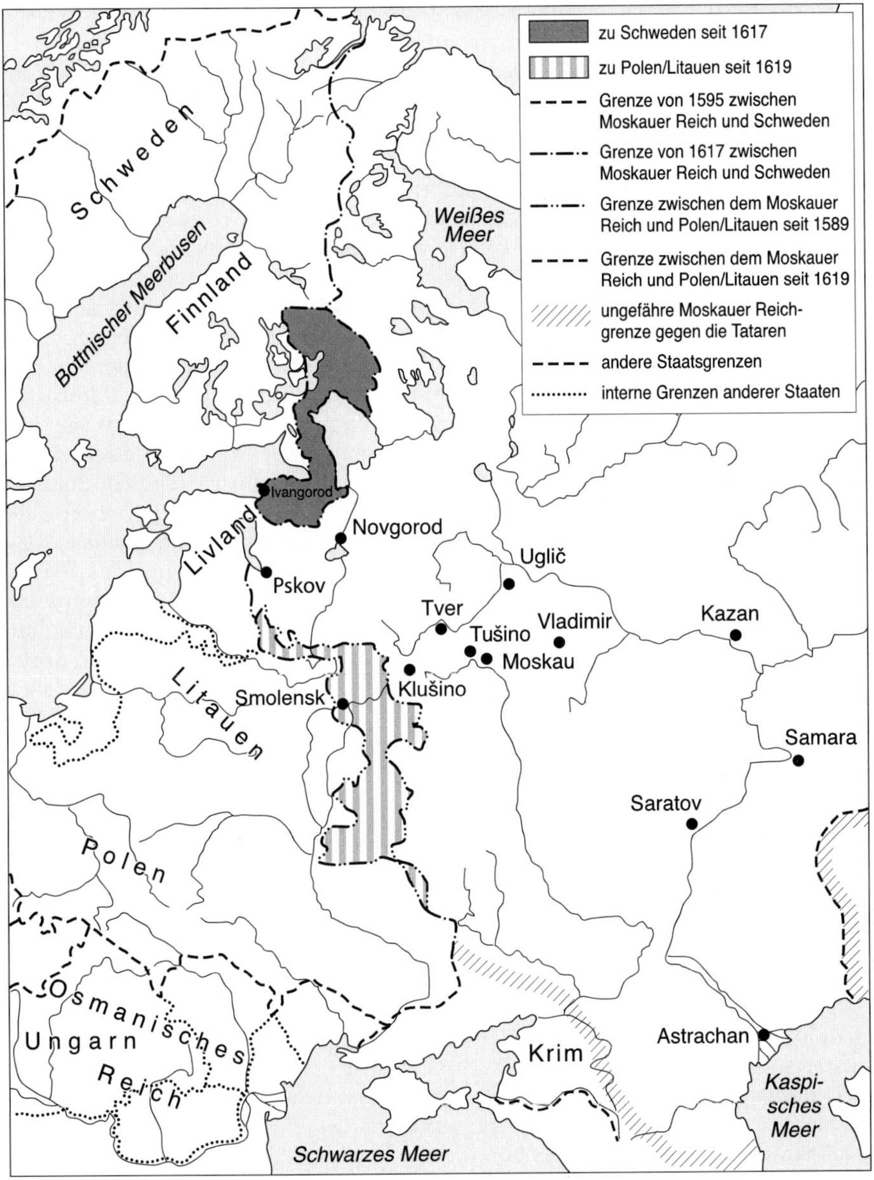

Abb. 15: *Das Moskauer Reich im 16. und zu Beginn des 17. Jahrhunderts.*

Ivan III. war der erste „Selbtherrscher“ (*samoderšec*).[6] Ursprünglich meinte der Titel die Unabhängigkeit von fremder Herrschaft, jetzt aber die Unbeschränktheit der Herrschaft über einen vergrößerten Staat, in dem alle Gewalt beim Großfürsten beziehungsweise Zaren lag. Dieser ließ Moskau als Hauptstadt ausbauen. Dafür wurden italienische Architekten und Bauleute herangezogen. Der 1474 nach Moskau berufene Aristotele Fioravanti baute von 1475 bis 1479 nach italienischem und Wladimirer Vorbild die Kathedralkirche Mariä Himmelfahrt. Die Verbindung von altrussischer Bautradition und Stilformen der Renaissance war auch für weitere Kirchen im Kreml charakteristisch. Zwischen 1485 und 1516 wurden dessen Mauern und Tortürme neu errichtet.

Um die staatliche Einheit zu festigen, bediente sich Ivan III. der Autorität der orthodoxen Kirche. Er respektierte ihre privilegierte Stellung und erwartete von ihr die Legitimierung seiner Selbstherrschaft. Als die byzantinische Kirche mit der Kirchenunion von Florenz 1439 den päpstlichen Primat anerkannte, wurde das in Moskau als Verrat an der Orthodoxie empfunden.[7] Deshalb erregte der Beitritt des Moskauer Metropoliten zu dieser Union Unwillen. Faktisch wurde jetzt eine Konstantinopel nur noch formal unterstehende russische Landeskirche eingerichtet. Nach dem Ende des byzantinischen Reiches 1453 verstand die russische Kirche sich als Bewahrerin der christlichen Lehre. Das gewachsene Selbstbewusstsein äußerte sich in der Idee, Moskau sei das „dritte Rom“, dem Zaren gebühre der Rang eines byzantinischen Kaisers und alle christlichen Staaten würden unter seinem Szepter vereint. Filofej von Pskov erklärte in diesem Sinne um 1508: „zwei Rome sind gefallen, aber das dritte steht, und ein viertes wird es nicht geben. ... Die einzige apostolische Kirche ... floh zum dritten Rom, das ist das Neue Große Rußland, ... und der große fromme russische Zar allein führt und bewahrt sie.“[8]

Als 1505 Vasilij III. den Thron bestieg, herrschte er autokratisch wie sein Vater. Die sich aus dem Hochadel rekrutierende *Bojarenduma* war das wichtigste Beratungsorgan des Herrschers. Sie übte erheblichen Einfluss aus, bildete aber angesichts ihrer beschränkten Rechte kein Gegengewicht zur Macht des Zaren. Ihren Rang charakterisiert die bei der Verabschiedung von Gesetzen gebrauchte Formel: „Der Zar hat es befohlen und die Bojaren stimmten zu.“[9] Der Zar nahm Ausländer in seine Dienste, die von seiner Gnade abhängig waren, und er versicherte sich der Unterstützung durch die Kirche, indem er ihren Besitz garantierte. Doch die Teilhabe an der Macht minderte ihre Glaubwürdigkeit. Wer indes Kritik übte und Reformen verlangte, wurde hinter Klostermauern verbannt.

Vasilij III. setzte die Außenpolitik seines Vaters mit bescheideneren Zielen fort. Die Stadtrepublik Pskov wurde 1510 und das Großfürstentum Rjasan 1521 integriert. Im Westen gelang ihm im Juli 1514 mit der Einnahme von Smolensk ein wichtiger Erfolg. Ein Sieg der Polen und Litauer bei Orsa am Dnjepr am 8. September stellte dann das militärische Gleichgewicht wieder her. Die Horde von Astrachan und die Krimtataren

6 Vgl. H. NEUBAUER, Car.
7 Vgl. E. WINTER, Rußland, 133ff.
8 H. SCHAEDER, Moskau, 76.
9 Očerki istorii SSR, Period feodalizma, 117.

fielen wiederholt plündernd in russische Gebiete ein, so dass die Grenzsicherung dringend geboten war. „Das Verfahren, über die Verteidigungsgrenze Stützpunkte vorzuschieben, diese dann zu einer neuen Grenze zu verbinden und zu einer neuen Basis für weitere vorgeschobene Stützpunkte zu machen, sollte sich in der folgenden Zeit bewähren.“[10]

Durch den Anschluss beziehungsweise die Eroberung großer Territorien wurde das Moskauer Reich ein Vielvölkerstaat, der sich bewusst auf die Traditionen der Kiewer Rus' und des byzantinischen Kaisertums berief. Der Ausbau des Kreml in Moskau und die Errichtung weiterer profaner und sakraler Bauwerke im Stil eigener Traditionen und ausländischer Vorbilder belegen die gewachsene Macht und das steigende internationale Ansehen des russischen Reiches.

2.9.2 Ivan IV. – Erneuerung und Schreckensherrschaft

Da die erste Ehe Vasilijs III. kinderlos blieb, trennte er sich 1525 von seiner Gemahlin und heiratete die Litauerin Elena Glinskaja, die 1530 den Sohn Ivan Vasilevič gebar. Als der Zar im September 1533 erkrankte, veranlasste er seine Brüder und Verwandten, zu denen gespannte Beziehungen bestanden, dem Dreijährigen den Treueid zu leisten. Nach dem Ableben Vasilijs III. am 4. Dezember übernahm Elena die Vormundschaft für den Minderjährigen und überging die Bojaren, die der Zar testamentarisch mit der Regentschaft betraut hatte. Ein 1534 von ihnen im Einvernehmen mit dem polnischen König angezetteltes Komplott überstand Elena ebenso wie weitere Verschwörungen. Sie setzte 1536 eine Steuerreform durch und dämmte das Anwachsen des Klosterbesitzes ein. In vielen Städten ließ sie die Befestigungen erneuern. Eine Kreisreform wurde konzipiert, aber erst nach ihrem Tod durchgeführt. Die Reformen kamen den Interessen des Dienstadels, Teilen der städtischen Bevölkerung und den freien Bauern entgegen.

Elena verstarb am 3. April 1538. Die Bojarenduma übernahm das Regiment, aber ehrgeizige Familien – voran die Šujskij und Belskij – stritten um die Macht. Die blutigen Auseinandersetzungen stürzten das Moskauer Reich in Anarchie. Der Thronfolger wurde von diesen Ereignissen geprägt und in seinem späteren Handeln beeinflusst. Dem Metropoliten Makarij, der seit 1542 die orthodoxe Kirche leitete, gelang es schließlich, die an der Konsolidierung der Verhältnisse interessierten Kräfte zu stärken.

Am 16. Januar 1547 wurde Ivan IV. vom Moskauer Metropoliten nach byzantinischem Ritus als „*Zar* und Selbstherrscher des ganzen großen Russland“ gekrönt. Die offizielle Annahme des Zarentitels durch einen Großfürsten bei der Krönung belegt das neue Selbstverständnis von Staat und Kirche. Es gab zwar noch keinen Moskauer Patriarchen, aber immer häufiger wurde die Selbständigkeit der russischen Kirche betont. Die Moskauer Synoden von 1547 und 1549 nutzte Makarij, um im Sinne Josifs von Volokolamsk die Beziehungen zwischen geistlicher und weltlicher Gewalt unter Berufung auf die altrussische Tradition zu festigen. Dem diente die Sammlung von Heiligenviten als Kanon der Heiligenverehrung und die Beschreibung des Lebens

10 G. Stökl, Rußland, 1143.

christlicher Herrscher der Rus. „Darin trafen das Bedürfnis nach Historisierung der politischen Rolle der Kirche mit dem nach kirchlicher Überhöhung der Autokratie als des einzig rechtmäßigen Kaisertums neben dem römischen zusammen."[11]

Für die Stärkung der Autokratie verwandte sich auch Ivan Peresvetov. Er entstammte dem litauischen Dienstadel und kam 1538 nach Moskau. Unter der schamlosen Ausbeutung durch die Bojaren leide das ganze Land, erklärte er in seinen Schriften, doch alle seien Kinder Adams, und wer dem zuwider handle, solle dem Teufel geweiht sein. Der Zar solle deshalb mit Strenge herrschen. In dessen unbegrenzter Macht und in der Zusammenarbeit mit dem Dienstadel sah er das Mittel, um die unteren Schichten gerecht zu behandeln. Peresvetov wurde 1549 das Opfer bojarischer Opponenten.

Ivan IV., ein „konservativ gebildeter, überaus sensibler Geist und eine zwischen Angst und Wut schwankende Seele in einem von Schmerzen geplagten Körper"[12], wurde am 23. Februar 1547 mit der Moskauer Bojarentochter Anastasija Romanova vermählt. Während der Hof mehrere Wochen feierte, litt das Land unter den Folgen einer Missernte und vernichteten Brände zahlreiche Siedlungen. Nach ersten Feuersbrünsten in Moskau im April zerstörte am 21. Juni ein Großbrand den Kreml und 25 000 Höfe. Die Familie Glinskij – die Zarenverwandtschaft mütterlicherseits – wurde verdächtigt, die Katastrophe verursacht zu haben. Bewohner verlangten deren Verurteilung wegen Landesverrats und erschlugen Jurij Glinskij. Der Protopope Sil'vestr hielt dem Zaren indes vor, der Brand sei eine Strafe Gottes angesichts seines ausschweifenden Lebenswandels.

Um angestaute Probleme zu bewältigen, berief Ivan IV. ein Gremium, das später „Auserwählter Rat" (*Izbrannaja rada*) genannt wurde. Ihm gehörten geistliche Würdenträger und Angehörige des Hochadels an, darunter der Protopope, Gelehrte und Beichtvater Sil'vestr (der geistige Kopf der Reformer), der Vertraute des Zaren und befähigte Organisator Alexej Fedorovič Adašev (der bis 1560 faktisch den Rang eines ersten Ministers innehatte) und Fürst Andrej Kurbskij. Ziel der Reformer war die Beseitigung von Missständen, die aus der Zeit der Minderjährigkeit Ivans IV. herrührten, die Rückführung des Landes in die „gute alte Zeit".

Im Februar 1549 lud der Zar geistliche und weltliche Würdenträger nach Moskau zu einer Landesversammlung (*zemskij sobor*).[13] Unter Vorsitz des Herrschers und des Metropoliten sollte die „Versöhnungsversammlung" nach den heftigen Konflikten einen Schlussstrich ziehen. Ivan IV. berichtete später, er habe erklärt, „was wir noch während unserer Minderjährigkeit Euch, unseren Bojaren, an Ungnade angetan hatten, ebenso Eure, unserer Bojaren Widersetzlichkeit und Verbrechen, all das verzeihen wir einander vor unserem Vater und Fürbitter, vor Makarij, dem Metropoliten von ganz Rußland."[14] Die Landesversammlung gab auch den Anstoß für die Revision des Gesetzbuches von 1497. Bereits im Juni 1550 wurde der *Zarskij Sudebnik* (Gesetzbuch des Zaren) vom Herrscher und der Bojarenduma in Kraft gesetzt. Er beendete die un-

---

11 K. Zernack, Polen und Rußland, 173.
12 F. Kämpfer, Ivan (IV.), 28.
13 Vgl. L. V. Čerepnin, Zemskie sobory.
14 Nach E. Donnert, Rußland, 168f.

gerechte Rechtspraxis von Bojarengerichten, regelte die rechtlichen Verfahren und wertete den Dienstadel auf.

Die Verwaltung wurde durch erste zentrale Ämter (*prikazy*) gestärkt.[15] Den zu Amtsmissbrauch neigenden Statthaltern (*namestniki*) wurde die Polizei- und Gerichtsgewalt entzogen und gewählten *Guba-Starosten* aus dem Dienstadel übertragen. Um die Korruption und das „Durchfüttern" (*kormlenie*) – Beamte lebten von Abgaben und Gebühren – einzudämmen, wurde 1555 die Besoldung durch das Schatzamt eingeführt. Der Erfolg hielt sich indes in Grenzen. Das Heer wurde reorganisiert, indem Truppen in städtischen Garnisonen stationiert, die Artillerie verstärkt, Schützenregimenter gebildet und in den Grenzgebieten Befestigungen angelegt wurden. Eine Neuerung war die Einberufung von Landesversammlungen, die den Zaren beraten sollten. Es handelte sich um eine Art Ständevertretung, die allerdings nur über beschränkte Rechte verfügte, im Grunde um eine Erweiterung der Bojarenduma durch Vertreter der Oberschichten. Im Jahr 1566 wurde eine Landesversammlung erstmals auch von Kaufleuten und Handwerkern beschickt.

Da die geistliche Disziplin verfiel sowie das Alltagsverhalten der Gläubigen und der Lebenswandel des Zaren Anlass zu Kritik boten, beriet 1551 die „Hundertkapitel-Synode" über den religiös-moralischen Zustand der Gesellschaft. Die hundert zu behandelnden Fragen waren unter Leitung Ivans IV. erarbeitet worden. Die Bestandsaufnahme listete Selbstvorwürfe des Zaren ebenso wie Vorwürfe an die Geistlichkeit auf. Da hieß es zum Beispiel: „Nicht das Heil der Seele sucht man in den Klöstern, sondern Müßiggang, Vergnügungen und niedrige Wollust .... Die Mönche halten sich Diener und sind so schamlos, daß sie Frauenzimmer in das Kloster bringen, um in Saus und Braus die Güter des Klosters zu verprassen und der gemeinsten Unzucht zu frönen."[16]

Ivan IV. eröffnete – dem Vorbild byzantinischer Kaiser folgend – die Synode. Die Verwahrlosung der Gemeinden und Klöster sowie Sittenlosigkeit, Unbildung und Korruption der Gesellschaft sollten behoben werden. Diskutiert wurde auch über Fehler der liturgischen Bücher. Mit dem verabschiedeten *„Stoglav"* (Hundert Kapitel) war beabsichtigt, die russische orthodoxe Kirche zu festigen und sie gegen andere orthodoxe Kirchen abzugrenzen – eine osteuropäische Variante der Reformation. Das verschärfte Vorgehen gegen Häretiker zeigte indes an, dass der Reformwille begrenzt war. „Dem allgemeinen Ergebnis, daß sich praktisch alle Mitglieder der Gesellschaft ihren Christenpflichten entziehen, stellt die Synode ein Programm verstärkter Indoktrinierung und systematischer Kontrolle entgegen, insofern den allgemeinen Tendenzen des Gesetzbuches von 1550 adäquat."[17]

Doch auch in der folgenden Zeit traten häretische Strömungen auf, denen Zeitgenossen protestantische Lehren unterstellten. Die „neue Lehre" des Cholopen Feodosij Kosoj lehnte die kirchliche und soziale Ordnung ab und wurde 1554 als häretisch verurteilt. Kosoj wurde daraufhin Mönch, floh nach Litauen, heiratete wahrscheinlich eine Jüdin und verbreitete in dem Land, in dem sich verschiedene Konfessionen be-

---

15 Vgl. N. V. Ustjugov, Evoljucija.
16 V. Giterman, Geschichte Rußlands, 413.
17 F. Kämpfer/G. Stökl, Rußland, 887.

gegneten, seine antitrinitarischen und bilderfeindlichen Auffassungen, die er aus dem Evangelium schöpfte.

Außenpolitisch richtete sich das Interesse Ivans IV. auf die Nachfolgereiche der Goldenen Horde. Das einst mächtige Tatarenreich war in das Krimkhanat, das Khanat Kazan und die Horde von Saraj zerfallen. Moskau war seit 1547 bemüht, Kazan zu gewinnen, um den Weg für den Orienthandel zu öffnen. Nach mehreren Feldzügen wurde am 2. Oktober 1552 die Residenz des Khans erobert, das Territorium durch Festungen gesichert. Russische Siedler ließen sich an der mittleren Wolga und an der Kama nieder. Im Herbst 1556 wurde Astrachan eingenommen, so dass die Wolga bis zur Mündung in das Kaspische Meer unter russischer Herrschaft stand.

Ivan IV. betrieb die Reformpolitik bisher im Einvernehmen mit seinen Beratern. Doch der misstrauische Herrscher beobachtete, wie am Hof Günstlinge ihre egoistischen Interessen verfolgten. Als er im März 1553 schwer erkrankte, mussten alle Fürsten und Bojaren seinem wenige Monate alten Sohn Dmitrij Ivanovič den Treueid leisten. Dagegen erhob sich Widerstand, auch von Seiten Adaševs und Sil'vestrs, da im Fall des Ablebens des Zaren mit einer langen Regentschaft Anastasijas zu rechnen war. Ivan IV. genas, doch die Differenzen blieben, und als Anastasija 1560 verstarb, wurden die Männer am Hof beschuldigt, ihren Tod herbeigeführt zu haben. Adašev wurde nach Livland versetzt, Sil'vestr ins Kloster verbannt, andere Würdenträger durften Moskau nicht verlassen und keine Kontakte ins Ausland unterhalten. Der Zar umgab sich mit neuen Günstlingen.

Angesichts der wenig erschlossenen Ressourcen Russlands war Ivan IV. bemüht, Fachleute ins Land zu holen. Da das Handwerk in den Städten eine geringe Rolle spielte und die Steuerkraft der Bevölkerung erschöpft war, aber die Einnahmen gesteigert werden mussten, tätigte ein Heer von Beamten im Namen des Zaren Handelsgeschäfte. Auch ließ dieser Kaufhöfe bauen und gegen einen Jahreszins vermieten. Folgenreich war die Anknüpfung direkter Beziehungen zu England seit 1553. Während einer Expedition gelangte Kapitän Richard Chancellor mit einem Schiff über die Nordroute bis zur Mündung der Dwina und mit dem Schlitten bis Moskau. Der Zar sicherte ihm freien Handel für englische Kaufleute zu, die mit der 1555 gegründeten *„Muscovy Company"* eine Monopolstellung auf dem russischen Markt erlangten.

Die kostspielige und beschwerliche Nordroute zu umgehen, war nur möglich, wenn Moskau einen Zugang zur Ostsee gewann. Ivan IV. begann deshalb im Januar 1558 den Krieg gegen Livland. Den Anlass bot die Weigerung des Stifts Dorpat, dem Zaren einen seit langem bestehenden Tribut zu zahlen. Am 12. Mai eroberten russische Truppen Narva und am 18. Juli kapitulierte Dorpat, so dass Russland nun über einen Ostseehafen verfügte. Doch der Krieg zog sich hin, und auch diplomatische Aktivitäten brachten keine Entscheidung. Erst mit der Eroberung von Polozk am 15. Februar 1563 gelang Ivan IV. wieder ein militärischer Erfolg.

Bald entstand eine gefährliche Situation. Da der Zar nach dem Tod Anastasijas immer brutaler handelte, befürchtete der hohe Adel, jeder könne sein Opfer werden. Fürst Kurbskij, der zu den Beratern des Zaren gehörte, floh deshalb im April 1564 nach Litauen. Ivan IV. wurde noch misstrauischer und war jetzt entschlossen, mit seinen Widersachern abzurechnen. Mit einer theatralischen Aktion bekundete er, dass er nicht länger in einem Land herrschen wolle, in dem Verräter das Wort führen und sich bereichern. Am 3. Dezember 1564 verließ er mit seiner Familie und vielen Kostbarkeiten Moskau mit unbekanntem Ziel. Die Bevölkerung war beunruhigt.

Am 3. Januar 1565 traf dann aus der Alexandrova Sloboda – einer etwa 70 Kilometer von Moskau entfernten Siedlung – beim Metropoliten ein Schreiben des Zaren ein, das den Bojaren während seiner Minderjährigkeit begangene Verbrechen anlastete. Der Geistlichkeit hielt er vor, sie habe mit dem korrupten Gesindel gemeinsame Sache gemacht. Da er dies nicht länger hinnehmen könne, sei er entschlossen, auf den Thron zu verzichten. Ein zweites Schreiben versicherte den Einwohnern Moskaus, seine Ungnade gelte nicht ihnen, sondern den Bojaren, der Geistlichkeit und den hohen Beamten. Beide Briefe wurden gemäß dem Befehl des Zaren öffentlich verlesen.

Die Aktion erfüllte ihren Zweck: Die Versammelten forderten den Metropoliten auf, Ivan IV. zur Rücknahme seiner Entscheidung zu bewegen. Er solle künftig nach seinem Belieben regieren und mit den Verrätern nach seinem Willen verfahren, denn ihm stehe es zu, über Leben und Tod zu entscheiden. Die Abordnung, die den Zaren aufsuchte, wurde von einer großen Volksmenge begleitet. Im Februar 1565 kehrte Ivan IV. nach Moskau zurück und rechnete mit seinen tatsächlichen und vermeintlichen Gegnern ab. Wer zu den „Verrätern" Beziehungen unterhalten, sich 1553 gegen die Thronfolge Dmitrijs ausgesprochen oder die Flucht ins Ausland vorbereitet hatte, wurde dem Henker übergeben. „Moskau erstarrte in Ehrfurcht", berichtet eine Chronik. Gelegentlich empfand der Zar Reue und zog sich einige Tage in ein Kloster zurück, um Buße zu tun.

Seit 1565 setzte Ivan IV. den offenbar schon länger gehegten und nun von einem Zemskij Sobor sanktionierten Plan um, eine zuverlässige militärische Gefolgschaft zu schaffen. Zu diesem Zweck wurde das russische Territorium zweigeteilt: Während die *„Zemščina"* vom Zaren und einem Bojarenrat verwaltet wurde, bildete die *„Opričnina"* ein Sondergebiet mit einem Zarenhof und einer eigenen Duma, Verwaltung und Armee. Das Gebiet der Opričnina wurde gezielt nach den Erfordernissen des neuen Systems gebildet. Die drei Hauptregionen sollten den Bedarf des Hofes sichern, Handel und Gewerbe entwickeln und Land für die Verteilung an die *Opričniki* zur Verfügung stellen. Dehalb wurden vor allem landwirtschaftlich fruchtbare Gebiete und Handelszentren in die Opričnina integriert.

Der Ukas über die Einführung der Opričnina sah zunächst eintausend Dienstmannen vor, doch ihre Zahl wurde bald um ein Vielfaches erhöht. Die Opričniki leisteten dem Zaren einen Treueid und trugen als Uniform schwarze Kittel sowie einen Hundskopf und einen Besen als Kennzeichen – Symbole für die Aufgabe, die Feinde des Zaren wie Hunde aus dem Land zu fegen. „Der Terminus Opričnina bezeichnet zugleich einen Personenverband, der einerseits als Privatarmee Ivans IV. sowohl zur Beseitigung innerer Opposition, als auch zu Feldzügen gegen äußere Feinde bestimmt war, andererseits einen Männerbund mit Merkmalen eines religiösen Ordens darstellte. Überwiegend aus dem niederen Dienstadel rekrutiert, allein aufgrund glaubwürdigen Versprechens blinder Ergebenheit ausgesucht, bildeten die Opričniki willfährige Werkzeuge in der Hand des Zaren."[18] Sie waren das Instrument des anhaltenden Terrors.

In Moskau herrschte angesichts der Bedrückungen eine gespannte Situation. Im Juli 1566 verlangte eine dem Zaren übergebene Petition, die Opričnina abzuschaffen.

---

18 Ebd., 918.

Als 1567 Opponenten Beziehungen nach Polen und Litauen knüpften, reagierte Ivan IV. mit Hinrichtungen und Aussiedlungen. Gegen den Schrecken protestierte der Metropolit Filipp II. – er wurde nach Tver deportiert und 1569 von einem Opričnik erwürgt. Auf die Nachricht hin, in Novgorod werde der Anschluss an Polen betrieben, entsandte der Zar 1570 Opričniki, deren Strafaktion 40 000 Menschen zum Opfer fielen. Da Ivan IV. auch künftig mit Verschwörungen rechnete, beabsichtigte er, den hohen Adel zu vernichten oder in entlegene Regionen zu deportieren. Das konfiszierte Land wurde zur Ausstattung einer Schicht von Dienstleuten genutzt.

Die Opričnina wies keinen Weg in die Zukunft. „Das Experiment scheiterte politisch, denn die Opričnina vermochte die Zemščina zwar zu terrorisieren, aber nicht zu durchdringen und aufzusaugen. Es scheiterte militärisch, denn zur Landesverteidigung waren die Opričniki zu schwach und auch sonst wenig geeignet".[19] Als die Krimtataren bis Moskau vorstießen und am 23. Mai 1571 die Stadt niederbrannten, versagten die Opričniki. Erst nach einer Schlacht vom 30. Juli bis 2. August 1572 gelang es den Moskauer Truppen, sie in die Steppe zurückzudrängen. Diese Situation gab den Ausschlag für das formale Ende der Opričnina. Da die Institutionen der Zemščina intakt geblieben waren, wurde Russland angesichts der seit den sechziger Jahren um sich greifenden wirtschaftlichen und sozialen Krise nicht in völlige Anarchie gestürzt. Seit 1572 wurden die Opričniki „Hofleute" (*dvorovye ljudi*) genannt. Das bedeutete aber nicht das Ende des Terrors, wenn dieser auch nachließ. Der Zar blieb misstrauisch und neigte immer wieder zu hemmungslosen Ausbrüchen. Einem solchen fiel im November 1581 sein einziger regierungsfähiger Sohn Ivan Ivanovič zum Opfer.

Der seit 1558 um Livland geführte Krieg hielt inzwischen an, aber Ivan IV. war angesichts der inneren Probleme, der Epidemien und Hungersnöte sowie der Invasion der Krimtataren zur Zurückhaltung gezwungen. Als er 1579 einen neuen Angriff einleitete, stieß er auf die Gegenwehr des polnischen Königs Stefan Bathory, und die Schweden eroberten 1581 Narva. Im Januar 1582 vereinbarte der Zar mit Polen den vom päpstlichen Gesandten Antonio Possevino vermittelten Vertrag von Jam Zapol'skij und im August 1583 mit Schweden an der Plussja einen Friedensschluss. Ivan IV. musste auf alle Eroberungen verzichten und behielt nur einen Landstrich am Finnischen Meerbusen. Der Versuch, einen Zugang zur Ostsee zu gewinnen, war vorerst gescheitert. Russland war im Handel mit dem Westen weiterhin auf den beschwerlichen Weg über das Eismeer angewiesen. Neue Ressourcen wurden damals mit der Eroberung Sibiriens erschlossen.

Possevino hielt sich zu dieser Zeit in Russland mit dem Auftrag auf, das Land für die römische Kirche zu gewinnen. Eine geheime Instruktion vom 27. März 1581 trug ihm auf, dem Zaren vorzustellen, „wie nötig es sei, daß alle christlichen Könige sich im Geiste vereinigten, zur römisch-katholischen Religion bekennten, und den Papst als Oberhaupt und Hirten annähmen, den Christus selbst als solchen eingesetzt habe." Außer dem Seelenheil könne er von der römischen Kirche auch die Vergrößerung seiner Macht erwarten. Schließlich sei es „schimpflich und unschicklich für einen so großen Fürsten ..., den Metropoliten von Konstantinopel, der nur ein unrechtmäßiger Hirte und ein Sklave der Türken sei, anzuerkennen, während es doch ein viel größerer

---

19 G. Stökl., Rußland, 1150.

Ruhm für ihn wäre, mit den übrigen christlichen Fürsten dem wahren christlichen Statthalter Christi anzuhängen."[20] Die Mission zeitigte keinen Erfolg, aber sie macht darauf aufmerksam, dass die gegenreformatorische Politik vor Russland nicht Halt machte.

Ivan IV. starb am 18. März 1584. Der Zar mit dem Beinamen *„grozny"*, der von den Mächtigen des Landes „Furcht und Gehorsam" gegenüber der Krone verlangte[21], war eine der widersprüchlichsten Persönlichkeiten. In seiner Politik vermischten sich Reformeifer und Traditionalismus, Sorge um das Land und Terror gegen Opponenten. Er hinterließ einen autokratisch regierten und durch die Opričnina ruinierten Staat. Das Erbe wog schwer – die Schäden der Opričnina waren zu beheben, und bald erlosch auch die Dynastie. „Im dynastischen Kontinuitätsbruch ebenso wie im Erfolg der Interventionsmächte Schweden und Polen manifestierte sich eine fundamentale Bedrohung, wenn nicht für den Fortbestand moskauisch-russischer Geschichte überhaupt, so doch für das Ergebnis der 'Sammlung der Länder der Rus' unter dem Moskauer Rurikidenhause."[22]

2.9.3 Die „Zeit der Wirren"

Am 31. Mai 1584 wurde der physisch und psychisch labile Fjodor I., der Sohn Ivans IV. und Anastasijas, gekrönt. Er wurde von der Öffentlichkeit fern gehalten und die Legende verbreitet, er pflege den Lebenswandel eines Heiligen. Da er nicht regierungsfähig war, hatte sein Vater testamentarisch verfügt, einen Regentschaftsrat zu berufen. In dem fünfköpfigen Gremium führte das Wort zunächst Nikita Romanov, ein Onkel des Zaren, nach dessen Tod 1586 dann Boris Godunov. Angesichts des möglichen Erlöschens der Dynastie sowie grassierender Hungersnöte und Epidemien herrschten unter der Bevölkerung Unruhe und Ratlosigkeit. Es begann die „Zeit der Wirren" (*smutnoe vremja*), in der Gesellschaft und Staat durch dynastische, soziale und außenpolitische Krisen existentiell erschüttert wurden.

Godunov war 1567 Opričnik geworden und am Zarenhof aufgestiegen. Seine Schwester Irina Fedorovna wurde mit Fjodor I. verheiratet. Gegen Godunovs wachsenden Einfluss opponierten Bojaren, unterstützt von Kaufleuten, die den fiskalischen Druck abwerfen wollten. Godunov behauptete jedoch die Macht und schaltete seine Widersacher aus. Zudem konnte er außenpolitische Erfolge vorweisen: 1587 wurde in Sibirien Tobolsk gegründet, 1591 ein Angriff der Krimtataren auf Moskau abgewehrt, 1594 ein Friede mit ihnen vereinbart sowie die Grenze im Süden und an der Wolga durch neue Befestigungen gesichert. Die Beziehungen zu England wurden intensiver, und der Friedensschluss mit Schweden am 18. Mai 1595 in Teušina brachte Russland wieder in den Besitz von Ingermanland und Karelien. Auch unterstützten der Dienstadel und die hohe Geistlichkeit Godunov.

Nach intensiven Verhandlungen mit Patriarch Jeremias von Jerusalem wurde Moskau 1589 der Rang eines Patriarchats und dem Metropoliten Iov die Würde eines Pa-

20 V. Giterman, Geschichte Rußlands, 432.
21 Vgl. F. Kämpfer, Ivan (IV.), 31.
22 K. Zernack, Problem, 3.

triarchen „von Moskau und der ganzen Rus" zugestanden[23] und diese Entscheidung 1593 von den Patriarchen von Konstantinopel, Antiochia und Alexandria anerkannt. Sie wurden künftig von Moskau finanziell und politisch unterstützt. „Die Errichtung des Moskauer Patriarchats war weniger eine aus theologischen Erwägungen angestrebte oder durch die moskauische Kirche herbeigeführte Entscheidung als eine Rangerhöhung, die der Staat für ‚seine' Kirche durchgesetzt hatte. Damit war die autokratische Herrschaft institutionell vollendet: Neben dem orthodoxen Selbstherrscher stand der Patriarch; der Vorrang des Ökumenischen Patriarchats besaß nur noch formale Bedeutung."[24]

Um die verheerenden Folgen der Opričnina zu beheben, mussten die Steuereinnahmen erhöht werden. Deshalb wurden 1584 die Steuerprivilegien der Klöster aufgehoben und der Erwerb von Grundbesitz eingeschränkt. In den Städten wurde seit 1588 die Steuerfreiheit der Kirche und der Bojaren beseitigt. Angesichts des sozialen Drucks flohen viele Bauern und ließen sich vor allem im Süden Russlands nieder. Die Folge waren Wüstungen und Steuerausfälle in den zentralen Gebieten. Folglich wurde seit Beginn der achtziger Jahre wiederholt der Abzug am St.-Georgs-Tag (26. November) untersagt und 1597 Grundbesitzern erstmals Hilfe bei der Rückführung geflohener Untertanen zugesagt. Von den Maßnahmen profitierten vor allem die adligen Dienstleute, die Godunov an sich binden wollte.

Mit dem Tod Fjodors I. am 7. Januar 1598 erlosch die Dynastie. Denn Dmitrij, ein Sohn Ivans IV., war am 15. Mai 1591 in Uglič umgekommen. Trotz gegenteiliger Erklärungen verstummte das Gerücht nicht, Godunov habe dessen Beseitigung angestiftet. Viele Bojaren wünschten nun Dmitrijs Mutter Irina als Herrscherin, aber diese lehnte ab und ging ins Kloster. Dagegen schlug Patriarch Iov während einer Landesversammlung Godunov vor – er wurde am 17. Februar gewählt und nahm am 21. Februar die Zarenkrone an. Die Wahl eines Zaren war ein Novum. Im Ansatz zeichnete sich eine neue Staatsauffassung ab, indem die Landesversammlung als Repräsentant des „Volkes" verstanden wurde. Tatsächlich nahmen am Zemskij Sobor von 1598 neben den Vertretern des Adels und der Geistlichkeit auch Abgesandte der städtischen Bevölkerung teil.[25]

Godunov schuf sich durch Gnadenerweise, Rangerhöhungen, Landzuweisungen und Geschenke eine Klientel, und er rechnete mit Gegnern ab, zumal er ständig befürchtete, gestürzt oder vergiftet zu werden. Betroffen war besonders die Familie Romanov, deren Oberhaupt mitsamt Gattin in ein Kloster verbannt wurde. Obwohl der Terror aufhörte, hielt Godunov an der autokratischen Herrschaft fest. Städte erfuhren eine gewisse Förderung, waren aber der ausländischen Konkurrenz ausgesetzt. Ausländer wurden ins Land geholt, um die Entwicklung der Gewerbe voran zu bringen. Den Lübeckern wurden an mehreren Plätzen Vorrechte im Handel eingeräumt. Spannungen ergaben sich aus der Einschränkung der bäuerlichen Freizügigkeit.

Bei seiner Krönung hatte Godunov erklärt, in seinem Reich solle keiner Not leiden. Aber die Verelendung eines beträchtlichen Teils der Bevölkerung hielt an und weite

---

23 Vgl. E. Winter, Rußland, 147ff.
24 H. Neubauer, Rurikiden, 998.
25 Vgl. E. Donnert, Rußland, 85f.

Landstriche verödeten, so dass die Versorgung mit Lebensmitteln immer schwieriger wurde. Als 1601 aufgrund einer Missernte eine mehrere Jahre andauernde Hungersnot ausbrach, wurde in Moskau auf Befehl des Zaren Brot und Geld an Notleidende ausgeteilt. Das lockte viele Menschen vom Land in die Stadt, so dass die Vorräte nicht ausreichten. Die Folge waren Hungerrevolten und Bauernaufstände.

In dieser Situation lebte der Verdacht wieder auf, Boris Godunov sei der Urheber des gewaltsamen Todes Dmitrijs. Treffe dies zu, so mutmasste man, dann liege auf seiner Herrschaft kein Segen. Bald lief das Gerücht um, der *Zarevič* lebe noch, befinde sich in Polen und werde zurückkehren, denn in Uglič sei nicht er, sondern ein anderes Kind umgebracht worden. „Die *Samozvancy* (Selbsternannten, Usurpatoren eines fremden Namens) sollten von nun an für lange Zeit eine vertraute Erscheinung der russischen Geschichte werden. Das bäuerliche Volk hielt sie für echt, es sah in ihnen seine Hoffnung auf einen gerechten Zaren verkörpert, der die Willkür der Würdenträger und Gutsbesitzer beseitigen würde. Umgekehrt waren sie den Herrschenden, eben weil sie ihre Erfolge den Sehnsüchten und dem Protest der Unterdrückten verdankten, nichts als ‚Räuber' (*Vory*).“[26]

Der erste, der sich als Zarevič Dmitrij ausgab, war Grigorij Otrep'ev, ein begabter Mönch kleinadliger Herkunft, der in Polen von Jesuiten betreut wurde und insgeheim zum Katholizismus konvertierte. Godunov ließ am Hof in Krakau dessen „Echtheit“ dementieren und in den Kirchen verkünden, es handle sich um einen Betrüger. Auch wurden in der Umgebung König Sigismunds III. Stimmen laut, sich nicht in ein Abenteuer zu stürzen. Aber mehrere polnische Magnaten unterstützten „Dmitrij“. Im August 1604 brach er in Lemberg mit Freiwilligen aus der *Szlachta* auf, um den Zarenthron zu erobern. Während des Marsches unterstellten sich ihm viele Kosaken, und zahlreiche Städte im Südwesten kapitulierten, ohne Widerstand zu leisten.

In dieser bedrohlichen Situation verstarb am 13. April 1605 unerwartet Boris Godunov. Die Moskauer leisteten seinem Sohn Fjodor den Treueid. Eine dramatische Wendung trat ein, als am 7. Mai die Truppen des Zaren zu „Dmitrij“ überliefen und die Nachricht kursierte, in Kürze werde ein neuer Herrscher in die Hauptstadt einziehen. Ein Manifest sagte den Moskauern Vergebung zu, da sie irregeleitet worden seien, und forderte sie auf, die Anhänger der Godunovs zu bestrafen. Am 31. Mai brachten die Anhänger „Dmitrijs“ in Moskau die Macht in ihre Hand. Fjodor und seine Mutter wurden am 10. Juni umgebracht, die Häuser von zu Godunov haltenden Bojaren geplündert und auch der Hof des Patriarchen nicht verschont. Am 13. Juni begab sich eine Moskauer Gesandtschaft nach Tula, um „Dmitrij“ um Vergebung zu bitten. Dieser zog am 20. Juni in die Hauptstadt ein und wurde am 21. Juli gekrönt. Von Boris Godunov verbannte Bojarenfamilien kehrten zurück und besetzten die Ämter.

Am 10. November 1605 wurde „Dmitrij“ in Abwesenheit in Krakau Maryna Mniszechówna angetraut. Die Tochter eines polnischen Wojewoden traf am 2. Mai 1606 mit großem Gefolge in Moskau ein und wurde am 14. Mai gekrönt. Die Lebensweise „Dmitrijs“ widersprach indes den traditionellen Vorstellungen von einem Zaren, und das provozierende Auftreten der Polen erregte den Unwillen der Moskauer. Den Bojaren war „Dmitrij“ nur so lange von Nutzen, bis die Godunovs und ihre Anhänger

---

26 G. Stökl, Rußland, 1154.

ausgeschaltet waren. Die Dienstleute und Kosaken enttäuschte er, weil er seine Versprechungen nicht einlöste. Bald lief das Gerücht um, „Dmitrij" sei Katholik, Werkzeug der Polen und ein Betrüger. Am 17. Mai wurden die sich in Moskau aufhaltenden Polen angegriffen. Der „Zar" floh, wurde verwundet und verstarb.

Am 19. Mai 1606 wurde Vasilij Šujskij als Zar ausgerufen. Seine rurikidische Herkunft, seine Opposition gegen Godunov und sein Mitwirken am Sturz „Dmitrijs" verschafften ihm ein gewisses Prestige. Eine Gruppe von Bojaren, die entschlossen war, dem Land wieder Stabilität zu verleihen, unterstützte Vasilij IV. und hoffte, ihre durch die Opričnina verlorene Macht wieder zu gewinnen. Dem Zaren gelang es jedoch nicht, die Situation zu beruhigen und seine Autorität zu festigen, zumal die Bojaren von Beginn an bemüht waren, seine Herrschaft zu beschränken. Ein großer Teil der Bevölkerung verweigerte Vasilij IV. den Gehorsam. Er sah sich mit aufständischen Bauern, Kosaken und Dienstadligen konfrontiert, die sich gegen die Machtstellung der begünstigten Bojaren wandten.

Ivan Isajevič Bolotnikov, ein ehemaliger *Cholop* (Unfreier), der in jungen Jahren zu den Kosaken geflohen war, organisierte im Juli 1606 im Süden den Aufstand, der sich nach Norden ausweitete und gegen den grundbesitzenden Adel und die in Moskau Herrschenden richtete. Bolotnikov schlossen sich Bauern, aber auch Dienstleute und viele Städte sowie einige Bojaren an. Mit einem großen Heer belagerte er im Oktober 1606 die Hauptstadt. Doch einige Truppenteile der Dienstleute und Kosaken ließen sich auf Verhandlungen mit dem Zaren ein und wechselten zu ihm über, so dass es diesem gelang, am 4. Dezember den Belagerungsring zu sprengen. Im Mai 1607 vereinte Bolotnikov den Rest seiner Anhänger mit denen des im Süden operierenden „Zarevič Pjotr" – eines einfachen Kosaken. Beide wurden im Oktober gefangengenommen, Pjotr 1608 in Moskau hingerichtet, Bolotnikov verbannt und dann ermordet. Der Aufstand fand indes in großen Teilen des Landes noch längere Zeit ein Echo, so dass nur ein Teil des Reiches von Moskau kontrolliert wurde.

Ein zweiter „falscher Dmitrij" tauchte 1607 auf. Er scharte Anhänger Bolotnikovs, unzufriedene Dienstadlige, Kosaken und mit dem Zaren verfeindete Bojaren um sich, und auch polnische und litauische Adlige unterstützten ihn. Nach einem Sieg über das Zarenheer bei Bolchov am Oberlauf der Oka am 1. Mai 1608 stießen sie bis Moskau vor und errichteten im Juni in Tušino ihr Lager, wo „Dmitrij" verschwenderisch Hof hielt, eine Gegenregierung bildete, einen Bojarenrat berief, Steuern erhob und Land verschenkte. Vasilij IV. war nicht in der Lage, die russischen Städte zu schützen, so dass sie zur Selbsthilfe griffen. In seiner Bedrängnis nahm der Zar am 28. Februar 1609 ein schwedisches Hilfsangebot an. Von Novgorod aus rückten im Mai das aus Söldnern verschiedener Länder gebildete schwedische Hilfskorps und russische Truppen auf Tušino vor, während der polnische Hetman Stanislaw Zólkiewski seit September Smolensk belagerte. „Dmitrij" gab im Dezember die Belagerung Moskaus auf und zog nach Kaluga ab.

Gegner Vasilijs IV. verhandelten inzwischen mit dem polnischen König Sigismund III., um dessen Sohn Wladislaw für den Zarenthron zu gewinnen. Als die Truppen Vasilijs IV., die Smolensk entsetzen sollten, von Zólkiewski am 4. Juli 1610 bei Klušino geschlagen wurden, war für diesen der Weg nach Moskau frei. Der Zar wurde am 17. Juli von seinen Gegnern gestürzt und in ein Kloster verbracht. Ein Bojarenrat übernahm die Regierungsgeschäfte und fertigte im Oktober eine „große Gesandtschaft" in das polnische Lager vor Smolensk ab, um erneut über die Kandidatur Wladislaws zu verhandeln. Jetzt herrschten nicht nur anarchische Zustände, sondern auch ein Interregnum.

In der folgenden Zeit trat ein Dutzend Prätendenten auf, von denen jeder vorgab, der echte Dmitrij zu sein. „Dmitrij", der sein Lager wieder nach Kolomenskoe vor Moskau verlegt hatte, hielt es nun für ratsam, von Moskau abzuziehen (am 10. Dezember 1610 wurde er ermordet). Im Feldlager der Polen wurde am 17. August 1610 Wladislaw zum Zaren ausgerufen. In der Hauptstadt wuchs indes der Unmut über die polnische Besatzung, die faktisch das Regiment an sich riss. Mehrere Städte verlangten seit Januar 1611, den Kampf gegen sie zu organisieren. Patriarch Germogen lehnte einen polnischen Zaren ab und rief auf, das Land von fremden Heeren zu befreien. Mit den Aufständen in Moskau am 13. Februar und 19. März 1611 gelang es jedoch noch nicht, die Polen zu vertreiben. Auch ein Aufgebot von Rjasan und anderen Städten, das am 24. März Moskau angriff, kam nicht zum Erfolg.

Die Verhandlungen im Feldlager vor Smolensk mit der russischen Gesandtschaft brach Sigismund III. im April 1611 ab, weil die Russen Wladislaw die Zarenkrone nur unter der Bedingung des Glaubenswechsels und der Einschränkung seiner Befugnisse übertragen wollten. Die Gesandtschaft (ihr gehörte der Rostover Metropolit Filaret an) wurde kurzerhand gefangengesetzt. Jetzt beanspruchte Sigismund III. selbst den Zarenthron. Damit wäre eine Personalunion zwischen Polen-Litauen und dem Moskauer Staat hergestellt worden. „Wenn Sigismund III. in den Moskauer Wirren auch den Moskauer Thron für das polnische Vasa-Haus gewonnen hätte, wäre die Durchsetzung seines Anspruchs auf die schwedische Krone gegen Karl IX. wohl möglich gewesen, und ganz Ost- und Ostmittel- und Nordosteuropa hätte unter einer Dynastie gestanden."[27] Er scheiterte jedoch mit seiner Absicht.

In vielen Städten wurden inzwischen Landwehren mobilisiert. Am 30. Juni 1611 vereinbarten Stadtbewohner, Dienstleute und Kosaken, die oberste Gewalt des Landes einem aus Vertretern der Landwehren gebildeten Rat zu übertragen. Doch Gegensätze unter den Anführern brachten das Projekt zum Scheitern. Auch kapitulierte am 3. Juni Smolensk und öffnete am 16. Juli Novgorod den Schweden die Tore. Im Sommer 1611 wurde, von den Wolgastädten ausgehend, ein zweites Landesaufgebot organisiert. Da die traditionellen politischen Kräfte sich als unfähig erwiesen, die äußeren Feinde abzuwehren und das innere Chaos zu überwinden, entflammte in großen Teilen des Landes eine patriotische Stimmung und der Wille, die Ordnung wieder herzustellen. Einem Landesrat standen jetzt Kuzma Minin, der am 1. September in Nishni-Novgorod zum Landesältesten gewählt wurde, und Fürst Dmitrij Michailovič Pošarskij, dem die militärische Leitung übertragen wurde, vor.

Im August 1612 begann der Kampf um Moskau. Am 26. Oktober kapitulierte die polnische Besatzung des Kreml, nachdem ein Entsatzheer nicht rechtzeitig eingetroffen war. Am 10. Januar 1613 trat ein Zemskij Sobor zusammen, um einen Zaren zu wählen. Manche plädierten immer noch für Wladislaw, andere für den Schweden Karl Philipp. Auch mehrere russische Kandidaten waren im Gespräch. Gewählt wurde am

---

27 K. Zernack, Nordosteuropa, 16 Anm. 29.

7. Februar Michail Fjodorovič Romanov, der Sohn des Metropoliten Filaret. Die Entscheidung zugunsten des russischen Kandidaten zeugte von einem gewachsenen Selbstbewusstsein, aber auch von dem Interesse, die dynastische Kontinuität einigermaßen zu wahren, denn er war immerhin weitläufig mit der Familie Ivans IV. verwandt. Gegen die Wiedereinrichtung des autokratischen Regiments wurde nicht opponiert.

2.9.4 Neubeginn und Konsolidierung

Mit der Krönung Michails III. am 11. Juli 1613 übernahmen die Romanovs die Macht im russischen Reich. Die Etablierung einer neuen Dynastie setzte dem Chaos ein Ende, aber Konflikte blieben auch künftig nicht aus. Die einen rechneten mit Belohnungen, die anderen fürchteten die Abrechnung. Viele erwarteten, die Gesellschaft werde in die „gute alte Zeit" zurückgeführt. Bald kamen in Wirtschaft, Heerwesen und Kultur westliche Einflüsse zur Geltung. Die Bojaren gewannen ihren Einfluss zurück, mussten aber die autokratische Herrschaft des Zaren hinnehmen. Auch verschärften sich Konflikte zwischen ihnen und dem Dienstadel, auf den sich auch Michail III. stützte. Die Kräfte, die zur Befreiung des Landes beigetragen hatten, „ordneten sich dem Herrscher in der Gewißheit unter, daß die Wiederanknüpfung an die Zeit vor 1598 die Garantie für Ruhe, Ordnung und ein gewisses Wohlleben sei. Die Macht der Tradition wirkte insoweit immer noch in den restaurativen Kurs der nächsten Jahrzehnte hinein."[28]

Die Lage blieb jedoch solange gespannt, wie Schweden über Novgorod die Schutzherrschaft ausübte. Angesichts der Probleme im Ostseeraum zeichnete sich indes ein Friedensschluss ab, den auch England befürwortete, weil es die Ostsee und das Weiße Meer für seinen Russlandhandel offen halten wollte. Der Friede wurde nach langwierigen Verhandlungen am 27. Februar 1617 in Stolbovo südlich des Ladogasees geschlossen. Er brachte Schweden den Besitz Ingermanlands und Kareliens. Auch durfte es Handelshöfe in Moskau, Novgorod und Pskov errichten. Russland erhielt Novgorod zurück und verpflichtete sich zu Reparationen. Der Zugang zur Ostsee blieb ihm weiter versperrt.

In Polen gewannen allmählich die Kräfte an Einfluss, die den Konflikt mit Moskau beenden wollten. Am 24. Dezember 1618 wurde in Deulino bei Sagorsk für die Dauer von vierzehneinhalb Jahren ein Waffenstillstand vereinbart. Moskau trat für diese Zeit Smolensk und litauische Grenzgebiete ab. Der immer noch festgehaltene Metropolit Filaret wurde freigelassen. Wladislaw gab de jure den Anspruch auf den Zarenthron nicht auf, obwohl Michail III. de facto anerkannt wurde. Russland sah in beiden Verträgen Provisorien, die bei günstiger Gelegenheit revidiert werden sollten. Doch ermöglichte die Beruhigung der Situation, die Beziehungen zum Sultan und Schah zu regeln, sich des Kosakenproblems anzunehmen und Sibirien zu durchdringen.

Filaret wurde 1619 Patriarch von Moskau. Faktisch war er ein „verhinderter Zar", denn neben dem Sohn regierte er energisch mit. Von 1613 bis 1621 traten zwölfmal Landesversammlungen zusammen, um die Ordnung wieder herzustellen. Politische

---

28 H.-J. Torke/K. Zernack, Moskauer Reich, 52.

Entscheidungen fällten indes der Zar, die Bojarenduma und der hohe Klerus. Doch die „Smuta" bewirkte eine größere Anteilnahme der Bevölkerung an politischen Ereignissen. In Bittschriften wurden nicht nur – wie bisher üblich – individuelle Belange, sondern die Interessen größerer sozialer Gruppen wahrgenommen und auch politische Rechte angesprochen. Kollektive Petitionen vermochten nunmehr die Politik der Regierung zu beeinflussen. Soziale Spannungen entluden sich zunehmend in Aufständen. Für die Zeitgenossen blieb es eine „aufrührerische Zeit".

Das kardinale Problem war der Geldmangel. Filaret widmete sich deshalb vor allem der Steuerreform. Der Zar nahm Anleihen auf, erhöhte Steuern und erhob wiederholt Sondersteuern. Viele Bauern und Städter wurden dadurch veranlasst, ihre Siedlungen zu verlassen und sich an einen weltlichen Herrn oder ein Kloster zu verpfänden. Der Verlust der Freiheit wurde mit einer begrenzten Verbesserung der Lebensbedingungen kompensiert. Die Aufnahme von „Steuerflüchtigen" wurde zwar 1621/22 untersagt, aber das Verbot nur halbherzig praktiziert. Von der fünfjährigen Verjährungsfrist für Bauernflucht (während der „Smuta" waren es 15 Jahre) profitierten die Herren und Klöster, die Flüchtige aufgenommen hatten. Um die mangelhafte Administration zu verbessern, wurden weitere *Prikazy* eingerichtet und Sekretären (*djaky*) die Verwaltung übertragen.

Aus den Konflikten des Dreißigjährigen Krieges hielt Russland sich weitgehend heraus.[29] Als Schweden 1626 zweimal Gesandtschaften abfertigte, um sich der Rückendeckung Moskaus während des schwedisch-polnischen Krieges zu versichern, war Russland entschlossen, die Verträge von Stolbovo und Deulino zu respektieren und nicht in eine antihabsburgische Koalition einzutreten. Doch wurden an Schweden und Frankreich Getreide, Salpeter und andere kriegswichtige Rohstoffe geliefert.

Russland suchte die Situation zu nutzen, um Smolensk wieder zu gewinnen, und begann 1632 den Krieg. Der schottische Oberst Alexander Leslie warb im Westen Offiziere und Soldaten sowie militärtechnisch erfahrene Handwerker an und organisierte ein erstes stehendes Heer. Das Ziel wurde jedoch nicht erreicht. Mit dem Friedensschluss an der Poljanovka am 4. Juni 1634 gab Michail III. den Anspruch auf Smolensk auf und trat besetzte Gebiete an Polen ab, während Wladislaw IV. endgültig auf den Zarentitel verzichtete. Schweden befürchtete nun eine Annäherung zwischen Polen-Litauen und Russland und deren engere Einbindung in den Krieg in Mitteleuropa. Dieser Fall trat nicht ein, aber Russland blieb interessiert, im Ostseeraum präsent zu sein.

Die Folgen der „Smuta" wurden allmählich überwunden. Fortschritte machte die weitere Erschließung Sibiriens: 1619 wurde Jenisejsk und 1632 Jakutsk gegründet, 1639 der Pazifik erreicht. Ausländer errichteten 1632 eine Eisenhütte bei Tula und 1637 den ersten Hochofen, so dass Gusseisen für die Waffenproduktion hergestellt werden konnte. Auch begründeten sie Glas- und Papiermanufakturen und Bojaren die ersten Leibeigenenmanufakturen.

Nach dem Tod Filarets am 1. Oktober 1633 und dem negativen Ausgang des Smolensker Krieges 1634 reifte eine neue Krise heran. Bereits 1627, dann wieder 1635 und später klagten russische Kaufleute in kollektiven Bittschriften über die Privilegien

29 Vgl. G. Barudio, Moskau, 87ff.

der Ausländer.[30] Die Dienstleute verlangten, die Fristen für die Rückführung flüchtiger Bauern aufzuheben und das Gerichtswesen zu dezentralisieren. Diese und weitere Forderungen beschäftigten die seit 1632 wieder häufiger einberufenen Zemskie Sobory. So stand beispielsweise 1642 die gerechtere Verteilung von Steuern und Diensten, die Regelung der Bauernfrage, eine verbesserte Rechtsprechung, die Beschränkung der Handelsrechte für Ausländer und die Beseitigung von Korruption und Willkür der Beamten zur Diskussion. Obwohl die Reformbedürftigkeit des Staates offensichtlich war, löste Michail III. keines der Probleme.

Auf dem Sterbebett übertrug der Zar in der Nacht vom 12. zum 13. Juli 1645 die Herrschaft seinem Sohn Aleksej Michailovič. Schweden verweigerte ihm die Anerkennung als „Selbstherrscher" und erwirkte, dass er im Westfälischen Frieden 1648 – gegen den Protest Moskaus – nur als *„magnus dux Moscoviae"* (Großfürst von Moskau) tituliert wurde. Immerhin wurde das russische Reich damit in ein europäisches Vertragswerk integriert und völkerrechtlich als Glied der *Respublica Christiana* anerkannt.

Das Ansehen des Moskauer Reiches war gewachsen, aber die Situation im Land instabil. Die Unzufriedenheit dokumentieren die anhaltenden Klagen von Dienstleuten und Kaufleuten und die Proteste von Bauern gegen die gewaltsame Rückführung. Auch war eine Schwächung der Kosakenschaft zu befürchten. Sie war aber im Süden ein wichtiger Faktor bei der Abwehr der Tatareneinfälle. Aleksej Michailovič überließ die Regierungsgeschäfte in den ersten Jahren Günstlingen, vor allem seinem ehemaligen Erzieher und Schwager Boris Ivanovič Morozov. Der behob einige Missstände und begann, die Finanzen zu sanieren. Doch ihm wurde die Bedrückung der Bauern und die gewachsene Steuerlast vorgeworfen. Am 9. Februar 1646 führte er eine Akzise ein, die das Salz um das Vierfache verteuerte. Ende 1647 musste sie wieder aufgehoben werden. Als Morozov im Frühjahr 1648 die Eintreibung von Steuerrückständen verlangte, löste das einen Aufstand aus.

Am 1. Juni 1648 wurde das alte Recht verletzt, dem Zar Bittschriften zu übergeben. Daraufhin erhoben sich in Moskau Stadtleute, Handwerker, Dienstleute und Strelitzen. An den folgenden Tagen drang eine Volksmenge in den Kreml ein, um ihr Recht einzufordern. Ein von Anhängern Morozovs gelegter Brand vernichtete einen großen Teil der Stadt. Der Zar wurde daraufhin aufgefordert, Morozov sowie die Leiter der Stadtverwaltung auszuliefern. Letztere wurden am 5. Juni hingerichtet, während der Zar seinen Schwager nach Beloozero verbannte. Den Dienstleuten versprach der Zar Landzuweisungen und den Strelitzen eine Verdoppelung ihrer Bezüge. Einige Ämter wurden neuen Würdenträgern übertragen. Mitte Juni beruhigte sich die Situation, als die Eintreibung von Steuerrückständen ausgesetzt wurde, aber bis zum Frühjahr 1649 hielt die Unruhe im Land an.

Am 10. Juni 1648 verlangten Dienstleute und Kaufleute die Einberufung einer Landesversammlung. Diese initiierte am 16. Juli die Ausarbeitung eines neuen Gesetzbuches (*Sobornoe uloženie*). Die Kodifizierungskommission leitete der Bojar Fürst Nikita Ivanovič Odoevskij. Der Moskauer Aufstand, die Aktionen in weiteren Städten sowie die Bittschriften zeitigten Wirkung. In die Artikel gingen Gesetze, Anträge an die

---

30 V. Giterman, Geschichte Rußlands, 473f.

Landesversammlung und Forderungen aus Bittschriften ein. Am 29. Januar 1649 wurde das Gesetzbuch in Kraft gesetzt.

Erstmals wurde der Schutz des Zaren und des Hofes juristisch fixiert: Sollte jemand vorsätzlich böse Absichten gegen das Wohlergehen des Zaren hegen oder beabsichtigen, „sich des Moskauer Reichs zu bemächtigen und sich selbst zum Herrscher aufzuschwingen ..., oder falls jemand mit den Feinden Ihrer zarischen Majestät kollaborieren, eine verräterische Korrespondenz mit ihnen führen und auf diese Weise den Gegnern Ihrer Majestät bei dem Versuch behilflich sein sollte, sich des Moskauer Reichs zu bemächtigen oder ihm irgend einen Schaden zuzufügen", hatte er mit der Todesstrafe zu rechnen.[31] Eine Reaktion auf die Konflikte war die Aufhebung der Fristjahre für geflohene Bauern, so dass faktisch die Schollenbindung eingeführt wurde. Steuerschuldner in den Städten durften ihren Wohnsitz nicht verlassen. Andere Regelungen betrafen die Zölle, die geistliche Gerichtsbarkeit und die Heeresverfassung. Die mit den Aufständen entstandene bedrohliche Situation wurde entschärft, aber die Belange der Unterschichten übergangen. „Das ‚*Uloženie*' ist zwar ‚revolutionären' Ursprungs, festigte aber die alte Ordnung und wies nur insofern in die Zukunft, als es in vielen Bereichen, besonders in der Bauernfrage, zur Stagnation beitrug."[32]

Um die Mitte des 17. Jahrhunderts gewann der russische Staat nach der „Zeit der Wirren" allmählich seine Stabilität zurück. Doch gravierende Probleme wurden nicht gelöst. Die Lage blieb auch künftig gespannt.

2.10 Polen und Litauen

Von den Krisen des späten Mittelalters, wie sie das mittlere und westliche Europa erlebte, wurde Polen nur am Rande berührt. Das Land profitierte von der einsetzenden wirtschaftlichen Konjunktur. Die seit 1386 bestehende, wiederholt gefährdete, aber immer wieder erneuerte Personalunion mit Litauen wurde 1569 zur Realunion umgestaltet. Gebietsgewinne und die erfolgreiche Verteidigung des Territoriums ermöglichten es dem polnisch-litauischen Staat, in Konkurrenz mit dem russischen Reich und Schweden zur führenden Macht im östlichen Europa aufzusteigen. Innere Umstrukturierungen hatten einerseits die Stärkung der königlichen Macht zum Ergebnis, andererseits – und das auf Dauer erfolgreicher – die Ausformung der polnischen Adelsrepublik (*Rzeczpospolita szlachecka*) und Installierung der Wahlmonarchie. Die Gesellschaft und die Verfassung wiesen demzufolge andere Strukturen als das westliche Europa auf. Die Folge war, dass die Ausbildung absolutistischer Herrschaft keine Chance hatte, aber die Adelsrepublik sich später als anfällig gegenüber inneren und äußeren Bedrohungen erwies.

2.10.1 Auf dem Weg zur Adelsrepublik

In der langen Regierungszeit des Jagiellonen Kasimir IV. – in Litauen seit 1440, in Polen seit 1447 – fielen wichtige Entscheidungen in Hinsicht auf die Ausgestaltung der

31 Ch. Meiske, Sobornoe Uloženie, 56.
32 H.-J. Torke, Aleksej Michajlovič, 114f.

Landesverfassung. Mit den Statuten von Nieszawa (Nessau) vom November 1454 anerkannte der König das Recht des Adels, sich in den einzelnen „Ländern" der Monarchie zu versammeln und über alle Angelegenheiten zu beraten. Truppen durfte er nur mit Billigung der Landtage (*sejmiki*) aufbieten. Während an den Landtagen jeder Adlige teilnehmen konnte, wurden Generallandtage (*sejmiki generalne*) von Vertretern Groß- und Kleinpolens beschickt, um über Steuern oder das allgemeine Landesaufgebot zu beschließen. Um Beschlüssen Rechtskraft zu verleihen, mussten sie von den Landtagen bestätigt werden. Die Kompetenz des Adels in Gerichtssachen und Gesetzgebung war in den Ländern unterschiedlich gewichtet, aber Gewohnheitsrecht wurde in eine feste Ordnung gebracht.

Im Zentrum stand in dieser Phase die Festigung der königlichen Macht, die Gebietserweiterung und die Sicherung des Territoriums. Als die 1386 geschlossene und mehrmals erneuerte Union zwischen Polen und Litauen 1440 von letzerem aufgekündigt wurde, gelang es Kasimir IV. erst nach langwierigen Verhandlungen, am 19. September 1446 die Union von Brest zu vereinbaren – eine reine Personalunion von zwei gleichrangigen Staaten.[1]

Die Einflussnahme auf den Deutschen Ordensstaat wurde durch dessen innere Krise begünstigt.[2] Die im Preußischen Bund vereinten Landstände erhoben sich 1454 gegen den „tyrannischen" Landesherrn, den Hochmeister Ludwig von Erlichshausen, und stellten sich unter den Schutz der polnischen Krone. Am 23. Mai huldigten die preußischen Stände in Thorn dem König. Dieser Akt löste den Dreizehnjährigen Krieg aus. Mit dem Thorner Frieden vom 19. Oktober 1466 gewann Polen einen erheblichen Teil des Ordensterritoriums – Pomerellen, Ermland sowie das Kulmer und Michelauer Land. Dieses „Preußen Königlichen Anteils" wurde mit Polen in einer nicht klar definierten Union verbunden. Ihm wurden eigene Landtage und mit dem Landesrat eine eigene Landesregierung zugebilligt. Für das dem Orden verbleibende Territorium sollten die Hochmeister dem polnischen König den Treueid leisten, suchten sich dieser Verpflichtung jedoch zu entziehen. Als Kasimir IV. – entgegen den Abmachungen – in Ermland einen Polen als Bischof einsetzen wollte, löste das den „Pfaffenkrieg" der Jahre 1478/79 aus. Im Ergebnis erlitt keine Seite Gebietsverluste.

Der Anspruch der Jagiellonen auf die Kronen von Böhmen und Ungarn wurde durch eine darauf orientierte Heiratspolitik abgesichert. Die Ehe Kasimirs IV. mit Elisabeth von Habsburg ermöglichte nach dem Tod Georgs von Podiebrad am 27. Mai 1471 die Wahl von Kasimirs Sohn Wladislaw zum König von Böhmen. Ein Vergleich mit dem ungarischen König Matthias Corvinus von 1479 gewährte beiden den Titel eines Königs von Böhmen, teilte aber die Herrschaft: Wladislaw regierte Böhmen, Matthias die böhmischen Nebenländer. Nach dessen Tod am 6. April 1490 besetzten die Jagiellonen auch den ungarischen Thron. Am 15. Juli wurde Wladislaw gewählt, am 18. September in Stuhlweißenburg gekrönt. Der Konflikt mit seinem unterlegenen Bruder Johann Albrecht wurde mit dem Pressburger Frieden vom 7. November 1491 geschlichtet.

---

1 Vgl. St. Grodziski, Rolle der Union, 309ff.
2 Vgl. J. Małłek, Königliches Preußen, 82ff.

Die Jagiellonen verfügten nun über vier Kronen. Ihre Orientierung auf Böhmen und Ungarn bot dem russischen Reich einen Freiraum für seine Pläne. Als Moskau begann, die Teilfürstentümer zu unterwerfen, leistete Kasimir IV. keinen Widerstand. Das änderte sich erst, als Ivan III. sich mit dem Krimkhan und dem Fürsten der Moldau verbündete. Der seit 1486 um Litauen geführte Krieg endete mit dem Friedensschluss vom 7. Februar 1494. Da fast alle Eroberungen Moskaus anerkannt wurden, erfasste die „Sammlung der russischen Erde" erstmals Gebiete jenseits der litauischen Grenze. Polen war zur selben Zeit mit der Abwehr der Osmanen und Tataren beschäftigt.

Nach dem Tod Kasimirs IV. am 7. Juni 1492 wurde sein Sohn Alexander in Litauen Großfürst, in Polen übernahm am 27. August dessen Bruder Johann Albrecht die Krone. Die Personalunion war wieder aufgelöst. Alexander war an die Beschlüsse des großfürstlichen Rates gebunden, Johann Albrecht gestaltete die ständische Verfassung aus. Steuerforderungen wurden zunächst an die Landtage gerichtet, dann die beiden Generallandtage einberufen, an denen gewählte Vertreter der Landtage teilnahmen. Schließlich traten beide Generallandtage als Reichstag (*sejm*) in Petrikau (Piotrków) – auf der Grenze von Groß- und Kleinpolen – zusammen. An ihm nahmen die Mitglieder der Generallandtage und der königliche Rat (Senat) teil, der aber gesondert beriet. Die Landbotenstube (*izba poselska*) wurde von den Landtagen beschickt, der Senat von den königlichen Würdenträgern gebildet. Die Städte waren mit Ausnahme von Krakau (und später Wilna) nicht, die Geistlichkeit nur über das Bischofsamt vertreten.[3] Der 1496 in Petrikau zusammentretende Reichstag verabschiedete ein Statut, das gegen die Bewilligung einer Türkensteuer den Adel erheblich begünstigte, die Bewegungsfreiheit der Bauern einengte und Bürgern den Erwerb von Eigentum und den Zugang zu den Domkapiteln erschwerte.

Als Johann Albrecht am 17. Juni 1501 kinderlos verstarb, wurde am 3. Oktober Alexander als polnischer König gewählt und die Personalunion zwischen Polen und Litauen wieder hergestellt. Mit dem Mielniker Privileg vom 25. Oktober räumte er dem Senat eine fast unbeschränkte Machtstellung ein. Er durfte zum Beispiel dem König im Fall „ungerechten Handelns" den Gehorsam aufsagen. Die Magnaten hielten das Regiment fest in der Hand, zumal Alexander nach der Krönung in Krakau sich wieder nach Litauen begab. Denn im Frühjahr 1500 begann Moskau den zweiten Krieg. Er wurde am 22. März 1503 mit einem sechsjährigen Waffenstillstand beendet, der für Polen-Litauen erhebliche Gebietsverluste mit sich brachte.

Da die Machtstellung des Senats vielerorts Unzufriedenheit auslöste, erzwangen die Landboten während des Reichstags in Radom 1505 vom König eine Konstitution, derzufolge *„ut deinceps futuris temporibus nihil novi constitui debeat per Nos et successores Nostros sine communi Consiliarorum et Nuntiorum Terrestrium consensu"* (von nun an für alle Zukunft nichts Neues von Uns und Unseren Nachfolgern dekretiert werden soll ohne allgemeine Zustimmung der Senatoren und Landboten).[4] Mit der *„Nihil-Novi-Konstitution"* wurde der Grundstein für die Macht des Reichstags gelegt, der zudem festzustellen beanspruchte, was als „neu" zu gelten habe. In seine Kompetenz fiel die Gesetzgebung. Die Krone übte die exekutive Gewalt aus und konnte nur im Rahmen der Gesetze Ver-

---

3 Vgl. G. Rhode, Geschichte Polens, 174.
4 H. Schulze/I. U. Paul (Hg.), Europäische Geschichte, 455.

ordnungen erlassen. „Das Königreich Polen verwandelte sich in die *Res publica* des Adels, die *Rzeczpospolita*."[5]

Zu dieser Zeit zählte das Land etwa 3,5 Millionen Einwohner, um 1600 waren es 5 Millionen. Die große Mehrheit lebte auf dem Land und war von einem Grundherrn abhängig. Der Grundbesitz befand sich größtenteils in der Hand von Magnaten – der Familien Zamoyski, Radziwill, Potocki, Sapiecha und anderer. Jan Zamoyski beispielsweise verfügte über 200 Erbdörfer und elf Städte. Die Untertanen wurden im Verlauf des 16. Jahrhunderts durch die Schollenbindung in stärkere Abhängigkeit gebracht und in die Gutswirtschaft eingebunden. Diese ermöglichte den Grundbesitzern, Getreide in großem Umfang zu exportieren.[6] Unter den mehr als 600 städtischen Siedlungen ragten wirtschaftliche und kulturelle Zentren wie Krakau, Danzig, Breslau, Poznań, Warschau, Lublin und Lemberg heraus. Manche Stadt – vor allem Danzig und weitere Städte an der Ostseeküste – profitierte von der Vermittlung des Getreideexports und dem Handelsaustausch überhaupt. Die kleineren stagnierten angesichts der Ausbreitung der Gutsherrschaft. Ein starkes Bürgertum konnte sich nur in wenigen großen Kommunen entfalten.[7]

2.10.2 Die letzten Jagiellonen

Beim Tod Alexanders am 19. August 1506 war sein jüngster Sohn Sigismund der einzige Thronkandidat.[8] Am 20. Oktober wurde er Großfürst von Litauen, in Petrikau nach Widerständen zum König gewählt und am 24. Januar 1507 in Krakau gekrönt. Er erbte mancherlei Probleme – die Sicherung der Grenzen, die Wahrnehmung von Gebietsansprüchen und die Klärung von Erbrechten.

Im Frühjahr 1507 begann Vasilij III. einen dritten Krieg um Litauen. Er wurde am 8. Oktober 1508 in Moskau mit einem „ewigen Frieden" beendet, weil Sigismund I. die Hände für die Lösung des Konflikts mit dem Hospodar der Moldau freihaben wollte. Im Juni 1505 hatte Alexander eine Ehe Elisabeths – einer Schwester der jagiellonischen Brüder – mit Bogdan III. und die Übergabe Pokutiens an Polen vereinbart. Das Territorium wurde Polen übergeben, aber die Eheschließung fand nicht statt. Bogdan besetzte daraufhin Pokutien wieder, fiel mehrmals in Podolien ein und stieß 1509 bis Lemberg vor. Am 17. Januar 1510 wurde vereinbart, auf die Erfüllung des Ehevertrags zu verzichten und Polen im Besitz Pokutiens zu belassen.

Während des vierten Krieges um Litauen schlug am 28. April 1512 ein litauisches Heer eine Tatarenhorde. Als tatarische Einfälle in das Grenzgebiet des Moskauer Reiches sich häuften, griff Vasilij III. Smolensk an und eroberte im Juli 1514 diese stärkste litauische Festung. Doch am 8. September entschied ein von polnischen Truppen unterstütztes litauisches Aufgebot bei Orsa am Dnepr eine Feldschlacht zu seinen Gunsten. Der Krieg zog sich noch jahrelang hin, und da keine Seite auf Smolensk verzichten wollte, wurde er nicht mit einem Friedensvertrag, sondern am 14. September 1522

---

5 G. Rhode, Polen-Litauen, 1018.
6 Vgl. L. Zytkowicz, Trends, 59ff.
7 Vgl. M. Bogucka, The Towns, 97ff.
8 Vgl. St. Grzybowski, Dzieje Polski, 9ff.

mit einem Waffenstillstand beendet. Smolensk blieb annähernd einhundert Jahre in russischem Besitz.

Die Chancen der Habsburger, die Kronen Böhmens und Ungarns zu gewinnen, verbesserten sich, als Wladislaw 1507 in einem Erbvertrag die Heirat seiner Kinder Anna und Ludwig mit Ferdinand und Maria – den Enkeln Maximilians I. – vereinbarte. Die 1512 geschlossene Ehe Sigismunds I. mit Barbara Szapolyai (Zapolya) – Schwester des Fürsten von Siebenbürgen – schmälerte dann die Aussichten der Habsburger auf die ungarische Krone. Ein Treffen Sigismunds I. und Wladislaws in Wien im Juli 1515 führte zur Revision des Erbvertrags: Sigismund gab seine Ansprüche auf beide Kronen auf, erhielt aber die Zusage, dass Maximilian I. Moskau und den Deutschen Orden nicht unterstützen werde. Eine weitere Annäherung erfolgte, als Sigismund I. nach dem Tod Barbara Szapolyais 1515 Bona Sforza – eine Nichte von Maximilians Gemahlin – heiratete. Die Regelungen wurden 1526 aktuell, als nach dem Tod König Ludwigs II. in der Schlacht bei Mohács die böhmische und die ungarische Krone an den Habsburger Erzherzog Ferdinand fiel. Die Jagiellonen wurden auf Polen und Litauen zurückgewiesen.

Gespannt blieb das Verhältnis Polens zum Ordensstaat, da der 1511 gewählte Hochmeister Albrecht von Brandenburg dem polnischen König den Treueid verweigerte.[9] Ein 1520 ausgelöster Krieg verlief für den Orden ungünstig, aber Albrecht profitierte von dem Interesse Kaiser Karls V. und des ungarischen Königs Ludwig II., die Auseinandersetzung angesichts der Türkengefahr zu beenden. Am 7. April 1521 wurde in Thorn ein vierjähriger Waffenstillstand vereinbart. Von Martin Luther beraten, entschied sich Albrecht, den Ordensstaat in ein protestantisches Herzogtum umzuwandeln und den noch 50 Ritter umfassenden Orden aufzulösen. Der polnische Sejm bestand zwar auf der Eidleistung des Hochmeisters, doch kurz vor Ablauf des Waffenstillstands wurde am 9. April 1525 vereinbart, Albrecht mit dem Herzogtum zu belehnen. Der Akt wurde am 10. April auf dem Krakauer Markt feierlich vollzogen. „Für Polen brachte die Säkularisation Preußens den Vorteil, dass eine viele Schwierigkeiten bereitende und die Einmischung von Kaiser und Kurie ermöglichende Streitfrage nun endgültig gelöst und im Norden dauerhafte friedliche Verhältnisse hergestellt wurden."[10]

Auch das Fürstentum Masowien stand im Lehnsverhältnis zu Polen. Beim Aussterben der Dynastie der Piasten 1526 widersetzte sich der masowische Adel der Absicht, das verbliebene Territorium der polnischen Krone zu inkorporieren. Im September gab er den Widerstand auf und leistete den Treueid. Das Fürstentum wurde 1529 eine Wojewodschaft Großpolens mit einer Sonderstellung (Gerichtsbarkeit, Religionsfreiheit) und bildete künftig eine Bastion des gegen Neuerungen opponierenden Kleinadels. Als der Hospodar der Moldau 1530 Ansprüche auf Pokutien geltend machte, gelang Polen in der Schlacht bei Obertyn am 22. August 1531 ein beeindruckender Sieg. Seitdem wurde ein Kleinkrieg an der Grenze geführt, bis Polen mit dem Friedensschluss vom 20. August 1539 dieses Territorium endgültig gewann.

Die mit der Radomer Konstitution geschaffenen Strukturen wurden inzwischen stabilisiert. Die Landbotenstube bildeten je zwei Deputierte aus jedem „Land" bezie-

---

9 Vgl. J. MAŁŁEK, Politik des Herzogtums, 11ff.
10 G. RHODE, Polen-Litauen, 1018.

hungsweise jeder Wojewodschaft, den Senat alle Bischöfe, Wojewoden, Kastellane und die fünf höchsten Kronbeamten. Erst nach der Lubliner Union von 1569 erlangte die Landbotenstube mit 170 Deputierten ein Übergewicht gegenüber den 140 Senatoren. Reformprojekte, die der Besteuerung und Landesverteidigung galten, scheiterten am Widerstand der *Szlachta*, des niederen Adels. Das strikte Eintreten für die Wahrung adliger Freiheiten stärkte die Opponenten, die die skrupellose Machtpolitik der Königin Bona ablehnten.

Sigismund I. fundierte sein Herrschaftsverständnis durch repräsentative Bauten. Hier wirkte sich die italienische Herkunft der Königin aus, indem die – über Ungarn vermittelte – Renaissancekultur rezipiert wurde.[11] Das schlug sich im Umbau des Wawel in Krakau nieder. Der nach Entwürfen von Francesco Fiorentino gestaltete Arkadenhof (1507 bis 1536) und die von Bartolomeo Berecci im Dom errichtete Sigismund-Kapelle (1517 bis 1533) waren erste Zeugnisse der neuen Architektur in Polen. Später traten profane Bauten in Krakau (Tuchhallen 1556 bis 1560) und Poznań (Rathaus 1550–1560) hinzu. Die Renaissancearchitektur war auch das Vorbild für Paläste der Magnaten sowie die seit 1580 auf schachbrettartigem Grundriss errichtete Idealstadt Zamósz, in der Jan Zamoyski eine humanistische Akademie gründete.

Ein Zentrum humanistischer Studien war schon früh die Universität Krakau. Hier lehrte seit 1472 der italienische Humanist Kallimach und studierte seit 1491 Nicolaus Copernicus. Der Hof, Magnaten und Angehörige der Szlachta sympathisierten mit humanistischen Ideen. Viele Autoren rezipierten den Humanismus und bereicherten das geistige Leben mit ihren theologischen, literarischen und historischen Werken. Das Nachforschen nach Alter und Herkunft Polens und der Rolle der Sarmaten in diesem Prozess förderte das Bewusstsein der Szlachta, sie allein repräsentiere die Nation.

Der Auffassung des Königs und seiner Räte, im Inneren an die Gesetze gebunden, aber nach außen souverän zu sein, begegnete der Adel misstrauisch, und das Misstrauen wuchs, als Sigismund I. – gegen das Herkommen – seinen Sohn Sigismund August im Oktober 1529 vom litauischen Rat zum Großfürsten ausrufen, im Dezember vom Senat zum König *vivente rege* wählen und am 20. Februar 1530 in Krakau krönen ließ. Der Konflikt erreichte seinen Höhepunkt 1537, als Sigismund I. Gelder für ein Heer verlangte, das er gegen die Moldau führen wollte, weil das allgemeine Aufgebot zu schwerfällig und kostspielig sei. Der Adel opponierte, auch gegen den politischen Einfluss und die Bereicherungssucht von Königin Bona, und trug in heftigen Rededuellen seine Forderungen vor. Dieser „Hahnenkrieg" führte nicht zu der notwendigen Heeresreform, aber 1538/39 – gegen Bewilligung einer einmaligen Heeressteuer – zur Abstellung einiger Beschwerden und zur Bestätigung der Radomer Konstitution.

Inzwischen wurden im Land reformatorische Lehren verbreitet, die zunächst bei der deutschen Bevölkerung der Städte Resonanz fanden.[12] Sigismund I. verbot daraufhin die Einfuhr und den Besitz lutherischer Schriften. Während er sich im Königlichen Preußen unnachgiebig zeigte, ließ er im Herzoglichen Preußen die Beförderer einer Reformation stillschweigend gewähren. Als jedoch im August 1524 in Danzig ein neu-

---

11 Vgl. M. Bogucka, Das alte Polen, 140ff.
12 Vgl. J. Małłek, Reformation, 182ff.

er Rat eingesetzt und evangelische Prediger berufen wurden, verlangte der König im Mai 1525, die alte Ordnung wieder herzustellen. Da Appelle nichts bewirkten, wurde die Stadt 1526 abgestraft. Die *„Statuta Sigismundi"* gaben ihr eine neue Verfassung und stellten die alte Kirche wieder her.

Das Verlangen nach einer Reformation zielte auf die politische Absicherung der Glaubensfreiheit. „Nicht Staat und Gesellschaft standen hier angesichts ihres bereits durchgestalteten Verhältnisses auf dem Spiel, wenn man Reform der Kirche meinte, weil man allein deren Stellung in der Gesellschaft zu verändern wünschte. Man wollte die Reform der Kirche an Haupt und Gliedern, wollte das Abendmahl in beiderlei Gestalt, die Volkssprache im Gottesdienst, die Aufhebung des Zölibats und das Nationalkonzil. Für solche Forderungen fanden sich in allen politischen Schichten der Nation Anhänger."[13]

Obwohl das Exempel Danzigs abschreckte und andernorts die Verbreitung reformatorischer Ideen bremste, kam die Bewegung nicht völlig zum Erliegen. Königliche Edikte verboten das Studium in Wittenberg, doch die Universität Luthers zog auch polnische Studenten an. Im Herzoglichen Preußen fanden verfolgte evangelische Prediger Zuflucht, und Adlige sympathisierten mit den Forderungen, das Evangelium in der Volkssprache zu verkünden, die Vorrechte der Geistlichkeit zu beseitigen und die Kirche von Rom zu lösen. Im Großfürstentum Litauen setzten die Anhänger der Reformation ihre Hoffnungen auf Sigismund August, der in der Schlosskirche in Wilna zwei evangelische Prediger auftreten ließ.

Am 1. April 1548 verstarb Sigismund I. Er hatte dem Königtum äußeren Glanz verliehen und dank günstiger Umstände außenpolitische, nicht aber innere Probleme bewältigt. Mit dem Beginn der Herrschaft Sigismunds II. August wuchs die Hoffnung auf eine grundlegende Reform.[14] Doch der mit reformatorischen Lehren sympathisierende Adel war meist zufriedengestellt, wenn seine innenpolitischen Forderungen erfüllt wurden. Die Bildung evangelischer Gemeinden förderten seit dem Sommer 1548 die aus ihrer Heimat ausgewiesenen Böhmischen Brüder, von denen sich viele in Großpolen niederließen. Während hier auch lutherische Gemeinden entstanden, waren Reformierte vor allem in Kleinpolen, in Litauen und in Städten im Königlichen Preußen zu finden. Nachteilig wirkte sich für die evangelischen Strömungen ihre Aufsplitterung in verschiedene Bekenntnisse aus: Lutheraner, Reformierte und Böhmische Brüder, zu denen seit 1565 noch die Antitrinitarier kamen. Ihnen stand eine gefestigte katholische Kirche gegenüber, die ihr Zentrum in Masowien hatte und von den Jesuiten wirkungsvoll unterstützt wurde.

Die in Sigismund II. August gesetzten Erwartungen erfüllten sich nicht. Viele Angehörige des Adels wurden in das evangelische Lager geführt. Die Mehrheit der Landboten war jetzt protestantisch gesinnt. Während des Reichstags von 1552 setzten sie durch, dass die Ketzergerichtsbarkeit vorläufig ausgesetzt und 1555 ein Interim vereinbart wurde, das bis zu einem Nationalkonzil dem Adel Glaubensfreiheit und Prediger für den Hausgottesdienst zubilligte, aber untersagte, den Besitzstand der Kirche zu

13 K. Zernack, Polen und Rußland, 158.
14 Vgl. St. Grzybowski, Dzieje Polski, 91ff.

ändern. Da ein nationales Konzil nicht stattfand, war mit dem Interim faktisch die Glaubensfreiheit des Adels hergestellt. Einigen Städten gewährte der König Religionsfreiheit, und 1559 ließ er im Königlichen Preußen die *Confessio Augustana* zu, aber weitergehenden Schritten verweigerte er sich.

Seine Zurückhaltung hing mit dem Streit um seine zweite Ehe zusammen. Als der König heimlich die junge Witwe Barbara Gaszold – eine geborene Radziwill – heiratete, opponierte der Adel, weil der Reichstag nicht informiert worden war. Erzbischof Nikolaj Dzierzgowski, der zunächst zu den Gegnern Barbaras und ihrer der evangelischen Lehre zuneigenden Verwandtschaft gehörte, krönte sie am 7. Dezember 1550. Der König erklärte daraufhin am 12. Dezember, der römischen Kirche die Treue zu halten, bestätigte die Privilegien der Geistlichkeit, erneuerte die gegen die Reformation gerichteten Erlasse seines Vaters und schloss alle Personen von Ämtern aus, die der Ketzerei verdächtigt wurden.

Während die reformatorischen Bemühungen bald stagnierten, erwies der nachtridentinische Humanismus seine Anziehungskraft und erstarkte die katholische Kirche. Ihre Konsolidierung betrieb mit großem Erfolg Stanislaus Hosius. Seine *„Confessio Fidei Catholicae"* (Bekenntnis des katholischen Glaubens) von 1557 erlebte 39 Auflagen und übertraf die evangelischen Bekenntnisschriften an Wirkung. Er gründete 1565 das Jesuitenkolleg in Braunsberg, und bald folgten weitere Gründungen, die mit der protestantischen Universität in Königsberg konkurrierten.

Die Evangelischen suchten dem durch eine intensivere Zusammenarbeit zu begegnen. Es fehlte ihnen aber eine Persönlichkeit, die diesen Prozess steuerte. Jan Laski, der bedeutendste polnische Reformator, kehrte 1556 nach Polen zurück, verstarb jedoch bereits 1560.[15] Erst mit dem Konsens von Sandomir vom 9. April 1570 anerkannten Lutheraner, Reformierte und Böhmische Brüder sich gegenseitig, ohne eine Union zu bilden. Die Antitrinitarier blieben ausgeschlossen. Gemeinsame Synoden fanden nur viermal statt. Das Bemühen, konfessionelle Gegensätze zu überwinden, war indes nicht zu verkennen.[16]

Neben der Reformationsfrage war Sigismund II. August mit dem Livlandproblem konfrontiert. Das Schutzbündnis Polen-Litauens mit Livland von 1557 löste im folgenden Jahr den Einfall Ivans IV. und damit den ersten Nordischen Krieg aus. Nach der Vernichtung des Ordensheeres am 2. August 1560 entschloss der polnische König sich zum Handeln. Der Orden wurde aufgelöst und das restliche Territorium in das Lehnsherzogtum Kurland und das dem König unterstellte Land jenseits der Düna geteilt. Ein Statut vom November 1561 billigte ihm die Confessio Augustana, die deutsche Sprache und deutsches Recht sowie die Besetzung der Ämter mit Einheimischen zu. Der im selben Jahr ausgelöste neue Krieg, an dem Polen-Litauen, Russland, Dänemark und Schweden beteiligt waren, wurde 1570 mit einem dreijährigen Waffenstillstand auf der Grundlage des Status quo beendet. Einige Monate später vereinbarten Dänemark und Schweden einen Kompromiss, „so daß nach neunjährigem Ringen jede der vier in Livland kämpfenden Parteien ‚einen Fuß im Land' hatte. Zwar hatte Litauen – und seit 1569 auch Polen – die besseren Rechte, aber faktisch brachte der

15 Vgl. Ch. Strohm (Hg.), Johannes a Lasco.
16 Vgl. J. Tazbir, Toleranz, 36ff.

Neuerwerb mehr Konflikte und Aufgaben als Vorteile, vor allem aber den nun für ein Jahrhundert die äußere Entwicklung beherrschenden Gegensatz zu Schweden."[17]

Angesichts des Krieges gegen Russland und des sich abzeichnenden Aussterbens der jagiellonischen Dynastie wurde es dringlich, die Zukunft der polnisch-litauischen Union zu klären.[18] Als 1565 der litauische Kanzler Nikolaus Radziwill verstarb, verloren die Unionsgegner ihren Wortführer. Das litauische Adelsaufgebot, das die Last des Krieges gegen Moskau zu tragen hatte, erklärte sich im Herbst 1567 in Radoszkowice bei Minsk zum „Feldlagerreichstag" und trug seine Forderungen vor. Der König berief daraufhin den ersten polnisch-litauischen Sejm nach Lublin. Am 16. März 1569 dekretierte er die Inkorporation des Königlichen Preußen. Dessen Selbständigkeit wurde eingeschränkt, aber ihm verblieben das Recht der Steuerbewilligung, die Entscheidung über die Teilnahme an Kriegen, die Gerichtsordnung und den großen Städten – voran Danzig – Sonderrechte. Der Reichstag sanktionierte darüber hinaus die Erbfolge der Hohenzollern im Herzoglichen Preußen. Auch billigte er – nachdem opponierende litauische Magnaten die Versammlung verlassen hatten – die Inkorporation der von Polen beanspruchten Wojewodschaften Podlachien, Wolhynien und Kiew.

Nach heftigen Auseinandersetzungen wurde am 1. Juli 1569 die Union Litauens mit Polen verkündet. Beide sollten künftig einen „unteilbaren und ununterschiedenen Körper", die zwei Staaten und Nationen ein Volk bilden. Der König sollte in Petrikau gewählt und in Krakau gekrönt werden, der Reichstag in Warschau zusammentreten. Münze und Außenpolitik sollten gemeinsam sein, Verwaltung, Recht, Finanzen und Heerwesen getrennt bleiben. Zur Union gehörten Polen und Litauen, die Lehnsherzogtümer Preußen und Kurland und das Herzogtum Livland. „Durch die Union von Lublin war das nur durch die Person des Königs zusammengehaltene Doppelreich in ein multinationales Großreich mit einheitlicher Spitze, aber tiefgreifenden nationalen, historischen, strukturellen und konfessionellen Unterschieden umgewandelt worden, dessen Vielfalt in Europa nicht ihresgleichen hatte."[19]

2.10.3 Wahlkönigtum und Adelsrepublik

Mit dem Tod Sigismunds II. August am 7. Juli 1572 begann ein Interregnum. Denn es war weder ein Nachfolger benannt noch – angesichts des Erlöschens der Dynastie – ein Wahlmodus festgelegt worden. „Unvorbereitet trat die Adelsrepublik aus den gesicherten Verhältnissen der Jagiellonendynastie in die stürmische Epoche der freien Königswahl."[20] Hinsichtlich des Wahlmodus vertraten Katholiken und Protestanten unterschiedliche Standpunkte. In den strittigsten Fragen – Wahlort und *Interrex* – setzte sich die katholische Seite durch. Der Konvokationsreichstag wurde vom Senat für Januar 1573 nach Warschau einberufen (die Protestanten plädierten für Lublin). Das Amt des Interrex übte der Gnesener Erzbischof Jakúb Uchánski aus (und nicht der reformierte Kronmarschall Jan Firlej). In die Generalkonföderation (die gemeinsame Er-

17 G. Rhode, Polen-Litauen, 1031.
18 Vgl. J. A. Gierowski, Union, 63ff.
19 G. Rhode, Geschichte Polens, 220.
20 Ebd.

klärung der Wojewodschaften) vom 28. Januar 1573 wurde aber ein Toleranzartikel aufgenommen, der dem protestantischen Adel Freiheit des Glaubens zusicherte – eine Befestigung des Interims. Bei der Wahl sollten nach dem Vorschlag Jan Zamoyskis, Wortführer der Szlachta, die erschienenen Adligen viritim (das heißt Mann für Mann) abstimmen. Der dem Wahlort am nächsten sitzende konservative katholische Kleinadel Masowiens erlangte damit unverhältnismäßig großen Einfluss. Auch waren angesichts der großen Zahl Stimmberechtigter Doppelwahlen nicht auszuschließen.

Zum Wahlreichstag auf dem Feld Wola bei Warschau erschienen 50 000 Adlige. Die Wahl fiel am 11. Mai 1573 auf den Kandidaten der Szlachta Heinrich von Valois[21], Bruder des französischen Königs Karl IX. Unterlegen war der von den Magnaten nominierte Erzherzog Ernst, ein Sohn Maximilians II. Vor der Wahl wurden zwei Wahlkapitulationen verabschiedet: die *Articuli Henrici*, die künftig gleichsam das Grundgesetz der Adelsrepublik bildeten und auch bei späteren Wahlen zu beschwören waren, und die *Pacta conventa*, die die Verpflichtungen des Königs festschrieben: Sie legten für künftige Zeiten die freie Königswahl fest und machten die Einberufung des allgemeinen Aufgebots, die Erhebung neuer Steuern und Zölle sowie die Vergabe von Monopolen von der Zustimmung des Reichstags abhängig. Dem König stand ein von 16 Senatoren gebildeter Rat zur Seite, von denen jeweils vier sich ein halbes Jahr am Hof aufhalten mussten. Der König durfte eine Ehe nur mit Wissen und Zustimmung des Reichstags schließen, nur das von den Kanzlern verwaltete Staatssiegel gebrauchen und musste sich verpflichten, den Religionsfrieden zu wahren.

Heinrich III. beschwor am 10. September 1573 in Notre Dame vor einer polnischen Gesandtschaft die Wahlkapitulation und wurde am 21. Februar 1574 in Krakau gekrönt. Doch die Wochen nach der Krönung wurden von ersten Konflikten überschattet. Als Heinrich beim Tod Karls IX. am 10. Juni die französische Krone zufiel, verließ er in der Nacht vom 18. zum 19. Juni heimlich Krakau und kehrte – trotz mehrmaliger ultimativer Aufforderung – nicht wieder nach Polen zurück.

Der Adel konnte sich mit der Forderung nach einer neuen Wahl zunächst nicht durchsetzen. Als im November 1575 dann doch ein Wahlreichstag zusammentrat, kandidierte wiederum Herzog Ernst, während die Szlachta für einen polnischen Kandidaten plädierte. Am 12. Dezember rief der Interrex überraschend Maximilian II. (und nicht dessen Sohn) zum König aus, während drei Tage später Zamoyski Prinzessin Anna und ihren künftigen Gemahl Stefan Báthory – Fürst von Siebenbürgen – präsentierte.[22] Entscheidend war nun, wer schneller handelte. Báthory beschwor schon am 8. Februar 1576 die Pacta conventa und traf Ende März an der Grenze ein, während Maximilian II. erst am 23. März den Eid leistete. Die Krönungsstadt fiel dem Fürsten widerstandslos zu, so dass am 1. Mai Trauung und Krönung stattfanden. Die Anhänger des Habsburgers wechselten auf seine Seite.

Erste Folge dieser Entscheidung war 1576 eine Strafexpedition gegen Danzig, weil es die Huldigung verweigerte und an Maximilian II. festhielt. Da es trotz mehrmaliger Belagerung nicht gelang, die Stadt einzunehmen, vermittelte Brandenburg den Friedensvertrag vom 12. Dezember 1577. Danzig musste die Huldigung leisten und ein

---

21 Vgl. A. Filipczak-Kocur, König, 53ff.
22 Vgl. St. Grzybowski, Dzieje Polski, 189ff.

Bußgeld zahlen, aber seine Privilegien wurden bestätigt. Mit dem Pfahlgeldvertrag vom 26. März 1585 sicherte sich die Stadt dann gegen Überlassung der Hälfte der Hafengebühren an die polnische Krone die Verfügung über den Hafen und die Selbständigkeit in innerstädtischen Angelegenheiten.

Der angesichts der beiden Königswahlen nur zurückhaltend geführte Krieg um Livland wurde wieder aktiviert, als Zar Ivan IV. 1577 einen größeren Teil des Landes besetzte und verwüstete. Während der Feldzüge der Jahre 1579 bis 1581 stießen polnische Truppen bis in das nordwestliche Russland vor. Schließlich vermittelte der Jesuit Antonio Possevino den befristeten Frieden von Jam Zapol'skij vom 15. Januar 1582. Der Zar verzichtete auf Livland und Polock, nicht aber auf Smolensk und andere eroberte Gebiete. Die polnischen Erfolge waren unter anderem der Heeresreform von 1578 zu danken, indem eine „Hufen-Infanterie“ (*piechota lanowa*) aus von Fronen und Abgaben befreiten Hufenbauern gebildet wurde. Mit den *Constitutiones Livoniae* von 1582 wurden die besetzten Gebiete in drei Wojewodschaften eingeteilt. Gegebene Zusagen wurden gebrochen, wenn Polen als Wojewoden eingesetzt oder Katholiken bevorzugt wurden. Mit der Errichtung eines Bistums in Wenden 1582 entstand zudem ein Stützpunkt der Gegenreformation. Riga unterwarf sich 1581 und behielt seine Privilegien. Doch 1585/86 erhoben sich die Gilden gegen den zu nachgiebigen Rat. Dessen Autorität wurde erst 1589 durch polnisches Eingreifen wieder hergestellt.

Stefan Bathory war nach außen erfolgreich, doch im Land stieß die Machtfülle des Großkanzlers Jan Zamoyski, der die beiden wichtigsten Kronämter innehatte, auf Kritik. Missstimmung erregte zum Beispiel die Behandlung der Familie Zborowski: Eines ihrer Mitglieder wurde wegen Friedensbruchs verhaftet und hingerichtet. Das Verfahren war rechtlich korrekt, wurde aber als „Tyrannei“ empfunden.

Als Stefan Bathory am 12. Dezember 1586 überraschend verstarb, schlug die Klientel des Großkanzlers den Schweden Sigismund Vasa – ein Enkel Sigismunds I. – als polnischen Thronfolger vor. Die von Andrzej Zborowski angeführte habsburgische Partei brachte mehrere Kandidaten ins Gespräch, darunter Erzherzog Maximilian, den Bruder Rudolfs II. Eine Gruppe litauischer Adliger plädierte für Zar Fjodor I. Am 19. August 1587 wählte eine Mehrheit Sigismund, dessen Abgesandte die Abtretung Estlands an Polen zusagten, eine Minderheit am 22. August Maximilian, der bald die Pacta conventa beschwor, aber in Krakau – Starost war hier Zamoyski – nicht eingelassen wurde und sich nach Schlesien zurückzog. Sigismund landete Ende September in Danzig und wurde am 28. Dezember in Krakau gekrönt.

Die mit der Wahl Sigismunds III. entstandene Verbindung zwischen Schweden und Polen war für das Land belastend. Denn der neue König hielt an seinem Anspruch auf die schwedische Krone fest, so dass eine nicht erwünschte Union drohte. Er betrieb die Annäherung an die Habsburger und dachte angesichts des polnisch-schwedischen Konflikts an einen Thronverzicht zugunsten der Habsburger. Er knüpfte 1592 zu ihnen engere Beziehungen durch seine Ehe mit Anna von Innerösterreich. Der Schritt verschärfte den Gegensatz zwischen Krone und Adel in Polen, verschaffte dem König aber Rückendeckung für seine Politik im Ostseeraum und die Forcierung der Gegenreformation.

Angesichts der Errichtung des Moskauer Patriarchats 1589 und der Multikonfessionalität Polen-Litauens waren die polnischen Orthodoxen an einer Union mit den Katholiken interessiert, um die staatliche Föderation durch eine kirchliche zu ergänzen.[23] Nach der Überwindung von Widerständen gestand Papst Clemens VIII. ihnen am 23. Dezember 1595 die slawische Liturgie, die Priesterehe sowie eine eigene Metropolie zu. Eine Synode in Brest entschied sich im Oktober 1596 für die Union unter dem Primat des Papstes. Doch viele orthodoxe Gläubige lehnten die Kirchenunion ab, weil sie deren Latinisierung befürchteten. Die Orthodoxen spalteten sich, so dass es nicht gelang, die orthodoxe Kirche Polen-Litauens vollständig dem Einfluss Moskaus zu entziehen. Eine Reaktion war die von dem Unionsgegner Fürst Konstantin Ostrogski zum Schutz von Orthodoxen und Reformierten 1599 geförderte Konföderation von Wilna. Dieses politische Bündnis richtete sich gegen die von Sigismund III. begünstigte Gegenreformation, blieb aber in seiner Wirkung begrenzt.

Die Union zwischen Polen und Schweden wurde Realität, als Johann III. im November 1592 verstarb und der schwedische Thron an Sigismund III. fiel. Er wurde im Februar 1594 in Uppsala gekrönt und bei seiner Abreise nach Polen sein Onkel Karl von Södermanland zum Regenten bestimmt. Sich seit langem abzeichnende Konflikte verleiteten den König 1598 zu dem Unternehmen, sein schwedisches Erbe durch einen Waffengang zu sichern. Doch er scheiterte und wurde 1599 abgesetzt. Der Konflikt weitete sich zum schwedisch-polnischen Krieg der Jahre 1600 bis 1626 aus, der durch die Inkorporation Estlands in den polnischen Staat im März 1600 ausgelöst wurde. Die Schweden besetzten daraufhin Livland, doch seit dem Herbst 1601 gewannen polnische Truppen einen großen Teil des Territoriums zurück. Künftig galt der Kampf dem Verbleib Estlands bei Schweden und Livlands bei Polen. Der neue schwedische König Karl IX. erlitt in der Schlacht von Kirchholm am 27. September 1605 eine schwere Niederlage. Nach dem Abschluss eines Waffenstillstands schien Livland, nicht aber Estland für Polen gesichert zu sein. Im Sommer 1617 nahm dann Gustav II. Adolf den Krieg wieder auf und eroberte 1621 Riga. Sein Sieg bei Wallhof in Kurland am 17. Januar 1626 hatte für Polen den Verlust Livlands jenseits der Düna zur Folge.

Begleitet wurden die Kriegsjahre von Konflikten zwischen Krone und Adel. Nach dem Tod der ersten Gemahlin Sigismunds III. wurde die Bindung an die Habsburger durch eine weitere Ehe mit einer Habsburgerin – Konstanze von Innerösterreich – befestigt. Die gegenreformatorische Politik des Königs und die Überfälle auf protestantische Kirchen und Schulen in einigen königlichen Städten sowie die Bevorzugung von Katholiken bei der Ernennung von Senatoren steigerten Besorgnisse des protestantischen Adels. Die Bevorzugung der Bischöfe und einiger Magnatengeschlechter rief den Unwillen des Kleinadels und benachteiligter Magnaten hervor.

Nach dem Tod Jan Zamoyskis 1605 führte der Kronmarschall Nikolaus Zebrzydowski die Opponenten an und verbündete sich mit dem Magnaten und Führer des reformierten Adels Janusz Radziwill. Sigismund III. wollte 1606 den Reichstag reformieren, ständige Steuern einführen und ein stehendes Heer aufbauen, so dass ein absolutistisches Regiment drohte. Die adligen Opponenten legten ihre Gegenforderungen vor und verkündeten im August den „*rokosz*" (Aufruhr) gegen den König. Mit ihrer Niederlage am 6. Juli 1607 bei Guzòw südwestlich von Radom wurde der Bürgerkrieg beendet. Der König versicherte, kein *dominium absolutum* zu errichten, nahm

23 Vgl. E. Winter, Rußland, 253ff.

die Abbitte der Aufrührer an und verfügte 1609 eine allgemeine Amnestie. Der politische Einfluss des protestantischen Adels war gebrochen. Doch „der rokosz oder die Konföderation als Mittel zur Durchsetzung politischer Ziele unter Anwendung bürgerkriegsähnlicher Methoden erschien nunmehr weitgehend legitimiert – eine bedenkliche Hypothek für die weitere innere Entwicklung.“[24]

Mit dem Auftreten des „falschen Dmitrij“ wurde Polen-Litauen in die innerrussischen Konflikte verstrickt, weil polnische Magnaten seinen Zug nach Moskau unterstützten. Das Bündnis, das Zar Vasilij IV. im Februar 1609 mit Karl IX. von Schweden schloss, war für Polen das Signal zum offenen Eingreifen, da seine Position in Livland und überhaupt im Nordosten bedroht war. Im Juli begann Sigismund III. den Feldzug gegen Moskau und vereinbarte mit einer Gruppe Bojaren, seinen Sohn Wladislaw zum Zaren wählen zu lassen. Die Truppen Vasilijs IV. wurden am 4. Juli 1610 bei Klušino geschlagen, der Zar gestürzt und Moskau von den Polen besetzt. Die Über-

Abb. 16: *Polen-Litauen im 17. Jahrhundert.*

24 G. Rhode, Polen-Litauen, 1045.

nahme der Zarenkrone durch Wladislaw fand jedoch nicht statt, und auch Sigismunds III. Absicht, sie selbst zu übernehmen, schlug fehl. Angesichts des anwachsenden Widerstands der russischen Bevölkerung gegen die polnische Besatzung kapitulierte diese am 26. Oktober 1612.

Die Wahl Michail Romanovs brachte die polnischen Pläne endgültig zum Scheitern. Der Waffenstillstand von Deulino (polnisch Diwilino) vom 24. Dezember 1618/3. Januar 1619 ließ die Frage der Anerkennung des Zaren durch Polen-Litauen offen, brachte ihm aber erhebliche territoriale Gewinne. Für das polnisch-russische Verhältnis hatten die Parteinahme für den „falschen Dmitrij" und die Besetzung Moskaus nachhaltige Folgen. Gegner Russlands waren nun auch die „eroberungssüchtigen" Polen. Der seit 1558 expandierende polnisch-litauische Staat hatte seinen größten Umfang erreicht

Im Dreißigjährigen Krieg hielt Polen-Litauen sich aus dem Geschehen auf dem mitteleuropäischen Schauplatz heraus, obwohl es 1618 im Land Sympathien für die böhmischen Aufständischen gab.[25] An anderen Fronten war sein Einsatz gefordert. Nach Kleinkriegen verlangte im Sommer 1620 der Hospodar der Moldau polnische Hilfe gegen Béthlen Gabor, den Fürsten von Siebenbürgen. Das polnische Heer wurde im September bei Cecora geschlagen, verteidigte aber das befestigte Lager bei Chocim. Am 9. Oktober 1621 wurde ein für Polen verhältnismäßig günstiger Waffenstillstand geschlossen, der keine Gebietsverluste mit sich brachte. Im Jahr 1626 lebte der schwedisch-polnische Krieg wieder auf, als Gustav II. Adolf in Pillau landete und fast die gesamte preußische Küste besetzte. Die Seeschlacht bei Oliva am 28. November 1627 verloren die Schweden, und im Juni 1629 erlitten sie bei Marienwerder eine Niederlage. Die Verhandlungen über einen Waffenstillstand führten am 26. September in Altmark zu dem Vertrag, der Schweden im Besitz der meisten preußischen Küstenstädte und der für die weitere Kriegführung wichtigen Danziger Hafenzölle beließ.

Trotz einiger Erfolge war die außenpolitische Bilanz Sigismunds III. überwiegend negativ: Livland war verloren, Schweden übte die Vorherrschaft an der Weichselmündung aus, im Südosten war die Situation nicht befriedet und die Beziehungen zu den Habsburgern lockerten sich. Folgenreich war die 1611 erfolgte und 1618 definitiv vollzogene Belehnung des Kurfürsten Johann Sigismund von Brandenburg mit dem Herzogtum Preußen. Polen war während des Dreißigjährigen Krieges Zufluchtsland für böhmische und schlesische Glaubensflüchtlinge. Böhmische Brüder kamen 1628 nach Lissa, mit ihnen Jan Amos Comenius. Angesichts der Zuwanderung von schlesischen Lutheranern wuchsen Städte wie Lissa oder Fraustadt erheblich. Andere Flüchtlinge wurden von adligen Grundherren in neu gegründeten Städten angesiedelt.

Nach dem Tod Sigismunds III. am 30. April 1632 wurde nach kurzem Interregnum am 13. November sein ältester Sohn Wladislaw IV. gewählt. Russland nutzte die Situation zu einem neuen Angriff, doch das russische Heer wurde im Februar 1634 bei Smolensk zur Kapitulation gezwungen. Am 4. Juni wurde an der Poljanovka Friede geschlossen. Polen-Litauen blieb im Besitz der Gebietsgewinne von 1618/19, und Wladislaw verzichtete gegen eine finanzielle Entschädigung auf den Zarentitel. Auch sag-

25 Vgl. R. I. Frost, Polen-Litauen, 197ff.

ten beide Seiten sich Unterstützung gegen Schweden, Türken und Tataren zu. Die Folge war eine Entspannung in den Beziehungen.

Der Krieg gegen Schweden wurde mit dem am 12. September 1635 in Stuhmsdorf für 26 Jahre vereinbarten Waffenstillstand vorerst ausgesetzt. Schweden gab das Königliche Preußen und die Danziger Hafenzölle auf, blieb aber im Besitz von Livland. Der Anspruch auf die schwedische Krone wurde offengehalten, indem das Problem im Vertrag nicht erwähnt wurde. Im März 1637 schloss Wladislaw ein Bündnis mit Kaiser Ferdinand III. und dann auch mit Moskau – beide sollten einem Türkenzug dienen, der jedoch in Polen auf Widerstand stieß. „Das Jahr 1648 sah das Doppelreich dem Anschein nach in einer durchaus günstigen, den meisten Nachbarn gegenüber vorteilhaften Lage: Bündnisse mit dem Kaiser und dem Zaren, Waffenstillstand mit dem durch lange Kriegsdauer geschwächten Schweden, die Kernlande des Reiches trotz der Tatareneinfälle und der Schweden-, Türken- und Moskowiterkriege von Verwüstungen und Kriegslasten unberührt, der Ruhm der glänzenden Erfolge von Kirchholm 1605 bis Smolensk 1634/35 noch in frischer Erinnerung, im Inneren trotz mancher für den König peinlicher Auftritte im Reichstag weitgehende Ruhe, der konfessionelle Friede im allgemeinen gewahrt. Das Wahlreich schien im letzten Jahr des Dreißigjährigen Krieges einen ähnlichen Höhepunkt äußerer Macht und innerer Stabilität erreicht zu haben wie das Jagiellonenreich nach der Lubliner Union.“[26]

2.11 Ungarn und Siebenbürgen

Eng mit dem mittleren Europa verbunden, aber von der osmanischen Expansion bedroht, suchte Ungarn seine Selbständigkeit zu wahren. Dem standen jedoch erhebliche Hindernisse entgegen: das Fehlen einer im Land verwurzelten Dynastie, die partikularen Interessen des magyarischen Adels, dessen konfrontative Politik und die dadurch eingeschränkte Landesverteidigung. Schließlich beeinflusste die im Gefolge der osmanischen Expansion 1541 vollzogene Dreiteilung des Landes nachhaltig die Entwicklung. Auch führten die unterschiedlichen reformatorischen Optionen zur konfessionellen Spaltung. Das Fürstentum Siebenbürgen nahm in dieser Phase eine Schlüsselstellung ein und übte zeitweilig einen beträchtlichen Einfluss auf die mittelosteuropäische Politik aus. Beide – Ungarn und Siebenbürgen – erlebten eine Zeit kultureller Blüte, die durch eine auf religiöse Toleranz bedachte Politik begünstigt wurde. Zeitweilig stärkte die ungarische Krone ihre Position durch die auf Zentralisierung hinarbeitende Politik. Doch die großen Adelsfamilien blieben dominant, so dass die konfliktgeladene innere Situation mehrmals Rebellionen Vorschub leistete.

2.11.1 Machtentfaltung und innere Konflikte

Als König Ladislaus V. am 23. November 1457 kinderlos starb, wollten die Magnaten keinen Kandidaten einer fremden Dynastie wählen. Repräsentanten verschiedener ungarischer Familien boten sich an. Die Hunyadi hatten im böhmischen König Georg

---

26 G. Rhode, Polen-Litauen, 1048.

Podiebrad einen Fürsprecher. Matthias Hunyadi (Corvinus) befand sich jedoch in dessen Gewahrsam. Seine Freilassung gegen ein beträchtliches Lösegeld ermöglichte am 24. Januar 1458 seine Wahl.[1] Am 4. März wurde er mit den königlichen Insignien ausgestattet. Aber die für seine Legitimation wichtige Stephanskrone verwahrte Kaiser Friedrich III. Erst nach deren Rückgabe erfolgte die definitive Krönung im März 1464.

Der gebildete, energische und rücksichtslose König berief seinen humanistischen Erzieher János Vitéz zum Kanzler und Erzbischof von Gran (Esztergom). Dieser drängte den Herrscher, seine Macht gegenüber dem mächtigen Adel zu stärken. Dem diente eine Justiz- und Finanzreform. Im Lauf der Jahre gelang es, die Einnahmen zu steigern. Doch die Erhebung ständiger Steuern belastete die Untertanen, und Sondersteuern führten wiederholt zum Konflikt mit den Landständen. Amtsträger rekrutierte Matthias Corvinus vor allem aus dem niederen Adel und dem städtischen Bürgertum. Er musste sich aber auch mit den Magnaten arrangieren, die den Königlichen Rat beherrschten, über eine große Zahl Burgen verfügten und die ungarische Krone Friedrich III. anboten. Dieser Coup misslang allerdings.

Als die Osmanen 1463 Bosnien einnahmen, eroberte Matthias Corvinus die Festung Jajce zurück, die künftig einen Eckpfeiler der Verteidigung bildete. Ihm fehlten jedoch die Mittel für eine offensive Kriegführung. Deshalb schloss er 1483 mit den Osmanen einen – mehrmals verlängerten – Waffenstillstand. Um seine Stellung zu sichern, begann er 1468 einen Krieg gegen Böhmen. Obwohl Georg von Podiebrad noch lebte, wurde Matthias am 3. Mai 1469 in Olmütz (Olomouc) zum böhmischen König gewählt.[2] Dieser Akt fand keinen ungeteilten Beifall. An die Spitze der Opponenten trat jetzt Vitéz, der sich für die Wahrung der ständischen Freiheiten einsetzte und seinen Zögling auf dem Weg zu einem autokratischen Regiment sah. Der Kanzler wurde verhaftet und verstarb 1472.

Nach dem Tod Georg Podiebrads am 22. März 1471 wurde am 27. Mai der Jagiellone Wladislaw II. zu seinem Nachfolger gewählt. Matthias war herausgefordert, seine Position gegen diesen zu verteidigen. Der mehrere Jahre andauernde Krieg endete mit dem Olmützer Frieden vom 2. April 1479. Beide führten künftig den Titel eines Königs von Böhmen, Wladislaw II. wurde die Herrschaft in Böhmen und Matthias Corvinus die in Mähren, Schlesien und den Lausitzen übertragen. Der Ungar gewann damit freie Hand, um die seit langem andauernden und nur kurzzeitig unterbrochenen Auseinandersetzungen mit Kaiser Friedrich III. wieder aufzunehmen. Am 1. Juni 1485 eroberte er Wien und verlegte seine Residenz dorthin.[3]

Unter dem Einfluss von Beatrix von Aragon – der zweiten Gemahlin des Königs – wurde der Hof in Buda ein Zentrum der Renaissancekultur.[4] Die Budaer Burg und die Sommerresidenz in Visegrád wurden umgestaltet, im Dom von Gran die Bakócs-Kapelle errichtet und italienische Humanisten an den Hof gezogen – unter ihnen Marzio Galeotto, der die Äußerungen des Königs aufzeichnete, und Naldo Naldi, der die zahlreichen Codices der königlichen Bibliothek verwaltete. Eine erste Druckerei richtete

1 Vgl. J. K. Hoensch, Matthias Corvinus, 45ff.
2 Vgl. F. Šmahel, Matthias Corvinus, 29ff.
3 Vgl. A. Kubinyi, Matthias Corvinus, 202ff.
4 Vgl. V. Rees, Pre-Reformation changes, 19ff.

1476 Andreas Hess ein. In der 1488 in Brünn (Brno) gedruckten Königschronik von János Thuróczy wurden die Ungarn mit den Hunnen und Matthias Corvinus mit Attila identifiziert. Diese Auffassungen nährten den magyarischen Adelsstolz und das Selbstbewusstsein der Ungarn. Die aufwendige Hofhaltung des Königspaars erregte allerdings viel Unwillen. Pelbárt Temesvári und sein Schüler Osvát Laskai, zwei Budaer Franziskaner, verurteilten die – nach ihrer Auffassung – unmoralische humanistische Gesinnung und vermissten bei Matthias Corvinus die Frömmigkeit der alten Könige Ungarns. Ihre Predigten wurden im Land und im Ausland aufmerksam zur Kenntnis genommen.

Matthias Corvinus hinterließ 1490 eine gestärkte Monarchie, aber deren Bevölkerung wurde mit hohen Steuern belegt. Er war bemüht, den Einfluss der Magnaten einzugrenzen, erreichte dieses Ziel aber nur bedingt. Er verbesserte die Grenzsicherung, vermochte aber die osmanische Gefahr nicht zu beseitigen. Er festigte seine Position, aber die Habsburger gaben ihren Anspruch auf die ungarische Krone nicht auf.

Ungarn und Siebenbürgen zählten zu dieser Zeit etwa vier Millionen Einwohner (auf Siebenbürgen entfielen davon 450 000). Den Adel bildeten mehrheitlich Kleinadlige, die in bescheidenen Verhältnissen lebten. Der größte Teil des Bodens befand sich in der Hand weniger Familien, die auch politische Herrschaft ausübten. Die Magnaten verfügten über Privatarmeen und Burgdomänen mit Hunderten von Dörfern und Tausenden von Untertanen. Sie bildeten im Landtag das Oberhaus und besetzten die höchsten Ämter. Ökonomische Grundlage des Landes war der Acker- und Weinbau, vor allem aber die Viehhaltung (Pferde, Rinder, Schafe).[5] Im 16. Jahrhundert wurden jährlich 100 000 Ochsen exportiert. Der Handel mit Agrarprodukten lag überwiegend in der Hand der privilegierten Stände. Das Land wies etwa 250 königliche und grundherrliche Städte auf, die mehrheitlich als lokale Marktflecken eine Rolle spielten. Von überregionaler Bedeutung war nur der Abbau der silberhaltigen Kupfervorkommen.

Da Matthias Corvinus militärische Befehlshaber mit Land und Beamte mit kirchlichen Würden belohnte, stärkte er die Kräfte, die einen König wünschten, der ihre Macht nicht einschränkte. Um die Krone bewarben sich 1490 Johannes, der illegitime Sohn von Matthias Corvinus, der Habsburger Maximilian I. und die jagiellonischen Brüder Wladislaw und Johann Albrecht. Die „böhmische Partei" entschied sich am 15. Juli für Wladislaw II., nachdem Johannes am 17. Juni mit dem Titel eines Königs von Bosnien abgefunden worden war. Johann Albrecht verzichtete im Kaschauer Vertrag vom 20. Februar 1491 auf Thronansprüche. Maximilian I. wurde der Titel eines Königs von Ungarn belassen und im Pressburger Vertrag vom 7. November den Habsburgern das Erbrecht beim Tod von Wladislaw II. und seiner männlichen Nachkommen zugesprochen.

Ungarn zog aus der Herrschaft eines Jagiellonen keinen Vorteil. Die Geschicke des Landes lenkten die Magnaten. Wladislaw II. berief Tamas Bakócs zum Kanzler und Erzbischof von Gran. Der kluge und ehrgeizige Politiker schürte indes die Opposition gegen die Jagiellonen, so dass die Stände am 12. Oktober 1505 beschlossen, nach dem Tod des Königs keinen Ausländer mehr zu wählen. Die anhaltende Auseinanderset-

---

5 Vgl. P. Gunst, Europa, 1ff.; I. N. Kiss, Production, 84ff.

zung mit den Osmanen wurde kurzzeitig durch Waffenstillstände unterbrochen. Doch 1493 erlitt Ungarn in der Schlacht von Jajce eine empfindliche Niederlage. Eine längere Atempause trat erst ein, als am 20. August 1503 für sieben Jahre ein Waffenstillstand vereinbart und am 16. Juli 1510 für weitere drei Jahre verlängert wurde.

2.11.2 Bauernkrieg und Landesteilung

Die wachsende Belastung der Marktflecken und die Unzufriedenheit der Bauern wuchsen sich zu gravierenden sozialen Konflikten aus.[6] Als Bakócs sich 1513 zur Papstwahl stellen wollte, schaltete Leo X. seinen Rivalen aus, indem er ihm die Vorbereitung eines Kreuzzugs gegen die „Ungläubigen" auftrug. Gemäß dem Aufruf vom 3. September 1513 sammelten sich im Frühjahr 1514 Tausende Bauern vor Buda und an anderen Orten. Doch die Stimmung im Kreuzfahrerheer schlug um und die mit der Organisation beauftragten Franziskaner wurden zu Befürwortern der bäuerlichen Interessen, als im Feldlager die Absicht laut wurde, die Grundherren zu bekriegen. Am 24. April 1514 wurde György Dósza, ein gebürtiger Szekler, der sich im Kampf gegen die Osmanen hervorgetan hatte, mit dem Oberbefehl des Heeres betraut. Die Szekler hatten sich schon mehrmals erhoben und ihre Privilegien hartnäckig verteidigt.

Schon 1456, bei der Verteidigung Belgrads, hatte ein der Kreuzzugsidee verpflichtetes Bauernheer eine entscheidende Rolle gespielt, und auch später waren Bauern die tragende Kraft des Widerstands gegen die Osmanen. Jetzt verwoben sich die Kreuzzugsidee und soziale Probleme der ländlichen und kleinstädtischen Bevölkerung.[7] Der Aufruf zum Kreuzzug wurde in eine „regelwidrige Theologie" umgedeutet[8], der Krieg gegen den Adel legitimiert und das Heer unter den Augen der Obrigkeiten organisiert und bewaffnet. Ein Korrespondent berichtete am 8. Mai 1514 aus Buda, der Aufruf habe bewirkt, dass bisher über 15 000 Mann „das kreiz habn auffgenummen vnd das folckh laufft erst recht zue."[9] Am 10. Mai brach Dósza mit 10 000 Aufständischen in die Tiefebene auf. Den Befehl vom 24. Mai, das Heer aufzulösen, negierten sie. Bald erfasste der Aufstand den größeren Teil Ungarns. Mehrheitlich schlossen sich Bauern, aber auch Handwerker und Händler der Marktflecken, Bergleute, mittellose Adlige und Geistliche an.

Im Juni 1514 forderte Dósza dazu auf, die feudalen Lasten abzuwerfen und den Herren den Gehorsam aufzukündigen. Da Gott alle Menschen gleich geschaffen habe, sei es nur billig, wenn Adel und Geistlichkeit wie Bauern lebten, die Bauern aber regierten. Dósza führte das Heer durch Gebiete, in denen mit Verstärkung zu rechnen war und die Versorgung gesichert werden konnte. Die Aufständischen nahmen zahlreiche Burgen, Klöster und Städte ein. Doch die Eroberung Szegeds misslang, und vor Temesvár verließen angesichts der mehrere Wochen andauernden Belagerung viele Aufständische das Lager. Als János Szapolyai, Woijwode von Siebenbürgen, mit seinen Truppen heranrückte, um die Stadt zu entsetzen, erlitten Dósza und seine Truppen am

---

6 Vgl. G. Székely, Dósza-Aufstand, 21ff.
7 Vgl. P. Gunst, Bauernaufstand, 62ff.
8 J. Szücs, Ideologie, 170.
9 A. F. Nagy u. a. (Hg.), Monumenta Rusticorum, 70.

15. Juli eine Niederlage. In einigen Komitaten dauerte der Widerstand noch bis zum Herbst an. Doch dem Adelsheer gelang es, die separat operierenden Abteilungen nacheinander niederzuwerfen.

Die Sieger übten grausame Rache. Der als „Bauernkönig" verhöhnte Dósza wurde nackt mit einer erhitzten Eisenkrone auf dem Haupt auf einen glühenden Eisenthron gesetzt. Quellen berichten, er habe die Qualen ertragen, ohne einen Laut von sich zu geben. Nach dieser Folter wurde er enthauptet, sein Körper gevierteilt und zur Abschreckung an den Toren von vier Städten zur Schau gestellt. Viele seiner Anhänger wurden verbrannt und Städte mit hohen Strafen belegt. Die Revision des *„Opus tripartium iuris consuetudinarii inclyti regni Hungariae"* (Dreiteiliges Buch des Gewohnheitsrechts des ruhmreichen Königreichs Ungarn) von István Werböczy bezweckte, die Bauern den Grundherren strikt zu unterwerfen.[10] Dies gelang nicht sofort, aber der Weg der bäuerlichen Bevölkerung Ungarns in die verschärfte Abhängigkeit war damit vorgezeichnet.

Bákocs handelte 1515 einen Erbvertrag aus, demzufolge nach dem Tod Wladislaws II. am 13. März 1516 dessen Sohn Ludwig II. den Thron übernahm und die Habsburgerin Maria heiratete, während deren Bruder Ferdinand mit Anna Jagiello vermählt wurde. Damit wurde der Beschluss der Stände von 1505 verletzt und der Zwist erneut genährt. Nach dem Tod von Bákocz 1521 trat der *Palatin* (der höchste Würdenträger der Krone) István Báthory an die Spitze der von west- und oberungarischen Magnaten gestützten, die Beziehungen zu den Jagiellonen und den Habsburgern befürwortenden „Hofpartei". Doch Werböczy stürzte ihn 1525 und ließ sich zum Palatin wählen. Als er jedoch den Fuggern die Pacht der slowakischen Bergwerke aufkündigte, weil sie auf Seiten der Habsburger standen, blieben die Kredite aus und erhoben sich 1525/26 die brotlos gewordenen Bergleute in Neusohl (Banska Bystricá). Die Stände setzten daraufhin Báthory wieder ein, dem der König weitgehende Vollmachten übertrug.

Während eines Feldzugs gegen Ungarn eroberte Sultan Süleyman II. am 29. August 1521 Belgrad. Damit befanden sich fast alle Grenzfestungen südlich der Save in der Hand der Osmanen. Während eines weiteren Feldzugs wurde am 29. August 1526 das zahlenmäßig unterlegene, auf die Verteidigung nicht vorbereitete ungarische Heer nach einer kurzen Schlacht bei Mohács zersprengt. Ludwig II. ertrank während der Flucht. Buda wurde eingenommen und verwüstet. Ein Wiener Landsknecht berichtete später, „der Türke hatte seine Kundschaft über uns sicher und gut, wir dagegen gar keine, denn der König besass kein Geld, Kundschaften zu halten".[11] Das Heer des Sultans zog Ende September ab, weil die Osmanen keine Winterfeldzüge führten.

Am 10. November 1526 wurde János Szapolyai in Stuhlweißenburg (Szekésfehérvár) als Nachfolger Ludwigs gewählt. Eine Gruppe von Magnaten entschied sich jedoch am 17. Dezember in Pressburg (Bratislava) für den Habsburger Ferdinand. Dessen Truppen schlugen am 27. September 1527 bei Tokaj den Rivalen, der nach Tarnów in Kleinpolen floh. Am 3. November wurde Ferdinand mit der Stephanskrone gekrönt. Ungestört konnte er die Herrschaft jedoch nicht ausüben, denn mit osmanischer und

10 G. Bónis, Retorsionsgesetze, 309ff.

11 E. Wagner (Bearb.), Siebenbürger Sachsen, 96.

französischer Unterstützung kehrte Szapolyai 1529 zurück. Die Auseinandersetzungen zwischen beiden hielten an, bis mit dem Frieden von Wardein (Várad) vom 24. Februar 1538 die ungarische Krone Ferdinand zugesprochen wurde.

Angesichts der Niederlage von Mohács 1526 und des Vorstoßes der Osmanen bis Wien 1529 war die Grenzsicherung die dringlichste Aufgabe. Schon Matthias Corvinus hatte aus dem osmanischen Machtbereich fliehende Christen als Grenzwachen eingesetzt. Die orthodoxen Uskoken, die 1535 von der Küste Dalmatiens nach Ungarn flüchteten, wurden auf Kronland angesiedelt und privilegiert. Das ermöglichte, eine „Militärgrenze" (*confinium militare*) zu errichten, indem die einzelnen Befestigungen in ein geschlossenes Siedlungsgebiet mit eigener Verwaltung integriert wurden. Im Gebiet der Theiß wurden aus gleichen Motiven seit Mitte des 16. Jahrhunderts Heiducken – ehemalige Rinderhirten – angesiedelt.

Seit längerem verbreiteten in Ungarn Wanderprediger und Kaufleute lutherische Lehren, mit denen einige humanistisch gebildete Männer am Budaer Hof und deutsche Einwohner in Oberungarn und in Siebenbürgen sympathisierten. Mehrere Anhänger Luthers wurden als Ketzer verurteilt und hingerichtet. Doch nach 1526, als König Ferdinand eine zurückhaltende Politik verfolgte, um seine Stellung zu festigen, schloss sich ein größerer Teil der Bevölkerung der reformatorischen Bewegung an. Städte, später auch Magnaten, stellten protestantische Pfarrer an. Einige waren zuvor Franziskanermönche, zum Beispiel Mátyás Dévai Biró, der „ungarische Luther". Andere hatten in Wittenberg studiert, zum Beispiel Leonhard Stöckel, der von Melanchthon geprägte *„Praeceptor Hungariae"*, Rektor der humanistischen Schule in Bartfeld (Bardějov).

In Siebenbürgen wurden schon 1519 reformatorische Schriften verbreitet, die Kaufleute von der Leipziger Messe mitbrachten. Später entwarf Johannes Honter – Drucker, Lehrer und Reformator – mit seinem „Reformationsbüchlein" eine von Melanchthon beeinflusste Ordnung. Die „Kirchenordnung aller Deutschen in Siebenbürgen" wurde 1547 angenommen. Das Fürstentum erlebte eine differenzierte Konfessionsbildung: Die sächsische Bevölkerung nahm das lutherische Bekenntnis an, unter dem Adel fanden sich Anhänger Luthers und Calvins, die Ungarn waren teils calvinistisch, teils antitrinitarisch gesinnt, während manche Adelsfamilien und ein Teil des Szekler Landes katholische Inseln bildeten.

Für die Bekenntnisbildung in Ungarn war es von Bedeutung, dass Johann Sylvester 1541 eine vollständige Übersetzung des Neuen Testaments edierte. Doch 1548 verabschiedete ein Landtag in Pressburg Gesetze, die der Gegenreformation vorarbeiteten. Auch blieben Konflikte zwischen Lutheranern und Calvinisten nicht aus. Péter Melius Juhász, Bischof von Debrecen, übersetzte Calvins Katechismus, legte 1559 ein reformiertes Bekenntnis vor und machte die Stadt zum „ungarischen Genf". In den sechziger Jahren setzte er sich mit dem Antitrinitarier Ferenc Dávid in Klausenburg auseinander.

Nach dem Tod János Szapolyais am 22. Juli 1540 schien Ferdinands Herrschaft nicht mehr gefährdet zu sein. Doch Szapolyais Witwe Isabella ersuchte den Sultan um Hilfe. Im September wurde ihr erst einige Monate alter Sohn Johann II. Sigismund zum König von Ungarn ausgerufen, am 29. August 1541 Buda von einem osmanischen Heer erobert und am 29. Dezember im Vertrag von Gyula die Dreiteilung des

Landes vereinbart: Seitdem existierten das Königreich Ungarn (Oberungarn, Teile Westungarns und Kroatien) mit Pressburg als Hauptstadt, das Fürstentum Siebenbürgen, das im Westen vergrößert wurde und unter osmanischer Oberhoheit stand, und das osmanische Paschalik Ofen (zentralungarische Tiefebene und Slawonien) mit Buda als Hauptstadt.

Die politische Teilung wurde im Ergebnis der Reformation durch die konfessionelle untersetzt: Katholische Dominanz in Kroatien und angrenzenden Landesteilen, Protestantismus im mittleren und nördlichen Ungarn, Calvinismus und Antitrinitarismus in Ostungarn und Siebenbürgen. Auch die ethnische Struktur war stark gemischt: Das Territorium besiedelten Magyaren, Szekler und Kroaten, Deutsche und Slowaken, Ruthenen und Rumänen. Angesichts der politischen, konfessionellen und ethnischen Differenzierung übte eine integrierende Funktion allein die Stephanskrone aus.[12]

2.11.3 Das dreigeteilte Land

Nach der Dreiteilung Ungarns blieben Konflikte zwischen König Ferdinand und dem Sultan nicht aus. Georg Martinuzzi, Bischof von Várad und Verwalter des westlichen Ungarn, war überzeugt, das Land könne nur im Einvernehmen mit den Habsburgern wieder geeint werden. Doch diese konzentrierten sich vorerst darauf, Siebenbürgen zu gewinnen. Die Artikel des Landtags von Thorenburg vom 31. März 1542 fixierten die Rechte der „drei Nationen" (das heißt des ungarischen Adels, der Szekler und der Siebenbürger Sachsen)[13] und ihr Mitwirken bei der Regierung des Landes.[14] Im Jahr 1551 fielen Ferdinands Truppen in Siebenbürgen ein. Am 4. Juni huldigten ihm die Stände in Klausenburg (Cluj), am 19. Juli verzichtete Isabella für sich und ihren Sohn auf die Herrschaft. Schon im Sommer 1556 wurde Johann II. Sigismund mit Hilfe der Osmanen als Vasall des Sultans wieder eingesetzt. Das Fürstentum Siebenbürgen verselbständigte sich.

Seit Mitte des 16. Jahrhunderts gewann der Gedanke gegenseitiger Tolerierung der Konfessionen allmählich Raum. Während des Thorenburger Landtags von 1557 entsprachen Isabella und Johann II. Sigismund der Bitte der Siebenbürger Landstände, „daß jeder den Glauben behalten könne, den er wolle", aber keiner dem anderen Unrecht zufüge. Ein General- oder Nationalkonzil sollte die Streitigkeiten über die evangelische Lehre beheben, „um die Eintracht unter den Kirchen wieder zu gewinnen."[15] Es dauerte jedoch noch lange, ehe die „vier rezipierten Religionen" definitiv anerkannt wurden.

An der ungarisch-türkischen Grenze wurde jahrelang ein Kleinkrieg geführt. Ein osmanisches Heer wurde 1566 vor der Festung Szigetvár aufgehalten, deren Besatzung unter dem Burghauptmann Miklós Zrinyi sich von Ende Juli bis zum Tod aller am 8. September aufopferungsvoll verteidigte. Maximilian II. – der Nachfolger Ferdinands – kam ihnen nicht zu Hilfe. Beide Seiten bauten in der folgenden Zeit ihre Grenz-

12 Vgl. M. Fata, Ungarn.
13 Vgl. L. Makkai, Herausbildung, 215ff
14 Vgl. E. Wagner (Bearb.), Siebenbürger Sachsen, 105f.
15 Ebd., 121f.

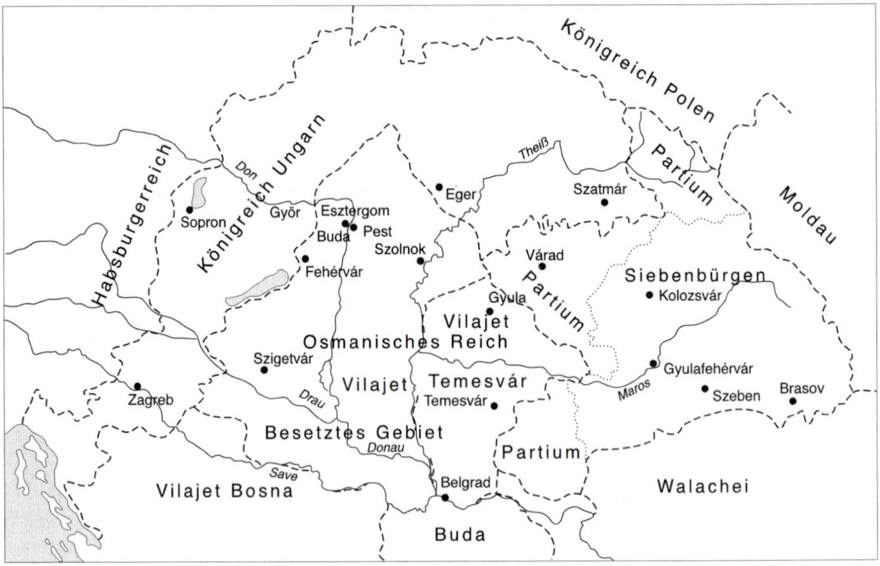

Abb. 17: *Das dreigeteilte Ungarn seit 1541.*

festungen aus. Im königlichen Ungarn wurden sie mit italienischen Bastionen versehen, die Geschützen keine Zielpunkte boten. Auch ließen Magnaten ihre Wohnsitze zu Burgschlössern umbauen, so dass sie verteidigt werden konnten.

In dem am 16. August 1570 in Speyer mit Maximilian II. geschlossenen Vertrag verzichtete Johann II. Sigismund auf die ungarische Krone und sagte für den Fall des Aussterbens der Szapolyai die Übergabe Siebenbürgens an die Habsburger zu. Der Fürst starb am 14. März 1571. Am 25. Mai wählte der Landtag Stefan Báthory, der am 15. Dezember 1575 auch den polnischen Thron gewann. An Báthorys Hof erlebte der Humanismus eine späte Blütezeit. Dort hielt sich eine zeitlang Bálint Ballasi auf, der bedeutendste ungarische Dichter des 16. Jahrhunderts. Die 1581 gegründete Universität Klausenburg existierte allerdings nur kurze Zeit. Báthorys Religionspolitik war widersprüchlich. Er verbot den Druck religiöser Schriften, verfolgte die Antitrinitarier, begünstigte die Reformierten und holte die Jesuiten ins Land. Unter seinem am 8. Dezember 1588 gewählten Nachfolger Sigismund Báthory wurden sie wieder ausgewiesen, doch im Frühjahr 1591 ihre Rückkehr ermöglicht. Erst der Klausenburger Landtag vom März 1595 definierte die „vier rezipierten Religionen" als das lutherische oder evangelische, das päpstliche oder katholische, das calvinistische und das arianische oder antitrinitariasche Bekenntnis.

Eine gewaltsame Rekatholisierung Ungarns war angesichts der politischen Konstellationen nicht ratsam. Doch Miklós Telegdi, Bischof von Pécs (Fünfkirchen), förderte die Gegenreformation, und der Jesuit Peter Pázmány bewog hochadlige Familien, zur katholischen Kirche zurück zu kehren. Während des Pressburger Landtags von 1619 wählte die katholische Mehrheit erstmals wieder einen Palatin ihrer Konfession. Da die Protestanten die Politik der Habsburger ablehnten, wurden in den deutschen Städten der Slowakei protestantische Prediger vertrieben.

Nach einer längeren Friedensperiode lebten die Kämpfe mit den Osmanen wieder auf. In den „langen Türkenkrieg" der Jahre 1593 bis 1606 waren die Osmanen, die Habsburger, Siebenbürgen, die Moldau und die Walachei involviert und der Vatikan, Venedig, Frankreich, Spanien und England politisch und diplomatisch engagiert.[16] In Siebenbürgen war Sigismund Báthory zu einem Bündnis mit den Habsburgern bereit. Aber erst nach der gewaltsamen Ausschaltung von Opponenten kam am 28. Januar 1595 ein Vertrag zustande. Der ungarische Adel nahm es allerdings nicht hin, dass seine Untertanen in das Heer beordert wurden. Mit ihnen verlor Báthory seine besten Truppen. Die Heiducken kämpften tapfer, doch der Krieg zog sich hin, der Fürst trat mehrmals zurück und verließ im Januar 1602 das Land.

Der Krieg und die gegenreformatorische Politik schürten in allen Schichten Unzufriedenheit: Die Bauern wurden von Kaiserlichen und Osmanen ausgeplündert, die Glaubensfreiheit der Protestanten war bedroht, die Freiheiten der Heiducken gefährdet, das Eigentum der Grundherren nicht geschützt. Zwei Ereignisse lösten die antihabsburgische Rebellion aus: Im Januar 1604 wurde in Kaschau (Košice) der mehrheitlich protestantischen Bevölkerung ihre Kirche genommen und deren Prediger vertrieben. Im Mai fügte Erzherzog Matthias den während eines Landtags in Pressburg von den Ständen vorgelegten XXI Artikeln den berüchtigten Artikel XXII hinzu, der die Diskussion von Religionsfragen untersagte und frühere Gesetze gegen „Neuerungen" und „Unruhestifter" wieder in Kraft setzte.

Die Unzufriedenen führte der Magnat István Bocskai an. Als ein kaiserliches Heer in Marsch gesetzt wurde, schlossen sich Bocskai viele Heiducken an, besiegten die Kaiserlichen am 15. Oktober 1604 bei Álmosd und eroberten Siebenbürgen und das königliche Ungarn. Am 21. Februar 1605 wurde Bocskai zum Fürsten von Siebenbürgen, am 20. März zum Fürsten von Ungarn gewählt. Die Krönung als ungarischer König, die von den Osmanen vorgeschlagen wurde, lehnte er ab. Am 23. Juni 1606 schloss Bocskai mit Kaiser Rudolf II. den Wiener Frieden, der seine Herrschaft in Siebenbürgen und Teilen Ungarns anerkannte. Vereinbart wurden die Wahl eines Palatins durch den Landtag, die Besetzung der Ämter mit Einheimischen und weitere die Rechte des Adels sichernde Maßnahmen. Die Religionsfreiheit wurde anerkannt und der Artikel XXII aufgehoben. Auf seinen Besitzungen siedelte Bocskai an die 10 000 Heiducken an. Die Bewohner der Heiduckenstädte waren zu Militärdiensten verpflichtet, zahlten aber keine Steuern und leisteten keine Fronarbeit. Als die Freiheiten der Szekler wieder hergestellt wurden, stellten auch sie sich dem Fürsten zur Verfügung.

Der Friedensschluss mit den Osmanen am 11. November 1606 in Zsitvatorok in der Nähe von Komorn anerkannte die Eroberungen jeder Seite. Der bisher jährlich zu leistende Tribut wurde durch eine einmalige Zahlung von 200 000 Talern abgelöst. „Die beiden Friedensschlüsse zeigten, dass weder der Kaiser noch die Osmanen über ausreichende Macht verfügten, um den Besitzstand entscheidend zu verändern, dass aber das Fürstentum Siebenbürgen und der ungarländische Protestantismus jedes für sich

---

16 Vgl. J. P. Niederkorn, Mächte, 27ff.

eine nicht zu unterschätzende Kraft darstellten, die sich im Zusammenwirken noch verstärken konnte."[17]

Bocskai verstarb am 29. Dezember 1606. Seine Nachfolge trat am 12. Februar 1607 Sigismund Rákóczi an. Doch er dankte schon nach kurzer Zeit ab. Rudolf II. wehrte sich nun hartnäckig, die Abmachungen mit den „rebellischen" Ungarn zu respektieren. Als deshalb 1607 die Heiducken zu den Waffen griffen, solidarisierte sich Erzherzog Matthias mit den ungarischen Ständen und berief im Januar 1608 gegen den Willen des Kaisers einen Landtag nach Pressburg ein, der eine Amnestie gewährte und unter dem Druck der Heiducken am 7. März 1608 Gabriel Báthory zum Fürsten von Siebenbürgen wählte. Am 26. Juni trat Rudolf II. Ungarn an Matthias ab, der am 19. November mit der Stephanskrone gekrönt wurde, nachdem er die „Artikel vor der Krönung" akzeptiert hatte. Sie bestätigten das Wahlrecht der Stände und rekapitulierten einige Artikel des Wiener Friedens. Der König verpflichtete sich, im Land zu residieren und die Regierungsgeschäfte dem vom Landtag zu wählenden Palatin zu übertragen. Dieses Amt hatte seitdem ein Protestant inne. Die „Artikel" bildeten quasi das Grundgesetz der Monarchie.

2.11.4 Im Dreißigjährigen Krieg

Fürst Gabriel Báthory übte in Siebenbürgen ein Regiment des Schreckens aus. Die Konflikte zwischen den führenden Geschlechtern ruinierten das Land. Das Chaos endete erst mit dessen Besetzung durch osmanische Truppen, der Wahl Gábor Béthlens zum Fürsten am 23. Oktober 1613 und der Ermordung Gabriels am 27. Oktober. Der neue Fürst stärkte seine Stellung durch die Einziehung vergebener Ländereien, die Wiederbelebung der Bergwerke und die Erhebung regelmäßiger Steuern. Um die Einheit des Landes wieder herzustellen, war Béthlen zu Zugeständnissen an die Osmanen und Habsburger bereit. Mit dem Vertrag vom 16. Mai 1615 anerkannte Matthias II. das Recht der freien Fürstenwahl in Siebenbürgen, Béthlen hingegen die Legitimität der Herrschaft des Habsburgers in Ungarn.

Seit 1619 unterstützte Béthlen die Stände Böhmens und Mährens im Kampf gegen die Habsburger. Seine Truppen besetzten Ende August Oberungarn, nahmen am 20. September Kaschau ein, am 14. Oktober Pressburg, und am 27. November standen sie vor Wien. Die Folge war der Waffenstillstand vom 23. Januar 1620. Nach der Eroberung des königlichen Ungarn wurden die Habsburger entthront und Béthlen am 25. August vom ungarischen Landtag in Neusohl (Banska Bystricá) zum König gewählt. Nach der Niederlage der böhmischen Ständearmee am Weißen Berg verzichtete er im Nikolsburger Frieden vom 10. Januar 1622 auf den ungarischen Königstitel, sicherte aber die sieben oberungarischen Komitate, die ungarische ständische Selbstverwaltung und die Glaubensfreiheit für die Protestanten. Im Jahr 1623 griff Béthlen an der Seite der deutschen Protestanten erneut in den Krieg ein und trat der Haager Koalition vom Dezember 1625 bei. Der Friede von Pressburg vom 20. Dezember 1626 bestätigte im wesentlichen die Abmachungen von Nikolsburg. Obwohl Béthlen nur die oberungarischen Komitate gewann, festigte er die internationale Stellung Sieben-

---

17 G. Rhode, Ungarn, 1099f.

bürgens. Das Land wurde zu keiner Zeit von fremden Truppen heimgesucht, die überwiegend von Heiducken und Szeklern gebildete Armee kein einziges Mal besiegt.

Im Land schützte Béthlen die Untertanen vor Übergriffen der Grundbesitzer. In Tyrnau (Weißenburg) gründete er 1622 eine Hochschule, die später nach Karlsburg verlegt wurde, wo der Hof ein kulturelles Zentrum bildete. Aus ihr gingen bedeutende Gelehrte hervor, unter ihnen János Apáczai Csere, der in Ungarn die Lehren von Copernicus, Descartes und Althusius verbreitete und 1653 in Utrecht seine „Ungarische Enzyklopädie" publizierte. Béthlen ließ eine Druckerei einrichten, holte deutsche Gelehrte ins Land, darunter für eine kurze Zeit Martin Opitz, und schickte Stipendiaten ins Ausland. Als die Jesuiten zurückkehrten, gründete Pázmány 1635 in Tyrnau eine Universität mit einer theologischen, einer philosophischen und später auch einer juristischen Fakultät. An das reformierte Kollegium in Sáspatok wurde 1650 Jan Amos Comenius berufen. Béthlen förderte die Reformierten, siedelte Täufer an, gewährte den Katholiken einen Generalvikar, den giechisch-orthodoxen Rumänen einen Bischof und entband die Juden vom Tragen des Davidsterns.

Als Béthlen am 15. November 1629 verstarb, wurde György I. Rakoczi, nach Auseinandersetzungen mit seinen Rivalen und unterstützt von den Heiducken, am 1. Dezember 1630 zum Fürsten von Siebenbürgen gewählt. Er enttäuschte indes die Heiducken, als er die oberungarischen Komitate dem königlichen Ungarn überließ. Dieser Schritt ermöglichte jedoch den Friedensschluss mit Ferdinand II. am 3. April 1631 in Kaschau. Der Vertrag stand allerdings der Absicht des Palatins Miklós Esterházy entgegen, Siebenbürgen mit dem königlichen Ungarn zu vereinen. Dort lösten plündernde Söldner 1631 einen Bauernaufstand unter Führung Péter Császárs aus. Rákoczis Herrschaft war noch einmal gefährdet, als Sultan Murad IV. Gábor Béthlens Bruder Stefan auf dem siebenbürgischen Thron sehen wollte. Im Oktober 1636 schaltete Rakoczi ihn aus und ging mit drastischen Mitteln gegen einige Adelsfamilien vor, so dass Verschwörungen künftig nicht ausblieben.

Auch Rákoczi engagierte sich im mitteleuropäischen Krieg. Seit 1638 verhandelte er mit Frankreich und Schweden, um den Kampf gegen die Habsburger mit internationaler Unterstützung wieder aufnehmen zu können. Doch erst am 26. April 1643 kam mit Schweden ein Bündnis zustande. Im Februar 1644 besetzten seine Truppen Oberungarn und nahmen am 12. März Kaschau ein. Ein Bündnis mit Frankreich wurde am 22. April 1645 vereinbart. Nach erfolglosen Operationen in Mähren und angesichts des Desinteresses der Osmanen, den Konflikt mit den Habsburgern zu verschärfen, wurde am 16. Dezember 1645 mit Kaiser Ferdinand III. der Friede von Linz geschlossen, der dem Fürsten die oberungarischen Komitate bis zu seinem Tod beließ und allen Ungarn Religionsfreiheit gewährte. Für den Kaiser bedeutete der Friedensschluss die Ausschaltung eines gewichtigen Gegners. Mit dem Tod Rákoczis am 11. Oktober 1648 endete die Phase, in der Siebenbürgen eine auffallende Rolle in der europäischen Politik spielte.

Wie Siebenbürgen blieb auch Ungarn während des Dreißigjährigen Krieges weitgehend von Zerstörungen verschont, und an der osmanischen Grenze wurden den Frieden gefährdende Handlungen vermieden. Die Bevölkerung litt jedoch unter immer wieder auflebenden inneren Konflikten und den Belastungen durch Grundherren, die zahlreiche Bauern in eine „ewige Leibeigenschaft" zwangen. Probleme ergaben sich für das Land zudem aus der Pufferrolle zwischen den Habsburgern und dem osmanischen Reich, konfessionellen Gegensätzen und wirtschaftlichen Schwierigkeiten. Da die Könige meist nicht im Land residierten und das Territorium geteilt war, bildete ein einendes Band nur die kulturelle Identität.

2.12 Die Osmanen und Südosteuropa

Der Aufstieg des osmanischen Reiches wurde in Europa aufmerksam verfolgt. Einerseits wurde seine militärische Stärke, politische Effizienz und religiöse Toleranz respektvoll wahrgenommen, andererseits sein Vordringen in den mediterranen und südosteuropäischen Raum mit Sorge beobachtet. Die Bedrohten waren herausgefordert, die Expansion abzuwehren, was ihnen nur bedingt gelang. Viele christliche Gläubige sahen in der „Türkengefahr" eine „Zuchtrute Gottes", mit der die sündhafte Christenheit gestraft werden solle. Die Fixierung auf die Abwehr der osmanischen Expansion begünstigte zeitweilig die Ausbreitung der Reformation. Einige Staaten nahmen Beziehungen zum Sultan auf, um ihre Rivalitäten mit seiner Rückendeckung auszukämpfen. Bis zur Mitte des 16. Jahrhunderts eroberten die Osmanen große Gebiete auf drei Kontinenten. Unter ihre Herrschaft beziehungsweise in ihre Abhängigkeit geriet der größere Teil Südosteuropas. Betroffen waren – modern gesprochen – Griechenland, Bulgarien, Rumänien, Albanien, Bosnien, Montenegro, Herzegowina, Serbien sowie ein Teil Ungarns. Die eroberten oder abhängigen Gebiete standen in einem unterschiedlichen Verhältnis zum Sultan. Die osmanische Herrschaft ermöglichte ihnen in Grenzen ein Eigenleben. Im Vergleich mit dem mittleren und westlichen Europa wurden sie jedoch in ihrer Entwicklung zurückgeworfen.

2.12.1 Die osmanische Expansion

Die Wurzeln des osmanischen Großmachtstrebens führen in das 13. Jahrhundert zurück.[1] Im Verlauf der Mongoleneinfälle gelangte der Stamm der Oguzen von Zentral- nach Kleinasien, wo die Seldschuken ein Reich gegründet hatten. Als der oguzische Stammesfürst Osman I. träumte, aus seinem Nabel sprieße ein Baum, „dessen Schatten über die ganze Welt reichte"[2], wurde dies als Zeichen gedeutet, die Weltherrschaft zu erringen. Dieser Antrieb für die expansive Politik des osmanischen Reiches blieb „wenigstens theoretisch, bis zu seinem Ende, wenn auch in den letzten zwei Jahrhunderten kaum mehr ausgesprochen, geschweige denn real geltend gemacht, sein tragender, ja im Grunde genommen sein einziger Leitgedanke."[3]

Im Verlauf eines Jahrhunderts eroberten die Osmanen einen großen Teil des byzantinischen Reiches, überschritten 1352 die Dardanellen zu Europa hin, bestürmten 1359 erstmals Konstantinopel und nahmen das rumelische Adrianopel (Edirne) ein, das von 1365 bis 1453 Hauptstadt ihres Reiches war. Mehmet II. („der Eroberer"), der

1 Vgl. E. Werner, Geburt.
2 St. Schreiner (Hg.), Osmanen, 17.
3 H. Jansky, Südosteuropa, 1172.

1451 auf den Sultansthron gelangte, begründete die osmanische Großmachtstellung. Die Absicht, die byzantinische Hauptstadt Konstantinopel zu erobern und vom „goldenen Apfel" der Christenheit Besitz zu ergreifen, löste Meinungsverschiedenheiten aus, weil die großen Grundbesitzer bei einem Gegenschlag europäischer Mächte um ihren Besitz bangten, während die vom Sultan abhängigen Würdenträger von der Expansion zu profitieren gedachten. Mehmet II. bereitete die Aktion zielstrebig vor, indem er sich außenpolitisch absicherte, seine Armee verstärkte und seine Flotte heranführte. Gegenüber der Festung Anadolu Hisari auf kleinasiatischer Seite ließ er am europäischen Ufer des Bosporus das mächtige Rumeli Hisari errichten. Der byzantinische Kaiser Konstantin XII. blieb ohne Bundesgenossen.

Seit Anfang April 1453 schloss sich der Belagerungsring und wurden Breschen in den Mauerring geschossen, aber die ersten Sturmangriffe abgeschlagen. Am 29. Mai erstürmten die Janitscharen die Mauern, das gesamte Heer strömte „wie ein unendlicher Bienenschwarm, mit gewaltigem Jubelgeschrei"[4] in die Stadt und metzelte alle nieder, die sich entgegenstellten. Konstantin XII. wurde im Kampf getötet und sein Haupt an verschiedenen Orten zur Schau gestellt. Die Hagia Sophia, die Hauptkirche des byzantinischen Reiches, wurde in eine Moschee umgewandelt. Der Sultan ließ in ihr das mohammedanische Glaubensbekenntnis sprechen. Auch wurde es üblich, hier jedes militärische Unternehmen zu beginnen und zu beenden. Nach jedem Freitagsgebet erfolgte eine religiöse Unterweisung, die mit der Betonung der Legitimität des Sultans endete.

Die endgültige Zerstörung des byzantinischen Reiches löste nicht den von manchen befürchteten Gegenschlag aus. Seinen Widersacher Großwesir Candarei Halil ließ Mehmet II. hinrichten, so dass der Einfluss der Grundbesitzer zurückgedrängt wurde. Die Hauptstadt verlegte der Sultan von Edirne in die eroberte Stadt am Bosporus und gab ihr den Namen Istanbul. Sie befand sich nun an der Nahtstelle seiner zwei Reichsteile: Antatolien und Rumelien. In der durch die Kämpfe entvölkerten Stadt wurden zwangsweise Türken, Slawen, Griechen und Juden angesiedelt. Sie zählte 1478 schon 98 000, ein Jahrhundert später mehr als 300 000 Einwohner. Ihnen wurde freie Religionsausübung gewährt. Die griechisch-orthodoxe Kirche leitete ein Patriarch, an die Spitze der Juden trat ein Großrabbiner, und auch den Armeniern wurde eine autonome Kirche zugestanden. Istanbul sollte das kulturelle Zentrum der islamischen Welt werden. Es wurden theologische Seminare (*madrasas*) gegründet, Künstler und Wissenschaftler aus vielen Ländern eingeladen, auch eine bedeutende Serail-Bibliothek und eine Palastschule für die Ausbildung des Personals des Sultans eingerichtet.[5]

In den folgenden Jahrzehnten wurde die osmanische Einflusssphäre in Südosteuropa ständig erweitert. Mehmet II. scheiterte zwar vor Belgrad 1456, als die Festung schon sturmreif geschossen war, aber ein Entsatzheer noch rechtzeitig eintraf. Doch bald wurde Athen besetzt, Morea (Peloponnes) erobert und 1461 Trapezunt – die letzte byzantinische Bastion in Kleinasien – eingenommen. Im Jahr 1463 wurde Bosnien unterworfen, 1468 der Widerstand in Albanien gebrochen, 1479 Serbien, 1483 Herzegowina und 1499 Montenegro in Abhängigkeit gebracht. Viele Adlige und Bauern in

---

4 St. SCHREINER (Hg.), Osmanen, 66.
5 Vgl. H. INALCIK, History, 220ff.

Albanien, Bosnien und Herzegowina konvertierten zum Islam. Die Adligen wurden Lehnsträger des Sultans, was ihnen eine Laufbahn in Militär und Beamtenschaft ermöglichte.

Um 1455 gerieten die Moldau und 1462 die Walachei in osmanische Abhängigkeit, 1475 das Krimkhanat, und 1476 wurde der Handelsstützpunkt Kaffa (Feodosija) – bisher im Besitz der Genuesen – in das Osmanenreich einbezogen, so dass dieses die Küsten des Schwarzen Meeres fast vollständig kontrollierte. Der seit 1463 gegen Venedig geführte Krieg wurde 1479 beendet. Die Markusrepublik verlor einige Gebiete, auch wurden ihr Tributzahlungen auferlegt. Ein Angriff auf das zum Königreich Neapel gehörende Apulien führte kurzzeitig zur Errichtung des osmanischen Stützpunktes Otranto (1480/81). Eine Sonderstellung nahm bislang die Republik Ragusa (Dubrovnik) an der östlichen Adriaküste ein. Angesichts der sich ständig verändernden territorialen Verhältnisse lässt sich keine genaue Bevölkerungszahl angeben. Es wird damit gerechnet, dass das osmanische Imperium etwa sieben Millionen Bewohner zählte.

Mit Mehmet II. begann „das Zeitalter, in dem das Osmanenreich durch das Abendland, eher nolens als volens, endgültig akzeptiert, in die Staatenwelt des Kontinents als Mitspieler ‚aufgenommen' werden mußte."[6] Es wurde allmählich ein respektierter Faktor im europäischen Staatensystem. Gesandtschaften wurden ausgetauscht, Verträge geschlossen und Botschaften eingerichtet – zuerst von Venedig und dann von weiteren Mächten. Mehmet II. wurde wegen seiner „westlich" orientierten Hofhaltung und Lebensführung mit den Renaissancefürsten verglichen. Der Stabilisierung seines Reiches dienten die Kodifikation profaner Gesetzbücher, die Konskriptionen als Grundlage für die Besteuerung, der Ausbau der Steuerverwaltung und des Kanzleiwesens sowie die Nutzung der Schriftlichkeit für die Verwaltung.

Entscheidend für den Erfolg der expansiven Politik war indes die Militärverfassung.[7] Eine ihrer Säulen waren die Spahi und das Timarsystem, das auf der Vergabe des Bodens in eroberten Gebieten als befristete Lehen beruhte. Das *Timar* war die individuelle Wirtschaft des *Spahi*, der das Land an einen Hintersassen (*raya*) verpachtete und zur Stellung von einem oder mehreren Bewaffneten verpflichtet war. Die Mobilisierung der auf dem „Pfründenfeudalismus"[8] beruhenden Lehnsmiliz war in kurzer Zeit möglich und ihre Kampfkraft beeindruckend. Mehmet II. baute das System aus, indem er Mülkherren (*mülk* – privater Besitz von Grundherren) und Wakfinhaber (*wakf* – Eigentum frommer Stiftungen) enteignete und die Ländereien als Pfründen an Gefolgsleute vergab.

Eine zweite Säule waren die Janitscharen (*yeni leri* – neue Truppe). Auf dem Weg der „Knabenlese" wurden gesunde und kräftige christliche Knaben zum Islam bekehrt und ausgebildet. Sie verkörperten – dem Mönchtum vergleichbar – einen ehelosen Männerbund, hatten allein den Sultan zum Herrn und leisteten ihm lebenslang Waffendienst. Ihre Tüchtigkeit bewiesen sie in vielen Schlachten. Auf diesem Weg gewannen die Sultane in der ersten Hälfte des 16. Jahrhunderts 250 000 Mann für ihre Armeen. Auch ging mancher Würdenträger aus der „Knabenlese" hervor. Um den

---

6 F. Majoros/B. Rill, Das Osmanische Reich, 54.
7 Vgl. ebd., 17ff.
8 J. Matuz, Das Osmanische Reich, 71.

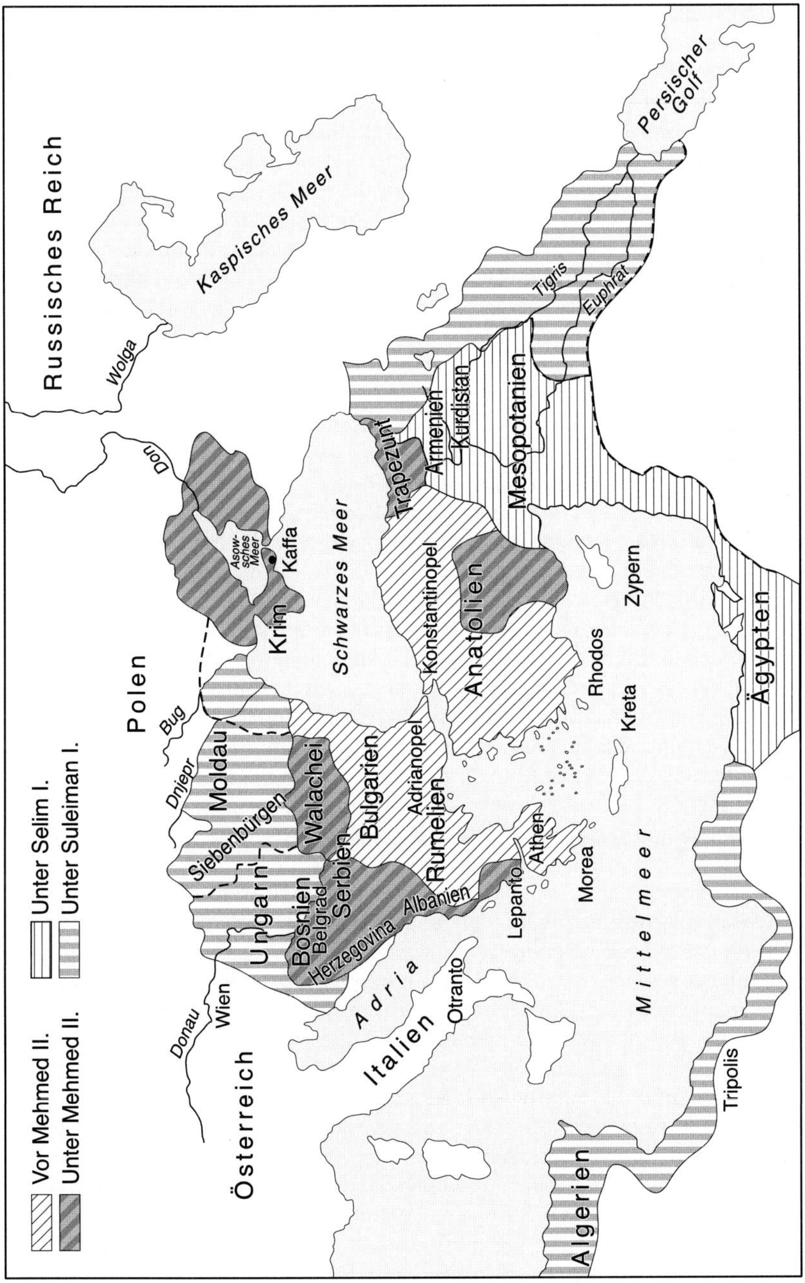

Abb. 18: *Das osmanische Reich im 15./16. Jahrhundert.*

ständig steigenden Geldbedarf zu decken, wurden Steuern verpachtet und minderwertige Münzen geprägt, was zu Preissteigerungen führte. Die daraus resultierende Unzufriedenheit wurde von Grundbesitzern und Derwischen geschürt, deren Grundbesitz durch die „Agrarreform“ geschrumpft war.

Das osmanische Reich verfügte über eine effektive Regierung und Verwaltung, in die Erfahrungen aus Byzanz eingingen, präsentierte sich aber primär als Militärdespotie, „in der alles auf der kommandierenden Gewalt beruhte. Stand an der Spitze eine starke Persönlichkeit, so funktionierte der davon unmittelbar abhängige Staatsapparat. Versagte aber diese Gewalt an der Spitze des Reiches, so war die Anarchie da. Der gewaltigen Aufgabe, das Weltreich absolut zu regieren, waren die ersten Sultane vollauf gewachsen.“[9] Ihre Autorität fundierten der islamische Titel *Sultan*, die türkisch-mongolische Titulierung als *Großkhan* und der auf die oströmischen Herrscher zurückgehende Kaisertitel.

Das *Serail* war Sitz des Sultans, des Hofstaats und der Regierung sowie Ausbildungsstätte für das Personal in hohen Rängen.[10] Hier tagte der *Diwan* – der von vier *Wesiren* und weiteren Würdenträgern gebildete Reichsrat. Doch Entscheidungen traf allein der Sultan, der keiner Kontrolle unterlag. Gesetzbuch war der Koran, und was dort nicht vorgeschrieben war, wurde mittels weltlicher Gesetze (*kanun*) geregelt. Den Rang der höchsten Würdenträger in der Hierarchie zeigte die Zahl der ihnen zustehenden Rossschweife an: neun dem Sultan, fünf dem für die praktische Politik zuständigen *Großwesir*, zwei dem *Beglerbeg* (Verwalter eines *Wilajets*), einer dem *Sandschakbeg* (Verwalter einer Provinz). Der Harem war die private Sphäre des Sultans, in der der „Herr der Mädchen“ (*kislar aga*) und die Sultansmutter das Regiment führten. Es fehlte jedoch ein verbindliches Thronfolgerecht. Ließ ein Thronfolger seine Brüder nicht rechtzeitig ermorden, konnte beim Thronwechsel Anarchie die Folge sein. Mehmet II. erließ deshalb 1478 ein Gesetz, das den Brudermord aus Gründen der Staatsräson („zur Wahrung der Weltordnung“) nahelegte und rechtfertigte.

2.12.2 Höhepunkt der Macht und innere Konflikte

Bayezid II. („der Friedliebende“) trat 1481 die Herrschaft mit Hilfe der Janitscharen an. Die Macht beanspruchte auch sein von anatolischen Grundbesitzern unterstützter Bruder Cem. Nach seiner Niederlage floh er nach Rhodos. Später verwahrten ihn der Papst beziehungsweise der französische König und benutzten ihn als Faustpfand. Innere Probleme zwangen den Sultan, die Expansionspolitik vorerst aufzugeben. Sein Vater Mehmet II., der vielleicht vergiftet wurde, hatte sich durch seinen Regierungsstil, die Reformen, die Verlegung der Hauptstadt und die Vorliebe für „westliche“ Kultur von seinen Untertanen entfernt und die Unzufriedenheit seiner Gefolgsleute provoziert. Bayezid II. gelang es, die Bewohner West- und Mittelanatoliens mit dem Thron zu versöhnen. Aber in Ostanatolien nahmen enttäuschte Grundbesitzer Beziehungen zu den Mameluken (*mamluk* – Militärsklave) auf, deren Reich sich von Nordmesopotamien bis nach Ägypten erstreckte. Auch entstand 1501 in Persien der Safa-

9 G. Stadtmüller, Geschichte Südosteuropas, 269.
10 Vgl. F. Majoros/B. Rill, Das Osmanische Reich, 70ff.

widenstaat unter Schah Ismail, der die oppositionelle Bewegung in Ostanatolien unterstützte.

Der Sultan förderte die Bautätigkeit in Istanbul, Edirne und Bursa, stärkte die Militärkraft durch Ausbau der Artillerie und der Flotte und konsolidierte die Finanzen durch Prägung von Münzen mit höherem Feingehalt. Unzufriedenheit erregte indes 1501 eine Sondersteuer, die von allen Untertanen erhoben wurde, und die Rückgabe eines Teils des von seinem Vater konfiszierten Grundbesitzes an Grundherren und Derwische, so dass Tausende Spahis ihren Timar verloren. Von 1485 bis 1491 führte Bayezid II. Krieg gegen das Mamelukenreich, ohne die Situation in Ostanatolien befrieden zu können. Ein Seekrieg gegen Venedig seit 1499 verfolgte die Absicht, die Herrschaft über Morea zu sichern. Er endete am 14. Dezember 1502 mit dem Gewinn des venezianischen Stützpunkts Lepanto am Golf von Korinth und der Insel Kephalonia. In Ostanatolien unterstützte Persien die heterodoxe Bewegung der „Rotköpfe“ (*kisilbasi*), die vom Sultan grausam verfolgt wurde. Als 1511 in Antalya der Sakkuli-Aufstand (benannt nach seinem Anführer) losbrach, gelang es dem Herrscher nicht, die Rebellen niederzuwerfen. Die Janitscharen verlangten daraufhin seine Abdankung.

Selim I. („der Gestrenge“) zwang seinen Vater im April 1512 zur Aufgabe des Throns und ließ seine sich auflehnenden Brüder hinrichten. Ein gegen die Kisilbasi in Marsch gesetztes Heer schlug deren Aufstand blutig nieder, so dass der Abfall der östlichen Gebiete des osmanischen Reiches verhindert wurde. Als die Rebellen nach zwei Jahren auch in den entlegenen Gegenden unterworfen waren, begann Selim I. den Krieg gegen Persien, das die oppositionelle Bewegung angestachelt hatte. Am 23. August 1514 stellte er Schah Ismail I. bei Caldiran auf ostanatolischem Gebiet zur Schlacht, besetzte vorübergehend die persische Hauptstadt Täbris, verzichtete aber angesichts des nahenden Winters auf weitere Aktionen. Zwischen 1514 und 1516 wurden kurdische Gebiete in das osmanische Reich eingegliedert.

Von Persien drohte jetzt keine Gefahr mehr, aber das Mamelukenreich, die führende Macht des Islam in Vorderasien, blieb ein Stachel. Nach dem Sieg bei Madsch Dabik am 24. August 1516 besetzten die Osmanen Syrien, und der Erfolg in der Schlacht von Rajdamija vor Kairo am 21. Januar 1517 besiegelte das Ende des Mamelukenstaates. Die Osmanen gewannen die fruchtbaren Regionen von Syrien bis Ägypten, eingeschlossen die islamischen Heiligtümer von Mekka und Medina sowie der Titel eines Kalifen, der als Stellvertreter des Propheten Mohammed galt. Auch wurden Beziehungen zu dem Piraten Chaireddin Barbarossa geknüpft, um das christliche Europa mit seiner Hilfe der Botmäßigkeit des Sultans zu unterwerfen. Denn Ende des 15. Jahrhunderts, nach dem Abschluss der Reconquista, gab es in Spanien Überlegungen, die Expansion auf Nordafrika auszuweiten und die islamische Herrschaft durch ein christliches Reich zu ersetzen.

Das Reich Selims I. erstreckte sich über Gebiete auf drei Kontinenten. „Wenn man bedenkt, dass seine Eroberungen das Werk von nur acht Jahren waren, muss man ihn als den dynamischsten aller Osmanensultane betrachten, der in dieser Hinsicht selbst seinen Großvater Mehmed den Eroberer und seinen Sohn Suleyman den Prächtigen überragte.“[11] Er begründete die Vorherrschaft der Osmanen in Vorderasien und in der

11 H. Jansky, Südosteuropa, 1179.

mediterranen Region, und mit den territorialen Gewinnen erhöhten sich die Staatseinnahmen. Doch die ständigen Kriegszüge führten auch zu Steuererhöhungen. Seit 1519 erhoben sich dagegen Untertanen in Mittelanatolien, angeführt von Scheich Celali, unter dessen Namen auch später Revolten aufflammten.

Süleyman II. („der Gesetzgeber", in Europa „der Prächtige") setzte seit 1520 die Gesetzeskodifikation und Steuerkonskription fort und richtete mehrere neue Wilajets (Provinzen) ein, um eroberte Länder zu integrieren. Auch betraute er Sinan, den bedeutendsten Architekten seiner Zeit, mit großen Aufgaben, unter anderem mit der Errichtung eines Gebäudeensembles in Istanbul, das eine Moschee, Kollegien, Bibliotheken, ein Hospital und eine Apotheke umschloss. Obwohl der Sultan als großmütig galt, scheute er vor Gewalt nicht zurück. Seinen aus der „Knabenlese" hervorgegangenen befähigten Großwesir Ibrahim Pascha ließ er 1536 und Karah Ahmet 1555 hinrichten, als Roxelane – die Favoritin des Sultans – letzteren verleumdete.

Die Expansion richtete sich angesichts der Differenzen zwischen den europäischen Staaten jetzt wieder stärker nach Norden und Westen. Am 29. August 1521 wurde Belgrad eingenommen, so dass den Osmanen der Weg nach Ungarn offenstand. Sie zogen sich jedoch vorerst zurück und griffen Rhodos an. Am 26. Dezember 1522 kapitulierten die Johanniter. Mit der Vertreibung des Ordens von der Insel wurde die osmanische Herrschaft gesichert. Im Jahr 1526 folgte ein weiterer Angriff auf Ungarn. Ludwig II. ließ sich auf eine Schlacht ein und unterlag am 29. August bei Mohács. Buda wurde besetzt, doch die Osmanen traten den Rückzug an, weil ein so weit vorgeschobener Stützpunkt schwer zu sichern war. Im Jahr 1529 stießen sie bis Wien vor, und 1532 unternahmen sie einen zweiten Versuch. Doch es hatte sich ein militärisches Gleichgewicht ausgebildet, so dass 1533 ein Friedensvertrag vereinbart wurde, in dem die Osmanen die Herrschaft über Ungarn mit dem Eroberungsrecht begründeten.[12] Der größere Teil des Territoriums existierte nun unter der Oberhoheit János Zápolyais als Pufferstaat. Das Fürstentum Moldau anerkannte 1538 die osmanische Oberherrschaft.

In Anatolien erhoben sich seit 1526 wiederholt schiitische „Häretiker". Weitere Feldzüge gegen die Safawiden folgten 1534 und seit 1548. Mit dem Frieden von Amasya vom 29. Mai 1555 wurde dann die Grenze zwischen Persien und dem Osmanenreich festgeschrieben. Im Mittelmeer waren die nach der Vertreibung des Johanniterordens beunruhigten Spanier und Venezianer die hauptsächlichen Gegner. Mit Chaireddin Barbarossa gewannen die Osmanen einen wichtigen Bundesgenossen. Er bemächtigte sich des maurischen Fürstentums von Algier, trat in ein Vasallenverhältnis zum Sultan, wurde 1533 Admiral der osmanischen Flotte und eroberte Tunis, verlor es aber schon 1535 an Karl V. Erfolgreich war Chaireddin im Seekrieg gegen Venedig. Am 28. September 1538 entschied er vor Prevesa an der westgriechischen Küste ein Gefecht für sich, so dass die Osmanen die Initiative im östlichen Mittelmeer erlangten. Mit dem Friedensschluss vom 20. Oktober 1540 verlor Venedig die Kykladen und die Ionischen Inseln, verblieb aber im Besitz des reichen Kreta. Doch sein Einfluss an der dalmatinisch-istrischen Küste war nun erheblich eingeschränkt. Die Republik Ragusa (Dubrovnik) behauptete jedoch ihre Position als Vermittlerin des venezianischen Handels.

---

12 Vgl. G. Kamatsu, Türkei, 123ff.

In Ungarn änderte sich die Situation, als nach dem Tod János Zapolyais dessen Witwe die Unterstützung des Sultans erbat. Ein osmanisches Heer eroberte am 29. August 1541 Buda. Die Folge war die Dreiteilung Ungarns. Mit dem Frieden von Edirne vom 19. Juni 1547 verpflichtete sich König Ferdinand, für den ihm verbliebenen Teil Ungarns einen Tribut zu zahlen. Während eines Feldzugs in Ungarn seit 1566 verstarb der Sultan, so dass am 17. Februar 1568 in Edirne ein weiterer Frieden vereinbart wurde, der es beim Status quo beließ. Der Vertrag von Speyer vom 16. August 1570 steckte dann die beiderseitigen Einflusssphären ab.

Die Verträge mit den Habsburgern signalisierten das Interesse, die Beziehungen zu den europäischen Staaten zu normalisieren. Venedig und Genua pflegten – trotz wiederholter Waffengänge – schon lange wirtschaftliche Beziehungen zum Reich des Sultans und tauschten Gesandtschaften aus. Auch König Franz I. nahm Kontakte zu ihm auf. Die erste französisch-osmanische „Kapitulation" – so genannt wegen der Einteilung in Kapitel – vom 18. Februar 1536 sicherte beiden Seiten freien Personenverkehr, freie Schiffahrt und freien Handel zu. Frankreich gewann mit dem Vertrag Vorteile im Levantehandel, der Sultan profitierte von den Zolleinnahmen. Spätere „Kapitulationen" verbrieften den Franzosen diese und weitere Rechte und dienten als Vorbild für Verträge mit anderen Staaten.[13] Die englische *„Turkey Company"* (seit 1590 *„Levant Company"*) genoss laut Vertrag vom 3. Mai 1580 den Schutz des Sultans und richtete 1581 Faktoreien in Istanbul und später in Aleppo und Izmir ein. Seit den achtziger Jahren wurden auch den Venezianern und 1612 den Niederländern Vorrechte im Mittelmeerhandel eingeräumt. Rivalitäten zwischen ihnen wurden angestachelt, weil der Handel mit den Osmanen angesichts niedriger Importzölle vorteilhaft war.

Süleyman II. führte das osmanische Reich auf seinen Höhepunkt. Das Territorium war seit den Feldzügen Mehmets II. um das Achtfache gewachsen. Der erfolgreiche „Heilige Krieg" (*dschihad*) gegen die „Ungläubigen" erweiterte die Ressourcen. Aber der Sultan war „nicht mehr der patriarchalische Führer des Volkes, aus dem er stammte, ... Anatolien nicht mehr Stammland und Säule des Reiches, sondern eine Provinz wie jede andere und nicht einmal eine sonderlich bevorzugte."[14] Süleyman stützte sich auf fähige Würdenträger und eine effiziente Verwaltung, so dass die ihm nachgesagte Mittelmäßigkeit kompensiert wurde. Er vollendete, was seine Vorgänger begonnen hatten. „Das Osmanenreich, bisher als ein barbarischer Fremdkörper angesehen, wurde nunmehr zu einem regelrechten Bestandteil der Politik der europäischen Staaten."[15]

2.12.3 Das Verebben der Expansion

Nach dem Tod Süleymans II. 1566 ging Selim II. aus den Auseinandersetzungen mit seinen zwei Brüdern als Sieger hervor. Er zog ein lustvolles Leben dem Regieren und Kriegführen vor und überließ das Regiment – wie auch seine Nachfolger – den jeweiligen Großwesiren. Die Expansion verebbte allmählich aus inneren und äußeren

13 Vgl. ebd., 132ff.
14 H. Jansky, Südosteuropa, 1181.
15 J. Matuz, Das Osmanische Reich, 129.

Gründen. Die Diskrepanz zwischen inneren Krisen und Machtanspruch zeichnete sich schon gegen Ende der Herrschaft Süleymans II. ab. Doch stand im Zentrum des Interesses immer noch das Mittelmeer.[16] Zwar scheiterte 1565 die Belagerung von Malta, wo die Johanniter jetzt ihren Sitz hatten, aber 1566 fiel die Insel Chios, der letzte genuesische Stützpunkt, in osmanische Hand. Im selben Jahr wich der Herzog von Naxos einem Günstling des Sultans, und 1570 nahmen die Osmanen Tunis und 1570/71 Zypern ein.

Der Vatikan, Venedig, Spanien und die Johanniter schlossen daraufhin am 25. Mai 1571 eine „Heilige Liga" und rüsteten zu einem Gegenschlag. Am 7. Oktober traf deren Flotte unter Juan d'Austria vor Lepanto auf die des Sultans. Während der Seeschlacht, in der beide Seiten große Verluste erlitten, unterlagen die Osmanen. Doch die „Heilige Liga" zerfiel, als Venedig am 2. März 1573 einen Sonderfrieden schloss, auf Zypern verzichtete und sich zur Zahlung von 300 000 Dukaten Tribut verpflichtete, aber seine Besitzungen in der Ägäis und seine Handelsprivilegien sicherte. Spanien gab seine aktive Politik im Mittelmeer auf, und die Osmanen verzichteten darauf, das christliche Europa zu unterwerfen. Die venezianische und osmanische Vorherrschaft wurde zudem durch das Vordringen englischer und niederländischer Schiffe in das Mittelmeer ausgehöhlt.

Als Murad III. 1574 den Thron bestieg, ließ er zuerst seine fünf Brüder hinrichten. Im Verlauf eines weiteren Krieges gegen Persien seit 1578 wurde 1586 Bagdad erobert (1623 ging es wieder verloren) und mit dem Frieden von Istanbul vom 21. März 1590 Georgien und Aserbaidschan gewonnen (1606 fielen sie wieder an die Safawiden). Innere Probleme zwangen den Sultan jetzt, die expansive Politik aufzugeben.

Die Erfolge der Osmanen beruhten bisher auf der Beherrschung der Kriegstechnik, der geographisch günstigen Lage an wichtigen Handelsstraßen und dem zentralistischen bürokratischen System, das die Kontrolle aller Ressourcen ermöglichte.[17] Dringend notwendig waren jetzt Reformen. Der Autor Mustafa Ali, der die Entwicklung des Türkischen zur Literatursprache stark beeinflusste, attackierte in seinem Pamphlet „Ratschläge für die Sultane" von 1581 die Administration, kritisierte Bestechung, Korruption, Vetternwirtschaft und Ämterkauf und sprach sich für die Rückkehr zur guten Regierung der Vergangenheit aus. Abu'l Fazl erwog, wie ein gerechtes politisches System zu schaffen sei und plädierte – in der Nähe utopischen Denkens – für ein Regiment auf der Basis eines sozialen Kontrakts ohne göttliche Legitimation.[18] Doch alle Hoffnungen auf Reformen wurden enttäuscht.

Bereits gegen Ende der Herrschaft Süleymans II. verschlechterten sich die Lebensbedingungen vieler Menschen, während die Würdenträger Reichtümer anhäuften. Die Krise kündigte sich in Geldmangel, Münzverschlechterungen und Preissteigerungen an. Seit 1584 funktionierte das Münzsystem nicht mehr. Die Spannungen entluden sich in anhaltenden Unruhen. Auch blieb mit dem Verebben der Expansion die Beute für die Truppen aus, und angesichts fehlenden Landes wurden die Timare verkleinert, so dass die Spahis von ihren Hintersassen höhere Abgaben verlangten. Da die Steuern

16 Vgl. F. Braudel, Mittelmeer, Bd. 3, 100ff.
17 Vgl. H. Inalcik, Empire, 218.
18 Vgl. D. Wooton, Society, 98.

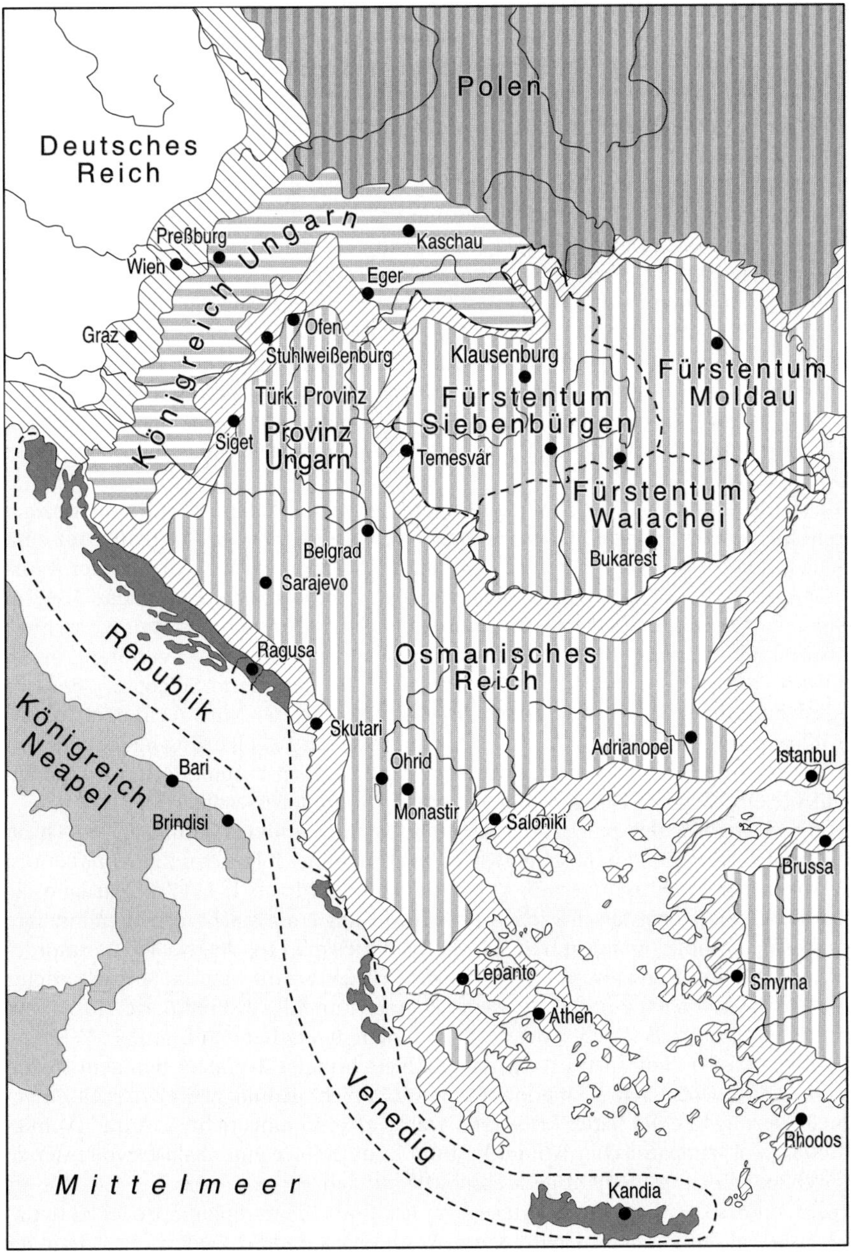

Abb. 19: *Die Herrschaftsverhältnisse in Südosteuropa um 1570.*

stiegen, verließen viele Bauern das Land, und mancher schloss sich bewaffneten Banden an. Das Misstrauen des Sultans gegenüber seinen Würdenträgern wuchs, so dass während seiner Herrschaft zehnmal der Großwesir ausgewechselt wurde.

Mehmet III., der 1595 das Regiment übernahm, praktizierte letztmals den Brudermord. Bereits 1593 war ein neuer Krieg gegen die Habsburger ausgelöst worden. Nach Jahren des Kleinkriegs an der türkisch-ungarischen Grenze um einzelne Burgen konzentrierten sich die Kämpfe auf Gran, das die Truppen des Kaisers am 3. September 1595 einnahmen, und auf Eger, das die Osmanen am 13. Oktober 1596 eroberten. Siebenbürgen, die Moldau und die Walachei entledigten sich zeitweilig der osmanischen Oberherrschaft. Am 11. November 1606 wurde der Friede von Zsitvatorok geschlossen. Der Sultan sicherte sich die jüngsten Eroberungen und wandelte den jährlich von den Habsburgern zu zahlenden Tribut in eine einmalige Ablösesumme von 200 000 Dukaten um. Ein Novum war, dass der Kaiser als gleichberechtigter Herrscher anerkannt wurde. Damit wurde der islamische Anspruch auf die Weltherrshaft, „die Fiktion, alle fremden Staatswesen seien dem Sultan als dem Kalifen, das heißt Nachfolger des Religionsgründers Mohammed, tributbar und untertänig, an einem wichtigen Punkte aufgegeben.“[19]

Die seit den siebziger Jahren andauernden Unruhen eskalierten in den neunziger Jahren, als 30 000 Spahis die Timare entzogen wurden, weil sie das Aufgebot zum Feldzug gegen Ungarn verweigerten. Der Aufstand begann 1596, als die meisten Würdenträger Anatoliens am Krieg in Ungarn teilnahmen. Kara Yazici sammelte 1598 in Südanatolien an die 20 000 Unzufriedene, denen sich Turkmenenstämme anschlossen. Sozial repräsentierte die Bewegung Landleute, die Hab und Gut verloren hatten, Arbeitslose aus kleinen Städten und entlassene oder desertierte Soldaten. Die Aufständischen errichteten eigene Herrschaftsgebiete und setzten auch nach dem Tod ihres Anführers 1601 den Kampf fort, wurden aber von der Bevölkerung nicht mehr unterstützt, weil sie diese ebenso wie die Regierungstruppen ausplünderten. Anatolien durchlebte eine Zeit des Hungers, der Verwüstung und der Entvölkerung.

In dieser chaotischen Zeit hatte seit 1603 der unbedeutende Ahmet I. den Thron inne. Die sich häufenden politischen Krisen führten in der folgenden Zeit vor allem zu Rebellionen der Provinzgouverneure. Nach dem Tod Ahmets I. 1617 übertrugen die Janitscharen seinem geistesschwachen Bruder Mustafa I. die Macht, ersetzten ihn aber schon wenige Monate später durch seinen Bruder Osman II., den sie 1622 ermordeten. Mustafa I. wurde ein zweites Mal mit der höchsten Würde betraut, aber angesichts seiner Unfähigkeit nach kurzer Zeit wieder abgesetzt und der diskreditierte Thron dem minderjährigen Murad IV. übertragen. Nach einem Janitscharenaufstand 1632 stellte er die Autorität der Zentrale noch einmal durch ein brutales Regiment her, dem 25 000 Menschen zum Opfer fielen. Opponenten wurden nicht geduldet. Als der Dichter Nef'i die Regierung in einer Satire kritisierte, wurde er 1635 hingerichtet. Murad IV. folgte 1640 sein psychopathischer Bruder Ibrahim I. Im Gefolge einer Palastrevolte wurde 1648 schließlich der siebenjährige Mehmet IV. auf den Thron gesetzt.

Während des Dreißigjährigen Krieges war Istanbul ein Ort diplomatischer Aktivitäten der antihabsburgischen Mächte, voran Frankreichs und Schwedens. Es gelang ih-

---

19 G. Stadtmüller, Geschichte Südosteuropas, 334.

nen allerdings nicht, die Hohe Pforte, also die osmanische Regierung, als Verbündeten zu gewinnen. Ein Krieg gegen Polen von 1620 bis 1621, das die Moldau beanspruchte, endete mit dem Status quo. Die Auseinandersetzung mit den Safawiden lebte 1623 noch einmal auf, bis ein Friedensschluß 1639 die bestehenden Grenzen sanktionierte, und Venedig wurde seit 1645 der Besitz von Kreta streitig gemacht. Inzwischen wurde das osmanische Reich von weiteren Rebellionen in Anatolien, Syrien und Libanon erschüttert.

Das osmanische Herrschaftssystem beruhte weiterhin auf dem absoluten Vorrang des Sultans. Doch dessen Autorität war brüchig geworden, der Einfluss der Sultansmütter und von Haremsdamen beträchtlich und die Herrschaft in peripheren Provinzen nur schwer zu sichern. Die Militärverfassung, die einstmals die Stärke des Osmanenreiches ausmachte, funktionierte nicht mehr. Da ursprünglich an die Person gebundene Lehen, die zum Militärdienst verpflichteten, erblich wurden, gelang es deren Inhabern, territoriale Herrschaften aufzubauen. Die Spahis verloren ihren materiellen Rückhalt, und die Provinztruppen waren undiszipliniert und schlecht ausgebildet. Die Landlosen kämpften ohnehin nur um das Überleben.

Der Niedergang hatte viele Ursachen. Die agrarische Struktur und das fiskalische Interesse blieben dominant, auch in den abhängigen Gebieten. Ein notwendiger sozialer und ökonomischer Wandel fand nicht statt. Das politische System wurde konserviert, die gewerbliche und bäuerliche Arbeit reglementiert, und technische Innovationen erfolgten nicht. Die Unfähigkeit der Herrscher, die „Weiberherrschaft" des Harems und die diffuse Struktur des enorm vergrößerten Reiches taten das ihre. „Die Ländermasse war zu groß und zu heterogen, um weiterhin ganz einfach nach dem autoritären Willen einer Person oder Zentralstelle regiert werden zu können, zumal sie eine erhebliche Zahl von Gruppen enthielt, die ihre jeweiligen Interessen mehr oder weniger nachdrücklich zur Geltung zu bringen verstanden und aus Gründen der Staatsräson nicht übergangen werden konnten."[20]

Die Janitscharen (die „Knabenlese" wurde um 1650 abgeschafft) wollten ihre Privilegien sichern und waren jederzeit in der Lage, einen Sultan oder Großwesir zu stürzen. Respektiert werden mussten die Interessen der Spahi, des albanischen, bosnischen und mamelukischen Adels sowie der kurdischen Stammesfürsten. Neben der islamischen Bevölkerung existierten christliche Gruppen sowie die christlichen Vasallenstaaten Walachei, Moldau und Siebenbürgen. Sie alle konnten zur Gefahr für die Zentrale werden, zumal dann, wenn sie sich mit ausländischen Gegnern der Hohen Pforte verbündeten.

Dem Großwesir oblag es, die unterschiedlichen Interessen auszugleichen. Gelang ihm das nicht, war sein Schicksal besiegelt. Zwischen 1579 und 1656 wurde das Amt 67 Mal neu besetzt – ein Signal dafür, dass sie anstehende Probleme nicht zu lösen vermochten. Der Rang der Sultane wurde nicht angetastet, aber ihre Macht schwand, zumal mehrere sich als regierungsunfähig erwiesen. Ein Erobererstaat war nur so lange funktionstüchtig, wie seine Instrumente intakt waren. Da die Staatsmacht und das Militärwesen verfielen, herrschten im 17. Jahrhundert chaotische Zustände und wuchs bei den unterworfenen oder abhängigen Ländern das Streben nach Unabhängigkeit.

---

20 H. Jansky, Südosteuropa, 1185.

Die Länder im Südosten Europas waren in unterschiedlichem Maß in das osmanische Herrschaftssystem eingebunden.[21] Manche Territorien wurden erobert und besetzt, die Ländereien eingezogen und mit Bauern aus Anatolien besiedelt sowie eine türkische Oberschicht begünstigt. Eine Islamisierung erfolgte vor allem in strategisch wichtigen Gebieten. In manchen Ländern begnügte sich die Hohe Pforte mit einem zur Tributzahlung verpflichtenden Abhängigkeitsverhältnis, das traditionelle Institutionen und Rechte respektierte, so dass eine begrenzte Autonomie gegeben war.

Die unterworfenen und abhängigen Länder wiesen in ethnischer, sozialer und konfessioneller Hinsicht eine große Vielfalt auf. Hier siedelten neben türkischen Stämmen Griechen, Armenier, Albaner, Rumänen, Ungarn, Kroaten, Serben, Slawen, Araber und Juden, deren Siedlungsgebiete nicht mit staatlichen Grenzen identisch waren. Die dominanten Gruppen waren Muslime, konvertierte Christen, der orthodoxe Klerus und griechische Kaufleute. Da sie nicht integriert wurden, entstand auch keine osmanische Gesellschaft.

Das Wirtschaftsleben beruhte auf der Landwirtschaft, deren Schwerpunkt sich von der Viehhaltung auf den Ackerbau verlagerte. Da angesichts der Bauernkolonisation die Möglichkeiten der Wanderhirten eingeengt wurden, zogen diese sich mit ihren Viehherden in die Bergregionen zurück. Dort war gelegentlich auch der Bergbau ein bedeutender Wirtschaftszweig. Die besetzten oder abhängigen Gebiete Südosteuropas wiesen nur wenige Städte auf, die im internationalen Handel Bedeutung erlangten. Im allgemeinen bildeten sie das ökonomische Zentrum für das agrarische Hinterland. Wo der türkische Einfluss dominierte, entwickelte sich der Typ der orientalischen Bazarstadt, in deren Straßen Handwerk und Handel konzentriert waren. In diesen Städten existierten Viertel der verschiedenen Nationalitäten oder ethnischen Gruppen. In Sofia gab es zum Beispiel Viertel der Türken (vier Fünftel der Bevölkerung), Bulgaren, Armenier, Juden und Zigeuner. Die Handwerker waren in Gilden (*esnaf*) organisiert, unabhängig davon, ob es sich um Christen, Juden oder Muslime handelte. Doch viele Gewerbe waren angesichts des technologischen Rückstands und der billigen Importe, die von Engländern und Niederländern vermittelt wurden, nicht mehr konkurrenzfähig.

Die Bevölkerung der südosteuropäischen Region gehörte überwiegend der griechisch-orthodoxen oder römisch-katholischen Kirche an. Die Konversion zum Islam bot die Möglichkeit, politisch aufzusteigen und Ämter zu erlangen. Vor allem Albaner, Bosnier und Griechen retteten auf diesem Weg ihren Grundbesitz, entgingen der Zahlung der Kopfsteuer und gewannen Einfluss in Politik und Administration. Wer sich zum Christentum bekannte, konnte mit Tolerierung rechnen. Auch wurden aus Spanien vertriebene Juden aufgenommen. Die tolerante Haltung ermöglichte unterschiedlichen Glaubensgemeinschaften die Existenz im osmanischen Reich.

Die Balkanländer pflegten ein reiches kulturelles Leben.[22] In ihm spiegelten sich islamische, orthodoxe und christliche Traditionen. Das Nebeneinander wirkte befruchtend und förderte den geistigen Austausch. Doch die religiöse Kunst schirmte sich besonders gegen westliche Einflüsse ab. Es gab aber auch Emigrationen, vor allem von

21 Vgl. N. Todorov, Social Structures, 207ff.
22 Vgl. ders. u. a., Aspects, 210ff.

Vertretern geistiger Berufe. Griechische Gelehrte, die ihre Erziehung in den Klöstern von Athos, Meteora und Patmos erfahren hatten, gingen nach Italien. In Venedig entstand 1493 die erste griechische Druckerei, die auch Bücher in slavischer Sprache herausbrachte. In den unterworfenen oder abhängigen Ländern im Südosten Europas war dennoch eine geistige Elite tätig. Das war nicht zuletzt der Einrichtung von Druckereien zu danken. Im montenegrinichen Cetinje druckte seit 1493 Djuradj Cronojevic Bücher für den kirchlichen Gebrauch.

Da das mittlere Europa mit der Abwehr der osmanischen Expansion befasst war, entstand zeitweilig ein Freiraum für die relativ ungehinderte Ausbreitung reformatorischer Bewegungen.[23] Als reformatorische Einflüsse auch die Länder Südosteuropas erreichten, fanden die neuen Lehren vor allem bei Ungarn und Siebenbürgern, aber auch bei Slowenen, Kroaten und Rumänen Resonanz, und selbst Istanbul blieb nicht ausgenommen. Der Briefwechsel protestantischer Tübinger Theologen mit dem ökumenischen Patriarchen Jeremias II. führte zwar zu keinem greifbaren Ergebnis, doch der zum Calvinismus neigende Patriarch Kyrillos Lukaris befürwortete eine ökumenische Union, stieß allerdings auf Widerstand, wurde mehrmals abgesetzt, wieder rehabilitiert und dann 1638 wegen Hochverrats angeklagt und hingerichtet.

Die Slowenen lernten reformatorische Lehren in ihrer Muttersprache durch Schriften kennen, die Primoz Trubar in Schwaben herstellte, und in Wittenberg besorgte Georg Dalmatin 1584 eine slowenische Bibelübersetzung. Im selben Jahr wurde von Adam Bohorič die erste slowenische Grammatik veröffentlicht. Diese und weitere Publikationen förderten die Ausformung der slowenischen Schriftsprache. Protestantische Einflüsse erreichten von hier aus auch Serben, Bulgaren und Kroaten. Im schwäbischen Urach und in Tübingen ließ Freiherr Johann Ungnad von Sonneck, reformatorische Pamphlete in kroatischer Sprache drucken, die in das Land geschmuggelt wurden. In Bosnien trugen die Franziskaner zur Ausbildung der serbokroatischen Schriftsprache bei. Mit dem Entstehen der bulgarischen Literatur ging die Verbreitung der kyrillischen Schrift einher. Calvinistische Lehren wurden in Dalmatien und Istrien rezipiert, aber bald zurückgedrängt.

Gegenreformatorische Aktionen setzten im Südosten später als im mittleren Europa ein. Von Kroatien aus erfolgte der Vorstoß nach Ungarn und in den Balkanraum. Besonders aktiv waren hier wie andernorts die Jesuiten. In Loreto wurde 1580 ein von ihnen geleitetes *„Collegium Illyricum"* eingerichtet, um Priester für die südslawischen Gebiete auszubilden.

In den Ländern Südosteuropas wurden unter osmanischer Herrschaft einerseits eigenständige Traditionen bewahrt, andererseits islamische Einflüsse dominant. Eigenleben und Überfremdung verweisen auf ein kompliziertes Geflecht von Beziehungen. Die Kriege und Friedensverträge, die wirtschaftlichen Verflechtungen und diplomatischen Beziehungen banden das osmanische Reich an den europäischen Kontinent, dessen Staaten zunehmend an einem normalen Verhältnis zum Reich des Sultans interessiert waren, indem beide Seiten ihren Vorteil suchten.

---

23 Vgl. St. A. Fischer-Galati, Ottoman Imperialism.

3 Entwicklungstendenzen von Staat und Gesellschaft

3.1 Staat, Verfassung, Politik

3.1.1 Grundstrukturen der europäischen Staaten

Die Staaten Europas erfuhren in der frühen Neuzeit eine institutionelle Ausgestaltung, die mit der Intensivierung staatlicher Tätigkeit im Zusammenhang steht. Ihre Verfassungen weisen auf gemeinsame, aber auch sie unterscheidende Merkmale hin.[1] Ältere Institutionen wurden in die frühe Neuzeit tradiert, aber nunmehr umgeformt oder auch ersetzt. Neben der Kontinuität politisch-gesellschaftlicher Prozesse zeichneten sich folglich gravierende Neuerungen und Umbrüche ab.

Der verbreitetste Typ war der monarchisch verfasste Staat.[2] Die „*new monarchies*" der frühen Neuzeit[3] gründeten auf der Existenz und der Herrschaft von Dynastien und präsentierten sich als feudale oder quasi-konstitutionelle, als absolute oder moderate Monarchien. Kaiser oder Zaren, Könige oder Fürsten verkörperten den Staat. Sie waren indes in den meisten europäischen Ländern mit privilegierten Herrschaftsständen konfrontiert, die an der Machtausübung teilhatten oder nach Partizipation strebten. Der Dualismus von monarchischer Gewalt und ständischen Institutionen (Reichstage und Landtage, Parlamente, General- und Provinzialstände, Sejmy und Sejmiky, Zemskie sobory) war eine tragende Säule der Verfassung, wobei die Stände nicht im Gegensatz zum Herrscher standen.

Doch Europa kannte auch andere Typen staatlicher Organisation: die Schweizer Eidgenossenschaft als archaischen Bund von „Orten" (den späteren Kantonen) sowie Republiken älteren und neueren Typs. Den einen repräsentierten die italienischen Stadtrepubliken, den anderen die Republik der Vereinigten Niederlande und England als *Commonwealth* in seiner Revolutionsperiode. Während letztere zeitweilig ohne einen Monarchen auskamen, war die polnische Adelsrepublik (*Reczpospolita*) trotz ihres „republikanischen" Anstrichs monarchisch verfasst, die Krone aber in ihren Kompetenzen stark eingeschränkt.

---

1 Vgl. W. Reinhard (Hg.), Power Elites; ders., Staatsgewalt, 52ff; Th. Ertman, Birth.

2 Vgl. H. Boldt u. a., Monarchie, 173ff.

3 Vgl. R. R. Palmer/J. Colton, History, 64ff.

Die Monarchien waren der dominante Typ. „Aus gemeinsamen Ursprüngen erwachsen, setzen sie sich überall aus denselben Bausteinen zusammen, die aber gemäß den von Fall zu Fall verschiedenen Rahmenbedingungen zu verschiedenen Zeiten, in verschiedener Mischung und mit verschiedener Gewichtung auftreten. Daraus ergeben sich unterschiedliche Problemlösungen, hinter denen aber bei genauem Hinsehen immer noch die gemeinsamen Muster zu erkennen sind."[4] Monarchen verfügten über Prärogativen, die faktisch unbegrenzt waren. Bei ihnen lag alle Gewalt, und bei Überschreitung von Kompetenzen oder Verletzung des göttlichen und natürlichen Rechts, der Grundlage monarchischer Gewalt, waren Rechte *de jure* nicht einklagbar. Doch die privilegierten Stände waren jederzeit bemüht, ihre Freiheiten zu wahren, ihr Eigentum zu sichern und monarchische Gewalt möglichst zu limitieren. Wenn Herrscher Wahlkapitulationen beschwören mussten, wie Karl V. und seine Nachfolger im Reich seit 1519 oder die polnischen Könige seit 1573, dann profitierte davon der Hochadel, im Reich zum Beispiel die Kurfürsten, in Polen die Magnaten.

Neben den Monarchien existierten Gemeinwesen mit republikanischer Verfassung, und in manchen Situationen entstanden jetzt erst Republiken unterschiedlichen Zuschnitts.[5] „Souveräne Republiken ohne einen Oberherrn ... scheinen sich in Europa bis ins 16. Jahrhundert erfolgreich eher in Randzonen des Staatsbildungsprozesses entwickelt zu haben, in Gebirgen und an Küsten, wo Kommunalismus möglicherweise leichter zu konsequentem Republikanismus fortschreiten konnte (Schweiz, Venedig, Ragusa). Im 17. Jahrhundert hingegen entstanden sie in Kernzonen durch Auseinandersetzung mit der werdenden Staatsgewalt (Niederlande, England). Sie konnten aus einzelnen Stadtgemeinden hervorgehen (Venedig, Ragusa) oder aus Bünden (Schweiz, Niederlande)."[6]

Den älteren Typ verkörperten einerseits die Eidgenossenschaft der Schweizer „Orte", andererseits die italienischen Stadtrepubliken. Von letzteren tradierte Venedig seine Verfassung unbeschädigt in die frühe Neuzeit. Die Volksversammlung wurde jedoch schon im 15. Jahrhundert abgeschafft, und das aristokratische Regiment nahm im Verlauf des 16. Jahrhunderts deutlich Gestalt an. In Florenz gelang es den Medici, die republikanischen Institutionen auszuhöhlen und quasi-fürstlich zu regieren. Den neueren Typ verkörperten im 16. Jahrhundert die nördlichen Niederlande und im 17. Jahrhundert England. Sie bildeten in einer Zeit sich festigender „nationaler" Monarchien eine Alternative zu traditionellen Herrschaftsformen. Es gelang jedoch nicht, sie auf Dauer als „reine" Republiken zu stabilisieren. Nach einer begrenzten Zeit wurde wieder ein Monarch „gesucht". Eine Rückkehr zum alten Typ folgte daraus indes nicht. Vielmehr wurde der Weg zur konstitutionellen Monarchie geebnet.

Die frühneuzeitlichen Staaten waren zudem mit kommunalistischen beziehungsweise genossenschaftlichen Traditionen konfrontiert. Die Verfassung städtischer und ländlicher Gemeinden kulminierte in der Autonomie ihrer Mitglieder. „Dabei weist diese politische Lebensform eine hohe Affinität zur republikanischen Form des Gemeinwesens auf; je höher die Entwicklung des Kommunalismus, desto stärker der la-

4 W. Reinhard, Staatsgewalt, 47.
5 Vgl. W. Mager, Republik, 565ff.; H. G. Koenigsberger (Hg.), Republiken.
6 W. Reinhard, Staatsgewalt, 248.

tente Republikanismus, um so wahrscheinlicher die Entstehung einer Republik, eines 'Freistaates', dessen Vollmitglieder nicht nur frei sind zur Selbstbestimmung, sondern vor allem frei von monarchischer Fremdbestimmung. Allerdings ist dieser Satz nicht umkehrbar. Es gibt keinen Republikanismus ohne Kommunalismus, aber durchaus praktischen Kommunalismus ohne einen expliziten republikanischen Diskurs, so etwa in den deutschen Reichsstädten."[7]

Wo die Idee des Kommunalismus rezipiert wurde, forderten nicht privilegierte Stände Mitsprache und Mitregierung ein und wurde die Perspektive einer vom „gemeinen Mann" getragenen oder mitgestalteten Herrschaftsordnung relevant.[8] Republikanische und kommunalistische Ideen waren insofern ein Ferment, das den Widerstand gegen monarchische Gewalt, adlige Herrschaft und privilegierte Stände stimulierte.

Die meisten Staaten Europas waren „zusammengesetzte Monarchien" („*composite monarchies*").[9] Das gilt für Kastilien und Aragon seit der Personalunion beider Kronen (die zudem die Kronen von Neapel und Sizilien und seit 1580 für mehrere Jahrzehnte auch die von Portugal innehatten) ebenso wie für das Verhältnis zwischen England, Schottland und Irland, oder Dänemark und Norwegen, Schweden und Finnland, Polen und Litauen, der Habsburgermonarchie und Böhmen beziehungsweise Ungarn, und auch die niederländische Republik war ein aus Provinzen zusammengesetzter Staat. Das ermöglichte die Bündelung von Kräften und die Erweiterung von Ressourcen. Dominant war aber immer ein Partner.[10] In der niederländischen Republik dominierte Holland (und Seeland) die anderen Provinzen, und auch im Fall der Monarchien war die Dominanz des einen Partners die Regel. Die Folge waren nicht selten Spannungen und Konflikte zwischen „Zentrum" und „Peripherie", die Abspaltung war programmiert, wie die – nicht immer erfolgreichen – Aufstände in Katalonien und in Neapel und die Wiederherstellung der Unabhängigkeit Portugals anzeigen.

Im politischen System der frühneuzeitlichen Staaten waren der Herrscher der eine und die Herrschaftsstände der andere Pol (ausgenommen sind die Republiken).[11] Das Recht zur Mitsprache in Landessachen nahmen sie während ständischer Versammlungen wahr. Da sie über Steuerbewilligungen befinden konnten, waren Herrscher auf sie angewiesen, wenn sie Geld – vor allem für die Kriegführung – benötigten. Ihre Forderungen artikulierten die Stände in Beschwerdeschriften (*cahiers de doléances*), deren Beratung einen wesentlichen Teil der Debatten ausmachte. Das Verhältnis von Herrscher und Ständen war auf Kooperation orientiert, was Konfrontationen nicht ausschloss.[12] Ständische Versammlungen wurden immer vom Souverän einberufen. Ein Selbstversammlungsrecht gab es nicht, es sei denn, dass Stände in revolutionären Situationen wie in den Niederlanden und in England sich über den Willen des Monarchen hinwegsetzten.

---

7 Ebd., 240.
8 Vgl. P. Blickle, Kommunalismus.
9 Vgl. J. H. Elliott, Composite Monarchies, 48ff.
10 Vgl. A. M. Rao/St. Supphellen, Dependent Territories, 79ff.
11 Vgl. H. G. Koenigsberger, Dominium Regale, 1ff.; K. Krüger, Verfassungen, 129ff.
12 Vgl. N. Bulst, Rulers, 41ff.

Das Verhältnis von monarchischer Gewalt und Ständen beziehungsweise ständischen Vertretungen wies unterschiedliche Gewichtungen auf, woraus sich verschiedene Möglichkeiten ergaben: Ein starker König und schwache Stände begünstigten die Stärkung staatlicher Gewalt. Politisch potente Stände und ein schwacher Regent ermöglichten es den Herrschaftsständen, das staatliche Leben zu dominieren. Ein ambitionierter Monarch und starke Stände konnten heftige und andauernde Konflikte heraufbeschwören.

3.1.2 Ausbildung frühneuzeitlicher Herrschaft

Mit der Ausbildung fester Residenzen und der Pflege höfischer Rituale entstanden Zentren herrschaftlicher Präsenz und kultureller Repräsentanz.[13] Sie boten den politischen Kräften Anlaufpunkte. Nähe zum Herrscher und dem Hof ermöglichte Teilhabe an der Macht oder Einflussnahme auf die Politik. Ferne von den Herrschaftszentren schränkte diese Möglichkeiten ein. Das war am Kaiserhof in Wien und später in Prag nicht anders als am französischen Königshof in Blois, Fontainbleau oder Paris, am Zarenhof in Moskau oder am Hof des Sultans in Edirne und später in Istanbul.[14] Doch staatliche Institutionen formten sich auch außerhalb der Höfe (*„going out of court"*). Blaise de Monluc, Autor und Feldherr, erklärte 1577, man müsse von Zeit zu Zeit an den Hof gehen, um sich zu wärmen.[15] Doch dessen Bedeutung relativierte sich mit der Ausbildung von Institutionen neben dem Hof. Sie standen mit ihm in Verbindung, erlangten aber eine gewisse Selbständigkeit und nahmen Rechte wahr, die allerdings erst noch genauer zu definieren waren.[16]

Mit dem Ausbau staatlicher Macht wurde die Integration noch unabhängiger Lehnsfürstentümer und die Inkorporation von Territorien verfolgt, die durch Erbfolge, Heirat oder Eroberung gewonnen wurden. Doch „Adelsherrschaft und Ständewesen, Landgemeinde und Stadtgemeinde, Kirche und Justiz blieben weithin von der monarchischen Staatsgewalt unabhängige institutionelle Felder. Konflikt und Zusammenspiel mit ihnen wechselten sich ab, was aber meistens auf die schließliche Eingliederung dieser Institutionen in die einheitliche Staatsgewalt hinauslief."[17]

Der Integrationsprozess verlief in den einzelnen Ländern unterschiedlich. Im Reich verklammerten Kaiser, Reichstag und Reichsgerichte die Stände, Städte und Territorien. Aber diese bewahrten eine relativ selbständige Stellung, und die mächtigeren Territorialstaaten erstrebten die volle Souveränität. In Spanien förderte die Personalunion der Kronen von Kastilien und Aragon, die Rückeroberung Granadas und die Eingliederung der Ritterorden die Integration. Das Ergebnis war eine gestärkte Monarchie, aber kein Einheitsstaat.

In Frankreich wurden die meisten Lehnsherren im Gefolge der Kriege des 15. Jahrhunderts entmachtet und zuletzt die Bretagne integriert. Die Einheit der Monarchie

---

13 Vgl. W. Reinhard, Staatsgewalt, 80ff.
14 Vgl. R. G. Asch/A. M. Birke, Princes.
15 Vgl. J. Hale, Renaissance, 101.
16 Vgl. H. Günther u. a., Herrschaft, 14ff.
17 W. Reinhard, Staatsgewalt, 211.

wurde in der Zeit der anhaltenden Bürgerkriege des 16. Jahrhunderts noch einmal in Frage gestellt, zumal sich im Süden ein separates hugenottisches Gemeinwesen etablierte. Doch trotz dynastischer Rivalitäten, adliger Machtkämpfe und konfessioneller Auseinandersetzungen gelang es, die Einheit des Landes zu wahren. In England wurde der Hochadel großenteils während der Rosenkriege vernichtet. Widerstand erhob sich später vor allem an der Peripherie, in Schottland und Irland, so dass erst nach heftigen Konflikten das Verhältnis ausbalanciert wurde. Die russischen Großfürsten beziehungsweise Zaren festigten ihre Stellung, indem sie benachbarte Stadtrepubliken, Fürstentümer und Khanate unterwarfen.

Die Schaffung eines staatlichen Gewaltmonopols wurde seit dem ausgehenden 15. Jahrhundert forciert. Vor allem ging es darum, die möglichst uneingeschränkte Verfügung über Herrschaftsrechte und Verwaltung, Steuer- und Militärwesen, Religion und Kirche zu erlangen.[18] In einer anhaltenden Phase der Reformpolitik oder in mehreren Schüben wurden in den meisten Staaten Regierung, Verwaltung, Rechtsordnung, Steuerverfassung, Militärwesen und Kirche um- und ausgestaltet, um den wachsenden Anforderungen zu entsprechen, die sich aus der Ausweitung staatlicher Tätigkeitsfelder, der Einbeziehung neuer Bereiche in Regierung und Verwaltung und der Herrschaft über sich vergrößernde Staaten ergaben. Das geschah mit Hilfe von Recht und Gesetzgebung[19] sowie der Bürokratie. Mit der zunehmenden Schriftlichkeit wurden Archive zur Verwahrung wichtiger Dokumente eingerichtet – zuerst in Florenz, Venedig und Rom, bald auch in Paris, London und weiteren Hauptstädten oder Verwaltungszentren.

Wichtige Instrumente waren königliche Räte und Minister.[20] Solche Räte entstanden schon im 13. und 14. Jahrhundert, doch jetzt oblag ihnen oftmals die Verantwortung für die Geschicke des ganzen Landes. Das gilt in Kastilien für den *Consejo Real*, in England für den *Privy Council*, in Frankreich für den *Conseil Royal*. Manchmal glich ihre Stellung der einer ersten Kammer in einem ständestaatlichen System. Davon unterschied sich die Funktion der Reichsräte in Dänemark und Schweden, die eher zwischen Krone und Ständen agierten, während die Bojarenduma in Russland auf eine Beraterfunktion für den Zaren eingeschränkt war.

Aus dem Königlichen Rat wurden bald einzelne Sachbereiche ausgegliedert und spezifischen Institutionen übertragen. Einen exemplarischen Fall bietet Spanien, wo *Consejos* einerseits für Belange der Länder des Imperiums (Kastilien, Aragon, Niederlande, Italien, Portugal, Westindien), andererseits für einzelne Sachbereiche geschaffen wurden. Schwerpunkte waren Finanzen, Militär, Justiz und Außenpolitik. Zentrale Räte gewährleisteten nicht nur eine effektivere Regierungstätigkeit und die Orientierung auf gesamtstaatliche Belange, sondern auch eine bessere Ausübung königlicher Kontrolle und den Einsatz einer der Krone verpflichteten Bürokratie, die sich zunächst vornehmlich aus gebildeten Geistlichen, bald aber zunehmend aus studierten Juristen unterschiedlicher Herkunft rekrutierte.[21]

---

18 Vgl. H. Schilling, Die neue Zeit, 382ff.

19 Vgl. B. Dölemeyer/D. Klippel (Hg.), Gesetz; A. Padoa-Schioppa (Hg.), Legislation, 334ff.

20 Vgl. P. Molas Ribalta, Impact, 19ff.

21 Vgl. A. Padoa-Schioppa (Hg.), Legislation, 347ff.

In den Räten oder neben ihnen spielten einzelne Persönlichkeiten als Kanzler, Staatssekretär, Minister oder in anderer Funktion eine herausragende Rolle.[22] Sie wurden vom Herrscher oftmals mit umfassenden Vollmachten ausgestattet. Solche Persönlichkeiten waren beispielsweise in Spanien Gattinara, Granvelle, Los Cobos und Olivares, in Frankreich Richelieu und Mazarin, in England Thomas Cromwell und William Cecil, in Schweden Axel Oxenstierna, in Russland Sil'vestr und Adašev. Nicht selten missbrauchten Günstlinge ihre Macht für persönliche Zwecke. Auch war ihr Sturz durch Rivalen relativ häufig.

Charakteristisch war zudem das wachsende Heer von Beamten. Die Ausweitung und Differenzierung der Politikfelder verlangte nach einem fachlich kompetenten und geschulten Personal.[23] Viele hatten ein juristisches Studium an italienischen Universitäten absolviert. Mit der Gründung von Hochschulen in den meisten europäischen Ländern fiel diesen die Aufgabe zu, dieses Personal auszubilden. Welche Dimensionen der Einsatz von Beamten annahm, zeigt das Beispiel Frankreichs: Dort stieg ihre Zahl von etwa 4 000 im Jahr 1515 auf etwa 12 000 im Jahr 1540 an.[24]

Nachhaltig wurde die institutionelle Ausgestaltung von den häufigen Kriegen beeinflusst.[25] Sie wurden zum wichtigsten Stimulans, weil sie ständig zur Erschließung neuer Ressourcen zwangen. Insofern wurde besonders die Ausbildung der Steuerverfassung von militärischen Erfordernissen diktiert.[26] Das hatte wiederum Konsequenzen für die Organisation der Verwaltung, deren Schwerpunkte das Finanz- und das Militärwesen waren. Wenn die regulären Einnahmen eines Landes nicht hinreichten oder erschöpft waren, wurden die Stände zur Bewilligung von Sondersteuern veranlasst. So wurden zum Beispiel im Reich die Türkensteuer, in Frankreich die Kopf- und Salzsteuer und in England das Tonnen- und Pfundgeld erhoben. Weil Sondersteuern als besonders belastend empfunden wurden, waren Steuerrevolten oftmals die Folge.

Die Wurzeln der frühneuzeitlichen Staaten reichen in die Vergangenheit zurück, aber der bürokratisierte Verwaltungs-, Steuer- und Militärstaat war das Resultat frühneuzeitlicher Entwicklungen. Der Weg führte von der Personalisierung (der Herrscher als Staat) zur Versachlichung (der Staat als Anstalt) und zur Professionalisierung staatlicher Tätigkeit. Die frühneuzeitlichen Staaten weisen viele Facetten auf. Gemeinsam war ihnen die Konzentration der Macht, die Verfügung des Herrschers über die entscheidenden Instrumente, der Ausbau einer zentralen Verwaltung und der Einsatz einer dem Herrscher verpflichteten Bürokratie.

3.1.3 Dynastien und Alter der Staaten

Die monarchische Verfassung beruhte auf der Existenz von Dynastien, die bei Erblichkeit der Krone einem Land Kontinuität und Stabilität verliehen.[27] Kontinuität wieder-

---

22 Vgl. J. H. ELLIOTT/L. W. B. BROCKLISS (Hg.), Favourite.
23 Vgl. H. de RIDDER-SYMOENS, Training, 149ff.
24 Vgl. R. KRÜGER, Kampf, 358.
25 Vgl. Ph. CONTAMINE (Hg.), War.
26 Vgl. R. BONNEY (Hg.), Fiscal State.
27 Vgl. J. KUNISCH/H. NEUHAUS, Fürstenstaat.

um stiftete Legitimität. Wo der Herrscher gewählt wurde, stellte sich die Situation unterschiedlich dar. Im Reich wurde 1356 das Wahlprinzip verankert, aber die Krone verblieb bei jeder Wahl im Haus Habsburg, so dass sie quasi erblich wurde. In Polen dagegen waren seit 1573 nicht nur Interregna, sondern auch Doppelwahlen und wechselnde Dynastien die Folge. Wo Dynastien ausstarben oder wechselten – zum Beispiel in Frankreich, England, Schweden und Russland – setzte das neue Herrscherhaus politische Akzente anders, aber die monarchische Verfassung wurde gewahrt. Die nördlichen Niederlande dagegen entzogen sich der Herrschaft einer fremden Dynastie, und in England verloren die Stuarts mit der Abschaffung der Monarchie die Macht für eine begrenzte Zeit.

Die Dynastien und die ihnen entstammenden Herrscher stellten ihre erworbene oder beanspruchte Macht demonstrativ zur Schau. Die Errichtung des Escorial bei Madrid, die Ausgestaltung der Hofburg in Wien und des Hradschin in Prag, der Burg in Buda, des Wawel in Krakau, des Kreml in Moskau und weiterer Residenzen und Regierungssitze bezeugen diese Absicht. Meist wurden die neuen Stilformen der Renaissance dafür genutzt. Der Herrscher repräsentierte den Staat, aber dieser und die Gesellschaft verstanden sich nun auch als „Nation", wie diese sich auch immer definierte.[28] Ein sich verfestigendes nationales Bewusstsein förderte einerseits den Gedanken der Zusammengehörigkeit, andererseits die Abgrenzung gegenüber anderen Völkern und die Vorstellung, die eigene Nation sei den anderen überlegen.

Viele Humanisten förderten die Besinnung auf die Geschichte des eigenen Landes und Volkes und betonten deren singulären Charakter. Die Urheber von Ursprungsmythen konstruierten eine vermeintlich lange Geschichte des eigenen Landes und Volkes und legitimierten auf diese Weise deren Vorrang. Der Mythos von Wilhelm Tell als Freiheitsheld und dem Rütlischwur als Gründungsakt der Schweizer Eidgenossenschaft und einer freiheitlich-demokratischen Tradition ist nur eine Variante.[29]

Ähnliche Absichten wurden in fast allen Ländern Europas verfolgt. In der italienischen Literatur wurden die Anfänge der eigenen Geschichte nicht nur im antiken Rom gesehen, sondern schon im 14. Jahrhundert von Giovanni Villani in seiner *„Nuova cronica"*, einer Geschichte von Florenz, bis in die Zeit des biblischen Nimrod zurück verlegt. In Schweden förderte der Humanist und Erzbischof Johannes Magnus mit seiner *„Historia de omnibus Gothorum Sveonumque Regibus"* (Geschichte aller gotischen und schwedischen Könige) den Gotenmythus. Sie wurde nach seinem Tod 1554 in Rom gedruckt und 1620 ins Schwedische übersetzt. In Frankreich sah Francois Hotman in seinem Werk *„Franco-Gallia"* von 1573 die Ursprünge des Landes bei König Priamus von Troja. In den Niederlanden bedienten die Bataver, in Spanien die Goten, in Polen die Sarmaten, in Russland die Skythen und im Reich die Germanen den Ursprungsmythos. Vor allem die Wiederentdeckung der *„Germania"* des Tacitus regte hier die Mythenbildung an, und Arminius mutierte zum Stammvater der Deutschen und ihres Strebens nach Freiheit und Unabhängigkeit.

---

28 Vgl. C. BJOERN u. a. (Hg.), Nations; O. RANUM (Hg.), Consciousness; D. LANGEWIESCHE, ‚Nation'; H. MÜNKLER u. a. (Hg.), Nationenbildung.

29 Vgl. G. MARCHAL, Geschichtsbild, 132ff.

Die Ausformung eines Gründungsmythos war ein längerer Prozess. Die sarmatische Tradition in Polen wurde im 16. Jahrhundert begründet.[30] Während Maciej Mischowita in seinem „*Tractatus de duobus Sarmatis Asiana et Europeana*" (Traktat über das asiatische und das europäische Sarmatien, 1517) den sarmatischen Ursprung den Russen zuschrieb, identifizierte Jodok Ludwik Decjusz (Decius) in seiner Schrift „*De Sigismundi regis temporibus liber*" (Das Buch über die Zeiten König Sigismunds, 1521) das polnische Königtum mit den Sarmaten. Nach Marcin Kromers „*De origine et rebus gestis Polonorum*" (Über Ursprung und Taten der Polen, 1555) lebten die slawischen Sarmaten in der Region nördlich des Schwarzen Meeres, aber seit den siebziger Jahren des 16. Jahrhunderts wurde Sarmatien mit Territorium und Staat der Jagiellonen gleichgesetzt, während Russland ein skythischer Ursprung zudiktiert wurde. Stanislaw Sarnicki griff in seinem Werk „*Polonia sive de origine et rebus gestis Polonorum et Lituanorum libri octo*" (Acht Bücher über Polen oder die Ursprünge und Taten der Polen und Litauer, 1587) gar auf Noah zurück. Als Kennzeichen des polnischen Adels galt schließlich der Sarmatismus, mit dem der Mythos gefördert wurde, die *Szlachta* sei tief in der Geschichte verwurzelt, während Bürger und Bauern in diesem Konzept keinen Platz fanden.

Für die Niederlande war der Bataver-Mythos konstitutiv.[31] Cornelius Aurelius beschrieb in seiner „*Cronycke van Hollandt, Zeelandt und Vrieslandt*" (1517) die Bataver als Gründungsväter Hollands, und da sein Buch wiederholt aufgelegt wurde, fand seine Version weite Verbreitung. Gerard Geldenhauer nährte mit seiner „*Historia Batavica*" (1530) die Vorstellung, die freiheitsliebenden Bataver hätten sich in römischer Zeit zwischen Maas und Rhein niedergelassen. Diese Sicht diente unter anderem während des Kampfes gegen die spanische Herrschaft als historische Legitimation. Den Batavermythos präsentierte später auch Hugo Grotius. Das Geschichtsbild seines „*Liber de antiquitate republicae Batavicae*" von 1610 (in der Übersetzung „Tractaet vande Oudeheyt vande Batavische nu Hollandsche Republique")[32] entsprach dem Wunschdenken, das Regiment der Bataver sei das Beste gewesen und folglich gelte dies auch für die Herrschaft des Regentenpatriziats in Holland.

3.1.4 Staatenpluralismus und Staatenbeziehungen

Die Konsolidierung und „nationale" Abgrenzung frühneuzeitlicher Staaten sowie ihre historische Legitimierung durch Gründungsmythen, die ihnen eine lange Geschichte und ehrwürdige Tradition zuschrieben, verweisen auf eine fortschreitende Partikularisierung Europas. Der Staatenpluralismus wurde zur Dominante. Die meisten dieser Staaten beanspruchten eine herausgehobene Stellung, wiesen aber ein unterschiedliches politisches und ökonomisches Gewicht auf und verfolgten jeweils spezifische Interessen.

Angesichts der Existenz einer Vielzahl europäischer Staaten war zu klären, wie ihr Zusammenleben, ihr Verhältnis zueinander in feste Formen gebracht werden könne.

30 Vgl. St. Cynarski, Sarmatian Ideology, 8ff.
31 Vgl. I. Schöffer, Batavian Myth, 72ff.
32 Vgl. H. de Groot, De oudheid.

Das Ergebnis war ein europäisches Staatensystem.[33] Traditionell spielten die Verflechtungen der Dynastien eine entscheidende Rolle. Die zahlreichen Erbregelungen und Heiratsverbindungen schufen ein Netz von Beziehungen und Ansprüchen. Manche Dynastie hatte mehrere Kronen inne – die Habsburger beispielsweise die des Heiligen Römischen Reiches, Böhmens und Ungarns sowie die Spaniens und einiger seiner Nebenländer, die Stuarts die von England, Schottland und Irland, die Vasa zeitweilig die von Schweden und Polen. Daraus ergaben sich mehr oder weniger intensive Verflechtungen, aber auch Spannungen und Konflikte.

Instrumente für die Gestaltung der zwischenstaatlichen Beziehungen waren Bündnisse, Föderationen und Unionen. Bündnisse bezweckten, politische Unterstützung, materielle Hilfe oder militärischen Beistand zu erlangen. Sie wurden in der frühen Neuzeit in großer Zahl von allen Staaten vereinbart. Obwohl Vertragstexte oftmals erklärten, ein Bündnis (oder ein Friedensvertrag) werde für ewige Zeiten, das heißt unbefristet vereinbart und diene dem Frieden, standen solche Verträge häufig mit der Vorbereitung eines Krieges im Zusammenhang und hatten meist nur kurze Zeit Bestand.

In zusammengesetzten Monarchien wurden die Teile manchmal dauerhaft verbunden. Sie präsentierten sich gewöhnlich als Hauptland mit Nebenländern, eine auf Gleichberechtigung beruhende Integration war eher die Ausnahme. Auf der iberischen Halbinsel dominierten seit der Personalunion der Kronen von Kastilien und Aragon 1479 die Kastilier die Aragonesen. Als 1580 die Krone Portugals hinzukam, wurde das Land nicht integriert, und 1640 erlangte es wieder seine Unabhängigkeit. In der 1569 vereinbarten polnisch-litauischen Union wurden Verfassung, Institutionen und Rechtsnormen beider Länder angeglichen. Doch eine Folge war auch die „Polonisierung" Litauens. Das Problem war in allen Fällen – auch im Verhältnis Dänemarks zu Norwegen oder Schwedens zu Finnland – das Ungleichgewicht der Partner.

Überlegungen, die auf eine Vereinigung Europas – oder wenigstens von Teilen des Kontinents – abzielten, wurden wiederholt vorgetragen, waren aber nicht praktikabel. Es fehlte indes nicht an Bemühungen, die Beziehungen zwischen den Staaten auszubalancieren. Der Weg führte von der *„respublica christiana"* in das „Mächteeuropa" der Neuzeit, in dem – so jedenfalls die ideale Vorstellung – „sich gegenseitig respektierende, von einem gemeinsamen Recht, dem neuen *jus publicum Europaeum*, erfasste souveräne Staaten mit jeweils eigener Rechtsordnung zu einem System vereinigt haben, für dessen Funktionieren neben den trotz verschiedener einzelstaatlicher Rechts- und Verfassungsentwicklung bestehenden gleichen Grundanschauungen und neben den verbrieften und den wie selbstverständlich anerkannten völkerrechtlichen Regeln letztlich die ‚Staatsräson' sorgte."[34]

Es war die Geburtsstunde des Völkerrechts.[35] Fixiert wurden Normen, die als *jus gentium* Geltung erlangten.[36] Mit ihrer Hilfe sollten die Staaten- und Völkerbeziehungen geregelt werden. Der spanische Dominikanermönch, Theologe und Rechtsgelehrte

33 Vgl. M. S. Anderson, Origins.
34 J. Engel, Mächte-Europa, 25.
35 Vgl. O. Kimminich, Entstehung, 73ff.
36 Vgl. H. Hattenhauer, Rechtsgeschichte, 347ff.; H. Steiger, Völkerrecht, 108ff.

Francisco de Vitoria formulierte 1539 in *„De Indis recenter inventis et de jure belli hispaniorum in barbaros relecciones"* (Vorlesungen über die kürzlich entdeckten Indianer und über das Recht des Krieges der Spanier gegen die Fremden, Lyon 1557 und Salamanca 1565) Regeln des *ius inter gentes*, des Rechts zwischen den Völkern. Später legten vor allem der spanische Jesuit und Theologe Francisco Suárez und der niederländische Humanist Hugo Grotius bedeutende Werke vor, mit denen das Völkerrecht ausgeformt wurde. Wegweisend war die Systematisierung, die Grotius in *„De jure belli ac pacis libri tres"* (Drei Bücher über das Recht des Krieges und des Friedens) von 1625 vornahm.[37] Das Werk wurde von den kriegführenden Mächten mit Interesse aufgenommen.

Dieses Völkerrecht wurde von Autoren allerdings nicht einheitlich dargestellt und folglich in der Praxis unterschiedlich interpretiert. Gegen den Anspruch der iberischen Staaten, allein die Seehoheit auszuüben, opponierten Franzosen, Engländer und Niederländer. Als die Engländer die Seehoheit über den Atlantik und die Nordsee beanspruchten, verteidigte Hugo Grotius die Freiheit der Meere (*Mare liberum*). In ihren Kolonien praktizierten die Niederländer hingegen das Recht des *„Mare clausum"* gegen die Engländer. Entscheidend war die Macht des Stärkeren.

Das entstehende Staatensystem hatte sein Fundament in dem Konstrukt der Balance, dem nur in Maßen Geltung verschafft werden konnte. „Zwischenstaatliche Ordnung bedeutete noch ein gradualistisches, das heißt geistig nach Wert abgestuftes, hierarchisches Verhältnis. In einem Zeitalter, als die geistigen Grundlagen der *‚Universitas Christiana'* zerbrochen und die mittelalterliche *Res publica* als eine auf Kaiser und Papst bezogene Gemeinschaft christlicher Staaten durch einen gewaltigen Differenzierungsschub umgebildet wurde, war eine solche Idee der Einheitlichkeit zutiefst anachronistisch und letztlich nicht mehr zu realisieren, zumal sie auf unterschiedlichen Wertigkeiten beruhte."[38]

Die Balanceidee übertrug das Bild der Waage auf die politischen Verhältnisse. Sie wurde Mitte des 15. Jahrhunderts relevant[39], als die italienischen Staaten nach einer Phase andauernder Kriege ihre Beziehungen zu regeln bemüht waren und die Pentarchie der fünf dominanten Mächte entstand. Machiavelli referierte diese Idee, und Maria von Ungarn, Statthalterin in den Niederlanden, erklärte 1553 in einer Instruktion für den kaiserlichen Gesandten in England angesichts des Ringens der Habsburger und Valois um die Vorherrschaft in Italien: „Ihr kennt die Befürchtungen, die sie (die italienischen Staaten) vor der Größe des einen wie des anderen dieser zwei Fürsten hegen, und ihre Sorge, deren Macht zu balancieren."[40]

Francisco de Vitoria ging bei der Konzipierung von Prinzipien des Völkerrechts von der Pluralität gleichberechtigter Staaten aus, und später wurde in vielen Schriften das Balanceprinzip artikuliert. Francis Bacon verwies 1624 auf das Interesse der Könige von Frankreich, England und Spanien, das Gleichgewicht in Europa aufrecht zu erhalten, und Herzog Henri de Rohan urteilte 1634 in seiner Schrift *„De l'interet des Princes et etats de la Chrétienité"* (Über das Interesse der Fürsten und Staaten der Christen-

37 Vgl. H. Bull u. a. (Hg.), Grotius.
38 H. Schilling, Formung, 25f.
39 Vgl. H. Fenske, Gleichgewicht, 959ff.
40 Nach W. Schulze, Europa, 54.

heit), das Gleichgewicht zwischen Frankreich und Spanien liege im Interesse aller anderen Staaten, um Ruhe und Sicherheit zu gewährleisten.[41] Doch Kriege wurden nicht verhindert, und das Hegemoniestreben einzelner Mächte gefährdete immer wieder die Idee eines europäischen Gleichgewichts.

Der Staatenpluralismus führte auch zur Ausbildung der Diplomatie. „Ihre Entwicklung verlief parallel zu derjenigen des modernen Staates, denn sie war die institutionelle Konsequenz der Tatsache, daß die Pluralität rivalisierender Gemeinwesen in Europa nicht durch Reichsbildung abgelöst wurde wie anderswo, sondern sich als Dauerzustand etablierte."[42] Zunächst berichteten Reisende – Kaufleute, Gelehrte, Missionare oder Pilger – über ihre Erfahrungen in fremden Ländern. Auch begaben Herrscher oder Gesandtschaften sich an die Höfe anderer Mächte, um Informationen einzuholen oder strittige Fragen zu klären. Seit dem 15. Jahrhundert wurden dann ständige Vertretungen eingerichtet. Der Resident blieb längere Zeit in einem Land, und bei seinem Weggang wurde ein Nachfolger bestellt.

Diese Praxis findet sich zuerst in Italien, als das mit dem Frieden von Lodi 1454 geschaffene labile Gleichgewicht Anlass gab, der erklärten „Freundschaft" zu misstrauen und die politischen Schritte der Partner zu beobachten.[43] Der Herzog von Mailand entsandte zum Beispiel Residenten nach Rom, Florenz, Genua, Venedig und Neapel. Die Päpste schickten 1450 erstmals einen ständigen Nuntius nach Spanien, um 1500 nach Venedig und dann in weitere Länder. Bei der Ausbildung von Regeln des diplomatischen Verkehrs wurde auf die Erfahrungen der Venezianer zurückgegriffen. Doch die großen Monarchien waren zunächst nicht sonderlich interessiert, das Netz diplomatischer Vertretungen in ihren Ländern auszubauen, weil sie wussten, dass dies geheimdienstliche Aktivitäten begünstigte.

Seit dem letzten Drittel des 16. Jahrhunderts richteten die meisten europäischen Staaten ständige Vertretungen ein – die im Westen früher als die im Norden und Osten. Die politischen Zentren Europas traten in engeren Kontakt. Manche Plätze spielten eine herausragende Rolle, beispielsweise Istanbul, wo Venedig seit langem einen Residenten unterhielt und später Frankreich, England und die Niederlande einen diplomatischen Status erlangten. In Moskau wurde in der zweiten Hälfte des 16. Jahrhunderts ein Gesandtenamt (*Posol'skij prikaz*) und für die ausländischen Gesandtschaften ein Gesandtenhof errichtet. Schweden war 1631/32 die erste fremde Macht mit einer ständigen diplomatischen Vertretung im Zarenreich.

Ambassadeure wurden als offizielle Vertreter akkreditiert und genossen Immunität. Sie unterlagen einem bestimmten Zeremoniell, das in Moskau byzantinisch beeinflusst war. Nicht selten wurde über ihre Rangfolge gestritten. Um sie mit Verhaltensregeln vertraut zu machen, wurden „Gesandtenspiegel" publiziert, die einen Kodex des Wohlverhaltens offerierten. Dem Botschafter „oblag zuerst das Sammeln von Informationen, das Beobachten aller wichtigen Vorgänge im Empfängerstaate, die sichere (Chiffrierkunst) und schnelle (Ausbau eines Kuriersystems) Weiterleitung an den Absendestaat und erst in zweiter Linie die dauernde Vertretung von Geschäftsinteressen

---

41 Vgl. ebd., 55.

42 W. Reinhard, Staatsgewalt, 370.

43 Vgl. K. Zernack, Gesandtschaftsverkehr, 81ff.

nach allgemeiner oder gegebenenfalls besonderer Instruktion. Nicht von ungefähr ist darum das neue Institut bis ins 17. Jh. hinein mit dem Odium belastet geblieben, die ständigen Residenten seien nichts anderes als offizielle Spione, die zu akkreditieren immerhin den Vorteil mit sich bringe, daß man sie kenne."[44] In Venedig tummelten sich Nachrichtenhändler, überall wurde Kurierpost abgefangen, und mancher Botschafter zettelte Verschwörungen an. „Da Informationsbeschaffung erste Aufgabe des modernen Diplomaten war, können die Nachrichtendienste ohne weiteres als ein Seitenzweig der Diplomatie betrachtet werden."[45]

Mit der Anleitung und Kontrolle der Ambassadeure wurden bestehende oder neu geschaffene Institutionen betraut. In Frankreich war ein Sekretär der königlichen Kanzlei beauftragt, mit ihnen Kontakt zu halten, Aufträge zu erteilen und Berichte entgegenzunehmen. Mit der Einrichtung von Ämtern, die für die Außenpolitik zuständig waren, oblag diesen auch die Zusammenarbeit mit den Ambassadeuren. Ihre größte Bewährungsprobe bestand die Diplomatie, als seit 1644 in Münster und Osnabrück verhandelt wurde, um die Ergebnisse des Dreißigjährigen Krieges zu fixieren. An den Beratungen waren mehr als einhundert Gesandte beteiligt, die am 24. Oktober 1648 ein unterschriftsreifes Vertragswerk vorlegten.

Die Diplomatie förderte die Kommunikation zwischen den europäischen Staaten. Politik wurde bis zu einem gewissen Grad berechenbar, weil Informationen ermöglichten, die Absichten eines Gegners zu erkennen und darauf zu reagieren. Auch trug das europäische Völkerrecht dazu bei, Konflikte zu entschärfen und zeitweilig Ruhe und Frieden zu gewährleisten.

3.1.5 Krieg und Frieden

Dem europäischen Kontinent waren seit dem Ende des 15. Jahrhunderts nur wenige Friedensjahre beschieden. Die Epoche großer Kriege begann mit dem Konflikt zwischen den Habsburgern und Valois, der seit 1494 in mehreren Feldzügen überwiegend auf italienischem Territorium ausgefochten wurde. Sie erlebte ihren Höhepunkt im Dreißigjährigen Krieg der Jahre 1618 bis 1648. Karl V. ermahnte zwar seinen Sohn Philipp 1548, den Frieden zu behüten und den Krieg zu meiden, es sei denn, dass ein solcher ihm aufgezwungen werde. Das sei allein schon wegen der ungeheuren Lasten notwendig, die seinem Land aufgebürdet würden. Andere Herrscher äußerten sich ähnlich, und doch war der Krieg ein ständig präsentes Phänomen.[46] Natürlich befanden sich zu keiner Zeit alle Staaten im Kriegszustand. „Zu dem Normalzustand dieses Europas aber gehörte, ... daß fast ständig an wenigstens einer und oft mehreren Stellen zugleich Krieg geführt wurde. Die militärische Konfliktlösung gehörte zum gesamteuropäischen Alltag der frühen Neuzeit, wenngleich die direkte Kriegseinwirkung durch Gefecht oder Schlacht immer nur einen relativ kleinen Teil der Menschen unmittelbar berührte."[47]

---

44 J. ENGEL, Mächte-Europa, 379.
45 W. REINHARD, Staatsgewalt, 385.
46 Vgl. J. BURKHARDT, Friedlosigkeit, 509ff.; V. G. KIERNAN, War, 17ff.; Ph. CONTAMINE (Hg.), Guerre; H. DUCHHARDT/P. VEIT (Hg.), Krieg.
47 K. REPGEN, Kriegslegitimationen, 69.

Der Krieg galt als natürlicher zwischenstaatlicher Zustand.[48] Nach Niccolò Machiavelli war die Bereitschaft zum Krieg eine der ersten Pflichten eines Herrschers, und für Thomas Hobbes war nicht der Friede, sondern der Krieg der Naturzustand. Eine Analyse von „Kriegsmanifesten", die militärische Aktionen legitimieren sollten, nennt ein Bündel möglicher Motive: Abwehr einer Universalmonarchie, Bekämpfung von Rebellion, Wahrnehmung von Erbrechten, Wahrung des Gleichgewichts, Durchsetzung von Handelsinteressen, Kreuzzug gegen Andersgläubige, Prävention gegen drohende Gefahren, Verteidigung der Konfession, ständischer Freiheiten oder der Untertann, Wahrnehmung vertraglicher Verpflichtungen, Wiedergutmachung erlittenen Unrechts.[49]

Diese von den Herrschenden bemühten Legitimationen verweisen auf innere und äußere Motive. Ein gewaltsames Vorgehen gegen Rebellionen zielte auf die Niederwerfung von aufständischen Untertanen im eigenen Land. In den Jahren 1524/25 bekämpften der Schwäbische Bund und deutsche Fürsten die Aufstände im Reich mit Waffengewalt. Widerständige Bauern oder opponierende Städtebürger wurden auch in anderen Ländern mit Gewalt attackiert. Der Einsatz von Militär war das Mittel, um rebellierende Untertanen wieder zum Gehorsam zu bringen. Als Rebellion interpretierten Zeitgenossen auch die Bürgerkriege in Frankreich, in den Niederlanden und in England, die alle auf kriegsähnliche Weise ausgefochten wurden.

Überwiegend handelte es sich jedoch um zwischenstaatliche Konflikte, die entweder zur Landesverteidigung zwangen oder die Expansion beabsichtigten. Die Verteidigung des Territoriums spielte eine herausragende Rolle für die südosteuropäischen Länder, die von der osmanischen Expansion bedroht waren. Als die Osmanen 1529 vor Wien erschienen und 1532 wieder in diese Richtung vorstießen, waren auch Kaiser und Reichsstände gehalten, die Abwehr zu organisieren. Fast alle Reichstage der zweiten Hälfte des 16. Jahrhunderts waren mit der „Türkengefahr" befasst.[50] Für die meisten Kriege war das Motiv der Expansion maßgebend. Territoriale Gewinne sollten das politische Prestige eines Staates aufwerten, ökonomische Ressourcen erweitern oder strategische Positionen verbessern. Daraus resultierten zahlreiche heftige und mitunter lange andauernde Konfrontationen – zwischen den österreichischen und spanischen Habsburgern und der französischen Krone, zwischen den Mittelmeerländern und den Osmanen, Dänemark und Schweden, Polen und Russland. Im Dreißigjährigen Krieg bündelten sich dann die Interessenkonflikte mehrerer europäischer Mächte.

Die Kriegführung erfolgte häufig auch zur See.[51] Im Zuge der sich ausweitenden Abwicklung des Handels auf Seewegen sowie der Errichtung von Kolonialreichen wurden Flotten nicht nur als Transportmittel für Güter benötigt, sondern auch für die Kriegführung entscheidend. Das gilt in erster Linie für die Küstenstaaten des Atlantik, des Mittelmeeres und der Nord- und Ostsee, namentlich diejenigen, die zur überseeischen Expansion übergingen und ihre Rivalitäten auch auf den Meeren ausfochten.

---

48 Vgl. W. Janssen, Krieg, 576f.
49 Vgl. K. Repgen, Kriegslegitimationen, 78f.
50 Vgl. W. Schulze, Reich, 67ff.
51 Vgl. K. Fritze/G. Krause: Seekriege, 166ff.

Die Auseinandersetzung Venedigs und anderer Mächte mit den Osmanen erfolgte meist zur See, bis hin zur großen Seeschlacht von Lepanto 1571, und auch die Rivalitäten zwischen Spaniern, Engländern und Niederländern wurden mit Kriegsflotten ausgetragen.

Neu war, dass im Fall gespannter Beziehungen zwischen reformatorischen Bewegungen beziehungsweise Konfessionskirchen und staatlichen Gewalten und manchmal auch zwischen verschiedenen Konfessionen die Gewaltbereitschaft wuchs und der Krieg zum Mittel des Konfliktaustrags wurde.[52] „Im konfessionellen Zeitalter flossen dann religiöse und politische Kräfte allenthalben in Europa zu der explosiven Verbindung von ‚Konfessionskonflikt und Staatsbildung' zusammen."[53] Innere Auseinandersetzungen oder äußere Konflikte nahmen wiederholt die Gestalt von „Religionskriegen" an.

Seit dem 16. Jahrhundert wurde die Neutralität ein anerkannter Bestandteil des Völkerrechts. Dafür gab es mehrere Gründe. „Erstens wurde die Lehre vom *bellum iustum* immer mehr abgelehnt, bis man größtenteils zu einem freien Kriegsführungsrecht kam .... Zweitens bedingte die Konsolidierung der Staatenwelt und die Entwicklung des Souveränitätsgedankens sowohl im Innen- als auch im Außenverhältnis eine allgemeine Blüte des Völkerrechts. Drittens wurde auch das Interesse an der Aufrechterhaltung gewonnener wirtschaftlicher Positionen um so größer, je stärker die wirtschaftlichen Verflechtungen der Staaten untereinander wurden."[54]

Erfahrungen der frühneuzeitlichen Kriegführung wurden in zahlreichen Schriften wissenschaftlich verarbeitet und Reformen im Militärwesen auf den Weg gebracht.[55] Entscheidend war der Übergang vom Ritter- zum Söldnerheer. Um ein exaktes und einheitliches Handeln der Formationen zu erreichen, wurde eine angemessene Disziplin eingeübt. Auch gewann der zweckmäßige Einsatz von Artillerie und Kavallerie sowie der Bau mit Bastionen versehener Festungen an Bedeutung. Spezielle Ausprägungen erfuhr das Militärwesen mit den Strelitzen in Russland und den Janitscharen im osmanischen Reich.

Mit der „militärischen Revolution" zwischen 1560 und 1660 wurde versucht, gravierende taktische Probleme der frühneuzeitlichen Kriegführung zu bewältigen. „Die von Moritz von Oranien und Gustav Adolf durchgeführten Reformen lösten diese Fragen durch Rückgriff auf die schon von Vegetius, Älian und Leo dem Isaurier angeregte Linienformation. Anstelle der gewaltigen, tiefgestaffelten und schwerfälligen Karrees des spanischen *tercio* oder der noch größeren, aber irregulären Blöcke der schweizerischen Kolonne beruhte die Linienformation auf einer Vielzahl kleiner Einheiten aus zwei oder drei Reihen, die so aufgestellt und bewaffnet waren, dass sie den ungehinderten Einsatz aller Waffenarten ermöglichten. Während Moritz diese neuen Formationen ausschließlich für Verteidigungszwecke benutzte, war es Gustav Adolfs große Leistung, sie mit glänzendem Erfolg auch in der Offensive kämpfen zu lassen."[56]

---

52 Vgl. Ph. Benedict u. a. (Hg.), Reformation.

53 H. Schilling, Krieg, 13.

54 Vgl. R. Schweitzer/H. Steiger, Neutralität, 321.

55 Vgl. J. Black, Introduction, 4ff.; P. Wilson, European warfare, 177ff.; W. Reinhard, Staatsgewalt, 343ff.

56 M. Roberts, Revolution, 274; W. Reinhard, Humanismus, 179ff.

Die militärischen Erfordernisse stellten höhere Anforderungen an die staatlichen Institutionen. Die österreichischen Habsburger installierten deshalb Mitte des 16. Jahrhunderts den Hofkriegsrat. Auch Schweden, Frankreich und Russland, die ihre Armeen ausbauten, schufen während des 17. Jahrhunderts Institutionen, die sich den militärischen Belangen widmeten, um die Ausrüstung und Versorgung der Truppen zu gewährleisten. Als das Militärwesen und die Kriegführung zunehmend Gegenstand wissenschaftlicher Beschäftigung wurden, gründete Johann von Nassau 1617 in Siegen die erste neuzeitliche Militärakademie. Sie erschloss das Erbe der oranischen Heeresreform, das in vielen Ländern rezipiert wurde, in Schweden ebenso wie in Brandenburg, und auch die Schweizer Eidgenossenschaft orientierte sich an Erfahrungen der Oranier. Während des Dreißigjährigen Krieges wurden viele Neuerungen genutzt, als Massenheere operierten und für deren Unterhaltung enorme Mittel bereitgestellt werden mussten.[57]

Carel van Mander erinnerte 1604 an den Kreislauf der Welt: Frieden sorge für den Lebensunterhalt, Lebensunterhalt führe zu Reichtum, Reichtum zu Stolz, Stolz zu Zwietracht, Zwietracht zu Krieg, Krieg zu Armut, Armut zu Bescheidenheit und Bescheidenheit zu Frieden.[58] Diese Beschreibung des Kreislaufs Frieden-Krieg-Frieden verweist auf politische, materielle und mentale Zusammenhänge. Daraus folgt: So wie es Motive für Kriege – ein „Recht des Krieges" – gab, war auch das „Recht auf Frieden" legitim, wie es der Titel der berühmten Schrift von Hugo Grotius nahelegt. Da immer wieder Friedensschlüsse anstanden, wurde das Bemühen intensiver, Regeln zu fixieren und Normen zur Geltung zu bringen, nach denen zu handeln sei. Das Recht fand Eingang in Kriegführung und Friedensschluss.[59]

Die Kriegsdauer hing davon ab, in welcher Zeit die Kriegsziele erreicht wurden und wie lange die Ressourcen die Kriegführung ermöglichten. Wurde Frieden geschlossen, hatte mancher Vertrag nur kurze Zeit Bestand, weil die Ziele nicht oder nur partiell erreicht wurden oder die unterlegene Seite sich zu einem neuen Waffengang herausgefordert sah. Einige Friedensschlüsse waren von grundsätzlicher Bedeutung für lange Zeit. Das gilt beispielsweise für den Frieden von Cateau-Cambrésis von 1559, der die Vorherrschaft Spaniens im westlichen Europa besiegelte, oder die Verträge von Münster und Osnabrück von 1648, die Regelungen zu territorialen, verfassungs- und konfessionspolitischen Materien von großer Tragweite festschrieben.

Mit den „Religionskriegen" wurde auch das Problem eines „Religionsfriedens" relevant.[60] In der Eidgenossenschaft wurde der Zweite Kappeler Landfrieden von 1531 davon diktiert, im Reich der Abschied des Reichstags von 1555, in Frankreich die wiederholten Friedensschlüsse in der Zeit der Bürgerkriege bis hin zum Edikt von Nantes von 1598, und auch der Westfälische Friede von 1648 war in Teilen ein „Religionsfrieden".

Das Verlangen nach Frieden ergab sich aus unterschiedlichen Motiven. Für die Herrschenden beziehungsweise die Krieg führenden Parteien konnte der Anlass zum

---

57 Vgl. B. R. Kroener, Soldaten, 285ff.; H. Langer, Heeresfinanzierung, 293ff.; L. Ericson, Armee, 301ff.

58 Vgl. J. Hale, Renaissance, 120.

59 Vgl. W. Janssen, Friede, 556ff.

60 Vgl. O. Christin, La paix.

Friedensschluss sein, dass sie ihre Ziele erreicht hatten oder nicht durchsetzen konnten. Mehr noch bewegte die von den Wirkungen der Kriege unmittelbar betroffenen Menschen die Beendigung eines Krieges.[61] In Albrecht Dürers Holzschnitt „Die vier apokalyptischen Reiter" von 1498 stürmt der Krieg als Geißel über Bauern und Bürger, Männer und Frauen hinweg. Zahlreiche bildliche Darstellungen veranschaulichten in den folgenden Jahrhunderten die Friedenssehnsucht in Allegorien – die Gerechtigkeit küsst den Frieden oder eine Frauengestalt zündet Waffen mit einer Fackel an.[62]

Viele Autoren nährten angesichts der Nöte, die Kriege zahllosen Menschen bereiteten, aus humanistischen Erwägungen die Friedenshoffnung.[63] In Erasmus von Rotterdams *„Querela pacis"* (Klage des Friedens, 1517) erklärt der Friede: „Der größte Teil des Volkes haßt den Krieg und bittet um Frieden. Nur einige wenige, deren gottloses Glück aus dem Unglück der Allgemeinheit herrührt, wünschen den Krieg. ... Ein Krieg sät den anderen, Vergeltung zeugt Vergeltung. Möge nunmehr eine Freundschaft die andere gebären und eine Wohltat die andere hervorlocken. Derjenige soll für königlicher gehalten werden, der mehr von seinem Rechtsanspruch ablässt.[64] Sebastian Franck verwies in seinem „Krigbüchlin des Friedes" von 1529 auf Erasmus und benannte „viererlei Schäden, so aus den Kriegen an Seele, Leib, Ehr und Gut erwachsen."[65] Für ihn ist der Krieg „ein rechter Landräuber, der alle Lande an Gut und Geld arm macht und beraubet"[66], die Seelen verdirbt, die Ehre schändet und Tausende Tote, Krüppel, Bettler, Witwen und Waisen hinterlässt.

Solche Stimmen vermochten das Kriegstreiben nicht einzudämmen, aber sie verliehen der Sehnsucht nach einem dauerhaften Friedenszustand Ausdruck. In Kriegszeiten wurde die Hoffnung auf Beendigung der Leiden des öfteren mit Nachdruck öffentlich gemacht. Während des Dreißigjährigen Krieges beschworen Dichter die Friedensidee, nahmen Maler und Komponisten sich des Friedensthemas an.[67] Bußpredigten beschworen den Frieden als Gabe Gottes.[68] Johann Rist verfasste 1647 ein Drama zum Thema „Das friedewünschende Teutschland", und er ließ 1653 ein zweites folgen: „Das friedejauchzende Teutschland".[69] Die frühe Neuzeit erlebte nicht nur eine kaum abreißende Folge von Kriegen, sondern auch die Begründung einer Tradition des Friedensdenkens.

3.1.6 Staatslehren und Gesellschaft

Das Fragen nach dem Wesen des Staates und den Prinzipien politischen Handelns brachte eine Fülle einschlägiger Schriften hervor. Debatten beriefen sich stets auf an-

---

61 Vgl. M. Vogl, Friedensvision, 27ff.
62 Vgl. R. Wohlfeil, Pax Antwerpiensis, 211ff.; T. Wohlfeil, Friedensvorstellungen, 177ff.
63 Vgl. F. J. Worstbrock (Hg.), Krieg.
64 S. Wollgast (Hg.), Friedensidee, 52f.
65 Ebd., 229.
66 Ebd., 233.
67 Vgl. J. Thuillier, Künste, 15ff. sowie die Beiträge zu Literatur, Musik und bildender Kunst, 311ff.
68 Vgl. Th. Kaufmann, Predigt, 245ff.
69 Vgl. M. Brecht, Friedensliteratur, 251ff.

tike Lehren und christliche Normen, aber die fortschreitende Säkularisierung des Denkens bewirkte, dass politische Prinzipien nicht mehr allein aus Evangelium und Morallehren hergeleitet wurden, sondern zunehmend aus den realen politisch-sozialen Erfahrungen der Staaten und der Autoren, die deren Entwicklung und Politik verfolgten.[70]

Englands Verfassung bot John Fortescue um 1470 den Anlass, in der Schrift *„The Governance of England"* (Die Herrschaft in England) generell über Verfassungstypen nachzudenken. Er unterschied zwischen zwei Arten der Monarchie: dem Regiment, das parlamentarischer Kontrolle unterworfen ist (*dominium politicum et regale*), und der nicht kontrollierten absoluten Monarchie (*dominium regale*).[71] Damit legte er zu einer Zeit, als die Verfassungsstrukturen der meisten europäischen Staaten noch im Werden waren, eine für die Zukunft bedeutsame Differenzierung nahe.

Nachhaltige Impulse vermittelte dem politischen Denken Niccolò Machiavelli, ein „zum Vernunftmonarchisten mutierter frustrierter Republikaner".[72] Seine politische Karriere begann 1498 nach dem Sturz der Medici in Florenz. Als deren Herrschaft 1512 restauriert wurde, bezichtigte man ihn der Verschwörung. Fortan lebte er auf einem Landgut nahe Florenz und verfasste hier seine Schriften, die erst nach seinem Tod veröffentlicht wurden: die *„Discorsi sopra la prima decca di Tito Livio"* (Diskurse über die ersten zehn Bücher des Titus Livius) 1531 und *„Il Principe"* (Der Fürst) 1532. „Anders als in der ersten Hälfte des 15. Jh., wo alle politischen Denker glaubten, die von Gott gegebene Ordnung müsse lediglich noch verwirklicht werden, anders auch als in den zahlreich noch im 16. Jh. geführten Diskussionen um die rechte Ordnung, in denen im Grunde nur eine Interpretation göttlicher Willensbekundungen geschah, galt einem Machiavelli der Rückgriff auf ein angeblich göttliches Konzept der Weltordnung nichts mehr. Für ihn bestimmte sich staatliche Ordnung ausschließlich nach Kraft und Maß der Menschen selbst."[73]

Machiavelli argumentierte, angesichts der egoistischen Natur des Menschen bedürfe es eines starken Herrschers, um die Ordnung aufrecht zu erhalten. Die Instabilität der italienischen Staatenwelt stimulierte zudem sein patriotisches Engagement.[74] In den *„Discorsi"* erklärte er: „Wo es um Sein oder Nichtsein des Vaterlandes geht, gibt es keine Bedenken, ob gerecht oder ungerecht, mild oder grausam, löblich oder schimpflicht; man muss vielmehr alles beiseite setzen und die Maßregel ergreifen, die ihm das Leben rettet und die Freiheit erhält."[75]

Die Folgerungen nahmen in „Il Principe" Gestalt an, indem Machiavelli verschiedene Typen von Fürstenherrschaft analysierte, das Idealbild eines Fürsten entwarf und dem kranken Italien als Kur die Tyrannis empfahl. Angesichts der Bosheit der Menschen brauche ein Fürst nicht Wort zu halten, wenn ihm Schaden entstehen könnte. Erwartet wird von ihm vielmehr *virtu*, das heißt mannhaftes, wohlkalkuliertes politi-

---

70 Vgl. I. Fetscher/H. Münkler, Handbuch, 3; H. Boldt u. a., Staat, 8ff.; K.-G. Faber/K.-H. Ilting, Macht, 847ff.; D. Wootton, Society, 96ff.

71 Vgl. H. K. Koenigsberger, Dominium Regale, 1ff.

72 W. Reinhard, Staatsgewalt, 106.

73 J. Engel, Mächte-Europa, 41.

74 Vgl. H. Münkler, Machiavelli, 241ff.

75 N. Machiavelli, Discorsi 3, 41.

sches Handeln. Der Fürst verantwortet sein Tun nicht mehr in erster Linie vor Gott, sondern vor Staat und Gesellschaft. „Politisches Handeln wurde zwar nicht zum Selbstzweck, aber durch Unterordnung unter den Patriotismus als höchsten Wert von seiner theoretischen Ausrichtung auf religiöse und moralische Ziele gelöst und radikal wie nie zuvor säkularisiert."[76]

Als „machiavellistisch" wurde künftig jede Politik etikettiert, die List und Gewalt als Mittel nicht scheute. Das lehnten manche humanistisch denkenden Gelehrten, vor allem aber die Kirche ab.[77] Schon 1539 denunzierte Kardinal Reginald Pole Heinrich VIII. und Thomas Cromwell als Vertreter der teuflischen Lehre des Florentiners. Die Jesuiten in Ingolstadt verbrannten Machiavelli *„in effigie"*, und seine Schriften wurden auf den Index der verbotenen Bücher gesetzt. Dennoch wurde er in vielen Ländern als Befürworter eines starken monarchischen Staates rezipiert. Die von ihm propagierten Normen gingen in die Idee der Staatsräson (*Ragione della stato*) ein, „die erfolgreichste und folgenreichste Antwort auf den Zerfall der gesellschaftlich-politischen Ordnung sowie der sie umgreifenden politischen Kultur des späten Mittelalters".[78]

Dieser Leitbegriff frühneuzeitlicher Politik[79] findet sich schon 1523 bei dem Politiker und Historiker Francesco Guicciardini. In den Schriften Machiavellis taucht er nicht auf, wird aber inhaltlich beschrieben. In der Lehre von der Staatsräson manifestierte sich das Streben nach Rationalisierung der Politik: Im Interesse des Gemeinwohls kann sich der Herrscher über Recht und Moral hinwegzusetzen, ja er ist dazu geradezu verpflichtet. Der Rekurs auf das Gemeinwohl (*bonum commune*) hatte eine lange Tradition und lebte im 16. Jahrhundert fort. Erasmus von Rotterdam beispielsweise sah im Gemeinwohl die Richtschnur politischen Handelns. Ihm sollten Gesetze dienen, Herrscher und Beamte verpflichtet sein und alle Glieder eines Gemeinwesens mit ihrer Arbeit nutzen.

Schon vorher plädierte Claude de Seyssel, Bischof von Marseille und dann Erzbischof von Turin, in seinem für König Franz I. verfassten Werk *„La Grand Monarchie de France"* (Die große Monarchie von Frankreich, 1519) für einen starken Staat, verwies aber auch auf Mittel, mit deren Hilfe königliche Gewalt gezügelt werden könne. Er nannte die Religion, die Grundgesetze des Staates, die Gewohnheitsrechte der Stände und die relativ selbständige Justiz. Dagegen sprach Etienne de la Boetie in seiner programmatischen Rede *„De la servitude volontaire"* (Von der freiwilligen Knechtschaft) von 1553 – gedruckt zuerst 1574 – jeglicher Herrschaft die Legitimation ab. Wohl beeinflusst von den Erfahrungen der Aufstände gegen die Gabelle in der Guyenne forderte er dazu auf, angesichts ungerechter Maßnahmen sich tyrannischer Herrschaft nicht zu unterwerfen.

Der Piemontese Giovanni Botero vermittelte in seiner Schrift *„Della ragione di stato"* (Über die Staatsräson, 1589) die Ideen von Machiavelli – christlich gemildert – im Gewand des Tacitus als Lehre von den Mitteln, die geeignet sind, Herrschaft zu begrün-

76 W. Reinhard, Staatsgewalt, 108.
77 Vgl. R. Bireley, Prince.
78 H. Münkler, Im Namen, 9.
79 Vgl. ebd., 165ff.

den, zu erhalten und zu erweitern. Die Berufung auf die Staatsräson ermöglichte es, politische Notwendigkeiten mit säkularen Argumenten zu legitimieren, ohne königliche Macht aus religiösen Begründungen zu lösen. Gemeinwohl, Staatsräson und starker Staat galten den Zeitgenossen als komplementär.

Ein absolutistisches Staatsverständnis vertrat Jean Bodin, seit 1561 Advokat des Pariser Parlaments und von 1567 bis 1576 im Dienst der Krone. Er gehörte zur Gruppe der *„politiques"*, die angesichts der konfessionellen Konflikte einen Ausgleich der Interessen und die Stärkung der monarchischen Gewalt befürwortete. Als 1576 in Blois eine Ständeversammlung die Veräußerung von Krongut vorschlug, um den Krieg gegen die Hugenotten zu finanzieren, opponierte Bodin und veröffentlichte sein politisches Hauptwerk: *„Six Livres de la République"* (Sechs Bücher über den Staat).

Bodin definierte den Staat als „die am Recht orientierte, souveräne Regierungsgewalt über eine Vielzahl von Haushaltungen und das, was ihnen gemeinsam ist."[80] Sein Hauptmerkmal ist die Souveränität, „die dem Staat eignende absolute und zeitlich unbegrenzte Gewalt".[81] Absolut souverän sei derjenige, der „außer Gott keinen Höheren über sich anerkennt".[82] Absolute Gewalt entsteht durch Übertragung der Souveränität auf einen Herrscher durch das Volk, so dass dieser über Personen, Güter und den ganzen Staat verfügen kann. Er sei allerdings an die Gesetze Gottes und der Natur gebunden und dürfe die Grundgesetze nicht missachten. Das Wesen des absoluten souveränen Staates besteht folglich darin, „den Untertanen in ihrer Gesamtheit ohne deren Zustimmung das Gesetz vorzuschreiben."[83]

Bodin ließ keinen Zweifel daran, dass Souveränität im definierten Sinn nur in einer Monarchie möglich ist. „Man muß sich also den Fürsten als über alle seine Untertanen erhaben und seine Machtfülle als ebenso unteilbar vorstellen, wie die Eins als Einheit, die weder eine Zahl ist noch wie eine Zahl behandelt wird, obwohl alle anderen Zahlen ihre ganze Kraft einzig und allein von der Einheit herleiten."[84]

Ein Protagonist der Staatsräson war auch Justus Lipsius. Einst Schüler der Jesuiten in Brüssel, verhielt er sich während seines Wirkens an mehreren Universitäten – in Jena, Köln, Leipzig, Löwen und Leiden – konfessionell indifferent. Seine Hauptwerke *„De constantia libri duo"* (Zwei Bücher über die Standhaftigkeit, 1584) und *„De politicorum sive civilis doctrinae libri VI"* (Sechs Bücher über politische oder zivile Lehren, 1589) beruhten auf der neustoischen Moralphilosophie. „Die Kräfte des Geistes vermögen den selbstverantwortlichen Menschen zur Seelenstärke im Kampf mit öffentlichen und privaten Übeln zu befähigen. Die Lehre von der Politik wird so zu einer elitären Tugendlehre, wobei die Klugheit (*prudentia*), von nun an ein Schlüsselwort des monarchischen Diskurses, zur zentralen Herrschertugend aufrückt und so ein Bündnis von Macht und Tugend ermöglicht."[85] Lipsius sah in der Machtentfaltung der Staaten ein Instrument zur Bändigung menschlicher Leidenschaften und legte damit

---

80 J. Bodin, Staat, 1, 98.
81 Ebd., 205.
82 Ebd., 207.
83 Ebd., 222.
84 Ebd., 2, 497.
85 W. Reinhard, Staatsgewalt, 109.

Fundamente für die „Sozialdisziplinierung“, die Kontrolle aller Stände und Untertanen.

Kritiker der absoluten Gewalt plädierten für eine ständische Monarchie auf der Grundlage eines Herrschaftsvertrags.[86] Der calvinistische Jurist Johannes Althusius verurteilte in seinem Hauptwerk *„Politica, methodice digesta“* (Politik, methodisch dargelegt, 1603) die absolute Monarchie als Tyrannis, interpretierte Bodins Souveränitätslehre antiabsolutistisch und befürwortete eine ständische Verfassung, weil Monarch und Stände gemeinsam den Staat repräsentieren. Das Recht der Gesetzgebung stehe dem Volk zu, könne allerdings delegiert werden. Aus dieser Konstellation leitete er ein Widerstandsrecht ab, das aber nur den Ständen zugestanden wurde.

Die Frage nach einem legitimen Widerstandsrecht stellte sich wiederholt. Martin Luther und Philipp Melanchthon befürworteten den Gehorsam gegenüber den Obrigkeiten, weil diese von Gott eingesetzt seien. Doch Protestanten debattierten darüber heftig, als angesichts der militanten Politik Karls V. zu entscheiden war, ob Widerstand gegen den Kaiser, dem der Treueid geleistet wurde, legitim sei. Schließlich setzten sich die Befürworter durch, weil der Kaiser die Gewissensfreiheit verletze.[87]

In Frankreich war das Thema für die Hugenotten relevant. Jean Calvin sprach sich für den Gehorsam der Christen aus. Doch François Hotman, Thedore de Bèze und das Pamphlet „Vindiciae contra Tyrannos“ (Ansprüche gegen Tyrannen, 1579) argumentierten aus gegebenem Anlass anders. Zwischen König und Volk bestehe ein Vertragsverhältnis, und wenn die Krone diesen Vertrag verletze, habe das Volk ein Recht zum Widerstand. Die radikalsten Schlüsse zogen die „Monarchomachen“ (Feinde der Monarchie), die im Namen des göttlichen Rechts den Tyrannenmord befürworteten.

In manchen Regionen wurden Obrigkeiten mit Idee und Praxis des Kommunalismus konfrontiert.[88] Als Alternative zum herrschaftlichen Politikverständnis artikulierten nichtprivilegierte Schichten beziehungsweise nichtrepräsentierte Stände ihren Anspruch auf Vertretung, Mitsprache und Mitentscheidung in Sachen ihrer Gemeinden oder des Landes. Dieses Verlangen war besonders in Regionen mit einer ausgeprägten Gemeindeverfassung verbreitet. Wenn Rechte der Untertanen in Frage gestellt wurden, waren sie aufgerufen, diese zu verteidigen. Auch boten sich Gelegenheiten, für deren Erweiterung zu streiten. Manchmal beeinflussten kommunalistische oder genossenschaftliche Institutionen Gesetze und Verordnungen[89] oder sie nahmen – wie in Norwegen – organisiert am öffentlichen Leben teil und förderten die Staatsbildung.[90]

Ein von den traditionellen Auffassungen von Staat und Gesellschaft abweichendes Bild vermitteln Utopien, die als Reformschrift, Reisebericht oder Bildungsroman kursierten und eine ideale gesellschaftliche Ordnung konzipierten.[91] Utopien waren seit der Antike bekannt. „Auch das mittelalterliche Mönchtum, die mittelalterliche Gelehrtenwelt, das bürgerliche Ordnungsdenken und die höfische Selbstbezogenheit

86 Vgl. J. Fisch/W. Kersting, Vertrag, 910ff.

87 Vgl. H. Scheible (Hg.), Widerstandsrecht; E. Wolgast, Religionsfrage; A. Laube, Untertanen.

88 Vgl. P. Blickle, Skizzen.

89 Vgl. P. Blickle/St. Ellis/E. Österberg, Commons, 115ff.; P. Blickle (Hg.), Gemeinde und Staat.

90 Vgl. St. Imsen, Communalism, 21ff.

91 Vgl. F. E. Manuel/F. P. Manuel, Utopian Thought; L. Hölscher, Utopie, 733ff.; S. Wollgast, Sozialismus.

kennen utopische Übersteigerungen. Neu ist jedoch die Opposition gegen die dreigeteilte Ständegesellschaft."[92] Das „Land Nirgendwo" wurde – im Gefolge der Entdeckungsreisen – öfters auf eine Insel im Ozean verlegt.

Namengebend für diese literarische Gattung war die *„Utopia"* von Thomas Morus von 1517. Im ersten Teil zeichnet der Autor ein kritisches Bild der englischen Gesellschaft, im zweiten Teil das eines Gemeinwesens, in dem alle Menschen arbeiten und Gütergemeinschaft und Toleranz herrschen, weil nur so Gerechtigkeit und Gleichheit möglich seien. Morus fand zahlreiche Nachfolger.[93] Während das Land *„Wolfaria"* bei Eberlin von Günzburg (1521) nur zögernd utopische Konturen gewann, platzierte Georg Stiblin in seiner Schrift *„De Eudemonensium republica"* (Über den Staat von Eudaemone, 1553) seinen Idealstaat auf der Insel Macaria. In der utopischen Tradition stehen auch Tommaso Campanellas *„Civitas Solis"* (Der Sonnenstaat, 1603), Francis Bacons *„Nova Atlantis"* (Neu-Atlantis, 1626) und Johann Valentin Andreae mit seiner *„Reipublicae Christianopolitanae descriptio"* (Beschreibung des Staates Christenstadt, 1618).

Die „Gegenwelt" präsentiert sich bei Morus und in späteren Utopien als gedankliches Experiment. Eine Umsetzung in die Realität war nicht beabsichtigt. Utopien boten keine Handlungsanleitungen, schärften aber den Blick für eine kritische Beurteilung von Staat und Gesellschaft und konnten zum Nachdenken über alternative Gesellschaftsmodelle anregen.

In der frühen Neuzeit zeichnete sich ein breites Spektrum möglicher Gestaltungen von Staat und Politik ab. Erörtert wurden absolutistische, republikanische, ständische und kommunalistische Modelle gesellschaftlicher Ordnung, debattiert wurde über Staatsräson und Gleichgewicht. Die stärkste Wirkung zeitigten indes Vorstellungen, die souveräne und mächtige monarchische Staaten befürworteten. Sie bildeten das Fundament des sich formenden Mächteeuropas. Doch wo Alternativen entwickelt wurden und ein Widerstandsrecht befürwortet wurde, eröffneten sich auch Möglichkeiten, eine Ordnung zu erstreiten, die den Interessen des „gemeinen Mannes" stärker Rechnung trug.

3.2 Tendenzen im Wirtschaftsleben

Seit dem ausgehenden 15. Jahrhundert erfuhr das Wirtschaftsleben in Europa nachhaltige Veränderungen. Die traditionelle Agrarwirtschaft blieb das Fundament für Arbeit und Lebensweise einer Mehrheit der Bevölkerung. Aber Handel und Gewerbe erlebten einschneidende Umstrukturierungen. Grob umrissen war das 16. Jahrhundert eine Periode der Expansion, die sich in der zweiten Hälfte abschwächte, das beginnende 17. Jahrhundert eine Periode der Depression.[1] „Zwar blieb in Europa bis in die Neuzeit hinein noch die feudale Produktionsweise vorherrschend, aber als mit der steigenden Bevölkerung und der zunehmenden Verstädterung vor allem in Westeuropa

92 F. Seibt, Utopica, 11.
93 Vgl. R. Falke, Bibliographie, 92ff.
1 Vgl. A. Garcia Sanz, Economy, 127ff.

im 16. Jahrhundert einerseits eine erhöhte Nachfrage nach Massengütern einsetzte, andererseits die auf Bedarfsdeckung orientierte feudale Produktionsweise sich zu erschöpfen begann, eröffnete sich bei gleichzeitiger Entstehung des Weltmarktes und der sprunghaften Verstärkung des Geldumlaufes die höchst komplexe, Europa langfristig radikal verändernde ‚moderne Lebensgeschichte des Kapitals'."[2]

Neue Entwicklungen keimten seit dem 14. Jahrhundert auf. Doch zukunftsträchtige Neuerungen beeinflussten Produktion, Handel und Verkehr zunächst nur partiell. Mehrere Faktoren bewirkten dann einen Durchbruch: die Bevölkerungsbewegungen, die Ausbildung frühneuzeitlicher Staaten (einschließlich der wachsenden militärischen Erfordernisse), die Ausweitung der Märkte (vor allem durch die überseeische Expansion), die sich verändernden Lebensgewohnheiten und neue Bedürfnisse. Ökonomische und technische Prozesse beeinflussten die gesellschaftliche Stellung vieler Menschen. Daraus erwuchsen soziale Probleme und Konflikte, die für die „moderne Lebensgeschichte des Kapitals"[3] kennzeichnend wurden. Der frühe Kapitalismus erlebte eine erste Blütezeit, begleitet von Krisen, die in den ersten Jahrzehnten des 17. Jahrhunderts mit solchen in anderen Bereichen der Gesellschaft korrespondierten.[4]

3.2.1 Bevölkerung und Nachfrage

In Europa lebten nach Schätzungen um 1500 etwa 80 bis 85 Millionen und um 1600 100 bis 110 Millionen Menschen. Damit gehörte der Kontinent neben China und Indien zu den am dichtesten besiedelten Regionen der Welt. Nach den großen Bevölkerungsverlusten durch Pest und Agrarkrise seit der Mitte des 14. Jahrhunderts setzte ein Wachstum ein, das bis in die ersten Jahrzehnte des 17. Jahrhunderts anhielt. Seuchen und Kriege unterbrachen zeitweilig diesen Prozess. Auch wies das Wachstumstempo regionale Unterschiede auf. Aber generell war das Ausmaß der Bevölkerungszunahme enorm. In Westeuropa stieg die Bevölkerungszahl zwischen 1500 und 1600 um 13 Millionen (etwa 22 Prozent), zwischen 1600 und 1700 um zwei Millionen (etwa drei Prozent).[5] Verursacht wurde das Wachstum durch Veränderungen in der Lebensweise und der Mentalität, die Verbesserung der Hygiene und auch durch eine an der Vermehrung der Bevölkerung interessierte staatliche Politik.

Die Geburtenziffer lag im 16. und 17. Jahrhundert zwischen 25 und 45 Prozent, die Rate der Sterblichkeit auf dem Land bei 25 bis 35 und in den Städten bei 30 bis 40 Prozent. Wenn Geburten und Todesfälle sich lange Zeit annähernd ausglichen und eine Bevölkerungsexplosion ausblieb, dann war das der hohen Säuglingssterblichkeit geschuldet. Viele Neugeborene überlebten das erste Jahr nicht, und die Lebenserwartung lag generell bei wenig mehr als dreißig Jahren, obwohl eine Erhöhung der Lebenszeit sich tendenziell abzeichnete. Die protestantischen Länder wiesen im Durchschnitt eine höhere Geburtenziffer als die katholischen auf.

---

2 R. van Dülmen, Entstehung, 10.
3 K. Marx, Kapital, 153.
4 Vgl. G. Parker, Introduction, 6ff.; N. Steensgard, Crisis, 26ff.; R. Romano, Economic Crisis, 165ff.
5 A. Garcia Sanz, Economy, 127.

Das Geschlechterverhältnis verweist auf ein Übergewicht der Männer, so dass die Folge nicht selten deren Ehelosigkeit war. Die Hälfte der heiratsfähigen Männer und Frauen schloss erst nach dem 25. Lebensjahr eine Ehe. Dieses „europäische Heiratsmodell" beeinflusste die Familienstruktur: „Ergebnis des europäischen Modells war nicht nur eine geringere Kinderzahl, sondern vor allem ein großer Generationenabstand. Die Kernfamilie bildete hier die häufigste Familienform, also die aus einem Elternpaar und dessen Kindern bestehende, im Ganzen Haus durch Gesinde ergänzte Kleinfamilie. Konflikte zu Lebzeiten der Eltern wurden durch das Ausgedinge geregelt, im Zunfthandwerk häufig auch durch die Niederlassung der Söhne am fremden Ort. Dieses Familiengefüge unterschied sich wesentlich von der überall sonst typischen Stammfamilie, in der mehrere Generationen unter einem Dach und in einem Haushalt lebten."[6]

Um 1600 war Frankreich das bevölkerungsreichste Land Europas (18,5 Millionen), gefolgt vom Reich 15 Millionen) und vom russischen Reich (15,5 Millionen), Italien (13,3 Millionen), der iberischen Halbinsel (11,3 Millionen), den britischen Inseln (6,8 Millionen), Polen (5 Millionen), den Niederlanden (2,9 Millionen), den skandinavischen Ländern (2,4 Millionen) und der Eidgenossenschaft (1 Million). In Südosteuropa lebten annähernd 15 Millionen Menschen.[7] Das Verhältnis von Stadt- und Landbevölkerung wies regional erhebliche Unterschiede auf, wobei generell die Einwohner der ländlichen Siedlungen überwogen. In Italien und den Niederlanden war der städtische Bevölkerungsanteil mit 25 bis 30 Prozent am höchsten. Im Reich lag er bei 10 bis 15 Prozent, im Moskauer Reich nur bei 2,5 Prozent.

Die Ausbildung großer Städte konzentrierte sich auf den Westen und die Mitte Europas.[8] Im Reich waren das um 1600 Wien mit 50 000, Nürnberg, Augsburg und Köln mit jeweils 40 000 Einwohnern. In Paris lebten 200 000, in Neapel 150 000, in Palermo, Florenz und Venedig jeweils 100 000, in Sevilla und Cordoba jeweils 60 000 Menschen. Die Einwohnerzahl Londons stieg von 50 000 um 1500 auf 200 000 um 1600 an. Im russischen Reich war Moskau mit 100 000 Einwohnern die einzige große Stadt. Sie alle wurden von Istanbul mit 400 000 Einwohnern übertroffen. Die Mehrheit der Stadtbewohner lebte allerdings in kleinen und kleinsten Städten.

Zeitweilig erfolgte eine starke Zuwanderung vom Land in die Städte. Dorfbewohner verließen angesichts feudaler Ausbeutung oder eingeschränkter Existenzmöglichkeiten das Land. In manchen Gebieten wurde das Abwandern verboten und versucht, die Flüchtigen zurückzuführen und an die Scholle zu binden, wie die russische Gesetzgebung und die etlicher ostelbischer Länder es festlegt. Religiös-konfessionell motivierte Wanderungsbewegungen wurden in einigen Ländern durch Intoleranz verursacht. Aus Spanien wurden die Juden, dann auch die *Conversos* und *Moriscos* vertrieben. Auch andere Länder wiesen die jüdische Bevölkerung aus oder isolierten sie in Ghettos. Aus den Niederlanden emigrierten Calvinisten, aus dem Reich Täufer. In den habsburgischen Ländern löste die Gegenreformation protestantische Emigrationswellen aus. Obwohl die Osmanen Christen tolerierten, flüchteten viele aus den besetzten

---

6 H. SCHULTZ, Handwerker, 24.
7 Vgl. R. MOLS, Bevölkerung, 20ff.
8 Vgl. P. BAIROCH u. a., La population, 254ff.

Gebieten. Im Moskauer Reich gründeten abwandernde Kosaken Siedlungen im Süden.

Um das Verhältnis von wachsender Bevölkerungszahl und Bereitstellung von Nahrung im Gleichgewicht zu halten, waren erhebliche Anstrengungen erforderlich. Dieses Verhältnis konnte aus unterschiedlichen Gründen gestört werden. Zeiten der Agrarkonjunktur führten zu Absatzkrisen, Zeiten einer Agrarkrise öfters zu Nahrungsmangel und Hungersnöten, Ernteausfälle zu Teuerungs- und Notzeiten.[9] Von solchen Krisenzeiten wurden zum Beispiel 1556/57 Norddeutschland, Dänemark und Frankreich heimgesucht. Gegen Ende des 16. Jahrhunderts erlebten die Mittelmeergebiete eine Zeit des Getreidemangels. In der zweiten Hälfte des 16. Jahrhunderts traten zudem verstärkt wieder „Pestzüge" auf, zum Beispiel 1547/48, 1563, 1565 und 1575/78. Während des Dreißigjährigen Krieges kulminierten Seuchen und Hungersnöte in den Jahren 1624/30 und 1634/39.

Das „Haus", der „Haushalt" war traditionell die Grundlage bäuerlichen Lebens und Arbeitens, und die „Hausväterliteratur" vermittelte Regeln des Wirtschaftens.[10] Die Selbstversorgung war auch in der frühen Neuzeit für viele Menschen Inhalt ihrer Arbeit. „Autarkie ist die Fähigkeit, ein Auskommen ohne Abhängigkeit von äußeren Ressourcen zu führen. Dies ist nicht zuletzt ein Resultat der bäuerlichen Einstellung gegenüber der Bedrohung durch die Natur. Diese Bedrohung wird zu einer allgegenwärtigen Gefahr, sobald die Nutzung des Landes Ertrag abwirft, der vor dem Zugriff der anderen, nicht zum ‚Haus' gehörigen, beschützt werden muss. Nur die enge Gemeinschaft, die Eigenvorsorge und der Schutz der Mächtigen verbürgen Sicherheit und Überlebenschance."[11]

Dieses traditionelle Denken wurde problematisch, wenn von den Erträgen mehr Menschen versorgt werden mussten, die Nachfrage mit der wachsenden, nicht in der Landwirtschaft tätigen Bevölkerung stieg und Märkte sich ausweiteten. Mit sich verändernden und steigenden Bedürfnissen der städtischen Oberschichten und des Adels, der fürstlichen Höfe und der großen Armeen wuchsen die Anforderungen an die produzierenden Gewerbe, an Kaufleute, Händler und Handelsgesellschaften, die den Warenaustausch vermittelten, und an die Institutionen, die Geld zur Verfügung stellten. Der internationale Warenaustausch war das Signum wirtschaftlichen Wachstums und das Fundament eines entstehenden Weltmarkts. Die überseeische Expansion und der Austausch von Rohstoffen, Waren und Arbeitssklaven waren erste Schritte auf dem Weg zur Globalisierung des Wirtschaftslebens.

3.2.2 Technik und Wirtschaft

Welche Struktur Produktion und Märkte annahmen, hing von der Nachfrage ab, die wiederum von geographischer Lage und Klima, Einkommen, Mode und Sitte beeinflusst wurde.[12] Im Verlauf der frühen Neuzeit veränderten sich in diesem Zusammen-

9 Vgl. W. Abel, Massenarmut, 43ff.
10 Vgl. J. Burkhardt u. a., Wirtschaft, 539ff.
11 L. Bauer/H. Mathis, Geburt, 45f.
12 Vgl. W. Minchinton, Nachfragestruktur, 54; H. Kellenbenz, Wirtschaft, 176ff.

hang Arbeits- und Produktionsprozesse. Das Verhältnis zur Arbeit gewann neue Akzente mit dem reformatorischen Arbeitsethos, aber auch der Charakter der Arbeit veränderte sich, indem die Lohnarbeit sich ausweitete.[13]

Wo es darum ging, die Produktion zu steigern, die Qualität von Erzeugnissen zu verbessern und die Arbeitsbedingungen günstiger zu gestalten, erfolgten Veränderungen überwiegend unauffällig. Die frühe Neuzeit war keine Epoche spektakulärer Erfindungen. Im Vordergrund stand eher die Nutzung von Techniken, die schon bekannt waren, jetzt aber umfassender angewandt wurden. Das schloss Errungenschaften der Chinesen, Inder und Araber ein, während umgekehrt das europäische Wissen dort kaum rezipiert wurde.[14] Neuerungen ergaben sich zudem weniger aus Erkenntnissen der Wissenschaften, sondern aus praktischen Erfahrungen der Bergleute, Handwerker, Kaufleute und Seefahrer. Im Einzelfall waren gravierende Umbrüche im Produktionsprozess möglich.[15] Doch wurden auch Projekte verfolgt, die noch keine Chance hatten, verwirklicht zu werden – so wenn Leonardo da Vinci Flugmaschinen entwarf oder Blaise Pascal 1642 eine Rechenmaschine zu konstruieren suchte.

Technische Kenntnisse wurden bisher mündlich tradiert oder mittels Handschriften überliefert. Da diese begrenzt verfügbar waren, konnte dieses Wissen nur eingeschränkt genutzt werden. Eine Änderung trat mit dem Buchdruck ein. Er war schon den Chinesen bekannt, gewann aber mit der auf Johannes Gutenberg zurückgehenden verbesserten Drucktechnik und dem Handel mit Drucklettern seine herausragende Bedeutung. Die ursprünglich aus Holz hergestellte Druckerpresse verbesserte Willem Janszoon Blaeu. Während die frühen Drucker am Tag etwa 300 Blatt herstellen konnten, war es am Ende des 16. Jahrhunderts möglich, täglich über 1 000 Blatt zu drucken.[16] Mit der Verbreitung des Buchdrucks wurden größere Mengen Papier benötigt. Die Chinesen stellten es aus Lumpen her. Das Verfahren vermittelten die Araber nach Europa. Bis zum Ende des 15. Jahrhunderts entstanden im Reich 50 Papiermühlen, dann weitere in den Niederlanden, in Spanien und Portugal, in Frankreich, Dänemark und Russland. In vielen Städten Europas wurden seit Mitte des 15. Jahrhunderts Druckstätten eingerichtet. Als Druckorte berühmt wurden nach Mainz bald Offizinen in Venedig, in Frankreich, England, den Niederlanden und in Ostmitteleuropa.

Die gedruckte technische Literatur galt zunächst vornehmlich dem Bergbau. Am Anfang steht „Ein nützlich Bergbüchleyn“ (Augsburg um 1505) von Rülein von Calw, das die Verhüttung von Kupfer beschreibt. Es erlebte bis 1539 sechs weitere deutsche Ausgaben. Vanoccio Biringuccio lieferte mit dem Werk *„De la Pirotechnica“* (Über die Feuerwerkstechnik, Venedig 1540) die erste auf praktischen Erfahrungen beruhende Darstellung der Metallurgie, der Destillation und anderer Gebiete der chemischen Technologie. Das berühmteste Werk verfasste Georgius Agricola, Stadtarzt und Begründer der Bergbauwissenschaften. Sein Handbuch *„De re metallica“* (Über den Bergbau) erschien ein Jahr nach seinem Tod 1556 in Basel und im folgenden Jahr in deut-

13 Vgl. W. Conze, Arbeit, 163ff.: J. Lucassen, Labour, 367ff.

14 Vgl. I. Habib, Technological Development, 23ff.

15 Vgl. H. Kellenbenz, Wirtschaft, 39ff., 113ff.; K.-H. Ludwig/V. Schmidtchen, Metalle und Macht, 209ff.

16 Vgl. H. Kellenbenz, Wirtschaft, 41.

scher Übersetzung. Es vermittelte alle notwendigen Informationen, um Bergbau auf soliden technischen Grundlagen betreiben zu können, und auch soziale Themen waren integriert. Die beigegebenen zahlreichen Holzschnitte führen die verwendeten Arbeitsgeräte und „Maschinen" sowie die gängigen Verfahren bei Abbau, Aufbereitung und Verhüttung der Erze vor.

Seit der zweiten Hälfte des 16. Jahrhunderts erschienen in größerer Zahl technische Lehrbücher. Sie waren meist reich illustriert, beschrieben Verfahren und bildeten Werkzeuge und andere technische Hilfsmittel ab. Der Ingenieur und Mathematiker Jacques Besson beschrieb in seinem *„Théatre des Instruments"* (Vorführung der Instrumente, Lyon 1578) Bagger, Hebezeuge, Rammen, Pumpwerke und anderes Gerät. Auch wurden erste Bücher über das Färben sowie die Glas- und die Papierherstellung veröffentlicht. Breiten Raum nahmen Werke über Architektur ein. Nördlich der Alpen dominierten allerdings längere Zeit Kompilationen und Übersetzungen, die Informationen aus anderen Ländern weitergaben. Ein Beispiel bietet das von Heinrich Zeising herausgegebene und mit 128 Kupferstichen ausgestattete *„Theatrum machinarum"* (Vorführung von Maschinen), das von 1607 bis 1614 in sechs Bänden in Leipzig und Altenburg publiziert wurde.

Die Wirkung dieses Schrifttums darf nicht überschätzt werden. Obwohl manches Werk mehrere Auflagen erlebte, stand die mündliche Tradierung von Erfahrungen weiterhin im Vordergrund. Die Kenntnisnahme der in technischen Schriften übermittelten Informationen war angesichts der begrenzten Lesefähigkeit eingeschränkt. Die Schriftlichkeit spielte zwar in den kommerziellen Zentren eine wachsende Rolle, da Handelsgeschäfte in schriftlicher Form abgewickelt wurden, so dass für Kaufleute, Bankiers und deren Personal entsprechende Fähigkeiten unabdingbar waren.[17] Aber für die im Produktionsprozess Tätigen galt das nicht gleichermaßen. Auch wurden Aversionen gegen Neuerungen noch nicht abgebaut. Sie wurden vor allem dann relevant, wenn neue Instrumente oder Verfahren die Befürchtung nährten, ihre Nutzung könne zu Arbeitslosigkeit oder Existenzverlust führen.

Wo der Einsatz von Energie erforderlich war, wurden als Antriebskräfte neben menschlicher und tierischer Kraft Wasser und Wind genutzt.[18] Das änderte sich erst, als gegen Ende des 18. Jahrhunderts die Dampfmaschine ihren Siegeszug begann. Bis dahin bediente man sich traditionell des Wasserrads mit einem Durchmesser von zwei bis drei Metern. Wasserräder mit einem Radius von vier bis sechs Metern ermöglichten dann im 16. Jahrhundert eine höhere Energieleistung. Mit Wasserkraft wurden jetzt nicht nur Getreidemühlen angetrieben, sondern zunehmend auch Papier-, Pulver- und Sägemühlen, Eisenhämmer und Pochwerke, Walkmühlen und Drahtziehwerke. Die Einrichtung solcher Produktionsstätten war von fließenden Gewässern mit einem angemessenen Gefälle abhängig. Wo sie fehlten, war die Windmühle die wichtigste Energiequelle. Vor allem in Küstennähe wurden die Seewinde für den Antrieb genutzt. Eine Steigerung der Energieleistung ermöglichte die Bockwindmühle, deren Mühlenhaus mit den Flügeln – später nur die Turmhaube – nach der Windrichtung ausgerichtet werden konnte.

---

17 Vgl. M. Spufford, Literacy, 229ff.
18 Vgl. F. Braudel, Sozialgeschichte, 1, 362ff.

Technische Neuerungen im Bergbau erzwang der Übergang zum Tiefbau, da neue Lösungen für die Entwässerung, die Belüftung und den Transport des Gesteins an die Oberfläche gefunden werden mussten. Als im Zinnbergbau des Erzgebirges eine Tiefe von 200 Metern erreicht wurde, bediente man sich des durch tierische Kraft bewegten Göpels, der nach dem Prinzip eines Tretrads funktionierte, um Lasten zu heben. Am Falkenstein in Tirol wurde 1554 die von nur zwei Arbeitskräften bediente „Schwazer Wasserkunst" in Betrieb genommen. Mit Hilfe eines Wasserrads von zehn Meter Durchmesser wurde das Gestein in Kübeln und das Wasser in Ledersäcken aus 218 Meter Tiefe gehoben. Folge der Neuerungen war die Steigerung der Produktivität, die Erleichterung der Arbeit und die Freisetzung zahlreicher Arbeitskräfte.

Der Gewinnung möglichst reinen Metalls diente das Saigerverfahren. Bei der Verhüttung wurde in diesem Fall durch den Zusatz von Blei das Silber aus dem Kupfer ausgeschieden. Bei der Amalgamierung wurde derselbe Effekt durch die Verbindung des Silbererzes mit Quecksilber erzielt. Im slowakischen Schemnitz (Banska Stiavnica) wurde seit 1627 das zur Lockerung des erzhaltigen Gesteins übliche Feuersetzen mit seiner gefährlichen Rauchentwicklung durch Sprengungen ersetzt. Von hier aus verbreitete sich auch der Hunt, der auf Schienen rollende Wagen zum Transport des abgebauten Gesteins. Dieses wurde auch nicht mehr mittels Handmühlen, sondern mit Hilfe von Pochmühlen zerkleinert. Mit dem Nasspochen konnte zudem der Metallverlust reduziert werden. Die Eisenschmelze mit Holzkohle erforderte große Mengen Brennmaterial und durchsetzte das Eisen mit Schwefel. Verbessert wurde die Eisenqualität, als seit den zwanziger Jahren des 17. Jahrhunderts in England Steinkohle als Brennstoff verwendet wurde.

Im Vergleich damit nehmen sich Neuerungen bei der Herstellung von textilen Erzeugnissen bescheiden aus, obwohl gerade hier eine wachsende Nachfrage bestand. Ihr konnte offenbar noch längere Zeit mit den traditionellen Arbeitsmitteln entsprochen werden. Dennoch kamen einige verbesserte Geräte in Gebrauch: das Flügelrad mit Fußantrieb beim Spinnen und der „holländische Webstuhl", der eine Steigerung der Produktivität ermöglichte. Er wurde in England, Frankreich, der Schweiz und im Reich verwendet, sein Einsatz aber durch Verordnungen der Zünfte behindert. In Gebrauch kamen ferner die Seidenmühle und die Strickmaschine sowie verbesserte Verfahren beim Walken und Bleichen.

Bei der Glasherstellung war Venedig mit seinen Werkstätten auf der Insel Murano führend. Obwohl das Verfahren der Herstellung streng geheim gehalten werden sollte, wurde die Kunst des Glasmachens seit der Mitte des 16. Jahrhunderts in Mittel- und Westeuropa verbreitet. Als 1615 in England die Verwendung von Holz als Brennmaterial für die Glasöfen untersagt wurde und Steinkohle an dessen Stelle trat, ermöglichten die höheren Temperaturen die Herstellung reineren Glases, das für Brillen und Linsen geeignet war und auch die Fertigung von Mikroskopen und Teleskopen ermöglichte.

Von technischen Fortschritten profitierte auch der Handelsverkehr.[19] Anknüpfend an die Erfahrungen des mediterranen Schiffbaus wurde das Dreimastschiff konstruiert. Seine variable Takelage ermöglichte das Kreuzen vor dem Wind und gewährleistete so

19 Vgl. U. SCHNALL, Schiffbau, 321ff.

angesichts der im Atlantik herrschenden Windverhältnisse die Rückkehr der Schiffe bei Überseefahrten. Die Kogge wurde durch die Karavelle ersetzt, deren Wasserverdrängung durch eine veränderte Anordnung der Rumpfhölzer verbessert wurde. Andere neue Schiffstypen waren – je nach Bedarf – auf die Überseefahrt, die Erhöhung der Frachtladung, den Fischfang, die Wirtschaftlichkeit oder die Bestückung mit Kanonen ausgerichtet. Benutzt wurden weiterhin die von den Arabern übernommenen, nun aber verbesserten nautischen Instrumente.

Dem Seeverkehr diente zudem eine verbesserte Kartographie.[20] Die Portolane – Karten für die Seefahrt – zeichneten die Küstenlinien nach, um die Orientierung der Schiffe zu erleichtern. Ende des 15. Jahrhunderts fügten die Portugiesen dem Netz von Fahrtlinien eine Nord-Süd-Achse hinzu – den Meridian. Auf den Geographen und Kartographen Gerard Mercator geht die Praxis zurück, die geographische Länge und Breite mittels eines Netzes von Linien zu projizieren. In den Niederlanden stellte zuerst der Kartograph Lucas Janszoon Waghenaer unter dem Titel *„Spieghel der Zeevaert"* (Antwerpen 1584/85) Seekarten zu einem Atlas zusammen. Seine Karten markierten die geloteten Meerestiefen, Sandbänke und Klippen, gaben das von See aus sichtbare Küstenprofil wieder und enthielten kurze Anweisungen für den Segelkurs. Das Werk erschien bald in deutscher, französischer, englischer und lateinischer Übersetzung. Willem Janszoon Blaeu brachte 1634 eine verbesserte Ausgabe heraus. Die Werke Mercators und Blaeus wurden auch in Russland nachgedruckt.

Den Landverkehr fördernde Verbesserungen standen demgegenüber zurück.[21] Doch wurden seit dem 16. Jahrhundert die schweren Scheiben- durch Speichenräder ersetzt. Bei den von Italien aus verbreiteten Kutschen und Karossen war das Oberteil nicht mehr fest mit den Rädern verbunden, sondern in einem Gestell aufgehängt und damit eine gewisse Bequemlichkeit des Reisens gegeben, soweit der Zustand der Straßen das erlaubte. Die Zugkraft von Spanntieren wurde erhöht, als das Geschirr nicht mehr auf den Hals, sondern die Schultern der Tiere gelegt wurde.

Wichtig für die Wirtschaftstätigkeit war das Sammeln von Nachrichten über Märkte, Preise und andere einschlägige Materien. Informanten an wichtigen Handelsplätzen waren bemüht, ihren Auftraggebern möglichst viele Informationen zukommen zu lassen. Sie bedienten sich nicht selten quasi geheimdienstlicher Methoden. Auch wurde dieses Wissen wie eine Handelsware verkauft. Ein anderer Weg war die öffentliche Information mittels geschriebener und später gedruckter Zeitungen. Ein Postnetz wurde seit dem Ende des 15. Jahrhunderts in Frankreich und Spanien aufgebaut. Ein Kurier benötigte von Madrid nach Paris elf Tage. Es gab aber auch schnellere Dienste. Nachrichten vom Massaker der Bartholomäusnacht in Paris 1572 trafen in Madrid schon drei Tage später ein. Im Reich errichtete die aus Bergamo stammende Familie Taxis eine erste Postverbindung zwischen Oberitalien und den Niederlanden und baute kontinuierlich ein Netz auf.[22] Schließlich konkurrierten verschiedene Posten. In Hamburg existierte beispielsweise 1620 neben der kaiserlichen eine dänische und eine schwedische Post.

---

20 Vgl. H. Grössing, Itinerar-Weltbild, 115ff.; F. Wawrik, Weltkarten, 131ff.
21 Vgl. N. Ohler, Entdeckungen, 309ff.
22 Vgl. W. Behringer, Thurn und Taxis.

Für die Abwicklung von Handelsgeschäften wurde die in Italien seit dem 13. Jahrhundert bekannte doppelte Buchführung genutzt. Deren Kenntnis vermittelte der Mathematiker Luca Pacioli mit seiner „*Summa de arithmetica, geometria, proportioni et proportionalita*" (Summe der Kenntnisse über Arithmetik, Geometrie, Verhältnismäßigkeit und Proportionalität, Venedig 1494). Deutlicher formulierte das Anliegen Wolfgang Schweicker im Titel einer Schrift: „Zwiefach buchhalten, sampt seine giornal, des selben beschlus, auch rechnung zu thun" (Nürnberg 1549). Je nach Bedarf wurden ein Hauptbuch, ein Schuldbuch, ein Güterbuch oder ein Wechsel- und Zinsbuch geführt oder die verschiedenen Möglichkeiten kombiniert.

Die technische Entwicklung wurde von wechselnden Zentren besonders vorangebracht.[23] Diese Führungsrolle hatten zunächst die oberitalienischen, dann die süddeutschen und schließlich die niederländischen Städte und ihr Umland inne, bis sie später auf England überging. Abhängig von der Verfügung über Rohstoffe und Energie und aufbauend auf den Erfahrungen der Vorgänger verlieh eine Stadt, eine Gruppe von Städten oder eine Region der Entwicklung neuer Technologien auf einem breiten Feld Impulse, bis ihre Möglichkeiten sich erschöpften und eine andere Region diese Rolle übernahm. Dafür stehen exemplarisch Venedig, Nürnberg und Amsterdam.

In den europäischen Regionen wurden – aufs Ganze gesehen – technische Fortschritte in unterschiedlicher Intensität genutzt, am intensivsten im Bergbau, für den Seeverkehr und beim Buchdruck. Die meisten traditionellen Produktionszweige partizipierten daran nur partiell. Ihre Nutzung war die Antwort auf neue Herausforderungen und ermöglichte einen wirtschaftlichen Aufschwung und einen technischen Vorsprung Europas.

3.2.3 Landwirtschaftliche und gewerbliche Produktion

Die europäischen Märkte boten im 16. und 17. Jahrhundert ein breites Spektrum von Waren an. Voraussetzung waren entwickelte Gewerbe und eine differenzierte Produktionsstruktur. Doch war die Landwirtschaft quantitativ weiterhin der dominante Wirtschaftszweig.[24]

Die geographischen und klimatischen Bedingungen entschieden über die jeweiligen Schwerpunkte der Agrarproduktion: „Dies war einmal der mediterrane Süden von Spanien über Südfrankreich und Italien bis zur Balkanhalbinsel mit vorwiegend bergigem Charakter und nur wenig ebenen Zonen, wie der Poebene. Er ist begünstigt durch die südlichen Klimaverhältnisse, aber abgeschlossen von den mildernden Einflüssen des Atlantik .... Atlantische Verhältnisse mit Niederschlägen, über das ganze Jahr verteilt, herrschen vor allem in den westlichen und nördlichen Teilen Frankreichs, den Niederlanden, den Britischen Inseln, in Mitteleuropa, Dänemark und Südschweden bis nach Polen hinein. Hier liegen weite Ebenen, die sich besonders zum Getreidebau oder, soweit es die Küstenstriche oder regenreichen Mittelgebirge sind, zum Anbau von Gespinstpflanzen eignen. Weiter östlich schließen sich ebene Gebiete an, die stärker unter dem Einfluss des kontinentalen Klimas stehen, mit langen und kal-

---

23 Vgl. K. Davids, Shifts, 338ff.
24 Vgl. A. de Maddalena, Das ländliche Europa, 171ff.

ten Wintern sowie kürzeren, aber trockenen und warmen Sommern. Doch sind auch hier noch die weiten Flächen vom Norden Russlands bis zum Schwarzmeergebiet günstig für den Getreidebau, im übrigen geeignet für die Waldwirtschaft."[25]

Ob Getreide- oder Weidewirtschaft dominierten, Handelsgewächse angebaut oder Weinbau und Waldwirtschaft betrieben wurden, hing von Natur und Klima, aber auch von der Nachfrage ab. In den kälteren und wärmeren Zonen wurden deshalb je nach den Bedingungen verschiedene Kulturen bevorzugt, unterschiedliche Fruchtfolgen praktiziert und Erträge in differierender Höhe eingebracht. In großen Teilen Europas, hauptsächlich in den Tiefebenen, war der Anbau von Weizen, Roggen, Hafer und Gerste dominierend – von England und Frankreich bis weit in das östliche Europa hinein. In der mediterranen Region wurden Reis und Mais angebaut, auch Handelsgewächse wie Oliven, Trauben, Orangen, Zitronen, Zuckerrohr, Baumwolle und Seide, in Flandern waren es Hopfen, Kohl, Senf, Hanf, Raps und Futterpflanzen.

Wo Weideflächen zur Verfügung standen, wurden Rinder, Pferde und Schafe gehalten. Lieferanten von Schlachtvieh waren hauptsächlich die Niederlande und die angrenzenden Gebiete bis nach Jütland sowie Polen und Ungarn. Die Ausweitung der Schafhaltung ergab sich aus der anhaltenden Nachfrage nach Wolle. Die hauptsächlichen Lieferanten waren Spanien, wo die Mesta – die Vereinigung der Schafhalter – die Wollproduktion in der Hand hielt, und England, wo die Einhegungen die sich ausweitende Schafhaltung begünstigten.

Ein wichtiger Wirtschaftsfaktor waren die Wälder. Eine nördliche Waldzone erstreckte sich von Nordschottland über Skandinavien bis Russland, eine mittlere Zone mit vorherrschendem Laubwald von Portugal und Nordwestspanien, den britischen Inseln und den Niederlanden bis in die Kerngebiete Mitteleuropas. Schließlich gab es die mediterrane Zone mit Buschwald und Pinien. Die Wälder dienten vornehmlich dem Einschlag von Holz, das für den Haus- und Schiffbau oder als Brennholz benötigt wurde. Im Bergbau wurde es in großen Mengen für die Abstützung der Stollen und als Brennmaterial bei der Verhüttung verbraucht, und auch die Glasherstellung erforderte viel Holz als Brennstoff. Da bereits im 16. Jahrhundert manche Waldgebiete Mittel- und Südeuropas abgeholzt oder gefährdet waren, gewannen Hölzer aus skandinavischen Ländern an Bedeutung. Die Situation änderte sich erst, als Holzkohle durch andere Brennstoffe ersetzt wurde. Die Wälder lieferten zudem Pech, Teer, Pottasche und Honig. Auch waren Pelze und Felle vieler Waldtiere eine gefragte Ware und der Zobelpelz aus den sibirischen Wäldern ein begehrter Luxusgegenstand.

Die europäischen Länder waren in der Lage, sich mit Grundnahrungsmitteln wie Getreideprodukten und Fleisch zu versorgen. Anders stand es – Salz ausgenommen – um Gewürze (vor allem Pfeffer), Zucker, Kakao, Kaffee, Tabak und Baumwolle, die aus Vorderasien und überseeischen Gebieten importiert werden mussten. Fischfang wurde in den Küstengebieten des Atlantik und in der Nord- und Ostsee betrieben. Neben der Binnenfischerei erlebte die Küsten- und Hochseefischerei einen Aufschwung (Engländer, Iren, Franzosen, Holländer und Skandinavier). Gefragt war neben dem Wal vor allem der Hering, der gesalzen oder als Trockenfisch lange Zeit aufbewahrt, über große Entfernungen transportiert und für die Verpflegung von Seeleuten ver-

25 H. Kellenbenz, Wirtschaft, 184.

wendet werden konnte. Fisch diente zudem in katholischen Ländern als Fastenspeise. Mit der Abschaffung der Fastengebote im Zuge der Reformation sank die Nachfrage in manchen Regionen erheblich.

Landwirtschaftliche Produktion erfolgte im Familienbetrieb. Die Nutzfläche eines Hofes war so bemessen, dass die Subsistenz einer Familie gesichert wurde. Doch Bauern vergrößerten auch ihre Wirtschaftsfläche und erzeugten einen Überschuss, mit dem der Markt beliefert werden konnte. Wichtiger noch war, dass in den östlichen Regionen die Gutswirtschaft mit adliger Eigenwirtschaft und bäuerlicher Fronarbeit ausgebildet und hier Getreide in größeren Mengen dem Markt zur Verfügung gestellt wurde. Das hatte Folgen für die ökonomischen Beziehungen zwischen dem Westen und dem Osten Europas. Während der Westen auf die Zufuhr von Getreide und landwirtschaftlichen Rohstoffen angewiesen war, musste der Osten viele gewerbliche Erzeugnisse importieren. So entstand eine Art kontinentaler Arbeitsteilung, die wirtschaftliche Regionen stärker in Beziehung brachte.

In allen Städten existierten Handwerker, die ein differenziertes Spektrum an Gewerben repräsentierten.[26] Naturgemäß beherrschten sie in den kleinen und mittelgroßen Kommunen das Wirtschaftsleben stärker als in den großen Handelszentren, in denen Kaufleute und Handelsgesellschaften den Ton angaben. Die Handwerke belieferten die lokalen Märkte mit Nahrung, Kleidung und notwendigem Gerät für die Haushalte. Die Handwerksbetriebe waren klein, die Mitarbeit der Familie und die Beschäftigung eines Gesellen die Regel, die Arbeit mit mehreren Gesellen die Ausnahme. Größere Betriebe entstanden nur, wenn die Nachfrage oder technische Mittel dies erforderten. Das betrifft zum Beispiel den Export bedienende Gewerbe, den Schiffbau und solche Zweige, die einen hohen Kapitaleinsatz verlangten.

Die traditionelle Handwerksproduktion vermochte jedoch nicht allen Belangen Rechnung zu tragen. Mit der Ausweitung der Geldwirtschaft und den finanziellen Bedürfnissen der frühneuzeitlichen Staaten stieg die Nachfrage nach Edelmetallen für die Münzprägung spürbar an. Hinzu kam der Metallbedarf für Acker- und Hausgerät, für Haus- und Schiffbau und für die Herstellung von Waffen. Bereitgestellt wurden Gold, Silber und Kupfer, Zinn, Blei und Quecksilber, auch Alaun, Salpeter, Schwefel und Marmor und später in größeren Mengen Eisen. Bergbau wurde in Böhmen, Sachsen, dem Harz und Thüringen, in Tirol, Kärnten und Steiermark, der Slowakei, Schlesien und Bosnien, England, Norwegen, Schweden und Spanien betrieben. Da die Ergiebigkeit der Lagerstätten schwankte und manchmal versiegte, war Bergbau mit dem Risiko verbunden, dass der Gewinn unter den Kosten blieb und aufgegeben wurde. Auch stieg im Verlauf des 16. Jahrhunderts der Import von Edelmetallen aus Mittel- und Südamerika und afrikanischen Ländern, so dass den europäischen Produktionsstätten eine empfindliche Konkurrenz erwuchs.

Im Montanwesen erforderte der Einsatz technischen Geräts erhebliche finanzielle Mittel, die Bergleute als Kleinunternehmer nicht aufzubringen vermochten. Das ermöglichte den Einstieg von finanzkräftigen Unternehmern und Kaufleuten oder Kapitalgesellschaften in das Bergbaugeschäft. Sie finanzierten die Anlage und Ausrüstung von Stollen oder die Einrichtung von Schmelzhütten. So entstand eine Schicht kapi-

---

26 Vgl. K. SCHULZ (Hg.), Handwerk.

talistisch wirtschaftender Unternehmer und wuchs die Zahl lohnabhängiger Arbeitskräfte, die in den Bergorten konzentriert waren.[27]

Die mittels des Bergbaus gewonnenen Metalle waren das Arbeitsmaterial für zahlreiche Gewerbe. Deren Differenziertheit spiegelt sich in der Existenz von Gold- und Silberschmieden, Messing- und Kupferschmieden, Kessel- und Nagelschmieden, Schwert- und Messerschmieden. Die Aufzählung ließe sich fortsetzen, und sie verweist auf einen hohen Grad der Spezialisierung, so dass Erzeugnisse von hoher Qualität auf den Markt kamen – von Luxusartikeln bis zu Waren für den täglichen Gebrauch. Gefragt waren auch Glas- und Tonwaren. Herausragende Erzeugnisse waren Gläser aus Murano und Majolica aus Mallorca. In Italien, wo der Name für Töpferwaren übernommen wurde, entstanden die ersten Produktionsstätten in Florenz und Faenca. Brennereien für Ziegel steigerten ihre Produktion in dem Maße, wie der Stein beim Hausbau das Holz ersetzte.

Die verschiedenen Textilgewerbe verarbeiteten Wolle, Flachs, Hanf, Baumwolle und Seide. Die Wolltuchproduktion hatte ihre Zentren in Italien und England, in den Niederlanden und im Reich, in Böhmen und Mähren. Doch zunehmend wurde in Oberitalien und Süddeutschland Baumwolle zu dem billigeren Barchent verarbeitet, was den Rückgang der Wolltuchherstellung zur Folge hatte. Seidenerzeugnisse wurden in Italien und in Frankreich hergestellt. Die Rohstoffe Hanf und Flachs begünstigten die Entwicklung des ländlichen Textilgewerbes. Für das Färben und Bleichen wurden als Farbstoffe Indigo, Krapp und Waid verwendet.

Führend im Schiffbau waren seit dem 16. Jahrhundert die nördlichen Niederlande. Mit ihnen konkurrierten Spanien und Portugal, Italien, England und Frankreich sowie die Küstenstädte der Nord- und Ostsee. Seit dem 17. Jahrhundert traten die Skandinavier stärker hervor, da sie über alle benötigten Materialien verfügten. Im osmanischen Reich wurden Schiffe mit Hilfe griechischer Fachleute und später solcher aus Genua und Dubrovnik gebaut.

Im Spektrum der Nahrungsgewerbe nahm das Bierbrauen einen vorderen Rang ein, da Bier zum Grundbedarf der Ernährung gehörte und ein wichtiger Exportartikel war. Die Gewinnung von Salz als notwendige Speisezugabe erfolgte aus Meerwasser oder Tang, vor allem aber durch den Abbau von Salzstöcken in Lüneburg, Oldesloe, Halle, Reichenhall, Hallein und Schellenberg, auch in Lothringen und Savoyen, Polen, Siebenbürgen und Russland. Zuckersiedereien wurden zuerst in Holland, dann in England und Frankreich eingerichtet.

Die Luxusgewerbe belieferten vor allem die Oberschichten und die Höfe. Seidenstoffe und Spitzen, Lederwaren und Pelze, Goldschmiedearbeiten und Spiegel, Möbel und andere Einrichtungsgegenstände fanden bei ihnen Absatz. Deren Herstellung durch Handwerker und Künstler wurde nachhaltig von der Renaissancekultur beeinflusst. Mehr noch wurden deren Stilformen in der Architektur rezipiert.[28] Königliche oder fürstliche Paläste entstanden im Zuge des Ausbaus von Residenzen oder als Landsitze. Städtebürger ließen prachtvolle Rathäuser oder andere kommunale Bauten sowie repräsentative Wohnhäuser errichten, die sowohl vom städtischen Reichtum als

27 Vgl. A. Laube, Silberbergbau, 82ff.
28 Vgl. H.-J. Kadatz, Renaissancebaukunst, 12ff.

auch von bürgerlichem Selbstbewusstsein zeugen. In evangelischen Städten wurden protestantische Kirchen, in katholischen Ländern Jesuitenkirchen und Kollegien gebaut. Seit dem 17. Jahrhundert erwuchsen dem Baugewerbe neue Aufgaben mit der Errichtung von Befestigungsanlagen, die dem veränderten Charakter der Kriegführung Rechnung trugen.

Die Handwerker organisierten sich in den meisten europäischen Ländern in Zünften (eine Ausnahme bildet Russland, wo die Handwerke vom Zaren abhängig waren). Zunftordnungen fixierten die Rechte und Pflichten ihrer Mitglieder. Juden wurden allerdings nicht aufgenommen. Gesellen schufen sich eigene Vereinigungen in Form von Bruderschaften. Ambivalent war das Verhältnis der Zünfte zu Neuerungen. Verfügte ein Gewerbe über eine Monopolstellung, waren neue Techniken schwer durchzusetzen, weil die Zunftgenossen vor Konkurrenz und Arbeitslosigkeit bewahrt werden sollten. Sie akzeptierten verbesserte Werkzeuge und Verfahren, wenn deren Nutzung ihnen Vorteile brachte.

Ein unliebsamer Konkurrent der Zünfte war das Landhandwerk. In vielen Dörfern existierten Handwerker, die ihr Gewerbe neben der bäuerlichen Tätigkeit betrieben und den Bedürfnissen der Landbevölkerung nachkamen. Doch die Nebentätigkeit verselbständigte sich, so dass schließlich Müller und Schmiede, Leineweber und Schneider, Bäcker und Schuhmacher, Zimmerleute und Stellmacher ihr Gewerbe losgelöst von einer bäuerlichen Existenz ausübten. Eine überregionale Funktion nahm das Landhandwerk wahr, wenn es in die Exportproduktion integriert wurde. Die Selbstversorgung der Landbewohner kam dem entgegen, weil niedrigere Produktionskosten anfielen.

Die Städte versuchten immer wieder, die Ausbreitung des Landhandwerks einzugrenzen und auf Arbeit für das Dorf zu beschränken. Doch „ein dichtes Landhandwerk führte offensichtlich nicht zur Schwächung der städtischen Wirtschaft, beide entwickelten sich vielmehr gleichläufig. Wo es ein dichtes Städtenetz gab, wie in Holland oder am Oberrhein, fand auch das ländliche Handwerk auf dem volkreichen, marktwirtschaftlich erschlossenen flachen Lande den besten Nährboden. Hier fanden unter 1 000 Dorfbewohnern 70 und mehr Handwerker ihr Brot. Ein dünnes Städtenetz, wie es für das ostelbische Europa charakteristisch war, hatte sein Gegenstück in einem mehrfach geringeren Dorfhandwerk ringsum, das kaum eine Dichte von 15 Handwerkern auf 1 000 Einwohner erreichte.“[29]

Handwerksproduktion wurde in den tradierten Formen, allerdings unter sich verändernden Rahmenbedingungen betrieben. Die ökonomische und soziale Situation und Stellung vieler Produzenten in Handwerksbetrieben änderte sich durch ihre Einbindung in das Verlagswesen. Dessen Ursprünge reichen in das 14. Jahrhundert zurück. Seit dem 15. Jahrhundert expandierte es überwiegend in den Textilgewerben.[30] Mit dem Verlag entstand ein spezifisches Abhängigkeitsverhältnis: Ein Kaufmann (Verleger) streckte Geld, Rohstoffe oder auch Arbeitsinstrumente vor, diktierte das Produktionsvolumen und den Preis und nahm die gefertigten Waren ab. Der Handwerker musste die Rohstoffbeschaffung und Marktbelieferung nicht mehr selbst

---

29 H. SCHULTZ, Handwerker, 101.
30 Vgl. G. HEITZ, Leinenproduktion, 43ff.

tätigen, arbeitete scheinbar noch selbständig, geriet aber faktisch in den Status eines Lohnarbeiters. Das bot Ansatzpunkte für die Ausbildung eines Kapital-Arbeit-Verhältnisses, das seit dem 16. Jahrhundert in einigen Produktionszweigen Gestalt annahm.

Neue Organisationsformen der Produktion entstanden, wo der Einsatz von Kapital erforderlich war. Zeitgenossen nannten es die „auf Zinsen oder Interesse gegebene ... oder auch im Handel laufende Summa Geldes".[31] Im Italienischen sprach man von „*capitale*", im Deutschen von „Hauptgut" oder „Hauptsumma". Vom Kapital abhängige Lohnarbeit war zuerst für den Bergbau charakteristisch. Daneben entstanden erste Manufakturen, deren Zahl im 16. Jahrhundert allerdings gering war, weil der finanzielle Einsatz oftmals in keinem Verhältnis zum erwirtschafteten Gewinn stand. Vorerst spielte diese Betriebsform nur bei der Herstellung mancher Luxusartikel eine Rolle, für deren Herstellung teures Material wie Gold oder Silber verwandt wurde, das Produktionsgeheimnis gewahrt werden sollte oder die Fertigkeiten von Spezialisten in einer zentralen Werkstatt genutzt wurden. Das war beispielsweise bei der Herstellung kostbarer Glaswaren und später von Porzellan der Fall.

Die Landwirtschaft und die Gewerbe gewährleisteten in der frühen Neuzeit ein breit gefächertes Produktions- und Angebotsspektrum: Nahrungsmittel und Waren für den täglichen Bedarf gehörten dazu ebenso wie Rohstoffe und hochwertige Luxusgüter. Sie entsprachen Bedürfnissen des täglichen Lebens und gehobenen Ansprüchen. Die europäischen Wirtschaftsregionen sicherten eine bedarfsgerechte Produktion und den überregionalen Austausch, und sie waren konkurrenzfähig auf den Märkten. In manchen Zweigen wurde der Weg zu kapitalistischen Formen der Produktion beschritten. Sie markierten jedoch erst ein frühes Stadium einer neuen Entwicklung.

3.2.4 Handelstätigkeit und Handelsräume

Produzenten orientierten sich naturgemäß an der Nachfrage, fanden aber nicht zu allen Zeiten gleichermaßen aufnahmefähige Märkte, so dass die Expansion mancher Gewerbe von kurzzeitigen Krisen begleitet wurde. Ein signifikantes Beispiel ist die Überproduktion von Kupfer in den dreißiger Jahren des 16. Jahrhunderts. Folgenreicher waren die Preisrevolution des 16. und die Krise des 17. Jahrhunderts. Doch trotz mancher Erschütterungen expandierte der Handel über eine lange Zeit. Für dessen effektive Organisation wurden von Italien vor allem die Handelstechniken übernommen. Auch waren angesichts der Bedeutung von Münze, Maß und Gewicht Rechenmeister unentbehrlich. Der in den Bergorten des Erzgebirges tätige Adam Ries propagierte in seinen Rechenbüchern erfolgreich einfache Methoden des Rechnens. Der Abwicklung von Geschäften dienten Kaufhäuser, wie sie zuerst in der mediterranen Region eingerichtet wurden, auch Kontore und Faktoreien, die Kaufleute und Handelsgesellschaften unterhielten.

Für den Warenaustausch wichtig waren die an vielen Orten Europas regelmäßig veranstalteten Messen. Sie fanden meist vor oder nach hohen Festen oder aus Anlass von Heiligentagen statt. Nach dem Niedergang der Champagne-Messen wurde Frankfurt am Main der führende Messeplatz nördlich der Alpen, wo sich zweimal im Jahr –

---

31 Nach M.-E. Hilger, Kapital, 404f.

in der Fastenzeit und im Herbst – Kaufleute in großer Zahl einfanden. Als Frankfurt seine Anziehungskraft verlor, begann der Aufstieg der Leipziger Messen als Drehscheibe des Austauschs mit den Ländern des östlichen Europa. Diese und andere Messen waren Bindeglieder zwischen den europäischen Wirtschaftsregionen. Ein Katalog von 1585 führte 171 Messeorte von Spanien bis zum Baltikum auf, deren Termine so gelegt waren, dass ein Kaufmann nacheinander mehrere Messen besuchen konnte.[32]

Differenziert werden Handelsräume nach Entfernungszonen: Lokalhandel (die Stadt und ihre Bannmeile), Regionalhandel (bis zu 100 km), Handel mittlerer Reichweite (bis zu 400 km) und eigentlicher Fernhandel (über 400 km).[33] Je größer die Entfernungen, je kostbarer die Frachten und je gefahrvoller die Wege waren, desto wichtiger wurde die Zusammenarbeit von Kaufleuten in Handelsgesellschaften und Handelskompanien, die Versicherung der Transporte, die Sicherung der Handelswege und die Ausbildung des Handelsrechts. Landwege wurden zwar für Transporte genutzt, waren aber angesichts ihres Zustands, der geringen Reisegeschwindigkeit und des gängigen Straßenraubs gefahrvoll und unsicher.[34] Auch waren über Land die Transportkosten höher als bei der Nutzung von Wasserstraßen. Wo es schiffbare Flüsse gab, wurden diese bevorzugt. Da der europäische Kontinent über Wasserstraßen in großer Zahl verfügte, konnten die Warenströme auf diesen Wegen an Handelsplätze und in die Hafenstädte geleitet werden. Obwohl auch Fernhandel über Landstraßen und Alpen- oder Pyrenäenpässe abgewickelt wurde, spielte die entscheidende Rolle der Seeverkehr.

Drei große europäische Handelsräume zeichnen sich ab: Einen ersten bildete traditionell die mediterrane Region, aus der Waren sowohl über die Alpenpässe nach Norden als auch auf dem Seeweg nach Westeuropa sowie in die Levante und nach Nordafrika transportiert wurden. In diesem Handelsnetz nahmen Venedig und Genua eine Schlüsselstellung ein. Ein zweiter umschloss die Nord- und Ostseeländer, in denen vor allem hansische Kaufleute aktiv waren, bis deren Kontore in Novgorod, Bergen, Brügge und London geschlossen wurden und die Konkurrenz der Niederländer und Engländer das Schicksal der Hanse besiegelte. Integriert war auch Russland, wie die Tätigkeit der englischen *„Muskovy Company"* belegt. Einen dritten bildete die atlantische Region, die ihre Zentren zunächst in Lissabon und Sevilla und später in Antwerpen und Amsterdam hatte. Die Atlantikhäfen waren die Ausgangspunkte der Überseefahrt für Portugiesen und Spanier und später die Engländer, Franzosen und Niederländer.[35]

Im Warenspektrum des Fernhandels gewannen Massengüter an Bedeutung. Als solche galten Getreide, Holz und Metalle, aber auch Salz, Fisch und Wein. Da Getreidetransporte zu Lande angesichts der zu bewegenden Mengen und der Ausweitung des internationalen Getreidehandels auf Grenzen der Transportkapazität stießen, wurden überwiegend die Fluss- und Seewege genutzt. Die wichtigsten Umschlagplätze waren Amsterdam und Danzig. Die Abwicklung des Viehhandels erfolgte auf den Landwegen. Die Herden wurden zum Beispiel aus Holstein auf den Viehmarkt in We-

32 Vgl. H. Schultz, Handwerker, 160.
33 Vgl. K. Glamann, Handel, 271ff.; H. Kellenbenz, Wirtschaft, 232.
34 Vgl. F. Braudel, Sozialgeschichte, 1, 452ff.
35 Vgl. H. Kellenbenz, Wirtschaft, 232f.

del bei Hamburg oder aus Ungarn nach Buttstädt in Thüringen getrieben und von dort zu den Verbraucherorten geleitet.

Die Abwicklung von Handelsgeschäften wurde allerdings durch das Nebeneinander unterschiedlicher Währungen und eine Vielzahl kursierender Münzen erschwert. Eine spürbare Erleichterung war deshalb der Übergang zur bargeldlosen Zahlung. Ansätze für dieses Verfahren waren schon älter, so wenn hansische Kaufleute Schuldscheine ausstellten oder Italiener Wechsel ausfertigten. Seit dem 16. Jahrhundert wurden diese immer häufiger als Zahlungsmittel genutzt. Schuldscheine oder Wechsel konnten jetzt an andere Personen weitergegeben und mit ihnen mehrere Geschäfte nacheinander getätigt werden. Sie konnten nicht mehr nur vom Gläubiger, auf den sie ausgestellt waren, sondern von jedem Inhaber zum Termin eingelöst werden. Ein nächster Schritt war deren Einlösung ohne festen Termin bei internationalen Bankhäusern.[36]

Die 1587 gegründete Bank in Venedig gab das Vorbild ab für die 1609 eröffnete Amsterdamer Wechselbank und weitere Banken in niederländischen Städten, wo unter Aufsicht des Rats alle Münzen nach einem festen Kurs eingetauscht wurden. So arbeitete auch die seit 1619 bestehende Hamburger Bank. „Die Amsterdamer Wechselbank schuf ein in ganz Europa respektiertes Bankgeld, nämlich einen Banktaler als Rechnungseinheit mit festem Silbergehalt. Auf diesen Taler Banco, dem wenig später die Hamburger Mark Banco folgte, wurden Einzahlungen jeglicher Währung umgerechnet, gleich ob sie mit vollwertiger oder schlechter Münze getätigt wurden ... Das wirkte enorm stabilisierend auf den Geldwert und vertrauensbildend für den internationalen Handel und Zahlungsverkehr. Amsterdam wurde so zum internationalen Finanzzentrum."[37]

Das europäische Handelsnetz erlebte im Verlauf des 16. Jahrhunderts Verlagerungen seiner Schwerpunkte. Der mediterrane Raum, aber auch die Ostseeländer verloren allmählich ihre dominante Stellung an die atlantische Region. Das war eine Folge der Entdeckungsfahrten und der kolonialen Expansion. Nichtsdestotrotz blieben Abhängigkeiten und Verflechtungen der Wirtschaftsregionen charakteristisch für die Ökonomie Europas.

3.3 Entdeckung, Eroberung, „Europäisierung"

Warum unternahmen seit dem ausgehenden 15. Jahrhundert Europäer Entdeckungsreisen? Warum unterwarfen sie sich ferne Länder? „Von der kleinen Plattform Europas aus griffen nach- und miteinander die Portugiesen, Spanier, Holländer, Briten und Franzosen ins Weite. Ihre Motive waren Gold- und Gewinnsucht, missionarischer Eifer, Abenteuerlust, Sehnsucht nach der Ferne, verbunden mit der Überzeugung, dass, wie schon Herodot ... sagt, die äußersten Länder der Erde reich mit Schätzen gesegnet seien."[1] Nur ein Bündel von Faktoren kann erklären, wie es möglich war, von den Kü-

36 Vgl. H. Pohl (Hg.), Bankengeschichte.
37 H. Schultz, Handwerker, 177.
1 Dokumente der Expansion, 2, 1.

sten Europas aus aufzubrechen und in wenig mehr als einem Jahrhundert einen großen Teil der Welt zu erschließen und in Abhängigkeit zu bringen.[2]

Chinesen und Araber befuhren seit langem die Gewässer Südostasiens, und sie verfügten über eine entwickelte Wirtschaft und eine angesehene Kultur. Aber nicht sie, sondern einige europäische Staaten initiierten die Entdeckungsfahrten, die zur Eroberung, Erkundung und Kolonisierung von anderen Kontinenten führten. Doch die Verhaltensformen des Entdeckens, Eroberns und Erkundens lassen sich nicht klar gegeneinander abgrenzen. Sie überlagern sich und können nicht ohne weiteres in eine chronologische Abfolge gebracht werden.[3]

3.3.1 Voraussetzungen der Expansion

Der Vorstoß europäischer Staaten in die außereuropäische Welt war ein komplexer Prozess. „Das Ausgreifen europäischer Handelsinteressen, das wissenschaftliche Interesse an der Erschließung und 'Vermessung' immer weiterer Teile des Erdballs, die Missionierungsoffensiven der Kirche(n), die Migration europäischer Siedler und die Zwangsmigration afrikanischer und teilweise asiatischer Arbeitskräfte jenseits der Meere, das Ausgreifen europäischer maritimer und politischer Kontrolle und Herrschaft, das Ausgreifen europäischer Sprachen, Institutionen, Technologien und Produktionsweisen über den europäischen Kontinent hinaus – all dies ist wesentliches konstituierendes Merkmal der Geschichte der Neuzeit."[4]

Für manche europäischen Monarchien ergab sich gleichsam ein Zwang zur Expansion. Er resultierte zum einen aus deren finanziellen Bedürfnissen. Um die eigenen, oftmals begrenzten Ressourcen zu erweitern, wuchs das Interesse, neue Quellen zu erschließen. Das Defizit an Münzmetall lenkte die Aufmerksamkeit auf die Gold- und Silbervorräte außerhalb Europas, von denen manche Zeugnisse überschwenglich berichteten. Die Passivbilanz europäischer Staaten im Handel mit asiatischen Ländern, die der Edelmetallabfluss dokumentiert, sollte auf diesem Weg behoben werden. Zum anderen wuchs mit dem Wirtschaftsaufschwung das Interesse an neuen Märkten, um die Erzeugnisse prosperierender Wirtschaftszweige abzusetzen. Das bedingte wiederum die Sicherung der Handelswege, so dass sich strategische Bedürfnisse mit der wirtschaftlichen Expansion verknüpften.

Hinzu trat die an die Tradition der Kreuzzüge anknüpfende Aufgabe, die „Heiden" dem christlichen Glauben zuzuführen. Die christlichen Kirchen repräsentierten eine Religion, die auf Missionierung bedacht war, und sie nutzten die Entdeckungsreisen und die Kolonisierung, um diesen Anspruch zur Geltung zu bringen. Nicht zuletzt drängte es viele Menschen, ihren gewohnten Lebenskreis zu verlassen, um Abenteuer zu suchen und sich den Herausforderungen des „Fremden" zu stellen.

Zu diesen allgemeinen Motiven trat ein spezieller Grund: Mit der Eroberung Konstantinopels 1453 und dann Syriens und Ägyptens durch die Osmanen wurde der Handel mit den Ländern des Vorderen Orients und Asiens und damit die Einfuhr von

---

2 Vgl. W. Reinhard, Expansion.
3 Vgl. U. Bitterli, Entdecken, 473.
4 G. Stourzh, Einleitung, 9f.

Gewürzen, Baumwolle, Seide, Farbstoffen, Zucker und anderen Handelsgütern erschwert. In den Handelszentren des Mittelmeers richtete sich deshalb das Augenmerk auf die Erschließung eines Seewegs nach Indien, um die osmanische Barriere zu umgehen. Die Voraussetzungen waren durchaus gegeben, eine solche Aufgabe zu bewältigen.

Das Beispiel Portugals zeigt, wie ein Land seine Möglichkeiten und Fähigkeiten zu nutzen wusste: Es profitierte von der Lage am Atlantik, der Nähe zu Afrika und zu den atlantischen Inseln, seinen Erfahrungen im Fernhandel zur See, der Verfügung über Kapital, der Existenz eines starken Staates, der Vorreiterrolle in der Navigationstechnik, dem Transfer arabischen und jüdischen Wissens und dessen Nutzbarmachung für die Schiffahrt.[5] Manche dieser Voraussetzungen waren auch andernorts gegeben (oder sie wurden geschaffen), so dass bald weitere Staaten sich der überseeischen Expansion zuwandten.

Erstens existierten im westlichen Europa aufstrebende und stabile Staaten, die solche Unternehmungen zu fördern vermochten. Wenn sie Krisensituationen durchlebten, konnte innerer Druck mittels der Expansion abgeleitet werden. Die Gefährdung adliger Existenzen setzte beispielsweise ein Potential für Entdeckungsfahrten und Eroberungszüge frei. In Portugal boten sich dem von einer ökonomisch-sozialen Krise bedrohten Adel weder in der Administration noch in der Kirche Existenz- und Aufstiegsmöglichkeiten. In Spanien suchten die vom Geist der Reconquista beseelten Hidalgos nach deren Abschluss neue Betätigung. Ihre Energien wurden nach außen gelenkt.

Zweitens wurden Erfahrungen aus der Zeit der Kreuzzüge genutzt, als Jerusalem den „Ungläubigen" entrissen werden sollte. Mehr noch spielten bisherige Entdeckungs- und Handelsreisen eine Rolle. Die Portugiesen hatten auf Initiative des Prinzen Heinrich („des Seefahrers") Madeira, die Azoren und die Kanaren erschlossen.[6] Nachdem sie mit Ceuta 1415 den ersten Stützpunkt an der nordafrikanischen Küste gewonnen hatten, stießen sie an der Westküste Afrikas vor, erreichten 1482 die Kongomündung, und 1488 gelang Bartoloméu Diaz die Umschiffung des „Kaps der Stürme" (*Cabo Tormento*). In Höhe der Fisch-Bay erzwangen Offiziere und Mannschaft den Abbruch des Unternehmens. Doch mit dieser Fahrt war der Weg über den Indischen Ozean vorgezeichnet. Der portugiesische König Johann II. nannte nach der Rückkehr der Expedition die Südspitze Afrikas „Kap der guten Hoffnung" (*Cabo de Boa Esperanca*).

Drittens gewährleisteten die seemännischen Erfahrungen und verwendeten Instrumente die relativ sichere Orientierung auf hoher See. Entscheidend für weitere Fahrten waren Neuerungen im Schiffbau, vor allem die Konstruktion der Karavelle durch portugiesische Seefahrer. Im Unterschied zu den sich nur in Küstennähe bewegenden Schiffen erlaubte deren Takelage, gegen den Wind zu segeln. Die Karavelle konnte sich auf den Ozean begeben, benötigte weniger Mannschaft und verfügte über einen größeren Laderaum. Genutzt wurden für die Fahrten seit langem bekannte, nun zum

---

5 Vgl. W. SCHMALE, Geschichte Europas, 212.
6 Vgl. C. R. BOXER, Portuguese Seaborne Empire.

Teil verbesserte nautische Instrumente[7] wie Kompass und Astrolab, Jakobsstab, Quadrant, Sonnen- und Sternuhr sowie Seekarten und Planetentafeln.

3.3.2 Columbus und andere „Entdecker"

Nach der ersten Umsegelung der afrikanischen Südspitze begann eine neue Phase der Entdeckungsgeschichte mit dem Projekt, den Weg nach Indien durch eine Westfahrt zu erkunden.[8] Christopher Columbus (spanisch Cristóbal Colón) war in Lissabon als Vertreter Genueser Handelshäuser tätig. Sein 1484 der portugiesischen Krone vorgelegter Plan wurde von der Junta de Matemáticos abgelehnt, weil die Entfernung zwischen Europa und Asien zu kurz berechnet sei. Auch die katholischen Könige Spaniens lehnten 1490 das Projekt nach Prüfung durch eine Kommission ab, stellten aber in Aussicht, nach Beendung des Krieges gegen die Mauren darüber noch einmal zu befinden.

Im Jahr 1492 wurden dann in mehreren Verträgen die Bedingungen für seine Expedition vereinbart. Gemäß dem Kronvertrag von Santa Fé vom 17. April ernannten Ferdinand und Isabella Columbus zu ihrem Admiral, auch Vizekönig und Generalgouverneur „über alle jene Inseln und Festlande, die von ihm und durch seine Bemühungen in den genannten Ozeanischen Meeren entdeckt und gewonnen werden, auf Lebenszeit."[9] Im Schutzbrief vom selben Tag hieß es, sie schickten Columbus mit drei Karavellen nach Indien „um des Dienstes an Gott und der Verbreitung des rechten Glaubens willen sowie auch zu Unserem Vorteil und Nutzen."[10]

Am 3. August 1492 verließ Columbus den andalusischen Hafen Palos. Die Atlantiküberquerung begann am 6. September von der Insel La Gomera aus. Am 28. Oktober erreichten die Schiffe die Nordküste Kubas, das Columbus für die Ostspitze des asiatischen Festlandes hielt, Anfang Dezember Haiti, das er in einer Kartenskizze La Española nannte. Als er am 25. Dezember sein Flaggschiff Santa Maria verlor, wurde aus den Trümmern die erste Siedlung errichtet. In ihr verblieb ein Teil der Besatzung, um das „Goldland" zu suchen. Anfang Januar 1493 trat Columbus die Rückreise an, lief am 4. März in Lissabon ein, segelte nach Palos weiter und berichtete Mitte April Ferdinand und Isabella von seiner Reise.

Columbus war älteren Vorstellungen gefolgt, denen der Irrtum anhaftete, der Seeweg nach Asien in westlicher Richtung sei der kürzere. Auch der Florentiner Arzt und Gelehrte Paolo dal Pozzo Toscanelli vertrat 1474 diese Version. Der Plan von Columbus war also nicht originell, beruhte aber auf falschen Voraussetzungen. Doch der Genuese entdeckte einen Kontinent (oder entdeckte er ihn wieder?), ein Verdienst, das auf dem „eindrucksvollsten, individuellsten und originellsten Irrtum der ganzen Entdeckungsgeschichte" beruht.[11] Columbus war auch nach weiteren Fahrten 1493 bis 1496, 1498 bis 1500 und 1502 bis 1504 und bis zu seinem Tod 1506 überzeugt, den Seeweg zur Ostküste Asiens gefunden zu haben.

---

7 Vgl. D. A. King, Astrolabiensammlung, 101ff.; FBG, 2,: Katalog, 568ff.
8 Vgl. J. H. Parry, Spanish Seaborne Empire.
9 Dokumente der Expansion, 2, 106.
10 Ebd.
11 G. Hamann, Columbus, 33.

Der Florentiner Amerigo Vespucci, der zwischen 1500 und 1505 an mehreren Erkundungsfahrten zur südamerikanischen Küste teilnahm, teilte zunächst diese Überzeugung. Doch er erkannte als erster den Irrtum und förderte mit seinen Schriften die Einsicht, dass es sich nicht um Asien, sondern um eine „neue Welt" handele. Der Kartograph Martin Waldseemüller schlug deshalb in der gemeinsam mit Matthias Ringmann verfassten *„Cosmographiae universalis introductio"* (Einführung in die gesamte Kosmographie) von 1507 vor, den Kontinent nach Amerigo Vespucci zu benennen: Bisher sei die Erde in drei Teilen beschrieben worden – Europa, Afrika und Asien. Nun sei ein vierter Erdteil entdeckt worden. „Ich wüßte nicht, warum jemand mit Recht etwas dagegen einwenden könnte, diesen Erdteil nach seinem Entdecker Americus, einem Mann von Einfallsreichtum und klugem Verstand, Amerige, nämlich Land des Americus, oder America zu nennen."[12] Der Name wurde zunächst für Südamerika, mit der Weltkarte Gerard Mercators von 1538 auch für den Nordteil der „neuen Welt" gebräuchlich.

Während die Spanier sich nach den Fahrten von Columbus weiter auf die Westfahrt konzentrierten, folgten die Portugiesen der Route um das Kap der guten Hoffnung bis nach Indien. Ihrer Erschließung galt die am 8. Juli 1497 begonnene Fahrt Vasco da Gamas, der im April 1498 Melinde an der Ostküste Afrikas erreichte, von hier aus mit Hilfe eines arabischen Lotsen den Indischen Ozean überquerte und am 18. Mai Calicut ansteuerte. Im Juli 1499 überbrachte ein Kapitän in Lissabon die Nachricht von dem geglückten Unternehmen, dazu eine Ladung Gewürze, Spezereien, Edelsteine und Perlen, deren Wert die Reisekosten überstieg. Vasco da Gama kehrte im September nach einer strapaziösen Reise zurück. Für seine Leistung wurde ihm der Titel „Admiral des Indischen Ozeans" verliehen.

In kurzen Abständen folgten weitere Expeditionen, nun auch mit dem Ziel, die Seewege zu sichern. Am 9. März 1500 verließ Pedro Alvarez Cabral Lissabon, lief am 21. April die brasilianische Küste an und erreichte am 13. September Calicut. Künftig unterhielten die Portugiesen militärische Stützpunkte an den Einfahrten zum Roten Meer und zum Persischen Golf sowie in Indien. Sie eroberten Ormuz, Goa und Malakka, erreichten 1512 die lange gesuchten Molukken, 1514 China und 1542 Japan. Mit diesen Erfolgen wurde der Grundstein für die Kolonialherrschaft Portugals über Teile Indiens gelegt, seine Vormachtstellung im Indischen Ozean gesichert und seine Monopolstellung im Gewürzhandel begründet.

Mit dem portugiesisch-spanischen Vertrag von Alcácovas vom 4. Februar 1479 war das Gebiet entlang der westafrikanischen Küste Portugal als Interessensphäre zugesprochen worden. Nach den jüngsten Fahrten war es opportun, sich erneut zu verständigen. Am 7. Juli 1494 wurde nach längeren Verhandlungen im Vertrag von Tordesillas vereinbart, „durch den Ozean eine gerade Linie von Pol zu Pol zu ziehen, ... dreihundertsiebzig Meilen westlich der Kapverdischen Inseln, so daß alles, was bisher von dem König von Portugal und seinen Schiffen gefunden und entdeckt worden ist oder künftig gefunden und entdeckt werden wird, sowohl Inseln als auch Festland, wenn es östlich der beschriebenen Linie ... liegt und von ihr nicht durchschnitten wird, dem König von Portugal und seinen Nachfolgern für immer verbleiben und

12 E. Schmitt, Anfänge, 109.

gehören soll, und daß alles andere, Inseln und Festland, das westlich der beschriebenen Linie entdeckt oder zu entdecken ist, dem König und der Königin von Kastilien, Aragon usw. gehören soll."[13]

Den Portugiesen ging es darum, die Spanier von der afrikanischen Westküste fernzuhalten. Erst später stellte sich heraus, dass sich aus der vereinbarten Linie ein Anspruch Portugals auf Teile des südamerikanischen Festlands ergab. Der Vertrag dokumentiert einen ersten Versuch, die „Welt" zwischen zwei Mächten aufzuteilen und Interessensphären abzustecken.

Die Motive für die überseeischen Unternehmen waren wirtschaftliche und religiöse. Wirtschaftliche Gründe benannte Toscanelli 1474 mit dem Hinweis auf einen „Seeweg nach den Gewürzländern".[14] In einem Brief an Columbus von Anfang der achtziger Jahre schrieb er: „Eine derartige Reise führt zu mächtigen Königreichen, berühmten Städten und Provinzen, die alles im Überfluß besitzen, was wir benötigen, auch alle Arten von Gewürzen in reicher Fülle sowie Edelsteine in großer Menge aufweisen."[15] Die Aufgabe der Mission benannte Papst Alexander VI. vor der zweiten Fahrt von Columbus in der Donationsbulle von 1493, mit der er den Katholischen Königen die entdeckten Gebiete übertrug: Das Unternehmen solle im Geist des Dienstes am rechten Glauben erfolgen, „damit Ihr die Völker der genannten Inseln und Länder zur Annahme der christlichen Religion veranlaßt, wie es Euer Wunsch und Eure Pflicht ist, und Euch durch keine Gefahren und Mühen jemals abschrecken laßt, in der festen Hoffnung und Zuversicht, daß der allmächtige Gott Euer Beginnen glücklich vollenden wird."[16]

Columbus handelte schon während seiner ersten Fahrt in diesem Geist. Seinem Bordbuch vertraute er am 12. November 1492 an, er beabsichtige, einige Leute aus der Gegend des Rio del Sol mit nach Spanien zu nehmen, damit sie im christlichen Glauben unterwiesen würden, um ihn dann in ihrem Mutterland zu verbreiten. Auf diesem Weg werde man „nach kurzer Zeit eine Vielzahl von Völkern vollends zu unserem heiligen Glauben bekehrt haben und zugleich auch große Gebiete und Reichtümer und alle diese Völker für Spanien gewinnen, denn zweifellos gibt es in diesen Gebieten riesige Mengen Gold."[17] Es bestand keine Scheu, die Verbreitung des Christentums und die Gier nach Gold und Beute in einem Atemzug anzusprechen.

Das geographische Wissen erweiterte sich mit den Fahrten erheblich: Die Ostküste der beiden amerikanischen Kontinente war entdeckt worden, die Umrisse Afrikas und die ungefähre Ausdehnung des indischen Subkontinents waren bekannt. Das ermöglichte, die Vorstellungen vom Umfang der Erdkugel zu präzisieren. Unerschlossen waren vorerst noch das Innere Nord- und Südamerikas und großer Teile Afrikas, die Region südlich des Kaps der guten Hoffnung sowie Ostasien und der pazifische Raum. Auf deren Erkundung konzentrierten sich zahlreiche weitere Fahrten und Expeditionen.

Die spanische Krone änderte ihre Politik, als den Portugiesen der östliche Seeweg

13 U. Bitterli, Entdeckung, 1, 46.
14 Dokumente der Expansion, 2, 9.
15 Ebd., 99.
16 U. Bitterli, Entdeckung, 1, 45.
17 Dokumente der Expansion, 2, 119.

offenstand, während eine westliche Route nach Indien noch nicht gefunden war. Sie erlaubte jetzt allen Interessenten Entdeckungs- und Handelsfahrten nach Westen, um eine Passage durch die mittelamerikanische Inselwelt zu suchen und die entdeckten Gebiete in spanische Hand zu bringen. Am 20. Dezember 1500 erreichte Vicente Yanez Pinzón die Küste Brasiliens, und zwar drei Monate vor Cabral. Seit 1509 wurden spanische Siedlungen am Golf von Darién (Panama) errichtet, von denen aus Konquistadoren den Berichten über „Goldländer" nachspürten.

Einer von ihnen, Vasco Nuñez de Balboa, floh 1510 vor seinen Gläubigern aus La Española nach Darién und überquerte die Kordillere und den sumpfigen Urwald, um das „Südmeer" zu suchen. Am 25. September erblickte er als erster Europäer den Pazifik (Mare Pacifico). Am 29. September begab er sich bis zu den Knien in das Wasser des Ozeans, um ihn mit diesem Ritual für die spanische Krone in Besitz zu nehmen. Die Besitzergreifung von Land oder Gewässern erfolgte meist durch die Aufrichtung eines Kreuzes, das Umgraben von Land, das Fällen von Bäumen, das Betreten des Meeres, die Verbringung von Erde in die Heimat oder andere Zeremonien.[18]

Es folgten weitere Expeditionen, „die alle irgendwelchen vagen Erzählungen oder Mythen über von Gold und Silber strotzende Indianerreiche und -kulturen nachspürten, dabei Entdeckungen von größter Bedeutung machten, Herrschaft über Indianer erkämpften oder zu erkämpfen suchten und, indem sie selbst unendlich schwere Strapazen auf sich nahmen, eine einzige Spur von Blut und Zerstörung hinter sich ließen.[19]

3.3.3 Konquistadoren und Kolonialreiche

Hernán Cortés, ein Hidalgo aus der spanischen Provinz Extremadura, erhielt 1518 den Auftrag, von Kuba aus mit den Bewohnern des westlich gelegenen Landes Handel zu treiben und Kenntnisse über Land und Leute zu sammeln. Doch Cortés rüstete eine Invasionsarmee aus, landete 1519 auf der Halbinsel Yukatan und zog gegen das auf der Hochebene von Anahuác gelegene Reich der Azteken, einen politisch und kulturell hoch entwickelten Militärstaat, der auf Tributzahlungen unterworfener Völker aufgebaut war. Am 8. November zog Cortés, ohne auf Widerstand zu stoßen, in die mehr als 100 000 Einwohner zählende Hauptstadt Tenochtitlán ein, wo er als der zurückgekehrte Gott Quetzalcóatl empfangen wurde. Als die Spanier Zwangsbekehrungen vornahmen und Kultstätten zerstörten, verlor Cortés seinen Nimbus als Gott. Seine Truppen mussten sich unter großen Verlusten zurückziehen. Er schnitt daraufhin die Stadt von allen Verbindungen ab, griff im Mai 1521 an und zog am 13. August nach härtesten Kämpfen als Sieger ein. Die Azteken urteilten: „Wie hungrige Schweine waren sie gierig nach Gold."[20] Auf den Trümmern errichteten die Eroberer später die Stadt Mexiko. Die Kolonie erhielt den Namen „Neu-Spanien", Cortés wurde ihr erster Gouverneur. Er verkörperte den Typ des frühneuzeitlichen Konquistadors.

Ein Jahrzehnt später begann der Eroberungszug gegen das Inkareich, das sich über einen großen Teil Südamerikas erstreckte und eine perfekte Verwaltung und bemer-

18 Vgl. P. Seed, Ceremonies.
19 Dokumente der Expansion, 2, 356.
20 Ebd., 323.

kenswerte Architektur aufwies. Francisco Pizarro, Abkömmling eines verarmten Hidalgogeschlechts aus Extrematura, nutzte die Rivalität zwischen zwei Herrschergeschlechtern aus, begann im November 1532 den Feldzug, eroberte die Hauptstadt Cuzco und ließ den Inkaherrscher nach einem Scheinprozess 1533 ermorden. In Peru und Chile leistete die Bevölkerung den Konquistadoren Widerstand. Am Ende wurde Peru unter dem Namen „Neu-Kastilien" spanische Kolonie. Pizarro wurde während gewaltsamer Auseinandersetzungen unter den Eroberern 1541 erschlagen.

Die Territorien, von denen Portugiesen und Spanier Besitz ergriffen, wurden unterschiedlich kolonisiert. Die Portugiesen folgten der auf den atlantischen Inseln erprobten Methode, das Land Siedlern zu übergeben, die sich verpflichteten, es zu erschließen (*donatoria, sesmaria*). Die Spanier hingegen zwangen den Indianern das von dem Kronjuristen Palacios Rubios 1513 verfasste *requerimiento* auf. Es verlangte, sich der Hoheit des Papstes und der spanischen Krone zu unterstellen. Verweigerten sie dies, sollten sie gewaltsam unterworfen werden.[21] Das *repartimiento* lieferte die Indianer den Eroberern als Kriegsbeute aus, so dass sie faktisch wie Sklaven gehalten wurden. Es wurde später vom *encomienda* abgelöst. Ein *encomiendero* verpflichtete sich, die Indianer zum christlichen Glauben zu bekehren und einen Tribut an die Krone abzuführen. Dafür konnte er über ihre Arbeitskraft und ihr Land verfügen. Der Gouverneur der spanischen Inseln wurde instruiert, die Indianer anzuhalten, „mit den Christen ...Umgang zu pflegen, in ihren Häusern zu arbeiten, Gold und andere Metalle zu schürfen und Landarbeit für die auf der Insel ansässigen Christen zu leisten".[22]

Mit der Expedition Balboas war bewiesen, dass die Gewürzinseln von Europa weiter entfernt lagen, als Columbus angenommen hatte, und zwischen den beiden amerikanischen Kontinenten keine Passage existierte. Insofern lag es nahe, im Süden oder Norden nach der Durchfahrt zu suchen. Der Astronom Johannes Schöner markierte auf seinem Globus von 1515 an der Südspitze Amerikas eine bisher nicht bekannte Meeresstraße. Den Nachweis ihrer Existenz erbrachte der in spanischen Diensten stehende Portugiese Fernao des Magalhaes (Magellan). Er stach am 20. September 1519 in See, erreichte am 21. Oktober 1520 das Cabo Virgines und fand die später nach ihm benannte Durchfahrt in den Pazifik. Nach dem Tod Magalhaes' auf den Philippinen 1521 gelangte seine Flotte noch bis zu den Molukken. Als der Rest der Besatzung am 6. September 1522 nach Spanien zurückkehrte, war die erste Weltumsegelung beendet. Im Streit um die wichtige Inselgruppe der Molukken einigten sich Porugiesen und Spanier im Vertrag von Saragossa vom 22. April 1529 über eine Linie von Pol zu Pol, derzufolge die Gewürzinseln Portugal zufielen, während Spanien mit 350 000 Golddukaten entschädigt werden sollte.

Engländer und Niederländer suchten eine Passage in den nördlichen Breiten in westlicher und östlicher Richtung. Doch die ersten Unternehmen scheiterten an den ungünstigen klimatischen Bedingungen. Sie waren vorerst auf die beiden südlichen Kaprouten angewiesen, die sie als Konkurrenten der Portugiesen und Spanier befuhren. Die Erschließung Nordamerikas durch Europäer erfolgte später als die Mittel- und

21 Vgl. E. Schmitt, Anfänge, 132f.; U. Bitterli, Entdecken, 476f.
22 Ders., Entdeckung, 1, 77.

Südamerikas. Seit 1497 erkundeten Portugiesen, Engländer und Franzosen die Ostküste, doch erste Siedlungsversuche scheiterten. Das von den Spaniern 1565 gegründete St. Augustine in Florida war die älteste „europäische“ Stadt in Nordamerika. Um das Landesinnere zu erreichen, befuhr Jacques Cartier 1534 und 1541 den St.-Lorenz-Strom und Samuel de Champlain zwischen 1603 und 1616 das Gebiet bis zu den großen Seen. Er gründete 1608 Quebec, die Hauptstadt von „Neu-Frankreich“, zu dessen erstem Gouverneur ihn Richelieu ernannte.

Entgegen der Annahme Toscanellis zeigte sich immer deutlicher, dass zwischen Europa und Asien auf der westlichen Route sich nicht nur Amerika als Barriere aufbaute, sondern auch ein noch größeres Meer zu überqueren war. Diesen „stillen Ozean“ erschlossen überwiegend Spanier, die mehrere Inselgruppen entdeckten. Die Handelsfahrten der Niederländer nach Südostasien erhielten mit der Gründung der *„Vereenigde Oostindische Compagnie“* (VOC) am 20. März 1602 Auftrieb, da die Generalstaaten ihr ein Monopol für Fahrten um das Kap der guten Hoffnung und durch die Magellanstraße zugestanden.[23] Die VOC ging mit harter Hand vor, war auch am Sklavenhandel beteiligt und erzielte hohe Gewinne. Die Niederländer verdrängten die Portugiesen aus dem Malaischen Archipel und stießen 1606 auf das lange gesuchte „Südland“ (Australien), den letzten noch unbekannten Kontinent. Im Jahr 1642 umsegelte Abel Janszoon Tasman in weitem Bogen Australien, entdeckte Van-Diemens-Land (Tasmanien), die Westküste von Neuseeland und Teile Melanesiens. Im Jahr 1643 gelangte Maarten Gerritszoon Vries bis nach Nordjapan, zu den südlichen Kurilen und nach Südsachalin.[24]

Die Eroberung und Erschließung Sibiriens begann nach einigen vorausgehenden Versuchen im letzten Viertel des 16. Jahrhunderts im Unterschied zur überseeischen Expansion auf den Landwegen.[25] Zar Ivan IV. erteilte am 30. Mai 1574 den Kaufleuten Jakow und Grigori Stroganov das Privileg, Gebiete östlich des Ural bis zum Tobol in Besitz zu nehmen, Festungen zu errichten, Bewaffnete zu unterhalten und „im Umkreis der Festungen bei ihren Eisengewinnungs- und Fischfangstätten und Äckern beiderseits des Tobol und an seinen Nebenflüssen und Seen bis zu den Höhen hinauf Höfe zu errichten, Wald zu roden, Äcker zu pflügen und über alles Nutzland zu verfügen.“[26] Von den Stroganov ausgerüstet, brachen im September 1581 mehrere Hundert Kosaken unter ihrem Ataman Jermak Timofeev auf, überwinterten im Ural und gelangten im Mai 1582 nach Westsibirien. Zur Sicherung des eroberten Gebiets errichteten sie an den Flüssen befestigte Stützpunkte. Von den Eingeborenen wurde das Jassak erzwungen, eine vor allem mit Pelzen beglichene Naturalabgabe. Im Jahr 1639 erreichte der Kosak Ivan Moskvitin den Pazifik, und 1649 umschifften der Handelsagent Fedor Popov und der Kosak Semjon Desnjov die Ostspitze Sibiriens. Im selben Jahr wurde Ochotsk gegründet, der erste russische Stützpunkt am Pazifik.

Mitte des 17. Jahrhunderts war die Eroberung Sibiriens durch Kosaken, Händler und Pelztierjäger abgeschlossen. Die Eroberer wurden vor allem von den Naturreichtümern des Landes angelockt. Die dort lebenden kleinen Völker leisteten ihnen

---

23 Vgl. F. S. Gaastra, Geschiedenis.
24 Vgl. C. R. Boxer, Dutch Seaborne Empire.
25 Vgl. G. Leszczynski, Weg, 331ff.
26 U. Bitterli, Entdeckung, 2, 187.

keinen ernsthaften Widerstand. Die Expeditionen gingen überwiegend auf private Initiativen zurück, wurden aber von den Zaren sanktioniert, da sie am Jassak interessiert waren. Eine zielgerichtete Politik zur Erschließung und Eroberung Sibiriens betrieben sie nicht, aber sie zogen daraus Nutzen.

3.3.4 Kolonisierung und „Europäisierung"

Seit dem 15. Jahrhundert drängten Europäer über die Grenzen des Kontinents hinaus. Die Folge waren die Entdeckung und Erkundung neuer Erdteile und größere Weltkenntnis, das Aufbringen von Beute und die Eroberung von Land, die Unterwerfung fremder Völker und die Ausbeutung von deren Arbeitskraft, der Aufbau von Kolonialreichen und die Ausweitung der Märkte. In diesen Vorgängen und dem Entstehen einer „kolonialen Identität"[27] widerspiegelt sich die Ambivalenz der frühneuzeitlichen Epoche.

Erstens waren die Entdeckungsfahrten eine der großen menschlichen Leistungen, indem Meere und Kontinente erkundet wurden. Die eingeborenen Völker waren mit ihrer Umgebung vertraut, manche unternahmen auch vor dem Erscheinen der Europäer Fahrten über die Meere, aber die Erschließung des größten Teils der noch unbekannten Welt erfolgte von Europa aus. Im Zeitraum von etwa 150 Jahren wurden die Ozeane, Afrika und die beiden Amerika, Australien und Sibirien „entdeckt". Nur das Innere Afrikas und Australiens sowie die Polarregionen waren noch *terra incognita*. Zum Motiv allgemein-menschlicher Neugier traten andere hinzu: Die Europäer kamen als Eroberer und Siedler, als Händler und Missionare.

Zweitens waren die Entdeckungsfahrten ein gewichtiger Beitrag zur Erweiterung der Weltkenntnis und Ausprägung des Weltbildes der Neuzeit.[28] Die seit langem vermutete und behauptete Kugelgestalt der Erde wurde mit der ersten Weltumsegelung definitiv bewiesen, die realen Dimensionen der Kontinente und Meere zeichneten sich genauer ab. Die Begegnung der Europäer mit anderen Völkern und Kulturen bereicherte das Wissen über deren Gesellschaften und Lebensformen und vermittelte auch europäischen Ländern Impulse für die Bewusstseinsbildung.[29] Doch während die Europäer in China, Japan und Indien mit Völkern konfrontiert wurden, die ihre Lebensweise und Kultur bewahrten, weil sie nicht nur über „ein ausgeprägtes kulturelles Selbstbewusstsein verfügten, sondern auch über die administrativen und militärischen Mittel, diesem Selbstbewusstsein Achtung zu verschaffen"[30], wurden in Amerika die alten Kulturen zerstört und von iberischen, englischen, französischen oder niederländischen Einflüssen überfremdet.

Drittens markierten Expeditionen für die betroffenen Länder oftmals den Weg in die Abhängigkeit. Kleine militärische Kontingente eroberten dank ihrer technischen Ausrüstung nicht selten riesige Territorien, ohne – von wenigen Ausnahmen abgesehen – auf ernsthaften Widerstand zu stoßen. Dazu trug ein psychologischer Effekt bei:

---

27 Vgl. N. Canny/A. Pagden (Hg.), Colonial Identity.
28 Vgl. U. Bitterli, Die ‚Wilden'; L. Zögner, Veränderungen, 157ff.; FBG, 2, 647ff.
29 Vgl. A. Prosperi/W. Reinhard (Hg.), Neue Welt.
30 U. Bitterli, Entdeckung, 2, 9.

Die Eingeborenen wurden mit Menschen weißer Hautfarbe konfrontiert, die auf Pferden saßen und mit ihnen unbekannten Waffen ausgerüstet waren. Die „Entdecker" – so in Amerika – ergriffen von dem entdeckten Land oder Meer durch Rituale oder Rechtsakte Besitz. Von ersten Stützpunkten aus wurden Siedlungen angelegt und schließlich Städte gegründet. Die Verwaltung der „neuen Reiche" erfolgte einerseits von den Mutterländern aus, andererseits durch Vizekönige und Gouverneure. Viele Institutionen und Rechtsnormen der Mutterländer wurden in die Kolonien transferiert.

Viertens wurde der wirtschaftliche Austausch stimuliert.[31] Agrarische Kulturen, Haustiere, Rohstoffe, Genussmittel, aber auch Krankheiten nahmen den Weg über die Meere: Aus Amerika kamen zum Beispiel die Kartoffel (zuerst als Medikament, dann als Luxusnahrung), Tabak, Tomaten, Kakao, Mais, aber auch Seuchen nach Europa, umgekehrt gelangten Pferd, Rind, Huhn und Schwein, Zuckerrohr, Alkohol sowie Infektionskrankheiten nach Amerika. Die Portugiesen bevorzugten die Errichtung von Handelsstützpunkten, die Spanier Siedlungskolonien. Die Ländereien wurden von Eingeborenen, Einwanderern oder importierten Sklaven bearbeitet. Die geraubten Goldschätze, die Ausbeutung der Silbervorkommen sowie die Gewürze und andere lukrative Güter waren für die europäische Wirtschaft unverzichtbar. Doch insgesamt hielt sich dieser Austausch in Grenzen.[32] Auch schmälerten konjunkturelle Schwankungen, Verluste durch Piraterie und andere Faktoren oftmals den Gewinn. Dennoch verweist die Dimension der sich entwickelnden wirtschaftlichen Beziehungen auf die Entstehung eines frühneuzeitlichen Weltmarkts und die Tendenz zur Globalisierung.

Fünftens war die Bekehrung der Bevölkerung zum Christentum ein Ziel der Fahrten und der Kolonisierung. Vasco da Gama berichtet in seinem Bordbuch, als einer seiner Männer 1498 in Calicut gefragt wurde, was sie in die Fremde führe, habe er geantwortet: „Wir kommen, Christen und Gewürze zu suchen."[33] Das generelle Ziel war die Missionierung von „Heiden". Deshalb nahmen an den Expeditionen Missionare teil. Manchmal wurden traditionelle Kultstätten zerstört und landesübliche Riten diskreditiert, vor allem aber wurde Tausenden Eingeborenen die christliche Religion oktroyiert. Davon hob sich die Mission der Jesuiten in China ab.[34] Unter ihnen befand sich mancher Gelehrte. Einer von ihnen, Matteo Ricci, kannte sich in der literarischen Tradition des Landes aus und nahm am Hof als Direktor für Astronomie eine angesehene Stellung ein. Das Christentum wurde mit Naturreligionen, aber auch mit Buddhismus und Islam konfrontiert.[35]

Sechstens veranlasste das Vorgehen der Konquistadoren manche Geistlichen des Dominikanerordens zu heftiger Kritik.[36] Pater Antón Montesinos ermahnte zum Beispiel in einer Adventspredigt 1511 in Santo Domingo (Haiti) die Konquistadoren eindringlich, die Menschenrechte zu respektieren: „Ihr seid alle in Todsünde und lebt und

---

31 Vgl. H. Pohl (Hg.), European Discovery; W. Dressendörfer, gewechs, 377ff.
32 Vgl. W. Reinhard, Parasit, 45ff.
33 Dokumente der Expansion, 2, 136.
34 Vgl. W. Reinhard, Kulturwandel, 358ff.
35 Vgl. N. Smart, Religions, 74ff.
36 Vgl. H. Hattenhauer, Rechtsgeschichte, 351ff.

sterbt in ihr wegen der Grausamkeit und Tyrannei, die ihr gegen jene unschuldigen Völker gebraucht. Sagt, mit welchem Recht und mit welcher Gerechtigkeit haltet ihr jene Indios in einer so grausamen und schrecklichen Knechtschaft? Wer hat euch Vollmacht gegeben, so verabscheuungswürdige Kriege gegen diese Menschen zu führen, die ruhig und friedlich ihre Heimat bewohnten, von denen ihr unzählige durch unerhörte Mord- und Gewalttaten ausgelöscht habt?"[37] Die auf ethische Normen verwiesenen Konquistadoren waren empört, aber längerfristig wurden durch solche Stimmen Debatten über das Verhältnis zu den Indios angeregt. So plädierte Bartolomé de Las Casas für deren friedliche Bekehrung und erörterte Francisco de Vitoria 1538 die Rechtstitel, die eine Unterwerfung der Indios rechtfertigen können und welche dem entgegenstehen.

Siebtens löste das wirtschaftliche Interesse an der außereuropäischen Welt (Suche nach dem Goldland El Dorado, der Goldinsel Ophir usw.) einen hartnäckigen Konkurrenzkampf zwischen den Staaten aus. Kaperfahrten und Piraterie waren nicht schlechthin räuberische Akte, sondern manchmal gesteuerte Aktionen, um dem „Gegner" den Gewinn abzujagen. Der spektakulärste Fall war 1628 der Überfall des Niederländers Piet Heyn auf die spanische Silberflotte. Die konkurrierenden Mächte suchten jeweils ihre Einflussgebiete abzusichern. Portugal und Spanien vereinbarten als erste die Aufteilung der „Welt" (Verträge von Alcácovas, Tordesilla, Saragossa). Doch die iberischen Staaten vermochten ihre dominante Stellung auf Dauer nicht zu behaupten, da andere Mächte des Atlantiksaumes als Konkurrenten auftraten und im 17. Jahrhundert ebenfalls zu Kolonialmächten aufstiegen.

Achtens forderten Eroberung und Kolonisierung einen hohen Preis. Gesellschaften und ihre Kulturen wurden zerstört (Azteken, Maya, Inka), ganze Landschaften entvölkert und manche indigenen Völker ausgerottet. Die „Neuen Gesetze" der spanischen Krone von 1542 besagten, „daß künftig aus keinem Grunde, sei es Krieg oder welcher sonst, weder zur Strafe für Aufruhr noch im Wege des Loskaufens noch auf andere Weise irgendein Indianer zum Sklaven gemacht werde. Wir wollen, daß sie als Unsere, der Krone von Kastilien, Untertanen behandelt werden, denn das sind sie."[38] Doch die Schäden waren irreparabel, und ein Ende der Bedrückungen bewirkten die Gesetze nicht. Zur Behebung des Arbeitskräftemangels wurden afrikanische Sklaven nach Amerika verschifft – im Verlauf des 16. Jahrhunderts etwa zwei Millionen (die Todesrate während der Überfahrt betrug etwa 20 Prozent). Der rabiate Kolonialismus forderte Tausende Menschenleben und verursachte unermessliches Leid.

Neuntens war das europäische Engagement in den als Kulturberührung, Kulturkontakt und Kulturzusammenstoß charakterisierten „Begegnungen" dominant.[39] „Überall handelte der Europäer von einer Position der ethnischen und zivilisatorischen Überlegenheit aus, die er ideologisch unablässig untermauerte und, voreingenommen, wie er war, durch die Realität bestätigt fand. Dieser je nach Umständen stillschweigende oder pathetisch-prahlerische Überlegenheitsanspruch ruhte auf drei Grundpfeilern: dem missionarischen Sendungsbewusstsein, dem Glauben an die kommerzielle

---

37 Dokumente der Expansion, 3, 494.
38 U. Bitterli, Entdeckung, 1, 59.
39 Vgl. Ders., Alte Welt.

Dienstrolle der Kolonie gegenüber dem Mutterland, dem Wissen um die eigene technische Überlegenheit."[40] Diese Konstellation offenbart drastisch die Gegenüberstellung von „Zivilisierten" und „Wilden". Die Kontakte – welcher Art auch immer sie waren – brachten aber auch Völker in Beziehung und bewirkten Veränderungen auf beiden Seiten.[41] Die Auseinandersetzung mit den außereuropäischen Erfahrungen regte nicht zuletzt das Nachdenken über eine gerechtere Gesellschaft an, wie einige utopische Schriften anzeigen.[42]

Die beschriebenen Ereignisse und Prozesse werden als „Europäisierung der Erde" interpretiert. Während eines Säkulums wurden von Europa aus Beziehungen zu anderen Kontinenten geknüpft und verdichtet, Länder erobert und kolonisiert und die Fundamente für ein „weltpolitisches Denken" gelegt.[43] Geschichte war jetzt Weltgeschichte im vollen Wortsinn. Diese Prozesse förderten die Weltkenntnis und den zivilisatorischen Austausch, aber auch die Dominanz europäischer Staaten und ihrer egoistischen Interessen. „Europa war nie ein bloßer Parasit, aber ebensowenig ein reiner Partner seiner Kolonien und Ex-Kolonien."[44] Mit dem Einbruch in fremde Lebenswelten gewannen die europäischen Gesellschaften Vorteile, aber sie belasteten auch ihre Zukunft.

3.4 Gesellschaftliche Strukturen

3.4.1 Eine ständische Gesellschaft

Die sozialen Strukturen der frühneuzeitlichen Gesellschaft werden als ständische Ordnung beschrieben. Doch der Standesbegriff ist viel älter.[1] Seine „wohl bedeutendste Ausformung" erfuhr er um 1025, als Bischof Adalbero von Laon in dem satirischen Dialog *„Carmen ad Rodbertum regem"* das einprägsame Bild vermittelte: *„Tripartita Dei domus est, quae creditur una: Nunc orant, alii pugnant, aliique laborant"*[2] (Dreigeteilt ist Gottes Haus, aber im Glauben nur eins: Nun aber beten die einen, andere kämpfen und andere arbeiten). Demzufolge oblagen jedem bestimmte Pflichten, die seinen Platz in der Gesellschaft festschrieben: Man gehörte zum adligen Wehrstand (*bellatores*), zum klerikalen Lehrstand (*oratores*) oder zum bäuerlich-bürgerlichen Nährstand (*laboratores*). Diese Ordnung galt als von Gott eingerichtet, was nahelegte, dass sie nicht veränderbar war.[3]

Diese ständische Dreiteilung wurde oftmals visualisiert. Johannes Lichtenbergers *„Pronosticatio"* von 1488 wie auch spätere Ausgaben enthalten einen Holzschnitt, der Christus über den drei Ständen thronend zeigt[4], und Bartholomäus Bruyn der Ältere

---

40 Ders., Die ‚Wilden', 174.
41 Vgl. J. Fisch, Folgen, 485ff.
42 Vgl. U. Bitterli, Die ‚Wilden', 392ff.
43 Vgl. H. Gollwitzer, Geschichte, 44ff.
44 W. Reinhard, Parasit, 177.
1 Vgl. G. Duby, Ordnungen; W. Conze u. a., Stand, 155ff.
2 O. G. Oexle, Dreiteilung, 24.
3 Vgl. Ders., Deutungsschema, 19ff.; P. Blickle, Unruhen, 3f.; H. Zwahr, Herr und Knecht, 177ff.

setzte in den vierziger Jahren des 16. Jahrhunderts die „drei Stände der Christenheit" ins Bild.[5] Ihre innere Differenzierung führte Jost Ammann in seinem Ständebuch von 1568 in 114 Holzschnitten zu Versen von Hans Sachs vor: An der Spitze stehen Papst, Kardinal, Bischof, Pfaffen, Mönche und Jakobsbrüder, gefolgt von Kaiser, König und Fürst und schließlich – und das am ausführlichsten – den Angehörigen des dritten Standes: vom Arzt und Apotheker bis zum Bergknappen, Rebmann und Bauern.

Diese ständische Ordnung wurde in der frühen Neuzeit einerseits durch eine zunehmende Mobilität verändert, andererseits durch die Abschottung der Stände gegeneinander konserviert. „Es verstärkte sich die gegenseitige Abgrenzung von Bauern, Bürgern und Adligen, die sich als soziale Stände mit eigenen kulturellen Selbstdarstellungsformen begriffen. Entscheidender noch war die Abschließung von Führungsschichten innerhalb dieser jeweiligen Stände und eine verschärfte Ausgrenzung und gesellschaftliche Stigmatisierung nichtständischer beziehungsweise unterständischer Gruppen. Der frühmoderne Staat regelte diesen Prozeß der Rangordnung beziehungsweise Ausgrenzung mit Unterstützung der neuen Moral der Kirchen durch Befehl und Strafgewalt."[6]

Adel, Klerus, Bürger und Bauern bildeten in den europäischen Ländern das soziale Fundament der Gesellschaft[7], unterschieden sich aber erheblich nach gesellschaftlicher Stellung, Rechten, Besitz und Ehrbegriff.[8] Auch zeigten sich von Land zu Land Unterschiede in Hinsicht auf ihre Funktion als politische Stände, das heißt ihrer Repräsentanz beziehungsweise ihres Gewichts in ständischen Institutionen. Während in Schweden Adel, Klerus, Bürger und Bauern die Reichstage beschickten, waren in den meisten anderen Ländern die Bauern nicht präsent. Auch schied in manchen protestantischen Territorien im Zuge der Reformation die Geistlichkeit als Landstand aus. Das Moskauer Reich kannte keine politischen Stände, so dass die Ständekategorie hier nur unter sozialen Gesichtspunkten angemessen ist.

Die ständische Ordnung war hierarchisch aufgebaut. Das Schachspiel mit der unterschiedlichen Wertigkeit von König und Bauern oder die Kartenspiele mit König und Dame, Oberen und Unteren verbildlichen das. Aber im Angesicht des Todes waren alle Stände gleich. Hans Holbein demonstrierte das in 40 Holzschnitten in dem Büchlein „Bilder des Todes" (Lyon 1538). Der Tod geht an keinem Stand vorüber: Adam bebaut die Erde, aber der Tod zerstört sein Werk. Der Papst will einen König krönen, doch der Tod greift nach ihm. Der Bischof wendet sich von seiner Herde ab, und der Tod führt ihn mit sich. Der Richter streckt die Hand nach dem Bestechungsgeld eines Klienten aus, obwohl der Tod schon nach ihm fasst. Der Ratsherr redet mit einem Bürger, als der Tod sich ihm nähert, aber nicht mit dem armen Mann, der sich als Bittsteller an ihn wendet. Der Mönch versucht noch seinen kleinen Besitz in Sicherheit zu bringen,

---

4 Vgl. Abb. 3–10 bei R. Wohlfeil/T. Wohlfeil, Verbildlichungen, 285ff.
5 Vgl. Abb. 10 ebd., 283.
6 R. van Dülmen, Entstehung, 13.
7 Vgl. H. Kamen, Society, 93ff.; R. van Dülmen, Entstehung, 102ff.; H. Kellenbenz, Wirtschaft, 127ff.; M. L. Bush (Hg.), Social Orders.
8 Vgl. F. Zunkel, Ehre, 5ff.; A. Maravall, Poder.

als der Tod ihn an der Kutte fasst. Den pflügenden Bauern berührt der Tod nicht – er treibt dessen Pferde an.

Ständekritik war in Kunst und Literatur ständig präsent. Eindrucksvoll setzte sic Pedro Calderón de la Barca in dem geistlichen Spiel *„El gran teatro del mundo"* (Das große Welttheater) von 1636 in Szene (die erste Aufführung erfolgte 1675). Um die Herrlichkeit seiner Schöpfung zu feiern, wählt Gott für das „Große Welttheater" die Figuren aus. Einige sehen sich durch ihre Rollen geehrt, doch der Landmann hält sich für fehl besetzt, weil er statt der mühevollen Arbeit mit dem Spaten lieber eine weniger anstrengende Rolle übernehmen würde, und der Bettler beklagt, dass er nur als tragische Figur auftreten darf. Doch „der Meister" vertröstet sie auf die Zeit nach dem Tod, wenn sie alle als Gleiche an seinem Tisch Platz finden werden. Als das Spiel beginnt, lassen es die meisten an Gottesfurcht fehlen: König und Schönheit gebärden sich hoffärtig und eitel, der Reiche ist genusssüchtig und neidisch, der Landmann ist faul und beschimpft die Obrigkeit. Dem von allen verachteten Bettler bleibt nur das Brot des mildtätigen Weisen. Am Ende beurteilt „der Meister" im Jüngsten Gericht das Spiel jedes Spielers.

Die ständische Ordnung sollte Stabilität gewährleisten. Soziale Mobilität, die Tendenz des Aus-dem-Stand-Tretens, wurde deshalb kritisch beobachtet. Martin Luther forderte wiederholt, ein jeder möge in seinem Stand bleiben, weil sonst die von Gott geschaffene Ordnung verletzt werde.[9] Doch die durch Geburt und Herkommen gezogenen Schranken wurden oftmals nicht mehr respektiert. Die Möglichkeiten sozialen Aufstiegs waren aber begrenzt und wurden im Verlauf 16. Jahrhunderts eingeschränkt, es wurde eine striktere Abgrenzung praktiziert. Sozialer Abstieg war dagegen eine verbreitete Erscheinung. Dieser konnte Angehörige des niederen Adels ebenso treffen wie Handwerker oder Bauern. Es waren Symptome für die tendenzielle Auflockerung der Ständeordnung. Das Anwachsen von Lohnarbeit und das Entstehen einer Unternehmerschicht in Handel und Gewerbe weisen darauf hin, dass für ständische Zuordnungen nicht mehr allein traditionelle Kriterien entscheidend waren, sondern sich auch ein Kapital-Arbeit-Verhältnis und damit frühe Klassenbeziehungen abzeichneten, die allerdings erst später voll ausgebildet wurden.

Eine harmonische Gesellschaft gab es zu keiner Zeit. Spannungen zwischen Ständen oder innerhalb eines Standes waren nichts Außergewöhnliches und Ständekritik ihr permanenter Begleiter. Das in Satiren gezeichnete Bild vom Bauern zeugt davon ebenso wie die Kritik an den privilegierten Ständen.[10] Drastisch spiegelt das die „verkehrte Welt", in der die ständische Ordnung auf den Kopf gestellt ist. Es fehlte auch nicht an gewaltsam ausgetragenen Konflikten. Doch wie auch immer die Situation sozialer Gruppen und Schichten sich gestaltete, sie blieben in eine Ordnung eingefügt und ihr Status wurde „durch eine spezifische Rechtsstellung, eine spezifische Form des Erwerbs und eine dadurch begründete Fähigkeit zur Ausübung oder Nichtausübung von Herrschaft bestimmt".[11]

---

9 Vgl. G. Vogler, Luther, 230ff.
10 Vgl. H.-J. Raupp, Bauernsatiren.
11 W. Schulze, Ständische Gesellschaft, 3.

3.4.2 Adel als Stand

Der Anteil des Adels an der Gesamtbevölkerung betrug in der frühen Neuzeit in den meisten europäischen Ländern etwa ein Prozent oder darunter. In Spanien waren es allerdings etwa fünf und in Polen gar acht Prozent. Das war quantitativ eine bescheidene Größe, aber der Adel nahm eine herausgehobene Stellung in Gesellschaft und Staat ein.[12] „Adel bezeichnet in den traditionellen Verbänden die aufgrund von Geburt, Besitz oder Leistung, sozial wie politisch privilegierte Führungsschicht, einen Stand, eine Klasse oder Kaste mit gruppenspezifischem Ethos und mit besonders charakteristischen Lebensformen und Lebensnormen. Hauptsächliches Kennzeichen des Adels ist seine soziale Exklusivität gegenüber untergeordneten Bevölkerungsgruppen und Schichten, seine kastenartige Abgeschlossenheit, vor allem auch in genealogischer Hinsicht."[13]

Der Adel war Herrschaftsstand.[14] Für die Zugehörigkeit sowie den Rang des Einzelnen waren Geburt und Herkunft lange Zeit ausschlaggebend. Wie viele Generationen der Stammbaum aufweisen musste, um einen hohen Rang beanspruchen zu können, war in den einzelnen Ländern unterschiedlich geregelt. In der frühen Neuzeit war dieses Kriterium allerdings nur noch bedingt relevant. Entscheidend waren vielmehr Privilegierung und Grundbesitz und später auch Leistung. Privilegien gewährten dem Adel Steuerfreiheit, eine eigene Gerichtsbarkeit und das Vereinigungsrecht. Die schwedische Bezeichnung für den Adel lautet *„frälset"*, das heißt „von Steuern befreit", wofür als Gegenleistung Militärdienste verlangt wurden. Grundbesitz sicherte dem Adel Abgaben und Dienste der abhängigen Untertanen. Auch bezogen Adlige oftmals Einnahmen aus ländlichem Handel und Gewerbe, aus kirchlichen Pfründen und staatlichen Ämtern.

Abstufungen innerhalb des Adels ergaben sich aus dem Umfang der Privilegien, dem Ausmaß des Grundbesitzes und dem politischen Gewicht, das in Rang und Ämtern seinen Ausdruck fand. Zum Adel im Reich zählte zum Beispiel ein geistlicher oder weltlicher Kurfürst mit einem großen Territorium und einer repräsentativen Residenz ebenso wie ein Reichsritter mit bescheidenem Grundbesitz, der auf einer unwohnlichen Burg lebte, oder ein Landadliger, der im Dorf unter den Bauern wohnte und wirtschaftete.

Seit dem 16. Jahrhundert unterlag der europäische Adel einem Zwang zur Anpassung, der sich aus der wachsenden Bedeutung von Geldwirtschaft und Marktbeziehungen, dem Ausbau der frühneuzeitlichen Bürokratie, den Veränderungen im Heerwesen und den Folgen der Reformationen ergab. Die Resultate fielen unterschiedlich aus: „Refeudalisierung im zurückbleibenden Süden, Anpassungen verschiedener Art an den erstarkenden Staat in Frankreich (und im Deutschen Reich), Entmachtung in den Generalstaaten (Holland), enge Verflechtung mit dem Handels- und Finanzbürgertum und erfolgreiche Regulierung der Monarchie in England, östlich der Elbe der Aufstieg eines getreideexportierenden, die Städte niederhaltenden Gutsadels, der einer

---

12 Vgl. M. L. Bush, Nobility, 26ff.; R. G. Asch (Hg.), Adel.
13 R. Endres, Adel, 1. Vgl. auch W. Conze, Adel, 15ff.
14 Vgl. W. Reinhard, Staatsgewalt, 211ff,

Integration in den Staat zähen Widerstand leistete; das waren die Schwerpunkte des Wandels."[15]

Gemeinsame Merkmale des Adels waren das eine, regionale Unterschiede das andere.[16] In Deutschland gab es angesichts des Dualismus von Reich und Territorien Reichsfürsten, Reichsgrafen und Reichsritter, aber auch den landsässigen Adel.[17] Im Süden profitierte er von der Nähe zum kaiserlichen Hof, in geistlichen Territorien von der Besetzung von Bischofsstühlen oder Domkapiteln, in Residenzen weltlicher Fürsten von der Sozialisation an den Höfen. In den östlichen Agrarregionen wandte er sich wirtschaftlicher Tätigkeit zu. Eine gewisse Analogie zeigt sich in Italien, wo der Adel im Süden agrarische Interessen verfolgte, während er in der Mitte und im Norden in manchen Stadtstaaten Einfluss ausübte, wenn ein quasi-fürstliches Regiment etabliert wurde. Im Kirchenstaat wurde eine hochadlige Schicht vom päpstlichen Nepotismus begünstigt. In Spanien bildeten die oberste Schicht die *Granden*, eine Gruppe von 25 Familien, die Karl V. 1520 als solche bestätigte. Daneben existierte die große Zahl *Hidalgos* und *Caballeros*, die meist nur über geringe Vermögen verfügten oder verarmten.[18]

In England dezimierten die Kriege des 15. Jahrhunderts den alten Adel. Der Hochadel nahm nur allmählich an Zahl wieder zu (1485 gab es 18, 1640 140 erbliche *Peers*). Die neuen Grundbesitzer widmeten sich der Schafhaltung und Wollerzeugung. Aus der Verbindung mit bürgerlichen Tuchmachern und Tuchexporteuren ging die *Gentry* hervor, die mit ihrer „vom Feudalismus unberührten und an Marktbeziehungen gekoppelten Interessenlage in England den Bruch mit dem Mittelalter besonders offenkundig machte und auffällige Unterschiede gegenüber den gesellschaftlichen Verhältnissen auf dem Kontinent schuf."[19] In Frankreich erfolgte eine Öffnung gegenüber sich durch Leistung auszeichnenden Schichten, indem neben den Geburtsadel (*noblesse de race*) ein Amtsadel (*noblesse de robe*) trat.[20] Auch waren das Einheiraten und der Kauf von Adelstiteln möglich. Konfrontationen zwischen Krone und Adel lebten noch einmal während der Bürgerkriege und der Adelsfronden auf. Diese Krisen wurden jedoch mit der Etablierung der absolutistischen Monarchie und der Domestizierung des Adels überwunden.

In Dänemark sicherte der Adel seinen Einfluss mit der Wahlkapitulation von 1523 ab. Seine Privilegien nutzte er für unternehmerische Betätigung. Wer sich in Schweden in Landesverwaltung und Militär verdient machte, wurde mit Land belohnt, so dass der adlige Hufenbesitz beträchtlich anwuchs, besonders während des Dreißigjährigen Krieges. In Böhmen wurde nach 1620 ähnlich verfahren, als die Güter des protestantischen Adels konfisziert und kaiserlichen Parteigängern übergeben wurden, so dass die böhmische Adelsgesellschaft radikal umgeschichtet wurde. In Polen setzte der Adel – die *Szlachta* – sich aus einer kleinen Zahl von Magnatenfamilien, die über

15 L. Kuchenbuch, Adel, 116.
16 Vgl. E. Pitz, Untergang, 82ff.
17 Vgl. R. Endres, Adel; Ders. (Hg.), Adel.
18 Vgl. H. Guggisberg, Stellung, 205ff.
19 E. Pitz, Untergang, 93.
20 Vgl. A. Jouanna, Legitimierung, 165ff.

ausgedehnten Landbesitz verfügten, und der großen Zahl der Kleinadligen zusammen. Er besetzte alle Ämter, agierte bei Tagungen des *Sejm* und der *Sejmiki* allein und weitete mit der Einführung des Wahlkönigtums 1573 seinen Einfluss noch aus.

In Russland wurde der in der Nähe des Zarenhofes lebende *Bojaren*adel bevorzugt, während Adelige in den Provinzen kaum überregionale Bedeutung erlangten. Neben die einflussreichen Bojarenfamilien, die der *Duma* angehörten, trat ein mit Dienstgütern ausgestatteter, dem Zaren ergebener Dienstadel. Er wurde unter Ivan IV. strikt an den Herrscher gebunden.

Aus dem allgemeinen Rahmen fiel die Schweizer Eidgenossenschaft, die dem Adel in den Land- und Stadtgemeinden keinen besonderen Rang einräumte. Auch in den niederländischen Provinzen spielte er eine untergeordnete Rolle. Doch engagierten sich Angehörige des Hochadels in der oppositionellen Bewegung gegen die spanische Herrschaft. In der Republik verblieb dem Adel nur ein begrenzter Einfluss.

Das sich in elitärer Abschließung, auffälligen Ritualen und besonderem Tugendkodex offenbarende adlige Standesbewusstsein belegt scheinbar eine solidarische Geschlossenheit.[21] Doch Teile des Adels – namentlich seine unteren Schichten – durchlebten wiederholt krisenhafte Situationen. Hof, Armee, Verwaltung, Kirche und Wirtschaft gewannen deshalb für alle Adelsgruppen an Bedeutung, wenn auch eine Einbindung in diese Strukturen nicht immer ihren Standesidealen entsprach.[22]

Geformt wurde in dieser Atmosphäre der Typ des Hofmanns oder Höflings. Der italienische Autor und Politiker Baldassare Castiglione präsentierte in seinem *„Libro del Cortegiano"* (Buch vom Hofmann, 1528) anhand seiner Beobachtungen am Hof von Urbino ein Idealbild des gebildeten, am Hof lebenden, dessen Sprache formenden, dem Herrscher dienenden und ihm ergebenen Höflings.[23] Im Palast des Herzogs – so der Inhalt – diskutieren hochgestellte Männer, welche Eigenschaften ein Mann aufweisen muss, der als vielseitig gelten und sich in der vornehmen Gesellschaft angemessen bewegen will. Das Werk erlebte zwischen 1528 und 1619 110 Editionen, davon 60 in Italien und 50 in anderen Sprachen.

Das Hofleben fand indes auch seine Kritiker. Schon Enea Silvio Piccolomini beklagte *„De miseria curialium"* (Die Leiden der Höflinge), und Ulrich von Hutten, der diese Schrift wohl kannte und einige Zeit am Hof des Mainzer Erzbischofs und Kurfürsten Albrecht von Brandenburg verbrachte, verglich in dem Dialog *„Aula sive Misaulus"* (Der Hof oder das Hofelend) das Tun eines Höflings mit dem eines Gefangenen oder Sklaven: „Du hast der Freiheit entsagt, sobald du dich an den Hof verkauft hast."[24] Der Dienst verlange ständige Präsenz und Selbstverleugnung, Heuchelei und Schmeichelei. Wer sich einem solchen Schicksal ausliefere, tue das aus Ehrgeiz und um des Verdienstes willen. Der Hofdienst oder die Annahme von Ämtern in Armee und Verwaltung sicherten dennoch vielen Adligen ein standesgemäßes Leben.

Der adlige Tugendkodex schloss Handarbeit und Handelstätigkeit aus. Doch viele Adlige respektierten das nicht mehr, weil die Sicherung der Existenz wirtschaftliche

---

21 Vgl. J.-P. Labatut, Les noblesses, 71ff.
22 Vgl. A. Mączak, Relationship, 189ff.
23 Vgl. P. Burke, Hofmann; C. Ossola, Il libro.
24 U. von Hutten, Opera, 4, 73.

Betätigung erzwang. Agrarproduktion, Handelsgeschäfte und manchmal auch gewerbliche Unternehmen boten vielen eine Perspektive außerhalb der Höfe, der Administration und des Heerwesens. Unliebsame Konkurrenten erwuchsen ihnen gelegentlich, wenn Bürgerliche nobilitiert wurden, zum Beispiel patrizische Kaufleute in deutschen Reichsstädten, Montanunternehmer in den habsburgischen Ländern oder wohlhabende Finanzleute in Frankreich.

In Ländern, in denen die Reformation Fuß fasste, schlossen Adlige sich oftmals aus persönlichen Motiven einem evangelischen Bekenntnis an. Aber auch politische oder wirtschaftliche Gründe konnten dafür den Ausschlag geben. Die Annahme des Bekenntnisses des Landesherrn versprach manchmal politische Vorteile oder die Säkularisierung kirchlichen Besitzes materiellen Gewinn. „Langfristig tendierte der Adel zurück zum Katholizismus, besonders nach Gegenreformation und Trienter Konzil, dies nicht nur aus politischem Opportunismus, sondern auch deshalb, weil jener dem adligen Selbstverständnis besser entsprach.“[25]

In der frühen Neuzeit aufkommende Herausforderungen stellten die Dominanz des Adels in der Gesellschaft nicht infrage. Aber in manchen Situationen wurde adlige Herrschaft von revoltierenden Untertanen attackiert. Meist wurden solche Krisen nach kurzer Zeit überwunden, und der Adel sicherte seine Herrschaft und seine Privilegien. Die europäische Adelsgesellschaft fand zu Stabilität zurück. Exklusivität, Oligarchisierung und Refeudalisierung waren Ausdruck dieses Prozesses. Doch seit dem 17. Jahrhundert wurde sie mit neuen Problemen konfrontiert.[26]

3.4.3 Geistlichkeit als Stand

Die Geistlichkeit war angesichts der existentiellen Bedeutung der Religion unverzichtbar für die Gesellschaft. Sie repräsentierte auch in der frühen Neuzeit einen wesentlichen Teil der geistigen Kultur. Ihre Stellung beruhte vor allem auf der Exegesehoheit, das heißt dem Recht, die Heilige Schrift auszulegen. Daraus ergab sich ihre Rolle als Vermittlerin von Bildung. Geistliche übten als Diener ihrer Kirche auch politischen Einfluss aus. Manchmal vereinten sie geistliches Amt und weltliche Herrschaft, zum Beispiel in den geistlichen Territorien des Reiches, wo sie Landesherren waren. Schließlich war die Kirche ein Wirtschaftsfaktor, da sie in den meisten europäischen Ländern über ausgedehnten Grundbesitz verfügte.

Angesichts des Sündenbewusstseins, das die Menschen belastete, der Ängste, die durch Schicksalsschläge, Kriege, Katastrophen und andere Ereignisse hervorgerufen wurden, und der apokalyptischen Prophezeiungen, die schlimmes befürchten ließen, war das Verlangen nach dem Seelenheil ein elementares Bedürfnis. Als Vermittler des göttlichen Willens nahmen die Geistlichen folglich in der Gesellschaft eine elementare Aufgabe wahr. Ihr Ansehen beruhte auf ihrer Funktion. Ihre Wirkungsstätten waren Kirchen, Klöster, Spitäler, Universitäten und Schulen. Die aufragenden Kirchen, die ummauerten Klosterbezirke oder andere repräsentative Gebäude hoben sich von den Bauwerken in der Stadt oder im Dorf auffällig ab. Im öffentlichen Leben fielen

25 L. Kuchenbuch, Adel, 118.
26 Vgl. R. G. Asch, Adel, 8ff.

Geistliche durch ihre Kleidung auf – sie trugen Ornat, Talar oder Mönchskutte. Ein Wandel trat mit der Reformation ein, als evangelische Prediger weltliche Kleidung anlegten.

Der geistliche Stand verfügte – wie der Adel – über Privilegien. Er genoss vor allem Steuerfreiheit und Exemtion von weltlicher Gerichtsbarkeit. Seine besondere Stellung verdankte er „einerseits der Zugehörigkeit zur überstaatlichen, ja überständischen Organisation einer hierarchisch strukturierten Kirche, was ihn zum Vertreter autonomer kirchlicher Gewalt machte, andererseits seiner Rolle als Verkünder der wahren Lehre in der reformatorischen Bewegung wie auch der Gegenreformation, d. h. als Verwalter und Vermittler religiöser Heilsgüter, die bei der breiten Masse der Bevölkerung im 16. und 17. Jahrhundert noch in höchsten Ehren standen, und schließlich seiner Stellung als Volkslehrer und Vermittler von Wissen und Bildung .... Er fühlte sich allein berufen, die Heilsgüter zu verwalten, Gottes Wort zu erforschen und zu predigen und auch Wissen zu verbreiten.“[27]

Obwohl alle Geistlichen der verschiedenen Kirchen im Prinzip gleiche Aufgaben wahrnahmen, war der geistliche Stand – auch hier dem Adel vergleichbar – nach Rängen abgestuft. Die katholische Kirche kannte Päpste, Kardinäle, Erzbischöfe, Bischöfe, Äbte und Priester, die orthodoxen Kirchen Patriarchen, Metropoliten und Popen, die protestantischen Bischöfe, Superintendenten und Pfarrer. Die calvinistischen Gemeinden wurden von Presbytern/Ältesten geleitet. Alle diese Amtsträger standen im Dienst der Kirche, wirkten an der Kurie, in Metropolien, Erzbistümern, Bistümern, Domkapiteln, Klöstern und geistlichen Orden, mehrheitlich aber in den Gemeinden in Stadt und Land. Doch anders als der Adel rekrutierte sich die Geistlichkeit aus allen sozialen Schichten. Auch war eine innerständische Mobilität stärker ausgeprägt.[28]

In fast allen europäischen Ländern übten geistliche Würdenträger politischen Einfluss aus – in ständischen Vertretungen, als Hofprediger, als Beichtväter oder Ratgeber von Herrschern. Nicht selten waren kirchliche Amtsträger unmittelbar an der Ausübung von Herrschaft beteiligt – als Kanzler oder Minister, in Räten oder in anderer Funktion.[29] Das ist in Spanien, Italien, Frankreich, England und Skandinavien genau so der Fall wie in Polen, Ungarn oder im Moskauer Reich. Anders stellt sich die Situation der unteren Ränge dar. Ein Priester, ein Dorfpfarrer oder ein Bettelmönch hatte daran nicht teil. Sie waren allerdings mit den alltäglichen Sorgen der Menschen viel unmittelbarer konfrontiert.

Kein Stand war in der frühen Neuzeit in solchem Maß der Kritik ausgesetzt wie die Geistlichkeit. Ansatzpunkte bot das Renaissancepapsttum mit seiner Prunksucht, seinem Nepotismus, seiner Verstrickung in das politische Geschäft. Denn dies stand in krassem Gegensatz zur Aufgabe, sich der Seelsorge zu widmen. Die Kritik richtete sich nicht nur an die Adresse Roms – sie galt auch den Repräsentanten der Kirchen in anderen Ländern und allen Rängen. Die antiklerikale Stimmung entlud sich jedoch zuerst und am heftigsten gegen diejenigen, denen jeder begegnete – die Priester und die

27 R. van Dülmen, Entstehung, 145f.
28 Vgl. W. Reinhard, Kirche, 53ff.
29 Vgl. H. Millet/P. Moraw, Clerics, 173ff.

Mönche. Besondere Zielscheibe waren die Bettelmönche, denen vorgehalten wurde, auf Kosten der Arbeit anderer zu leben. Die Kritik war Ausdruck eines seit langem existenten Verlangens nach Reform, dem aber bisher nicht oder nur partiell entsprochen worden war.

Die Kritik zielte auf Grundsätzliches. Martin Luther rief 1520 dazu auf, drei Mauern niederzureißen, die von den „Romanisten" aufgerichtet worden seien: dass die geistliche der weltlichen Gewalt übergeordnet sei, dem Papst allein die verbindliche Auslegung der Bibel zufalle und nur dieser ein Konzil einberufen könne.[30] Die weiteren von Luther aufgelisteten Kritikpunkte waren vielfältig. Ihr Tenor war, viele Geistliche lebten nicht nach den Geboten der Schrift und den Normen der Kirche, vernachlässigten die Seelsorge, häuften Pfründen, hielten sich nicht an das Zölibat, tätigten weltliche Geschäfte, trieben Missbrauch mit dem Ablasshandel, verlangten unziemliche Gebühren für kirchliche Handlungen. Als Missstand kritisierte er auch die Verquickung von kirchlichem und politischem Leben.

In den Ländern, in denen die Reformation sich durchsetzte, wurden die Geistlichkeit als Stand und die Kirche als Institution in ihrer Substanz getroffen. Der Rückgang geistigen Einflusses, der Verlust von Besitz und Vermögen, die Einbuße an politischer Macht hatten Folgen für Stellung und Lebensweise des Klerus. In manchen Territorien verlor die Geistlichkeit ihre Rechte als Landstand. Auch entstand mit dem Verlust von Privilegien das Problem, sie in die Gesellschaft einzugliedern. In vielen deutschen Städten wurden die geistliche Gerichtsbarkeit und die Steuerfreiheit des Klerus aufgehoben und dieser angehalten, das Bürgerrecht anzunehmen und bürgerliche Lasten zu tragen. Wo Klöster geschlossen wurden, waren Nonnen und Mönche zu versorgen. Wo kirchliche Stiftungen entfielen, war die Armenfürsorge neu zu regeln. Nach dem Wegfall des Zölibats in den Reformationskirchen entstand mit den Pfarrerfamilien eine neue soziale Gruppe, mit dem Pfarrhaus ein Anlaufpunkt für evangelische Gemeinden.[31] Ihre Existenz war vorerst allerdings unsicher, da nach dem Wegfall der Pfründen die materielle Sicherstellung erst noch zu klären war.

Im Bereich der russisch-orthodoxen beziehungsweise griechisch-orthodoxen Kirche behielt die Geistlichkeit ihren traditionellen Status. Reformversuche gab es zwar auch hier, aber sie galten mehr der Liturgie als dem Verhältnis von Kirche und Gesellschaft. Die Synode in Moskau und das *Stoglav* von 1551 beseitigten manche Missstände in der russischen Kirche. Wer aber weiter gehende Reformen verlangte, wurde als Häretiker verdächtigt und verfolgt.

Die katholische Kirche mit ihrem Zentrum Rom und ihrem universalen Anspruch war und blieb auch in der frühen Neuzeit eine internationale Institution. Doch als Folge der Reformationen und der Ausbildung mehrerer christlicher Konfessionen war die Geistlichkeit künftig ein gespaltener Stand. Aus dem gemeinsamen christlichen Fundament ergaben sich prinzipiell gleiche Aufgaben. Aber diese wurden nun auf der Grundlage unterschiedlicher Bekenntnisse und differierender Glaubensinhalte wahrgenommen.

---

30 Vgl. M. Luther, Studienausgabe, 2, 98f.
31 Vgl. L. Schorn-Schütte, Geistlichkeit.

3.4.4 Bürgertum und städtische Gesellschaft

Eine andere Lebenswelt verkörperten die europäischen Städte und ihr Bürgertum. Städte von imposanter Größe und bemerkenswerter Architektur gab es auch außerhalb Europas. Für große Teile des europäischen Kontinents war indes ein Bürgertum charakteristisch, das seit dem 11. Jahrhundert schrittweise kommunale Freiheiten und Rechte erkämpfte, wie sie andernorts nicht gegeben waren. „Bürger sein hieß also im Mittelalter, einem ausgesonderten Rechtsbereich anzugehören, eine Tätigkeit in Handel oder Gewerbe auszuüben, eigenen genossenschaftlichen Organisationsformen anzugehören: Gilden und Zünften, Anteil an einzelnen Freiheitsrechten zu haben, insbesondere in bezug auf Garantien für Person und Eigentum. Mit der bürgerlichen Existenz waren außerdem städtische Lebensformen verbunden. Die Zugehörigkeit zur städtischen Schwurgenossenschaft bedeutete aber keineswegs auch, an den politischen Entscheidungen der Gemeinde teilzuhaben."[32]

Diese Entwicklung hatte in den Städtelandschaften Oberitaliens und Flanderns ihren Ausgangspunkt. Städtebürger und Stadtgemeinden erstritten hier und später in größeren Regionen im Westen und in der Mitte des Kontinents ihre Autonomie gegen geistliche oder weltliche Stadtherren oder erweiterten zumindest ihre Rechte und Privilegien. Doch viele Städte erlangten einen solchen Status nicht und verblieben unter der Oberherrschaft eines Stadtherrn, vor allem im Osten und Südosten Europas. Im Reich waren die meisten freien und Reichsstädte im Südwesten und Westen lokalisiert. In Richtung Osten war die Grenze mit den Reichsstädten Mühlhausen und Nordhausen in Thüringen gezogen, während weiter östlich dieser Stadttyp sich nicht ausbildete.

Charakteristikum der Städte war fast überall die Ratsverfassung. Zur Stadtgemeinde zählten die das Bürgerrecht besitzenden Einwohner. Der Erwerb des Bürgerrechts setzte im allgemeinen Haus- oder Grundbesitz und die Zahlung eines Entgelts voraus. Da nicht alle Einwohner in der Lage oder interessiert waren, das Bürgerrecht zu erwerben, teilten sich die Bewohner in die Bürgergemeinde und die minderberechtigten Einwohner. Diese Bürgergemeinde wählte einen Rat, der ihre Interessen wahrnahm. Er wurde in den meisten, vor allem den größeren Kommunen von der Oberschicht beschickt. Wenn Handwerker als Repräsentanten der Zünfte in das Regiment aufgenommen wurden, dann war das oftmals das Ergebnis des Kampfes der bisher nicht repräsentierten Mittelschichten um die Beteiligung an der Stadtherrschaft.

Städte existierten in allen Regionen Europas, aber das Städtenetz wies große Unterschiede hinsichtlich seiner Dichte und der Größe der Kommunen auf.[33] Im Reich wurden um 1500 etwa 4000 Städte gezählt. Mehrheitlich handelte es sich allerdings um Klein- und Kleinststädte. In Schweden dagegen waren es nur 40 und um die Mitte des 17. Jahrhunderts dann 85. Die Neugründungen erfolgten vor allem am Bottnischen Meerbusen und in Finnland. In Livland gab es um 1500 20 Städte, darunter Riga, Reval und Dorpat. Auch fallen starke regionale Differenzierungen hinsichtlich

---

32 K. Gerteis, Bürger, 152.
33 Vgl. die Graphiken bei K. Davids/J. Lucassen, Introduction, 13ff.

des ökonomischen Profils, politischen Gewichts, sozialen Potentials und kulturellen Anspruchs der Städte auf.[34]

In Ober- und Mittelitalien etablierten sich mächtige Stadtrepubliken, von denen einige über ein weit in das Umland ausgreifendes Territorium verfügten. Da viele Adelsgeschlechter in die städtische Gesellschaft integriert wurden, verliehen sie der Führungsschicht aristokratische Züge, brachten mächtige Geschlechter die Macht in ihre Hand und errichteten ein autokratisches Regiment. Diese Städte waren wirtschaftlich potent und häuften große Reichtümer an. Das ermöglichte angesehenen Familien, sich als Mäzene zu betätigen, Autoren und Künstler zu fördern und Bauwerke im Stil der Renaissance errichten zu lassen.

Ein dichtes Städtenetz und eine große Zahl wirtschaftlich und politisch bedeutender Kommunen wiesen auch die Niederlande auf. Die Provinz Holland war die europäische Region mit der intensivsten Verstädterung. Schon um 1525 lebten hier 40 Prozent und um 1650 55 Prozent der Bevölkerung in Städten.[35] Ihre Bedeutung beruhte auf der Leinenherstellung und dem Fernhandel. Antwerpen und später Amsterdam stiegen zu einflussreichen internationalen Handelszentren und letzteres zum bedeutendsten Finanzmarkt auf. Imposante Rat- und Gildehäuser, Hafenanlagen, Speicher und Wohnbauten zeugen von einem prosperierenden Wirtschaftsleben, das im 17. Jahrhundert seinen Höhepunkt erlebte.

Spanien verfügte über zahlreiche wirtschaftlich potente Städte, die zunächst auf das Mittelmeer orientiert waren und dann – voran Sevilla – den transatlantischen Warenaustausch vermittelten. In ihnen lebten neben Kaufleuten, Reedern und Handwerkern auch viele Besitzer von Ländereien und Viehherden. Da in der spanischen Gesellschaft Handarbeit geringgeschätzt und vor allem Juden und Moriskos überlassen wurde, verursachte deren Vertreibung seit Ende des 15. Jahrhunderts mancherlei Probleme. Die Krone stützte sich auf die Städte, um den Einfluss des Hochadels zu begrenzen, aber nach der Niederlage der *Comuneros* wurden deren Rechte reduziert und das Stadtleben von den eingesetzten *Corregidores* überwacht. Wie stark der internationale Handel das Profil einer Stadt prägen konnte, demonstriert Lissabon, das um die Mitte des 16. Jahrhunderts 800 Großhändler sowie 5 000 Kaufleute und Besitzer von Werkstätten und Läden beherbergte.[36]

Enge Bindungen zwischen Krone und städtischem Bürgertum waren auch für Frankreich charakteristisch. Neben der wirtschaftlichen Betätigung fanden die Bürger einen angemessenen Platz in der Verwaltung. In England waren Bürgertum und Landadel verflochten. Adelssöhne sahen öfters im Kaufmannsstand eine Perspektive für sich, und Kaufleute schlossen sich in privilegierten Kompanien wie den *Merchant Adventurers* zusammen. „Es macht die Besonderheit der englischen Sozial- und Verfassungsgeschichte aus, daß die Eigenschaften der sich selbstverwaltenden Korporationen hier nicht in erster Linie den Städten zugewachsen sind, sondern den Grafschaften, in die die meisten Städte eingebunden waren."[37]

---

34 Vgl. Ch. Tilly/ W. P. Blockmans (Hg.), Cities; A. K. Isaacs/M. Prak, Cities, 207ff.

35 Vgl. A. M. van der Woude, Noorderkwartier, 94 und 111.

36 Vgl. L. A. de Oliveira Ramos, Portugal, 810.

37 E. Pitz, Untergang, 84f.

Die nord- und osteuropäischen Länder wiesen weniger Städte und auch kein starkes Bürgertum auf. In den skandinavischen Ländern war die geringe Bevölkerungsdichte und die Vorrangstellung hansischer Kaufleute ein Hindernis für die Formierung einer einheimischen Kaufmannschaft. Als die Vorherrschaft der Hanse im 16. Jahrhundert verfiel, exportierte der Adel seine Agrarprodukte in eigener Regie. Auch verfügten die Städte über keine ausgeprägte Selbstverwaltung. In Dänemark waren Vögte (*lensmand*) Vertreter des Stadtherrn in den Kommunen, in Norwegen wurden die Städte seit der zweiten Hälfte des 16. Jahrhunderts direkt der Krone unterstellt.

Die zahlreichen Städte Russlands besaßen keine Autonomie, kein eigenes Stadtrecht und keine überregionalen Marktfunktionen.[38] Das gesamte städtische Leben kontrollierten die Zaren. Im Kreml, einem Burgbezirk vergleichbar, waren die Hauptkirche, die Administration sowie Adelshöfe mit Verteidigungsfunktion angesiedelt. Daneben existierten der *Posad* mit der Masse der Handwerker und anderen Gewerbetreibenden, die eximierten *slobody* der Klöster und des hohen Adels sowie die Dienstsiedlungen von Militärpersonal und staatlichen Handwerkern.[39] Mit der Unterwerfung Novgorods 1478 und Pskovs 1519 verloren deren im Fernhandel reich gewordene Bürger ihre Bedeutung. Nur in den westrussischen Gebieten, wo das Magdeburger Stadtrecht verbreitet war, existierten Siedlungen mit Stadtverfassung, Bürgergemeinde und begrenzter Selbstverwaltung.

Die Osmanen integrierten in den von ihnen unterworfenen oder abhängigen Gebieten Südosteuropas die Städte in ihr Herrschaftssystem. Die Einwohner lebten ethnisch getrennt in eigenen Stadtvierteln. In bulgarischen Städten fanden sich zum Beispiel Viertel der Bulgaren, Türken, Griechen, Juden, Armenier und der Kaufleute aus Dubrovnik, Venedig oder Florenz. Zur Wahrung ihrer ethnischen und beruflichen Interessen bildeten die Nichtmoslems Korporationen, die mit der Zeit ein gewisses Maß an Selbstverwaltung erlangten. Juden und Armenier hatten ihre eigenen Gemeindeorganisationen. Einen etwas spezielleren Status besaßen die fremdländischen Kaufleute (aus Venedig, Genua, Florenz, Ancona und vor allem Dubrovnik).[40] Relativ unabhängig blieben die Handelsstädte an der östlichen Adriaküste, voran Ragusa (Dubrovnik).

Eine sozial-ökonomische und politisch-kulturelle Differenzierung der Städte und ihrer Gesellschaften ergibt sich aus ihren spezifischen Funktionen: als Haupt- oder Residenzstadt, Handels- oder Gewerbestadt, Salz- oder Hafenstadt, Bischofs- oder Universitätsstadt, Verwaltungs- oder Festungsstadt, Berg- oder Ackerbürgerstadt. Diese unterschiedlichen Funktionen prägten ihr wirtschaftliches, politisch-administratives und kulturelles Profil und beeinflussten auch die soziale Struktur.[41]

Es ist üblich, in den Städten zwischen drei Schichten zu unterscheiden. Die Oberschicht rekrutierte sich überwiegend aus alteingesessenen Geschlechtern und aus Aufsteigern, die große Vermögen erwirtschafteten oder über umfänglichen Besitz verfügten. Diese Schicht besetzte den Rat und die Ratsämter. Die Kaufleute schlossen sich in

---

38 Vgl. O. Brunner, Bürgertum, 225ff.
39 Vgl. C. Goehrke, Moskauer Reich, 1049.
40 Vgl. B. A. Cvetkova, Bulgarien, 1178.
41 Vgl. W. Rausch (Hg.), Stadt.

Gilden zusammen. Seit dem 16. Jahrhundert schloss die Oberschicht sich zunehmend ab und regierte autoritär. Da viele, die ihr zuzurechnen sind, Landbesitz erwarben, eine adlige Lebensweise pflegten und die Nobilitierung anstrebten, unterlag sie einem Prozess der „Feudalisierung". Es entstand ein Stadtadel, dessen Mitglieder in Italien als *signore, dominus* oder *nobilis vir* angesprochen wurden. Gelegentlich wurden erfolgreiche Kaufleute oder Handwerksmeister noch in die Oberschicht integriert. Aber solche Chancen verringerten sich.

Zur Mittelschicht zählten hauptsächlich kleine Kaufleute, die große Zahl von Handwerkern und in akademischen Berufen Tätige wie Ärzte, Notare oder Professoren. Ihr Anteil an der städtischen Einwohnerschaft schwankte zwischen 40 und 60 Prozent. Sie versorgten die Bevölkerung und belieferten die regionalen Märkte. Ihnen oblag der Schutz und die Verteidigung der Stadt, und sie pflegten eine volkstümliche Kultur. Die Handwerker schlossen sich in Zünften oder ähnlichen Korporationen zusammen, um gemeinschaftlich ihre Interessen zu vertreten, Fragen der Produktion zu regeln und sich gegen Konkurrenz zu schützen. Manchmal waren Zünfte auch ein Instrument staatlicher Kontrolle über die Handwerke. Spannungen zwischen Zünften oder zwischen ihnen und den städtischen Räten blieben nicht aus. Zünfte der Handwerker gab es fast überall in Europa, aber ihre Kompetenzen waren unterschiedlich definiert. In manchen Ländern wurden sie politisch aktiv, vor allem wenn innerstädtische Konflikte ausgetragen wurden. Im Moskauer Reich oder unter osmanischer Herrschaft fehlten ihnen solche Möglichkeiten.

Die Unterschicht – auch die Mehrzahlform ist sinnvoll und gebräuchlich – umfasste die große Zahl derer, die kein Bürgerrecht oder Vermögen besaßen und großenteils zur Stadtarmut zählten. Ihr Anteil an der städtischen Einwohnerschaft schwankte erheblich und bewegte sich nicht selten zwischen 40 und 60 Prozent. Die Unterschichten rekrutierten sich aus Gesellen, Knechten und Mägden. Neben dem in Haushalten und Werkstätten tätigen Personal fanden sich in großer Zahl Transportarbeiter, die in Häfen, an Handelsplätzen und in Bergwerken beschäftigt wurden. Es handelte sich überwiegend um diejenigen, die ihre Arbeitskraft gegen Lohn verdingten. Auch bevölkerten zahlreiche arme Leute und Bettler die Städte. Der Wegfall der kirchlichen Armenfürsorge in den die Reformation einführenden Städten zwang dazu, neue Regelungen für ihre Versorgung zu finden. Die Gesellen befanden sich – im Vergleich mit anderen Gruppen – in einer günstigeren Situation, da sie sich in Bruderschaften zusammenschlossen, so dass sie ihre Interessen in Grenzen wahrnehmen konnten. Wo sich frühe kapitalistische Produktionsformen oder das Verlagswesen ausbildeten, wurde das Potential der Unterschichten vergrößert, indem ehemals selbständige Produzenten zu lohnabhängigen Arbeitskräften herabgedrückt wurden, wie das beispielsweise im Bergbau und in der Textilbranche geschah.

Das Modell sozialer Schichtung, das einer Dreiteilung folgt, gibt die Realitäten nur unvollkommen wider. Es ermöglicht einen Überblick, aber die tatsächlichen Verhältnisse waren vielfältiger, wie zwei Beispiele zeigen können: In den sechziger Jahren des 15. Jahrhunderts zählte Stockholm etwa 6 000 bis 7 000 Einwohner. Von den Steuerpflichtigen waren 5 Prozent patrizische Kaufleute und 24 Prozent Handwerksmeister. Hinzu kamen die Gesellen und Lehrlinge, Fischer und Träger, Tagelöhner und Prostituierten, ferner die Familien der Steuerpflichtigen, der Klerus, einige Adelsfamilien sowie Soldaten und Personal des Königs. Im Verlauf des 16. Jahrhunderts stieg die Zahl von der Krone beschäftigter Handwerker und Dienstleute erheblich an.[42] Die kleine portugiesische Stadt Alenquer zählte am Ende des 15. Jahrhunderts 23 Prozent Adlige und Herren, 11 Prozent Hersteller von Armbrüsten, Münzer, Goldschmiede und Jäger, 12 Prozent Handwerksmeister, 12 Prozent Müller, Ölmühlenbesitzer und freie Arbeitskräfte sowie 42 Prozent Bauern.[43] Die regionalen Unterschiede und die differierenden sozialen Strukturen sind eklatant.

Von einem europäischen Bürgertum, das überall gleiche Merkmale aufwies, kann nur in Grenzen die Rede sein. Die Städte wiesen verfassungsmäßig einen unterschiedlichen Status, funktional verschiedene Profile und sozialstrukturell erhebliche Diskrepanzen auf. Doch wo Bürger einen Freiraum und Autonomie erstritten, die ihnen eine selbstbestimmte Politik ermöglichten, ist ein spezifisches Kennzeichen europäischer Kommunen und ihres Bürgertums gegeben.

3.4.5 Bauern und ländliche Gesellschaft

Die Bauern bildeten in der gesellschaftlichen Hierarchie den untersten Stand. Das Gefüge ökonomischer und sozialer Beziehungen auf dem Land beruhte auf dem Bodeneigentum eines Grundherrn und der Vergabe des Landes an bäuerliche Produzenten als Besitz zu unterschiedlichen Konditionen. Die Einbindung des Bauern in eine Grundherrschaft (Deutschland), eine *Seigneurie* (Frankreich) oder einen *Manor* (England) wurde „zu einem bestimmenden Merkmal des europäischen Bauerntums; nur ganz vereinzelt können sich freie Bauern in Europa halten. Da als Grundherren fast ausschließlich Adelige (Ritter, Grafen, Fürsten, Könige) und kirchliche Institutionen (Klöster, Hochstifte) in Erscheinung treten, Adel und Kirche dem Bauern also übergeordnet sind, ihm als ‚Herrschaft' gegenübertreten, werden die Bauern als niedrigster Stand, als *‚tiers état'* verstanden."[44]

Der Anteil der ländlichen Einwohner an der gesamten Bevölkerung betrug 80 bis 90 Prozent. Das widerspiegelt auch die Zahl von Tausenden ländlichen Siedlungen. Nach unsicheren Angaben existierten im Reich 130 000 Dörfer, in Frankreich 32 000 (aber 70 000 bis 80 000 Grundherrschaften) und in Ungarn 20 000. Dem relativ geringen Anteil an der Gesamtbevölkerung in den Niederlanden (in Holland waren es 45 bis 60 Prozent) stand die große Zahl Bauern in Agrarländern wie Polen, Ungarn und Russland gegenüber (im Moskauer Reich waren es etwa 95 Prozent).

In ganz Europa gab es Bauern, die überwiegend in feudaler Abhängigkeit lebten, im Dorf und mit dem Boden verwurzelt und in die ständische Gesellschaft eingebunden waren.[45] Ihren Landbesitz bewirtschafteten sie mit der Arbeitskraft ihrer Familie. Sie betrieben Ackerbau, Viehhaltung, Weinbau oder arbeiteten als Dorfhandwerker. An Küsten und Binnengewässern widmeten sich viele dem Fischfang, in Gebirgsregionen der Holz- und Weidewirtschaft und in mediterranen und anderen Küstenlandschaften

---

42 Vgl. G. Dahlbäck, Schweden, 403f.
43 Vgl. L. A. da Fonseca, Portugal, 783.
44 P. Blickle, Bauer, 141.
45 Vgl. W. Rösener, Bauern.

auch der Seefahrt. In einigen Gebieten Südosteuropas entstand ein Soldatenbauerntum, indem bäuerlichen Siedlern die Grenzsicherung übertragen wurde. Privilegierte Wanderhirten übernahmen ebenfalls diese Aufgabe.

Die Situation der Bauern wies regional erhebliche Differenzierungen auf. Das betraf die Größe der Höfe, die Besitzformen und die Rechtsstellung, die Anbauweise und die Marktverbindungen, die Art und Höhe der Belastungen sowie die familiären Strukturen.[46] Nur in wenigen Ländern waren Bauern als politischer Stand berechtigt, an ständischen Versammlungen teilzunehmen. Ihr primäres Problem war die Sicherung der Existenz durch Selbstversorgung. Aber steigende Bedürfnisse und die abgeforderten Leistungen zwangen zur Produktion für den Markt. Das förderte die Kommerzialisierung der Agrarwirtschaft, die in einigen europäischen Regionen im 16. Jahrhundert schon weit fortgeschritten war.[47]

In England wurden mit der „Einfriedung“ (*enclosures*) von „offenem Land“ Weiden für die Schafhaltung gewonnen, um die Nachfrage der Tuchproduzenten nach Wolle zu decken. Die traditionelle Grundherrschaft löste sich auf, bäuerliche Existenzen wurden vernichtet, Arbeitskräfte freigesetzt und ein Reservoir für die gewerbliche Wirtschaft geschaffen. In den Niederlanden und in Ober- und Mittelitalien wurden im Zuge der Spezialisierung und Kommerzialisierung der Agrarwirtschaft ebenfalls feudale Bindungen aufgelöst. In Frankreich wurden die Beziehungen zwischen Grundherren und Bauern weithin durch Pachtverhältnisse geregelt. In den nordischen Ländern existierte eine Schicht freier Bauern. Doch in Dänemark brachte der Adel sie in eine drückende Lage, die gutsherrschaftliche Züge aufwies. Die traditionellen Abhängigkeiten wurden also in manchen Ländern aufgelöst oder umgeformt, blieben aber in großen Teilen Europas erhalten.

Im Zuge dieser Entwicklung differenzierte die Grundherrschaft sich stärker.[48] Im östlichen Europa entstand im Zeichen der Agrarkonjunktur die vom Adel dominierte Gutsherrschaft. Grundeigentümer bauten ihre Eigenwirtschaften aus und erhöhten die Leistungen abhängiger Bauern – von Holstein und Mecklenburg bis Böhmen und Ungarn sowie in den östlich angrenzenden Ländern. Die Kennzeichen waren eine verschärfte Abhängigkeit („neue Leibeigenschaft“) steigende Dienstleistungen (Fron, Robot, *Folwark, Barščina*), die Schollenbindung und die Gerichtshoheit des Gutsherrn über seine Untertanen.

Die Ausbildung dieser Verhältnisse erfolgte seit dem ausgehenden 15. Jahrhundert schrittweise. In Litauen wurde zum Beispiel die Freizügigkeit der Bauern eingeschränkt. Die „Hufenreform“ von 1557 hob die lokale Selbstverwaltung auf. Das Litauische Statut von 1566 setzte für flüchtige Bauern eine Rückführungsfrist von zehn Jahren fest, das Statut von 1588 nahm ihnen dann jedes Recht, über das von ihnen bebaute Land zu verfügen und lieferte sie ihren Herren aus. Die Hufenreform ebnete den Weg zur endgültigen Durchsetzung der Gutswirtschaft mit Fronarbeit.[49]

---

46 Vgl. die informativen Beiträge in dem Band von T. Scott (Hg.), Peasantries.
47 Vgl. ebd., 10ff.
48 Vgl. W. Rösener, Bauern, 137ff.
49 Vgl. C. Goehrke, Litauen, 1069.

In Russland wurde angesichts des Arbeitskräftemangels seit 1581 das Abzugsrecht zum St. Georgstag eingeschränkt und die volle Bindung an die Scholle mit dem Uloženie von 1649 verbindlich. Einen günstigeren Status sicherten sich die „schwarzen Bauern" in den steuerpflichtigen Landgemeinden des Nordens. „Zwar wurden auch sie der Bindung an die Scholle unterworfen, doch da sie der Gutsuntertänigkeit entgingen, im allgemeinen weniger belastet waren, sich die Verfügungsfreiheit über ihren Grund und Boden sowie die in der Mitte des 16. Jh. gesetzlich verankerte Selbstverwaltung in Landgemeinden mit gewählten Organen, Polizeigewalt und niederer Gerichtsbarkeit zu bewahren vermochten, blieben sie besser gestellt als die meisten Bauern auf Erb-, Dienst- oder Klostergütern."[50]

Europa war folglich in der frühen Neuzeit hinsichtlich seiner agrarisch-sozialen Strukturen dreigeteilt: In England, den meisten niederländischen Provinzen sowie in Ober- und Mittelitalien gab es keine feudalen Abhängigkeitsverhältnisse mehr oder sie befanden sich in Auflösung und die Kommerzialisierung der Landwirtschaft schritt voran. Weite Teile West- und Mitteleuropas bildeten eine Zone, in der die grundherrschaftliche Agrarverfassung charakteristisch blieb. In den östlich und südöstlich angrenzenden Gebieten entstanden die für die Bauern drückenden gutsherrschaftlichen Strukturen.

Die ländlichen Siedlungen wiesen – insofern den Städten vergleichbar – eine differenzierte soziale Struktur auf, verursacht hauptsächlich durch den unterschiedlichen Umfang des Bodenbesitzes. Der Vollbauer entsprach traditionell der Vorstellung vom ländlichen Produzenten, dessen Landbesitz so bemessen sein sollte, dass er sich und seine Familie ernähren konnte. Durch Teilung aufgrund des geltenden Erbrechts entstanden aber auch Halb- und Viertelbauern. Schließlich gab es die wachsende Zahl Landarmer und Landloser, die überwiegend Tagelöhnerarbeit leisteten. Für einen Nebenerwerb kamen Holzeinschlag, Fuhrdienste und andere Lohnarbeiten infrage. Zur Dorfbevölkerung gehörten ferner Knechte und Mägde, Viehhirten und Schäfer, Landhandwerker und die einliegenden alten Leute.

Das dreistufige Modell sozialer Gliederung kann auch für das Dorf verwandt werden, obwohl die Differenzierung hier bescheidener als in den Städten ausfiel. Eine kleine Oberschicht, als Dorfehrbarkeit bezeichnet, war wohlhabend und einflussreich im Dorfleben. Eine Mittelschicht umfasste die große Zahl der Bauern, deren Ertrag ausreichte, um die Familie zu ernähren, die aber nur in geringem Maß Überschüsse an den Markt abzugeben vermochten. Zur Unterschicht zählten alle, die über keine Hofstelle verfügten und sich von Tagelöhnerarbeit oder anderen Diensten ernähren mussten. Die Differenzierungen werden in den einzelnen Ländern mit unterschiedlichen Kategorien erfasst: In England wird zwischen dem *yeoman* oder *freeholder* (freier Bauer), dem *tenant* (Pächter) und dem *copyholder* (vom Grundherrn abhängiger Bauer) unterschieden, in Frankreich zwischen dem *laboreur*, dessen Hof die Familienernährung sichern sollte, und dem *journalier*, der zusätzlich Tagelöhnerarbeit verrichten musste, in Russland zwischen dem Freien, der über seinen Besitz verfügte, und dem Unfreien (*cholop*), der mit einem Sklaven verglichen wurde.

---

50 Ders., Moskauer Reich, 1048.

Die Leistungen, die Bauern oblagen, differieren von Land zu Land. Im allgemeinen wurden sie von drei Institutionen beansprucht: erstens dem Grundherrn, der Natural- und Geldrenten sowie mit Hand oder Gespann zu leistende Dienste (letztere machten in den gutsherrschaftlichen Gebieten den Hauptanteil aus) verlangte; zweitens von der Kirche geforderte Zehnten (oder Abgaben in anderer Höhe); drittens von den frühneuzeitlichen Staaten erhobene Steuern. Die Relation zwischen dem Ertrag einer Bauernwirtschaft und den verschiedenen Abgaben oder Dienstleistungen ist schwer zu ermitteln. „Es gibt regionale Berechnungen aus allen Teilen Europas, die es vertretbar erscheinen lassen, als groben Richtwert die Feudalrente auf 30 Prozent des Bruttoertrags eines Hofes zu veranschlagen. Dabei ist zu berücksichtigen, dass der grundherrliche Anteil wegen der häufig fixierten Geldrenten und des langfristigen Geldwertverfalls sinkt, der Anteil des Staates in Form von Steuern wächst.“[51] Die Höhe dieser Leistungen war zwischen Grundherren und Bauern beziehungsweise Staat und Bauern bei jeder Veränderung sowie im Fall von Missernten oder anderen Katastrophen strittig. Sie boten deshalb ein weites Feld für bäuerlichen Widerstand.

Der städtischen Bürgergemeinde entsprach die Dorfgemeinde. Die Zugehörigkeit war an Hofbesitz gebunden. Die Versammlung der Dorfgenossen entschied über alle Belange der Gemeinde und setzte generell die Normen, die das ländliche Zusammenleben regelten. „Auf diese Weise entstanden die Dorfsatzung, die dörflichen Organe (für die Kontrolle der Flur und des Waldes, die Überwachung dörflicher Gemeinschaftseinrichtungen wie Schmiede, Badestube, Taverne, die Aufrechterhaltung des dörflichen Friedens u. a.) und das Dorfgericht. In letzter Verantwortlichkeit gehen Satzungshoheit, Administration und Gerichtsbarkeit auf die Gemeindeversammlung zurück, an der teilzunehmen in der Regel nur die Hofinhaber, die ‚Hausväter‘ berechtigt sind. Die Dorfgemeinde erlässt die lokalen Satzungen, und sie bestimmt durch Wahl oder andere Verfahren, z. T. im Zusammenwirken mit dem Grundherrn, die Amtsträger im Dorf.“[52]

Die Bauernschaft organisierte sich europaweit in Dorfgemeinden.[53] Aber deren Funktionen und Kompetenzen wiesen Unterschiede auf. Ein Vergleich zwischen der Situation im Reich und in den skandinavischen Ländern verweist auf Parallelen und Unterschiede.[54]

Erstens verfügten die Dorfgemeinden in beiden Regionen über die gleichen Institutionen und Kompetenzen. Das gilt für die Gemeindeversammlung, die Administration und die Friedenswahrung. Da jedoch im Norden den Gemeinden die Landesverteidigung, in Mitteleuropa dagegen primär die Organisation der Landarbeit oblag, war ihre Tätigkeit im einen Fall stärker auf das Land, im anderen mehr auf das Dorf bezogen.

Zweitens besteht eine Wechselbeziehung zur Siedlungsstruktur. Im Reich boten geschlossene Dorfformen günstige Voraussetzungen für die Bildung stabiler Gemeinden, während im Norden Streusiedlungen dominierten und eine Ausbildung autonomer

51 P. Blickle, Bauer, 146.
52 Ebd., 144f.
53 Vgl. Communautés; K. S. Bader, Dorfgenossenschaft, 266 ff; H. Wunder, Gemeinde, 80ff.; P. Gunst, Aspekte, V, 4ff.
54 Vgl. St. Imsen/G. Vogler, Communal Autonomy, 41ff.

Gemeinden nicht in dem Maße erfolgte. Die Gemeindeautonomie begünstigte im Reich die Wahrnehmung politischer Interessen, wo sich Landschaften bildeten oder Dorfgemeinden die Landstandschaft innehatten oder anstrebten.[55]

Drittens hatte in den skandinavischen Ländern die Integration der Bauernschaft/Gemeinden in das politische System eine längere Tradition als im Reich. In Norwegen gab es um 1500 eine gegenläufige Tendenz, die sich aber nach der Reformation wieder umkehrte. Im Reich führte der Integrationsprozess nur partiell zu einer Ausbalancierung des Kräfteverhältnisses im beiderseitigen Interesse.

Viertens bestand in den nordischen Ländern ein direkteres Verhältnis der Bauernschaft/Gemeinden zum König (auch als Appellationsinstanz) als im Reich. Die Abstellung von Beschwerden setzte Kooperation voraus, und der „gemeine Mann" vertraute auf Recht und Gesetz. Im Reich standen dagegen zwischen den Gemeinden und dem Herrscher der Grund- oder Landesherr, so dass Direktbeziehungen zur Krone stärker limitiert waren.

Fünftens waren manche Territorien des Reiches anfälliger für Revolten als die skandinavischen Länder. Konflikte wurden im Reich auch eher gewaltsam ausgetragen als im Norden, wo dies nur in Zeiten einer nationalen Krise der Fall war und im 16. Jahrhunderts in den Hintergrund trat.

Auch das Moskauer Reich kannte die Dorfgemeinde (*mir, obščina*), die in einigen Regionen eine begrenzte Selbstverwaltung gewährleistete. Ihre Funktionen sind allerdings umstritten.[56] Sie bestanden wohl hauptsächlich in der periodischen Umverteilung des Landes unter Berücksichtigung der Leistungskraft einer Bauernwirtschaft sowie im Aufbringen der Abgaben oder Steuern.[57] Auch existierten regional nach Form und Kompetenz erhebliche Unterschiede. Sie ergaben sich aus den unterschiedlichen Eigentumsformen auf Staats-, Gutsbesitzer- und Klosterländereien und im sibirischen Kolonisationsgebiet.

Wo Grund- oder Gutsherren die Rechte der Dorfgemeinden beschnitten oder dies beabsichtigten, war die Verteidigung des Herkommens angesagt. Bäuerlicher Widerstand hatte deshalb in der Dorfgemeinde nicht nur einen organisatorischen Rückhalt, sondern verfolgte auch das Ziel, die alten Rechte zu sichern oder zu erweitern. In der frühen Neuzeit verstärkte sich jedoch die Tendenz, Dorfordnungen „von oben", das heißt durch Herrschaftsträger zu setzen, um ihren Einfluss auf die dörflichen Belange zu erweitern. In Gebieten der Grundherrschaft gelang es überwiegend, die Dorfverfassung zu bewahren und im Interesse der Untertanen zu nutzen. In Regionen der Gutsherrschaft war sie weniger stabil und vermochten es Herrschaftsträger eher, Ordnungen zu oktroyieren.

3.4.6 Frauen in der Gesellschaft

Allen Ständen gehörten Frauen in großer Zahl an, und doch ist von ihrer Rolle in der Gesellschaft viel weniger die Rede als von der des männlichen Geschlechts. Das ver-

---

55 Vgl. P. Blickle, Landschaften.

56 Vgl. C. Goehrke, Theorien.

57 Vgl. V. A. Aleksandrov, Obščinnoe zemlevladenie.

zerrte Bild resultiert aus einer „Männersicht" der Geschichte. Dabei fielen Frauen in allen Ständen spezifische und unentbehrliche Aufgaben zu.[58] Der Adelsstand wies herausragende Frauengestalten auf, die als Königin, als Regentin, als Äbtissin oder in einem anderen Rang „ihren Mann" standen. Nicht wenige Frauen traten durch literarische oder künstlerische Leistungen hervor. In Städten und Dörfern waren Frauen eine tragende Säule der Familie, der Handwerksbetriebe und Bauernwirtschaften. Unentbehrlich waren Hebammen, und Ammen fanden auch an Höfen eine Betätigung. Die meisten Frauen, die ihre tägliche Arbeit verrichteten, blieben allerdings anonym, es sei denn, sie wurden kriminalisiert – als Ehebrecherin, als Kindsmörderin, als Hexe. In solchen Fällen wurde ihr Tun öffentlich gemacht, angeprangert und abgestraft. Die „anerkannten" und die „unehrenhaften" Frauenrollen[59] umschließen ein breites Spektrum von Tätigkeiten und Verhaltensweisen.

Die Sozialisation der Frau erfolgte in Familie und Haushalt. In diesem nicht-öffentlichen Bereich war sie an „Herrschaft" beteiligt, wenn man im Haushalt die Grundlage der Stadt- und Dorfgemeinden sieht.[60] Sie war auf die Rechtsgemeinschaft einer Ehe angewiesen, um sich eine Lebensperspektive zu sichern. Sie gebar und erzog die Kinder, versorgte die Familie und führte das Regiment im Haus. Diese Funktionen füllten im Normalfall ihren Tageslauf aus. Da die Mehrheit der Bevölkerung auf dem Land lebte, machten Bäuerinnen, Bauerntöchter und Bauernmägde deren Hauptteil aus.

Die Eheschließung war im allgemeinen die Perspektive einer Frau.[61] Die Chance dazu war am ehesten gegeben, wenn eine Mitgift lockte. Wer unverheiratet blieb, hatte allein für sich zu sorgen.[62] Frauenklöster oder in den Niederlanden und am Niederrhein die Beginenhäuser boten mancher unverheirateten Frau – meist aus angesehener Familie – eine Herberge und ein Feld sozialer Betätigung. Die meisten betroffenen Frauen blieben Dienstboten, fielen unter die „fahrenden Leute" oder wurden Bettlerinnen.

Die Ehe erfuhr in der frühen Neuzeit eine bemerkenswerte Umwertung. In den Ländern, die sich der Reformation öffneten, wurde das Sakrament der Ehe aufgehoben. Sie bedurfte nicht mehr des Segens eines Priesters und galt – so Martin Luther – als ein „weltlich Ding", so dass ein partnerschaftlicher Vertrag möglich wurde. Er konnte in Holland seit 1580 und in England seit 1653 vor staatlichen Institutionen geschlossen werden.

Der mit der Ehe gegebene Rechtsstatus sicherte der Frau allerdings nicht immer gleiche Rechte wie dem Mann.[63] Das betrifft vor allem das Erbrecht und die Gütergemeinschaft. In manchen Ländern war die Frau ein rechtloses Subjekt. Im mediterranen Raum wurden noch in der frühen Neuzeit als Dienstpersonal Sklavinnen beschäftigt, und in manchen von den Osmanen besetzten Gebieten Südosteuropas verfügten Frauen über keine individuellen Rechte und wurde ihre Arbeit gering ge-

58 Vgl. O. HUFTON, Prospect; H. WUNDER, ‚Er ist die Sonn'.
59 Vgl. B. S. ANDERSON/J. P. ZINSSER, Geschichte, 57ff.
60 Vgl. H. WUNDER, Herrschaft, 50ff.
61 Vgl. DIES., ‚Er ist die Sonn', 57ff.; N. BOŠKOVSKA, Frau, 23ff.
62 Vgl. J. M. BENNETT/A. M. FROIDE, Singlewomen.
63 Vgl. U. GERHARD (Hg.), Frauen; N. BOŠKOVSKA, Frau, 311ff.

schätzt. In den byzantinischen Familien Griechenlands wurde von der Frau erwartet, dass sie treu und ergeben ist und im Innern des Hauses lebt. Sie bringt die Kinder zur Welt und erzieht sie, obwohl die Rolle des „Lehrmeisters“ dem Vater zusteht. Im Fall des Todes des Vaters muss ein Richter einen Vormund bestimmen, es sei denn, die Mutter hinterlässt den Kindern eine Erbschaft.[64]

Im Adelsstand war eine öffentliche Karriere im allgemeinen dem Mann vorbehalten.[65] Politik war Männersache, und der Krieg ohnehin. Die meisten Frauen adliger Herkunft mussten vor allem bedacht sein, standesgemäß verheiratet zu werden, um an der Seite des Gatten die Dynastie oder das Haus zu repräsentieren. Von ihnen wurde erwartet, einen Sohn zur Welt zu bringen, um die Kontinuität der Dynastie beziehungsweise des Geschlechts zu sichern. Blieb die Ehe kinderlos oder wurde „nur“ eine Tochter geboren, konnte das für die Ehefrau schlimme Folgen haben. Denn das Unvermögen, einen Sohn zur Welt zu bringen, wurde zum Makel, wie das Schicksal von zwei Gemahlinnen Heinrichs VIII. belegt, und das war kein Einzelfall.

Unter bestimmten Konstellationen oder bei entsprechender Regelung der Thronfolge gelangten manchmal Frauen auf den Thron: zum Beispiel Isabella in Kastilien, Elisabeth I. in England, Maria Stuart in Schottland, Christine in Schweden. Andere fungierten als Regentinnen, zum Beispiel Karls V. Gemahlin Isabella und die Töchter Maria und Johanna in Spanien sowie Katharina von Medici in Frankreich, oder als Landvögtinnen in den Niederlanden. Auch konnten Ehefrauen oder Konkubinen von Herrschern sowie die Sultansmütter im Serail im Hintergrund eine einflussreiche politische Rolle spielen. Diese und weitere Frauen betrieben das Politikgeschäft oftmals mit Tatkraft und Intelligenz.

Doch den meisten in einer Adelsfamilie geborenen Frauen stand ein solcher Weg nicht offen. Manchmal führte er ins Kloster, was als standesgemäße „Versorgung“ galt. Doch im geistlichen Stand und im Kirchendienst hatten Frauen wenig Chancen, in die oberen Ränge aufzusteigen.[66] Wenn eine Nonne Äbtissin wurde, war schon das Ende der Karriereleiter erreicht. Gelegentlich fielen Klosterfrauen durch ihre Gelehrsamkeit auf. Sie gingen literarischen Neigungen nach oder widmeten sich wissenschaftlichen Studien. Die Situation änderte sich mit der Reformation insofern, als die Pfarrersfrau mit dem evangelischen Pfarrhaus ihren Platz in der Gesellschaft fand.[67]

In den Städten reichte das Spektrum weiblicher Sozialisation von der angesehenen Ehefrau eines Patriziers bis zur ehelosen Magd, der Bettlerin und der Prostituierten.[68] Frauen der Oberschicht heirateten meist in ebenbürtige Familien ein, und die Ehefrau eines Ratsmitglieds, eines Kaufmanns oder eines anderen angesehenen Bürgers nahm in der städtischen Gesellschaft einen geachteten Rang ein. Auf Stifterbildnissen in Kirchen und Kapellen fand sie oftmals ihren Platz neben dem Ehemann. Davon unterschied sich erheblich der Alltag der Frau in den zahlreichen Handwerkerfamilien. Arbeitsteilig fiel ihr die Verantwortung für den Haushalt und dem Mann die für die

64 Vgl. H. Antoniadis-Bibicou, Griechenland, 1198.
65 Vgl. B. S. Anderson/J. P. Zinsser, Geschichte, 357ff.
66 Vgl. ebd., 252ff.
67 Vgl. L. Schorn-Schütte, ‚Gefährtin‘, 109ff.
68 Vgl. B. S. Anderson/J. P. Zinsser, Geschichte, 463ff.

Werkstatt zu. Sie verwaltete das Haus, und das hieß, den Tageslauf zu organisieren, die Kinder zu versorgen, das Gesinde – soweit vorhanden – anzuleiten und zu beaufsichtigen und die Erzeugnisse der Werkstatt auf dem Markt zu vertreiben. Ihren materiellen Rückhalt aber bildete der Ehemann. Wenn er starb, war es gängige Praxis, dass die Witwe einen Gesellen heiratete, um den Betrieb weiterzuführen.

Die Städte beherbergten zahlreiche als Dienstpersonal beschäftigte Frauen. Sie blieben in ihrem Dienstverhältnis bis zur Eheschließung, manchmal auch auf Lebenszeit. Andere verdienten ihren Lebensunterhalt als Marktfrauen, als Wäscherinnen, als Hebammen, in den Badstuben oder als Prostituierte in den Frauenhäusern. An den Kirchentüren fanden sich viele bettelnde Frauen ein. Caritative Einrichtungen gewährten ihnen Almosen oder Unterkunft, aber die Aufnahme in ein Alten- oder Armenhaus war an Bedingungen gebunden, so dass stadtfremde Frauen kaum eine Chance besaßen, unterstützt zu werden.

Der Status und die Aufgabenfelder der Frau in der bäuerlichen Familie glichen dem der Handwerkerfrau.[69] Auch ihre Aufgabe war es, Haus und Kinder zu versorgen, aber auch das Vieh und den beim Hof liegenden Garten zu betreuen, Butter und Käse zu bereiten und Bier zu brauen. Manche Bauersfrau war außerdem mit Spinnen oder Weben beschäftigt. Es waren physisch anstrengende Arbeiten, so dass das Tagewerk in einem bäuerlichen Haushalt das beschwerlichste war.

Frauen agierten öffentlich seltener als Männer. Doch manche Situationen korrigieren dieses Bild. Die Reformation wurde von Männern in Gang gesetzt. Die Anliegen, die sie verfolgte, entsprachen indes dem Interesse von Männern und Frauen gleichermaßen.[70] Folglich beteiligten sich viele Frauen an antiklerikalen Aktionen wie Predigtstörungen, Spottprozessionen oder Bilder- und Kirchenstürmen. Andere griffen zur Feder und wandten sich mit Flugschriften an die Öffentlichkeit. Argula von Grumbach wurde am bekanntesten.[71] Da das Leben im Kloster fragwürdig wurde, war manche Nonne bereit, dieses Dasein aufzugeben. Wer sich dazu entschloss, ging allerdings einer ungewissen Zukunft entgegen. Katharina von Bora, die Tochter eines wenig vermögenden sächsischen Adligen, verließ 1523 das Kloster Nimbschen bei Grimma und wurde zusammen mit anderen Nonnen nach Wittenberg gebracht, wo sie im Haus Lukas Cranachs lebte. Im Juni 1525 kam die Ehe mit Martin Luther zustande. Künftig versorgte sie umsichtig den Haushalt und erwarb und verwaltete geschäftstüchtig ein kleines Besitztum.[72] Das war allerdings für die meisten aus dem Kloster austretenden Frauen nicht der normale Weg.

Auch während des deutschen Bauernkrieges 1524/25 engagierte sich manche Frau.[73] Vor allem aber trugen Bäuerinnen in dieser Zeit die Verantwortung für Haus und Hof, wenn ihre Ehemänner mit den Bauernhaufen zogen. Auffällig viele Frauen engagierten sich in den folgenden Jahren in der Täuferbewegung und bezeugten auch angesichts von Verfolgungen standhaft ihren Glauben.[74]

---

69 Vgl. ebd., 129ff.; J. Ehmer/P. Gutschner, Probleme, 315ff.
70 Vgl. Sh. Marshall (Hg.), Women; A. Conrad (Hg.), In Christo.
71 Vgl. S. Halbach, Argula von Grumbach.
72 Vgl. P. Freybe (Hg.), Mönchshure.
73 Vgl. M. Kobelt-Groch, Aufsässige Töchter, 34ff.
74 Vgl. ebd., 64ff.

Frauen mussten immer damit rechnen, belangt zu werden, wenn sie den Konventionen nicht folgten. Das galt für vermeintlichen oder tatsächlichen Ehebruch, für den sie härter als Männer bestraft wurden, auch für die Verbreitung als ketzerisch geltender Lehren und ganz besonders für den Vorwurf der Hexerei. In fast allen europäischen Ländern – von England bis Finnland – wurden in der frühen Neuzeit überwiegend Frauen als Hexen verfolgt und angeklagt, verurteilt und mit dem Tod bestraft.[75]

Den meisten Frauen war der Zugang zu Bildung verwehrt. Gelegentlich ermöglichten Adlige oder Gelehrte ihren Töchtern eine humanistische Ausbildung. Das schlug sich manchmal im Bücherbesitz nieder. In der Büchersammlung Marias von Ungarn fanden sich Schriften von Castiglione, Machiavelli und Erasmus. Maria Stuart beherrschte mehrere Sprachen, und ihre Bibliothek „spiegelte eine Mischung von Interesse am Humanismus (Biondo, Erasmus, Vives) und an volkssprachlicher Literatur wider (hier gab es nicht nur die üblichen Titel von Ariosto und Bembo, sondern auch solche von Du Bellay, Rabelais und Ronsard)."[76]

Manche Frau, die den oberen Schichten angehörte, trat als Autorin hervor.[77] „Der Aufstieg der Volkssprachen setzte die Schranken für weibliche Autoren in Italien, Frankreich, den Niederlanden, England und vielleicht auch anderswo herab. Dies führte in einem solchen Maße zu poetischen Ergüssen, dass es nicht einmal in die Irre führt, zu dieser Zeit von einer ‚Feminisierung' der Renaissance zu sprechen, die sich gleichzeitig mit ihrer Aristokratisierung ereignete."[78] Heraus ragen Lyrikerinnen wie die einem alten Geschlecht entstammende Vittoria Colonna in Rom, die Kaufmannstochter Gaspara Stampa in Venedig oder Margarete von Navarra, Schwester des französischen Königs, die in der Nachfolge Boccaccios das „Heptameron" (1559) verfasste. Manche Frauen übersetzten literarische Werke der Renaissance, andere betätigten sich als Mäzenin oder auch als Malerin. Zu letzteren zählt die Niederländerin Catherina van Hemessen, die Kammerfrau Maria von Ungarns. Ihr Selbstporträt von 1548, das sie beim Malen zeigt, gibt eindrucksvoll ihre Individualität wieder. Bedeutende Malerinnen finden sich auch in Italien und in England.

Einige Frauen nutzten ihre Feder, um auf die Schranken hinzuweisen, die ihrem Geschlecht den Zugang zur Bildung versperren. Die Dichterin Louise Labé, Tochter einer Lyoner Kaufmannsfammilie, erklärte indes selbstbewusst, Männer könnten nicht mehr verhindern, dass Frauen sich der Gelehrsamkeit zuwenden. Kritisch beleuchteten und verteidigten Lucrezia Marinella („*Le Nobilità et eccelenze delle donne*", Der Adel und die Vortrefflichkeit der Frauen, 1591), Modesta Pozzo („*Il Merito della donne*", Das Verdienst der Frauen, 1600) und Marie de Gournay („*Egalité des hommes et de femmes*", Die Gleichheit von Männern und Frauen, 1622) in ihren Schriften die Rolle der Frau in der Gesellschaft.[79]

In allen Ständen stellten Frauen einen großen Anteil. Aber die Männerwelt war ihnen übergeordnet, den Frauen ein dienender Platz zugewiesen. Doch ihre Arbeit für

75 Vgl. D. Unverhau, Die abendländische Hexe, 250ff.; J. Delumeau, Angst, 511ff.; M. Nenonen, Witches, 77ff.; N. Boškovska, Frau, 436ff.
76 P. Burke, Renaissance, 212.
77 Vgl. K. M. Wilson (Hg.), Women Writers.
78 P. Burke, Renaissance, 209.
79 Vgl. ebd., 215.

Familie und Haus, in Gewerbe und Landwirtschaft war unverzichtbar und ihr Beitrag zur Bereicherung der politischen Kultur und des geistigen Lebens respektabel.

3.4.7 Fremde, Minderheiten, Ausgestoßene

Die Angehörigen aller Stände hatten überwiegend einen festen Wohnsitz: Sie lebten in einem Dorf oder in einer Stadt, auf einer Burg, in einem Schloss oder in einem Kloster. Reisen aus geschäftlichen Gründen, die Teilnahme an Kriegszügen, der Besuch einer Universität, eine Pilgerfahrt oder die Wanderschaft von Gesellen endeten nach kürzerer oder längerer Zeit mit der Rückkehr an ihren Wohnort, in ihr Haus, in ihre Familie. Viele Menschen verließen indes aus ökonomischen, religiösen oder politischen Gründen ihre Heimat und lebten als „Fremde" in einem anderen Land. Deren Zahl hielt sich quantitativ in Grenzen, aber viele von ihnen gingen einem ungewissen Schicksal entgegen. Der Aufenthalt in der Fremde konnte befristet sein, wenn es sich beispielsweise um Handwerker oder Künstler handelte, er konnte von Dauer sein, wenn politische oder konfessionelle Verhältnisse das Verlassen der Heimat erzwangen.

Als Fremde galten die Kaufleute, die sich im Ausland aufhielten, sei es im Fondaco dei Tedesci an der Rialtobrücke in Venedig, in den hansischen Kontoren von London bis Novgorod oder an anderen Plätzen. Die englischen *Merchant Adventurers* ließen sich 1496 in Antwerpen nieder und richteten 1611 ihren Hof in Hamburg ein. Andere den wirtschaftlichen Austausch befördernde Gesellschaften unterhielten Faktoreien und Stützpunkte, im Zuge der kolonialen Expansion auch außerhalb Europas. Die Fremden waren manchmal privilegiert und genossen besonderen Schutz, aber sie wurden nicht in die Gesellschaft des Gastlandes integriert.

Künstler fanden an den Höfen Beschäftigung: Bildhauer, Maler, Musiker, Architekten, Festungsbaumeister aus Italien, Deutschland oder den Niederlanden. Bergleute, Artilleristen und auch manche Handwerker waren als Spezialisten in vielen Ländern gefragt und wurden entsprechend entlohnt und manchmal privilegiert. Italienische Glasmacher und Seidenweber wurden im Ausland geschätzt. Genuesen förderten in Lissabon und Sevilla, Deutsche in Venedig, Italiener und Engländer in Moskau den wirtschaftlichen und kulturellen Austausch. Schweizer Söldner wurden von vielen Ländern angeworben, und die Schweizergarde bildete die Leibwache des Papstes.[80]

Abwanderungswellen wurden häufig durch religiöse Intoleranz der Kirchen und Obrigkeiten ausgelöst. Protestanten in Frankreich und in England, Täufer im Reich, Calvinisten in den Niederlanden waren zeitweilig oder für immer zum Verlassen des Landes gezwungen. Letztere ließen sich in größerer Zahl im Westen des Reiches nieder und förderten das Wirtschaftsleben mit ihrem Geld, ihren Geschäftsverbindungen und Produktionserfahrungen. Täufer, die sich in Mähren unter den Schutz toleranter Adliger begaben, gründeten Gemeinwesen, in denen sie gemeinschaftlich produzierten und mit ihren Familien ihrem täuferischen Glauben nachlebten.

Unter den religiösen Minderheiten waren die Juden die zahlreichste Gruppe.[81] Im Wirtschaftsleben erfolgreich, waren sie ständig Verfolgungen und Pogromen ausge-

80 Vgl. H. Kellenbenz, Wirtschaft, 146.
81 Vgl. J. Edwards, Jews.

setzt. Ein Judenprivileg Kasimirs IV. von 1447 in Polen wurde angesichts der antijüdischen Stimmung unter der Geistlichkeit und in den Städten bereits 1454 wieder aufgehoben. Seit 1492 wurden die Juden aus Spanien und Portugal ausgewiesen. Viele ließen sich in Antwerpen und später in Amsterdam nieder. Seit 1515 wurden sie aus dem Königreich Neapel und seit 1597 aus dem Herzogtum Mailand vertrieben. In Venedig wurde 1516 auf der Insel Geto (Gheto) ein abgeschlossenes Judenviertel geschaffen. Dem Beispiel folgten andere europäische Länder. In Rom wies Papst Paul IV. ihnen das Viertel Rione S. Angelo zu. Viele Vertriebene gingen nach Böhmen, Mähren, Polen und Litauen. Prag wurde ein Zentrum ihrer wirtschaftlichen und kulturellen Betätigung und eine Durchgangsstation auf dem Weg nach Osten. Im dänischen Glückstadt siedelten sich portugiesische Juden an, 1641 auch in Altona bei Hamburg, das zudem zur Zufluchtsstätte für Reformierte, Mennoniten, Quäker und Katholiken wurde.

In der Steiermark wurden Juden 1495 und in allen habsburgischen Ländern seit 1520 ausgewiesen. Manche Bankiers knüpften Beziehungen zum Hof. Ein Privileg Maximilians II. von 1567 untersagte dann ihre Vertreibung, und auch Adlige kooperierten mit ihnen. Seit 1571 wurden „hofbefreite" Juden aus wirtschaftlichen Gründen in Wien geduldet. In den osmanischen Gebieten wurde ihre Einwanderung begünstigt, aber sie wurden nicht integriert. In Saloniki existierten 30 Gemeinden mit eigenen Synagogen, Schulen und wohltätigen Einrichtungen, und in Istanbul lebten 1574 etwa 30 000 Juden. Manche ließen sich in den Fürstentümern Moldau und Walachei und nach der Eroberung der Insel Rhodos auch dort nieder. Mit dem Niedergang des osmanischen Reiches verfiel ihre wirtschaftliche Bedeutung.[82]

In allen Ländern, in denen Juden toleriert wurden, verliehen sie Geld (wurden aber wegen angeblichen Wuchers diskriminiert) und widmeten sie sich dem Vieh- und Getreidehandel sowie Trödelgeschäften. Doch sie waren immer wieder Pogromen ausgesetzt, auch 1610 während des Bürgeraufstands in Frankfurt am Main. Manches Land war „judenfrei" und blieb es längere Zeit. Die Schweiz entledigte sich ihrer frühzeitig, und in England wurden sie erst 1657 wieder eingelassen. Die Zigeuner, die seit dem 15. Jahrhundert mit den Osmanen nach Europa kamen, wurden seit 1531 aus England und seit 1561 aus Frankreich ausgewiesen. Doch entsprechenden Weisungen wurde hier und andernorts nicht immer Folge geleistet.

Spanien war zudem mit dem Problem der Moriskos konfrontiert, die in Aragon, Valencia und Westandalusien einen beträchtlichen Teil der Bevölkerung stellten. Nach einem Aufstand in Granada 1502 wurde ihre Vertreibung geplant, vorerst aber nicht praktiziert. Im Jahr 1526 wurde ihnen eine Frist von 40 Jahren eingeräumt, um sich taufen zu lassen. Da diese Praxis fehlschlug, erwirkte der Erzbischof von Granada 1567 eine Verordnung Philipps II., die den Mauren untersagte ihre Sprache zu gebrauchen, ihre Kleidung zu tragen, ihre Riten auszuüben und Waffen zu besitzen. Das löste einen Aufstand aus. Nach dessen Niederwerfung wurden sie über Kastilien verteilt, von der Kirche überwacht und schließlich zwischen 1609 und 1611 vertrieben.

Neben religiösen Minderheiten existierten in den meisten europäischen Ländern ethnische Minoritäten. Nicht immer ist klar, wer zu ihnen zählte. Als Minderheiten

---

82 Vgl. S. Panova, Juden.

lebten Finnen in Schweden, Dänen in Norwegen oder Slawen im Nordosten Deutschlands. Noch vielfältiger war die ethnische Struktur im russischen Reich, und die Osmanen herrschten über Griechen, Armenier, Makedonier, Bulgaren, Albaner und Serben. Hier regierten Muslime über Christen und Juden. Wo Toleranz geübt wurde, war ein friedliches Nebeneinander möglich. Doch die Tendenz war stark, Minoritäten zu bevormunden und Repressalien auszusetzen – sei es aus ethnischen oder religiösen Motiven.

In allen Ländern gab es aus der Gesellschaft Verstoßene, die durch kirchlichen Bann oder weltliche Ächtung ihrer Rechte beraubt wurden. Ihre Zahl war begrenzt, aber die Öffentlichkeit nahm selbstverständlich davon Kenntnis. Betroffen waren hauptsächlich Menschen, die beschuldigt wurden, „ketzerische" Lehren zu verbreiten. Nicht jeder konnte darüber so gelassen hinweggehen wie Martin Luther nach der Verhängung von Bann und Acht durch Papst und Kaiser oder die mit dem Kirchenbann belegten englischen Könige Heinrich VIII. und Elisabeth I. Denn die Ausgrenzung aus der Gesellschaft bedeutete für viele den Verlust der Existenz und des sozialen Ansehens. Massenhaftigkeit nahm die Ketzerverfolgung in den Ländern an, in denen Inquisitionstribunale am Werk waren – in Spanien, aber auch in Italien und zeitweilig in den Niederlanden.[83]

Viel größer war die Zahl derjenigen, die mit dem Makel der Ehrlosigkeit belastet waren.[84] Sie übten Tätigkeiten aus, die als „unehrlich" eingestuft wurden, und das hieß gemäß der Rechtssprache, dass sie keine achtenswerte Standesehre besaßen, obwohl sie meist nützliche Dienste verrichteten. Die „fahrenden Leute", die einen großen Frauenanteil aufwiesen[85], waren auf ihre „Fahrhabe" angewiesen und konnten keine Immobilien erwerben. Zu ihnen zählten Schauspieler und Gaukler, Zigeuner und Marketender, Prostituierte und Quacksalber. Quellen geben zu erkennen, „welche Vielfalt von Lebens- und Existenzformen sich hinter den Begriffen Landstörzer, Vagabunden, fahrendes Volk verbirgt."[86] Zur Plage wurden oftmals nach einem Krieg „gartende Landsknechte", die umherstreiften und die Bevölkerung drangsalierten, oder Bettlerscharen, die Dörfer und Städte heimsuchten. Deshalb wurden immer wieder Mandate gegen „herrenloses Gesindel" erlassen, ohne die Probleme bewältigen zu können. Aus dem Potential der aus einem normalen Leben Geworfenen rekrutierten sich nicht zuletzt Räuberbanden, die auf eigene Faust handelten und Gesetze und Normen missachteten, um ihre Existenz zu sichern. Sie bildeten manchmal Gemeinschaften, in denen sie nach einem eigenen Verhaltenskodex solidarisch handelten.

Es trifft nicht zu, wenn Mandate diese Gruppen generell als „unnütze Leute" charakterisieren. „Fahrende Leute sind unverzichtbar für die Gesellschaft, ganz davon abgesehen, dass sie Unterhaltungsbedürfnisse befriedigen, vom ungarischen Bärenführer angefangen bis zum Pfeifer, der zum Tanz aufspielt, abgesehen auch davon, dass Fahrende die geborenen Nachrichtenübermittler sind, so sind auch im Alltag Dienste und Handreichungen fahrender Leute unerlässlich. Es handelt sich um spezielle Tätigkei-

83 Vgl. M. Hroch/A. Skýbová, Ecclesia Militans; F. Bethencourt, L'inquisition.
84 Vgl. W. von Hippel, Armut, 32ff., 135ff.; B. Roeck, Außenseiter, 66ff.
85 Vgl. Ch. Andersson, ‚Metzen', 171ff.
86 E. Schubert, Mobilität, 125.

ten und Fertigkeiten, die nur im Umherziehen ausgeübt werden können, um ihren Mann zu ernähren. An die wandernden Kesselflicker ist hier ebenso zu denken wie allgemein an die Hausierer."[87]

Das gilt gleichermaßen für die große Zahl derjenigen, deren Tätigkeit als „unsauber" oder „unlauter" galt. Das betraf Müller, Leineweber und Schäfer, vor allem aber Bader, Gerber, Töpfer, Gassenkehrer und Türmer. Ihnen zuzuordnen sind die Menschen, die im Auftrag der Kommunen niedere, als verwerflich geltende Dienste verrichteten, zum Beispiel als Gerichts- und Polizeidiener, Bettelvögte, Leihhausinhaber, Schinder und Henker.

Ein besonderes Problem war die Sklavenhaltung. Sie wurde im 15. Jahrhundert in manchen spanischen Städten, auf Sizilien, in der Toskana und der Provence praktiziert. „Weiße" Sklavinnen und Sklaven wurden von italienischen Kaufleuten in den Häfen des Schwarzen Meeres gekauft. Es handelte sich um Russen, Kaukasier, Tataren, Tscherkessen. Als dieser Handel angesichts des Vordringens der Osmanen schwieriger wurde, traten Bulgaren, Serben und Ungarn an ihre Stelle. Seit 1501 erlaubte die Krone von Kastilien die Einfuhr von Sklaven in die spanischen Besitzungen. Als die „Neuen Gesetze" von 1542 die Indianersklaverei verboten, gewann im Verlauf des 16. Jahrhunderts der Import von Afrikanern um so größere Bedeutung.[88] Obwohl ihr Preis hoch war, waren sie begehrt, da nach verbreiteter Auffassung ihre Produktivität um das Zwei- bis Vierfache höher als die eines Indianers war. Zum wichtigsten Sklavenmarkt wurde Lissabon, da der Sklavenhandel zunächst in der Hand portugiesischer Kaufleute lag, ehe sich andere Länder in dieses „Geschäft" einschalteten.[89]

3.4.8 Kontinuität und Mobilität

Das Modell der nach drei Ständen gegliederten Gesellschaft entsprach in der frühen Neuzeit den Realitäten nur in groben Umrissen. Die scheinbar festgefügten Strukturen wurden durch wirtschaftliche, soziale, politische und konfessionelle Entwicklungen zunehmend durchbrochen. „Bereits während des 16. Jahrhunderts scheint das Dreiständemodell als Deutungsschema der sozialen Realität nicht mehr genügt zu haben, obwohl es auch in den folgenden Jahrhunderten noch begegnet. Die wachsende Differenzierung der Gesellschaft ließ sich mit dem dreigliedrigen Ordnungsmodell kaum mehr angemessen beschreiben."[90]

Charakteristisch für die frühe Neuzeit waren die sich verstärkende Differenzierung innerhalb der einzelnen Stände, der Aufstieg einzelner Personen oder kleiner Gruppen in einen höheren Stand und die fortschreitende Ausgrenzung einer wachsenden Zahl von Menschen aus dem traditionellen Gefüge. Diese Prozesse führten zwar noch nicht zur Auflösung der Ständeordnung, aber sie verweisen auf deren unaufhaltsame Transformation. In England ermöglichte kommerzielle oder gewerbliche Tätigkeit noch den Aufstieg in höhere Ränge. Im osmanischen Reich genügte der Besuch einer theologi-

---

87 Ebd., 128.
88 Vgl. P. Manning (Hg.), Slave Trades.
89 Vgl. H. Kellenbenz, Wirtschaft, 156.
90 P. Münch, Grundwerte, 67.

schen Schule, um in der Verwaltungshierarchie einen Platz zu finden. Da das Moskauer Reich starre ständische Grenzen nicht kannte, war hier die soziale Mobilität ausgeprägter als in anderen Ländern Europas. Die Grenzen zwischen den Ständen wurden durchlässiger, aber es gab zeitweilig auch gegenläufige Tendenzen.

Die Zahl der Menschen wuchs, deren gesellschaftliche Stellung nicht mehr von den tradierten ständischen Merkmalen und Normen abhängig war. Der Realität kam Christophorus Lehmann in seinem *„Florilegium Politicum“* (Politischer Blumengarten, 1637) mit dem Urteil nahe: „Man muß den Schuh nach dem Leisten machen. Drumb muß man viel Leisten haben. Ordnung muß man nach den Leuten richten und nicht die Leut nach der Ordnung.“[91]

Wandlungen ergaben sich im besonderen aus der Formierung der frühneuzeitlichen Staaten, der Ausbildung kapitalistischer Beziehungen mit ihren sozialen Folgen, den von Renaissance und Reformation ausgelösten Entwicklungen, den sich verändernden Bildungsanforderungen und Arbeitsprozessen.[92] Die einzelnen Stände waren davon in unterschiedlichem Maß betroffen. Der Adel festigte nach der Überwindung krisenhafter Situationen seine Stellung, vor allem dort, wo er in die staatlichen Strukturen integriert wurde oder im Zuge der Ausbildung der Gutswirtschaft sich wirtschaftlicher Tätigkeit zuwandte. Wie unterschiedlich die Entwicklung dennoch verlief, zeigen Dänemark und Schweden. In Dänemark war der Adel im 16. Jahrhundert ein geschlossener Stand. Da Personen aus anderen Schichten nicht aufgenommen wurden, ging seine Zahl um 25 Prozent zurück und umfasste Mitte des 17. Jahrhunderts nur noch 154 Familien. In Schweden dagegen zählte der Adel etwa 500 Männer, und es gab einen Austausch mit der oberen Schicht des Bauernstandes. Um 1650 erfolgten zahlreiche Nobilitierungen, indem Angehörige der städtischen Oberschicht aufgrund ihrer Verdienste in Armee und Verwaltung geadelt wurden, und auch ausländischen Unternehmern, die in Schweden tätig waren, wurde diese Rangerhöhung zuteil.

Die Einbindung der Stände in das frühneuzeitliche Gefüge von Hof, Verwaltung, Militär und Kirche trug teils dazu bei, die alten Strukturen zu festigen, teils aber auch, sie zu verändern. Die Integration und Disziplinierung des Adels erfolgte durch die stärkere Bindung an Hof und Armee, die der bürgerlichen Schichten durch Nutzung ihrer Fähigkeiten in der Verwaltung, als Berater und Geldgeber von Fürsten, als Lieferanten der Höfe und Armeen. In den Reformationsländern wurde die neue Geistlichkeit in das obrigkeitliche Kirchenregiment eingebunden.

Veränderungen im Gesellschaftsgefüge ergaben sich auch aus der Polarisierung von Reichtum und Armut. Eine größere Zahl von Menschen fiel aus den ständischen Bindungen heraus und existierte besitz- und arbeitslos am Rand der Gesellschaft. Mit dem frühen Kapitalismus und dem Entstehen eines Kapital-Arbeit-Verhältnisses entstand eine Schicht von Lohnarbeitern, die keinen ständischen Normen mehr unterlag. In großer Zahl waren sie vor allem im Bergbau und in den Textilgewerben anzutreffen. Die sich hier abzeichnenden Transformationen weisen auf ein frühes Stadium der Klassenbildung hin, da für viele Menschen der Lohn als Entgelt für den Verkauf ihrer Arbeitskraft zum Kriterium ihrer sozialen Stellung wurde.

---

91 Ders., Ordnung, 140.
92 Vgl. H. Kellenbenz, Wirtschaft, 156ff.

Zu allen Zeiten forderte die Ständeordnung auch zur Kritik heraus: Kritik an der privilegierten Stellung des Adels, dem vermeintlichen oder tatsächlichen Wohlleben und Müßiggang der Geistlichkeit, der Gewinnsucht von Bürgern, der scheinbaren Tölpelhaftigkeit und Unvernunft der Bauern. Ob berechtigt oder nicht, manifestierte sich darin der Unwille, eine unvollkommene Ordnung nicht länger hinzunehmen. Kritiker bemühten immer wieder das Ideal gesellschaftlicher Gleichheit und Gerechtigkeit. Genährt wurde diese Vorstellung vom Evangelium, dem zufolge Gott alle Menschen gleich geschaffen habe. Die Gesellschaft nach diesem Grundsatz einzurichten, war illusionär. Aber die kritische Haltung gegenüber der als ungerecht empfundenen hierarchischen Ständeordnung förderte alternatives Denken und stimulierte Widerstand.

3.5 Reformationsbewegungen und Gesellschaftskonflikte

3.5.1 Ständische Gesellschaft und Konfliktpotential

Die frühneuzeitliche Gesellschaft war arbeitsteilig geordnet. Die jeweils spezifische Funktion eines Standes führte zu gegenseitiger Abhängigkeit und notwendiger Zusammenarbeit. Aber die einzelnen Stände wurden von differierenden Interessen geleitet, waren ungleich in ihrer Rechtsstellung und ihren Belastungen und vermochten politischen Einfluss nicht im gleichen Maß auszuüben. Die Divergenzen bargen Konfliktstoff, der latent stets präsent war und unter bestimmten Bedingungen zu offenen Konfrontationen zwischen verschiedenen Ständen oder auch innerhalb eines Standes führte. Sie wurden manchmal auf dem Rechtsweg, vor allem aber in Gestalt von Adelsfronden, Rebellionen, Aufständen oder Bauern- und Bürgerkriegen ausgetragen. Das heißt: „Aufruhr" ereignete sich in vielerlei Gestalt und unterschiedlicher Intensität. Neben in Kriegsform ausgefochtenen zwischenstaatlichen Auseinandersetzungen wurden auch zahlreiche gesellschaftliche Konflikte gewaltsam ausgekämpft.

In der frühen Neuzeit waren Konfrontationen innerhalb des Adels oder in den Stadtgemeinden, zwischen Bauern beziehungsweise Stadtbewohnern und Adel oder Geistlichkeit, zwischen Untertanen und Obrigkeiten eine allgemeine Erscheinung. Soziale, politische oder religiöse Konflikte wurden nicht in allen Ländern Europas gleichermaßen offen ausgetragen. Dennoch war der Widerstand von Ständen oder Untertanen gegen Obrigkeiten, gegen feudale, kirchliche oder staatliche Belastungen, gegen fremde Herrschaft, für die Verteidigung traditioneller Rechte, die Verbesserung der sozialen Lage, die Verteidigung eines Territoriums oder die Teilhabe an Herrschaft ein Signum der frühen Neuzeit.

Wo ein Konfliktpotential existierte, waren unterschiedliche Interessen im Spiel, und zwar abhängig davon, welche Stände oder gesellschaftlichen Kräfte involviert waren. Die Ursachen solcher Konflikte waren vielfältig: Es konnten ökonomische Entwicklungen sein, die Existenzunsicherheit heraufbeschworen oder die Lebensbedingungen vieler Menschen empfindlich verschlechterten; die Intensivierung von Herrschaft, die für die Untertanen negative Folgen wie Steuererhöhungen und andere Belastungen mit sich brachte; die Einschränkung von Rechten oder Privilegien, die für einzelne Stände nachteilige Folgen zeitigte; religiöse und kirchliche Missstände, die eine Reform von Kirche und Gesellschaft stimulierten.

Die Aktionen zur Konfliktbewältigung wiesen räumlich unterschiedliche Dimensionen auf. Ging es um eine Reform von Kirche und religiösem Leben, konnte eine Bewegung ein ganzes Land oder größere Regionen erfassen. Bäuerliche Rebellionen oder Aufstände wurden von mehreren Dorfgemeinden oder einer größeren Region getragen. Streiks von Bergleuten oder Gesellen konzentrierten sich auf den Ort, an dem sie arbeiteten. Wurden gemeinsame Interessen angesprochen, kam gelegentlich auch ein Zusammenwirken zustande, beispielsweise von Bauern und Städtebürgern. Auch gerieten einzelne Regionen Europas zu verschiedenen Zeiten stärker in den Blickpunkt als andere. Die Summe dieser Aktionen verweist indes auf eine europäische „Widerstandstradition und Konfliktkontinuität".[1]

Breit gefächert wie das Spektrum der Formen des Konfliktaustrags waren die Anlässe, Motivationen, Trägergruppen, Verläufe und Resultate der Aktionen. Nicht alle Anliegen und Forderungen, die ins Zentrum rückten, waren neu. Manchmal waren sie schon vorher relevant. Das demonstrieren städtische Aufstände, in denen die Bürgerschaft die kommunale Autonomie verteidigte oder die Opposition die Beteiligung am Stadtregiment anstrebte. Das gilt auch für bäuerliche Revolten, die für das „alte Recht" stritten.

Als Ständekonflikte können Auseinandersetzungen gelten, die zwischen Gruppen eines Standes oder zwischen verschiedenen Ständen ausgefochten wurden. Um Volkswiderstand handelte es sich, wenn Aktionen, von nicht privilegierten Ständen oder Schichten ausgingen und sich gegen geistliche oder weltliche Herrschaft, Grundherren oder patrizische Räte richteten. In diesem Fall konnten auch Schichten aktiv werden, die keinen Platz mehr im ständischen Gefüge hatten.

In Summa: „Die innere Staatsbildung war nicht anders als die äußere und die damit einhergehende Geburt des neuzeitlichen Mächteeuropa von gewaltigen Erschütterungen begleitet .... Europa trat daher ausgangs des Mittelalters in eine lange Phase verdichteter inner- wie zwischenstaatlicher Gewalt ein."[2]

3.5.2 Reformatorische Bewegungen

Die reformatorischen Lehren lösten Bewegungen aus, in denen sich nicht nur einzelne Stände oder Schichten engagierten: Die ganze Gesellschaft nahm pro oder contra Anteil oder wurde von den Wirkungen berührt. Von der Residenz- und Universitätsstadt Wittenberg ging 1517 der Impuls aus, der in wenigen Jahren Menschen in vielen Städten, Dorfgemeinden und Territorien im Reich in seinen Bann zog. Bald wurden evangelische Lehren in anderen europäischen Ländern generell oder partiell rezipiert und die reformatorische Bewegung – lutherisch, zwinglianisch oder calvinistisch orientiert – zu einem internationalen Ereignis.[3]

---

1 P. Blickle, Unruhen, 45f. (hier allerdings auf das Reich bezogen).
2 H. Schilling, Krieg , 14.
3 Vgl. E. Iserloh/J. Glazik/H. Jedin, Reformation; J. Rogge, Anfänge; H. Kirchner, Reformationsgeschichte; E. Koch, Das konfessionelle Zeitalter.

Als Martin Luther 1518 seine „*Resolutiones disputationum de indulgentiarum virtute*“ veröffentlichte, war zu lesen: „Die Kirche braucht eine Reformation, und das ist nicht die Sache eines einzelnen Menschen, weder des Papstes noch vieler Kardinäle, ...sondern der ganzen Welt, ja Gottes allein. Er kennt allein die Zeit dieser Reformation, der die Zeiten festlegt.“[4] Zwei Jahre später, als Luther sein Pamphlet „An den christlichen Adel deutscher Nation von des christlichen Standes Besserung“ vorlegte, lag dem vorgetragenen Reformprogramm die Einsicht zugrunde, dass die Zeit für Veränderungen gekommen sei, und er sah sich vor die Aufgabe gestellt, diese Reformation zu befördern.

Eine „Weltwirkung“ war nicht Luthers Absicht, aber das Einwirken auf die „Welt“ war in der Sache begründet. Ihn bewegte die Frage, wie die in Sünden verstrickten Menschen erlöst werden können. Er fand die Antwort im Glauben an die Erlösung durch den Opfertod Christi, der ohne Verdienst geschenkten Gnade Gottes, der Rechtfertigung *sola gratia* (allein aus Gnade). Was Luther als Heilsweg entdeckte, wies allen den Weg, die daran glaubten. Insofern implizierte seine reformatorische Theologie eine Ausstrahlung über Ländergrenzen hinweg. Sie kam überall dort zur Wirkung, wo Christen nach Antwort auf sie bedrängende Fragen suchten.

Auch andere Reformatoren beanspruchten, alle Menschen anzusprechen. Thomas Müntzer verwies auf die „weltweite“ Dimension der Reformation im November 1521 in seinem Prager Sendbrief, als er die Böhmen aufforderte, sie sollten mit Fleiß das lebendige Wort Gottes studieren, „durchs welchs werdet yhr selber sehen, horen, greiffen, wie die gantze welt dorch dye touben pfaffen vorfurt ist. Hilff mir vmb des bluts Christi willen, widder solche hoche feinde des glaubens zcu fechten! Ich wil sie fur ewern augen in dem geist Helie zcu schanden machen. Dann in ewern lande wirt dye newe apostolische kirche angehen, darnach uberall.“[5]

Die Reformation war ein internationales Phänomen, weil die ganze Christenheit angesprochen wurde. Sie war es aber auch, weil die römische Kirche eine universale Institution und ein Faktor der internationalen Politik war. Wenn es um konkrete Reformschritte ging, dann galten Aktivitäten und Entscheidungen einer Stadt, einem Territorium, einem Land. Denn wenn Neuerungen institutionalisiert werden sollten, waren geistliche und weltliche Obrigkeiten zum Handeln veranlasst und die kirchlichen und politischen Grenzen zu respektieren.

Die Verbreitung der reformatorischen Theologie setzte Kommunikation voraus. Viele Männer lernten Luthers Lehre als Studenten oder Besucher in Wittenberg kennen und setzten sich später in ihrer Heimat für deren Verbreitung ein: Matthias Dévai in Ungarn, Johann Crato in Polen, Hans Tausen in Dänemark, Olaus Petri in Schweden, Michael Agricola in Finnland, William Tyndale und Robert Barnes in England. Möglichkeiten bot auch das geschriebene Wort. Luther, Philipp Melanchthon, Jean Calvin, Heinrich Bullinger, Martin Butzer und andere Reformatoren korrespondierten mit Persönlichkeiten in vielen Ländern. Sie ließen ihnen Informationen zukommen, vermittelten Erfahrungen und erteilten Ratschläge.

Die größte Bedeutung erlangten indes die Druckschriften. Sie waren das Kommunikationsmittel, das die Entfaltung der reformatorischen Bewegungen am nachhaltig-

---

4 M. Luther, Werke, 1, 627.
5 Th. Müntzer, Schriften, 504.

sten beeinflusste. Luther wusste, warum er den Buchdruck schätzte: „So hatt vns Gott die druckerey dartzu geschenckt, *praecipue ad premendum papam*" (vornehmlich zur Verdrängung des Papstes).[6] Nach dem Erscheinen einer ersten Sammelausgabe von Luthertexten 1518 in Basel schrieb ihr Bearbeiter, der humanistische Theologe Wolfgang Capito, im Februar 1519 an Luther, seine Schriften seien in Italien und Frankreich, in Spanien und England bekannt.[7] Er hätte auch Böhmen, Polen und weitere Länder hinzufügen können. Über den deutschsprachigen Raum hinaus wirkten in erster Linie die lateinischen Texte, die von Theologen und Gelehrten zur Kenntnis genommen wurden. Wenn andere Kreise angesprochen werden sollten, bedurfte es der Vermittlung oder der Übersetzung in die Volkssprachen. Eine Flugschriftenliteratur, wie sie aus dem Reich bekannt ist, fehlte in diesem Umfang in anderen Ländern.

Als Druckort von Lutherschriften außerhalb der deutschen Territorien nahm Antwerpen mit 56 Nachdrucken und Übersetzungen den ersten Platz ein.[8] In den Niederlanden – und wohl auch andernorts – interessierte man sich für Luther „hauptsächlich als den reformatorischen Theologen und Denker, nicht als den praktischen Reformator und als gesellschaftspolitische Figur."[9] Übersetzungen erfolgten demzufolge selektiv. Das Interesse galt vor allem reformatorisch-theologischen Themen, nicht den liturgischen und polemischen Schriften. Wesentliche Teile von Luthers Lehre und Programm wurden folglich nur fragmentarisch oder überhaupt nicht rezipiert, zum Beispiel die an den Adel gerichtete Reformschrift, die Pamphlete zum Bauernkrieg, über den Wucher oder den Krieg gegen die Türken.

Bibelübersetzungen[10] orientierten sich an der Lutherbibel, aber auch an anderen Vorlagen. Übertragungen in die Volkssprachen erschienen schon vor Luthers Septembertestament von 1522 und der Vollbibel von 1534. Doch wuchs das Verlangen, die Texte breiteren Schichten zugänglich zu machen. Im Rückblick schrieb Luther in der Vorrede zum ersten Band der Wittenberger Ausgabe seiner Schriften von 1539: „Auch ist das unser meinung gewest, da wir die *Biblia* selbs zu verdeutschen anfiengen, das wir hofften, Es solt des schreibens weniger und des studierens und lesens in der Schrift mehr werden."[11] Manchmal bot seine Verdeutschung der biblischen Schriften die Grundlage für Übertragungen in andere Sprachen. Aber auch die *Vulgata*, das Neue Testament in der Edition von Erasmus oder andere Ausgaben dienten als Vorlage. Miles Coverdale benutzte zum Beispiel für seine englische Übersetzung des Alten Testaments von 1535 neben der Lutherbibel Ausgaben, die Zwingli, Leo Jud, Sebastian Münster und William Tyndale besorgten.[12]

Manchmal wurden Luthers Theologie und sein Reformprogramm in Gänze rezipiert, zum Beispiel von William Tyndale und Robert Barnes.[13] Öfters wurden sie situationsbedingt aufgenommen, weil die Interessen der Rezipienten das nahelegten. Als

---

6 M. Luther, Werke, Tischreden, 4, 437.
7 Ders., Werke, Briefwechsel, 1, 335f.
8 Vgl. J. Benzing, Lutherbibliographie; H. Claus/M. A. Pegg, Ergänzungen.
9 A. N. Čistozvonov, Lutheraner, 399.
10 Vgl. A. Krause, Bibelübersetzungen, 87ff.
11 M. Luther, Werke, 50, 657.
12 Vgl. P. H. Vogel, Bibeldrucke, 53ff.
13 Vgl. J. E. MacGoldrick, Connection.

Marcin Krowicki Ende 1553 in Wittenberg Luthers Schrift „An den christlichen Adel" kennenlernte, verfasste er ein analoges Manifest für eine Reformation in Polen: „Christliches und klägliches Ermahnen ... an alle, damit sie Herrn Jesus Christus annehmen".[14]

Allgemeingut der reformatorischen Bewegungen wurden die Rechtfertigung des Sünders durch den Opfertod Christi, die Autorität der Schrift und die Gegnerschaft zum Papsttum. Doch die Lehre von den Sakramenten, der Trinität, dem Willen, das Verhältnis von Gesetz und Evangelium, von Kirche und Obrigkeit, von Gehorsamspflicht und Widerstandsrecht wurden unterschiedlich interpretiert, waren heftig umstritten und führten zu Spaltungen.

Viele Theologen, Gelehrte und Politiker folgten nicht Luther, sondern interpretierten das Evangelium auf eigene Weise. Luther ließ sich streitbar auf solche Auseinandersetzungen ein.[15] Aus den konkurrierenden reformatorischen Strömungen gingen mehrere evangelische Kirchen und Bekenntnisse hervor. Es gab schließlich Lutheraner, Zwinglianer und Calvinisten beziehungsweise Reformierte, Anglikaner und Puritaner, Antitrinitarier, Täufer und Böhmische Brüder sowie die sich erneuernde katholische Kirche. Radikale Gruppen wurden oftmals ausgegrenzt.[16]

Die Entscheidung für ein evangelisches Bekenntnis wurde manchmal von ethnischen Gegebenheiten beeinflusst. In Siebenbürgen nahm die sächsische Bevölkerung die lutherische Reformaton an, der Adel das lutherische oder das calvinistische Bekenntnis. Die ungarischen Bewohner schlossen sich den Calvinisten oder den Antitrinitariern an. Inseln des Katholizismus bildeten manche Adelsfamilien und ein Teil des Szekler Landes. Auch in baltischen und polnischen Städten, in Nordböhmen und Ungarn rezipierte die deutsche Bevölkerung die lutherische Reformation. Andere Bevölkerungsschichten entschieden sich für ein anderes evangelisches Bekenntnis oder verblieben bei der katholischen Kirche. Das Ergebnis war in manchen Ländern ein konfessioneller Pluralismus, in anderen wurden auf der Grundlage des obrigkeitlichen Reformationsrechts monokonfessionelle Verhältnisse erzwungen.

Das Rezeptionsverhalten wurde zudem von vorreformatorischen Traditionen beeinflusst: von Wiclif und den Lollarden in England, dem Hussitismus in Böhmen oder der *Devotio moderna* in den Niederlanden. Auch beeinflusste die Kirchenkritik von Humanisten das Verhalten – in der Schweiz, in Frankreich, in England zum Beispiel. Diese Traditionen bereiteten den Boden für die Aufnahme evangelischer Lehren. Manche Länder waren dadurch vorgeprägt und reflektierten die reformatorische Theologie im Geiste dieser Traditionen. In Böhmen zum Beispiel lebte die hussitische Tradition in Gestalt des Utraquismus fort. Aus der „Begegnung" von lutherischer Reformation und Utraquismus ging dieser gestärkt hervor. „In ganz grundsätzlicher Art ... verhalf die deutsche Reformation dem Utraquismus zur Regeneration. Sie gab ihm teilweise seinen ehemaligen Inhalt zurück, zugleich aber war von ihr keine Radikalisierung zu befürchten."[17]

---

14 Vgl. J. Tazbir, Stellung, 443.

15 Vgl. M. U. Edwards, False Brethren; Ders., Battles.

16 Vgl. H.-J. Goertz/J. M. Stayer (Hg.), Radikalität.

17 K. Kaiserová, Widerhall, 461.

Der reformatorische Prozess führte in den europäischen Ländern unter dem Einfluss der jeweiligen kirchlich-religiösen, gesellschaftlichen und politischen Gegebenheiten zu unterschiedlichen Resultaten.[18] In manchen Fällen erfolgte die Annahme eines evangelischen Bekenntnisses und die Ausbildung einer entsprechenden Kirchenorganisation im Einvernehmen mit den Obrigkeiten (Territorien im Reich, Schweizer Kantone, Skandinavien, England). Manchmal dominierte ein Bekenntnis, ohne „Staatskirche" zu werden (Niederlande) oder wurde das Nebeneinander reformatorischer Bekenntnisse durch geübte Toleranz abgesichert (Polen, Siebenbürgen, Ungarn). In anderen Fällen wurden zeitweilig starke reformatorische Einflüsse zurückgedrängt (Frankreich) oder verkümmerten angesichts ständiger Bedrohung und Verfolgung (Habsburgische Länder, Italien, Spanien). Schließlich gab es eine verdeckte Rezeption reformatorischer Lehren, die gesellschaftlich nicht relevant wurde (Russland). In allen Ländern gab es zudem eine katholische Minorität oder Majorität.

Diese Resultate waren das Ergebnis eines anhaltenden Ringens um die Erneuerung der Kirche mit gravierenden Folgen für die Gesellschaft. Konflikte ergaben sich einerseits aus der Konfrontation der reformatorischen Bewegungen mit der römischen Kirche oder mit nicht kooperationswilligen Obrigkeiten, andererseits aus den differierenden Interessen der reformatorischen Bewegungen.

Die Universitäten Paris und Louvain verurteilten Luthers Lehre als ketzerisch, als sie das Ergebnis der Leipziger Disputation beurteilten. Seine Schriften und die seiner Mitstreiter wurden in vielen Ländern verboten und vernichtet, auch manche seiner frühen Anhänger – meist Augustinermönche – verfolgt und verbrannt. Die Ketzergerichtsbarkeit wurde auf die protestantischen Bewegungen ausgeweitet. Evangelische Theologen und Prediger wurden aus unterschiedlichen Gründen von ihren Wirkungsstätten vertrieben. Jean Calvin musste Genf eine zeitlang verlassen, Martin Butzer wurde aus Straßburg vertrieben und ging nach England. Viele Prädikanten, die für die Reformation wirkten, erlitten ein gleiches Schicksal. Schon vor der „Gegenreformation" waren altgläubige Kräfte bemüht, reformatorische Einflüsse – auch unter Anwendung von Gewalt – fernzuhalten.

Angesichts der Verquickung religiöser und politischer Interessen entstand immer wieder die Gefahr gewaltsamer Zusammenstöße.[19] Wenn Konflikte nicht mit anderen Mitteln kanalisiert wurden, waren manchmal „Religionskriege" die Folge – von den Kappelerkriegen in der Schweiz und dem Schmalkaldischen Krieg im Reich bis zu den „Religionskriegen" in der zweiten Hälfte des 16. Jahrhunderts in Frankreich und den Niederlanden.[20] Auch Bauernerhebungen in den österreichischen Ländern waren davon geprägt. Wo Intoleranz herrschte, kam Gewalt auf beiden Seiten ins Spiel. Um solche Konfrontationen abzubauen, gewann das Ringen um Tolerierung an Gewicht.[21] Um so bedeutsamer war es, dass in einigen Ländern schon frühzeitig Toleranz geübt wurde, zum Beispiel in Polen.[22]

---

18 Vgl. die Darstellung in den Länderkapiteln.
19 Vgl. H. Schilling, Glaubenskriege, 123ff.
20 Vgl. Ph. Benedict u. a. (Hg.), Reformation.
21 Vgl. O. P. Grell/B. Scribner, Tolerance.
22 Vgl. J. Tazbir, Toleranz.

Heftige Konflikte blieben auch zwischen den reformatorischen Strömungen nicht aus. Auseinandersetzungen innnerhalb der evangelischen Bewegung reichen bis in die Anfänge der Reformation zurück. Die Konflikte zwischen Luther und Karlstadt, Luther und Müntzer, Luther und Zwingli oder Luther und Erasmus signalisieren die Probleme, die aus dem differierenden Schriftverständnis herrührten. Solche Dispute führten auch andere Reformatoren oder von ihnen repräsentierte Strömungen, seien es nun Täufer, Antitrinitarier oder Humanisten.

Luthers erstes Auftreten war eine Initialzündung. Doch die Rezeption seiner Lehre markierte manchmal nur ein Durchgangsstadium – zum Zwinglianismus, zum Calvinismus oder zum radikalen Dissentismus. Mit Zwingli fand Luther keinen Konsens, und auch während des Wirkens seines Nachfolgers Heinrich Bullinger blieb das Konkurrenzverhältnis bestehen. Doch der Zwinglianismus prägte zeitweilig in mehreren europäischen Ländern das Profil der Reformation.[23] Er war die Brücke, über die später Calvin gehen konnte. Seine Lehre beeinflusste den Gang der Reformation in weiten Regionen des mittleren und westlichen Europa.[24] Der reformatorische Prozess widerspiegelt insofern ein stufenweises Fortschreiten. Das sahen schon manche Zeitgenossen so. Die polnischen Antitrinitarier meinten, Luther habe als erster die Hand gegen den babylonischen Turm des Antichrist erhoben: Er trug das Dach ab, Zwingli und Calvin vernichteten die Mauern, die Antitrinitarier zerstörten die Fundamente.[25]

Die Wirkungen der Reformationen – wenn sie erfolgreich verlief – waren vielgestaltig: Sie betrafen die Gläubigen und die Kirche, die Stände und Staaten, Politik und Wirtschaft, Mentalität und Kultur.[26] Sie kulminierten in der Entlastung der Gewissen von Sündenangst, im Bruch mit dem Papsttum und der römischen Hierarchie, in der Auflösung der Kircheneinheit und der Konstituierung „nationaler" Kirchen, in einem Eigentumstransfer großen Ausmaßes durch die Säkularisation, in der Relativierung des universalen Anspruchs der katholischen Kirche.

Solange Zwingli, Luther und Calvin lebten, waren noch nicht alle Entscheidungen gefallen, die den reformatorischen Prozess unumkehrbar machten. Mit der Veranstaltung von Religionsgesprächen und dem seit langem erwarteten Konzil wurde noch versucht, die Kircheneinheit wieder herzustellen. Doch alle derartigen Bemühungen scheiterten. Der Weg zur Konfessionalisierung zeichnete sich schon ab, als während des Augsburger Reichstags 1530 verschiedene evangelische Bekenntnisschriften vorgelegt wurden, denen in den folgenden Jahrzehnten weitere in anderen Ländern folgten. Sie fixierten Glaubensnormen, die für die Gläubigen der Konfessionskirchen verbindlich waren und die Konstituierung eigenständiger Kirchen anzeigten.[27]

Die gesellschaftliche Dimension der reformatorischen Bewegungen stellt sich in den europäischen Ländern unterschiedlich dar. Sie konnten systemsprengend oder systemstabilisierend wirken. Im Reich wurde eine revolutionäre Bewegung stimuliert,

---

23 Vgl. G. W. LOCHER, Zwinglische Reformation, 621ff.
24 Vgl. W. St. REID, Calvin; A. PETTEGREE u. a. (Hg.), Calvinism.
25 Vgl. J. TAZBIR, Stellung, 440.
26 Vgl. R. van DÜLMEN, Reformation, 1ff.
27 Vgl. H.-Ch. RUBLACK (Hg.), Die lutherische Konfessionalisierung; H. SCHILLING (Hg.), Die reformierte Konfessionalisierung; W. REINHARD/H. SCHILLING (Hg.), Die katholische Konfessionalisierung.

die im Bauernkrieg kulminierte. Das wiederholte sich später unter anderen Konstellationen in den Niederlanden (Calvinisten) und in England (Puritaner). Manchmal bildeten sie den Katalysator für Reformen, die obrigkeitliche Macht stärkten. Welcher Weg eingeschlagen wurde, war davon abhängig, welche Konfliktsituationen und Kräftekonstellationen bestanden.

3.5.3 Stände- und Adelsrevolten

Der Adel war in den meisten europäischen Ländern der entscheidende Herrschaftsträger – sowohl auf der zentralen als auch der lokalen Ebene. Er war fast überall die einflussreichste Kraft in ständischen Versammlungen und Institutionen, spielte eine Rolle am Hof und in der Kirche, im Militär und in der Diplomatie. Ständischer Widerstand war deshalb oftmals gleichbedeutend mit Adelswiderstand. Erwerb und Sicherung politischer Macht, materielle Sicherheit und ein standesgemäßes Leben waren seine hauptsächlichen Interessen. Wenn es darüber zum Konflikt kam, war ein Interessenausgleich das Ziel. War der nicht möglich, wurden Konflikte auch gewaltsam ausgetragen. Adelsrevolten galten beispielsweise der Verteidigung ständischer Rechte oder adliger Privilegien. Wo die Intensivierung monarchischer Herrschaft die Beschneidung adliger Macht, Rechte und Ressourcen bezweckte oder zur Folge hatte, waren Adelsfronden nicht selten die Antwort – von Spanien bis Russland gleichermaßen.

Im Reich geriet am Beginn des 16. Jahrhunderts ein Teil des niederen Adels angesichts wirtschaftlicher Probleme und der Intensivierung territorialstaatlicher Herrschaft in Bedrängnis.[28] Mancher degenerierte zum Raubritter und überfiel Kaufmannszüge, um Beute zu machen. Der Reichsritter Franz Sickingen, der eine schwäbisch-rheinische Adelsfraktion anführte, erklärte 1522 dem Erzbischof und Kurfürsten von Trier die Fehde. Die Ritterschaft, die mit der lutherischen Reformation sympathisierte, suchte durch Säkularisierung dieses geistlichen Territoriums wieder an Boden zu gewinnen, und Sickingen sah sich wohl als künftiger Landesherr des zu erobernden Territoriums. Doch das Unternehmen scheiterte 1523.

In den gefestigten europäischen Monarchien besaß der Hochadel keine Chance mehr, der Krone verlorene Macht wieder abzuringen. Doch waren „Palastrevolten" keine Seltenheit. In Frankreich ist das ebenso zu beobachten wie in Russland. Manchmal rebellierte ein Sohn gegen den Vater oder stritten Söhne oder andere Familienmitglieder um die Macht. Mächtige Bojarenfamilien traten wiederholt als Rivalen der Zaren auf.[29] In der „Zeit der Wirren" wurde der Moskauer Staat in eine tiefe Krise gestürzt, als mehrmals ein „falscher Dmitrij" auftrat und im Land und außerhalb der Grenzen unterstützt wurde. In Polen ließ der Adel sich ein Widerstandsrecht in Wahlkapitulationen verbürgen. In Schweden rangen mächtige Familien jahrzehntelang um die Macht, und die Konflikte unter den österreichischen Habsburgern kulminierten an Anfang des 17. Jahrhunderts im „Bruderzwist".

Ausschlaggebend für die Formierung der Adelsopposition waren häufig die zentralistische Politik der Krone und Herrschaftskrisen. Als in den Niederlanden die Spanier

---

28 Vgl. M. Meyer, Sickingen, 215ff.
29 Vgl. H. Rüss, Adelsoppositionen.

die Interessen der Provinzen nicht ausreichend respektierten, wurde das Land in eine politische Krise gestürzt. Seit den sechziger Jahren des 16. Jahrhunderts opponierten hohe Adlige, unterstützt von anderen gesellschaftlichen Kräften, gegen das spanische Regiment.[30] Der Konflikt eskalierte und führte schließlich zur Lösung der nördlichen Provinzen von der spanischen Krone. Der hohe Adel sicherte sich zwar einen gewissen Einfluss und die Oranier stellten die Statthalter in mehreren Provinzen, aber die Macht lag bei den Generalstaaten, den Ständen der Provinz Holland und den patrizischen Regenten.

Aus gleichen Wurzeln erwuchs die vom Adel getragene Ständeopposition in Böhmen.[31] Im Jahr 1547, während des Schmalkaldischen Krieges, verweigerten die Stände König Ferdinand die Bereitstellung eines Truppenkontingents, vereinbarten ein Schutz- und Trutzbündnis und stellten zur Verteidigung ihrer Interessen ein eigenes Heer auf. Nach dem kaiserlichen Sieg bei Mühlberg besetzte Ferdinand im Juni nach kurzem Kampf Prag und bestrafte die „Rebellen". Mit ihrer zentralistischen Politik führten die Habsburger das Land später in eine tiefe Krise. Die adligen Opponenten – einer ihrer radikalen Wortführer war der Calvinist Georg Erasmus Tschernembl[32] – beriefen sich auf das calvinistische Widerstandsrecht. Mit dem Prager Fenstersturz von 1618 sagten sie den Habsburgern den Kampf an. Sie gaben dem Land eine neue Verfassung, scheiterten aber in der Schlacht am Weißen Berg 1620. Mit der „Verneuerten Landesordnung" von 1626 wurden die alten Herrschaftsverhältnisse restauriert.

Die Ereignisse in Russland und in Böhmen waren Signale, dass seit dem ausgehenden 16. Jahrhundert Herrschaftskrisen sich häuften. „Ganz offensichtlich bildeten das spätere 16. und das 17. Jahrhundert den Gipfelpunkt adelig-ständischer Widerstandsbewegungen." Zuvor war das Gewaltmonopol der Monarchen noch nicht genügend ausgeprägt, um einen deutlichen Gegenpol zu ständischem Widerstand zu bilden. „Jetzt aber expandierte die monarchische Macht, was mit Kriegen und Steuerdruck verbunden war, einer Hauptbeschwerde der Widersacher. Damit waren breitere Kreise zu mobilisieren, ebenso durch die konfessionellen Gegensätze, die in den meisten Ländern immer noch wichtiger waren, als viele Historiker annehmen möchten. Außerdem war der Adel im Gegensatz zu später damals immer noch bereit, zum Widerstand die Waffen zu ergreifen. Vielleicht haben ihn erst seine Niederlagen von der Unausweichlichkeit des monarchischen Gewaltmonopols überzeugt."[33]

Das gilt jedoch nicht generell. Immerhin gelang es der Adelsopposition in Portugal 1640, die spanische Herrschaft abzuwerfen, und die Bewegung in Katalonien kam wenigstens zeitweilig zum Erfolg. In Frankreich scheiterten allerdings die Mitte des 17. Jahrhunderts von Prinzen und Parlamenten ausgelösten Fronden gegen die Krone. Die Tendenz zur Ausbildung absolutistischer Herrschaft konnte sich nun entfalten.

---

30 Vgl. H. van Nierop, Nobility, 83ff.
31 Vgl. J. Pánek, Stavovská opozice.
32 Vgl. H. Sturmberger, Tschernembl.
33 W. Reinhard, Staatsgewalt, 231f.

3.5.4 Städtische Aufstände

Die Städte Europas verfügten über einen unterschiedlichen Status: Es gab italienische Stadtrepubliken, autonome Kommunen in den Niederlanden, freie und Reichsstädte oder von einem Landesherrn abhängige Städte im Reich, Magnaten unterstehende Städte in Polen und Ungarn, vom Zaren dominierte Stadtsiedlungen im Moskauer Reich. Die Verfasstheit einer Stadt entschied auch darüber, auf welchen Wegen und in welchem Maße Interessen der Bürger beziehungsweise Einwohner wahrgenommen werden konnten. Wenn städtische Räte und Bürgerschaften sich Ansprüchen eines Stadtherrn widersetzten oder nicht an der Herrschaft beteiligte Schichten gegen das städtische Regiment opponierten, hing es von den äußeren und inneren Konstellationen ab, in welcher Form und Intensität Widerstand geleistet wurde.

Motive für städtische Konflikte waren die Verteidigung städtischer Autonomie, der Anspruch auf Mitsprache im Regiment, die Kritik an Finanzpolitik und Vetternwirtschaft, soziale Probleme der mittleren und unteren Schichten und oftmals auch die Reformationsfrage. Die soziale Polarisierung verschärfte in vielen Städten die Situation. Je ausgeprägter sie war, desto stärker traten soziale Probleme in das Zentrum von Auseinandersetzungen.

Im Reich häuften sich seit den siebziger Jahren des 15. Jahrhunderts innerstädtische Konflikte.[34] In Augsburg opponierten die großen Zünfte gegen die Herrschaft der Geschlechter. Die Handwerke waren im Rat vertreten, aber die Politik bestimmte ein geheimer Rat, der 1476 durch einen Ausschuss von Zunftmeistern ersetzt wurde. Dessen Politik zielte nun auf die Entmachtung der frühkapitalistischen Unternehmer. Das Vorhaben scheiterte 1478 und die Opponenten wurden hingerichtet oder vertrieben. Neue Unruhen resultierten aus der Absicht des Bischofs, Bauern in Augsburger Dörfern zu besteuern, womit städtische Interessen beeinträchtigt wurden. Der Konflikt wurde 1492 mit einem Vergleich zwischen Bischof und Stadt auf Kosten der Bauern ausgeräumt. Über Jahre rebellierten in der Weberzunft die armen Zunftmitglieder gegen die reichen Verleger.

In anderen Städten richteten Revolten sich ebenfalls gegen das patrizische Regiment. Auslöser waren manchmal neue Steuern, Teuerungen, Münzmanipulationen oder die landesherrliche Politik. Doch eine „breite Front bürgerlicher Opponenten gegen das städtische Patriziat und die großen Unternehmer spaltete sich leicht auf, sobald einzelne Interessen der wohlhabenderen Opponentenschicht befriedigt oder die Radikalität der kleinen Handwerker und der Stadtarmut zu groß wurden."[35] Da die Ursachen der Revolten jeweils in der Spezifik einer Stadt wurzelten, beschränkten sich Auseinandersetzungen fast immer auf eine Kommune. Nur selten erfolgten eine Solidarisierung und ein Zusammenwirken mit anderen.

Ihren Höhepunkt erlebten die städtischen Aufstandsbewegungen im Reich seit 1509. Erfurt kämpfte zwischen 1478 und 1483 gegen die kurmainzische Oberhoheit und die Ansprüche des sächsischen Kurfürsten. Die Stadt musste den Mainzer als Erbherrn und den Sachsen als Schutzherrn anerkennen. Als der Rat aufgrund seiner er-

---

34 Vgl. A. Laube/M. Steinmetz/G. Vogler, Illustrierte Geschichte, 61ff., 87ff.
35 Ebd., 65.

schöpften Finanzen den Bürgern neue Steuern auferlegte, wählten die Stadtviertel und Zünfte im Frühjahr 1509 einen Bürgerausschuss, der Rechenschaft über die Finanzen verlangte und die Mitbeteiligung an der Herrschaft erreichte. Handwerker der geringer geachteten Zünfte und Angehörige der plebejischen Schichten opponierten nun gegen die alten und neuen Herren. Während diese sich auf die Seite des sächsischen Kurfürsten schlugen, paktierte der Mainzer Erzbischof mit den radikalen Opponenten. Einen im Januar 1510 gebildeten neuen Rat besetzten überwiegend Handwerksmeister sowie einige Krämer und Kaufleute. Neue Spannungen führten schließlich zu einem Umschwung: Die Stadt trat auf die sächsische Seite und nahm alle Zugeständnisse an Mainz zurück.

Das war das Präludium für eine Welle von Revolten – von Konstanz bis Köln und von Braunschweig bis Lübeck. Jetzt beteiligten sich stärker auch die Unterschichten mit selbständigen Aktionen an den Kämpfen. Sie erlitten allerdings stets eine Niederlage, weil ihnen die Besitzenden geschlossen entgegentraten. Wo die bürgerliche Opposition stark genug war, konnten wichtige Forderungen durchgesetzt werden: Der alte Rat wurde abgesetzt oder durch Vertreter der Opposition ergänzt, Zugeständnisse in Steuerfragen erzwungen, die städtischen Finanzen kontrolliert sowie Einfluss auf die äußeren Beziehungen der Stadt genommen.

Seit dem Ende des 15. Jahrhunderts häuften sich in Bergstädten beziehungsweise Zentren des Bergbaus Aktionen von Bergleuten. Sie forderten die Entlassung von Bergbeamten, die sie schikanierten, auch höheren Lohn, kürzere Schichten und bessere Arbeitsbedingungen. Solche Aktionen sind aus vielen Revieren bekannt – dem Geising-Altenberger Zinnbergbau, dem Schneeberger und Annaberger Silberbergbau, dem Mansfelder Kupferschieferbergbau, aus Tirol und der Slowakei. Beschwerdeschriften wurde oftmals durch Streiks Nachdruck verliehen. Manchmal dauerten diese wochenlang an. Im Mansfeld-Eislebener Revier rief 1507 ein Flugblatt auf, die Arbeit niederzulegen und sich auf dem Berg zu versammeln. Eine Abordnung sollte dem Grafen die Forderungen der Bergleute übergeben. Doch die Anführer wurden verhaftet und bestraft. Mit Beginn der Reformation engagierte sich die Bevölkerung vieler Bergstädte für deren Einführung.[36]

Mit dem Kampf um die Reformation lösten sich städtische Revolten bis zu einem gewissen Grad aus der Vereinzelung, da gleichgerichtete Interessen verfolgt wurden. „Es gibt keinen städtischen Aufstand in den 1520er und 1530er Jahren, in dem nicht die Reformation das dominierende, zumindest ein mitlaufendes Motiv gewesen wäre."[37] Auf welche Weise und in welchem Maße reformatorische Neuerungen erstritten wurden, hing von der jeweiligen Situation ab.[38] Es konnte durch einen Ratsbeschluss geschehen, wenn das städtische Regiment sich mit der Reformation identifizierte. Ein Rat konnte aber auch von der Gemeinde unter Druck gesetzt und zu einer Entscheidung gedrängt werden. Begleitet wurde dieser Prozess oftmals von Kirchen- und Klosterstürmen. Ihr Höhepunkt datiert zwischen 1521 (Erfurt) und 1525 (Stral-

36 Vgl. A. Laube, Silberbergbau, 214ff.
37 P. Blickle, Unruhen, 67.
38 Vgl. B. Moeller, Reichsstadt, 18ff., 79ff.

sund).[39] „Schon die Häufung der Unruhen in den frühen 1520er Jahren läßt darauf schließen, daß die Reformation die Energien freisetzte, die die Städte erschütterten."[40] Ein besonderer Fall war die Errichtung der Herrschaft militanter Täufer in Münster 1534. Sie behaupteten sich länger als ein Jahr. Dagegen scheiterte ein ähnlicher Versuch in Amsterdam.

Nach dem Sieg Karls V. im Schmalkaldischen Krieg belangte König Ferdinand 1547 sowohl die böhmischen Städte als auch die der Oberlausitz wegen ihres Ungehorsams.[41] Seit 1346 im Sechsstädtebund (Bautzen, Görlitz, Kamenz, Lauban, Löbau und Zittau) zusammengeschlossen, profitierten sie ökonomisch, fiskalisch, juristisch und politisch von kaiserlichen Privilegien. Seit 1526 waren die beiden Lausitzen Nebenländer der böhmischen Krone. Als König Ferdinand von ihnen 1547 Hilfe anforderte, wurden die Truppen nur zögernd und verspätet bereitgestellt. Am 7. September erging gegen sie das Urteil: Sie mussten Strafgelder zahlen, alle Privilegien, Zunftordnungen und Statuten aushändigen, alle Geschütze und anderen Waffen ausliefern und alle Güter und Lehen dem Landesherrn zurückgeben. Sie verloren die hohe Gerichtsbarkeit und durften Räte nur noch unter königlicher Aufsicht wählen. Bis 1562 wurde dann ein wesentlicher Teil dieser Maßregelungen zurückgenommen. Doch der einst mächtige Städtebund war schwer getroffen.

Mit der fortschreitenden Konfessionalisierung traten zeitweilig daraus resultierende Konflikte in den Vordergrund. In konfessionell paritätischen Reichsstädten kam es gegen Ende des 16. Jahrhunderts mehrmals zu Zusammenstößen. Überhaupt erlebte das Reich an der Wende vom 16. zum 17. Jahrhundert wiederum eine Welle städtischer Revolten (das gilt gleichermaßen für bäuerliche Unruhen). Zwischen 1580 und 1620 waren Stadtrevolten von Aachen und Frankfurt am Main bis Emden und Stettin zu verzeichnen.[42] Sie resultierten aus politischen, administrativen, fiskalischen und konfessionellen Problemen, und sie verweisen generell auf eine instabile Situation in diesen Jahrzehnten.

Städtische Aufstände häuften sich auch in einigen anderen europäischen Ländern. Frankreich erlebte seit dem ausgehenden 15. Jahrhundert mehrere Wellen städtischer Revolten. Aufsehen erregte besonders die 1529 durch steigende Getreidepreise und die Verschlechterung der Lebensbedingungen vieler Menschen verursachte *„Grande Rebeyne"* in Lyon. „Das Zusammenwirken von sozialen und fiskalischen Motiven, zu denen auch kommunal-politische und – in geringerem Maße – religiöse Momente traten, hat der Bewegung, so kurzlebig sie war, ihre momentane Stoßkraft verschafft und ihr darüber hinaus zu einem beachtlichen Echo draußen im Lande verholfen."[43] Von Unruhen, Hungerrevolten und Streiks berichten die Quellen immer wieder: Chartres 1505, Bordeaux 1521, Dijon 1497, 1529, 1552 und 1578, Troyes 1535 und 1580/84, Bourges 1574/83, Paris 1560/80.[44] Während der Bürgerkriege der zweiten Hälfte des

39 Vgl. K. Czok, Volksbewegungen, 128ff.
40 P. Blickle, Unruhen, 25.
41 Vgl. M. Herrmann, Pönfall, 97ff.
42 Vgl. die Liste bei P. Blickle, Unruhen, 44f.
43 I. Mieck, Entstehung, 117.
44 Vgl. ebd., 119.

16. Jahrhunderts waren viele Städte nicht nur umkämpfte Objekte der Konfliktparteien[45], sondern auch Zentren des Widerstandes – voran La Rochelle und die anderen den Hugenotten zugestandenen Sicherheitsplätze.

Gegen Forderungen Karls V. rebellierten die kastilischen *Comuneros* 1520/21 und die *Germanias* von Valencia 1519 bis 1522. Eine vergleichbare tiefe Krise erlebte das Land dann wieder Mitte des 17. Jahrhunderts mit Aufständen 1647 in Palermo und Neapel, 1648 in Granada und 1652 wiederum in Granada und in Sevilla und Cordoba.[46]

In den Niederlanden revoltierten die Bürger von Gent seit dem 15. Jahrhundert mehrmals, um ihre Privilegien zu verteidigen und die Kompetenzen des Landesherrn einzugrenzen. Im Jahr 1537 weigerten sie sich, die von den Generalständen bewilligte Bede – eine Steuer – für den Krieg Karls V. gegen Frankreich zu zahlen.[47] Sie beriefen sich auf schwere Zeiten, schlechte Geschäfte, geringen Gewinn und noch laufende Beden. Als sie 1538 eine weitere Bede ablehnten, schrieb die Landvögtin Maria an den Kaiser: „Es handelt sich hier darum, ob Eure Majestät Herr oder Diener sein wird."[48] Die Steuerrevolte verwob sich mit innerstädtischen ökonomischen und sozialen Problemen. Im August 1539 setzten die Zünfte den Rat ab und übernahmen das Regiment. Die Bewegung griff auf die Städte Aalst, Kortrijk und Oudenaarde über und galt der Verteidigung städtischer Autonomie gegen die landesherrliche Gewalt. Differenzen zwischen den Zünften ermöglichten es dann Karl V., die Stadt zu besetzen, die Ordnung wieder herzustellen, ihr alle Privilegien zu nehmen und die Zahlung der Bede zu erzwingen.

Ökonomische, soziale und politische Probleme provozierten Unruhen in Utrecht, Deventer, Kampen, Groningen und Brüssel. Später verknüpften sich in manchen Städten die Verteidigung städtischer Autonomie, Konflikte zwischen den Eliten und der Bürgerschaft, konfessioneller Streit und die Abwehr der spanischen Söldner.[49] In Gent übernahm 1577 ein Komitee der Achtzehn die Herrschaft. Weitere Kommunen folgten diesem Beispiel. In Amsterdam und mehreren anderen Städten nahmen 1578 die Calvinisten das Regiment in die Hand.

Andere Motive lösten die Stadtaufstände im russischen Reich aus. Nach einem verheerenden Brand in Moskau 1547 richtete sich der Unmut der Bewohner besonders gegen die Familie Glinskij, weil sie die Katastrophe verursacht haben sollte. In den Jahren 1606 und 1611 erhob die Bevölkerung sich gegen die polnischen Truppen, die Moskau besetzt hielten. Zielscheibe einer Erhebung 1648 waren Würdenträger des Zaren, denen die katastrophale Lage der Bevölkerung angelastet wurde. Für den Zeitraum von 1630 bis 1650 wurden im Moskauer Reich cirka 30 städtische Rebellionen registriert.[50]

Das Spektrum der Motive städtischer Revolten und Aufstände in der frühen Neuzeit ist breit gefächert. Doch einige generelle Tendenzen zeichnen sich ab. Erstens galten sie der Verteidigung in einer früheren Phase errungener kommunaler Autonomie

---

45 Vgl. W. Kaiser, Marseille.
46 Vgl. H. Kamen, Society, 278f.
47 Vgl. H. Lademacher, Geschichte, 38ff.
48 Nach ebd., 39.
49 Vgl. M. Boone/M. Prak, Rulers, 99ff.
50 Vgl. H. Kamen, Society, 280f.

und vorteilhafter Privilegien. Bürgerschaften wehrten sich deshalb gegen Eingriffe der Krone, insbesondere gegen die Integration in einen zentralistischen Staat. Die Ambivalenz von frühneuzeitlicher Staatlichkeit und Beharren auf gemeindlicher Selbstbestimmung durchzieht diese Epoche. Zweitens engagierten sich Bürgerschaften oftmals für die Reformation. Das neue Verständnis des Evangeliums stärkte ihr Selbstbewusstsein und veranlasste sie, die Stellung von Kirche und Geistlichkeit in der Stadt neu zu ordnen und die Einheit der Stadtgemeinde durch ein für alle verbindliches Bekenntnis zu wahren. Drittens kamen soziale Probleme vor allem dann ins Spiel, wenn Existenzverlust, Arbeitslosigkeit, Ernteausfälle, Teuerungen, neue Steuern oder andere Belastungen die Lebenssituation großer Teile der Bevölkerung verschlechterten. Viertens entzündete der Unmut sich an besonderen Ereignisse wie Katastrophen oder verwerflichen politischen Praktiken.

3.5.5 Bäuerlicher Widerstand

Ein Kennzeichen der frühen Neuzeit war die Intensität bäuerlichen Widerstands.[51] Er richtete sich gegen Grund- und Gutsherren, lokale Obrigkeiten und Amtsträger, territoriale Institutionen oder „den Staat". Soziale und politische Ungleichheit, Abhängigkeit und Ausbeutung erzeugten permanent Konflikte. Herrschaftliche Bedrückung, Glaubenszwang, erhöhte Steuern, die Beschneidung von Rechten, anhaltende Kriege, Naturkatastrophen oder andere in das „normale" Leben eingreifende Ereignisse lösten häufig Aktionen aus. Das demonstrieren Bauernkriege und Aufstände in Ungarn 1514, in Deutschland 1524/25[52], in Slowenien und Kroatien 1573[53], in Oberösterreich 1595 bis 1597 und 1626[54], in Russland 1606/07[55], in Bayern 1633/34[56] und in der Schweiz 1653.[57] Dazu kommen weitere Erhebungen im Reich, in England, Frankreich, Italien und Spanien, in Polen, Schweden und Finnland, in Böhmen, Ungarn und den Balkanländern.

Nicht immer verfolgten Bauern ihre Interessen mit spektakulären Aktionen. Viel öfter handelte es sich um einen „Kleinkrieg" im Alltag, indem Beschwerden vorgetragen, Leistungen verweigert oder Tätlichkeiten verübt wurden. Auch Prozesse gegen Herrschaften spielten zunehmend eine Rolle, wo die Gerichtsorganisation entwickelt war und den Untertanen ein Klagerecht zustand. Gewalt war erst die *ultima ratio*, wenn andere Mittel nicht zur Verfügung standen oder versagten, und sie war oftmals die Antwort auf die Gewaltanwendung durch Obrigkeiten. Die bäuerlichen Aktionen rücken – allerdings zu unterschiedlichen Zeiten – ganz Europa in das Blickfeld. Folgende Tendenzen zeichnen sich ab:

---

51 Vgl. W. Schulze (Hg.), Bauernrevolten; H. Kamen, Society, 258ff.; G. Heitz/G. Vogler, Bauernbewegungen; P. Blickle, Unruhen; Ders. (Hg.), Resistance; J. Bak/ G. Benecke (Hg.), Religion; W. Rösener, Bauern, 111ff.

52 Vgl. die entsprechenden Länderkapitel.

53 Vgl. W. Schulze, Bauernaufstand, 15ff.

54 Vgl. K. Eichmeyer u. a., Seel; D. Straub (Hg.), Bauernkrieg.

55 Vgl. I. I. Smirnov, Vostanie Bolotnikova; V. I. Buganov, Klassenkampf.

56 Vgl. R. Blickle, Rebellion, 56ff.

57 Vgl. A. Suter, Bauernkrieg.

Erstens handelte es sich in der Mehrzahl der Fälle um begrenzte Widerstandsaktionen – ein Dorf oder mehrere Dorfgemeinden rebellierten eine kurze Zeit. Manchmal wurde dieser Radius überschritten und ein größeres Territorium erfasst, selten jedoch ein ganzes Land oder der größere Teil eines „nationalen" Territoriums.

Zweitens waren es mehrheitlich einmalige Aktionen. War das Ziel erreicht oder die Revolte niedergeworfen, trat äußerlich wieder Ruhe ein. Doch manchmal brachen Konflikte erneut auf, folgten weitere Revolten oder Aufstände, so dass eine Herrschaft über einen längeren Zeitraum mit widerständigen Untertanen konfrontiert war.[58]

Drittens reichte das Spektrum der Forderungen und Ziele von der Ablehnung einzelner Leistungen oder der Opposition gegen die Willkür eines Grundherrn bis zur generellen Verwerfung von Abhängigkeit und Herrschaft. Es geschah auch, dass ursprünglich maßvolle Forderungen ausgeweitet und Bewegungen radikalisiert wurden.

Viertens handelte es sich am häufigsten um Widersetzlichkeiten im Alltag, zum Beispiel um die Verweigerung von Fronarbeit oder anderen Leistungen. Verschärften sich Spannungen, konnte der Einsatz der Mittel wechseln. Gewaltanwendung kam in Revolten, Aufständen und Bauernkriegen ins Spiel, wenn die Gegenseite sie gebrauchte.

Bäuerlicher Widerstand hatte sein institutionell-organisatorisches Fundament in der Dorfgemeinde.[59] „Bauernaufstände gibt es nur, solange es feudale Herrschaft gibt, und Bauernaufstände gibt es erst, seit es die ländliche Gemeinde gibt."[60] Deren Interessen schlugen sich in den Forderungen der Aufständischen nieder. Auch dort, wo Bauern eines Dorfes Petitionen verfassten und vorlegten, geschah das im Namen der ganzen Gemeinde. Das gilt nicht nur für grundherrschaftliche Gebiete, in denen stabile Dorfgemeinden und eine funktionierende Gemeindeverfassung existierten, sondern auch für gutsherrschaftliche Regionen, in denen die Dorfgemeinde weniger entwickelt war, nur in rudimentärer Gestalt überlebte oder unter starkem herrschaftlichem Einfluss stand.[61]

Die Zahl der Erhebungen geht in die Hunderte, und sie weisen jeweils ein eigenes Profil auf. Das *„Kaas- en Broodspel"*, ein Aufstand von Bauern und Besitzlosen aus Stadt und Land in der Grafschaft Holland von 1491 bis 1492[62], verursachten wirtschaftliche Schwierigkeiten und Arbeitslosigkeit, der Steuerdruck und der Gegensatz zum städtischen Patriziat. Von Haarlem aus erfasste der Aufstand die Grafschaft. Erst vor Leiden wurde er niedergeworfen. Doch unabhängig vom Einzelfall weisen die frühneuzeitlichen Revolten, Aufstände und Bauernkriege charakteristische Merkmale auf:

Erstens ergaben sich Spannungen und Konflikte einerseits aus der stärkeren Einbindung von Bauern in die Marktbeziehungen und die Geldwirtschaft, andererseits aus dem Bemühen feudaler Grundherren, deren Leistungen zu erhöhen. Bauern widersetzten sich, wenn ihre Marktbeziehungen eingeengt wurden (Ungarn 1514, Slowenien und Kroatien 1573), wenn feudale Abhängigkeit verstärkt und die Leibeigen-

58 Vgl. zum Beispiel C. Ulbrich, Widerstand, 146ff.; V. Press, Bauernrevolten, 85ff.

59 Vgl. zum Beispiel D. W. Sabean, Dorfgemeinde, 191ff.; H. Kamen, Bauernaufstände, 13ff.; C. S. L. Davies, Gemeinde, 41ff.; P. Bierbrauer, Freiheit.

60 P. Blickle, Bauer, 149.

61 Vgl. zum Beispiel H. Harnisch, Landgemeinde, 201ff.; L. Enders, Landgemeinde 195ff.

62 Vgl. K. Vetter, ‚Kaas- en Broodspel', 651ff.

schaft wieder eingeführt (Deutschland 1524/25) oder sie von ihren Höfen vertrieben werden sollten (England 1549 und später), und generell, wenn herkömmliche Rechte verletzt und Leistungen erhöht wurden. Wurde Kapital in die landwirtschaftliche Produktion investiert, blieb ein intensiverer Widerstand aus, da mit der Auflösung der feudalen Produktionsweise sich die soziale Differenzierung verstärkte und die Widerstandskraft gelähmt wurde.

Zweitens installierte der frühneuzeitliche Staat mit seiner Bürokratie, seinen Heeren und seinen finanziellen Ansprüchen ein Steuersystem, das die Untertanen belastete. Wo Steuern erhöht und Sondersteuern abgefordert wurden, manifestierte Widerstand sich in Gestalt antifiskalischer Bewegungen. Das war in Frankreich seit dem 16. Jahrhundert der Fall (*Pitauds* 1548, *Croquants* 1593 bis 1595, *Nouveaux-Croquants* 1536/37, *Nu-Pieds* 1639), aber auch in den meisten anderen europäischen Ländern.

Drittens wurden die Rechte von Dorfgemeinden und die genossenschaftliche Verfassung verteidigt. Das dokumentieren französische Erhebungen, auch Revolten im Reich (zum Beispiel in der Herrschaft Rettenberg 1605 bis 1608, im Rappenkrieg am Oberrhein 1612 bis 1614). Der Kampf der Kosaken für die Sicherung ihrer Privilegien im ersten russischen Bauernkrieg unter der Führung Ivan Bolotnikovs 1606/07 verband sich mit dem der Cholopen und Dienstleute. Er richtete sich gegen die Einführung der Leibeigenschaft sowie gegen den Druck der Bojaren, der Kirche und des Staates.

Viertens vermittelte der bäuerliche Kampf in manchen Ländern den reformatorischen Bewegungen Impulse und Auftrieb. Reformatorische Forderungen wurden in den Dorfgemeinden aufgenommen und fanden in den Artikeln verschiedener Bauernhaufen ihren Niederschlag (Deutschland 1524/25). Das Verhältnis zur Reformation beeinflusste bäuerliche Aufstände in der folgenden Zeit auf unterschiedliche Weise. In England wurden ländliche Untertanen gegen die Reformation mobilisiert (*Pilgrimage of Grace* 1536). Diese Bewegung wies zugleich antiklerikale, antifiskalische und soziale Züge auf. In den österreichischen Ländern verknüpfte sich dagegen das Ringen um soziale Belange angesichts der gegenreformatorischen Politik wiederholt mit der Verteidigung des protestantischen Bekenntnisses (Tirol 1561/62, Erzbistum Salzburg 1564/65, Oberösterreich 1595 bis 1597 und 1626, Salzkammergut 1601/02,).

Fünftens wurden Bauern bei der Verteidigung eines Territoriums, der Abwehr einer Aggression oder im Kampf gegen fremde Herrschaft aktiv. Das belegen die Ereignisse in Schweden, Norwegen und Finnland im 16. oder in Bjelorussland und der Ukraine unter Führung Bogdan Chmielnickis im 17. Jahrhundert. In Südosteuropa verband sich der Kampf gegen soziale Bedrückung mit dem um die Befreiung von osmanischer Herrschaft. Das motivierte Rebellionen und Aufstände seit dem 16. Jahrhundert in Ungarn, Siebenbürgen, der Moldau und Walachei, in Bulgarien und Griechenland. Hier fiel zudem den Soldatenbauern eine wichtige Rolle bei der Bewachung oder Verteidigung der Grenzen zu (*Uskoken, Vlachen, Heiducken, Sejmen*). Deren privilegierter Status (wie auch der der Kosaken) übte Anziehungskraft auf feudalabhängige Bauern aus.

Sechstens richtete bäuerlicher Widerstand sich gegen die belastenden Folgen von Kriegen. Das war in besonderem Maß während des Dreißigjährigen Krieges der Fall. Im Zentrum stand die Abwehr der Belastungen, die Einquartierungen, Kontributionen oder Requirierungen durchziehender Truppen verursachten, oder auch die Vertreibung von Söldnern durch bewaffnete Untertanen, wie dies von den Harzschützen im mittleren Deutschland bekannt ist. In Böhmen und Mähren, in Oberösterreich und Bayern wurden die militärischen Aktionen mehrmals durch bäuerliche Revolten und Aufstände gestört. Größere Dimensionen erlangte dieser Widerstand in Oberösterreich, das 1626 bayerischer Pfandbesitz wurde und die daraus erwachsenden Belastungen abzuwerfen gedachte. Doch der Aufstand wurde blutig niedergeschlagen.[63]

Natürlich gab es auch Regionen, in denen bäuerlicher Widerstand mangels Motivationen ausblieb oder durch obrigkeitliches Handeln entschärft wurde. Für das Reich wurde eine Erklärung gefunden, indem in Gestalt der obersten Gerichte – Reichskammergericht und Reichshofrat – und der Gerichte von Territorialstaaten Appellationsinstanzen existierten, vor denen Untertanen in Konfliktsituationen ihre Interessen unter bestimmten Bedingungen wahrnehmen konnten. Ein anderes auffälliges Merkmal ist, dass Revolten im Reich überwiegend in Kleinterritorien ausbrachen, nicht in den größeren Flächenstaaten. Diese waren offenbar angesichts ihrer Stabilität am ehesten in der Lage, Konfliktsituationen zu beherrschen und es nicht zur Eskalation kommen zu lassen.

Die Wirkungen dieses Widerstands sind schwer abzusehen, weil Revolten, Aufstände und Bauernkriege zumeist erbarmungslos niedergeworfen wurden. Dennoch waren sie nicht wirkungslos. Wo sich aus herrschaftlichen Ansprüchen für Bauern höhere Belastungen ergaben oder die Beschneidung von Rechten drohte, gelang es in manchem Fall, solche Eingriffe abzuwehren. Es war – allgemein gesagt – möglich, die Intensivierung von Ausbeutung und Herrschaft einzugrenzen und die Existenz selbständiger Bauernwirtschaften und die Rechte von Dorfgemeinden zu sichern. Bäuerlicher Widerstand vermochte die Intensivierung staatlicher Herrschaft nicht zu verhindern, aber er konnte in diesem Prozess als Korrektiv wirken, wenn eine Überbürdung mit Steuern, Militärlasten oder anderen Leistungen sowie repressive Maßnahmen abgewehrt wurden.

Rebellionen, Aufstände und Bauernkriege waren Warnzeichen, die Obrigkeiten nicht negieren konnten. Nach einem Bauernkrieg wurde manchmal ein moderaterer Weg eingeschlagen und gelegentlich manchen Forderungen Rechnung getragen. Auch konnten Entscheidungen beeinflusst werden, wie die Beziehungen zwischen Bauern und feudaler beziehungsweise Landesherrschaft sich künftig gestalteten. Die Widerstandstradition wurde öffentlich wahrgenommen und fand ihren Niederschlag in der „Seditionsliteratur".

3.5.6 Frühneuzeitliche Revolutionen

In einigen Ländern wurde in der frühen Neuzeit das Revolutionsproblem relevant.[64] Ständischer Widerstand, sozial motiviertes Aufbegehren oder von den Reformationen ausgelöste Konflikte galten meist der Lösung spezifischer gesellschaftlicher Probleme.

---

63 Vgl. D. Straub (Hg.), Bauernkrieg ; H. Sturmberger, Herberstorff, 259ff.

64 Vgl. Y.-M. Bercé, Révoltes; Ch. Tilly, Revolutionen; M. Kossok (Hg.), Revolutionen; M. Hroch, Buržoazní revolucé.

In manchen Fällen weisen aber das Gewicht der Ereignisse, die Intentionen der Akteure und die Intensität der Umbrüche[65] über Zuordnungen wie Revolte oder Aufstand hinaus, zumal dann, wenn das Ringen um eine radikale Umgestaltung der gesellschaftlich-politischen Ordnung ins Zentrum rückte.

Der Revolutionsbegriff ist für die frühe Neuzeit umstritten. Doch Maximilian Lorenz Baeumer hat gezeigt, wie sich schon lange vor der Französischen Revolution „aus den astronomisch-wissenschaftlichen und den religiös-endzeitlichen Anschauungen der Zeit ein Revolutionsbegriff entwickelt, der nicht mehr die Rückkehr zu einem vergangenen idealen Herrschaftszustand bedeutet, sondern, in die Zukunft gerichtet, die Welt verändern will."[66] Das Ergebnis seiner Quellenanalyse lautet: „Die Reformation als religiöser Aufruhr weltweiter Erneuerung hat einen wesensbestimmenden Anteil an der Entstehung der modernen, zukunftsgerichteten Revolutionsauffassung. Die Reformation wird bereits gegen Ende des 16. Jahrhunderts als erstes Beispiel einer gewaltsamen Weltveränderung mit dem Begriff ‚Revolution' bezeichnet. So werden Reformation und Revolution im ausgehenden 16. Jahrhundert und im 17. Jahrhundert miteinander identisch."[67]

Für manche Zeitgenossen gewann um die Mitte des 17. Jahrhunderts der Revolutionsbegriff den Inhalt eines irreversiblen Umbruchs.[68] Vorher wurde das Zyklische betont, so 1576 von Louis le Roy (*„De la Vicissitude"*, Über den Wechsel), der im Anschluss an Machiavelli einen Zyklus des Wandels von der Monarchie zur Aristokratie und Demokratie und zurück zur Monarchie konstatierte. Auch Thomas Hobbes („Behemoth", ein mythologisches Landungeheuer) interpretierte die Ereignisse in England zwischen 1649 und 1660 noch als Wechsel von der Monarchie zur Republik und zurück zur Monarchie, die für ihn die beste Verfassung verkörperte. Zu dieser Zeit wurde es jedoch auch üblich, Bürgerkriege und Aufstände mit dem politischen Revolutionsbegriff in Verbindung zu bringen. So gab Girolamo Canini seiner Übersetzung von Pierre Matthieus Geschichte der französischen Bürgerkriege von 1597 den Titel *„Dell'historia delle guerre intestine e delle rivolutioni di Francia"* (Die Geschichte des Bürgerkriegs und der Revolution in Frankreich, Venedig 1638), beschrieb Luca Assarino die katalonischen Ereignisse von 1640 als *„Rivolutioni di Catalogna"* (Die Revolution Kataloniens, Genua 1644) und Alessandro Giraffi den Aufstand in Neapel 1647 als *„Le Rivolutioni di Napoli"* (Die Revolution von Neapel, Venedig 1647).

Unter den Bedingungen der frühen Neuzeit war es nicht möglich, die gesellschaftlichen und politischen Strukturen in *einem* Anlauf grundlegend zu verändern. Wesentlicher war in dieser Phase, das gesellschaftlich-politische System in einem entscheidenden Bereich zu durchbrechen und damit den Weg für weitere Umgestaltungen zu öffnen. Da die frühneuzeitliche Epoche als Übergangszeit, als Transformationsphase definiert wird, konnten Revolutionen diesem Prozess Schubkraft verleihen.

Ein erstes Mal wurde das Problem in der frühen Neuzeit mit Reformation und Bauernkrieg in Deutschland relevant. In dem 1517 ausgelösten reformatorischen Prozess

---

65 Vgl. Y.-M. Bercé, Révoltes, 7.
66 M. L. Baeumer, Reformation, 39
67 Ebd., 56.
68 Vgl. P. Burke, Revolution, 141ff.; weitere Beispiele bei W. Schulze, Einführung, 52ff.

bündelten sich religiöse und kirchenpolitische, soziale und politische Fragen von großer Tragweite. Die eingeleiteten Veränderungen und Neuerungen zeitigten weitreichende Folgen für die ganze Gesellschaft. Die bäuerlichen Erhebungen der Jahre 1524/25, die von städtischen Unruhen flankiert wurden, nahmen reformatorische Impulse auf, aber sozial-politische Anliegen traten jetzt in das Zentrum. Die Aufständischen kämpften für die Verbesserung ihrer rechtlichen und sozialen Lage, für eine gerechtere Ordnung und ein vom „gemeinen Mann" getragenes Regiment in Gestalt der „Christlichen Vereinigungen". Reformschritte korrespondierten mit Ordnungsvorstellungen, die auf radikale Umbrüche zielten. Die bäuerlichen Aufstände wurden niedergeworfen und die sozial-politischen Implikationen des Bauernkrieges nicht rezipiert. Dagegen strahlten die reformatorischen Ideen auf andere Länder aus und stimulierten Reformationen, die ein eigenes Profil gewannen.

Das zweite Exempel bieten die Niederlande, wo andere Konstellationen zum Bruch mit dem traditionellen Herrschaftssystem führten. Seit 1566 forcierten die Bilderstürme das Ringen um die Durchsetzung der Reformation. Schließlich richtete sich die oppositionelle Bewegung gegen das spanisch-habsburgische Regiment im Land. Der von Teilen des Hochadels initiierte und dann überwiegend von den Städten getragene Kampf um die Befreiung von fremder Herrschaft verknüpfte sich mit wirtschaftlichen und sozialen Interessen der städtischen Gesellschaft. Die Bauernschaft spielte keine selbständige Rolle, war aber in einigen Provinzen an den Bilderstürmen und an der Verteidigung des Landes beteiligt. Das Ergebnis war 1581 die Lösung der nördlichen Provinzen von der spanischen Krone und die Errichtung einer föderativen Republik (die später durch die konstitutionelle Monarchie ersetzt wurde), deren Unabhängigkeit 1648 völkerrechtlich anerkannt wurde. In der Republik dominierten die Städte und herrschte das Regentenpatriziat. Sie stieg zur führenden Wirtschaftsmacht auf und war ein innovatives Zentrum, das anderen Ländern Impulse auf vielen Gebieten vermittelte.

In England – das dritte Exempel – eskalierte während der Stuart-Herrschaft der Konflikt zwischen Krone und Parlament, so dass der bisher bestehende Konsens zerstört wurde. Das Parlament war längere Zeit das Forum heftiger Auseinandersetzungen. Verschärft wurde die Situation durch das gespannte Verhältnis zwischen England, Schottland und Irland. Seit 1640 fochten die Kontrahenten die Konflikte mit eigenen Armeen in mehreren Bürgerkriegen aus. Das Ringen um die Rechte des Parlaments und das Common law verwob sich schließlich mit sozialen Forderungen unzufriedener Schichten. Mit dem Prozess gegen den Monarchen, seiner Verurteilung und Hinrichtung 1649 – ein bis dahin einmaliger Akt – wurde eine neue Verfassung relevant. Das Ergebnis war die Konstitutierung der Republik (Commonwealth), deren politische Möglichkeiten jedoch durch das Protektorat Cromwells limitiert wurden. Später wurde – den Niederlanden vergleichbar – die konstitutionelle Monarchie eingerichtet.

Die frühneuzeitlichen Revolutionen führten zu unterschiedlichen Resultaten: Mit den Reformationen im Reich und in anderen Ländern wurden Einfluss und Stellung der *ecclesia catholica* eingeschränkt, das Bewusstsein der Menschen, die materiellen Grundlagen der Kirchen und die Politikorientierungen verändert. In den Niederlanden verband sich die Reformationsfrage mit dem Kampf gegen fremde Herrschaft und führte zur Gründung eines souveränen Staates. In England wurde die Monarchie abgeschafft und eine Republik mit neuen Institutionen begründet. In allen Fällen wurde das gesellschaftlich-politische System im Gefolge eines revolutionären Prozesses erheblich verändert.

Die frühe Neuzeit war eine Epoche der Unruhen, Revolten, Aufstände und Revolutionen, die frühneuzeitliche Gesellschaft eine Konfliktgesellschaft, die ihre Probleme in vielerlei Gestalt ausfocht. Reformatorische Bewegungen, ständische Revolten, bürgerlicher und bäuerlicher Widerstand erschütterten die Gesellschaften zeitweilig heftig. Manchmal standen stände- oder schichtenspezifische Interessen im Zentrum, manchmal die ganze Gesellschaft betreffende Belange – Widerstand wurde zum komplexen Ereignis. Einbezogen waren auf die eine oder andere Weise alle Stände und Schichten. Wenn in manchen Ländern Bauern die aktivste Kraft bildeten, dann war der Grund nicht nur deren hoher Anteil an der Bevölkerung, sondern vor allem das Interesse an der Aufwertung ihrer gesellschaftlichen Stellung.

Aktionen gewannen an Überzeugungskraft, wenn sie mit der Berufung auf das Evangelium oder einem naturrechtlichen Widerstandsrecht legitimiert wurden. Angeregt wurde das Nachdenken über alternative, kommunalistische oder genossenschaftliche Gesellschaftsmodelle. Auch wenn Bewegungen scheiterten, waren Ansprüche angemeldet, mit denen für den „gemeinen Mann" ein seiner Arbeit und Würde angemessener sozialer und politischer Rang eingefordert wurde.

3.6 Geistig-kulturelle Tendenzen

Europa wies am Beginn der Neuzeit eine kulturelle Vielfalt auf, für die das Beharren auf dem Herkommen und die Öffnung gegenüber Neuem, die Ausprägung nationaler Züge und die Rezeption internationaler Erfahrungen gleichermaßen charakteristisch war. Einerseits lebten christliche, feudal-ritterliche und spätgotische Traditionen fort, andererseits stimulierte die Antikerezeption und deren Verbindung mit der christlichen Tradition eine Kulturbewegung, die auf große Teile Europas ausstrahlte. Aus dem produktiven Wettstreit gingen herausragende Leistungen auf vielen Gebieten hervor. Deren Wurzeln reichen in die vorhergehende Epoche zurück. Aber erst in der frühen Neuzeit kamen eine neue Sicht des Menschen, ein intensives Ringen um neue Erkenntnisse und ein neues Weltverständnis voll zur Geltung, reflektierten Wort und Bild den Anspruch, die Würde des Menschen und das Weltbild neu zu definieren, stimulierten kulturelle und wissenschaftliche Bemühungen ein neues Lebensgefühl.

Diese Entwicklung beruhte auf den kulturell-geistigen Strömungen, die mit den Begriffen Renaissance und Humanismus beschrieben werden. Sie waren auf die Höfe, die Universitäten und die Städte orientiert. Fürstliche Höfe und angesehene Bürger agierten als Mäzene, weltliche und geistliche Obrigkeiten als Auftraggeber und Sammler. Unterhalb dieser Ebene war der Einfluss von Renaissance und Humanismus begrenzt. Die meisten Menschen lebten in tradierten Vorstellungen. Ihre Mentalität prägten christliche Frömmigkeit oder auch magische Praktiken. Die frühe Neuzeit brachte eine neue Kultur hervor, erlebte aber auch Religions- und Bürgerkriege, Inquisition, Intoleranz und Hexenverfolgungen. Sie dokumentieren die Ambivalenz einer Gesellschaft, die an Traditionellem festhielt und zugleich auf dem Weg zu einer neuen Zivilisation war. Das intensive Nachfragen nach dem Wesen des Menschen, der Natur und der Welt stieß auf Widerstände, die nur schrittweise abgebaut werden konnten.

Die Renaissancekultur und der Humanismus wurden, von Italien ausgehend, in vielen Ländern Europas rezipiert, allerdings selektiv und in unterschiedlicher Intensität. Sie erfuhren in den einzelnen Ländern nationale Ausprägungen und gewannen differenzierte Profile.[1] Das war für geistige und künstlerische Prozesse durchaus normal.

3.6.1 Renaissancekultur und Humanismus

Die christliche Tradition war für das Alltagsverhalten, die Arbeitsmoral und das Wirtschaftsdenken, für Politik und Staatsverständnis, Literatur und Kunst sowie die wissenschaftliche Arbeit entscheidend. Obwohl eine säkularisierende Tendenz um sich griff, wurden Normen und Werte der europäischen Gesellschaften weiterhin religiös definiert. Doch Inhalte und Formen höfischer, städtischer und bäuerlicher Kultur folgten auch jeweils eigenen Traditionen.

Im Verhältnis zur Gesamtzahl der Bevölkerung bildeten die Angehörigen der „Bildungsschichten" eine Minorität. Die Mehrzahl der Menschen blieb in eine einfache christliche Kultur und in volkskulturelle Traditionen eingebunden. Hier wurden magische Vorstellungen tradiert und hatte der Aberglaube einen Nährboden. Die Alphabetisierung schritt zwar voran, besonders in den Handelszentren[2], aber den meisten Menschen war der Zugang zu Bildung verwehrt beziehungsweise nur der Erwerb von Grundkenntnissen an Elementarschulen – wo sie existierten – möglich.

Rationalität war ein Kennzeichen der Neuzeit. Rationale Praktiken waren nicht nur für die Organisation des Geschäftslebens unentbehrlich. Auch einer rationalen Sicht auf den Menschen, die Natur und die Gesellschaft wurde mit Renaissance und Humanismus der Weg geebnet. Doch wer sich rationaler Methoden bediente, um Weltphänomene zu ergründen und zu erklären, konnte als „heidnisch" oder „ketzerisch" kriminalisiert werden. Das belegt noch am Beginn des 17. Jahrhunderts die Verfolgung Gelehrter durch die Inquisition, weil sie ein auf rationalistischen Grundsätzen beruhendes und von der katholischen Lehre abweichendes Weltbild vertraten. Manche Schrift mit neuen wissenschaftlichen Erkenntnissen wurde auf den römischen Index verbotener Bücher gesetzt.

Die geistig-kulturelle Bewegung im Zeichen von Renaissance und Humanismus entstand in den italienischen Stadtstaaten im 14. Jahrhundert, verbreitete sich seit dem 15. Jahrhundert über die italienischen Grenzen hinaus und wurde im 16. Jahrhundert ein europäisches Phänomen.[3] Ihre Inhalte wurden unterschiedlich intensiv rezipiert und nahmen manchmal eine „nationale" Gestalt an.[4] In der Mitte und im Westen Europas erfolgte die Rezeption zudem intensiver als im Norden und Osten. Auch

---

1 Vgl. A. Rabil Jr. (Hg.), Renaissance Humanism.
2 Vgl. M. Spufford, Literacy, 229ff.
3 Vgl. M. Fernández Alvárez, Culture, 173ff.
4 Vgl. G. Kauffmann (Hg.), Renaissance; K. Garber (Hg.), Nation.

zeichnen sich zeitliche Verschiebungen ab. Während beispielsweise am ungarischen Hof in Buda die Renaissance bereits im 15. Jahrhundert Einzug hielt und auch nach Polen ausstrahlte, folgten manche Länder erst im 16. Jahrhundert. Fürstliche Höfe und städtische Oberschichten waren die ersten Rezipienten. Weniger beeinflusst wurde die Alltagskultur.

Die Ausbreitung nördlich der Alpen wurde durch Reisen von Pilgern, Kaufleuten und Künstlern nach Italien wie auch den Aufenthalt italienischer Autoren, Künstler und Gelehrter an europäischen Höfen sowie durch dynastische Verflechtungen (zum Beispiel an den Höfen in Ungarn und Polen) gefördert. Auch die seit dem ausgehenden 15. Jahrhundert auf italienischem Territorium geführten Kriege begünstigten die Begegnung mit der Kultur der Renaissance. Die Verbreitung der Werke antiker oder italienischer Autoren wurde durch die Einrichtung zahlreicher Druckstätten ermöglicht. Aus der Offizin von Aldo Manutius in Venedig gingen die berühmtesten Editionen hervor, und die Stadt blieb lange Zeit der wichtigste Druckort.

Ein zentrales Anliegen der Humanisten war die *„dignitas hominis"* (Würde des Menschen).[5] Für den Philosophen Giovanni Pico della Mirandola bildeten Menschenwürde und Willensfreiheit das Zentrum seiner Weltsicht. Als der Dreiundzwanzigjährige 1486 in Rom 900 Thesen veröffentlichte, mit denen er einem Forum von Gelehrten aus ganz Europa seine philosophischen Gedanken vorstellen wollte, verbot Papst Innozenz VIII. die Disputation. Die für die Eröffnung gedachte *„Oratio de hominis dignitate"* (Rede über die Würde des Menschen) ist ein programmatisches Dokument, das die zentrale Idee humanistischen Denkens behandelt: In den Werken der Araber habe er gelesen – so Pico -, dass es nichts Wunderbareres als den Menschen gebe. Als Gott ihn als letztes seiner großen Werke schuf, habe er zu ihm – Adam – gesprochen: „Ich habe dich in die Mitte der Welt gestellt, damit du dich von dort aus bequemer umsehen kannst, was es auf der Welt gibt."[6]

Pico lobt die Großmut Gottes und das in ihr begründete Glück des Menschen: „Dem gegeben ist zu haben, was er wünscht, zu sein, was er will."[7] Denen, die das Philosophieren verwerfen, hält er entgegen: „Als ob es ganz und gar nichts wäre, die Ursachen der Dinge, die Wege der Natur, die Ordnung des Universums, die Ratschlüsse Gottes, die Geheimnisse des Himmels und der Erde genauestens erforscht und greifbar vor Augen zu haben, außer wenn man dadurch irgendeine Gunst erhaschen oder sich einen Gewinn verschaffen kann."[8] Als Gott den Menschen schuf, habe er zu diesem gesagt, er sei frei, sich selbst in der Weise zu formen, die er bevorzuge.[9] Die Rede war eine Aufforderung, die Freiheit des Willens zu nutzen, um alle Dinge unbegrenzt zu erkunden.

Gelehrte und Künstler und Autoren waren mit Eifer bemüht, das antike Erbe wieder zu entdecken und zu beleben – die Kunstwerke, die Literatur, die Philosophie und die Hinterlassenschaft anderer Wissenschaften. „Die humanistische Morallehre ver-

5 Vgl. P. Kondylis/V. Pöschl, Würde, 658ff.
6 Pico della Mirandola, Würde, 7.
7 Ebd.
8 Ebd., 33.
9 Ebd., 7.

mittelte einen durchdachten und anspruchsvollen Kodex der Selbstbeherrschung, der Mäßigung und der öffentlichen Pflicht, der an die Männer in den besten Positionen apellierte, die literarischen und künstlerischen Aspekte des wiederbelebten Interesses an der Antike finanziell zu fördern."[10] Dieses Erbe bekannt zu machen, war ein pädagogisches Anliegen.

Für die Wesensbestimmung von Renaissance und Humanismus bietet deren Charakterisierung als Entdeckung der Welt und des Menschen (*„La decouverté du monde, la decouverté de l'homme"*) immer noch einen treffenden Zugang.[11] Wenn das Mittelalter die Zeit der Barbarei und der Finsternis war (was in dieser Vereinseitigung nicht zutrifft), dann leiteten die Entdeckung der Welt und des Menschen ein Säkulum des Aufbruchs und der Erleuchtung ein. Das war jedenfalls die Erwartung der Protagonisten.

Damit wurden existentielle Fragen berührt. Denn Ängste beherrschten die Menschen.[12] Sie begleiteten Männer und Frauen im Alltag, und die Konstellation der Gestirne kündigte apokalyptische Plagen an. Als Albrecht Dürer 1498 die Apokalypse in Holz schnitt, verlieh er solchen Befürchtungen bildlichen Ausdruck. Andere Künstler verwiesen in Totentanzdarstellungen auf die Vergänglichkeit menschlichen Daseins. Populäre Schriften prognostizierten Naturkatastrophen, Kriege, Umwälzungen. Viele Menschen suchten folglich in einer spannungsvollen Zeit nach einem Halt. Natürlich wurde Trost zuerst von der Kirche erwartet. Aber auch Humanisten vermochten es, ein neues Lebensgefühl zu vermitteln. Auf dem Weg der Bildung sollte das Bewusstsein gestärkt werden, dass der Mensch über seine Kräfte frei verfügen und über sein Schicksal selbst bestimmen könne. Solche Absichten verfolgten viele Autoren, auch Erasmus von Rotterdam.

Erasmus leistete einen Beitrag zur Erschließung des Evangeliums mit der Edition des Neuen Testaments, das er 1516 im griechischen Urtext und in lateinischer Übersetzung mit Kommentaren herausgab. Generell ging es ihm darum, die Menschen aus den Fesseln abergläubischer Vorurteile, barbarischer Einrichtungen und sinnloser Zeremonien zu befreien. Seine Satire *„Encomium moriae"* (Lob der Torheit, 1509) prangerte die Unwissenheit von Priestern und Theologen ebenso wie die Lasterhaftigkeit von Fürsten an. Er war überzeugt, dass der Mensch zu wahrer Gesittung fähig ist und Barbarei und Dummheit mittels humanistischer Studien überwunden werden können.

Da Martin Luther gleichen Sinnes zu sein schien, sympathisierte Erasmus mit dessen Lehre. Doch schon bald distanzierte er sich, weil nach seiner Erfahrung aus ihr Aufruhr folge. Zum offenen Bruch kam es, als Erasmus im Herbst 1524 in seiner Schrift *„De libero arbitrio"* (Über den freien Willen) – wie andere Humanisten auch – die freie Entscheidung des Menschen betonte, Martin Luther aber 1525 mit dem Traktat *„De servo arbitrio"* (Über den unfreien Willen) antwortete und die Unfreiheit des menschlichen Willens verteidigte. Die Willensfreiheit war indes für Erasmus die unabdingbare Voraussetzung für die von ihm und anderen Humanisten anvisierte Erziehung zu sittlichem Handeln, auch für eine freie Wissenschaft und einen dauerhaften Frieden.

---

10 J. Hale, Renaissance, 248.
11 J. Michelet, Histoire de France, 7, 14f.
12 Vgl. J. Delumeau, Angst.

3.6.2 Individuum und Weltbild

Entdeckung des Menschen – das hieß, nach seiner Individualität, der Beschaffenheit seines Körpers und den Funktionen seines Organismus, aber auch nach seiner Stellung in der Gesellschaft zu fragen. Schon seit 1314 fanden in Bologna öffentliche Sezierungen menschlicher Leichen statt. Leonardo da Vinci widmete sich ständig Aktstudien und nahm – so wird berichtet – an der Sezierung von 30 Leichen teil, um den Bau des menschlichen Körpers kennenzulernen. Albrecht Dürer fasste die Ergebnisse seiner Körperstudien in einer Schrift über die Proportionslehre zusammen. Wenn Künstler – Verrocchio, Michelangelo, Raffael, Tizian und andere – Sezierungen verfolgten, interessierte sie der Knochenbau und die Muskelstruktur, um dieses Wissen für die Menschendarstellung zu nutzen.

Auf festere wissenschaftliche Grundlagen stellte der flämische Arzt Andreas Vesalius die Anatomie. Er sezierte 1536 in Löwen öffentlich, seit 1541 in Padua in einem „anatomischen Theater" und erkannte, dass die auf Galenus zurückgehende anatomische Tradition auf der Sezierung von Tieren beruhte. Er begründete die moderne Anatomie und verbreitete seine Erkenntnisse mit der Abhandlung *„De humani corporis fabrica"* (Über den Bau des menschlichen Körpers) von 1543. Als Miguel (Michael) Serveto den Lungenkreislauf des Blutes entdeckte, war ein entscheidender Schritt getan, um die Funktionen der menschlichen Organe zu erkennen. Dieselbe Entdeckung machten auch Andrea Cesalpino und Fabrizio d'Acquapendente.

Die Darstellung des nackten Menschen war in der Malerei nicht neu, aber die ins Bild gesetzten Götter, biblischen Figuren oder Sagengestalten führten dem Betrachter nicht Individuen, sondern Ideale und Werte vor. Das gilt auch noch für Werke Albrecht Dürers und Lucas Cranachs, wenn sie Adam und Eva oder Venus malten. Ein Novum war es insofern, als Dürer in einer Zeichnung realistisch seinen nackten Körper festhielt.

In der Porträtmalerei wurde das Individuelle einer Persönlichkeit am ehesten erfasst, wie die Bildnisse aus der Werkstatt Hans Holbeins, Tizians und anderer Maler demonstrieren. Dazu zählen auch Lucas Cranachs Bildnisse von Luther und dessen Eltern, von Melanchthon und anderen Reformatoren. Angesichts der Nachfrage wurden Porträts bald „fabrikmäßig" hergestellt. Die Werkstatt Cranachs erhielt beispielsweise 1533 den Auftrag, 60 Bildnisse des Kurfürsten Johann Friedrich und seiner Gemahlin Sibylle zu liefern, sie sollten als Geschenke vergeben werden. Auch ließen Fürsten ihr Porträt zum Zweck der Selbstdarstellung auf Medaillen prägen und mit Wahlsprüchen versehen. Die Kunst, die Realität des Körpers und die Individualität einer Persönlichkeit ästhetisch anspruchsvoll darzustellen, erlebte zahlreiche Höhepunkte – von Giorgione bis Peter Paul Rubens, von Leonardo da Vinci und Albrecht Dürer bis zu Diego Velázquez und Harmensz Rembrandt van Rijn.

Seit dem 16. Jahrhundert wurde es Mode, Autobiographien zu verfassen. Ihre Autoren gewährten Einblicke in ihr Leben, ihre Sicht auf Umwelt und Welt. Die berühmtesten Werke hinterließen der Goldschmied und Bildhauer Benvenuto Cellini und der Mathematiker, Arzt und Philosoph Girolamo Cardano, der Jurist Bartholomäus Sastrow und der Humanist Thomas Platter, die Mystikerin Teresa von Avila und der Ordensgründer Ignatius von Loyola, die Philosophen Michel de Montaigne und Justus

Lipsius. Auch Briefe dienten der Selbstdarstellung, besonders dann, wenn sie – wie der berühmte Brief Ulrichs von Hutten an Willibald Pirkheimer von 1518 – für die Veröffentlichung bestimmt waren.

Individualitäten und Lebensleistungen zu würdigen, beabsichtigten erste Biographen. Giorgio Vasari würdigte italienische Künstler („*Le vite de piu eccellenti Pittori, Scultori e Architettori*", 1550) und Karel van Mander italienische, niederländische und deutsche Maler („*Het Schilder-Boeck*", 1604). Diesen Zweck verfolgten auch die Würdigung Petrarcas durch Rudolph Agricola oder Erasmus' durch Beatus Rhenanus. Manche Lobpreisung eines Autors wurde der Edition seiner Werke vorangestellt. „Dieser neue Brauch beweist den Aufstieg des Gedankens der individuellen Autorschaft, also der Idee oder der Annahme, daß Informationen über das persönliche Leben von Autoren den Lesern helfen, deren Werke zu verstehen."[13]

Das Bemühen, mit den Mitteln von Kunst und Literatur individuelle Züge zu erfassen, schloss die Idealisierung ein, denn es sollten Tugenden und Werte vorgeführt werden, die große Persönlichkeiten auszeichnen und ihren Rang in der Gesellschaft begründen. Das Ideal war der intelligente, gebildete, kraftvolle, selbstbewusste und lebenszugewandte Mann, der schöpferische Mensch. Selbstbewusstsein und Diesseitigkeit bildeten keinen Gegensatz zu den christlichen Normen, aber diese wurden relativiert. Das Sündenbewusstsein trat zurück und Arbeit wurde vom Fluch befreit, eine Folge der Sünde zu sein. Das Diesseitige erfuhr eine enorme Aufwertung.

Entdeckung der Welt – das hieß, sich den Ländern und Kontinenten, ihren Landschaften, Gebirgen und Meeren, ihrer Pflanzen- und Tierwelt zuzuwenden. Ihre Mannigfaltigkeit konnte jeder wahrnehmen, aber deren Erforschung stand weithin noch aus. Die Neugier wurde geweckt, man wollte sie genauer erkunden und wissenschaftlich erschließen. Geographie, Kosmographie, Astronomie, Botanik und Zoologie kamen diesem Interesse nach, erlebten seit dem 16. Jahrhundert einen bemerkenswerten Aufschwung und konstituierten sich als selbständige wissenschaftliche Disziplinen.

Mensch, Natur und Weltall galten als Schöpfung Gottes, und insofern war die wissenschaftliche Arbeit ein Beitrag zur Gotteserkenntnis. Doch zunehmend wurde nach dem Werden und Vergehen und den diesen Prozessen zugrunde liegenden natürlichen Gesetzen gefragt. Die Vielfalt von Pflanzen und Tieren verlangte nach einer Systematisierung. Die Landschaftsmalerei – zum Beispiel die Künstler der Donauschule – hielt die Umwelt in ihrer Natürlichkeit fest. Detailstudien wie Albrecht Dürers „Rasenstück" und seine Aquarelle konzentrierten sich auf deren reales Erscheinungsbild. Mit der realistischen Abbildung der Umwelt wurden zudem erstmals Schädigungen dokumentiert – entlaubte Bäume, durch den Bergbau deformierte Landschaften oder durch Kriege zerstörte Häuser und Ansiedlungen.

Reisen in ferne Länder oder Fahrten über die Meere hatten zur Folge, dass die „kleine Welt", die täglich wahrgenommen wurde, sich zu der „großen Welt" ausweitete. Ganze Kontinente kamen in das Blickfeld, die bisher nur zum Teil erschlossen oder ganz unbekannt waren. Mit den Entdeckungsfahrten wurde das Wissen enorm erweitert. Italiener hatten daran herausragenden Anteil. Columbus war Genuese, Vespucci Florentiner. Andere Italiener bereisten den Vorderen Orient und Asien. Mancher Rei-

---

13 P. Burke, Renaissance, 278.

sende übermittelte seine Beobachtungen in Berichten. Die Erfahrungen gingen in Länder- und Seekarten, in Kosmographien, in geographische und historische Darstellungen ein. Als Paolo Giovio eine Geschichte seiner Zeit verfasste, konzentrierte er sich zwar auf Europa, erwähnte aber auch andere Weltgegenden „von Kathay bis Tenochtitlan", das heißt von China bis Mexiko. Er wies zudem als erster Autor darauf hin, dass der Buchdruck seinen Ursprung in China habe.

Seit der zweiten Hälfte des 16. Jahrhunderts wurden immer mehr Werke über Länder und Kontinente außerhalb Europas publiziert. Manche Schriften, in denen sich exakte Informationen mit phantastischen Ausschmückungen vermischten, wurden in mehrere Sprachen übersetzt, zumal dann, wenn es sich um Berichte von Augenzeugen handelte, die Authentizität beanspruchen konnten. Eine bemerkenswerte Publikation war die *„Descriptio Africae"* (Beschreibung Afrikas, gedruckt 1550) von Giovanni Leo (Hasan ibn Mohammed Alwazán), genannt Africanus. Der 1492 in Granada Geborene floh mit seinen Eltern nach Fez, lernte als Handelsbeauftragter des marokkanischen Herrschers mehrere islamische Länder kennen, wurde 1517 von Seeräubern nach Rom verbracht und konvertierte, lehrte an der Universität Bologna Arabisch und Geographie und ging um 1525 nach Tunis.

Seit dem ausgehenden 16. Jahrhundert wurden die Europäer häufiger durch bildliche Darstellungen mit fremden Ländern und Völkern bekannt gemacht. Auch Weltkarten und Kartensammlungen in Form von Atlanten vermittelten detaillierte Kenntnisse. Dazu zählte das *„Theatrum Orbis Terrarum"* (Schauplatz des Erdkreises) des niederländischen Kartographen Abraham Ortelius, das er 1570 lateinisch publizierte und das bis 1608 in sechs Sprachen übersetzt wurde. Das Werk bot 70 Karten und einen Katalog der ihnen zugrunde liegenden Quellen und wurde ständig erweitert und verbessert. Die von Giovanni Botero in den neunziger Jahren des 16. Jahrhunderts zusammengestellten *„Relationi Universali"* informierten über Gesellschaften und Religionen außereuropäischer Kontinente und erlebten zahlreiche Nachdrucke sowie Übersetzungen ins Deutsche, Englische, Spanische, Polnische und Lateinische.

Obwohl das Bemühen zunahm, ein durch Beobachtungen fundiertes reales Bild zu vermitteln, wurden immer noch manche antiken Überlieferungen tradiert und Stereotypen beibehalten, die aus „nationalen" Vorurteilen herrührten. Doch gingen von der Begegnung mit außereuropäischen Völkern vielerlei Wirkungen aus. „Das Eindringen von Europäern in die Neue Welt war zur Anregung des Bewusstseins von einer europäischen Identität ebenso wichtig wie das Einbrechen der Türken nach Europa."[14]

3.6.3 Humanismus und Literatur

Die Literatur der frühneuzeitlichen Epoche profitierte von der Wiederentdeckung der antiken Literatur und Philosophie, orientierte sich an Vorbildern wie Dante, Petrarca und Boccaccio, wurde von den Reformationen und der Konfessionalisierung beeinflusst und zeichnete sich durch ihren zeitkritischen Realismus aus. Sie gründete zugleich in den literarichen Traditionen der einzelnen Länder, so dass neben ihrer Internationalität eine nationale Komponente prägend war. Das entscheidende Medium war

14 Ebd., 269.

das gedruckte Buch. Wer ein Bauwerk sehen oder ein Gemälde betrachten wollte, musste sich an dessen Standort begeben – vorausgesetzt, dass es der Öffentlichkeit zugänglich war. Ein Buch dagegen konnte an vielen Orten erworben und an jedem Ort gelesen werden. Insofern leisteten die Drucker und Verleger einen unschätzbaren Beitrag zur Verbreitung der Literatur und zur internationalen Kommunikation.

Viele humanistisch gesinnte Autoren widmeten sich der Editions- und Übersetzungsarbeit. Ihr Interesse galt den Werken griechischer und römischer Autoren sowie den Kirchenvätern, deren Schriften sie wieder entdeckten und edierten oder aus den originalen Sprachen – griechisch oder lateinisch – in die Landessprachen übertrugen. Erasmus von Rotterdam und Willibald Pirkheimer widmeten sich dieser Aufgabe ebenso wie andere Humanisten. Es ist das große Verdienst der Drucker und Verleger in Venedig, Paris, Basel, Nürnberg und andernorts, diese Werke auf den Buchmarkt gebracht zu haben, so dass sie als Quellenfundus zur Verfügung standen.

Die schnell wachsende Zahl von Drucken und deren Sammlung führte zur Einrichtung von Bibliotheken. Neben berühmte Klosterbibliotheken traten nun solche von Höfen, Universitäten und Städten. Die *Bibliotheca Corviniana* des ungarischen Königs wurde seit 1464 planvoll aufgebaut und enthielt neben Handschriften zahlreiche Drucke humanistischer Literatur. Im Jahr 1493 wurde die Hofbibliothek in Wien angelegt, 1571 die der Medici in Florenz und 1575 die im Escorial bei Madrid. Für das Bibliothekswesen zukunftsweisend war die Entscheidung Franz I., jedes in Frankreich gedruckte Buch in die königliche Bibliothek zu geben. Mit der Verbreitung des Buchdrucks wurde allerdings auch die Zensur aktiv. Bald wurde es allgemein üblich, Manuskripte vor dem Druck einer landesherrlichen oder städtischen Zensurbehörde vorzulegen. Natürlich gab es Wege, die Zensur zu umgehen. Manche Schriften erschienen anonym, andere an ausländischen Druckorten. Für Pressefreiheit setzte sich 1643 John Milton energisch ein.

Italien und Spanien, Frankreich und England, die Niederlande und weitere Länder erlebten eine Blütezeit ihrer Literatur. Den größten Ruhm erntete schon zu Lebzeiten Erasmus von Rotterdam, der als Gerhard Gerhards unehelich geborene Niederländer. „Dieser geist- und literaturbeflissene Mann hatte, was bei Literaten selten sein soll, einen liebenswerten und überaus sanften Charakter. Seine Galle ergoss sich gelegentlich in die Feder, niemals in sein lebendiges Herz.“[15] Seine Werke lebten von spöttisch-beißender Kritik und gaben dem Antiklerikalismus Auftrieb. Sie geißelten Dummheit und Bildungsfeindlichkeit und warben für Harmonie und Gewaltlosigkeit. Daraus erwuchsen auch seine Aversionen gegen die lutherische Reformation.

Die Wirkung von Erasmus beruhte neben seinen Schriften auf seiner Korrespondenz mit Gelehrten und Gesinnungsgenossen in vielen europäischen Ländern. Überliefert sind 3000 von ihm geschriebene oder an ihn gerichtete Briefe. Seine Werke riefen europaweit ein zustimmendes oder kritisches Echo hervor.[16] Er führte ein Gelehrtenleben – in kritischer Distanz zur Gesellschaft, orientiert an Idealen, denen eine elitäre Schicht nachzuleben bereit war, die aber unter den gegebenen sozialen, politischen und konfessionellen Verhältnissen nicht Allgemeingut werden konnten.

---

15 A. Eggebrecht, Weltliteratur, 69.
16 Vgl. A. Buck (Hg.), Erasmus.

Gegen die verbreitete religiöse Intoleranz trat mutig Johannes Reuchlin auf. Als Kölner Dominikaner jüdische Schriften dem Scheiterhaufen überantworten wollten, verteidigte er diese Literatur. Gegen massive Anfeindungen setzte er sich vehement zur Wehr und wurde von vielen Gleichgesinnten unterstützt.[17] Der Streit veranlasste die Herausgabe der *„Epistolae obscurorum virorum"* (Briefe von Dunkelmännern, 1515/1517), in denen Dummheit und Unwissenheit der Kleriker verspottet wurden. Verfasser war – neben Grotus Rubeanus – Ulrich von Hutten, der auch sonst streitbar antiklerikale Emotionen schürte, die „deutsche Nation" gegen Rom verteidigte und zum „Pfaffenkrieg" aufrief, um den reformatorischen Prozess zu fördern, aber mit dieser Absicht scheiterte.[18]

Mit dem Beginn der Reformation gewann die antiklerikale Argumentation an Schärfe.[19] Im Gewand der Satire wurden Gebrechen des Mönchtums, des Klosterlebens, aber auch der Gesellschaft kritisiert. Das Pro und Contra prägte die literarischen Äußerungen, so wenn Hans Sachs als engagierter Verteidiger der lutherischen Reformation, Thomas Murner als deren spitzzüngiger Kritiker hervortraten. Die sich formenden Konfessionen beruhten zwar auf unterschiedlichen theologischen Grundlagen, öffneten sich aber auch humanistischen Einflüssen. Eine Gruppe von Gelehrten und Theologen wurde in diesem Geist aktiv, um durch Religionsgespräche die Einheit der Kirche wieder herzustellen, ohne zum Erfolg zu kommen.

Die spanische Literatur repräsentiert Miguel de Cervantes, der im Kampf gegen die Osmanen bei Lepanto eine Hand verlor, gefangengenommen und in Algier als Sklave festgehalten wurde. Nach seinem Freikauf kehrte er nach Spanien zurück und verfasste den Roman *„El ingenioso Hidalgo Don Quijote de la Mancha"* (Leben und Taten des scharfsinnigen Edlen Don Quijote von La Mancha, 1605/1615), in dem die beliebten Ritterromane parodiert wurden. Die von den Hidalgos gepflegten Tugenden waren überholt, wurden aber weiter tradiert, so dass ihre Bewahrer sich lächerlich machten. Cervantes beschrieb mit Sympathie ihre Charaktere und ihre Ideale und bot zugleich ein kritisches Panorama der spanischen Gesellschaft. Er gab allgemeinmenschliches Verhalten mit dem Kampf seines „Helden" gegen Windmühlenflügel dem Gelächter preis, und er trauerte wohl auch verlorenen Träumen nach.

Für die humanistische Strömung in Frankreich stehen Lefèvre d'Etaples, Guillaume Budé, Etienne Dolet und andere Autoren. Das Land hatte aber auch seinen großen Romancier: François Rabelais[20], ehemals Mönch, später Arzt, empfahl seinen Lesern, jenseits allen konfessionellen Streits das Leben lustvoll zu genießen. Seine Romanhelden, die Riesen „Pantagruel" (1532) und „Gargantua" (1534), haben Freude am Verspeisen aller guten Dinge, treiben ihre Späße mit Äbten und Ärzten, reformierten Predigern und sittsamen Frauen und äußern ihre Meinung auf derbe Weise. „Dabei fällt auf, daß Rabelais doch immer auf lebenskluge Art der Kirche ein wenig Recht läßt. Darin äußert sich eine besondere französische Gabe, Diesseits und Jenseits nie unnötig zu vermengen und in Konflikt zu bringen."[21]

---

17 Vgl. A. Herzig/J. Schoeps (Hg.), Reuchlin.
18 Vgl. G. Vogler, Hutten.
19 Vgl. H.-J. Goertz, Pfaffenhaß.
20 Vgl. M. Lazard, Rabelais.
21 A. Eggebrecht, Weltliteratur, 81.

Pierre de Ronsard wollte eine große Literatur planvoll schaffen. Er versammelte 1566 einen Kreis von Autoren, der sich nach spätantikem Vorbild „Plejade" (Siebengestirn) nannte und in einem Manifest postulierte, die plumpe Sprache des Volkes sei zu meiden und von den Ungebildeten solle man sich abgrenzen. Das widersprach jedoch allen Erfahrungen über das Entstehen großer Werke. Die Besinnung auf den Ursprung des Denkens im Leben fand ihren Meister in Michel de Montaigne. Der Bürgermeister von Bordeaux, Büchersammler und Tagebuchschreiber hinterfragte alle Dinge abwägend, ehe er urteilte. Während Sokrates seine Gesprächspartner von ihrer Unwissenheit überzeugen wollte (Ich weiß, dass ich nichts weiß), fragte Montaigne: *Que sais-je?* (Was weiß ich?). Absolute Aussagen waren ihm fremd. Dem entsprach es, dass er vor allem kurze Betrachtungen – *Essays* (Versuche) – verfasste.

In der frühen Neuzeit lebte die seit der Antike bekannte Gattung utopische Literatur auf, mittels der die Gesellschaft kritisch durchleuchtet und ideale Modelle ihrer Neuordnung verbreitet wurden. Thomas Morus, zeitweilig englischer Lordkanzler, gab der Gattung mit seiner „Utopia" von 1516 den Namen. Er begründete die neuzeitliche Tradition idealer Gesellschaftsentwürfe. In ihr steht auch Tommaso Campanellas *„Civitas solis"* (Der Sonnenstaat), ein Werk, das der ehemalige Dominikanerpriester, Theologe und Philosoph während einer langen Haft verfasste. Sein Idealstaat orientierte sich allerdings mehr an der katholischen als an der humanistischen Tradition. Francis Bacon, auch er englischer Lordkanzler, wollte dagegen *„Nova Atlantis"* (Das neue Atlantis) nach Grundsätzen der Vernunft einrichten. Bei jedem Autor nahm das alternativ gedachte Staatswesen eine andere Gestalt an. Gemeinsam war ihnen die Kritik an der Gesellschaft, in der sie lebten, und das Bemühen, eine auf Gleichheit und Gerechtigkeit beruhende Ordnung zu entwerfen.

Die Orientierung an der Antike lenkte das Interesse auch auf die berühmten Verfasser von Tragödien und Komödien. In Valencia wurde schon 1526 eine ständige Bühne eingerichtet, doch das „Jahrhundert des Theaters" erst einige Jahrzehnte später eingeläutet. Es erlebte seine Höhepunkte in Spanien, England und Frankreich – drei „Großmächten des Theaters".

Die Konflikte in der spanischen Gesellschaft, die ihrer glanzvollen Zeit nachtrauerte, waren das unerschöpfliche Reservoir, dem Lope de Vega seine Stoffe entnahm. Er verfasste mehr als 300 Dramen und Komödien (von denen viele allerdings unvollendet blieben). In *„Fuente Ovejuna"* (Das brennende Dorf, um 1615) wird der Herr eines Dorfes, der seine Untertanen drangsaliert, von den Bauern gelyncht, und diese werden am Ende vom König begnadigt. Seit 1619 wurde das Stück auch in den spanischen Kolonien aufgeführt. Die geistlichen Spiele des zum Priester geweihten Autors wurden bei Ketzerverurteilungen aufgeführt. Sein ästhetisches Programm legte er in der Schrift *„Arte nueva de hacer comedias"* (Neue Kunst, Theaterstücke zu verfassen, 1609) nieder.

In seine Spuren trat Pedro Calderon de la Barca, ein kastilischer Adliger, Jesuitenzögling, Hofkaplan und seit 1635 Leiter des Hoftheaters. Von seinen rund 200 Werken waren 70 geistliche Spiele. Stärker als Lope de Vega problematisierte er die Stoffe, und Leidenschaften ließ er freien Lauf: *„El alcalda de Zalamea"* (Der Richter von Zalamea, 1643) rächte unerbittlich die von einem leichtfertigen Offizier verletzte Ehre seiner Tochter. Mit dem geistlichen Spiel „Der wundertätige Magus" tradierte Calderon den

Fauststoff. Sein Ideal war eine harmonische Katholizität, auch passte er sich als Hofdichter den monarchischen Tugendvorstellungen an, aber gesellschaftskritisch äußerte er sich immer.

In England kam das Theater in den Jahren der Herrschaft Elisabeths I. in Mode. Eine große Zahl von Autoren bediente es mit Stücken. Unter ihnen ragte William Shakespeare aus Stratfort-upon-Avon durch die Vielfalt seiner Themen, die Kunst der Charakterisierung und die Fähigkeit zu dramatischer Gestaltung heraus. Er schloss sich 1594 in London einer Schauspielertruppe an, wurde 1599 Teilhaber am Globe-Theater, war finanziell erfolgreich, erwarb Haus- und Grundbesitz und kehrte 1611/12 in seine Heimat zurück. England brachte auch Theaterdichter wie Christopher Marlowe und Ben Jonson hervor. Aber ein Menschenalter nach Shakespeare verkörperte das Theater für die Puritaner eine der schlimmsten Sünden, die es zu bekämpfen gelte.

Für Shakespeare war die Bühne der Ort, der es erlaubte, alle Möglichkeiten menschlichen Verhaltens auszuloten: Private Konflikte und rassistische Diskriminierung verwoben sich in „Othello", die Haltung der Gesellschaft gegenüber Juden und Fremden wurde im „Kaufmann von Venedig" thematisiert. Das tragische Schicksal Liebender aus verfeindeten Familien, die sich über gesellschaftliche Schranken erheben, gestaltete der Autor in „Romeo und Julia", die Gefährdung menschlicher Gefühle waren in märchenhafter Verkleidung das Thema von „Ein Sommernachtstraum", der Eitelkeit eines heruntergekommenen Landjunkers galt sein Spott in „Die lustigen Weiber von Windsor". Psychologisch einfühlsam führte Shakespeare die inneren Kämpfe des schuldhaften „Macbeath" und des schuldlosen „König Lear" sowie die Gespaltenheit des „Prinzen Hamlet" vor. In den Königsdramen verfolgte er den Aufstieg Englands zur nationalen Monarchie, der von politischem Anspruch und Perversion der Macht gleichermaßen geprägt wurde.

Im Vergleich mit England, wo die ganze Gesellschaft auf die Bühne geführt wurde, und mit Spanien, wo die Katholizität auch im Theater präsent war, huldigte Frankreich stärker der Vernunft und wurden Bühnenwerke nach strengen Regeln verfasst. „Von Shakespeare zu Corneille und Racine: aus einem tropisch wuchernden Urwald treten wir in den gestutzten Park von Versailles. Gleich den Kugelbäumen in linealgeraden Alleen wachsen auch die Dramen des 17. Jahrhunderts, im klassischen Jahrhundert des französischen Theaters, streng nach Vorschrift."[22]

Neben dem humanistischen und anspruchsvollen Schrifttum existierte selbstverständlich eine populäre Literatur. Ihre Charakteristika waren der billige Preis, die einfache Ausdrucksweise und der unterhaltende Inhalt. Präsentiert wurden Heiligenlegenden und Historien ebenso wie Informationen für das Alltagsleben. Deshalb fanden bei einem lesekundigen Publikum vor allem Almanache und Kalender Resonanz. Im Zuge der Reformation entstand zudem eine breit gefächerte Flugschriftenliteratur, die überwiegend antiklerikal und proreformatorisch argumentierte.

Information und Kommunikation stießen indes auch auf Grenzen, denn nicht alles konnte unbehindert publiziert werden.[23] Kirchliche und weltliche Autoritäten bedienten sich der Zensur, um zu kontrollieren, was Kirche und Staat gefährden könnte.

---

22 Ebd., 90.
23 Vgl. P. Burke, Information, 121f.

Manches Werk fiel dem Druckverbot zum Opfer. Was schon gedruckt vorlag, konnte dann noch das Schicksal erleiden, auf den *„Index librorum prohibitorum“* (Verzeichnis verbotener Bücher) gesetzt zu werden. So geschah es zum Beispiel mit Giovanni Boccaccios „Dekameron“ und Niccolò Machiavellis „Il principe“.

Literatur lebt mit und von der Sprache. Die Beherrschung der alten Sprachen war unverzichtbar, um die antiken und mittelalterlichen Autoren zu lesen, zu übersetzen und zu edieren. Das Ideal war der *vir trilinguus*, der Gelehrte, der Latein, Griechisch und Hebräisch beherrschte. Johannes Reuchlin, Lehrer des Hebräischen, setzte sich nachdrücklich für deren Studium ein. Das Lateinische blieb noch lange Zeit die Sprache der Gelehrten und der Kirche, und bis weit in das 17. Jahrhundert hinein überwog die Zahl der in lateinischer Sprache publizierten Bücher. Der italienische Humanist Lorenzo Valla, der der philologischen Quellenkritik den Weg bahnte, urteilte in der Vorrede zu *„Elegantiarum latinae linguae libri sex“* (Sechs Bücher über die Eleganz der lateinischen Sprache, 1444, gedruckt 1572), die „römische Sprache“ verbinde noch immer viele Völker. Gelehrter Austausch, Theologie und Wissenschaft, Diplomatie und Völkerrecht waren auf sie angewiesen. Der Gebrauch des Lateinischen dokumentierte die auf dieser Ebene noch gegebene sprachliche Einheit Europas.

Nicht zu überhören ist indes die Kritik mancher Humanisten. Der italienische Dichter und Humanist Pietro Bembo äußerte sich: „Man muß sagen, daß uns die Volkssprache nicht nur ringsum umgibt, sondern die uns angeborene und eigene ist, und die lateinische eine fremde.“[24] Der Gelehrte und Jurist Sperone Speroni legte seinem Lehrer Bembo die Worte in den Mund, das Lateinische sei keine gesprochene Sprache, es bestehe nur aus Tinte und Papier.[25] In dem *„Dialogo delle lingue“* (Dialog über die Sprachen, um 1530) argumentierte Sperone, Philosophie und Wissenschaften könnten sich jeder Sprache bedienen, die Gedanken klar auszudrücken vermöge. Andere befürworteten den Gebrauch der Volkssprachen, in Italien beispielsweise des Toskanischen und Florentinischen. Bembo sprach sich für das Toskanische als Grundlage der literatursprachlichen Einigung Italiens aus.

Die Stimmen, die den Landessprachen einen hohen Rang einräumten, gewannen seit dem 16. Jahrhundert an Gewicht. Jean du Bellay wies mit seinem Traktat *„Défense et illustration de la langue française“* (Verteidigung und Verherrlichung der französischen Sprache, 1549) die Auffassung zurück, das Französische sei eine barbarische Sprache, und der Drucker Henri Estienne erklärte in der Schrift *„De la précellance du langage françois“* (Von der Überlegenheit der französischen Sprache, 1579), das Französische verfüge über ebenso viel Anmut und Würde wie das Lateinische. Der Italiener Corbinelli betonte die unterschiedlichen Vorzüge des Spanischen, Italienischen und Französischen. Die deutsche Sprache konnte mit ihnen nicht konkurrieren – sie galt als knarrend und herrisch. Doch berühmt geworden sind die Verse Ulrich von Huttens, mit denen er den Übergang vom Lateinischen zur deutschen Sprache in seinen Dichtungen anzeigte:

---

24 Nach H. HEINTZE, Jahrhundert, 280 Anm. 38.
25 Vgl. P. BURKE, Renaissance, 172.

Latein ich vor geschrieben hab,
das was ein yeden nit bekandt,
Yetzt schrey ich an das vatterlandt
Teutsch nation in irer sprach.[26]

Impulse vermittelte der Ausformung nationaler Literatursprachen die Reformation, da in vielen Ländern Europas biblische Schriften oder die ganze Bibel in die Volkssprachen übersetzt wurden. Besonders eingeprägt hat sich die Übertragung des Alten und des Neuen Testaments durch Martin Luther und seine Mitarbeiter, so dass 1534 erstmals eine vollständige „deutsche Bibel" im Gewand der frühneuzeitlichen Sprache vorlag. Auch in anderen Ländern leisteten Reformatoren und Gelehrte mit Übersetzungen der Bibel oder der Veröffentlichung reformatorischer Schriften ihren Beitrag zur Ausformung der Landessprachen – von England und Spanien bis Skandinavien und Südosteuropa.

Die Aufwertung der Landessprachen vollzog sich aber auch unabhängig von der reformatorischen Bewegung. Veröffentlicht wurden Lehrbücher über Rhetorik und Grammatiken, die sich an ihnen orientierten. Eine spanische, Königin Isabella gewidmete Grammatik legte zum Beispiel schon 1492 Antonio de Nebrija (*„Gramática de la lengua castellana"*) in der Absicht vor, die Volkssprache zu normieren. Seit der Zeit Philipps II. war *„castellano"* (kastilisch) die verbindliche Sprache des Hofes. Auch kamen nach zweisprachigen (zum Beispiel lateinisch-deutsch, lateinisch-englisch usw.) nun mehrsprachige Wörterbücher in Gebrauch. François Garon veröffentlichte 1526 in Venedig ein solches in fünf Sprachen (lateinisch, italienisch, französisch, spanisch, deutsch), das 1546 auf acht Sprachen erweitert wurde. Schließlich erschienen seit dem 16. Jahrhundert mehrsprachige Konversationsbücher, die vornehmlich für Kaufleute gedacht waren, um sich im Ausland verständigen zu können.

Einen Aufschwung erlebte die Übersetzungstätigkeit. Manche Werke wurden aus Landessprachen ins Lateinische übertragen, um sie grenzüberschreitend zugänglich zu machen. Weitaus größer war die Zahl der Schriften klassischer oder zeitgenössischer Autoren, die aus dem Lateinischen in Landessprachen oder aus einer solchen in eine andere übertragen wurden. Die „Utopia" von Thomas Morus erschien zum Beispiel 1524 in deutscher, 1548 in italienischer, 1550 in französischer, 1551 in englischer und 1562 in niederländischer Übersetzung.

Eine Differenzierung der sprachlichen Praxis markierte der Gebrauch der lateinischen oder kyrillischen Schrift sowie das Nebeneinander romanischer, germanischer, slawischer und finno-ugrischer Sprachen. Eine Mehrheit von Menschen, die des Lesens und Schreibens nicht kundig war und keine fremde Sprache beherrschte, war vom geistigen Austausch ausgeschlossen. Doch gewährleisteten das lange Fortleben des Lateinischen als Gelehrtensprache, die Durchsetzung des Französischen als Verständigungsmittel der Diplomaten seit der Mitte des 16. Jahrhunderts und die Aneignung fremder Sprachen trotz des Fortschreitens landessprachlicher Dominanz die internationale Kommunikation.

26 U. von Hutten, Deutsche Schriften, 2, 44.

3.6.4 Renaissancekunst

Italien war das Geburtsland der Renaissancekultur.[27] Neben der Literatur waren für sie Architektur, Malerei und Plastik repräsentativ. Ihr Zentrum war zunächst Florenz, dessen Mäzene viele Künstler förderten. Die Medici – voran Cosimo und Lorenzo – vermittelten aber auch Künstler an die Höfe von Rom, Neapel, Mantua und Ferrara. Mit Florenz konkurrierte bald Venedig, und wenn Rom schließlich Florenz überflügelte, war das dem Mäzenatentum einiger Päpste – voran Julius II. und Leo X. – zu danken.

Die Errungenschaften der Italiener wurden auf verschiedenen Wegen in andere europäische Länder transferiert. Die spanische Herrschaft über Neapel begünstigte ihre Weitergabe an die iberische Halbinsel, die französischen Kriegszüge ihre Vermittlung nach Frankreich. Auch waren zahlreiche italienische Künstler in Ländern nördlich der Alpen tätig: in Frankreich und England, im Reich, in Polen und Ungarn und im Moskauer Reich. Umgekehrt suchten ausländische Künstler die italienischen Kunstzentren auf und ließen sich anregen. Albrecht Dürer hielt sich zweimal – 1494/95 und 1505/07 – in Venedig auf, und der Niederländer Jan Gossaert reiste 1508/09 nach Rom und machte nach seiner Rückkehr Inhalte und Formen der Renaissancemalerei in seiner Heimat bekannt. Ihrem Beispiel folgten viele andere Künstler.

Die gerühmte Vielseitigkeit der Renaissancekünstler demonstriert exemplarisch Leonardo da Vinci mit seinem universalen Werk. Er war in Florenz, Mailand und Rom tätig und verbrachte die letzten drei Jahre seines Lebens in Frankreich. Er arbeitete als Maler, Bildhauer, Kartograph, Stadtplaner und Festungsbaumeister, beschäftigte sich mit Musik und Instrumentenbau, trieb naturwissenschaftliche Studien, konzipierte technische Projekte (über 700 technische Zeichnungen sind überliefert). Er hinterließ Dichtungen und verfasste Traktate über Anatomie, Architektur und Malerei. Sein Manuskript „Über den Vogelflug" bildete die Grundlage für den Entwurf von Flugmaschinen. Überliefert sind ferner Entwürfe für eine Idealstadt, aber auch Kostümentwürfe für Hoffeste. Vieles, was Leonardo in Angriff nahm, blieb unvollendet. Doch Giorgio Vasari urteilte: Womit sein Geist auch immer sich beschäftigte, er löste das Schwierigste mit Leichtigkeit.

Viel Mühe verwandte Leonardo darauf, den Menschen mittels der Anatomie und den ihn umgebenden Raum durch perspektivische Gesetze zu erkunden. Wesentlicher noch war für ihn, die geistige Verfassung eines Menschen im Bild zu erfassen. Ein guter Maler habe – so seine Auffassung – zwei Hauptsachen zu malen, nämlich den Menschen und seine Seele. Das erste sei leicht, das zweite schwer, weil es nur durch Gesten und Bewegungen ausgedrückt werden könne. Er folgte dem Grundsatz, die Schönheit der Welt durch künstlerische Werke zu bereichern, und er entsprach ihm mit dem Mailänder Abendmahl, mit Madonnenbildern und Porträts wie der Dame mit dem Hermelin oder der Mona Lisa. Nördlich der Alpen kann keinem Künstler eine vergleichbare Vielseitigkeit nachgesagt werden.

Albrecht Dürer schrieb im Oktober 1506 aus Venedig an Willibald Pirkheimer in Nürnberg: „O, wie wird mich nach der Sunnen frieren, hie bin ich ein Herr, doheim

---

27 Vgl. P. Mitter, Arts, 109ff.

ein Schmarotzer."[28] Welche konkreten Erfahrungen auch immer sich hinter diesen Worten verbergen mögen, sie verweisen auf das unterschiedliche künstlerische Klima in der Lagunenstadt und in Dürers Heimat. Dürer war zwar in Nürnberg als Maler geachtet, aber im Süden konnte er sich offenbar freizügiger bewegen.[29] Wie er sich selbst sah, geben seine Porträts zu erkennen – er konterfeite sich als Jüngling, als nackter Mann, als würdevoller Künstler. Nach eigenem Bekenntnis wollte er mit seinen Werken der Ehre Gottes dienen und den Menschen nützen.

Dürer verfolgte das Zeitgeschehen aufmerksam. Als er nach dem Wormser Reichstag annehmen musste, Luther sei getötet worden, hoffte er, Erasmus werde dessen Werk fortsetzen. Er polemisierte gegen die ungerechte Tyrannei der weltlichen Gewalt, und nach der Niederlage der aufständischen Bauern entwarf er 1525 eine Gedenksäule, die das Passionsmotiv auf die Gestalt eines „traureten" Bauern überträgt, der vom Schwert durchbohrt wurde. In den 1526 in Anlehnung an ein venezianisches Werk gemalten Aposteltafeln verschlüsselte er seine Botschaft in den beigegebenen Schrifttafeln, die vor falschen Propheten warnten. Biblische und allegorische Gestalten, Kaiser Maximilian I., Patrizier, Frauen aus Nürnberg und Venedig und Bauern bannte er auf die Leinwand, schnitt er in Holz oder Metall und hielt er in Skizzen fest. Daneben finden sich Aquarelle – eine Drahtziehmühle, Ansichten von Innsbruck, Natur- und Tierstudien, die Genauigkeit im Detail und Respekt vor der Natur vereinen.

Leonardo und Dürer – das sind zwei herausragende Gestalten in der Phalanx der Renaissancekünstler, die mit ihren Werken den neuen Geist repräsentieren. Doch es war die Architektur, in der die Wiederbelebung antiker Gesinnung dominierte. Mit dem Bauen *„all'antica"* wurde die Gotik überwunden, wurden seit der Mitte des 15. Jahrhunderts in Florenz, dann in Rom, Mailand und Venedig Paläste in neuen Stilformen errichtet. Eine große Aufgabe übernahmen Künstler mit dem Neu- und Umbau des Petersdoms in Rom. Erste Entwürfe lieferte Donato Bramante. Nach seinem Tod wurden die Arbeiten von Raffaelo Santi und Michelangelo Buonarotti weitergeführt. Die Kuppel gilt seitdem als ein Wunderwerk, und das Bildwerk der Sixtinischen Kapelle, deren Ausmalung Michelangelo bis 1541 vollendete, führt – gemäß dem Renaissanceideal – die Schöpfungsgeschichte und das Jüngste Gericht in kraftvollen Gestalten und dramatisch-bewegten Szenen vor.

Die Architektur der Renaissance trug jedoch vornehmlich den Bedürfnissen weltlicher Herrscher und Obrigkeiten Rechnung. Außerhalb Italiens kamen Einflüsse früh in Ungarn zur Wirkung, wo der humanistisch gebildete König Matthias Corvinus und seine Gemahlin Beatrix von Aragon italienische Künstler an den Hof zogen. Die Paläste in Buda und Visegrád wurden im toskanischen Stil umgestaltet. Höfe und städtische Räte anderer Länder folgten dem italienischen Vorbild. Der portugiesische König Manuel I. entsandte zwei Künstler nach Italien, damit sie dort Erfahrungen sammelten. Wie der neue Stil verarbeitet wurde, demonstriert das Hieronymuskloster in Belém bei Lissabon. Zu den großen Leistungen gehört auch der 1561 begonnene Bau des Escorial bei Madrid, dessen Dimensionen nur mit denen des Petersdoms in Rom vergleichbar sind.

---

28 A. Dürer, Schriften, 126.
29 Vgl. E. Rebel, Albrecht Dürer.

Der russische Zarenhof, der traditionell stärker nach Byzanz orientiert war, zeigte ebenfalls Interesse für die neue Architektur. Sofia Palaeologa, die Gemahlin Ivans III., hatte in Rom gelebt und war in ihrem Geschmack italienisch beeinflusst. Der Zar ließ 1474 in Italien Ingenieure und Künstler anwerben. Aristotele Fioravanti erbaute den Uspenski Sobor, und die Türme und Mauern des Moskauer Kreml wurden in italienischer Manier erneuert. Wenn das Interesse der Kirche ins Spiel kam, waren Traditionen stärker zu respektieren. Beim Bau der Maria-Himmelfahrts-Kathedrale verlangte der Zar von Fioravanti, sich am Vorbild der orthodoxen Kathedrale in Wladimir zu orientieren. „Es war schwierig für italienische Ideen und Formen, die Grenze zu einer Welt zu überschreiten, in der das Christentum orthodox, das Alphabet kyrillisch und die Sprache der Liturgie das Kirchenslawische war.“[30] Die innere Ausgestaltung der Gotteshäuser wurde von der orthodoxen Liturgie diktiert. Für die *Ikonostase* (Bilderwand) galten strenge inhaltliche Vorgaben, die die Maler in ihren schöpferischen Möglichkeiten begrenzten. Doch die Ikonenmalerei brachte in Farbe und Form feinfühlig gestaltete und prachtvolle Werke hervor, und angesichts des großen Bedarfs ließ der Zar Mitte des 16. Jahrhunderts eigens Werkstätten für Ikonenmaler einrichten.

Auch im osmanischen Reich entwickelte sich eine bemerkenswerte Baukultur mit eigener Tradition. Moscheen mit einer Hauptkuppel und sie stützenden kleineren Halbkuppeln wurden in Istanbul und in anderen Städten gebaut. Das Vorbild bot Sinan mit seinen Werken. Zu den mehr als 300 Bauten, die ihm zugeschrieben werden, zählen nicht nur Moscheen in Istanbul und Edirne, sondern auch theologische Seminare, Mausoleen, Bäder, Brücken und Viadukte.

Errichtet oder umgestaltet wurden im Stil der Renaissance in ganz Europa weltliche Bauwerke wie der Louvre in Paris, die Uffizien in Florenz, das Heidelberger Schloss, der Wawel und die Tuchhallen in Kraków, die Börse in Kopenhagen, Schlösser in Dänemark und Schweden, die Rathäuser in Vizenza, Toledo, Antwerpen, Poznań und Augsburg, die Zeughäuser in Danzig und Augsburg sowie die Universität von Alcalá. Städte schmückten sich mit antike Motive oder mythologische Gestalten in den Blick rückenden Brunnen – Neptun in Florenz und Bologna, Apollo in Nürnberg, Herkules in Augsburg. Berühmt wurde Giovanni Lorenzo Berninis 1648 bis 1651 geschaffene „Fontana dei Fiumi“ auf der Piazza Navona in Rom: Die Flussgötter Donau, Nil, Ganges und Rio de la Plata verkörpern die Erdteile Europa, Afrika, Asien und Amerika.

Manche italienische Stadt zierte ein Reiterstandbild, das sein Vorbild in dem Marc Aurels auf dem Capitol in Rom hatte. Diese Ehre wurde Söldnerführern wie Erasmo de Narni, genannt Gattamelata, in Padua (Donato Donatello, 1447) oder Bartolommeo Colleoni in Venedig (Andrea del Verrochio, 1479/88) und später auch manchem Fürsten zuteil. Sie wurden meist auf zentralen Plätzen aufgestellt. Wie provokant diese Praxis sein konnte, zeigt das Beispiel von Florenz, wo Cosimo de Medici seinen Platz auf der Piazza della Signoria fand, dem Symbol für die republikanische Tradition der Stadt. In Frankreich wurden später Reiterstandbilder für Ludwig XII. in Blois und Heinrich IV. in Paris aufgestellt.

Künstler entwarfen auch durchgeplante ideale Städte, ohne dass die Projekte ausgeführt wurden. Doch manchmal wurde auf solche Pläne zurückgegriffen, wenn ein

30 P. Burke, Renaissance, 90.

Brand oder ein Krieg eine ganze Stadt vernichtete. Ohne einen solchen Anlass entstand seit 1580 Zamość im südlichen Polen nach den Plänen von Bernardo Morando aus Padua. Eher noch wurden einzelne Plätze mit Arkaden planmäßig gestaltet – die Piazza San Marco in Venedig, die Piazza Grande in Livorno, der Place Royal in Paris, die Plaza Mayor in Madrid oder Covent Garden in London. Mit der Renaissance wurde zudem die Errichtung von Landhäusern im italienischen Stil belebt und gingen in die Wohnkultur neue Elemente ein – zum Beispiel offene Loggien oder dekorative Fassaden. „Innerhalb des Hauses war das *studiolo* das wichtigste Symbol humanistischer Werte; es stellte die säkulare Version einer Mönchszelle dar, einen Raum ..., der ganz der *vita contemplativa*, dem Denken, Lesen und Schreiben, gewidmet war."[31] Hier wurden Bücher und Kunstgegenstände, Raritäten und Kuriositäten aufbewahrt, so dass es gleichsam die Keimzelle eines Museums bildete.[32]

Die im neuen Stil gestalteten Paläste und Rathäuser, die Kunstwerke in Kirchen oder die an zentralen Plätzen postierten Monumente (zum Beispiel Michelangelos David vor dem Palazzo Vecchio in Florenz) konnten von jedem Besucher in Augenschein genommen werden. Für Werke der Maler galt das nur, wenn sie an einem zugänglichen Ort – zum Beispiel in einer Kirche – ihren Platz fanden. Viele Gemälde wurden privat in Auftrag gegeben und in fürstlichen oder bürgerlichen Wohnstätten aufbewahrt. Einem größeren Publikum wurden sie erst zugänglich, wenn die Sammlungen geöffnet beziehungsweise Galerien und Museen eingerichtet wurden.

Die Malerei nahm im Kanon der bildenden Künste eine besondere Stellung ein, da sie sich unabhängig von der antiken Tradition entwickelte. Denn Werke der Malerei sind – im Unterschied zu Architektur, Plastik oder Literatur – kaum überliefert (mit Ausnahme bildlicher Szenen auf Vasen oder als Mosaiken), so dass die Auseinandersetzung mit der Antike eine untergeordnete Rolle spielte. Doch gerade die Malerei beeindruckt durch ihre thematische Vielfalt, ihr ästhetisches Programm, ihre farbliche Nuancierung und ihre Möglichkeiten, individuelle Züge, geistiges Profil und seelische Regungen wiederzugeben.

Beispielgebend wirkte auch hier Italien – zunächst mit den Werken der Frührenaissance, später dann mit den imposanten Schöpfungen der Hochrenaissance: Michelangelo mit dem Bildwerk der Sixtinischen Kapelle in Rom, Leonardo mit dem Abendmahl in Mailand, Sandro Botticelli mit der Allegorie des Frühlings in Florenz, Giorgione (Giorgio da Castelfranco) mit Madonnenbildern und Allegorien, die Mensch und Natur in Harmonie zeigen. Ihre Nachfolge traten Raffael (Raffaelo Santi) mit Madonnenbildern in harmonischen Farben und Tizian (Tiziano Vecellio) an, der die Kunst des Porträtierens meisterhaft beherrschte.

Die Malkunst in den europäischen Ländern nahm viele Anregungen aus Italien auf, offenbarte unverkennbar aber auch eigene Züge. Kein Maler gestaltete menschliche Ängste und Visionen so intensiv und suggestiv wie Hieronymus Bosch in den Niederlanden.[33] Er hielt wie ein Buß- und Moralprediger seiner Zeit den Spiegel vor, um die Sittenlosigkeit anzuprangern und zur Besserung zu ermahnen. Seine Bilder vereinen

31 Ebd., 236.

32 Vgl. P. J. Bräunlein, Theatrum Mundi, 355ff.

33 Vgl. R. H. Marijnissen/P. Ruyffelaere, Hieronymus Bosch.

eine kritisch-realistische Darstellung der alltäglichen Lebenswelt mit erschreckend-diabolischen Visionen.

Auch andere Künstler gingen eigene Wege. Pieter Breughel der Ältere offerierte symbolisch-phantastische Szenarien und volkstümlich-realistische Lebenswelten. Ikarus, der Turmbau zu Babel oder der Kindermord zu Bethlehem beschäftigten ihn ebenso wie Sprichwörter, der Streit zwischen Karneval und Fasten, eine Bauernhochzeit oder das Alltagsleben in den vier Jahreszeiten. Harmensz Rembrandt van Rijn gestaltete biblische Szenen, porträtierte sich selbst so häufig wie kein anderer Künstler, und er übernahm Aufträge, um Bürger in Gruppenbildern festzuhalten, am eindrucksvollsten in der „Nachtwache", dem Bild einer Schützengilde. Das Motivspektrum der oft gewaltigen Bildschöpfungen von Peter Paul Rubens reicht von biblischen Themen bis zu Porträts und Friedensallegorien. Er arbeitete für Kirchen und europäische Höfe. Mehr als 600 Werke sind von seiner Hand überliefert, an die 3 000 aus seiner Werkstatt.

Kein Land brachte im 16. und 17. Jahrhundert so viele Künstler wie die Niederlande hervor. Mitte des 17. Jahrhunderts ist mit 650 bis 700 Malern zu rechnen, die den Kunstmarkt jährlich mit 63 000 bis 70 000 Bildern belieferten.[34] Ihre Sujets waren Volksleben, bürgerlich-häusliche Interieurs, Porträts, Landschaften und Stilleben. Das steht mit der Entfernung der Bilder aus den Kirchen im Zuge der Reformation im Zusammenhang. Wenn die Kirche als Auftraggeber wegfiel, mussten andere Käuferschichten gefunden werden. Eine große Zahl von Bildern befand sich künftig in bürgerlichen Haushalten. Im Land entstand ein Kunstmarkt, wie es ihn in dieser Dimension in anderen Ländern nicht gab und der ein breites Käuferspektrum bediente.[35] Die wachsende Nachfrage förderte zudem die Spezialisierung der Maler auf Landschaften, Blumen oder andere Motive.

In einigen Ländern machten vor allem Hofmaler auf sich aufmerksam – neben Rubens zum Beispiel François Clouet in Frankreich, Diego Velázquez in Spanien und Lukas Cranach in Kursachsen. Ihre Auftraggeber waren Landesherren und deren Höfe. Sie porträtierten Herrscher und deren Familien und setzten historische Ereignisse ins Bild – zum Ruhme der Dynastien und der Geschichte des Landes. Kunst übernahm einen propagandistischen Auftrag und diente der staatlichen Legitimation.[36] Die Qualität der Malerei wurde nicht beeinträchtigt, wenn ein versierter Meister ans Werk ging, und nicht selten schwangen in diesen Werken kritische Töne mit. Neben privaten Sammlungen entstanden vor allem solche aufgeschlossener Herrscher. Kaiser Maximilian I. sammelte Bilder und Kuriositäten, Erzherzog Ferdinand legte eine bedeutende Sammlung im Schloss Ambras bei Innsbruck an, König Philipp II. brachte es auf 20 000 Objekte, und Kaiser Rudolf II. verwandelte seine Prager Residenz in die „Wunderkammer Europas".[37]

Obwohl die Renaissancekunst tiefe Spuren hinterließ, waren ihr nicht alle Künstler und jedes Kunstwerk verpflichtet – zum Beispiel die Altarbilder Matthias Grüne-

---

34 Vgl. M. North, Art, 285.

35 Vgl. Ders., Kunst und Kommerz.

36 Vgl. M. Winner, Orb as Symbol, 63ff.; F. Checa Cremades, Monarchic Liturgies, 89ff. sowie die Beiträge in: KFE 2, 61ff.

37 Vgl. E. Fučíkova, Sammlungen, 209ff.

walds in Isenheim oder Jörg Ratgebs in Herrenberg, die auf bewegend-erregende Weise die Unruhe und die Hoffnungen der Zeit reflektieren. Auch die großartigen Schnitzaltäre Tilman Riemenschneiders blieben in einer Zeit des Wandels der spätgotischen Tradition verpflichtet. Deutsche Künstler bevorzugten oftmals den Holzschnitt und den Kupferstich, um antike, mythologische, allegorische oder Alltagsthemen ins Bild zu setzen. Diese Techniken waren zudem geeignet, rasch auf aktuelle Ereignisse zu reagieren und reformatorische Ideen zu verbildlichen und polemisch in Auseinandersetzungen einzugreifen.

Die Renaissancekunst veränderte sich, als mit dem Sacco di Roma von 1527 ein Zentrum der Renaissancekultur ausgeplündert wurde und die erste Generation der großen Künstler des 16. Jahrhunderts verstarb. Ihr Ende bedeutete das allerdings nicht. Manche Errungenschaften gingen in den Manierismus ein[38], „die Stilrichtung, die man als Reaktion auf die Harmonie, gegen die Proportion und selbst gegen die Vernunft verstand."[39] Mit dem seit der Mitte des 16. Jahrhunderts sich ausprägenden Stil wurde alles Akademische verworfen, die Kunst von traditionellen Motiven befreit und ein unkonventioneller Gebrauch von Form und Farbe üblich. Was dieser Umbruch ermöglichte, demonstrierte Michelangelo da Caravaggio, der biblische Motive in die Alltagsrealität integrierte und durch die Verteilung von Licht und Schatten dramatisierte. El Greco nutzte die gleichen Mittel, um menschliche Schicksale oder den Dualismus von Mensch und Natur in ambivalenten Farbgebungen spannungsreich darzustellen.

In der neuen Epoche veränderte sich der soziale Status der Künstler. Traditionell zählten sie zu den Handwerkern. Maler, Bildschnitzer, Drucker, Buchbinder, Glaser und andere organisierten sich zum Beispiel seit dem 14. Jahrhundert in Gilden, deren Schutzheiliger der Evangelist Lukas war. Doch bald strebten viele nach ihrer Anerkennung als Künstler. Als Giorgio Vasari in Florenz die erste Kunstakademie gründete, war es seine Absicht, die Künstler von der Kontrolle der Gilden zu befreien und ihren gehobenen sozialen Status zu befestigen.

3.6.5 Naturforschung und Naturwissenschaft

Westeuropa öffnete sich seit langem wissenschaftlichen Erkenntnissen und technischen Erfahrungen anderer Völker, vor allem der Chinesen, Inder und Araber. Das Interesse an der Erforschung von Natur und Universum führte dann in der frühen Neuzeit zu bahnbrechenden neuen Entwicklungen.[40] Die Konstituierung wissenschaftlicher Disziplinen vollzog sich jetzt vor allem durch die Emanzipation von der Theologie. Dieser Prozess richtete sich nicht gegen die Religion. Doch die Wissenschaften benötigten einen Freiraum, um unbeeinflusst von Autoritäten außerhalb der Wissenschaften Antworten auf Fragen nach dem Wesen des Menschen, der Natur und der Welt zu finden.[41] Einen Ausgangspunkt bildete die Aufwertung des Individuums.

---

38 Vgl. D. Arasse/A. Tönnesmann, Manierismus.
39 P. Burke, Renaissance, 134.
40 Vgl. St. J. Harris, Nature, 83ff., bes. 93f.
41 Vgl. P. Rossi, Geburt.

Die „im Glauben errungene Freiheit des Einzelnen, der sich in einem unmittelbaren Verhältnis zu seinem Gott fühlen durfte, mußte notwendigerweise auch ein anderes Bewußtsein von seiner Umwelt heraufführen."[42]

Die Unterscheidung zwischen dem der menschlichen Einsicht verborgenen Wesen der Dinge und deren Erfassung in Begriffen hatte schon länger den Glauben an die alles beherrschende Rolle der Theologie erschüttert. Einen Schritt weiter führten Einsichten, die Nikolaus von Kues vermittelte. Der Theologe, Kirchenjurist und Kirchenpolitiker, seit 1450 Bischof von Brixen und seit 1459 Generalvikar des Kirchenstaates, leistete Bedeutendes auf den Gebieten Mathematik, Physik und Kosmologie. Er unterschied zwischen Unendlichem und Endlichen. Die Unendlichkeit begründete er mit der Tatsache, dass die Welt keine Peripherie habe. Wäre es anders, dann trüge sie ihren Anfang und ihr Ende in sich selbst. Das bot die Möglichkeit, das Endliche, das Kreatürliche, die von Gott geschaffene Welt unabhängig von der Theologie zu erforschen. Italienische Naturphilosphen – Girolamo Cardano, Bernardino Telesio und Andrea Caesalpino – suchten nach neuen Erklärungen der Welt durch Integration physikalischer Erfahrungen in das philosophische Weltbild. Sie wandten sich beispielsweise gegen magische Vorstellungen, weil sie rational nicht nachvollziehbar seien.

Die neuzeitlichen Wissenschaften beruhten auf der Anerkennung der Vernunft als Prinzip der Forschung. Der Philosoph und Mathematiker Pierre de la Ramée (Ramus) legte in systematischer Auseinandersetzung mit der aristotelischen Logik Fundamente für ein neues Wissenschaftsverständnis. In seiner Schrift *„Aristotelicae animadversiones"* (Einwände gegen Aristoteles, 1543) plädierte er für eine auf dem menschlichen Verstand beruhende „natürliche Logik". An die Stelle philosophischer Spekulationen trat das Bemühen, mittels der induktiven Methode Begriffe aus den Dingen abzuleiten.

Ein Feld des Forschens war die Astronomie, und zwar wegen ihrer praktischen Bedeutung für Schiffahrt und Entdeckungsreisen. Das hieß allerdings nicht, dass die Astrologie keine Rolle mehr spielte. Sie diktierte noch weithin den Sinn astronomischen Forschens. Girolamo Cardano, Arzt, Mathematiker und Philosoph und auf vielen Gebieten produktiv (Mathematik, Physik, Medizin, Philosophie, Religion, Musik), leistete Bahnbrechendes für eine neue Wissenschaft, und zugleich war er ein bedeutender Astrologe.[43] Er sammelte bekannten Persönlichkeiten gestellte Horoskope, und er selbst erstellte ein solches für Jesus, das auf den Index gesetzt wurde. Auch nach ihm betätigten sich Wissenschaftler bis hin zu Johannes Kepler auf diesem Gebiet. Im Osmanenreich wurde dem Sultan zu Beginn jeden Jahres ein Kalender vorgelegt, der die Tage auswies, die für Entscheidungen günstig oder ungünstig sein sollten.

Die Entwicklung der Astronomie widerspiegelt die Konflikte, die das Streben nach wissenschaftlicher Erkenntnis immer begleiten. Der Fromborker Domherr und Astronom Nicolaus Copernicus, der sich während seines Studiums in Krakau und Bologna mit astronomischen Fragen beschäftigte, legte im ersten Jahrzehnt des 16. Jahrhunderts seine Erkenntnisse über das heliozentrische Weltbild schriftlich nieder, machte aber nur wenige Freunde damit bekannt. Vor einer Veröffentlichung wollte er sie erst noch durch weitere Berechnungen fundieren. Als Copernicus das Manuskript 1522

---

42 J. Engel, Mächte-Europa, 193f.
43 Vgl. A. Grafton, Cardano's Cosmos.

abschloss, zögerte er immer noch, es zum Druck zu geben. Erst 1543 erschien das Werk „De revolutionibus orbium caelesticum libri VI" (Sechs Bücher über die Kreisbewegungen der Weltkörper) in Nürnberg.

Der Wittenberger Mathematiker Georg Joachim Rhetikus hielt sich 1539 bis 1541 in Frombork auf und nahm Einblick in das Manuskript. In seinem 1540 veröffentlichten „ersten Bericht" über die copernicanische Lehre schrieb er: „Weil es die Beobachtungen erfordern, ist nunmehr die Erdkugel in den Umfang eines Exzenters entflogen, die Sonne aber hat sich im Mittelpunkt der Welt festgesetzt."[44] Das alte Bild von der Erde als Mittelpunkt des Sonnensystems war zwar bereits erschüttert worden, wurde nun aber wissenschaftlich begründet widerlegt und die Sonne als Fixpunkt erkannt, um den sich die Planeten – also auch die Erde – bewegen. Copernicus schrieb: „Wir finden also in dieser Anordnung eine bewunderungswürdige Symmetrie der Welt und einen festen, harmonischen Zusammenhang zwischen der Bewegung und der Größe der Bahnen, wie man ihn auf andere Weise nicht finden kann."[45]

Die „Entdeckung" von Copernicus hatte weltanschauliche Folgen und führte zu anhaltendem Streit. Er wurde durch das Vorwort ausgelöst, das der Nürnberger Prediger Andreas Osiander, der den Druck des Werkes besorgte, diesem voranstellte. Er erklärte, die Astronomie habe nicht festzustellen, wie die Gestirne sich bewegen, sondern nur ein Schema anzubieten, das die beobachteten Bewegungen wiederzugeben vermag. Deshalb handele es sich bei der copernicanischen Lehre nur um eine mathematische Hypothese, „deren Wahrheitsgehalt nicht größer sein könne als der anderer Hypothesen."[46] Der italienische Philosoph Giordano Bruno urteilte später, so betrachtet sei die ganze astronomische Rechenkunst nur ein geistreiches Spiel zum Zeitvertreib.[47] Copernicus verfolgte aber mit seiner Lebensarbeit das Ziel, durch Beobachtung und Berechnung die astronomische Wahrheit zu ermitteln.

Bruno, der zu den Verteidigern der Lehre von Copernicus gehörte, war 1565 in den Dominikanerorden eingetreten, wurde aber wegen der Anzweiflung der Trinität Gottes der Ketzerei verdächtigt. Er floh 1576 nach Rom, ging dann nach Genf, Toulouse, Paris und England und hielt sich eine zeitlang in Wittenberg, Prag, Helmstedt und Frankfurt am Main auf – überall Anfeindungen ausgesetzt. In Venedig wurde er 1592 der Inquisition übergeben, 1593 nach Rom in den Kerker überführt und am 17. Februar 1600 als Ketzer verbrannt. Bruno war überzeugt, dass die Welt unendlich sei (*„De l'infinito universo e mondi"*, 1584), ohne schon den Beweis für seine Hypothese antreten zu können. Eine Schöpfung aus dem Nichts konnte es folglich nicht geben. Der Mensch war für ihn ein innerhalb der Natur existierendes Wesen, das deren unendliche Möglichkeiten teilt, und wie die Natur, so strebt auch er nach Realisierung aller seiner Möglichkeiten.

Der dänische Astronom Tycho Brahe schloss aus seinen Beobachtungen, dass der Kosmos unendlich und das Sonnensystem nur eines unter vielen sei. König Friedrich II. stellte ihm 1576 die Mittel für eine Sternwarte auf der Sundinsel Hveen zur

44 G. J. Rhetikus, Erster Bericht, 71.
45 N. Copernicus, Kreisbewegungen, 63.
46 Ders., Weltkörper, 1.
47 Vgl. H. Blumenberg, Legitimität, 556.

Verfügung. Hier in der „Uraniborg" arbeitete er mit den besten Instrumenten.[48] Seine astronomischen Daten übertrafen an Genauigkeit alle anderen bekannten Messungen. Doch in seinen Schlussfolgerungen blieb er hinter Copernicus zurück, da er zwischen dem geo- und dem heliozentrischen Weltbild zu vermitteln und die besondere Stellung der Erde zu retten suchte. Nach dem Tod seines Gönners verließ Brahe 1597 Dänemark und trat in Prag in den Dienst Kaiser Rudolfs II. Sein Gehilfe wurde hier der junge Johannes Kepler, der nach Brahes Tod dessen Nachfolge antrat. Etwa zur selben Zeit ließ Sultan Murad III. in Istanbul ein Observatorium einrichten, in dem eine Gruppe von Astronomen unter Leitung von Takiyy al Dín arbeitete. Sie benutzten Instrumente, die denen Brahes ähnlich waren, und die von ihnen entwickelte Methode ermöglichte eine genauere Berechnung der Sonnenparameter.[49]

Johannes Kepler bestätigte dann mit seinen Berechnungen die Erkenntnisse von Copernicus, wies aber auch nach, dass die Planeten sich nicht in Kreisen, sondern in elliptischen Bahnen bewegen. Im Jahr 1596 ließ er einen Globus anfertigen, der die Planetenbewegungen nach Copernicus darstellte. Mit seinen Werken *„Astronomia nova"* (Neue Astronomie, 1609) und *„Harmonice mundi"* (Weltharmonik, 1619) begründete er die Auffassung, dass Erde und Kosmos gleichen physikalischen Gesetzen unterliegen. Seine Planetentafeln (*Tabulae Rudolphinae*, 1627) dienten lange Zeit als Grundlage für Planetenbeobachtungen.

Doch spekulatives Denken war weiterhin in der Astronomie präsent. Erst der Philosoph, Physiker und Mathematiker Galileo Galilei anerkannte nur noch das durch Beobachtung und Berechnung gewonnene Wissen. Er benutzte 1609 als erster ein selbstgebautes Fernrohr für Himmelsbeobachtungen und bestätigte die Richtigkeit des Ansatzes von Copernicus, vermied aber eine öffentliche Stellungnahme. Er genoss den Schutz der katholischen Kirche und wurde in die päpstliche Akademie in Rom aufgenommen. Als er jedoch 1613 in einem Brief an Benedetto Castelli die Überlegenheit naturwissenschaftlicher Erkenntnisse gegenüber der theologischen Exegese behauptete, wurde ihm in einem inquisitorischen Verfahren 1616 auferlegt, die copernicanische Lehre nur als Hypothese, nicht als gesicherte Erkenntnis auszugeben. Die Werke von Copernicus und Kepler wurden auf den Index gesetzt.

Galilei hielt sich an die Auflagen, aber die Ignoranz seiner Gegner provozierte ihn zu Reaktionen. Sein 1632 publizierter *„Dialogo sopra i due massimi sistemi del mondo"* (Dialog über die zwei großen Weltsysteme) führte zu einem weiteren Verfahren, das 1633 mit der Verurteilung zu lebenslanger Haft endete. Papst Urban VIII. milderte die Strafe, aber sein Landgut in der Nähe von Florenz durfte er bis an sein Lebensende 1642 nicht verlassen. Hier erarbeitete der fast erblindete Gelehrte die in Leiden publizierten *„Discorsi e dimostrazioni matematichi intorno a due nuove scienza"* (Unterredungen und mathematische Demonstrationen über zwei neue Wissenschaften, 1638), mit denen er die neuere Physik begründete. Was Nikolaus von Kues vorbereitete, vollendete Galilei: die Trennung von Theologie und Wissenschaft. Deshalb sprach er von einer „neuen Wissenschaft".

---

48 Vgl. J. R. Christianson, Island.
49 Vgl. S. Tekeli, Sciences, 226.

Galileis wissenschaftliche Methodik hatte ihr Fundament in der Mathematik. Der Engländer Francis Bacon vertraute dagegen mehr dem Experiment als Erkenntnismethode und plädierte für die empirische Naturforschung. Im „*Novum Organon scientiarum*" (Neue Logik der Wissenschaften, 1620) plädierte er für die Induktion, die Entdeckung allgemeiner Gesetze der Naturwissenschaft durch systematische Analyse der Erfahrung. René Descartes hingegen, der mehrmals des Atheismus und der Gotteslästerung beschuldigt wurde und 1628 Frankreich verließ, sprach sich in seinem „*Discours de la méthode*" (Abhandlung über die Methode, 1637) für eine Methodik aus, die den Zweifel integrierte: Niemals solle etwas als wahr anerkannt werden, das nicht sicher und klar erkannt worden sei. Deshalb befürwortete er das von der Mathematik abgeleitete intuitiv-deduktive Schließen. Für ihn funktionierte die Natur wie ein Uhrwerk. Seine mathematisch-naturwissenschaftlich orientierte Erkenntnistheorie beruhte auf der Überzeugung, dass das konstruierende Denken dem Ich überlegen sei (*cogito ergo sum* – ich denke, also bin ich).

Die methodischen Fortschritte trugen zur Verselbständigung wissenschaftlicher Disziplinen bei. Die Medizin konnte auf eine lange Tradition zurückblicken. Sie lebte vom antiken Wissen ebenso wie von chinesischen und arabischen Erfahrungen mit dem Körper, mit Krankheiten und ihrer Heilung. Noch am Beginn der Neuzeit wurde die Auffassung tradiert, der Körper sei mit göttlichen oder dämonischen Säften ausgestattet und nach einem Allheilmittel gegen Krankheiten gesucht. Neue Impulse vermittelte der Medizin Theophrastus Bombastus von Hohenheim, genannt Paracelsus. Seine Reisen führten ihn in viele Länder Europas. Treffende Diagnosen und wirksame Therapien machten ihn zu einem geschätzten und an viele Orte gerufenen Arzt. Als Praktiker berühmt, wurde er als Neuerer angefeindet. Die Alchemie war für ihn die Kunst, Heilmittel auf chemischer Basis herzustellen. Gegen die Dogmen der Schulmedizin setzte er seine Erfahrungen, die er in seinen Veröffentlichungen niederlegte. Selbstbewusst sagte er von sich: „Meine ärztliche Kraft ist allein aus meinem Vaterlande erwachsen. So, wie die Araber ihren Avicenna hatten, die Einwohner von Pergamon Galen, die Italiener gar Marsilius, so hat mich das glückliche Germanien zu seinem Arzt bestimmt."[50]

Die Erforschung des menschlichen Körpers wurde mit der Entdeckung des Lungenblutkreislaufs durch Michael Servet und später des großen Blutkreislaufs durch William Harvey entscheidend vorangebracht. Auch die Anatomie, die bisher vor allem für die Wundärzte von Interesse war, wurde von Andreas Vesalius auf festere Grundlagen gestellt. Andere wissenschaftliche Disziplinen, die von den methodischen Fortschritten profitierten, waren Botanik und Zoologie.

Die Lösung der Wissenschaften von der Theologie verlangte schließlich nach einer neuen Bestimmung des Verhältnisses von Glaube und Wissenschaft. Der Görlitzer Schuhmacher-Philosoph Jakob Böhme suchte nach einer Antwort, hinterließ aber die Aufgabe, eine neue Metaphysik erst noch zu schaffen. Galilei sah in der Theologie eine legitime Wissenschaft, die sich den Glaubensfragen widmet. Aber Glaubenswahrheiten sollten mit Erkenntnissen der Naturwissenschaften übereinstimmen.

---

50 PARACELSUS, Sämtliche Werke, I. Abt., 4, 71.

Die Relativierung des Anspruchs der Theologie förderte einen maßvollen Skeptizismus. Michel de Montaigne anerkannte zwar die Offenbarung, forderte aber das Recht ein, „Glaubensgesetze“ kritisch zu interpretieren. Der radikalere Skeptizismus seines Freundes Pierre Charron gründete in einem stärker säkularisierten Denken, das ohne die Konfessionen auskam, aber Gott, die christliche Religion und die katholische Kirche anerkannte. Descartes war überzeugt, mit seiner Methode die Existenz Gottes nachweisen zu können. Die überwiegend von Jesuiten und Dominikanern repräsentierte spanische Spätscholastik dagegen plädierte nicht – wie Bacon und Descartes – für eine neue Erkenntnistheorie, sondern für eine neue Metaphysik und rückte das Naturrecht ins Zentrum. Anknüpfend an Thomas von Aquin führte der Weg von Francisco de Vitoria zu Francisco Suárez, der in seinem Werk *„Tractatus de legibus et legislatore Deo“* (Abhandlung über die Gesetze und Gott als Gesetzgeber, 1612) eine sozial orientierte Ethik entwickelte, Staatstheorie und Völkerrecht bereicherte und bestätigte, dass die Theologie eine Disziplin unter anderen geworden war.

Die sich im 17. Jahrhundert vollziehende Entwicklung wird als „wissenschaftliche Revolution“ interpretiert. Gemeint ist, dass Einsichten gewonnen und Methoden erprobt wurden, die neue Wege zu wissenschaftlichen Erkenntnissen wiesen. Doch unterschiedliche Traditionen existierten noch längere Zeit nebeneinander.

3.6.6 Einheit und Differenzierung

Geistiges Leben, Kunst und Wissenschaft, wie sie sich am Beginn der frühen Neuzeit präsentierten, hatten keine Vorbilder in den außereuropäischen Kulturen. Sie knüpften gelegentlich an deren Erfahrungen und Leistungen an, aber Renaissance und Humanismus waren in der europäischen Gesellschaft verwurzelt. Ihre Ausformung und Verbreitung war an die sozialen und politischen Bedingungen und kulturellen Traditionen der Länder des Kontinents gebunden. Der Renaissancebegriff wurde zunächst für die in Italien im 14. Jahrhundert beginnende Epoche in Anspruch genommen. Doch seit dem ausgehenden 15. Jahrhundert strahlten italienische Einflüsse auf die europäischen Länder aus, wurden Renaissance und Humanismus zum europäischen Phänomen und eine Umbruchphase der europäischen Zivilisation eingeleitet. Das Weltbild blieb ein religiöses, wurde aber stärker mit säkularen Elementen durchsetzt. Das Bild vom Menschen wandelte sich, die Welt wurde größer und die Erkundung des Wesens von Mensch, Natur und Welt intensiver betrieben.

Einflüsse von Renaissance und Humanismus können in allen europäischen Regionen ausgemacht werden. Aber ihr Weg von Italien in andere Länder verweist auf eine unterschiedliche Intensität der Rezeption und auf Umformungen angesichts der jeweils gegebenen Bedingungen. Auch dort, wo Intoleranz und Inquisition herrschten, Index und Zensur kontrollierend wirkten, war es möglich, humanistische Ideen zu rezipieren. Eine nachhaltige Rezeption erfolgte vor allem im Westen und in der Mitte Europas. Schwächer waren die Einflüsse in den nordischen Ländern, in Ost- und Südosteuropa. Sie erreichten auch das Moskauer Reich, doch die andersartigen sozialen und politischen Strukturen und die Dominanz der russisch-orthodoxen Kirche boten weniger Freiräume, so dass ein säkularisiertes Denken sich nur schwach entfaltete.

Die kulturellen Leistungen, die innerhalb weniger Menschenalter hervorgebracht wurden, eröffneten neue Perspektiven für eine christlich gebundene, von der Antike beeinflusste, humanistisch orientierte, auch konfessionell überformte, aber zur Säkularisierung tendierende Kultur und Bildung. Diese Leistungen geben keinen Anlass zur Überheblichkeit gegenüber den Kulturen anderer Völker. Sie künden jedoch vom Aufbruch in eine neue Zeit. Selbstfindung, Selbstdarstellung und Selbstverwirklichung des Menschen konkurrierten mit Sündenbewusstsein und Erlösungshoffnung. Mensch und Natur, der ganze Kosmos wurden zu Objekten menschlicher Neugier.

4 Forschungsstand, Kontroversen, Perspektiven

Es ist ein schwieriges Unterfangen, den Forschungsstand zur Geschichte des frühneuzeitlichen Europa und seiner Staaten sowie zu Sachbereichen wie Staat, Verfassung, Wirtschaft, Gesellschaft und Kultur zu bilanzieren, Kontroversen darzustellen und Perspektiven aufzuzeigen. Wer sich dieser Aufgabe zuwendet, sieht sich mit einer unübersehbaren Fülle von Publikationen konfrontiert, und er stößt auf Barrieren, da Forschungen in allen europäischen Sprachen veröffentlicht wurden und werden. Es ist unmöglich geworden, die einschlägige Literatur zu überschauen und die Arbeitsergebnisse der nationalen Historiographien nach Resultaten, Tendenzen und differierenden Positionen zu befragen. Ein selektives Vorgehen ist zwangsläufig geboten. Dieses Kapitel konzentriert sich deshalb auf einige für die Geschichte Europas vom Ende des 15. bis zur Mitte des 17. Jahrhunderts relevante Sachprobleme, während für einzelne Länder charakteristische historiographische Diskurse nur am Rande angesprochen werden (womit deren Bedeutung nicht herabgemindert werden soll).

Das – zugegeben – Fragmentarische dieses Verfahrens veranlasst zudem zu einer Feststellung über den gewählten Blickpunkt. Das Problem hat Hans Hattenhauer als Rechtshistoriker angesprochen: „Mich hat nach meinem Herkommen und meinem wissenschaftlichen Lebensweg zuerst die Frage nach dem deutschen Recht geprägt. Ich kann mich darüber erheben und eine weitere Sicht gewinnen wollen, kann diese engere aber auch als endgültig hinnehmen. Mich bestimmt die erstere Haltung."[1] Was hier als Erfahrung resümiert wird, muss auch der Historiker bedenken. Es ist angemessen, nicht einen nationalgeschichtlichen Standpunkt zu kultivieren, sondern den Blick für europäische Probleme zu schärfen. Die im folgenden behandelten Themen tragen dem Rechnung, sind aber auch einer „deutschen Sicht" verpflichtet.

Das ist vielleicht gerechtfertigt, weil in den letzten Jahrzehnten die Epoche der frühen Neuzeit ein Schwerpunkt der deutschen Historiographie war und Debatten angestoßen wurden, die für ein Gesamtbild der europäischen Geschichte gewichtig sind. Autoren werden in diesem Teil gelegentlich ausführlicher zitiert, um ihren Standpunkt möglichst identisch wiederzugeben. Ob das angebotene Panorama – angesichts der notwendigen Selektion – ausgewogen und akzeptabel ist, möge der Leser kritisch beurteilen.

---

1 H. Hattenhauer, Probleme, 178.

4.1 Europa in Überblickswerken

Wenn die Geschichte Europas nicht nur als ein Nebeneinander von Staaten, sondern als Geschichte eines Kontinents mit vergleichbaren Entwicklungen, Strukturen, Lebensweisen und Traditionen einerseits, mit individuellen Staaten und Gesellschaften andererseits verstanden wird, dann liegt zuerst die Frage nahe, welches Bild Überblickswerke vermitteln.

In der älteren Historiographie seit Ludwig Timotheus Spittler, Friedrich Gentz und Arnold Heeren war es erklärte Absicht, die Geschichte der europäischen Staaten oder des europäischen Staatensystems darzustellen. Das Resultat war nicht ein unvermitteltes Nebeneinander von Geschichten einzelner Länder, die nur unter dem Dach „Geschichte Europas" gebündelt wurden. Spittler interessierte beispielsweise, wie die einzelnen Staaten zu ihrer Verfassung kamen und regte eine vergleichende Untersuchung an. Heerens „Handbuch der Geschichte des Europäischen Staatensystems" von 1809 rückte ihre wechselseitigen Beziehungen ins Zentrum: „Die Geschichte des Europäischen Staatensystems ist keineswegs die Geschichte der einzelnen Staaten. Sie ist vielmehr die Geschichte ihrer Verhältnisse gegen einander, besonders der Hauptstaaten; insofern sie sich aus dem Wesen der einzelnen, der Persönlichkeit der Gewalthaber, und den herrschenden Ideen der Zeit entwickelten. Allgemeine Bedingung des Wechsels dieser Verhältnisse, und daher allgemeiner Charakter dieses Staatensystems, war aber seine innere Freiheit, d. i. die Selbständigkeit und wechselseitige Unabhängigkeit seiner Glieder."[2]

Es mangelt seitdem nicht an informativen Publikationen zur Geschichte Europas und seiner Staaten. Doch die Frage liegt nahe, inwieweit deren Fragestellungen und Schwerpunkte einem integrativen Bild vorarbeiten. Die Behauptung sei gewagt: Bis heute ist es nicht gelungen, die Ereignisfülle, die differierenden Strukturen, die unterschiedlichen Lebenswelten und die politischen und sozialen Tendenzen und Konflikte aufgrund eines für das ganze Europa akzeptablen Konzepts überzeugend darzustellen und aus den diffusen Bildern das Gemeinsame und Charakteristische herauszufiltern. Wo der Vergleich gesucht wurde, konzentrierten sich Autoren zudem überwiegend auf Westeuropa und negierten, was sich im Osten ereignete.

Natürlich liegen verdienstvolle Untersuchungen vor, und sie dokumentieren die Forschungslage ihrer Entstehungszeit. Hier muss unerörtert bleiben, wann der Umschlag zur vergleichenden Analyse der europäischen Staatenwelt und ihrer Gesellschaften erfolgte. Eine das ganze frühneuzeitliche Europa überschauende Darstellung wäre von Leopold von Ranke zu erwarten gewesen. Doch von seiner „Geschichte der romanischen und germanischen Völker von 1494–1535", die dafür einen Ansatz bot, erschien nur der erste, bis 1514 führende Band. Später hat Ranke zwar vielbändige Geschichten Deutschlands, Englands und Frankreichs verfasst, die das 16. und 17. Jahrhundert ins Zentrum rückten, aber keine zusammenfassende Darstellung dieser Zeit vorgelegt. Seit Beginn des 20. Jahrhunderts interessierte offensichtlich primär – wie schon einhundert Jahre früher – die Geschichte des europäischen Staatensystems.

---

2 A. Heeren, Staatensystem, 358f.

Ein viel beachtetes Werk legte Gerhard Ritter 1941 vor: „Die Neugestaltung Europas im 16. Jahrhundert". Der Band, in der Reihe „Neue Propyläen-Weltgeschichte" veröffentlicht, wurde 1950 noch einmal aufgelegt.[3] Das behandelte Jahrhundert verkörperte für den Autor nicht ein bloßes Nebeneinander von Nationalgeschichten, es ging vielmehr „um einen großartigen Gesamtprozeß: um das Werden des neuzeitlichen Europa im Ringen geistig-religiöser und politischer Kräfte. Dieses Drama als solches anschaulich zu machen, darauf kam es mir an."[4] Das 16. Jahrhundert verstand er als Zeit der Wandlung des geistig-religiösen, des wirtschaftlich-sozialen und des politischen Lebens. Doch weder Reformation noch Renaissance berechtigen nach seiner Auffassung, mit seinem Beginn einen neuen Abschnitt europäischer Geschichte anzusetzen. Dazu zwinge vielmehr „unter anderem (und mehr als anderes) die Tatsache, daß eben damals in den Hauptländern Europas, vor allem im Westen und Süden, der 'moderne Staat' nach langer Vorbereitung ins Leben trat, die Bindungen und Hüllen des mittelalterlichen Feudalstaates sprengte und einen neuen Lebensrhytmus erzwang."[5]

Ritters Sicht führt zu der Konsequenz, das öffentliche Leben, das Antlitz der neuen Epoche werde neben der Kirche in wachsendem Maße von der Politik, vom Staat bestimmt. Spätestens seit dem sechzehnten Jahrhundert habe seine Macht begonnen, die der Kirche in den Schatten zu rücken. Unter dieser Leitlinie verfolgt er das Werden des „modernen Staates" und die Reformation im Reich und wirft er einen Blick auch auf England, Frankreich und die Niederlande. An der Peripherie bleiben dagegen Spanien und Italien, der Norden wird kurz gestreift, der Osten bleibt ausgeblendet. Die Überschrift des vierten Teils gibt in Kürze wieder, worum es dem Autor geht: „Neugestaltung Europas im Glaubenskampf".

Seitdem wurden zahlreiche Überblicksdarstellungen veröffentlicht. Dazu zählt Erich Hassingers informative Publikation „Das Werden des neuzeitlichen Europa 1300–1600" von 1958.[6] Er behandelt zuerst „Grundlagen und Bausteine", dann die „Glaubens- und Kirchenspaltung" (reformatorische Bestrebungen in den europäischen Regionen und ihre politischen Folgen, Erschließung der Welt seit 1517, Welthandel und Geldmärkte sowie die universale Kaiserpolitik Karls V.), und er endet mit dem „Konfessionskampf im Zeitalter der Regeneration der katholischen Kirche und der Vormachtstellung Spaniens" (mit einem Abschnitt über Erscheinungsformen des Humanismus, politische Theorie und Utopie, Naturphilosophie und Anfänge der neuzeitlichen Naturwissenschaft). Hassinger ist offener als Ritter, indem er nicht stringent nur das Staatswerden verfolgt, er ist es aber auch hinsichtlich der Epochenzäsuren.

Eine europaweite Umschau bietet der dritte Band des von Theodor Schieder herausgegebenen „Handbuchs der europäischen Geschichte", der 1971 in Verantwortung von Josef Engel unter dem Titel „Die Entstehung des neuzeitlichen Europa" erschien und den Zeitraum von 1450 bis 1660 behandelt.[7] Alle für diese Epoche relevanten

3 G. Ritter, Neugestaltung.
4 Ebd., 5.
5 Ebd., 12.
6 E. Hassinger, Werden.
7 J. Engel , Mächte-Europa.

Staaten sind integriert, auch das oftmals ausgeklammerte oder vernachlässigte Moskauer Reich. Eingeleitet wird der Band mit einer Charakterisierung von Politik und Gesellschaft aus der Feder des Herausgebers unter dem Titel: „Von der spätmittelalterlichen *respublica christiana* zum Mächte-Europa der Neuzeit".[8] Für ihn vollendet sich in dieser Zeit der „Entstehungsvorgang des neuzeitlichen Europa", es entsteht das „System eines jeweils neu auszubalancierenden Gleichgewichts der Mächte oder – was dasselbe bedeutet – der Ausschaltung einer beherrschenden Macht für ganz Europa und für einzelne Regionen wie Italien, Deutschland oder den Osten und Norden, die sich wegen ihrer politischen Instabilität als besonders anfällig für das Ganze gefährdende Machtexperimente erwiesen hatten."[9] Das „Handbuch" offeriert ein breites Spektrum von Themen, schließt aber im Grunde an die Sicht Ritters an: Die etatistische Komponente dominiert.

Eine größere Zahl weiterer Werke informiert überblicksweise über die Geschichte Europas.[10] In der von Gerhard Ritter betreuten Reihe „Geschichte der Neuzeit" erschien neben dem Band von Erich Hassinger von Walther Hubatsch „Das Zeitalter des Absolutismus 1600–1789", in der „Propyläen Geschichte Europas" von Helmut Diwald „Anspruch auf Mündigkeit um 1400 bis 1555" und von Ernst Walter Zeeden „Hegemonialkriege und Glaubenskämpfe 1556–1648", in der „Fischer Weltgeschichte" von Richard van Dülmen „Entstehung des frühneuzeitlichen Europa 1550–1648".

Die einschlägigen Bände der *„New Cambridge Modern History"*, die Geoffrey R. Elton, R. B. Wernsham und J. C. Cooper herausgaben, offerieren jeweils ein breit gefächertes Themenspektrum, wobei die Sachbereiche Reformation, politische und soziale Verfassung sowie kulturelle Entwicklungen im Mittelpunkt stehen. In der Reihe *„A General History of Europe"* behandeln Helmut G. Koenigsberger und George L. Mosse *„Europe in the Sixteenth Century"* und D. H. Pennington *„Seventeenth Century Europe"*, während die *„Fontana History of Europe"* einer Dreiteilung folgt: Geoffrey R. Elton stellt *„Reformation Europe 1517–1559"* vor, John H. Elliott *„Europe Divided 1559–1598"* und Geoffrey Parker *„Europe in Crisis 1598–1648"*. In der Reihe *„Histoire génerale des civilisation"* behandelte Roland Mousnier den Zeitraum von 1492 bis 1715. Manche Publikationen sind ausdrücklich als Einführungen und für Studienzwecke konzipiert, zum Beispiel die von Ernst Hinrichs, Heinrich Lutz und Ilja Mieck.

Die Autoren gehen unterschiedliche Wege. Richard van Dülmen bezeichnet seine Darstellung von 1982 als „Versuch einer Strukturgeschichte der europäischen Gesellschaft der entstehenden Moderne, die weniger an politischen Ereignissen und den Einzelentwicklungen der verschiedenen Länder Europas orientiert und interessiert ist, als an Problemen, die die Strukturprozesse unter den Bedingungen der Vielfalt unterschiedlicher Entwicklungen in der Neuzeit wesentlich begründeten."[11] Hier werden – ohne streng der Chronologie zu folgen – Frühkapitalismus und europäische Expansion, Ständegesellschaft und politische Herrschaft, Kultur und Alltag, frühmoderner Staat und Krise des 17. Jahrhunderts (darunter auch Volksaufstände und Revolutio-

8 Vgl. ebd., 1–443.
9 Ebd., 25.
10 Vgl. die Titel in der Bibliographie im Abschnitt: Europa – Überblicksdarstellungen.
11 R. van Dülmen, Entstehung, 16f.

nen) ins Zentrum gerückt. Mit dem Vergleich von Strukturen soll für die europäische Geschichte am Beginn der frühen Neuzeit Charakteristisches aufgezeigt werden.

Ein integratives Konzept liegt dem *„Handbook of European History 1400–1600"* zugrunde, das Thomas A. Brady, Heiko A. Oberman und James D. Tracy 1994 vorlegten.[12] Mit seiner Zäsurensetzung weist es auf später noch zu erörternde Probleme hin. Die Herausgeber berufen sich auf drei Trends, die die historische Forschung des 20. Jahrhunderts beschäftigten: „Erstens ist das die spätmittelalterliche Depression von Wirtschaft und Bevölkerung und die Wiederbelebung im 15. Jahrhundert. Zweitens ist das der Bruch in der Christenheit ... Drittens ist das die Schaffung der ersten europäischen Überseeimperien, mit denen die Europäer begannen, die Weltregionen und deren Bevölkerungen in einem globalen, europazentrierten und kontrollierten Netzwerk von Produktion und Austausch zu verknüpfen."[13]

In der Darstellung wird zwischen *„Structures"* und *„Settlements"* unterschieden. So werden im ersten Band *„The Framework of Everyday Life: Structures"* und *„Politics, Power and Authority: Assertions"* (einzelne Staaten sowie Kirche, Krieg, Steuern usw.) behandelt, im zweiten Band *„Visions of Reform"*, *„Programs for Change"* und *„Outcomes"*. Verfolgt werden sowohl der Weg einzelner Staaten als auch wesentliche Phänomene (Familie, Dorf, Stadt usw.). Das Spektrum von Themen (Russland bleibt allerdings ausgeklammert) vermittelt ein vollständigeres Bild, als es in mancher anderen Publikation geschieht.

Einen anderen Weg beschreitet Heinz Schilling. Seine Darstellung führt „Vom Christenheitseuropa zum Europa der Staaten" und meint die Zeit von 1250 bis 1750. Was Europa in der Neuzeit zu Europa machte, erfährt man, war nicht die Vereinheitlichung. „Vielmehr machen gerade die politisch-staatliche Differenzierung, die religiöse wie allgemein-kulturelle Vielfalt und der beharrlich wachsende Bereich individuell-subjektiven Denkens, Glaubens und Fühlens das Profil der Neuzeit aus."[14] Leitende Idee seiner Darstellung ist die Abfolge wechselnder „Vorreitergesellschaften", das heißt der Rolle einzelner Länder und Regionen für die Initiierung neuer Entwicklungen. „Auf diese Weise erlebte Europa in langen epochalen Wellen immer wieder die Verlagerung seiner Kraftzentren, wobei ökonomische, politische und geistige Dynamik meist zusammenfielen und sich addierten."[15] Dementsprechend beginnt die Darstellung mit Italien und der Renaissance, gefolgt von Böhmen, während England und Frankreich am Ende der Umschau rangieren. Auf diese Weise wird der spezifische Beitrag eines Landes oder einer Region für die Entwicklung der europäischen Gesellschaft erhellt.

Aus den Beispielen kann geschlossen werden, dass Problemauswahl und Sicht, Konzepte und Interessen der Autoren erheblich differieren. Wo die Methode überwunden wird, Ländergeschichten unter dem Dach Europa zusammenzubinden, sondern generelle Tendenzen des historischen Prozesses namhaft zu machen, kommen aktuelle Forschungstrends zur Geltung (Sozial-, Struktur-, Gesellschafts-, Kultur-,

12 Th. A. Brady u. a., Introduction.
13 Ebd., XVII.
14 H. Schilling, Die neue Zeit, 516.
15 Ebd., 19.

Mentalitäts- und Alltagsgeschichte).[16] Offenkundig wird europäische Geschichte nicht mehr vordergründig auf „den Staat“ reduziert, werden nicht mehr Reformation und Gegenreformation oder Renaissance und Humanismus zum Angelpunkt des Epochenverständnisses erhoben. Doch es besteht immer noch Bedarf, in wünschenswerter Deutlichkeit herauszuarbeiten, wie komplex die Entwicklungen waren, die Europa am Beginn der Neuzeit sein spezifisches Profil verliehen.

4.2 Europa als historiographisches Problem

Ein integrative Geschichte des europäischen Kontinents ist von den Vorleistungen verschiedener historischer Disziplinen abhängig. Ein entsprechendes Problembewusstsein ist gewachsen, und öfters als früher wird gefragt: Was zeichnet das spezifische Profil Europas am Beginn der Neuzeit aus? Welche unverwechselbaren Leistungen erbrachten seine Menschen und Gesellschaften? Was ermöglichte, dass heute vom „Wunder Europa“ gesprochen wird? Frühneuzeithistoriker stehen vor der Aufgabe, die Prozesse zu erforschen, die für den europäischen Kontinent charakteristisch wurden und ihm sein spezifisches Profil verliehen. In den letzten Jahrzehnten wurden gewichtige Publikationen vorgelegt, die Antwort (oder wenigstens Teilantworten) auf relevante Fragen geben. Doch trotz erkennbarer Fortschritte ist ein Konsens nicht in Sicht. Die Staaten und Völker Europas weisen eine gemeinsame, aber jeweils auch individuelle Geschichte auf. Was diese in der Phase des Übergangs zur Neuzeit auszeichnet, dürfte das eigentliche Thema einer Europa-Geschichtsschreibung sein.

Warum bei der Bewältigung solcher Aufgaben historiographische Defizite bestehen, beantwortete Theodor Schieder aus seiner Sicht: „Von dem englischen Historiker Christopher Dawson stammt das Wort, daß Europäische Geschichte immer ein vernachlässigtes Thema gewesen sei. Dies erweist sich als zutreffend, nicht wenn man die Gegenwartsliteratur, aber wenn man die Liste der großen Werke der älteren europäischen Geschichtsschreibung daraufhin durchsieht. In ihr dominieren drei Themenkreise: Weltgeschichte, Nationalgeschichte und Epochengeschichte. Zwischen weltgeschichtlichen und nationalgeschichtlichen Darstellungen klafft eine Kluft, die nicht oder nur äußerst selten durch Darstellungen der europäischen Geschichte als eines Ganzen aufgefüllt wird.“[17]

Die Entschlüsselung des Phänomens Europa wurde als Herausforderung angenommen, aber der Abbau von Defiziten konzentriert sich vorerst noch auf einzelne Sachbereiche und ist „westeuropäisch“ ausgerichtet. Beiträge wurden beispielsweise zur europäischen Wirtschafts- und Sozialgeschichte, zur Ausbildung der Staaten, zur Kirchen- und Rechtsgeschichte, zur Kultur- und Geistesgeschichte vorgelegt. Als jüngstes Beispiel sei noch einmal das „Handbook of European History“ genannt. Es zielt über den engeren staatlich-politikgeschichtlichen Rahmen auf eine komplexe Sicht, doch

---

16 Vgl. zu den Methoden und Strömungen H.-J. Goertz (Hg.), Grundriß; J. Eibach/G. Lottes (Hg.), Kompass.

17 Th. Schieder, Probleme, 13.

die Frage nach der Eigenart Europas und nach seiner Identität wird nur gelegentlich angesprochen.

Theodor Schieder nannte drei Gründe, warum die Erforschung der Geschichte Europas vernachlässigt wurde und ein historiographischer Rückstand besteht: „1. die Schwierigkeit der Definition des Begriffs Europa, 2. die Schwierigkeit einer Wesensbestimmung des Europäischen, das heißt der nach außen abgrenzbaren und im Innern über alle nationalen, politischen, konfessionellen und sprachlichen Grenzen hinweg feststellbaren Elemente einer für Europa gültigen historischen Einheit, und 3. damit zusammenhängend das politische Schicksal eines Kontinents, der sich nur selten auf sich selbst gestellt sah, sondern meist mit irgendwelchen außerhalb seiner räumlichen und kulturellen Grenzen gelegenen Kulturen und Kontinenten in Auseinandersetzung verstrickt, ihren Einflüssen ausgesetzt war oder seine Einflüsse, ja seine Macht, auf sie ausdehnte. Durch alle diese Gründe ist die Entstehung eines gemeinschaftlichen europäischen Bewußtseins außerordentlich erschwert worden."[18]

Folgt man dieser Erklärung, so liegen die Schwierigkeiten in der Sache selbst. Aber sie sind auch den Orientierungen der wissenschaftlichen Disziplinen geschuldet. Winfried Schulze urteilte deshalb, konstitutiv für das Geschichtsbewusstsein der europäischen Länder seien nationale Perspektiven geblieben, und er forderte auf: „Unsere Frühneuzeitforschung muß sich europäischen Fragestellungen mehr als bisher öffnen. Ich meine damit weniger den Vergleich zwischen dem Reich und Frankreich oder England, weniger die bilateralen Beziehungen und weniger die innereuropäischen Rezeptionsprozesse etwa der Aufklärung – so wichtig diese Fragen alle sind. Ich ziele eher auf die europäische Frühe Neuzeit als jene Epoche, in der Europa seine kulturelle, soziale, wirtschaftliche und machtpolitische Identität gewinnt, jene Epoche also, in der das entsteht, was anglo-amerikanische Kollegen inzwischen *‚the european miracle'* nennen.[19]

Schulze verweist auf die in der Nachkriegszeit erhobene Forderung, sich Europa zuzuwenden. „Nach 50 Jahren müssen wir freilich konstatieren, daß diese Hinwendung zu Europa letztlich ein intellektuelles Strohfeuer war, das sehr bald erlosch."[20] Trotz vieler wohlmeinender Ansätze existiere bislang eine wirklich europäische Geschichte nicht, „zugleich müssen wir heute feststellen, daß der sich beschleunigende europäische Einigungsprozeß dem historiographischen Diskurs vorauseilt ... Die 'Historikerstreite' in den einzelnen Ländern sind in schöner Einmütigkeit nationalen Fragen gewidmet."[21] Es gilt offensichtlich, Hemmschwellen zu überwinden, die sich sowohl aus der Sache als auch aus der Einstellung der Historiker ergeben.

Erstens ist nochmals an den Europa-Begriff zu erinnern, von dem wiederholt gesagt wurde, er sei unscharf. Hans Hattenhauer urteilte aus rechtshistorischer Sicht pointiert: „Er ist äußerst umstritten und erlangt nur dann scheinbare Eindeutigkeit, wenn man aus großer Entfernung nach Europa blickt. Es ist allseits bewußt, daß Europa nicht geographisch, sondern allein historisch definierbar ist. Europa ist in der Ge-

18 Ebd., 13f.
19 W. Schulze, ‚Von den großen Anfängen', 16.
20 Ders., Europa, 35.
21 Ebd., 36.

schichte geworden, gewachsen und kann in der Geschichte schrumpfen und vergehen."[22] Für den Rechtshistoriker ist Europa das lateinische Europa, „das Europa des *Corpus juris* und seines *jus commune* ... Es reicht so weit, wie Rom als Imperium und Kirche seine Idee und Sprache hat ausbreiten können ... Denn Europa hat seinen eigenen Rechtsbegriff, mit dem es sich vom Osten fundamental unterscheidet."[23]

Das ist ein Standpunkt aus rechtshistorischer Sicht. Aber kann Europa allein vom Rechtsbegriff her definiert werden? Auch Heinz Duchhardt bedachte die Reichweite des Europa-Begriffs, „die Frage also, was ‚Europa' zu je unterschiedlichen Zeiten ausdrücklich oder stillschweigend exkludierte beziehungsweise inkludierte." Sie müsse – so seine Auffassung – für die verschiedenen Epochen, ja auch für verschiedene Bereiche der Geschichte je anders beantwortet werden. Er konzediert, daß Europa mehr als die in direkter oder indirekter Form vom Römischen Recht erfaßten Regionen ist, schränkt aber auch ein, es gebe Zeitabschnitte, in denen das stärker von der byzantinischen Kultur geprägte östliche Europa noch auszublenden sei."[24]

Angesprochen ist damit die strittige Frage nach dem Platz des östlichen Europa. Die verbreitete Auffassung, erst mit dem petrinischen Russland – also seit dem Beginn des 18. Jahrhunderts – habe sich Russland nach Europa hin geöffnet, führte zu der Praxis, das Moskauer Reich in Darstellungen schlechthin zu übersehen. Osteuropahistoriker – doch nicht nur sie – urteilen anders. Es hilft nicht weiter, sich auf das antike Bild von Europa und seine Tradierung bis in das 16. Jahrhundert zu berufen oder sich an der Dimension der römisch-lateinischen Christenheit zu orientieren. Ekkehard Klug nennt genügend Argumente dafür, dass das „asiatische" Russland einem europäischen Vorurteil entspringt. „Um das Jahr 1500 läßt sich von russischer Seite nicht eine zunehmende Abgrenzung vom Westen feststellen, sondern eher eine gewisse Öffnung. Das Vorurteil vom ‚asiatischen Rußland' ist nicht die Antwort auf eine zu dieser Zeit vollzogene Abwendung der Russen von Europa."[25]

Die eine gewisse Einheit und Kontinuität der europäischen Geschichte belegenden Komponenten Christentum, Feudalismus und Dynastien waren auch für das Moskauer Reich grundlegend, was Besonderheiten einschließt. Die Ausklammerung der orthodoxen Kirchen und ihrer Kultur sowie der byzantinischen und islamischen Einflüsse hat zudem gravierende Folgen für die Sicht auf Südosteuropa und auf die Region von Griechenland bis Spanien.

Wenn eine Definition Europas für die frühe Neuzeit bisher nicht konsensfähig ist, sollte zunächst weiter nach der Spezifik dieser Epoche gefragt werden. Soll man sich am zeitgenössischen Bild von Europa orientieren? Ist eine Kongruenz zwischen dem geographischen und dem historischen Europa möglich? Welche Konsequenzen ergeben sich aus den verschiedenen Sichten für die „europäische Identität"?

Zweitens schlägt das Meinungspendel über das Profil Europas in der frühen Neuzeit zwischen der Betonung der Einheit des Kontinents und dem Pluralismus von Staaten und Gesellschaften aus. Wer für die Einheit sprechende Argumente anführt, hat das

---

22 H. Hattenhauer, Probleme, 175.
23 Ebd.
24 Vgl. H. Duchhardt, Einleitung, 3.
25 Vgl. E. Klug, Rußland, 267.

Mittelalter im Blick und sieht Linien, die kontinuierlich in die frühe Neuzeit führen. Wer die Pluralität betont, beruft sich auf die entstehende Staatenvielfalt. Das Problem verdichtet sich zu der Frage: War für das frühneuzeitliche Europa die Einheit oder die Vielfalt das Signum? Die Lektüre einschlägiger Publikationen verdichtet den Eindruck, dass viele Autoren eine europäische Einheit voraussetzen, aber am Beginn der frühen Neuzeit den Kontinent in einer sich verändernden Situation sehen. Für Heinz Duchhardt ist ein Kernproblem die Frage, „was denn die eigentliche Signatur des Kontinents, also das Europäische an der europäischen Geschichte sei und ob in einer sich beschleunigt wandelnden und näher zusammentretenden Welt das Spezifikum Europas allmählich verlorengehen müsse."[26]

Für die frühe Neuzeit scheint es wenig sinnvoll zu sein, die Frage nach dem spezifisch Europäischen auf die Alternative Einheit oder Pluralität zuzuspitzen. Der Sache angemessener könnte es sein, die Vielfalt Europas als gegeben zu respektieren und zugleich nach den dominanten Tendenzen in der Mannigfaltigkeit zu fragen. Einen möglichen Weg skizzierte Peter Blickle: „Was Europa als geschichtliche Einheit ausmacht, erschließt sich kaum umfassend aus der je zeitgenössischen Redeweise über Europa (also einem reflektierten Europabegriff in den verschiedenen Jahrhunderten), sondern vielmehr dadurch, daß vergleichbare kulturelle Hervorbringungen in vielen (oder allen) europäischen Ländern namhaft gemacht werden können, etwa ...das Prinzip der Repräsentation oder die Schaffung gemeinsamer Wertvorstellungen aus dem kommunalen Zusammenleben der Bürger (und Bauern)."[27] Als Beispiel nennt er das Projekt *„The Origins of the Modern State in Europe, 13th-18th Centuries"*, dessen Resultate inzwischen in sieben Bänden vorliegen und das die Möglichkeit geboten habe, nach neuen pluralen und integrierenden Formen zu suchen.

Zu bedenken ist auch, welche Einsichten zum Profil Europas aus einer Außensicht gewonnen werden können. Heinrich Lutz regte an: „Vom methodischen Standpunkt her wäre in viel stärkerem Maße als bisher geschehen, der umfassende Vergleich von Europa und Außereuopa und ein Engagement der Wirtschafts- und Sozialgeschichte für solche großräumigen und komparativen Aufgaben zu wünschen."[28] Das könnte ein Appell an alle an Europa interessierten Disziplinen sein. Sicher stößt ein solcher Vorschlag auf Quellenprobleme. Doch spannend wäre es schon zu erfahren, wie das Profil des Kontinents sich aus einer außereuropäischen Sicht oder im interkontinentalen Vergleich darstellt und ob das Bild mit dem übereinstimmt, das eine Innensicht vermittelt.

Einen Schritt in dieser Richtung unternahm Eric Lionel Jones. Er plädiert für die Erforschung langfristiger wirtschaftlicher Prozesse und konfrontiert ökonomische und soziale Entwicklungen und ihre Rahmenbedingungen in Europa mit vergleichbaren Entwicklungen in Asien (Osmanisches Reich, Indien und China). Auf diese Weise ermittelt er Eigenarten Europas, die das „Wunder" seines Aufstiegs in vorindustrieller Zeit erklären können.[29] Man kann seine Ergebnisse kritisch sehen, doch seine Methode markiert einen Weg, um neue Einsichten zu gewinnen.

---

26 H. Duchhardt, Einleitung, 3.
27 P. Blickle, Weg, 188.
28 H. Lutz, Reformation, 1. Aufl., 187.
29 Vgl. E. L. Jones, Wunder Europa.

Erprobt wurde ein solcher Weg auch mit dem UNESCO-Projekt *„History of Humanity"*, dessen fünfter Band die Epoche vom 16. bis zum 18. Jahrhundert behandelt. Gegliedert in eine thematische und eine regionale Sektion, verfolgen 61 Autoren die Entwicklung von Bevölkerung, Technik und Wirtschaft, soziale und politische Transformationen, koloniale Expansion, Religion und Weltsichten sowie das kulturell-geistige Leben. Besonders die thematische Sektion konzentriert sich auf den Vergleich europäischer Entwicklungen mit denen in China und Japan, in Indien und dem Osmanenreich, auf kulturelle Kontakte und deren Grenzen.

Die Herausgeber Peter Burke und Halil Inalcik begründen, warum *„the rise of the west"* das zentrale Thema dieses Bandes bildet: Es gehe um die Frage, „ob, in welchem Maß, wie und warum eine komplexe traditionelle Gesellschaft, nämlich die Europas (oder besser einiger Regionen Europas) in der Lage war, eine technologische, ökonomische, militärische, politische oder kulturelle ‚Führung' zu gewinnen und wie diese ‚Führung' in Dominanz transformiert wurde."[30] Manches Thema wird nur kurz abgehandelt, aber viele Beiträge bieten auch in der Kürze bedenkenswerte Anregungen, warum entwickelte Gesellschaften ihren Vorsprung gegenüber Europa nicht zu behaupten vermochten und schließlich von diesem dominiert wurden. Die Begegnung mit anderen Kulturen hinterließ Spuren in Hinblick auf das Selbstverständnis der Europäer. Doch eingehender sollte dem Problem nachgegangen werden, in welchem Maß die Expansion nicht nur die Ausformung einer europäischen Identität beeinflusste, sondern äußere Konstellationen generell das „Werden" Europas förderten oder hemmten.

Einen komparativen Versuch anderer Art initiierten Karel Davids und Jan Lucassen. Die zwölf unter dem Titel *„A Miracle Mirrored"* publizierten Studien gelten nicht dem „Wunder Europa", sondern dem „Wunder" des Aufstiegs der Niederlande: „Dieser Band beabsichtigt, das Thema auf zwei komplementären Wegen zu erforschen. Erstens soll ergründet werden, inwieweit der Verlauf ökonomischer, sozial-politischer und kultureller Entwicklungen in den nördlichen Niederlanden im späten Mittelalter und in der frühen Neuzeit sich tatsächlich von den in anderen Regionen West- und Mitteleuropas eingeschlagenen Wegen unterschied .... Zweitens interessieren die Wechselbeziehungen von Entwicklungen in den ökonomischen, sozial-politischen und kulturellen Bereichen."[31]

Die Studien stellen die niederländische Republik in eine europäische Perspektive. Sie verweisen auf eigenständige Entwicklungen ebenso wie parallele und gleichartige Prozesse in anderen Ländern sowie Wechselwirkungen zwischen der Republik und anderen Regionen. Die untersuchten Themen belegen eher die Differenziertheit Europas als eine großräumige Gleichartigkeit. Die praktizierte Methode ist ein möglicher Weg, um dominante Tendenzen in ihrer Eigenart zu erfassen.

30 P. Burke/H. Inalcik, Introduction, 4.
31 K. Davids/J. Lucassen, Introduction, 4f.

4.3 Alteuropa – Frühe Neuzeit

Erörtert wurde schon öfters, ob Europa in seiner langen Geschichte eine kontinuierliche Entwicklung durchlief oder ob Brüche zu verschiedenen Zeiten ein neues Beginnen anzeigten und es deshalb geboten ist, mehrere Epochen zu unterscheiden. Das Konzept einer „langen Epoche" vertrat prononciert Dietrich Gerhard. Die Zeit vom 11. bis zum 18. Jahrhundert war für ihn die Epoche „Alteuropas".[32] Schon vor Gerhard sprach Otto Brunner von „Alteuropa", das durch Reiche „feudaler Struktur" charakterisiert gewesen sei. Viele Historiker haben sich seitdem dieser Sicht angeschlossen.

Gerhards Argumentation lautete: "Obschon ‚Alteuropa' gewiß nicht statisch gewesen ist, so haben in ihm doch den später erfolgreichen Kräften der Veränderung, der Zentralisierung, des Strebens nach sozialer Gleichheit andere Kräfte siegreich entgegenwirkt. Damals überwiegen Überlieferung, landschaftliche Verwurzelung, ständische Gliederung. Diese Mächte geben Institutionen wie Sitte das Gepräge und werden ihrerseits durch diese gestärkt. Das elfte und zwölfte Jahrhundert sollte man als die Geburtsstunde von Alteuropa betrachten."[33]

Gerhard plädierte für das alte Europa, „das seine gesellschaftlichen und politischen Grundlagen, wie sie bis zum Vorabend der Industriellen und der Französischen Revolution bestanden, im zwölften Jahrhundert ausgebildet hatte. Von Anfang an ließ Alteuropa Raum für Bürger und städtisches Leben in all seinen vielfältigen Äußerungen so gut wie für Könige, Adlige und Bauern, und ebenso haben sich Kirche und Staat in all diesen Jahrhunderten wechselseitig durchdrungen. Erst am Ende dieser Periode, in der zweiten Hälfte des 17. Jahrhunderts, zeigt sich eine zunehmende Verweltlichung, wird die Metaphysik von der Wissenschaft verdrängt und löst die Frage nach dem ‚Warum' und nach dem ‚Werden' die alte Fixierung auf das ‚Was' und das ‚Sein' ab."[34]

Wer nach Kontinuitäten in der Geschichte Europas fragt und die lange Geschichte seiner kirchlichen, politischen und gesellschaftlichen Institutionen verfolgt, wird zustimmen können, dass sie die Stabilität von Kirche, Staat und Gesellschaft konstituierten. Familie und Haus, die Stände, die institutionalisierte Religion und die politische Administration blieben über Jahrhunderte erhalten.[35] Problematisch ist es jedoch, die sich im Zeitraum von sechs oder sieben Jahrhunderten vollziehenden Prozesse unter einem Dach unterzubringen und gravierende Wandlungen zu nivellieren. Gerhard nimmt zwar „Veränderungen", aber keine „Umbrüche" wahr. Nicht gestellt wird zudem die Frage, inwieweit Institutionen eine Hülle bildeten, deren Inhalte sich verändern konnten, wenn die Bedingungen ihrer Existenz sich änderten.

Bedenken gegen Gerhards Konzept trugen Hans Erich Bödeker und Ernst Hinrichs vor: „Auch wenn Gerhards Institutionenbegriff alles andere als oberflächlich war und neben dem, was im engeren verfassungsgeschichtlichen Sinne als Institution verstanden wird, auch so umfassende Erscheinungen wie die Grundherrschaft, die Amtsträgerschaft, die Kirche oder auch universitäre Curricula umfaßte, so erwies sich sein

32 Vgl. D. Gerhard, Periodisierung, 44ff.; Ders., Abendland, 49ff.
33 Ders., Periodisierung, 44.
34 Ebd., 51.
35 Vgl. D. Gerhard, Abendland, 21.

Vorsatz, die Periodisierung primär am institutionellen Geschehen festzumachen, letztlich als eine große Schwäche. Denn sie schloß im Hinblick auf die Frage, was im älteren Europa denn nun 'alt', was schon 'modern' war, nicht nur die geistigen Entwicklungen wie Renaissance und Aufklärung aus der Betrachtung weitgehend aus ...; sie war auch nicht in der Lage, den innerhalb und außerhalb der Institutionen sich vollziehenden sozialen und ökonomischen Wandel angemessen zu erfassen."[36]

Doch „Alteuropa" ist bis heute für viele Historiker eine Chiffre, um ein Stadium der europäischen Entwicklung zu kennzeichnen.[37] „Die vielleicht wichtigste Leistung dieses Theoriekonglomerats ‚Alteuropa' ist es, die Historiker von dem sterilen Streit um Beginn und ‚Wesen' der Neuzeit befreit zu haben. Und zweifellos hat die Alteuropa-Konzeption im Sinne Gerhards oder auch Brunners die Gefahr einer teleologischen Betrachtungsweise erheblich zurückgedrängt."[38] Bedenken sind jedoch angebracht: War der Disput um Beginn und Wesen der Neuzeit wirklich so steril, wie hier suggeriert wird? Immerhin regte er das Nachfragen an, welche Entwicklungen dominant waren, wo ihre Ursprünge liegen und wann sie verebbten. War eine teleologische Betrachtung eine reale Gefahr? Charakterisierungen von Epochen werden im allgemeinen im Nachhinein vorgenommen und Begriffe aus der Rückschau gefunden. Und schließlich: Welchen geographisch-politischen Raum umfasste dieses „Alteuropa"? In seinem Essay „Das Abendland" erklärte Gerhard: „Das Europa dieses Buches ... ist identisch mit dem Gebiet der westlichen Kirche; Rußland ist darin nicht eingeschlossen."[39] Alteuropa ist demzufolge das „Abendland"

In diesem Zusammenhang ist an die von Oskar Halecki vorgetragene Differenzierung zwischen „Alteuropa" und „Neueuropa" zu erinnern: „Ganz Alt-Europa nahm unter dem Römischen Reich einen tätigen Anteil an den Ereignissen jener Zeit, die man gewöhnlich als Spätantike bezeichnet und während der das historische Leben seinen Schwerpunkt noch in den Mittelmeerländern hatte. Neu-Europa dagegen ist kaum mehr als ein ‚geographischer Begriff', es ist jener Teil des geographischen Europa, der sich noch auf vorgeschichtlicher Stufe, doch bereits an der Schwelle der Geschichte befand; eigentlich noch unerforscht, doch gelegentlich von abenteuerlustigen Kaufleuten besucht, die an der Ostseeküste nach Bernstein suchten – ein Gegenstand der Neugier auch für einige griechisch-römische Geschichtsschreiber und Geographen, die jedoch nur die unbestimmtesten Auskünfte über eine weit entfernte Gegend besaßen, deren unbekannte nordöstliche Grenzräume zugleich als Grenze der Welt galten."[40]

„Alt-Europa" wird hier zivilisatorisch definiert, doch die als „Neu-Europa" bezeichnete Region war nicht so „geschichtslos", wie Halecki nahelegt. Seine Differenzierung ermöglicht indes, das historische Europa über die „abendländische" Grenze hinaus zu erweitern, wenn auch die Unterschiedlichkeit der gesellschaftlichen und kulturellen

36 H. E. Bödeker/E. Hinrichs, Alteuropa, 27.

37 Eine interessante Aufgabe wäre eine Untersuchung, inwieweit die Terminologie in den europäischen nationalen Historiographien akzeptiert wird.

38 H. E. Bödeker/E. Hinrichs, Alteuropa, 29.

39 D. Gerhard, Abendland, 23.

40 O. Halecki, Europa, 29.

Grundlagen diesseits und jenseits der römischen Grenze nicht zu übersehen ist. Jüngst hat Peter Moraw ein älteres und ein jüngeres Europa unterschieden. „Das ‚Ältere Europa' entspricht dem historisch bevorzugten Süden und Westen des Kontinents, das ‚Jüngere Europa' der historisch benachteiligten Mitte, dem Norden und Osten."[41] Das könnte ein Argument sein, Europa nicht auf das abendländische „Alteuropa" zu reduzieren, sondern das historische und das geographische Europa einander anzunähern.

Mit dem Alteuropa-Konzept konkurriert der Neuzeitbegriff. Üblicherweise wird er mit der Wende vom 15. zum 16. Jahrhundert in Zusammenhang gebracht. Die Dreistufigkeit – Altertum, Mittelalter und Neuzeit – war „eine bequeme Periodisierung, wie es, in anderer Weise, die nach Jahrhunderten ist. Ihre zeitliche Grobstruktur und ihre relative inhaltliche Leere gab indes immer wieder Anlaß zu spezifizierenden Etikettierungen und zu weiterer Differenzierung – zwischen ‚früh' und ‚spät'."[42] Kritische Einwände wurden von zwei Motiven genährt. Zum einen wurde erkannt, wie fragwürdig es ist, den Zeitraum vom 16. bis zum 20. Jahrhundert undifferenziert als „Neuzeit" zu kennzeichnen. „Die Zeit wurde gleichsam immer neuer."[43] Zum anderen forderte die Kritik an der etatistischen Sicht und die Hinwendung zur Sozialgeschichte dazu heraus, Epochen und Zäsuren möglichst komplex zu charakterisieren, aber auch stärker zu differenzieren.

Ein Resultat dieser kritischen Einstellung waren Plädoyers für eine Epoche oder Phase der „frühen Neuzeit", die von etwa 1500 bis 1800 reicht.[44] Es war schon länger üblich, zwischen Früh-, Hoch- und Spätmittelalter zu unterscheiden. Nun wurde in Hinblick auf die Neuzeit ähnlich verfahren. Die Debatten setzten in den fünfziger Jahren ein und führten in den sechziger Jahren dazu, dass „frühe Neuzeit" oder „Frühneuzeit" (von der Reformation bis zur Französischen Revolution) als Epochenbegriff akzeptiert wurde. Ein Pendant bietet die französische Geschichtsschreibung mit *„histoire moderne"* und die englisch-amerikanische mit *„early modern history"*, während in den osteuropäischen Sprachen keine eigenständigen Termini geprägt wurden.

Die immer länger werdende „Neuzeit" wurde von ihrem Anfangsstadium entlastet und diesem eine relative Eigenständigkeit zugesprochen. Wenn es sich um eine Epoche mit einem eigenen Profil handelt, muss die Terminologie inhaltlich aufgefüllt werden, denn „daß die Neuzeit neu sei, sagt uns schon der Begriff."[45] Rudolf Vierhaus beschreibt das Problem: „Allen Bemühungen, eine Phase als ‚frühneuzeitlich' oder ‚frühmodern' zu definieren, lag (und liegt) die Erkenntnis zugrunde, daß die Zeit zwischen dem Mittelalter und der sog. ‚modernen Welt' des 19./20. Jahrhunderts ein eigenes historisches Profil besaß, das bei aller Traditionsgebundenheit und -belastung durch die Ausbildung und Wirkung von Ideen und Institutionen bestimmt war, die der ‚Neuzeit' zuzurechnen und für die ‚Moderne' konstitutiv geblieben sind. Nun ist jede Kennzeichnung als ‚früh' dadurch präfiguriert, daß das Spätere bekannt ist. Von ihm

41 P. Moraw, König, 298. Vgl. zur Terminologie auch 51, 133, 301, 310f., 316, 319.
42 R. Vierhaus, Nutzen, 14.
43 R. Koselleck, Neuzeit, 540.
44 Vgl. W. Schulze, ‚Von den großen Anfängen', 6ff.; Ders., Neuere Geschichte, 287ff.
45 R. Koselleck, Neuzeit, 539.

her erscheint etwas als ‚früh', was sich erst ankündigt oder doch erst in den Anfängen steht. Die Zurückverfolgung einer späteren Erscheinung zu ihren Anfängen und ihrer formativen Periode ... schließt fast unvermeidlich die Tendenz ein, die durchhaltenden Linien besonders stark, oft stärker nachzuzeichnen, als es dem tatsächlichen historischen Prozeß entspricht."[46]

Vierhaus nennt bezeichnenderweise das Beispiel des „modernen Staates". Dieser erscheint, wie die große Zahl von Publikationen zur Sache aus den letzten Jahrzehnten belegt, als Hauptachse der frühneuzeitlichen Geschichte. Spiegelt sich darin ein Nachklang oder eine Wiederbelebung des kritisierten Etatismus? Oder ist diese etatistische Dominanz als sachgemäß zu respektieren?

4.4 Frühneuzeitliche Entwicklungslinien

Das Konzept „frühe Neuzeit" orientiert auf eine Zäsur um 1500. Es gilt als konsensfähig, was andere Argumentationen nicht ausschließt. Nun scheint die Debatte wieder neu belebt zu werden. Für Heinz Schilling umschließt die „neue Zeit" eine von 1250 bis 1750 reichende Epoche.[47] Nicht auf die Wende vom 15. zum 16. Jahrhundert datierende Faktoren markieren den Auftakt der europäischen Neuzeit, sondern auf das 13. Jahrhundert zurückweisende Prozesse: „Die als ‚neue Zeit' begriffenen Jahrhunderte sind gleichsam rittlings auf der vertrauten Epochengrenze zwischen Mittelalter und Neuzeit angesiedelt."[48] Längerfristiger Wandel rangiert vor gravierenden Umbrüchen.

Nun mag die Kennzeichnung einer Epoche als „neue Zeit" beliebig sein, da jedes Jahr oder Jahrzehnt eine neue Zeit anzeigt. Um so wichtiger ist die inhaltliche Auffüllung des Frühneuzeitbegriffs. Nach Schilling sind für die angesprochenen Jahrhunderte Prozesse charakteristisch, die zur Auflösung des relativ einheitlichen christlichen Europa und zur Ausbildung neuzeitlicher Staaten und zur Staatenvielfalt führten. Diese Sicht korrespondiert mit der Konzeption des Projekts über die Ursprünge des „modernen Staates" in Europa, das den Zeitraum vom 13. bis zum 18. Jahrhundert in den Blick rückt, was allerdings in der Vorbereitung durchaus umstritten war.[49] Auch erinnert Schillings Sicht an das Alteuropa-Konzept, das „Wandlungen" konstatiert, aber die Kontinuität betont. Der Diskurs muss erweisen, ob die Orientierung auf längerfristigen Wandel der Sache angemessen ist oder Umbrüchen ein größeres Gewicht zufällt.[50]

Nach Winfried Schulze wurde in der neueren Forschung eine Richtung des Fragens bezeichnend, „die in der Frühen Neuzeit einen umfassenden, exemplarischen, vorzüglich beobachtbaren, für unsere Gegenwart direkt relevanten, also prototypischen Fall eines gesamtgesellschaftlichen Wandlungsprozesses sieht, der sich zudem gegen

---

46 R. Vierhaus, Nutzen, 15.
47 Vgl. H. Schilling, Die neue Zeit.
48 Ebd., 10.
49 Vgl. P. Blickle, Weg, 183.
50 Vgl. auch die Übersicht über Konzepte bei P. Burke, Concepts, 1ff.

ein dominantes Denk- und Normensystem zur Bewahrung tradierter Verhältnisse durchsetzen mußte. Damit ist gesagt, daß die Frühe Neuzeit alle jene Problemlagen enthält, die die Neuzeit bestimmen sollten, man kann sie deshalb als ein Musterbuch der Moderne bezeichnen .... Deutlich muß jedoch betont werden, daß sich diese modernen Elemente gegen das herrschende Normensystem durchsetzen mußten und damit vielfältige Spannungen provozierten."[51]

Die „beiden konkurrierenden Modernitätsschwellen" um 1500 und um 1800 veranlassten Johannes Burkhardt zu der Schlussfolgerung: „Die Frühe Neuzeit rückt so in die periodologische Position einer Zwischenzeit, wie sie einst das Mittelalter einnahm. Zwar läßt sich jede Epoche als eine Übergangserscheinung beschreiben, die Frühneuzeitler aber haben es mit der nach der heutigen historischen Erfahrung zentralen Umschaltphase zu tun: Die alteuropäische Lebensordnung war noch voll lebendig und gleichzeitig begannen sich die unmittelbar in die Gegenwart führenden modernen Entwicklungen abzuzeichnen. Das heißt jedoch nicht, daß man die historischen Erscheinungen gleichsam nach Alt und Neu sortieren könnte. Gerade aus dem spezifischen Ineinander und der Art damit umzugehen, ist der unverwechselbare frühneuzeitliche Epochenstil zu verstehen."[52]

Rudolf Vierhaus erklärt ähnlich: „Mit dem Begriff ‚Frühe Neuzeit' wird im allgemeinen Sinne die Formierung einer politisch-sozialen und kulturellen Figuration Europas verbunden, die nicht mehr ‚mittelalterlich' genannt werden kann, auch noch nicht voll ausgeprägte ‚Neuzeit' ausmachte."[53] Das „Nebeneinander" von retardierenden und innovativen Prozessen, die eine Konfliktgesellschaft konstituierten, interpretierte auch die marxistische Forschung als „Zwischenzeit", als Übergangsepoche vom Feudalismus zum Kapitalismus.[54] Das Konzept folgt der Theorie von den Gesellschaftsformationen. Der Übergang zu einer neuen Formation wurde durch eine lange Übergangszeit vorbereitet. Folglich koexistierten später Feudalismus und früher Kapitalismus über drei Jahrhunderte.

Eine Frage ist für Hans Erich Bödeker und Ernst Hinrichs bisher nicht schlüssig beantwortet: Historiker „legten die Entstehung der Moderne teilweise in die vorrevolutionären Gesellschaften selbst hinein, teilweise betrachteten sie die Moderne jedoch als Resultat des vollzogenen Bruchs mit den vorrevolutionären Gesellschaften. Wann die Übergänge zur Moderne zu datieren sind, ist ebenso umstritten wie die Frage nach ihren entscheidenden Triebkräften. Gleichzeitig trägt die Bezeichnung ‚Frühe Neuzeit' die Hauptlast, wenn es darum geht, die ‚Neuzeit' oder die ‚Modernität' der gesamten Neuzeit zu belegen. Denn wenn die Modernität das entscheidende Signum der Neuzeit überhaupt ist, muß in ihrer Entstehungsphase, in der Zeit des ‚Werdens der Neuzeit' (E. Hassinger) schon etwas davon zu spüren gewesen sein, muß die Modernität der ganzen Epoche hier in deutlichen Manifestationen und Artikulationen schon begonnen haben."[55]

---

51 W. Schulze, ‚Von den großen Anfängen', 9.
52 J. Burkhardt, Frühe Neuzeit, 365.
53 R. Vierhaus, Nutzen, 24. Vgl. auch 16.
54 Vgl. A. Laube/G. Vogler u. a., Epoche.
55 H. E. Bödeker/E. Hinrichs, Alteuropa, 21.

Aufmerksamkeit verdient zudem, ob Zeitgenossen den Wandel wahrnahmen. Rudolf Vierhaus beantwortet die Frage positiv: Er erinnert an die Entdeckung Amerikas und die politisch-militärischen Machtkämpfe seit dem Einfall in Oberitalien. „Keiner dieser Vorgänge entsprang einem spezifisch neuzeitlichen Geist, keiner der Absicht, eine neue Epoche zu eröffnen. Gemeinsam aber mit anderen Vorgängen, die sich langsamer vollzogen – Bevölkerungsanstieg, Aufblühen der Städte, des Gewerbes und des Handels, bäuerliche Unruhen, Forderungen nach einer Reform der Kirche, Rezeption des römischen Rechts und Bedeutungsaufstieg des gelehrten Humanismus -, bewirkten sie um 1500 einen Wandel in der Konfiguration Europas, der von einem lebhaften Bewußtsein des Wandels begleitet war."[56]

Um das Frühneuzeitkonzept inhaltlich aufzufüllen, nennt Stephan Skalweit vier konstitutive Elemente: Renaissance, Reformation, Entdeckungen und „moderner Staat" bezeichnen die großen historischen Phänomene, deren Zusammentreffen den „Beginn der Neuzeit" anzeigt. „Sie sind zu Leitbegriffen unseres Neuzeitverständnisses geworden und als solche von seinen Veränderungen mitbetroffen .... Erst verhältnismäßig spät haben sich drei davon mit einem Epochenbegriff verbunden. Fortan dienen sie nicht mehr allein zur Markierung einer an bestimmten historischen Erscheinungen oder Vorgängen erkennbaren Zeitwende – sie werden selbst zur Signatur eines ‚Zeitalters' von kürzerer oder längerer Dauer und erhalten damit eine neue Qualität."[57] Andere Autoren orientieren sich nicht an traditionellen Stichworten, sondern suchen einerseits nach einer komplexen Charakterisierung, andererseits nach einer stärkeren Differenzierung der Faktoren. Drei repräsentative Beispiele können das verdeutlichen.

Für Rudolf Vierhaus sind charakteristisch: „die Persistenz der durch Ackerbau und bäuerliches Leben geprägten Landschaft mit einzelnen gewerblichen Regionen und langsamer Verdichtung des Städte- und Straßennetzes; eine durch begrenzte Nahrung, Mißernten, epidemische Krankheiten und Kriege bestimmte Bevölkerungsweise; die soziale Dominanz des Landbesitzes, die politische Vorherrschaft des Adels, den ökonomischen Aufstieg von Teilen des städtischen Bürgertums und den professsionellen Aufstieg bürgerlicher Funktionseliten; die Ausbildung des Souveränität nach außen und Gewaltmonopol im Innern beanspruchenden monarchischen Staates, der jedoch auch dort, wo er die politische Macht der Stände zurückzudrängen vermag, ständisch-regionale Sonderrechte und Institutionen bestehen läßt und das Gefüge der ständischen Privilegiengesellschaft erhält; das durch Staatskirchentum, Konfessions- und Sektenbildung, Spannungen zwischen Kirchenzucht und Volksfrömmigkeit, kirchlichem Lehrmonopol, wissenschaftlicher Kritik und innerkirchlichen Reformbewegungen bestimmte Verhältnis zwischen geistlicher und weltlicher Lebensorganisierung; die überseeische Expansion der europäischen Mächte, die Entstehung weltumspannenden Handels und globaler kriegerischer Konflikte, die Ausbildung einer internationalen Diplomatie, eines kodifizierten Völkerrechts und eines praktizierten *ius publicum europaeum*; die Entfaltung moderner Wissenschaft, philosophisch-historischer und literarischer Kritik und rationaler Staatstheorien; die zunehmende Alphabetisierung und die Entstehung von Öffentlichkeit."[58]

---

56 R. Vierhaus, Nutzen, 17.
57 St. Skalweit, Beginn, 155.
58 R. Vierhaus, Nutzen, 24f.

Vierhaus versteht dieses Bündel als „unvollständige und grobe Auflistung von Strukturen und von geschichtlichen Prozessen."[59] Er demonstriert damit jedoch anschaulich, wie vielfältig das Epochenbild sich präsentiert. Andere Autoren konzentrieren sich auf die Heraushebung einiger weniger dominanter Entwicklungslinien.

Winfried Schulze nennt als Epochenkennzeichen: erstens den Durchbruch zum Bevölkerungswachstum, zweitens den Übergang vom agrarischen Produzieren zur gewerblichen, marktorientierten Produktion, drittens die Entwicklung des modernen Staates und das Suchen nach neuen Formen innerstaatlicher Stabilität, viertens den Bruch mit der Vorstellung von der Einheit des Christentums, fünftens soziale Konflikte als Normalität dieser Epoche, sechstens die Grundlegung des modernen wissenschaftlichen Weltbildes, siebtens die Herausbildung einer einheitlichen Welt und eines dominierenden europäischen Staatensystems.[60] In einer ergänzten Fassung fügt er noch die Ausbildung moderner politischer Theorien und die Entwicklung des Gedankenguts menschlicher Grundrechte hinzu.[61] Und er hebt hervor, Europa gewinne in Abgrenzung nach außen sein eigenes Profil.

Heinz Schillings Sicht stimmt damit im Kern überein. Doch argumentiert er zunächst grundsätzlicher: „Aus dem Vogelflug betrachtet, halte ich vier Profillinien oder Grundstrukturen für die werdende europäische Neuzeit für besonders wichtig. Die europäische Geschichte wurde bestimmt erstens durch die Existenz wechselnder Vorreitergesellschaften, zweitens durch die wiederholten Verlagerungen der Kraftzentren, drittens durch langfristige Prozesse des Ausgleichs und der Integration, viertens durch eine ständige Ausdehnung und Verschiebung der Grenzen."[62]

Diese Linien oder Strukturen konkretisieren sich in „Haupt- oder Kardinalprozessen", die seit dem 13./14. Jahrhundert zur Wirkung gekommen seien: Erstens entstand ein nach rationalen Erfolgskriterien operierendes und auf Veränderungen in den Rahmenbedingungen rasch und flexibel reagierendes Wirtschaftssystem. Zweitens bahnte sich eine frühmoderne Administration, eine auf Souveränitätsanspruch und Identität beruhende Staatsordnung an, die aber auch das Wissen um die „transpartikularistische Schicksalsgemeinschaft Europa" bewahrte. Drittens formte sich im Zuge der frühmodernen Staatsbildung der spezifische Gesellschaftstypus der europäischen Neuzeit. Viertens verwandelte sich die Gestalt des Christentums im Gefolge der Reformation, der Konfessionalisierung und der Säkularisierung grundlegend. Fünftens nahmen das frühneuzeitliche Wissen und die Kunst Gestalt an. Sechstens stand Europa in der frühen Neuzeit in Kontakt und Auseinandersetzung mit anderen Kulturen, die zur Ausbildung des europäischen Selbstbewusstseins und der Selbstreflexion beitrugen.

Die drei exemplarisch ausgewählten Charakterisierungen stimmen in ihrem Grundtenor überein. Doch manche Fragen bleiben unbeantwortet. Erstens ist nicht zu übersehen, dass vornehmlich mittel- und westeuropäische Erfahrungen verallgemei-

---

59 Ebd., 25.

60 Vgl. W. SCHULZE, ‚Von den großen Anfängen', 12.

61 DERS., Neuere Geschichte, 309. In dieser Fassung wird ausführlicher argumentiert, vor allem aber werden die Linien über die frühe Neuzeit hinaus ausgezogen (305–312).

62 H. SCHILLING, „Emder Revolution", 114.

nert werden. Würde das Bild sich verändern, wenn auch die Regionen von Skandinavien über Polen-Litauen bis Ungarn integriert und Russland Raum gegeben würde? Zweitens ist eine unbestrittene Tatsache das Nebeneinander von älteren Strukturen und Traditionen, die ein starkes Beharrungsvermögen aufwiesen, und neuen Tendenzen, die manchmal erst keimhaft existierten. Gibt dies Veranlassung, auch die retardierenden Elemente in einem komplexen Epochenbild stärker zu verankern? Drittens stellt sich die Periodisierungsfrage erneut. Die drei Autoren beschreiben gleiche Prozesse, aber für Vierhaus und Schulze beginnt die „neue Zeit" um 1500, für Schilling im 13./14. Jahrhundert. Die verpönten Diskussionen über Periodisierungsfragen scheinen nicht ganz überflüssig zu sein.

4.5 Periodisierung – Beginn der Neuzeit

Periodisierungsfragen beschäftigen Historiker seit langem. Wo Vorschläge unterbreitet wurden, fanden sich auch Kritiker, und in den letzten Jahrzehnten wurde die Sinnhaftigkeit solcher Bemühungen überhaupt infrage gestellt. Dietrich Gerhard gab zu bedenken: „Sollten wir es also nicht vielleicht völlig aufgeben, die Vergangenheit in Epochen einzuteilen? Dieser Schritt würde uns daran hindern, in den endlosen Fluß der Geschichte Ordnung zu bringen."[63] Periodisierungen bezwecken, historischen Stoff zu ordnen und den Blick zu öffnen, was für das Profil einer Epoche charakteristisch ist und sie von anderen Epochen unterscheidet. Ihre Ab- oder Eingrenzung ist nicht von Natur gegeben, sondern künstlich (artificial), weil der Historiker im Nachhinein der Vergangenheit Zäsuren auferlegt.[64]

Die Skepsis gegen traditionelle Periodisierungen und besonders gegen auf ein bestimmtes Jahr und Ereignis fixierte Zäsuren ist aus verschiedenen Gründen gewachsen. Lange Zeit war es übliche Praxis, den Beginn der Neuzeit an das Jahr 1453 (Eroberung von Konstantinopel), 1492 („Entdeckung" Amerikas), 1494 (Französisch-habsburgischer Hegemonialkonflikt) oder 1517 (Lutherische Reformation) zu binden. Jedes dieser Ereignisse war von allgemeiner (und nicht nur nationalgeschichtlicher) Bedeutung. Aber sie reflektieren nicht das ganze Spektrum gravierenden Wandels in der frühen Neuzeit. Dieser Mangel wird auch nicht behoben, wenn die Epoche als „Zeitalter der Reformation und Gegenreformation", als „Konfessionelles Zeitalter", als „Zeitalter der Renaissance und des Humanismus", als „Zeitalter des Frühkapitalismus", als „Zeitalter der Entdeckungen" oder auch als „Zeitalter des Absolutismus" charakterisiert wird. In diesen Fällen werden „Beginn" oder „Ende" einer Epoche nicht an einem fixen Datum festgemacht, aber die Komplexität der frühen Neuzeit wird mit solchen Kennzeichnungen nicht erfasst.

Kritische Stimmen haben noch einen anderen Hintergrund. Diskussionen zum Thema standen seit dem Zweiten Weltkrieg im Zeichen einer veränderten Gegenwartserfahrung, konstatierte Heinrich Lutz mit dem Blick auf die ihn interessierende Reformationsepoche: „Man konnte die eigene Zeit nicht mehr als Teil einer ‚Neuzeit'

---

63 D. Gerhard, Abendland, 16.
64 Vgl. P. Burke/H. Inalcik, Introduction, 3.

verstehen, die mit Renaissance und/oder Reformation begonnen hatte. Andere Impulse kamen von neuen Forschungen im Bereich Spätmittelalter/Renaissance/Reformation, von den Versuchen einer morphologisch-komparativen Weltgeschichte (Spengler, Toynbee) und von einer sozialgeschichtlichen Betrachtungsweise, die das Entstehen der modernen Industriegesellschaft den vorrevolutionären Strukturen ‚Alteuropas' gegenüberstellt. Auch die marxistischen Periodisierungsdebatten, die die großflächigen Formationsbegriffe Feudalismus-Kapitalismus u. a. mit Hilfe des Interpretamentums ‚frühbürgerliche Revolution' auf die deutsche und europäische Geschichte anwandten, sind zu erwähnen."[65]

Die Absicht, den Neuzeitbegriff als Hilfsmittel für Periodisierungen zu nutzen, ist älteren Datums. Gegenüber heilsgeschichtlichen Interpretationen der Geschichte ermöglichte der Renaissancehumanismus mit seiner säkularisierenden Tendenz eine neue Sicht. Die heilsgeschichtliche Periodisierung wurde zwar noch nicht aufgegeben, aber Zeitalter wurden nicht mehr allein im Zeichen von Sündenfall und Erlösung definiert, sondern vom Rekurs auf die Antike abgeleitet. Diese sei im Mittelalter „verdunkelt" worden und erlebe nun ihre Wiedergeburt. Dem Altertum (*historia antiqua*) folgte das Mittelalter (*medium aevum*) und dann die Neuzeit (*novum aevum*). Der Aufbruch, mit dem der Beginn der Neuzeit gleichgesetzt wurde, förderte eine stärkere „Verweltlichung" und „Verzeitlichung". Nicht mehr die Hinführung der Geschichte zum Jüngsten Gericht stand im Zentrum, sondern der Fortschritt der menschlichen Gesellschaft in Raum und Zeit als Maß aller Dinge. Ideologisiert wurde dieses Geschichtsverständnis mit der Apostrophierung einer unvollkommenen Vergangenheit und eines kontinuierlichen Fortschritts in eine lichte Zukunft hinein.

Das unter humanistischem Einfluss propagierte Schema von Altertum, Mittelalter und Neuzeit verfolgte didaktische Absichten und fand bald Eingang in Lehrbücher. Dieser Neuzeitbegriff sagt indes noch nichts über den Charakter der Epoche aus. Wenn dieser erfragt wird, stehen im Vordergrund meist die Erfahrungen der mittel- und westeuropäischen Länder. Die russische Debatte hingegen verweist auf andere Akzente. Hier ging es mehr darum, welchen Rang das 17. Jahrhundert einnimmt. „Das Jahrhundert wurde nämlich entweder als Anhängsel zu Altrußland oder als Auftakt zur – russischen – Neuzeit dargestellt und nur selten aus sich selbst heraus, d. h. als Epoche, gewürdigt."[66] Angesprochen wird damit das Moment der Ungleichzeitigkeit, das für alle nationalen Geschichten charakteristisch ist. Auf ihnen beruhende Periodisierungsmodelle können folglich nicht ohne weiteres auf die Geschichte Europas übertragen werden. Ein ähnlicher Befund ergibt sich für einzelne Bereiche, für die disziplinabhängige Faktoren eine Rolle spielen. Die Periodisierung der Wirtschaftsgeschichte, Kirchengeschichte, Militärgeschichte oder Kunst- und Literaturgeschichte verdeutlicht das Problem.

Wenn versucht wird, ein Periodisierungsodell für die frühneuzeitliche Geschichte Europas zu gewinnen, kann es nur um die Markierung allgemeiner Konturen gehen. Auffällig ist in dieser Hinsicht, dass Charakterisierungen der „neuen Zeit" tendenziell immer auf gleiche Prozesse Bezug nehmen, aber deren Beginn unterschiedlich datie-

---

65 H. Lutz, Reformation, 1. Aufl., 117f.

66 H.-J. Torke/K. Zernack, Moskauer Reich, 24.

ren. Diskutiert wurde zum Beispiel die Reichweite des Renaissancebegriffs. Wallace K. Ferguson schlug vor, ihn mit den Daten 1300 und 1600 einzugrenzen.[67] Doch diese für die Renaissance gedachte Datierung wurde auch auf die ganze Geschichte übertragen. Erich Hassinger steckte das „Werden des neuzeitlichen Europa" mit denselben Daten ab[68], und das von Thomas A. Brady, Heiko A. Oberman und James D. Tracy herausgegebene Handbuch der europäischen Geschichte orientiert auf den Zeitraum von 1400 bis 1600.[69] Ein wirtschaftsgeschichtliches Pendant bietet Friedrich Lütge, der die Zeit vom 14. Jahrhundert bis zum Dreißigjährigen Krieg als einheitliche Epoche versteht, weil einschneidender als die Zäsur um 1500 die um 1400 sei.[70]

Eine Mehrheit von Historikern hält indes an einer Zäsur an der Wende vom 15. zum 16. Jahrhundert als entscheidender Umbruchphase fest – allerdings mit divergierenden Begründungen. Da die Fixierung auf einzelne Daten nicht genügt, ist es üblich geworden, Bündel von Faktoren zu benennen. Das wichtigste Kriterium dürfte die Frage sein, ob der Vorzug langfristigem Wandel oder gravierenden Umbrüchen gegeben werden soll. Daraus ergeben sich unterschiedliche Antworten.

4.6 Frühneuzeitlicher beziehungsweise frühmoderner Staat

Das Werden und die Ausformung von Staaten sowie das Verhältnis von Staat und Nation waren seit dem 19. Jahrhundert ständig präsente Themen der Forschung mit den Schwerpunkten Verfassung, Institutionen und Politik. Dahinter verbargen sich fast immer aktuelle Anliegen – die historische Legitimation des Staates im allgemeinen und der jeweiligen Politik im besonderen. Nach dem Zweiten Weltkrieg wurde angesichts der veränderten politischen Konstellationen und der diskreditierten etatistischen und machtpolitischen Sichten das Interesse auf andere Problemkreise gelenkt. Die Orientierung an sozial-, struktur- oder gesellschaftsgeschichtlichen Fragestellungen und Methoden eröffnete neue Zugänge zur Geschichte des Staates, seines Profils, seiner Trägerschichten und seiner Mechanismen.

Der deutschen Frühneuzeitforschung lieferte Gerhard Oestreich das Stichwort „frühmoderner Staat"[71], im englischen Sprachraum ist von *„new monarchies"* die Rede. Die politische Geschichte, im besonderen die des Staates, erfuhr seit den siebziger Jahren eine Wiederbelebung.[72] Inzwischen ist das Staatsproblem offensichtlich – mit neuen Akzenten – ein Hauptthema der internationalen Forschung geworden. Das Werden des Staates vollzieht sich in einem langen Prozess (*„The long run"* heißt es im Titel eines Beitrags von Charles Tilly[73]). Die Veränderung von Institutionen erfolgt im allgemeinen nur allmählich. Wenn vom „frühneuzeitlichen" oder „frühmodernen" Staat die Rede ist, wird nach Tendenz und Spezifik solchen Wandels in einem bestimmten Stadium gefragt.

---

67 Vgl. W. K. FERGUSON, Church, 1ff.
68 Vgl. E. HASSINGER, Werden, XII.
69 Vgl. Th. A. BRADY u. a., Introduction, XIIIff.
70 Vgl. F. LÜTGE, Das 14./15. Jahrhundert, 334.
71 Vgl. G. OESTREICH, Geist und Gestalt.
72 Vgl. W. BLOCKMANS, Les origins, 1.
73 Vgl. Ch. TILLY, Long Run, 137.

Aus einer deutschen Perspektive ist daran zu erinnern, dass für den Mediävisten Theodor Mayer das Charakteristikum die Umformung des Personenverbandsstaates in den institutionellen Flächenstaat war: Der frühe deutsche Staat habe nicht primär auf der Herrschaft über ein Gebiet beruht, „sondern auf einem Verband von Personen, die ausgestattet mit ursprünglichen, eigenen Rechten in den Staat eingegliedert wurden. Diese Eingliederung ist jeweils verschieden, war aber immer das entscheidende Problem der mittelalterlichen Verfassungsgeschichte. Daraus ergab sich eine unendliche, verwirrende Mannigfaltigkeit von Bindungen, Herrschafts- und Abhängigkeitsverhältnissen."[74]

Im Gegensatz dazu – so Mayer weiter – stehe der moderne Staat. „Bei ihm ist der anstaltliche Charakter sehr stark ausgebildet, er ist ein monistischer Flächenherrschaftsstaat. Er anerkennt keine Rechte und keine staatlichen Funktionen innerhalb des von ihm beherrschten Gebietes, die er nicht selbst verliehen hat und die nicht von ihm hergeleitet werden. Es gibt in ihm keinen Stand mit eigenständigen Hoheitsrechten und Funktionen. Hoheitsrechte sind ausschließlich staatliche Rechte, deren Ausübung grundsätzlich von staatlichen Organen besorgt wird. Der moderne Staat liegt daher auf einer ganz anderen Ebene und hat sich auch nicht einfach aus dem Staat des frühen Mittelalters heraus entwickeln können."[75]

Das Modell Mayers beruht auf der Annahme eines Umbruchs, in dessen Ergebnis der neuzeitliche Staat seine charakteristische Gestalt gewann. Der Forschung erwuchs die Aufgabe, seine Merkmale und Strukturen zu erkunden. Rudolf Vierhaus machte auf sich daraus ergebende Probleme aufmerksam: „Mit dem konstitutionellen Staat liberal-demokratischer Struktur war ein prinzipiell neues Staatsmodell erreicht; erst diesem Staat steht die Bezeichnung ‚moderner Staat' zu. Seine Entstehung und Ausbildung reichen allerdings weit zurück. Wenn in der Retrospektive dieser Prozeß den Eindruck von geschichtlicher Konsequenz macht, kann er doch nicht für notwendig erklärt werden. Die Annahme einer inhärenten Tendenz unaufhaltsamer Rationalisierung oder einer organischen Entwicklung des ‚modernen Staates' unterstellt eine Kontinuität, die sich nicht zwingend nachweisen läßt. Vielmehr waren es komplexe gesellschaftliche Bedingungen, die den singulären und in beträchtlichem Ausmaß kontingenten Prozeß der Entstehung und Ausbildung des modernen Staates in Europa bestimmten – einen Prozeß, der durch die Integration materieller Ursachen und Ideen, Handlungen und Absichten, Notwendigkeit und Freiheit vorangetrieben wurde."[76]

Seit dem 16. Jahrhundert entstanden Grundlagen für „moderne" Staaten, die im Verlauf eines längeren Prozesses voll ausgeformt wurden. Wenn dieser Prozess allerdings „nicht für notwendig erklärt werden kann", liegt die Schlussfolgerung nahe, dass ihn nicht alle Staaten durchliefen beziehungsweise in einer Gestalt verharrten, die „Modernität" nicht beanspruchen konnte. Wo geschah aber die Umformung am effektivsten? Summarisch lässt sich wohl antworten, dass mehrere europäische Staaten dazu ihren Beitrag leisteten. Das gilt für Spanien und Frankreich ebenso wie für Eng-

---

74 Th. Mayer, Ausbildung, 462f.
75 Ebd., 466.
76 R. Vierhaus, Sicherheit, 64.

land und Schweden, und andere könnten hinzugefügt werden. Jeder konzentrierte sich auf die Lösung spezifischer Probleme und gewann ein eigenständiges Profil.

Am Beispiel des Heiligen Römischen Reiches und seiner Territorien wurde herausgearbeitet, dass im Vergleich mit der Verfassung und Situation des Reiches manche Territorialstaaten die modernere Gestalt aufwiesen. Offensichtlich gelang es diesen besser, auf neue Herausforderungen zu reagieren und sich veränderten Bedingungen anzupassen. „Alle Rechte, Gerechtigkeiten, Privilegien, aber auch vage Ansprüche wurden nun als Teil oder zumindest als Folge einer landesfürstlichen Obrigkeit interpretiert und im Idealfall unter dem Signum der Landesherrschaft zusammengefaßt, d. h. zur Unterwerfung bzw. Gleichschaltung aller anderen Herrschaftsträger genutzt: Ziel war der einheitlich strukturierte, zentral gelenkte Untertanenverband."[77] Oder anders gesagt: Diese Staaten waren „durch zentralisierte Verwaltung, ein durchgreifendes Besteuerungssystem, einheitliche Bekenntnisse und geklärte Machtverhältnisse zwischen Ständen und Fürsten charakterisiert."[78]

Kennzeichen dieser Entwicklung sind inzwischen in zahlreichen Untersuchungen namhaft gemacht worden. Es waren hauptsächlich: der Aufbau einer zentralen Behördenorganisation und administrativer Strukturen sowie der Einsatz juristisch geschulter Beamter; die Verstärkung staatlicher Einflussnahme auf das Wirtschaftsleben und der Übergang zur regelmäßigen Besteuerung der Untertanen; die Schaffung monokonfessioneller Verhältnisse in einem Land; das Streben nach einheitlichen Rechtsverhältnissen und die Verrechtlichung der Politik; der Erlass von Landesordnungen zur Absicherung fürstlicher Ansprüche und das Streben nach Souveränitätsrechten für das jeweilige Territorium; die Propagierung von Normen und Werten gemäß dem Prinzip der Staatsräson. Manchmal erfolgte auch der Übergang zu Formen absolutistischer Herrschaft. Das heißt nicht, dass alle diese Kennzeichen in jedem Land gleichermaßen gegeben waren. Doch generell ging es um die Intensivierung von Herrschaft und die Sicherung des Gewaltmonopols. Die Folge war die Rationalisierung von Staat und Politik sowie der gesellschaftlichen Lebensordnungen.

In der Praxis wiesen die staatlichen Formierungsprozesse zahlreiche Variationen auf, so dass es schwierig ist, sie in einem Modell zu komprimieren. Charles Tilly macht darauf aufmerksam, dass manchmal ein idealer Typ oder ein einzelner Fall untersucht wurde, andere Typen oder Fälle dagegen, die sich nicht in das Modell einfügen ließen, als Abweichungen oder Deformierungen ausgegeben wurden. Er plädiert dafür, in Analysen die verschiedenen Wege der Transformation und die möglichen Kombinationen der verschiedenen Variablen einzubeziehen.[79]

Nach Werner Näf bewegten sich die „Frühformen des modernen Staates" vom 13. bis zum 15./16. Jahrhundert „in der dualistischen Ellipse", deren einen Brennpunkt der Herrscher, den anderen die Stände bildeten.[80] Dieser Dualismus sei entstanden, weil es „der monarchischen Kraft nicht gelang, alle durch die Feudalisierung zersplitterten und sogar privat gewordenen staatlichen oder einst staatlich gewesenen Rech-

77 G. Schmidt, Agrarkonflikte, 39.
78 W. Schulze, Bauernrevolten, 28.
79 Vgl. Ch. Tilly, Long Run, 137.
80 W. Näf, Frühformen, 242.

te an sich zu nehmen, und daß sie nicht imstande war, die sich mehrenden und wandelnden öffentlichen Aufgaben organisatorisch genügend rasch, sicher und vollständig zu verstaatlichen. Überall blieb nicht nur Raum für eine zweite Staatsgewalt, sondern es erhob sich das dringende Bedürfnis, daß sie sich bilde, daß sie sich entwickle."[81] In einer im 16. Jahrhundert beginnenden zweiten Phase habe die Zeit – von England abgesehen – an der Überwindung des Dualismus gearbeitet: „In zahlreichen Fällen – fast möchte man sagen, in der Regel – wurde die ständische Kraft gebrochen oder gelähmt, in Ausnahmefällen kam es – in Polen – zur Zersetzung der monarchischen Autorität. Der Weg ging zum monarchischen Absolutismus oder zur faktischen Ständerepublik."[82]

Näf bot ein Erklärungsmuster an, das die Realitäten einer Reihe europäischer Staaten traf. Aber allgemeine Gültigkeit kann es nicht beanspruchen. Die Situation im Moskauer Reich trifft es nicht, weil politische Stände und ständische Institutionen nicht existierten. Auch die Stadtrepubliken waren anders strukturiert, und in Südosteuropa war angesichts der Abhängigkeit vom osmanischen Reich eine spezifische Situation gegeben. Umgekehrt wurden ständische Institutionen – auch unter den Bedingungen absolutistischer Herrschaft – nicht in dem Maße ausgeschaltet, wie hier angenommen wird. Nicht nur in der „Ständerepublik", sondern auch im absolutistischen Staat blieben ständische Gremien und Einflussmöglichkeiten auf verschiedenen Ebenen erhalten. Die internationale Ständeforschung hat das in den letzten Jahrzehnten in zahlreichen Untersuchungen dokumentiert.

Bisher erarbeitete Modelle und Typologien wurden überwiegend aus mittel- und westeuropäischen Erfahrungen abgeleitet. Doch es wäre sachdienlich, das Spektrum zu erweitern und zum Beispiel auch die russische „Selbstherrschaft" eingehender zu untersuchen und in typologische Analysen einzubeziehen. Charles Tilly bezeichnete es nach der Herausgabe des Bandes *„The Formation of National States in Western Europe"* als Fehler, dass die Untersuchung der Staatsbildung auf Preußen, Frankreich, Großbritannien und einige weitere Länder reduziert wurde, während andere Erfahrungen als Scheitern oder Abweichung eingestuft wurden.[83]

Europas staatliche Strukturen und die Wege ihrer Ausformung weisen viele Gemeinsamkeiten auf, lassen sich aber offenbar angesichts ihrer Vielfalt schwer normieren. Mit dem Projekt *„The Origins of the Modern State in Europe"* wurde es unternommen, staatliche Formierungsprozesse thematisch breit gefächert komparativ zu untersuchen. Die Ergebnisse liegen in sieben Bänden vor: *„War and Competition between States"*, *„Economic Systems and State Finance"*, *„Legislation and Justice"*, *„Power Elites and State Building"*, *„Resistance, Representation, and Community"*, *„The Individual in Political Theory and Practice"* und *„Iconography, Propaganda, and Legitimation"*.[84] Hier werden sowohl die Rolle von Herrschaftseliten und Institutionen, die Finanzierung der Staaten, der Einfluss von Kriegen und zwischenstaatlicher Konkurrenz, Legitimation und Herrschaftssymbolik sowie der Widerstand von Untertanen und dessen Einfluss auf die Formierung der frühneuzeitlichen Staaten untersucht. Manche Themen werden nach Ländern ge-

81 Ebd., 227.
82 Ebd., 242.
83 Vgl. Ch. Tilly, Long Run, 138.
84 Sie erschienen 1996ff.

gliedert, andere vergleichend für größere Regionen behandelt. Das damit vorliegende reiche Material verlangt nun nach weiterer, auf die ganze europäische Staatenvielfalt gerichteter komparativer Durchdringung.

Um das Bild der frühneuzeitlichen Staaten weiter zu konkretisieren, sollte – erstens – nachgefragt werden, wo und warum die Tendenz zur „Modernisierung" stark oder schwach ausgeprägt war, welche fördernden und welche hemmenden Faktoren dabei eine Rolle spielten. Zweitens verdient Beachtung, inwieweit die mittel- und westeuropäischen Erfahrungen auch für das östliche und südöstliche Europa tragfähig sind. Drittens sollte eingehender untersucht werden, in welchem Maße und auf welchen Wegen die Effektivierung staatlicher Arbeit von den Untertanen und deren Widerstand beeinflusst wurde. Viertens bleibt für die frühe Neuzeit die Frage nach den Wechselbeziehungen von Staatsbildung und Nationwerden relevant.

4.7 Republikanismus und Kommunalismus

In den letzten Jahrzehnten wurde häufiger nach alternativen Ausformungen der europäischen Staatenwelt und ihrer Gesellschaften gefragt: Wurden nur die Strukturen monarchisch verfasster Staaten fortentwickelt oder auch alternative Wege erprobt? Neben den Monarchien existierten die älteren italienischen Stadtrepubliken, deren Geschichte die Forschung seit langem beschäftigte, und ein neuerer Typ, den die Niederlande nach Abwerfung der habsburgischen Herrschaft und England nach der Abschaffung der Monarchie im Zuge der Revolution repräsentieren. Doch darin erschöpfen sich die republikanischen Formen nicht. Dem frühneuzeitlichen Republikanismus wurde allerdings bisher nicht die gleiche Aufmerksamkeit geschenkt wie den monarchisch verfassten Staaten.

Das bestehende Defizit benennt Helmut G. Koenigsberger: „Es gibt viele moderne Studien über einzelne Republiken im Europa der Frühen Neuzeit, weniger über den Republikanismus als ein beinahe in ganz Europa aufscheinendes Phänomen. Wir wissen wenig Systematisches über die Beziehungen der Republiken und Quasirepubliken und deren Ideologie zu den Monarchien und dem zeitgenössischen Monarchismus. Und obwohl einerseits die Ursprünge von Republiken und Republikanismus im Altertum und andrerseits ihre Entwicklung zur vorherrschenden Staatsform und Staatsideologie des modernen Europa, ja der ganzen modernen Welt, augenfällig sind, so gibt es auch zu diesem Thema recht wenig systematische Forschung."[85]

Koenigsberger verweist auf die Weitläufigkeit, Vielschichtigkeit und historische Zentralität des Themas, und die Beiträge der von ihm veranstalteten Tagung unterstreichen diese Feststellung. Es bestehe kein Zweifel, so fasst er zusammen, dass Republiken mit Freiheit gleichgesetzt wurden, Freiheit von der Beherrschung durch eine fremde Macht und Freiheit der Bürger von der Beherrschung durch einen von ihnen selbst. „Im Gegensatz zu den Kaisern, Königen und Fürsten dieses Zeitalters behauptete kein republikanisches Regime, daß es *dei gratia* sei, eingesetzt und gerechtfertigt vom Willen Gottes. Um diesen Mangel auszugleichen, bestanden die Republikaner ge-

---

85 H. G. Koenigsberger, Einführung, IX.

wöhnlich auf einer langen Ahnentafel ihrer Freiheit und ihres Kampfes gegen die Tyrannei, oder sie erfanden sie auch."[86]

Koenigsberger sieht Republiken aber auch immer der Gefahr ausgesetzt, gestürzt und autokratischer Herrschaft unterworfen zu werden. Sie waren besonders anfällig, weil Parteikämpfe sie gefährdeten oder mächtige Persönlichkeiten einen übermäßigen Herrschaftsanspruch entwickelten. Auf der anderen Seite trat der Republikanismus „nur in Erscheinung, wenn andere Methoden, die fürstliche Macht zu begrenzen und die Privilegien, Freiheiten und Rechte der Untertanen zu schützen, fehlschlugen oder wenn der Lauf der Ereignisse sie als unwirksam erscheinen ließ."[87]

Republiken existierten – nach dem Stand der Debatte – nicht nur dort, wo sie sich diesen Namen gaben, sondern auch dort, wo deren Merkmale fassbar sind. Heinz Schilling ermittelt Bausteine einer republikanischen Theorie aus dem gemeindlich-genossenschaftlich bestimmten „städtischen Republikanismus": „Die politische Ordnung im Innern sollte von drei Grundpfeilern getragen werden – den für alle Bürger unterschiedslos gültigen Freiheitsrechten; der Korrelation von Rechten und Pflichten, d. h. der Beteiligung aller an den städtischen Lasten und der direkten Mitverantwortlichkeit eines jeden für das Funktionieren des gemeinen Besten; schließlich durch die genossenschaftliche Partizipation der Bürger am Regiment ihrer Stadt, die sich namentlich im Moment des ‚genossenschaftlichen Urzustandes' zu bewähren hatte."[88] Schilling sieht indes einen „echten Republikanismus" in den deutschen Städten bis zum Dreißigjährigen Krieg nicht gegeben. „Ebenso unmißverständlich sollte aber betont werden, daß die politischen Ordnungsvorstellungen des deutschen Stadtbürgertums jenem breiten Strom des alteuropäischen politischen Denkens zuzurechnen sind, aus dem der frühneuzeitliche und schließlich der moderne Republikanismus hervorgegangen ist."[89]

Peter Blickle stellt in mehreren Studien zur ländlichen Gesellschaft der Schweiz und Süddeutschlands einen anderen Typ vor. In den Hochstiften Chur und Sitten sieht er Beispiele „für den erfolgreichen Übergang landständisch verfaßter geistlicher Reichsfürstentümer in Republiken."[90] Zahlreicher seien allerdings die Fälle, in denen es nur temporär gelang, eine Republik zu installieren – im Toggenburg, in der Grafschaft Hauenstein, der Landgrafschaft Klettgau und dem Tigen Rettenberg. „In diesen und anderen Fällen handelt es sich um ‚Landschaften', die den Übergang zur Republik suchen. Wodurch auch immer das Verhältnis zwischen Herrschaft und Landschaft gestört sein mag, eine Krisensituation läßt den latenten Republikanismus virulent werden. Besonders eindrücklich geschieht das 1525, wo sich in Tirol und im Elsaß, in Oberschwaben und am Hochrhein aus städtischen und ländlichen Gemeinden ‚Christliche Vereinigungen' bilden, die nichts anderes sind als Republiken."[91]

Die Ergebnisse einschlägiger Forschungen unterstreichen, dass es in Europa nicht nur einzelne Republiken gab, sondern der „Republikanismus als europäisches Phäno-

---

86 Ders., Republiken, 285f.
87 Ebd., 300.
88 H. Schilling, ‚Republikanismus', 137.
89 Ebd., 143.
90 P. Blickle, Kommunalismus, 548.
91 Ebd., 549. Vgl. auch Ders., Republiktheorie, 195ff.

men"[92] Aufmerksamkeit verdient. Es bleibt bisher noch offen, wie weit der Radius republikanischer Traditionen auszuziehen ist. Zuletzt wurde über oberschwäbische Reichsstädte und südwestdeutsche und Schweizer Landschaften diskutiert.[93] Wer das 16. und 17. Jahrhundert als monarchisch dominiert und von der Adelsgesellschaft beherrscht sieht, registriert einen zutreffenden Sachverhalt. Aber dieser sollte nicht verabsolutiert werden. Die Existenz von Republiken und republikanischer Konzepte in der politischen Theorie können mehr Gewicht beanspruchen, als ihnen bisher zugebilligt wird. Es dürfte angemessen sein, Europa als monarchisch und republikanisch verfasst wahrzunehmen.

Neue Impulse vermittelte der Forschung das Interesse an gemeindlich-genossenschaftlichen Organisationsformen und die Frage, in welchem Maße und auf welchen Wegen sie die staatlich-politische Ordnung beeinflussten. Ein Exempel boten die „Christlichen Vereinigungen", die während des deutschen Bauernkrieges 1525 entstanden, aber aus bekannten Gründen nur kurze Zeit funktionierten. In ihnen manifestierte sich der Wille der Aufständischen, eine alternative Ordnung zu etablieren.[94]

Peter Blicke hat sich dem Thema alternativer Ordnungen intensiv zugewandt und diese als „Kommunalismus" definiert. Er sieht in der Bildung von Gemeinden, die sich seit dem 13. Jahrhundert als horizontales Ordnungsprinzip im staatlichen und sozialen Bereich Geltung verschafften, das Prinzip des Kommunalismus verkörpert. „Auf den Begriff gebracht werden soll damit die Beobachtung des wechselseitig kausalen Zusammenhalts von: selbstverantworteter Arbeit des Bauern und Bürgers einerseits und der Gemeinde mit staatlichen Funktionen andererseits. Diese komplementären Prinzipien werden zum Gestaltungsprinzip zwischen Mittelalter und Moderne insofern, als sie sich eine angemessene Berücksichtigung in den staatlichen Verbänden via Repräsentation oder Widerstand sichern können."[95]

Der Begriff ist an die Bedingung geknüpft, „daß die Organisation gemeinschaftlicher, alltäglicher Belange (ausgedrückt in Satzungshoheit, Administration und Rechtspflege), die Friedewahrung nach innen und außen und die aus beiden resultierenden Rechtsnormen als autochthone Rechte einer Gemeinde von allen Mitgliedern in gleicher Berechtigung und Verpflichtung wahrgenommen werden."[96] Das Konzept fordert dazu auf, die Untertanen als Geschichtssubjekt wahrzunehmen und den „von unten" initiierten oder beeinflussten Prozessen staatlicher Gestaltung mehr Aufmerksamkeit zu schenken. Zu fragen bleibt, ob es sich um einen generellen Trend oder eine „nur" für bestimmte Regionen signifikante Erscheinung handelte.

Blickle grenzt den Raum ein, in dem Kommunalismus Realität war: „Es gibt in Europa wohl mehrere Regionen, in denen solche kommunalen Ausprägungen anzutreffen sind. Mit Sicherheit ist der Kommunalismus eine vergleichsweise durchgängige Erscheinung im südlichen Teil Mitteleuropas – präziser gesprochen in einem Raum, der in seiner Ost-West-Ausdehnung vom Salzburgischen bis in die Dauphiné und in sei-

92 Vgl. A. Black, Republikanismus, 13ff.
93 Vgl. die Studien in: P. Blickle (Hg.), Traditionen.
94 Vgl. H. Buszello, Modelle, 28ff.
95 P. Blickle, Gestaltungsprinzip, 107.
96 Ders., Kommunalismus, 535.

ner Nord-Süd-Ausdehnung vom Main bis in die oberitalienischen Alpentäler reicht."[97] Eine über diese Region hinausführende detaillierte Untersuchung legt Steinar Imsen für Norwegen vor.[98]

Kritisch diskutiert Volker Press das Konzept: Es eröffne neue Perspektiven, weil es auf alternative Aspekte verweise. Doch unbestritten bleibe, „daß der Landesstaat die entscheidende Kraft der Staatswerdung, der Wegbereiter des modernen Staates war."[99] Auch die kommunalen Gebilde unterlägen den Spielregeln der ständischen Gesellschaft, und Stadt und Dorf seien in eine immer noch im wesentlichen feudal bestimmte Welt eingebettet gewesen. Die Rechte und Funktionen, die Blickle für die Gemeinden in Anspruch nehme, seien zugleich wichtige Attribute des werdenden Territorialstaats: Friedenssicherung, Konfliktregelung, Gesetzgebung und Exekution, Gebot und Verbot. In diesem sei ihnen zudem ein großer Rahmen geboten worden. Der genossenschaftlich-gemeindlichen Entwicklung – so das Fazit von Press – gebühre ein Platz im Prozess staatlicher Verdichtung, „bestimmend aber war nicht sie, sondern die Territorialisierung als der säkulare Prozeß."[100]

Blickle beschäftigt auch das Verhältnis von Feudalismus und Kommunalismus: „Der Antagonismus Feudalismus-Kommunalismus erklärt den antithetischen Prozess der Geschichte – zumindest Mitteleuropas – möglicherweise besser als das Begriffspaar Feudalismus-Kapitalismus."[101] Er schließt daraus: „Kommunalismus versus Feudalismus ist das bestimmende Thema der politischen Auseinandersetzung zwischen Mittelalter und Moderne."[102] Doch feudale Strukturen beherrschten einen größeren als den von Blickle umgrenzten kommunalistisch geprägten Raum, und sie waren auch in letzterem existent. Einen Vorschlag, wie das Verhältnis von Gemeinde, Feudalismus und Kommunalismus beschrieben werden könnte, unterbreitet Günter Vogler: „Der Kommunalismus potenzierte das Bemühen um Stabilisierung gemeindlicher Autonomie, ohne den Feudalismus zu ersetzen – er ist seine Ergänzung und sein Korrektiv. Der Feudalismus prägte prinzipiell die gesellschaftliche Struktur, aber er entfaltete sich auch in Kooperation und Konfrontation mit Gemeinde und Kommunalismus."[103]

Das Kommunalismus-Konzept wurde wiederholt kontrovers diskutiert.[104] Ungeachtet dessen stieß es Untersuchungen an, wie die Wahrnehmung „staatlicher" Aufgaben auf einer unteren Ebene funktionierte und welche Wirkungen davon ausgingen. Radikale Alternativen hatten keine Chance, institutionalisiert zu werden. Die Obrigkeiten waren stark genug, um Herrschaftsansprüche der Nichtprivilegierten abzuwehren. Aber das Konzept ermöglicht, die Eigenverantwortung der „Beherrschten", ihr Streben nach Repräsentation, ihren Willen zur Mitgestaltung der staatlichen Ordnung und ihren Widerstand gegen ungerechte Herrschaft angemessen zu würdigen.

---

97 Ebd., 535.
98 Vgl. St. Imsen, Norsk bondekommunalisme.
99 V. Press, Territorialismus, 119.
100 Ebd., 127.
101 P. Blickle, Gestaltungsprinzip, 107.
102 Ebd., 110.
103 G. Vogler, Dorfgemeinde, 64.
104 Vgl. zuletzt R. v. Friedeburg, ‚Kommunalismus', 65ff.; P. Blickle, Begriffsverfremdung, 246ff.

4.8 Absolutistische Herrschaft

Ein anderes die Forschungen zu staatlichen Gestaltungen leitendes Thema ist die Ausbildung absolutistischer Herrschaft in der frühen Neuzeit. Hier soll der Forschungsstand zu diesem Komplex nicht eingehender dargestellt werden, weil der Schwerpunkt nach der Mitte des 17. Jahrhunderts liegt. Ausgespart werden kann das Thema aber nicht, weil die Anfänge in das 16. Jahrhundert zurückführen. Nach Meinung vieler Autoren wurden in dieser Zeit Formen absolutistischer Herrschaft ausgebildet und eine entsprechende Politik praktiziert.[105] Seit dem 19. Jahrhundert wurde eine große Zahl Untersuchungen vorgelegt, die das Absolutismusthema generell oder am Beispiel einzelner Länder beziehungsweise Sachbereiche behandeln. In der jüngeren Vergangenheit verfestigte sich jedoch die Auffassung, es sei „seit einigen Jahren ruhig geworden um den Absolutismus".[106] Ganz stimmt das nicht: Gezielte Forschungen mögen rückläufig sein, aber die Debatte lebte angesichts der Revision traditioneller Sichten wiederholt auf.

Seitdem Gerhard Oestreich das Interesse auf das „Nichtabsolutistische im Absolutismus" lenkte[107] und damit ein Reizwort in die Debatte einbrachte, ist seine Sicht auf fruchtbaren Boden gefallen. Auf zwei wesentliche Resultate ist hinzuweisen: Zum einen wuchs das Interesse an den ständischen Vertretungen, den Mechanismen ihres Wirkens und den Resultaten ihres politischen Handelns. Die behauptete „Ausschaltung" durch den absolutistischen Staat wurde hinfällig. Zum anderen wurde nachgewiesen, dass der Reichweite absolutistischer Administration und Politik Grenzen gezogen waren. Sie drang nicht bis zur lokalen oder regionalen Ebene vor.

Debatten führten aber auch zur generellen Infragestellung absolutistischer Herrschaft als politische und gesellschaftiche Realität. Am entschiedensten äußerte sich zuletzt Nicholas Henshall, indem er den Absolutismus zum „Mythos" herabstufte.[108] Ernst Hinrichs sieht darin einen Beitrag zu dessen Beerdigung. Henshall versuche „den Trauergästen zu beweisen ..., daß in dem Sarg, um den sie sich mehr oder minder andächtig versammelt haben, niemand liegt. Absolutismus im Sinne des historischen Epochenbegriffs, so Henshall, hat es niemals gegeben." Hinrichs schlussfolgert: „Wenn die Zeichen nicht trügen, müssen wir Abschied nehmen vom Absolutismus."[109]

Über „Absolutismus" als Epochenbegriff lässt sich streiten, weil es „den" Absolutismus als Europa überziehendes Herrschaftssystem nicht gegeben hat (das gilt aber auch für andere Epochenbegriffe). Heißt das aber auch, dass ein absolutistisches Herrschaftsverständnis und eine ihm entsprechende Politik nicht existierten? Möglicherweise ergeben sich Schwierigkeiten aus der Tatsache, dass es sich nicht um einen zeitgenössischen Terminus handelt. Zwar sprach bereits Jean Bodin von „absoluter Gewalt"[110], doch erst am Ende des 18. Jahrhunderts wurde in Frankreich mit *„absolutisme"* das Ancien Régime charakterisiert, das von der Revolution überwunden wurde.

---

105 Vgl. zuletzt ausführlich P. Anderson, Entstehung.
106 E. Hinrichs, Stand, 7.
107 G. Oestreich, Strukturprobleme, 183.
108 Vgl. N. Henshall, Myth.
109 E. Hinrichs, Abschied, 353f. Vgl. jetzt: ders., Fürsten.
110 Vgl. A. Jouanna, Debatte, 57ff.

Seit den dreißiger Jahren des 19. Jahrhunderts wurde der Begriff dann in Deutschland häufiger verwendet, indem Liberale despotische Herrschaft mit Absolutismus gleichsetzten. Später wurde er positiv umgedeutet, um in der Zeit des Ringens um einen deutschen Nationalstaat die staatsbildende Leistung des Absolutismus zu würdigen.[111]

Wilhelm Roscher unterbreitete 1874 eine Typologie, die drei Phasen und Formen benannte: eine Phase des konfessionellen Absolutismus, ausgedrückt in dem Prinzip „*Cuius regio eius religio*", eine Phase des höfischen Absolutismus, dokumentiert in dem Bonmot „*L'Etat c'est moi*", eine Phase des aufgeklärten Absolutismus, in der sich der Fürst als erster Diener seines Staates versteht.[112] Roscher führt mit seiner Typologie – nur dieser Aspekt interessiert hier – in das 16. und 17. Jahrhundert zurück. Indem er zuerst eine Phase des „konfessionellen Absolutismus" konstatiert, wird – so müsste man heute sagen – die Konfessionalisierung zum wesentlichen Bestandteil und Spezifikum dieser Phase absolutistischer Herrschaft. Doch in der Debatte zur Konfessionalisierung wurde ein solcher Zusammenhang bisher nicht hergestellt.

Perry Anderson und andere Autoren kommen ohne das Konfessionsproblem aus. Nach Anderson wurde absolutistische Herrschaft in verschiedenen europäischen Regionen zu verschiedenen Zeiten und unter verschiedenen Rahmenbedingungen ausgebildet. „Die Geschichte des Absolutismus hat viele Anfänge, die sich überschneiden, und sie hat keinen gemeinsamen Schluß. Ihr liegt eine reale und tiefe Einheit zugrunde, aber es ist nicht die Einheit eines linearen Kontinuums. Die komplexe Dauer des europäischen Absolutismus mit seinen vielfältigen Unterbrechungen und Verlagerungen von Gebiet zu Gebiet bestimmt die Darstellung des historischen Materials dieser Studie ...".[113] Auch verlegt Anderson – im Unterschied zu einer „orthodoxen Betrachtungsweise" – den Beginn der Geschichte des Absolutismus weiter zurück: „Im Laufe des sechzehnten Jahrhunderts entstand der absolutistische Staat im Westen. Die zentralisierten Monarchien Frankreichs, Englands und Spaniens repräsentieren einen entscheidenden Bruch mit der pyramidalen, parzellierten Souveränität der mittelalterlichen Gesellschaftsstrukturen, mit ihren Ständen und Lehenssystemen."[114] Er unterscheidet zudem, wie dies schon Roland Mousnier vorschlug[115], einen westlichen und einen östlichen Typ des Absolutismus.

Eine von Manfred Kossok vorgeschlagene Typologie setzt ebenfalls im 16. Jahrhundert an und differenziert zwischen den europäischen Regionen: „1. Der klassische Absolutismus (‚französischer Typ') mit voller Ausprägung aller genetischen und konstitutiven Merkmale ... 2. Absolutismus mit erheblich eingeschränkter Herrschergewalt bei gleichzeitig bedeutenden Machtpositionen der Bourgeoisie (‚englischer Typ') ... 3. Absolutismus mit extrem schwacher bürgerlicher Klassenkomponente und deformierter Entwicklung der kapitalistischen Elemente (‚spanischer Typ') ... 4. Absolutistische Zentralisation auf der Basis territorialer Dezentralisation (‚preußisch-deutscher Typ')."[116]

---

111 Vgl. R. Blänkner, ‚Absolutismus', 51ff.
112 Vgl. W. Roscher, National-Oekonomik, 380f.
113 P. Anderson, Entstehung, 11f.
114 Ebd., 17.
115 Vgl. R. Mousnier, Les caractères, 425ff.
116 M. Kossok, Regionalismus, 52ff.

Anderson argumentiert provokant: „Die absolutistischen Monarchien der frühen Neuzeit, ein rein europäisches Phänomen, waren der adäquate Ausdruck des politischen Entwicklungsvorsprungs dieses Kontinents, namentlich im Vergleich zum fernöstlichen Repräsentanten des Feudalismus, Japan, das kein solches Staatssystem hervorbrachte. Der Absolutismus war ein Produkt der in der Renaissance zustande gebrachten Synthese von Elementen der antiken Vergangenheit Europas und den ökonomischen und sozialen Strukturen seiner überwiegend feudal geprägten Gegenwart und blieb bis zum Ende der Aufklärung die dominante Staatsform auf dem Kontinent".[117]

Wolfgang Reinhard empfiehlt dagegen: „Das historiographische Konstrukt ‚Absolutismus' ist heute in nicht rekonstruktionsfähiger Weise dekonstruiert, so daß man auf den Begriff verzichten sollte."[118] Man kann die Absolutismusdiskussion für überflüssig erklären. Aber wie soll dann eine spezifische Gestalt europäischer Staaten charakterisiert werden? Das Thema ist nicht abgearbeitet. Einer Neubestimmung bedürfen zuerst die Fragestellungen. Für die Zeit bis zur Mitte des 17. Jahrhunderts interessiert besonders: Welche politisch-theoretischen Grundlagen für die Ausbildung absolutistischer Herrschaft entstanden in der frühen Neuzeit? Waren absolutistische Konzepte nur Programm oder wurden Schritte (und welche?) zu ihrer Umsetzung unternommen? Entsteht im Zeichen der Konfessionalisierung ein „konfessioneller Absolutismus"? Lassen sich spezifische Merkmale einer „frühabsolutistischen Phase" ausmachen? Ist absolutistische Herrschaft tatsächlich nur ein Mythos?

4.9 Reformationen und katholische Reform

Die Reformation war ein europäisches Ereignis. Ihre Rezeption beeinflusste die Geschichte der meisten europäischen Länder temporär oder dauerhaft. Ursprung, Verlauf und Wesen der reformatorischen Bewegungen wurden eingehend erforscht. Das seit mehr als einem Jahrhundert anhaltende Interesse belegen die Darstellungen, deren Zahl ständig weiter anschwillt. Vor allem Luther, aber auch Zwingli, Calvin und weitere Reformatoren finden immer aufs Neue ihre Biographen. Interpreten würdigen die theologische und gesellschaftliche Relevanz der Reformation als nationalgeschichtliches oder „weltgeschichtliches" Ereignis.

Auf ein generelles Problem der Forschung macht Stephan Skalweit aufmerksam: Interpretation und Einordnung der Reformation werden durch den Umstand erschwert, „daß sich die Diskussion darüber heute auf zwei verschiedenen wissenschaftlichen Ebenen bewegt. Als kirchlich-religiöses und als im weiteren Sinne historisches Phänomen gehört die Reformation zum Erkenntnisbereich zweier Disziplinen, die sich in Blickrichtung und Methode grundlegend voneinander unterscheiden, so fruchtbar sie sich auch gerade in ihrer Andersartigkeit ergänzen mögen. Theologie und Geschichtswissenschaft sind beide an der Reformationsforschung beteiligt, wenn auch nicht mit der gleichen Intensität und im gleichen Ausmaß. Ja, man wird sagen müssen, daß heute zwischen

---

117 P. Anderson, Entstehung, 557f.
118 W. Reinhard, Staatsgewalt, 51.

den Erträgen der theologischen und nichttheologischen Reformationsforschung ein auffälliges quantitatives Mißverhältnis besteht."[119] Dieses Verhältnis hat sich inzwischen verschoben, aber tendenziell besteht nach wie vor ein Ungleichgewicht.

Der Reformationsbegriff verschiedener Epochen widerspiegelt zudem die Einflüsse des Zeitgeistes. Das im späten Mittelalter vieldeutige *„reformatio"* meinte Reformprojekte, die der ganzen Gesellschaft galten. Später wurde der Terminus auf die kirchlich-religiöse Erneuerung verengt.[120]

Als Epochenbezeichnung führte den Terminus Leopold von Ranke mit seiner „Deutschen Geschichte im Zeitalter der Reformation" ein.[121] Da diese „Reformationsepoche" in seinem Verständnis vom sogenannten Thesenanschlag Luthers 1517 bis zum Augsburger Religionsfrieden von 1555 reichte, wurde die anschließende Periode mit dem Etikett „Gegenreformation" versehen. Das erweckte den Eindruck, als habe es 1555 einen Umschwung von der Reformation zur Gegenreformation gegeben. Doch die „Reformation" ging weiter, und die „Gegenreformation" setzte schon früher ein. Dennoch blieben Buchtitel oder Kapitelüberschriften lange Zeit dieser Terminologie verpflichtet. Auch wurde hingenommen, dass die Daten 1517 und 1555 auf Ereignisse der deutschen Geschichte verweisen, aber keine Zäsuren für andere europäische Länder oder die europäische Geschichte vorgeben.

Forschungen zur Reformationsgeschichte standen lange Zeit im Zeichen konfessioneller Orientierungen und Auseinandersetzungen. Wesentliche Impulse vermittelte ihnen nach dem ersten Weltkrieg die „Luther-Renaissance". Aber sie überwand die Verengung nicht, sondern befestigte eher das konfessionsbestimmte Herangehen. „Die Luther-Renaissance brachte mit der zentralen Forderung, Luther dürfe nur unter den Bedingungen seiner Zeit analysiert und auch allein in diesem Kontext gedeutet werden, die Rückkehr zu einem verengten theologisch-kirchengeschichtlichen Begriff der Reformation – ein Verständnis, das allerdings niemals völlig aufgegeben worden war."[122] Erst nach dem zweiten Weltkrieg vollzog sich allmählich eine Öffnung hin zum Dialog, und zwar nicht nur zwischen Kirchenhistorikern verschiedener Konfessionen, sondern auch zwischen Historikern und Theologen. „Erst durch die intensivierte historische Forschung und die stärkere Verflechtung von historischer und kirchenhistorischer Arbeit wurden seit dem Beginn der sechziger Jahre des 20. Jh. die bis dahin prägenden und noch immer vielfältig von den Fragestellungen und Urteilen des 19. Jh. bestimmten Konzeptionen durch andere abgelöst."[123]

Daraus ergaben sich Möglichkeiten für neue Interpretationen der Reformation und die adäquatere Erfassung ihrer Vielfalt. Heinrich Lutz schlug zum Beispiel vor: „Insgesamt wären gegenüber den heute gängigen dualistischen Interpretationsmodellen (protestantisch, katholisch) differenzierte Modelle zu entwickeln und zu erproben, um einerseits in einer ‚trialistischen' Perspektive die erhebliche Bedeutung der Via-media-Gruppen herauszuarbeiten, andererseits die Täuferbewegung und die Spiritualisten

---

119 St. Skalweit, Beginn , 109.
120 Vgl. G. Seebass, Reformation, 386ff.; E. Wolgast, Reform, 321ff.
121 Die sechs Bände erschienen von 1839 bis 1847.
122 R. Wohlfeil, Einführung, 54.
123 G. Seebass, Reformation, 396.

(beide Gruppen werden von der Forschung zunehmend beachtet) angemessen einzuordnen. Hier stößt man allerdings wieder auf das wichtige Problem der politischen und sozialen Ordnung und Bewertung in der Reformationsgeschichte. Sowohl auf katholischer wie auf protestantischer Seite hat die kirchengeschichtliche Konzentration auf den *‚homo religiosus'* Luther die Vermittlung neuer Erkenntnisse in die politisch-soziale Dimension (und *vice versa*) in den Hintergrund treten lassen. Die Herausforderung durch die marxistischen Interpretationen und durch die jüngere angelsächsische Forschung könnte hier fruchtbar werden."[124]

Eine pluralistische Forschung verlieh dem Reformationsbild mehr Farbe, und auch der Reformationsbegriff wurde problematisiert: Ein theologisch-kirchengeschichtlicher, ein politisch-strukturgeschichtlicher, ein marxistischer und ein sozialgeschichtlicher weisen auf neue forschungsprägende Tendenzen hin.[125] Die konfessionelle Engführung verlor ihre Dominanz und sozial-, struktur- und kulturgeschichtliche Orientierungen gewannen an Einfluss. Neuere Konzepte spiegeln sich in den Stichworten Gemeindereformation, Konfessionalisierung, Antiklerikalismus oder frühbürgerliche Revolution.[126] Das heißt aber auch, dass verschiedene Interpretationen konkurrieren. „Von theologischer Seite wurde freilich auch immer wieder gefragt, ob in einem solchen Konzept[127] das religiöse Moment der Reformation – die als Befreiung erfahrene bedingungslose Annahme des Sünders durch Gott in Christus – in seiner Bedeutung voll wahrgenommen und gewürdigt werden könne."[128]

In den letzten Jahrzehnten haben Historiker, Kirchenhistoriker und Theologen eine Fülle von Forschungsergebnissen vorgelegt. Die Zahl der Publikationen geht in die Tausende, und sie umfassen ein breites Themenspektrum. Es ist unmöglich, sie auch nur annähernd vollständig zu referieren. Der Verweis auf einige für ein Gesamtbild gewichtige Tendenzen (ohne Berücksichtigung der theologischen Forschung) muss deshalb genügen.

Erstens: Es ist üblich geworden, zwischen lutherischer, reformierter und katholischer Konfessionalisierung zu unterscheiden. In einem gleich laufenden fundamentalen Prozess formierten und konsolidierten sich verschiedene Konfessionen, so dass die Epoche sich als „konfessionelles Zeitalter" darstelle. Ältere Tendenzen wirkten zwar fort, aber jetzt sei etwas Neues hinzugetreten: „Das war der konfessionelle Grundzug des Zeitalters, den es trotz der religiösen Bewegungen des Spätmittelalters vor dem zweiten Viertel des 16. Jahrhunderts nicht gab."[129] Obwohl dieser konfessionelle Grundzug sich nicht in allen Teilen Europas gleichermaßen ausprägte und auch andere „Sachkomplexe" einflussreich waren, handele es sich bei dieser Epochenbezeichnung „um die abstrahierende Heraushebung eines bestimmten, als besonders charakteristisch erscheinenden Elements bei gleichzeitiger Nichtbeachtung der als weniger wesentlich einzuschätzenden Aspekte im Sinne der Idealtypen Max Webers."[130]

---

124 H. Lutz, Reformation, 1. Aufl., 126f.
125 Vgl. R. Wohlfeil, Einführung, 44ff.
126 Vgl. G. Seebass, Reformation, 396ff.
127 Gemeint ist ein sozialgeschichtliches Verständnis der Reformation.
128 G. Seebass, Reformation, 396.
129 H. Klueting, Zeitalter, 18.
130 Ebd., 20.

Nach Wolfgang Reinhard meint Konfessionalisierung zunächst kein Zeitalter, sondern einen sozialhistorischen Prozess von zirka zweihundertjähriger Dauer. Es spreche andererseits nichts dagegen, den sozialhistorischen Fundamentalprozess zur Bezeichnung eines Zeitalters zu benutzen. „Anders als ‚Zeitalter der Gegenreformation' wird ‚Konfessionelles Zeitalter' den drei großen Bekenntnissen wie den politischen Kräften gleichmäßig gerecht und bezieht sich auf ein Phänomen, das die Menschen damals beschäftigt hat wie kein anderes, dem wir nur einen Namen gegeben haben."[131]

Die Überwölbung des Ganzen mit diesem Epochenbegriff macht Sinn, wenn die Gleichartigkeit, Gleichzeitigkeit und Vergleichbarkeit von Prozessen verdeutlicht werden soll. Im übrigen findet er sich schon 1906 bei Ernst Troeltsch: „Das 16. und 17. Jahrhundert sind nicht mehr Mittelalter, aber sie sind auch nicht Neuzeit, sie sind das konfessionelle Zeitalter der europäischen Geschichte".[132] Diese Charakterisierung konkurrierte immer auch mit anderen Kennzeichnungen der frühneuzeitlichen Epoche. Angesichts des Vormarschs der konfessionsgeschichtlichen Interpretation dieser Phase der europäischen Geschichte muss allerdings gefragt werden, ob mit der Heraushebung nur eines – zweifellos „fundamentalen" – Vorgangs erneut eine Vereinseitigung gefördert und andere gravierende Prozesse zu stark nivelliert werden.

Zweitens: Ein anderes Ergebnis betrifft die Einordnung der katholischen Reform in den Prozess der Konfessionalisierung. Die apodiktische Gegenüberstellung (oder das lineare Nacheinander) von Reformation und Gegenreformation wurde zugunsten einer komplementären Sicht aufgelöst.[133] Hubert Jedin plädierte seit langem für eine Korrektur der traditionellen Interpretation.[134] Das Ergebnis war die Formel „Katholische Reform und Gegenreformation".[135] Neben den unbezweifelt existenten Aktionen, die „gegenreformatorisch" im Wortsinn ausgerichtet waren, wurden die Reformbemühungen der katholischen Kirche stärker respektiert. Der – negativ besetzte – Begriff Gegenreformation wurde durch den der „katholischen Reform" ergänzt und „seines ausschließlichen und aggressiven Charakters" entkleidet.[136]

Es war ein Schritt zur Versachlichung des Reformationsbildes und zur differenzierteren Beurteilung der katholischen Aktivitäten. Jedin definiertet: „Die Katholische Reform ist die Selbstbesinnung der Kirche auf das katholische Lebensideal durch innere Erneuerung, die Gegenreformation ist die Selbstbehauptung der Kirche im Kampf gegen den Protestantismus."[137] Die Reduzierung der alten Kirche auf „Gegenreformation" rückte einseitig die Absicht in den Vordergrund, die protestantischen Reformationen zurück zu drängen und übersah die in Gang gekommene innere Erneuerung der katholischen Kirche. Insofern ist die Korrektur angemessen. Nicht zu übersehen ist jedoch, dass die Auseinandersetzung zwischen den Konfessionen auch mit Gewalt und Zwang, in Gestalt von „Religionskriegen" geführt wurde.

---

131 W. Reinhard, Konfessionalisierung?, 436.
132 E. Troeltsch, Protestantismus, 28f.; ders., Luther, 204ff.
133 Vgl. G. Maron, Katholische Reform, 46.
134 Vgl. H. Jedin, Katholische Reformation.
135 Ders., Katholische Reform, 451ff.
136 G. Maron, Katholische Reform, 46.
137 H. Jedin, Katholische Reformation, 36.

Drittens: Kontrovers wurde diskutiert, ob die Reformation sich als kontinuierlich fortschreitender Prozess darstellt oder einer Aufbruchphase eine „zweite Reformation" folgte. Ausgangspunkt war die Auffassung, die protestantische Reformation habe zwar manche Probleme gelöst, aber eines neuen Anstoßes bedurft, um vollendet zu werden. In den Blick kamen vor allem einige deutsche Territorialstaaten, in denen calvinistische Einflüsse einen neuen Aufbruch anzuzeigen schienen. Für diesen Prozess wurde im Ergebnis der Diskussion der Terminus „reformierte Konfessionalisierung" vorgeschlagen.[138] Nicht entschieden ist damit, wo in dem Spektrum der drei dominanten Konfessionen kirchenkritische, spiritualistische und andere Strömungen anzusiedeln sind. Manche Täuferforscher interpretierten die Taufbewegung als „dritte Reformation"[139], und später sahen Pietisten sich in der Situation, die Reformation „vollenden" zu wollen. Sind dies Abweichungen von der konfessionellen Normalität?

Viertens: Der Einfluss weltlicher Obrigkeiten auf die Entscheidung für oder gegen die Reformation ist bekannt. Doch es stellt sich auch die Gegenfrage: Welchen Anteil hatten ländliche Untertanen oder städtische Gemeinden an den Entscheidungen? Peter Blickle plädiert deshalb für das Konzept einer „Gemeindereformation". Aus der Tatsache, dass „neben der Familie die wichtigste Form der Vergesellschaftung der einfachen Leute bis weit in die Neuzeit hinein die Gemeinde" bildete[140], schlussfolgerte er, dass die Reformation „ihr Gravitationszentrum in der Gemeinde besitzt, sowohl gesellschaftlich wie theologisch. Der ursprüngliche, unverfälschte, unverfremdete Charakter der Reformation ... ist ihr Ausdruck als Gemeindereformation. Man kann das für eine Episode halten angesichts des unbestreitbaren Tatbestandes, daß die reformatorische Bewegung alsbald zur obrigkeitlichen Veranstaltung wurde. Man wird das dann für keine Episode halten, wenn sich auch nur wahrscheinlich machen läßt, daß die Reformation in der Gemeinde und aus der Gemeinde das Scharnier zwischen der mittelalterlichen und der neuzeitlichen Welt in Mitteleuropa darstellt."[141]

Diese Sicht resümierte Hans-Jürgen Goertz knapp: In der Gemeindereformation „zeigte sich für kurze Zeit das Signifikante der frühen Reformationszeit, das in der Niederlage der Aufständischen 1525 schon wieder unterging. Die Reformation schlug, wie Blickle formulierte, dialektisch in die Fürsten- bzw. die Ratsreformation um. In einer weltflüchtig-verkümmerten Form lebte die ‚Gemeindereformation' noch eine Weile im Täufertum fort."[142]

Gegen das Konzept wurden mancherlei Einwände vorgetragen.[143] Goertz zum Beispiel weist auf Unterschiede der reformatorischen Bewegung auf dem Land und in der Stadt hin und möchte reformatorische Einflüsse nicht auf die Gemeinden reduziert sehen.[144] Heinz Schilling akzeptiert zwar, dass das Gemeindeprinzip auch auf dem Land eine große Rolle spielte, wehrt sich aber dagegen, seine ländliche und städtische Erscheinungsform auf dieselbe Stufe zu stellen. Einen qualitativen Unterschied sieht er

138 Vgl. H. Schilling, „Zweite Reformation", 387ff.
139 Vgl. J. C. Wenger, Die dritte Reformation.
140 P. Blickle, Gemeindereformation, 9.
141 Ebd., 10.
142 H.-J. Goertz, Pfaffenhaß, 241.
143 Vgl. P. Blickle, Eidgenossenschaften, 167ff.
144 Vgl. H.-J. Goertz, Pfaffenhaß, 242f.

darin, dass die Bauern vieles aufholen mussten, was die Bürgergemeinden bereits seit längerem erstritten hatten. Hinsichtlich einer regionalen Differenzierung betont er gegenüber einer Einengung der Gemeindereformation auf Oberdeutschland das Gewicht des Nordens sowie den Einfluss Luthers gegenüber Zwingli.[145] Trotzdem bleibt weiterhin die Frage zu beantworten, wer die Initiatoren und die organisierenden Kräfte des reformatorischen Prozesses in der Stadt einerseits, in den Dorfgemeinden andererseits waren.

Fünftens: Sozialgeschichtliche Fragestellungen gewannen auch für die reformationsgeschichtliche Forschung an Bedeutung. Deren generellen Anspruch definiert Rainer Wohlfeil: „Über den Menschen will moderne Sozialgeschichte Kenntnis vermitteln von Strukturen, Kräften und Prozessen vergangener Gesellschaften in allen menschlichen Wirkungsbereichen und zugleich in dieser Verbindung von Struktur- und Ereignisgeschichte mit der Geschichte gesamtgesellschaftlichen Wandels die Gewichtung historischer Phänomene und ihres Verhältnisses zueinander ermöglichen. Nicht ein Ausschnitt, sondern die Erfassung des Ganzen einer Gesellschaft ist das grundsätzliche Erkenntnisziel sozialgeschichtlicher Betrachtungsweise als integraler Aspektwissenschaft."[146]

So umfassend, wie es dieses Konzept verlangt, ist allerdings der reformatorische Prozess bisher nicht untersucht oder in einer Gesamtschau gewürdigt worden. Doch Forschungen zu verschiedenen Sachthemen trugen in den vergangenen Jahrzehnten diesem Anliegen Rechnung. Das gilt vornehmlich für Studien zur Reformation in den Städten, die nicht zuletzt die Vielfalt der Vorgänge dokumentieren. Der Anteil verschiedener sozialer Gruppen am reformatorischen Prozess wurde konkreter herausgearbeitet. Auch die Einbindung des Werks einzelner Reformatoren in ihr gesellschaftliches Umfeld und die Gesellschaft überhaupt wurde deutlicher sichtbar. Noch nicht genügend aufgehellt wurden dagegen die Folgen der Reformation im weitesten Sinn, und für manche europäischen Regionen sind die Möglichkeiten sozialgeschichtlicher Konzepte für die Erklärung des Reformationsprozeses erst noch zu nutzen.

Sechstens: Die häufig gebrauchte Formel „die Reformation" legt den Eindruck nahe, es handele sich um ein monolithisches Phänomen, zumal dann, wenn sie engführend an das Werk Martin Luthers gebunden wird. Arthur G. Dickens polemisierte einprägsam und zugespitzt, es handele sich nicht um „einen Ein-Mann-Zirkus, eine umfassende Revolution, die der heroische Geist und die Energie Martin Luthers hervorbrachte."[147] Es geht indes nicht nur darum, auch andere Persönlichkeiten in die Arena treten zu lassen, die neben oder auch gegen Luther agierten und dem Reformationsprozess sein Profil verliehen. Wesentlicher noch ist, diesen Prozess als von verschiedenen Bewegungen getragen zu begreifen. Rainer Wohlfeil schlug vor, von „Bewegungen" – also in der Mehrzahlform – zu sprechen[148] Ihm folgte Hans-Jürgen Goertz: „Die Reformation war nicht *eine* ‚soziale Bewegung', auch nicht zunächst nur *eine* ‚evangelische Bewegung', die bald soziale Attribute erhielt, sondern ein Mit-, Über- und Gegeneinander verschiedener religiös-sozialer Bewegungen."[149]

---

145 Vgl. H. Schilling, Gemeindereformation, 325ff.
146 R. Wohlfeil, Betrachtungsweise, 95f.
147 A. G. Dickens, German Nation, 1.
148 Vgl. R. Wohlfeil, Einführung, 96ff.
149 H.-J. Goertz, Pfaffenhaß, 245.

Aus der Vielfalt der frühen Reformationsjahre schließt Goertz: „In diesen Bewegungsreichtum kann keine systematische Ordnung gebracht werden, deutlich ist nur, daß die vielfältigen Bemühungen um eine Erneuerung der Christenheit sich in Bewegungen niedergeschlagen haben, die die typischen Merkmale ‚sozialer Bewegungen' aufweisen und in ihrer Heterogenität das Erscheinungsbild der frühen Reformationsjahre prägen."[150] Ferner konstatiert er: „Die Zeit der Bewegungen war vorüber, als die reformatorischen Impulse Eingang in die Institutionen gefunden hatten und dort im Sinne von Zucht und Ordnung weiterentwickelt, vielfach auch gegen ihren ursprünglichen Sinn gekehrt wurden."[151]

Siebtens: Es gibt keinen Konsens, mit welchen Kategorien die durch den Reformationsprozess bewirkten Wandlungen oder Umbrüche (oder ihr Scheitern) erfasst werden können, zumal die historische und die kirchenhistorisch-theologische Forschung sich an unterschiedlichen Kriterien orientieren. Am häufigsten wird auf die Terminologie Reform, Reformation und Revolution zurückgegriffen.[152] So wird „die Reformation" einmal als Phänomen *sui generis* verstanden, ein anderes Mal als in älteren Traditionen wurzelnde Reformbewegung charakterisiert, die einen langfristigen Wandel zur Folge hatte, oder auch als revolutionäres Ereignis interpretiert, das gravierende Umbrüche bewirkte.

Sicher sind die *vor* dem „Beginn" der Reformation auf eine Erneuerung von Kirche und Gesellschaft zielenden Vorstellungen Ausdruck einer anhaltenden Reformbewegung. Insofern sind Pierre Chaunus und Jean Delumeaus Charakterisierung des späten Mittelalters und der frühen Neuzeit als *„temps de réformes"* oder Steven Ozments als *„Age of Reform"* berechtigt.[153] Aber belegen diese Reformbewegungen eine ungebrochene Kontinuität? Heinz Schilling verneint vehement einen durch die frühe Reformation im ersten Viertel des 16. Jahrhunderts bewirkten Umbruch und sieht einen solchen erst in dessen zweiter Hälfte gegeben.[154] Doch wesentliche, durch die Reformationen bewirkte Neuerungen waren zu dieser Zeit bereits abgeschlossen und irreversibel.

Angesichts der Komplexität geistigen Wandels, kirchlicher Erneuerung, sozialer Umstrukturierungen, politischer Neuorientierungen und materieller Umschichtungen scheint der Terminus Reform nicht hinzureichen, um die Prozesse adäquat zu erfassen. Folglich wurden die an die Reformationen gebundenen Entwicklungen wiederholt als Revolution charakterisiert. Die Wurzeln führen zur Geschichtsschreibung des Vormärz zurück, und diese Interpretation fand auch im 20. Jahrhundert Befürworter und Kritiker. Die Debatte ist niemals verstummt.[155]

Am nachdrücklichsten wurde die Revolutionsqualität der Reformation (und des Bauernkrieges) von marxistischen Historikern herausgestellt.[156] Sie interpretierten die deutsche Reformation in ihren Verflechtungen mit dem Bauernkrieg als revolutionären Prozess am Beginn der Neuzeit, als „frühbürgerliche Revolution", weil mit ei-

---

150 Ders., Eine 'bewegte Epoche', 53.

151 Ebd., 55.

152 Vgl. E. Wolgast, Reform, 325ff.; R. Wohlfeil, Einführung, 169ff.; S. Hoyer, Reform, 9ff.

153 Vgl. P. Chaunu, Le Temps; J. Delumeau, Le péché; St. Ozment, Age.

154 Vgl. H. Schilling, Reformation, 13ff.

155 Vgl. zum Beispiel H. A. Oberman, Reformation, 11ff.; St. Ozment, Reformation, 27ff.

156 Vgl. die Beiträge in: R. Wohlfeil (Hg.), Reformation; M. Steinmetz (Hg.), Revolution.

nem gesellschaftlich-politischen System gebrochen wurde und langfristig sich neue Perspektiven abzeichneten.[157] Aus nichtmarxistischer Sicht wurden Prämissen und Folgerungen dieser Interpretation überwiegend abgelehnt, doch gelegentlich ihr heuristischer Wert anerkannt und auf die Geschlossenheit des Konzepts verwiesen, das eine Zusammenschau von Reformation und Bauernkrieg ermögliche.[158]

Darin spiegelt sich ein wissenschaftsgeschichtlich bemerkenswerter Vorgang: Das marxistische Bild der Reformation entwickelte sich „zu einer die ideologischen Fesseln sehr behutsam und allmählich lösenden, in gleichem Maß aber wissenschaftlich ernsthaft zu diskutierenden Gesamtinterpretation der Reformation im weiteren Zusammenhang der europäischen Revolutionsgeschichte. Dem entsprach die Reaktion der westlichen Forschung, die sich von diskussionsloser Ablehnung über argumentierende Diskussion zum Ernstnehmen der damit bestehenden Herausforderung entwickelte."[159]

Die Reformationen in den europäischen Ländern sind einer der am besten untersuchten frühneuzeitlichen Themenkomplexe. Die immer weiter anschwellenden Detailkenntnisse verlangen indes auch nach einer an übergreifenden Fragen orientierten Verarbeitung. Genannt seien nur das Problem von Kontinuität und Umbruch, das Verhältnis von originären Intensionen und dem Gewordenen, die Wechselbeziehungen zwischen religiös-theologischen und säkularen Faktoren und nicht zuletzt Typologien, mit denen die Reformationsvarianten beziehungsweise reformatorischen Bewegungen in Europa erfasst werden können.

4.10 Konfessionalisierung und ihre Grenzen

Eine Folge der Reformationen des 16. Jahrhunderts war die Spaltung der römisch-katholischen Kirche, die Ausformung von Konfessionen und die Konstituierung von Konfessionskirchen, so dass die Christenheit sich theologisch und organisatorisch weiter differenzierte. Ernst Walter Zeeden zeigte am Beispiel von Protestantismus und Katholizismus, wie beide sich gegeneinander abgrenzten, wie langwierig dieser Prozess war und welche Hindernisse auf dem Weg zur Durchsetzung der neuen Bekenntnisse sich auftaten. Er beschrieb Konfessionsbildung als „die geistige und organisatorische Verfestigung der seit der Glaubenspaltung auseinanderstrebenden christlichen Bekenntnisse zu einem halbwegs stabilen Kirchentum nach Dogma, Verfassung und religiös-kirchlicher Lebensform."[160]

Die Konfessionalisierung und deren Bedeutung für Kirche, Gesellschaft und Staat rückten – angeregt von Untersuchungen Wolfgang Reinhards und Heinz Schillings[161] – ins Zentrum der Arbeit von Historikern, Kirchenhistorikern und Theologen. Drei Tagungen widmeten sich der lutherischen, reformierten und katholischen Konfessiona-

157 Vgl. die Diskussionsübersicht bei G. Vogler, Konzept.
158 Vgl. ebd.
159 G. Seebass, Reformation, 397.
160 E. W. Zeeden, Konfessionen, 9f.
161 Vgl. W. Reinhard, Konfession; H. Schilling, Konfessionskonflikt.

lisierung und der Einordnung dieses Prozesses in die Gesamtgeschichte der frühen Neuzeit. „Im Gegensatz zur ‚Konfessionsbildung' wird dabei ‚Konfessionalisierung' nicht mehr als ein partieller kirchengeschichtlicher, sondern als ein universaler sozialgeschichtlicher Prozeß verstanden."[162]

In einem Überblick zum Thema resümiert Heinrich R. Schmidt, es gehe „um den Prozeß einer Formierung von Konfessionskirchen, um den Aufbau lutherischer, katholischer und reformierter Kirchentümer. Er vollzieht sich auf dem Gebiet der Dogmatik, auf dem der Organisation und durch die inhaltliche Verwirklichung des geglaubten jeweiligen Christentums im Alltag der betroffenen Staatswesen, Kirchen und Kirchenvölker. Eben diese Trias von Staat, Kirche und Volk ist gemeint, wenn von ‚Kirchentümern' die Rede ist."[163] Untersuchungsfelder sind folglich die Alltags-, Verfassungs- und Konfessionsgeschichte als Sozialgeschichte.

Das Konzept zielt auf eine sozialgeschichtliche Interpretation der Konfessionalisierung, wendet sich aber bewusst gegen eine reduktionistische Sicht, die ohne den Faktor Religion auszukommen vermeine. Wolfgang Reinhard berichtet, er und Heinz Schilling, seien auf den Gedanken gekommen, „Ernst Walter Zeedens ‚Konfessionsbildung' sozialwissenschaftlich angereichert als ‚Konfessionalisierung' von einem Vorgang der Kirchengeschichte zu einem sozialgeschichtlichen Fundamentalprozeß der Frühneuzeit zu erheben."[164] Weiter heißt es: „Konkret läuft das auf die nicht ganz neue Feststellung hinaus, daß ‚Konfessionalisierung' zusammen mit den beiden anderen Forschungskonzepten ‚Sozialdisziplinierung' und ‚Modernisierung' zu ein und demselben historiographischen Diskurs gehört."[165]

Nach Schilling meint Konfessionalisierung „einen gesellschaftlichen Fundamentalvorgang, der in meist gleichlaufender, bisweilen auch gegenläufiger Verzahnung mit der Herausbildung des frühmodernen Staates, mit der Formierung einer neuzeitlich disziplinierten Untertanengesellschaft, die anders als die mittelalterliche Gesellschaft nicht personal-fragmentiert, sondern institutionell-flächenmäßig organisiert war, sowie parallel zur Entstehung des modernen kapitalistischen Wirtschaftssystems das öffentliche und private Leben in Europa tiefgreifend umpflügte."[166]

Unbestreitbar dürfte sein, dass die Konfessionalisierung das geistige Leben, die kulturellen Identitäten, das soziale Verhalten, die politischen Aktivitäten und natürlich das kirchliche Leben in hohem Maße beeinflusste. Dominiert aber der konfessionelle Faktor die gesamte politische und gesellschaftliche Entwicklung? Inwieweit waren ökonomische und soziale Prozesse auch ein davon unabhängiger Faktor? Welchen Stellenwert hatte die Säkularisierung von Politik, Kultur und Wissenschaft? Auf welche Widerstände stieß die Konfessionalisierung?

Defizite des Paradigmas benennt auch Schilling. Doch er unterstreicht vor allem seine Vorzüge: „Es hat einen universalgeschichtlichen Prozeß wieder ins Bewußtsein der Historiker gebracht, der angesichts der reduktionistisch-säkularen Interessenausrich-

162 W. Reinhard, Sozialdisziplinierung, 46.
163 H. R. Schmidt, Konfessionalisierung, 1.
164 W. Reinhard, Konfessionalisierung, 420.
165 Ebd.
166 H. Schilling, Konfessionalisierung, 4.

tung der deutschen und westeuropäischen Gesellschaftsgeschichte in den siebziger Jahren verlorenzugehen drohte. Es hat entscheidend dazu beigetragen, kirchen- und religionsgeschichtliche Phänomene, deren Behandlung weitgehend den Teildisziplinen überlassen worden war, in die allgemeine Geschichtswissenschaft zu reintegrieren. Und schließlich hat es den interkonfessionellen und den europäisch ‚internationalen' bzw. interregionalen Vergleich gefördert, und zwar, wie sich jüngst anbahnt, auch über die Großkonfessionen hinaus zu den nicht konfessionalistisch verfaßten Religionen hin."[167]

Das Paradigma ist ein Produkt der deutschen Historiographie und verarbeitet Anregungen der französischen und englisch-amerikanischen Forschung. Wenn es sich um einen „universalgeschichtlichen Prozess" handelt, muss nachgewiesen werden, dass alle europäischen Regionen vergleichbare Entwicklungen erlebten. Schilling weitete inzwischen in mehreren Beiträgen den Radius auf diese aus, und auch andere Autoren tendieren in diese Richtung.[168] Es fehlt aber vorerst noch an detaillierten Studien, die großflächige Vergleiche ermöglichen.

Gewichtige Bedenken trug Anton Schindling vor. „Welche Reichweite hatten die Konfessionalisierungsprozesse in der Frühen Neuzeit? Kann die Charakterisierung als Fundamentalprozess Einwänden standhalten? Und wo endete die Konfessionalisierbarkeit? Gab es einen nackten und resistenten Säkularismus vor der modernen Säkularisierung? Schließlich ist auch die Frage nach der grundsätzlichen Vergleichbarkeit der Konfessionalisierung bei Lutheranern, Reformierten und Katholiken noch einmal in den Blick zu nehmen. Gab es nicht doch wesentliche Unterschiede? "[169] Schindling konstatiert ferner ein Defizit hinsichtlich der Geschichte von Theologie, Frömmigkeit und Spiritualität, ohne die Konfessionalisierungsprozesse nur ein sozialwissenschaftliches Konstrukt seien.

Schindling bedenkt das Gewicht nicht-konfessioneller Faktoren, der Erfahrungsräume und „konfessionellen Niemandsländer", der Reichsverfassung als Barriere gegen die Konfessionalisierung, und er verweist auf das „Spektrum der widerspenstigen Faktoren". Die Diskussion sei an einem Punkt angelangt, so seine Schlussfolgerung, „wo die empirische Erforschung einzelner Phänomene im Rahmen von Territorien, Städten und Regionen sowie deren komparatistische und typologisierende Einordnung in Typologien eines mittleren Aktionsgrades vorrangig zu betreiben sind."[170] Notwendig sei die Erprobung des Konzepts an den Quellen. Schließlich gibt er zu bedenken, ob nicht die Säkularisierung ein Hauptprozess der europäischen Neuzeit gewesen sei: „Konfessionalisierung und Säkularisierung als zwei fundamentale, miteinander konkurrierende Potenzen im Aufbau der Neuzeit traten in unterschiedlichen Konfigurationen und Facettierungen in Beziehung zueinander, sich wechselseitig stimulierend und begrenzend. Die Spannung zwischen beiden Grundströmungen macht ein wesentliches Stück der Identität Europas auf dem Weg zur Moderne aus."[171]

---

167 Ebd., 40.
168 Vgl. zum Beispiel J. Bahlcke/A. Strohmeyer (Hg.), Konfessionalisierung.
169 A. Schindling, Konfessionalisierung, 11f.
170 Ebd., 40.
171 Ebd., 44.

Prinzipielle Einwände artikuliert auch Heinrich R. Schmidt. Er plädiert für „das Ende des Etatismus in der Konfessionalisierungsforschung"[172] und möchte die Konfessionalisierung als kommunalen Vorgang, als Perspektive kommunaler Selbstregulierung verstanden wissen. In der Verengung des Paradigmas durch seine Zwangsvereinigung mit Gerhard Oestreichs These der Sozialdisziplinierung sieht er einen Irrweg. Dem Konzept einer Gemeindereformation verpflichtet, folgert er: „Auch von der deutschen Konfessionalisierungs-Forschung sollte endlich anerkannt werden: Eine Gesellschaft, die so essentiell 'kommunal' geprägt war wie die frühneuzeitliche und so wenig 'staatlich' wie sie, muß entsprechend theoretisch erfaßt werden. Etatistische Konzepte können das nicht, weil sie die Wirklichkeit nicht adäquat abbilden."[173]

Die Resultate der Forschung und die vorgetragenen Einwände verweisen auf bisher nicht überzeugend beantwortete Fragen.

Erstens betrifft das die Reichweite und Tiefenwirkung der Konfessionalisierung. Wird das Bild, das überwiegend mit dem Blick auf Mitteleuropa erarbeitet wurde, durch die Entwicklung in anderen „konfessionalisierten" Regionen Europas bestätigt? Gab es Alternativen zur Konfessionalisierung? Wo scheitert sie oder bleibt sie aus und warum? Was prägte außer der Konfession das Alltagsleben der Menschen?

Zweitens geht es um die Wechselbeziehungen von Konfessionalisierung und Modernisierung. Für Schilling beschreibt Konfessionalisierung einen Kardinalprozess, „ohne den es keine europäische Neuzeit gegeben hätte", und er betont, „daß Religion und Kirche unter dem Konfessionalismus sowie die Konzentration der geistig-theoretischen Debatten auf theologische Probleme nicht anachronistischer Rückfall hinter die Renaissance und Hemmschuh gesellschaftlicher Entwicklung waren, sondern Agenten des neuzeitlichen Wandels, wie immer man diesen klassifizieren will."[174] Es bedarf indes der näheren Begründung, *warum* Europa ohne Konfessionalisierung nicht den Weg in die Neuzeit gegangen wäre. Das schließt ein, andere Fundamentalprozesse, die dem frühneuzeitlichen Europa sein Profil verliehen, nach ihrer Wertigkeit zu befragen.

Reinhard verweist auf den Einwand, der konfessionelle Zwangsstaat sei das genaue Gegenteil von Modernisierung. Dahinter stünden zwei selten in Frage gestellte Prämissen: „Zum einen, daß politische Modernität etwas wertmäßig Positives sei und daher auf Freiheit, Selbstbestimmung, Demokratie hinauslaufen müsse. Zum anderen, daß es der konfessionell neutrale Machtstaat gewesen sei, der im sogenannten ‚Zeitalter des Absolutismus' Europa vor der konfessionellen Selbstzerfleischung gerettet habe. Heute wissen wir aber, daß der totalitäre Zwangsstaat ebenso ein Produkt der Modernisierung gewesen ist wie die Demokratie und daß die absolutistischen Monarchien Europas zwar dem Staatsinteresse den Primat gegenüber dem konfessionellen einräumten, aber deswegen keineswegs neutral waren, im Gegenteil, bis weit in das 18. Jahrhundert hinein war konfessionelle Intoleranz eine selbstverständliche Quelle politischer Macht, tolerante Staaten waren fast *per definitionem* schwache Staaten."[175]

---

172 H. R. Schmidt, Sozialdisziplinierung?, 639.

173 Ebd., 681f.

174 H. Schilling, Konfessionalisierung, 41.

175 W. Reinhard, Konfessionalisierung?, 433f.

Weiter zu erörtern ist demzufolge für die frühe Neuzeit, welche positiven und negativen Folgen sich aus der Konfessionalisierung ergaben.

Drittens geht es um die Konsequenzen für Periodisierungen. Es ergebe sich, so argumentiert Schilling, „eine neue zeitlich-epochale Perspektive", die große Vorteile habe. „Denn durch die Beseitigung der jahrhundertelangen Bevorzugung der engeren Reformationsphase in Forschung, Lehre und Darstellung wurde der Epocheneinschnitt von 1555 überwunden, der zuletzt den Blick auf wesentliche Entwicklungslinien und strukturelle Kontinuitäten verstellt hatte."[176] Es dürfe zwar nicht übersehen werden, „daß Konfessionalisierung ohne Reformation nicht denkbar ist, aber diese auch wohl kaum ohne die vorausgehenden spätmittelalterlichen Reformen. Vielleicht läßt es sich in einem Bild sagen: das späte Mittelalter war die *boarding-*, die Reformation die *runway-* und die Konfessionalisierung die *take-off*-Phase der alteuropäischen Modernisierung".[177] Schilling fragt schließlich, ob sich daraus ergeben könne, „daß man den Beginn der Neuzeit in die zweite Hälfte des 16. Jahrhunderts verlegen müßte?"[178]

Die Konsequenzen liegen auf zwei Ebenen: Zum einen geht es um die zeitliche Dimension. Es dürfte nicht problematisch sein, die Zäsur von 1555 zu relativieren (es ist ohnehin schon geschehen). Gewichtiger ist, ob die Gründe gewichtig genug sind, die entscheidende Zäsur in die zweite Hälfte des 16. Jahrhunderts zu verlegen. Zum anderen steht die inhaltliche Charakterisierung der frühen Neuzeit zur Disposition. Um sich festzulegen, müsste ermittelt werden, welche anderen fundamentalen Prozesse neben der Konfessionalisierung zu berücksichtigen sind und welche vernachlässigt werden können.

4.11 Sozialdisziplinierung

Als fundamentaler Prozess der gesellschaftlichen Entwicklung in der frühen Neuzeit gilt die sich ausweitende Kontrolle über Gläubige und Untertanen durch Kirche und Staat. Wer danach fragt, begibt sich auf die Spurensuche nach dem, was Gerhard Oestreich mit dem Begriff „Sozialdisziplinierung" bedachte.[179] Er beabsichtigte, die Kategorie detaillierter auszuarbeiten, konnte aber ein Manuskript nicht abschließen.[180] „Die bewußte Einordnung der 'Sozialdisziplinierung' in eine von Max Weber zu Norbert Elias reichende Linie durch Gerhard Oestreich zeigt uns, daß er auf der Suche nach einem Konzept war, das die großen kulturellen Prozesse der beginnenden Neuzeit bündeln sollte. Ohne Rationalisierung und Zivilisation zu scharf von Sozialdisziplinierung trennen zu wollen, kam es Oestreich offensichtlich darauf an, die ‚disziplinierende Seite' dieses Vorgangs stärker betonen und besser erklären zu können."[181]

176 H. Schilling, Konfessionalisierung, 8.
177 Ebd., 35.
178 Ebd., 32.
179 Vgl. G. Oestreich, Strukturprobleme, 187ff.
180 Vgl. W. Schulze, Begriff, 265ff.
181 Ebd., 296.

Oestreich ging es um ein in der Fragestellung weitreichendes und in seiner Struktur differenziertes Konzept: „In drei Prozessen bündeln sich die großen Vorgänge einer Kultur im diachronischen Verlauf: erstens in der Rationalisierung als Kennzeichen der abendländischen Entwicklung, zweitens in der Zivilisation als Fortschritt des menschlichen Benehmens seit dem Spätmittelalter, drittens in der Sozialdisziplinierung als Wandlung des inneren Menschen im Rahmen der Staats- und Gesellschaftsbildung. Kernbereiche sind zum ersten die Vernunft, zum zweiten die Sitte und zum dritten die Moral."[182]

Er unterscheidet zwei Prozesse: „Sozialregulierung will die negativen Umweltbedingungen durch Einübung überwinden helfen und das gesellschaftliche Leben ordnen. Sozialdisziplinierung will das geordnete Leben in der Gesellschaft im Blick auf den Staat stärken und hierfür das menschliche Verhalten in Beruf und Lebensmoral disziplinieren."[183] Er suchte nach einem Konzept, das für die ganze europäische Geschichte gelten sollte. Doch es wurde zunächst vornehmlich als die absolutistische Entwicklung erklärend oder den Absolutismusbegriff ersetzend verstanden. Zunehmend wird es jedoch in der Forschungspraxis für die Erklärung von Prozessen in der gesamten frühen Neuzeit in Anspruch genommen.

Oestreich sah einen Sachzusammenhang zur Konfessionalisierung: „In den Großkirchen wie in den Sekten verbanden sich die Reformgedanken von Anfang an mit Vorstellungen energischer Disziplinierung. Luther forderte Gehorsam von Herren und Fürsten nicht anders als von den Bauern. Er verwarf die Selbsthilfe und betrachtete Autorität und Gehorsam als Vorbedingungen christlichen Lebens. Zwingli und Calvin als religiöse Reformatoren waren gleichzeitig Reformatoren der öffentlichen Zucht und Ordnung .... Dem entsprach die reorganisierte katholische Kirche mit ihrem disziplinierenden Schul- und Ordenswesen .... Doch die methodische Lebensdisziplinierung, die besonders im Calvinismus gefordert wurde, ist nicht identisch mit Sozialdisziplinierung. Sozialdisziplinierung ist ein säkularer Prozeß, der durch die religiöse Disziplinierung unterstützt, aber nicht bestimmt wird."[184]

Sollte Oestreichs Feststellung zutreffen, dass religiöse Disziplinierung nur eine unterstützende Rolle im Prozess der Sozialdisziplinierung zufiel, dann ist eine Konvergenz zur Konfessionalisierung nicht stringent.[185] Besteht aber eine enge Wechselbeziehung, dann ist die Kennzeichnung als „säkularer Prozess" problematisch. Wolfgang Reinhard wendet kritisch ein, Oestreich ignoriere die Möglichkeiten und die Rolle der Religion in der Frühneuzeit in erstaunlichem Ausmaß.[186] Eine Öffnung der Kategorie hin zur Religion bietet den Vorzug, die Absichten von Kirche und Staat zu thematisieren. Ernst Walter Zeeden sah dies bereits: „Der Bevölkerung gegenüber liefen die Bemühungen von Kirche und Staat mehr oder weniger in der gleichen Richtung. Eine Gewalt lieh der anderen ihren Arm. Beide erzogen die Untertanenschaft dazu, daß sie der einen wie der anderen Gewalt den gebührenden Respekt erwies .... Denn beide

182 Ebd., 291.
183 Ebd., 273.
184 Ebd., 279.
185 Vgl. H. R. Schmidt, Konfessionalisierung, 95, 121.
186 Vgl. W. Reinhard, Konfessionalisierung?, 421.

verstanden sich als gottgesandte Gewalten, die mit ihren spezifischen Mitteln den gleichen Auftrag zu erfüllen hatten: Gott die Ehre zu geben und Ordnung, Sitte, Wohlfahrt und Recht auf Erden herzustellen und aufrechtzuerhalten."[187]

Konkretisiert wurde dieser Vorgang bisher vornehmlich am Beispiel der Kirchen- und Sittenzucht.[188] „Neben, ja vor den staatlichen Amtmännern wurden die lutherischen Pfarrer, der tridentinische Seelsorgeklerus wie die calvinistischen Presbyter und Prädikanten, von konfessionalistischem Eifer zu unermüdlichem Einsatz getrieben, zu den wichtigsten Vermittlern des neuen moralisch-ethischen und politisch-rechtlichen Normensystems. Durch Hausbesuche, Visitationen, Kirchenzucht oder Episkopalgerichtsbarkeit kontrollierten und disziplinierten sie die alltägliche Lebensführung bis in das letzte Haus des entlegensten Weilers."[189] Während nach Johannes Burkhardt der Staat „zum wichtigsten Exekutivorgan der frühneuzeitlichen Sozialdisziplinierung" wurde[190], ist für Heinrich R. Schmidt die Kirchen- und Gemeindezucht ein kommunaler Vorgang, Ausdruck gemeindlicher Eigenständigkeit und des Handelns von Untertanen.[191]

Doch auch hier stellt sich die Frage nach Reichweite und Tiefenwirkung dieses Prozesses. Zeigen Sozialdisziplinierung und Konfessionalisierung zwei sich zwar berührende, aber nicht kongruente Perspektiven an? In welchem Verhältnis stehen religiöse und säkulare Normen in diesem Prozess? Auf welche Weise widersetzen sich Gläubige oder Untertanen der „von oben" gesteuerten Disziplinierung? Oder erübrigt sich eine Einflussnahme von Kirche und Obrigkeit angesichts kommunaler Selbstregulierung? Welchen Platz nimmt die militärische Disziplinierung ein? Welches Bild ergibt sich, wenn die mitteleuropäischen Grenzen überschritten werden?[192]

Man muss noch einmal die Intension Oestreichs in Erinnerung rufen: Ihn interessierte „der Vorgang der Eingliederung des Menschen in die sich verändernden Zustände und Umstände der Gesellschaft. Es ist kein globaler, überall und mit Wucht sich vollziehender Umbruch, aber eine fundamentale, wenn auch sehr langsame Veränderung, eine über Jahrhunderte sich erstreckende Evolution, die die Sitten einer wachsenden, enger zusammenrückenden Gesellschaft, den Arbeitswillen, die Sozialisationskraft des einzelnen wie die Moral und die Formen des Zusammenlebens in der neuen Verkehrsgesellschaft verwandelt hat."[193] Das unterstreicht, wie vielfältig die Untersuchungsfelder sind.

4.12 Bauernkriege und bäuerlicher Widerstand

Die Disziplinierung war die eine Seite der Medaille, der Widerstand von Untertanen die andere. Vor allem die bäuerliche Widerständigkeit war in den letzten Jahrzehnten

---

187 E. W. Zeeden, Glaubenskämpfe, 178.
188 Vgl. zum Beispiel H. R. Schmidt, Sittenzucht, 181 ff.; H. Schilling (Hg.), Kirchenzucht.
189 H. Schilling, Aufbruch, 369.
190 J. Burkhardt, Frühe Neuzeit, 372.
191 Vgl. H. R. Schmidt, Sozialdisziplinierung?, 648ff., 661ff.
192 Vgl. dazu die Beiträge in: H. Schilling (Hg.), Institutionen.
193 W. Schulze, Begriff, 271f.

in vielen Ländern ein Forschungsfeld. Impulsgebend wirkten das wachsende Interesse an sozialgeschichtlichen Themen und die Hinwendung zu Methoden der Konfliktforschung. Wenn die ländliche Welt vor allem Beachtung fand, dann ist das einerseits der Tatsache geschuldet, dass Bauern beziehungsweise Landbewohner in der frühen Neuzeit die Mehrheit der Bevölkerung bildeten, andererseits gerade in diesem Bereich ein Forschungsdefizit bestand. Die inzwischen vorliegenden Ergebnisse der Widerstands- und Revoltenforschung sind imposant.[194]

Angesichts des vorwaltenden Interesses an politischer Geschichte und machtpolitischen Konflikten stand die Erforschung sozialer Bewegungen in der frühen Neuzeit lange Zeit quasi im Abseits. Darstellungen zur Geschichte Europas oder zu einzelnen Staaten dokumentieren bäuerlichen Widerstand bis in die jüngere Vergangenheit überwiegend nicht oder nur marginal. Seit dem 19. Jahrhundert wurden zwar zahlreiche Quellen ediert und regionale Ereignisse untersucht, aber die geschichtsrelevante Bedeutung des „gemeinen Mannes" auf dem Land wurde kaum wahrgenommen. So war es bemerkenswert, als Otto Schiff 1924 die bis dahin erschlossenen deutschen Bauernaufstände zwischen Bauernkrieg und Französischer Revolution in einer Übersicht vorführte.[195] „Damit wurde ... in der neueren Forschung zum erstenmal der Versuch unternommen, die Frage nach den Bauernrevolten des 16. bis 18. Jahrhunderts als eigenständiges Forschungsproblem zu konstituieren."[196] Auch international hielt die Forschung sich lange zurück. Dieses Bild korrigieren nur wenige Publikationen.[197]

Günstiger stellt sich die Situation in Hinblick auf den deutschen Bauernkrieg von 1524/25 dar. Wichtige Quellen wurden seit dem 19. Jahrhundert ediert, und auf dieser Materialgrundlage beruhen Untersuchungen zu Verläufen, Programmen und Akteuren. Auch wurden erste umfassendere, meist landesgeschichtlich orientierte Darstellungen veröffentlicht. Günther Franz legte 1933 – nach seiner Habilitationsschrift über „Außerdeutsche Bauernkriege im ausgehenden Mittelalter" von 1930 – eine das gesamte Geschehen erfassende Darstellung vor.[198]

Franz interpretierte den deutschen Bauernkrieg als politische Bewegung und nationalgeschichtliches Ereignis: „Staat und Reich sollten von der Grundlage der kleinen genossenschaftlichen Verbände aus neu aufgebaut werden. Gerade hierin zeigt sich, wie sehr der Bauernkrieg eine Besinnung auf ursprüngliches deutsches Staatsdenken war, gegenüber dem römisch-rechtlich geprägten Territorialstaat." Das Gewicht des politischen Faktors unterstreicht er schließlich noch: „Deutlich zeigen diese Ziele, daß sich die Bauernbewegung vom Boden des alten wie des Göttlichen Rechtes hinweg zu einer wirklichen politischen Revolution entwickelt hatte, deren Träger der deutsche Bauer war. Die wirtschaftlichen Anliegen traten hinter den politischen Forderungen völlig zurück."[199]

---

194 Vgl. die Bibliographien bei P. Blickle, Unruhen, 112ff.; W. Schulze, Bäuerlicher Widerstand, 307ff.

195 Vgl. O. Schiff, Bauernaufstände, 189ff.

196 W. Schulze, Bäuerlicher Widerstand, 26.

197 Vgl. zum Beispiel H. Koht, Norsk bondereising.

198 Vgl. G. Franz, Bauernkrieg (bisher 11 Auflagen).

199 Ebd., 287.

Die Forschungssituation änderte sich grundsätzlich erst nach dem zweiten Weltkrieg. In den ost- und südosteuropäischen Ländern war der politische und gesellschaftliche Wandel Voraussetzung und Anlass, um nach „revolutionären Traditionen" in der Geschichte des jeweiligen Landes zu suchen und die „Rolle der Volksmassen" im historischen Prozess zu ergründen. Charakteristisch war in dieser Phase die unter sowjetischen Historikern geführte Diskussion über Wesen und Formen bäuerlichen Widerstands in der Feudalgesellschaft.[200] International wurde sie zuerst mit der Kontroverse zwischen Boris F. Poršnev und Roland Mousnier über die französischen Volksbewegungen des 17. Jahrhunderts forschungsrelevant.[201] Gefragt wurde nun zunehmend nach dem Spektrum der Aktionen. Die wenigen großen Bauernkriege waren leicht zu ermitteln und auch schon früher Gegenstand der Forschung gewesen. Anders stand es um die Revolten und Rebellionen und vor allem die „niederen Formen", die das für den bäuerlichen Alltag charakteristische Widerstandsverhalten widerspiegeln.

Im Zeichen des neugeweckten Interesses erlebte die Forschung zunächst vor allem in Ost- und Südosteuropa einen Aufschwung. Bald folgten Historiker in anderen Ländern, insbesondere in England, Frankreich und Deutschland. Von Spanien bis Finnland wurde das Bild bäuerlichen Widerstands in der frühen Neuzeit konkreter. Neue Quellen wurden erschlossen, der Verlauf von Aktionen rekonstruiert, die Absichten der Aufständischen ermittelt, die Reaktionen der Herrschenden analysiert und die Folgen der Aktionen aufgezeigt. Untersucht wurden die ländlichen Strukturen, die Ursachen der Konflikte, die Rolle der Dorfgemeinde als organisatorisches Fundament. Das überraschendste Ergebnis dürfte die Erfahrung sein, in welchem Maße bäuerliche Widerständigkeit das Alltagsverhalten bestimmte.

Mit der Erarbeitung von typologischen Modellen war einerseits beabsichtigt, die Charakteristika größerer Regionen herauszuarbeiten (zum Beispiel Eduard Maur, A. N. Cistozvonov und Roland Mousnier), andererseits typische Merkmale am Beispiel einzelner Länder oder kleinerer Regionen aufzuzeigen (so Bogo Grafenauer für Kroatien und Slowenien, Jozef Petráň für Böhmen, Alfred Hoffmann für Oberösterreich, Josef Gierowski für Polen, V. L. Buganov, L. V. Čerepnin und V. V. Mavrodin für die russischen Bauernkriege oder René Pillorget für die Insurrektionen in der Provence). Auch großräumige Vergleiche wurden zur Diskussion gestellt (zum Beispiel von Roland Mousnier).[202]

Gerhard Heitz und Günter Vogler unterbreiteten einen Vorschlag zur Abgrenzung von Revolten, Aufständen und Bauernkriegen: „Revolten sind jene kollektiven Widerstandsaktionen bäuerlicher Kleinproduzenten, die sich gegen einzelne feudale Verpflichtungen oder einzelne Personen richten, in deren Auftreten sich Inhalt und Methoden feudaler Ausbeutung verkörpern. Sie verbleiben im Prinzip im lokalen Bereich und weisen nur einfache Formen der Organisation auf oder lassen diese völlig vermissen. Aufstände richten sich gegen den Abbau sozialer oder politischer Rechte, ge-

---

200 Ein Teil der Beiträge liegt in deutscher Übersetzung vor: Sowjetwissenschaft. Gesellschaftswiss. Abt., 1952, H. 2, 248–277; H. 3, 402–459.

201 Vgl. B. F. Poršnev, Volksaufstände; R. Mousnier, Recherches, 81ff.

202 Vgl. R. Mousnier, Fureurs paysannes.

gen die Erhöhung feudaler Ausbeutung, gegen aus Veränderungen der sozialökonomischen oder politischen Strukturen resultierende neue Belastungen und im Einzelfall auch gegen feudale Machtausübung. Sie überschreiten meist den lokalen Rahmen, erfassen einen größeren regionalen Bereich, dokumentieren sich in bewaffneten Demonstrationen oder bewaffneten Auseinandersetzungen, stützen sich organisatorisch auf Gemeinden oder Gerichte, Bünde oder andere Vereinigungen und zeichnen sich in ihrem Verlauf oftmals durch eine deutliche Radikalisierung aus. Bauernkriege attackieren das System feudaler Herrschaft und Ausbeutung insgesamt mit dem Ziel, feudale Bindungen und Lasten zu beseitigen, feudale Herrschaftsverhältnisse zu modifizieren oder – maximal – eine völlige Neugestaltung zu erreichen. Sie erfassen einen großen Teil eines nationalen Territoriums, stützen sich auf eine militärische Organisation, artikulieren ihre Forderungen und Ziele meist in programmatischer Form und motivieren diese mit Elementen einer Ideologie, die den Interessen der Aufständischen angepaßt ist."[203]

Die Zahl monographischer Untersuchungen, die über einzelne Revolten oder Aufstände Auskunft geben oder Überblicke für ein Land vermitteln, ist in kurzer Zeit erheblich angewachsen.[204] Sie gelten Erhebungen in England, Frankreich und Spanien, in der Schweiz, in Österreich und im Reich, in Böhmen, Ungarn und Südosteuropa, in Polen und Russland.[205] Durch Jahrestage wurde das Interesse am ungarischen Bauernkrieg von 1514[206] und am deutschen Bauernkrieg von 1524/25 stimuliert.[207] Erhebungen vergleichbarer Dimension sind bis zum Dreißigjährigen Krieg nicht wieder zu registrieren. Aber es fehlte auch in dieser Zeit nicht an Ereignissen, die als Bauernkrieg bezeichnet werden können, so 1595 bis 1597 in Oberösterreich, 1606 bis 1607 in Russland, 1626 in Oberösterreich und 1653 in der Schweiz.[208] Auffallend ist in manchen Regionen die Revoltendichte. Darin manifestiert sich, dass agrarische Konflikte ständig präsent waren und manchmal – angesichts des Scheiterns einer Revolte oder unbefriedigender Ergebnisse von Verhandlungen – nach Jahren erneut auflebten.[209]

Die Forschung interessierten jedoch nicht nur spektakuläre Aktionen, sondern auch die zahlreichen Äußerungen von Widerständigkeit im Alltag der Gemeinden. Eine große Zahl unbeachteter Quellen wurde erschlossen und in interessanten Studien verarbeitet.[210] Typologische Aspekte spielten hier eine Rolle, indem zwischen aktivem und passivem Handeln, zwischen individuellen und kollektiven Aktionen, zwischen offenem und verdeckten Widerstand differenziert wurde. Natürlich ist schwer zu entscheiden, welche Handlungen auf dieser unteren Ebene als Widerstand gelten

---

203 G. Heitz/G. Vogler, Bauernbewegungen, 453f.

204 Vgl. zu einzelnen Ländern die Bibliographie in: W. Schulze, Bäuerlicher Widerstand, 311ff.

205 Vgl. W. Schulze, Bauernrevolten; Ders. (Hg.), Aufstände; G. Heckenast (Hg.), Bauernbewegungen; G. Heitz u. a. (Hg.), Bauer; W. Schulze, Bäuerlicher Widerstand; P. Blickle (Hg.), Aufruhr; J. M Bak/G. Benecke (Hg.), Religion.

206 Vgl. G. Heckenast (Hg.), Bauernbewegungen.

207 Vgl. P. Blickle (Hg.), Revolte; G. Brendler/A. Laube (Hg.), Bauernkrieg; M. Steinmetz (Hg.), Bauernkrieg.

208 Vgl. H. Sturmberger, Bauernkrieg; A. Suter, Bauernkrieg.

209 Vgl. Kap. 3.5.5, Anm. 58.

210 Vgl. zum Beispiel H. Harnisch, Bauernbewegungen, 135ff.; J. Peters (Hg.), Konflikt.

können (und nicht krimineller Natur waren). Die Frage nach der Erheblichkeitsschwelle erfordert, Kriterien zu finden, die eine Abgrenzung ermöglichen.[211]

Gegenwärtig ist das Interesse an dem Thema für die Zeit bis zur Mitte des 17. Jahrhunderts rückläufig. Doch die Konfliktforschung sollte weitergeführt werden. Es fehlt immer noch an Einzelstudien, an komparativen Untersuchungen und vor allem an die bisherigen Ergebnisse zusammenfassenden Darstellungen. Einzelne Studien liegen zum Beispiel zum Volkswiderstand während des Dreißigjährigen Krieges vor, aber keine bilanzierende Übersicht. Die methodischen Wege und die Resultate der Forschungen verdienen eine eingehende kritische Würdigung. Hier soll nur auf einige Aspekte hingewiesen werden.

Erstens: Dem deutschen Bauernkrieg galten zahlreiche Untersuchungen zu den Ursachen, den programmatischen Vorstellungen, den Abläufen, dem Verhältnis von ländlicher und städtischer Bewegung, der Legitimierung der Aufstände, den am Evangelium orientierten Ordnungsvorstellungen, den Folgen und Wirkungen sowie dem historischen Platz der einen großen Teil des Reiches erfassenden Erhebungen. Der Bauernkrieg war auch ein Thema des kritischen Meinungsaustauschs zwischen Ost und West.

Peter Blickle legte mehrere Beiträge zu einzelnen Aspekten und vor allem eine Gesamtinterpretation vor. Als Ergebnis einer Analyse der Forderungen und der Träger der Aufstände charakterisiert er den Bauernkrieg als „Revolution des gemeinen Mannes“[212], in der nicht allein Bauern aktiv wurden, sondern nichtprivilegierte Schichten eine gesellschaftliche Neuordnung anstrebten. In der marxistischen Forschung interessierten neben den Ursachen, Programmen und Abläufen die Beziehungen zwischen reformatorischer und bäuerlicher Bewegung. Beide wiesen ein eigenes Profil auf, aber es bestanden Wechselbeziehungen, und beide verkörperten einen revolutionären Prozess. Darauf gründet die Interpretation, der Bauernkrieg bilde den Höhepunkt einer „frühbürgerlichen Revolution“.[213] Die Differenz im Verständnis des Revolutionsbegriffs liegt auf der Hand, aber eine partielle Kongruenz der Sichten ist gegeben.

Zweitens: Herausgearbeitet wurde, dass bäuerlicher Widerstand sein Fundament in der bäuerlichen Gemeinde hatte. Die aktive Rolle von Untertanen, die in Gemeinden organisiert waren, ist in verschiedenen Studien für mittel- und westeuropäische Regionen aufgehellt worden. Ein flächendeckendes Bild ergibt sich bisher daraus nicht. Auch die russische Dorfgemeinde beschäftigte die Forschung.[214] Sie hatte aber andere Funktionen als in den mittel- und westeuropäischen Regionen. Das wichtigste Ergebnis dürfte sein, dass langlebige Vorstellungen zu korrigieren sind, die den „gemeinen Mann“ als Geschichtssubjekt ausblenden.

Drittens: Konflikte ländlicher Untertanen wurden zunehmend auch mit juristischen Mitteln ausgefochten. Winfried Schulze spricht von der „Verrechtlichung sozialer Konflikte“ und arbeitet heraus, „daß das vielfältig existente Konfliktpotential verstärkt durch gerichtliche Instanzen der Territorien oder des Reiches kanalisiert und

---

211 Vgl. G. Vogler, Bäuerlicher Klassenkampf, 23ff.
212 Vgl. P. Blickle, Revolution.
213 Vgl. zum Beispiel A. Laube/M. Steinmetz/G. Vogler, Illustrierte Geschichte.
214 Vgl. L. M. Danilova, Sel'skaja obščina.

somit eine tendenzielle Verrechtlichung sozialer Konflikte erreicht wurde."[215] Voraussetzung war, dass Untertanen das Prozessieren möglich war (Recht der Klage gegen den eigenen Herrn, Abkömmlichkeit, Gewinnung von Prozessvertretern, Aufbringung der Kosten). Argumentiert wurde bisher mit dem Beispiel deutscher Territorien. Doch die Gerichtsorganisation war nicht überall gleichermaßen ausgebildet. Auch dürfte der Konfliktaustrag auf rechtlichem Weg bis zur Mitte des 17. Jahrhunderts sich noch in Grenzen gehalten haben. Zu klären bleibt zudem, inwieweit die am deutschen Material gewonnenen Erkenntnisse für andere Länder gelten können.

Viertens: Die „Verrechtlichung" sozialer Konflikte steht mit dem Ausbau der Gerichtsorganisation im Zusammenhang. Im weiteren Sinne wird damit das Verhältnis bäuerlicher Untertanen zum „Staat" relevant. Da dieser nicht nur rechtlichen Schutz bot, sondern sie zunehmend belastete, vor allem mit Steuern, war auch hier ein Konfliktpotential existent. Konflikte wurden demzufolge nicht nur zwischen Bauern und Grund- oder Gutsherren ausgetragen, sondern Konfrontationen auch mit staatlichen Institutionen heraufbeschworen. Erst in jüngster Zeit ist die Diskussion in Gang gekommen, inwieweit Gemeinden und ihr Widerstandsverhalten die staatlichen Formierungsprozesse und die Gesetzgebung beeinflussten.[216]

Fünftens: Der weiteren Untersuchung bedarf, warum in manchen Regionen eine zeitlich und räumlich große Dichte von Aktionen festzustellen ist, in anderen Gebieten dagegen nicht. Auch ist erst noch ein genaueres Bild zu erarbeiten, welche Wirkungen dieser bäuerliche Widerstand generell zeitigte. „Die Folgen und Wirkungen der Bauernunruhen sind bislang kaum angemessen erfaßt. Die deutsche Forschung, die bislang am stärksten den Subjektcharakter der Bauern und Untertanen für historische Prozesse betont, hat darauf aufmerksam gemacht, daß durch Bauernunruhen die Leibeigenschaft abgebaut und der Weg zu persönlicher Freiheit mitgeebnet wird; daß aus dem praktizierten Widerspruch ansatzweise ein ‚Grundrecht' auf Widerstand entsteht; daß Werte und Normen der Bauern gesamtgesellschaftlich durchgesetzt werden; daß die prozessualen Formen des Widerstands frühe Formen der Rechtsstaatlichkeit hervorbringen."[217]

Mit den Konflikten, die aus der direkten Konfrontation der Dorfgemeinden beziehungsweise Bauern mit den Praktiken lokaler Herrschaften oder der indirekten Konfrontation mit weltlichen und geistlichen Obrigkeiten herrührten, wird eine Brücke zur Alltagsgeschichte, aber auch zur Landespolitik geschlagen. Die Resultate der Konfliktforschung sollten deshalb künftig bei der Darstellung von Alltags- und Landesgeschichte stärker berücksichtigt werden. Denn der bäuerliche Alltag und das Leben in einer Region verliefen nicht so harmonisch, wie manche Publikation immer noch suggeriert. Die Zahl der Konflikte war gleichsam unbegrenzt, und Untertanen waren nicht so apathisch, wie manchmal behauptet wird. Deren aktives Handeln kann nicht mehr in Frage gestellt werden.

---

215 W. Schulze, Bäuerlicher Widerstand, 141.
216 Vgl. P. Blickle (Hg.), Resistance.
217 P. Blickle, Bauer, 149.

4.13 Frühneuzeitliche Revolutionen

Gab es in der frühen Neuzeit Revolutionen? Das Bild, das die Forschung vermittelt, ist diffus. Der Revolutionsbegriff wird mit ganz unterschiedlichen Entwicklungen in Zusammenhang gebracht. Die Rede ist beispielsweise von einer demographischen, einer kommerziellen, einer militärischen, einer wissenschaftlichen Revolution, von einer Preis-, einer Kommunikations-, einer Bildungs- oder auch einer Verkehrsrevolution. Doch auch dann, wenn die Kategorie Revolution strikt auf soziale und politische Umwälzungen bezogen wird, gehen die Meinungen weit auseinander, wie die Ereigniskomplexe zu interpretieren sind.

Heute kursierende Definitionen des Revolutionsbegriffs sind überwiegend das Resultat von Forschungen zur Revolutionsgeschichte des 19. und 20. Jahrhunderts. Zwar fehlt nicht der Hinweis, die Bezeichnung *„glorious revolution"* für die englischen Ereignisse des Jahres 1688 sei das erste Exempel eines von der Astronomie unabhängigen Gebrauchs des Terminus. Aber ein politisch-sozialer Revolutionsbegriff wird überwiegend an die Revolutionen seit 1789 gebunden. Jüngere Forschungen zeigen indes, dass die Spuren weiter in die Vergangenheit zurückführen und auch zeitgenössische Termini wie Rebellion, Aufruhr oder Bürgerkrieg tendenziell einen revolutionären Prozess, dem Wesen nach eine Revolution meinen, ohne schon den Begriff zu gebrauchen. Dieser „Vorgeschichte" trägt Reinhart Koselleck immerhin Rechnung, wenn er urteilt: Der Begriff, wie er heute verstanden und verwendet werde, sei strenggenommen erst seit der Französischen Revolution üblich geworden. „Seitdem sind bestimmte Erfahrungen und bestimmte Erwartungen von einem Grundbegriff zusammengefaßt worden, die einzeln auch schon vorher unter 'Revolution' begriffen, aber in ihrer Vielfalt und Komplexität erst seit 1789 gebündelt wurden."[218]

Mehrere neuere Untersuchungen zeigen, dass die Wurzeln des neuzeitlichen Revolutionsbegriffs in das 14. Jahrhundert zurückführen, wenngleich die damalige Terminologie zunächst noch unterschiedliche Sachverhalte ansprach oder begrenzte Ansprüche ausdrückte.[219] Eine interessante Interpretation legt Maximilian L. Baeumer vor. Er beruft sich auf zahlreiche Quellen aus der Zeit vom 14. bis 17. Jahrhundert, darunter Zeugnisse aus Italien, England und Spanien, auf Schriften Luthers, Bodins und Keplers, um den Wandel nachzuzeichnen, mit dem der Begriff *„revolutio"* seit der christlichen Spätantike ein neues Profil erlangte.

Baeumers Schlussfolgerung lautet: „In Keplers kosmischer Herleitung einer aufrührerischen, allgemein erhofften Weltreformation scheint mir zum erstenmal in der abendländischen Geschichte die moderne Revolutionsvorstellung einer in die Zukunft gerichteten, die bestehende Gesellschaftsordnung gewaltsam verändernden Bewegung zum Ausdruck zu kommen."[220] Keplers Anschauung von einem gewalttätigen, zukunftsgerichteten Aufruhr, der die Welt verändert, habe „ihre eigentliche Basis und letzte Berechtigung in den messianischen Prophezeiungen der Apokalypse. In dieser endzeitlichen Auffassung eines weltverändernden Aufruhrs, wie sie für die Konzipie-

---

218 N. Bulst u. a., Revolution (hier: Einleitung von R. Koselleck) 653.
219 Vgl. K.-H. Bender, Revolutionsbegriff, 35ff.
220 M. L. Baeumer, Reformation, 52.

rung des modernen Revolutionsbegriffs wichtig wurde, ging Martin Luther dem protestantischen Astronomen Kepler um 80 Jahre voraus."[221] Seit dem ausgehenden 16. Jahrhundert seien Reformation und Revolution identisch geworden. Eine andere Frage ist, wann und unter welchen Umständen der Revolutionsbegriff säkularisiert wurde.

Eine eindeutige oder gar konsensuale Antwort, wann auf dem europäischen Kontinent die „Revolutionsgeschichte" beginnt, ist dennoch nicht möglich. Und unklar ist auch, wie viele Revolutionen das frühneuzeitliche Europa erlebte. Roger B. Merriman zählte für die Mitte des 17. Jahrhunderts „sechs gleichzeitige Revolutionen".[222] John H. Elliott äußert sich angesichts dieser „beispiellosen Epidemie von Revolutionen" skeptisch: So betrachtet könne auch für die sechziger Jahre des 16. Jahrhunderts von „sieben gleichzeitigen Revolutionen" gesprochen werden.[223] Großzügig verfährt auch Ferdinand Seibt, indem er die „römische Revolution" Cola di Rienzos, die Erhebung der Cabochiens in Paris, die Bewegung der englischen Lollarden, den Kampf der böhmischen Hussiten, die „Revolution" der deutschen Protestanten, den „Abfall" der Niederlande und den Prager Fenstersturz von 1618 unter dem Revolutionsdach versammelt.[224]

Eigenheiten der „frühen Revolutionen" bis zum 17. Jahrhundert sind für Seibt: „Ihnen allen ist im Laufe der historischen Betrachtung schon da oder dort nachgesagt worden, sie seien ‚zugleich' religiös, sozial und national motiviert. Davon ist die erste Komponente zweifellos ihre besondere Eigenheit. Im übrigen sind sie weit stärker als spätere Entwicklungen nach rückwärts orientiert, sie verstehen sich selbst eher als Rückkehr zum guten Urzustand, und weniger als Fortschritt zum ‚Besseren'. Schließlich und endlich sind sie im besonderen Maße bestimmt von der Ständegesellschaft, die sie revoltieren, nicht immer um sie zu beseitigen, sondern oft nur, um sie zu verändern. Insofern sind die Ständehierarchie oder die gemeindliche Organisation des ‚gemeinen Mannes' in ihrem Bereich tragende organisatorische Elemente. Gleichzeitig aber entfachen sie egalitäte Alternativen zum Stufenbau der ständischen Rechtsordnung, mit denselben Parolen von Freiheit, Gleichheit und Brüderlichkeit, mit denen später dann die französische Revolution die europäischen Intellektuellen begeisterte."[225]

Einen bis in das 16. Jahrhundert zurückführenden Überblick legt Charles Tilly vor. Er untersucht die Entwicklung seit 1492 (seine Analyse setzt allerdings erst mit dem Befreiungskrieg der Niederlande ein) vornehmlich unter den Fragestellungen, inwieweit revolutionäre Situationen gegeben waren, zu welchen Ergebnissen Revolutionen führten, wie mit Gewalt die Verlagerung staatlicher Macht erzwungen wurde und wie sich die Staaten und die Gewaltanwendung veränderten.[226] Sein Fazit kann in dem Satz zusammengefasst werden: Es gab viele revolutionäre Situationen, aber wenige

221 Ebd., 53.
222 Vgl. R. B. Merriman, Revolutions.
223 Vgl. J. H. Elliott, Revolution, 37.
224 Vgl. F. Seibt, Revolution.
225 Ebd., 37.
226 Vgl. Ch. Tilly, Revolutionen.

Revolutionen. Es ist jedoch nicht ohne weiteres zu erkennen, welche Ereignisse sich ihm auf der Grundlage seiner theoretisch-methodischen Erörterungen als Revolution erschließen.

Tilly konstatiert auch den Typ einer „dynastischen Revolution" und definiert: „Zu dynastischen Revolutionen kam es in den meisten Fällen, wenn sich der Hochadel gegen die Herrschaft des regierenden Fürsten auflehnte oder einzelne Parteien, die sich im Hochadel gebildet hatten, gegeneinander um die Krone kämpften."[227] Solche dynastischen Konflikte sind in der frühen Neuzeit nicht selten. Doch die Wirren um den Thron in Schweden in der zweiten Hälfte des 16. Jahrhunderts oder im Moskauer Reich am Anfang des 17. Jahrhunderts signalisieren keine Systemkonflikte. Es waren Adelsrevolten.

Ein komplexeres Bild vermittelt die anregende komparative Untersuchung von Yves-Marie Bercé.[228] Sie gilt nicht ausschließlich den Revolutionen, sondern auch den Revolten. Deren Abgrenzung interessiert ihn unter verschiedenen Gesichtspunkten: des Gewichts der Ereignisse, der Intensionen der Akteure und der Intensität der Umbrüche. Er fragt nach dem Einfluss von Mythen, den politischen Projekten der frühen Neuzeit, den führenden Kräften der Unruhen und des Wandels, den Wegen des Umsturzes, den Verhaltensweisen während des Aufruhrs und der Tradition der Gewalt.

Das Interesse marxistischer Historiker galt den „frühen bürgerlichen Revolutionen" in Deutschland und den Niederlanden sowie der Revolution in England (auf spätere Revolutionen ist hier nicht einzugehen). Studien zu einzelnen Revolutionen mündeten in eine komparative Revolutionsforschung, deren Ergebnis Vorschläge zur Typologie von Revolutionen und eines bürgerlichen Revolutionszyklus waren.[229] Es bleibt zu prüfen, welche dieser Forschungen, die von einer nachhaltigen Diskussion zum Revolutionsproblem in der frühen Neuzeit begleitet wurden, künftig Bestand haben werden.

Um historische Ereignisse des 16. und 17. Jahrhunderts als Revolutionen zu interpretieren, sollten das Primat der systemsprengenden Wirkung und die Öffnung eines Weges in die Zukunft respektiert werden – sei es nun, dass ein soziales, ein politisches oder ein religiös-kirchliches System infrage gestellt und bekämpft wurde. Von der sozialen und politischen Dimension systemsprengender Umgestaltungen (soziale oder politische Revolution mit der Tendenz zur Veränderung der Machtverhältnisse) sollten Veränderungen abgehoben werden, die Teilbereiche der Gesellschaft revolutionierten (Kommunikation, Militär, Wissenschaft usw.).

Grundsätzliche Debatten galten der „hussitischen Revolution" in Böhmen und den Aufständen der Comuneros und Germanias in Spanien[230], besonders aber den revolutionären Bewegungen in Deutschland, den Niederlanden und in England.

Erstens: Sowohl die Reformation als auch der Bauernkrieg in Deutschland wurden von Historikern und Kirchenhistorikern seit dem 19. Jahrhundert wiederholt als Re-

---

227 Ebd., 123.

228 Vgl. Y.-M. Bercé, Révoltes.

229 Vgl. zum Beispiel M. Kossok (Hg.), Revolutionen; M. Hroch, Burzoažní revoluce.

230 Vgl. zum Beispiel J. A. Maravall, Comunidades; J. Pérez, Révolution; J. I. Gutierrez Nieto, Comunidades; St. Haliczer, Comuneros; M. Kossok, Comuneros; H. Pietschmann, Volkserhebungen, 103ff.

volutionen charakterisiert[231], ohne revolutionstheoretische Konzepte in Anspruch zu nehmen. Im Unterschied dazu konstatierten marxistische Historiker einen räumlichen und sachlichen Zusammenhang und wechselseitige Verflechtungen zwischen Reformation und Bauernkrieg. Sie erkannten in beiden Ereigniskomplexen ein fortschreitendes Revolutionsgeschehen. Diese Sicht wurde begrifflich im Konzept einer frühbürgerlichen Revolution verdichtet. Die Begründungen weisen Nuancierungen auf, lauten aber in verkürzter Wiedergabe: Im Zeichen der Reformation wurden die römische Kirche als Pfeiler der gesellschaftlichen Ordnung und während des Bauernkrieges feudale Herrschaft attackiert. Das Gemeinsame manifestierte sich in der systemsprengenden Stoßrichtung dieser Bewegungen. Sie wurden zum Movens auf dem Weg zu einer bürgerlich-kapitalistischen Gesellschaft. Mit dem Scheitern des Bauernkrieges und der Abbiegung der Reformation in obrigkeitliche Bahnen zeigte sich, dass ein Durchbruch in einem ersten Anlauf nicht möglich war. Aber die frühe Neuzeit als Übergangsepoche wurde davon nachhaltig beeinflusst.

Das Konzept löste eine anhaltende innermarxistische Diskussion zu verschiedenen Aspekten aus. Außerhalb der marxistischen Forschung wurden der Diskussionswert des Konzepts anerkannt, aber wesentliche Einwände vorgetragen (Existenz einer „gesamtgesellschaftlichen Krise", Zusammenhänge zwischen Reformation und Bauernkrieg, Herausstellung des bürgerlichen Charakters als Zielrichtung). Gegenwärtig wird das Konzept nur noch zurückhaltend vertreten. Eine differenzierte Bilanz – die bisher nur partiell vorgenommen wurde – sollte ermitteln, was Forschungen und Debatten tatsächlich erbrachten.[232]

Zweitens: Die Revolution in den Niederlanden war in ihrem äußeren Erscheinungsbild ein Kampf um die Befreiung von spanischer Abhängigkeit und Fremdherrschaft. Das Ergebnis war die Konstituierung einer föderativen Republik und die Herrschaft des Regentenpatriziats. Die Ereignisse wurden indes mit unterschiedlichen Etiketten versehen: „Abfall" von Spanien, Revolte, Befreiungskrieg, konservative, frühbürgerliche oder bürgerliche Revolution. Schon Henri Pirenne charakterisierte sie als bürgerliche Revolution, Pieter Geyl dagegen als konservative Ständerevolte. Die niederländische Historiographie interpretiert die Ereignisse seitdem nicht konsensual, und auch in anderen Ländern differieren die Meinungen. War es ein Elitenkonflikt, ein Kampf gegen den spanischen Absolutismus oder schlicht der „Achtzigjährige Krieg", der 1568 begann, mit dem Waffenstillstand von 1609 unterbrochen wurde und 1648 definitiv endete?

Auch gegenwärtig finden sich unterschiedliche Kennzeichnungen, ohne dass eine Diskussion stattfindet. Für Geoffrey Parker, Jonathan Israel und andere Historiker war es eine Revolte[233], für Ivo Schöffer und Michael North ein Aufstand[234], für J. W. Smit eine Revolution.[235] Zuletzt wies Simon Groenveld darauf hin, dass die den Ständen zufallenden inhaltlichen Aufgaben sich fortwährend veränderten, so dass ständische In-

---

231 Vgl. R. Wohlfeil, Einführung, 169ff.
232 Vgl. G. Vogler, Konzept; R. Wohlfeil, Reformation, 187ff.
233 Vgl. G. Parker, Spain, 15 ff.; J. Israel, Dutch Republic, 169ff.
234 Vgl. I. Schöffer u.a. (Hg.), Lage Landen, 103ff.; M. North, Niederlande, 22ff.
235 Vgl. J. W. Smit, Revolution, 19ff.

stitutionen eine deutliche Aufwertung erlebten. „Hierin waren sie allen anderen europäischen Staaten weit voraus. Wenn man diesen Aspekt des niederländischen Aufstands in den Vordergrund rückt, muß man ihn nun nicht mehr als konservative, sondern als progressive Revolution bezeichnen."[236]

Das dürfte nicht das letzte Wort sein, denn endgültig geklärt wurde bisher nicht, wie das entscheidende Ergebnis des Kampfes gegen die spanisch-habsburgische Herrschaft historisch zu verorten ist. War die Erlangung der Souveränität für die nördlichen Provinzen der Niederlande und die Errichtung der Republik (die nach einigen Jahrzehnten von der konstitutionellen Monarchie abgelöst wurde) das Ergebnis einer Revolution, weil ein politisches System gesprengt wurde? War die Bürgerlichkeit des nordniederländischen Staates und die Herrschaft des Regentenpatriziats in der souverän handelnden Republik das Resultat einer kontinuierlichen Fortentwicklung oder eines revolutionären Umbruchs? Eine eingehende Diskussion scheint überfällig zu sein.

Drittens: Umstritten ist auch die Charaktersierung der englischen Revolution.[237] Die ältere englische Forschung folgte der Revolutionsthese nicht, wollte die Ereignisse aber auch nicht als „Entgleisung" herabstufen. Das Plädoyer marxistischer oder marxistisch beeinflusster Historiker für eine „bürgerliche Revolution" forderte andere zur Revision heraus: "Man kann den Revisionismus am ehesten kennzeichnen als eine in den 70er Jahren einsetzende Bewegung unter den angelsächsischen Historikern, die sich gegen eine teleologisch-deterministische Deutung der Vorgeschichte des Bürgerkrieges wandte."[238] Seine Protagonisten wandten sich gegen die Interpretation, dass ein selbstbewusstes Unterhaus eine absolutistische Tendenzen verfolgende monarchische Herrschaft bekämpfte, der Puritanismus seit langem die Fundamente der Monarchie untergrub und der Bürgerkrieg als Sozialkonflikt gedeutet wurde.[239]

Die Diskussion konzentrierte sich auf die Ursachenfrage[240], also mehr auf die Vorgeschichte und weniger auf die Revolution selbst. Eine eindeutige Tendenz ist nicht zu erkennen. Dominant ist immer noch die Würdigung als „puritanische Revolution". Strittig bleibt, ob entscheidend für die Konflikte soziale oder ideologische Faktoren waren, ob es sich um einen Verfassungskonflikt oder Religionskrieg handelte. Der Diskurs tendiert aber auch wieder zur Kennzeichnung als „bürgerliche Revolution". Die Bürgerkriegssituation begünstigte eine Radikalisierung, eine „Revolte in der Revolution", in der sich sozialrevolutionäre Züge stärker ausprägten und eine eigenständige „Volksrevolution" sich entfaltete, die aber im wesentlichen scheiterte.[241] „Die Bedeutung der englischen Revolution liegt jedoch nicht nur in den tatsächlichen Veränderungen, die sie bewirkt hat, sondern zugleich und vielleicht sogar in erster Linie in dem ideellen Vermächtnis, das sie hinterlassen hat."[242] Das ist wohl eine allgemeine Erfahrung der Revolutionsgeschichte.

---

236 S. Groenveld, Friede, 131.
237 Vgl. P. Gaunt (Hg.), Civil War.
238 R. G. Asch, Triumph, 524.
239 Vgl. ebd., 525
240 Vgl. H. Haan, Prosperität, 84ff.
241 Vgl. ebd., 97ff.
242 Ebd., 103.

Die Debatten über einzelne Revolutionen förderten das Interesse an komparativen revolutionsgeschichtlichen Forschungen. Die genannten Publikationen von Seibt, Tilly und Bercé belegen das. Marxistische Historiker gingen noch einen Schritt weiter und konstatierten einen „bürgerlichen Revolutionszyklus". Gemeint ist eine Folge von Revolutionen in der Epoche des Übergangs vom Feudalismus zum Kapitalismus, die dem Fortschritt auf jeweils spezifische Weise Schubkraft verliehen. Anliegen war es, „hussitische revolutionäre Bewegung, Reformation und Bauernkrieg in Deutschland und niederländische Revolution als Stufenfolge eines revolutionären europäischen Prozesses zu fassen, in dem innerfeudale Systemkonflikte den Spielraum für bürgerlich-kapitalistische Emanzipation schrittweise bis zu jenem Punkt erweitern, in dem das definitive Ausbrechen aus dem europäischen Feudalsystem möglich wird, wo ‚bürgerliche Revolution' als Weg und Typ des Formationswechsels überhaupt erst entsteht."[243] Mit der Negierung dieses marxistischen Konzepts ist allerdings die Aufgabe einer vergleichenden Revolutionsgeschichte nicht erledigt.

Prinzipielle Fragen bleiben weiterhin offen: Wann beginnt die frühneuzeitliche Revolutionsgeschichte? Unter welchen Bedingungen gewannen Ereignisse des 16. und 17. Jahrhunderts Revolutionsqualität? Welche Inhalte bestimmen diese Revolutionen? Warum war nur die Mitte und der Westen Europas betroffen? Da ein eindeutiges Bild und ein Konsens sich nicht abzeichnen, müssen künftige Forschungen erweisen, welche Thesen empirisch weiter abgesichert werden können.

4.14 Krise des 17. Jahrhunderts

In den vergangenen Jahrzehnten beschäftigte die Forschung intensiv das Thema einer „allgemeinen Krise des 17. Jahrhunderts". Deren längerfristige Folgen sind zwar erst für die Zeit nach der Mitte des 17. Jahrhunderts relevant, aber die Argumentationen zu den Ursachen führen in das 16. Jahrhundert zurück, und Wirkungen zeichnen sich schon am Beginn des 17. Jahrhunderts ab.

Die Diskussion begann in den fünfziger Jahren des 20. Jahrhunderts, als Rodney Hilton herausfordernd fragte: „Gab es eine allgemeine Krise des Feudalismus?"[244] Das 17. Jahrhundert trat im Rahmen dieser Debatte in das Blickfeld, als Eric John Hobsbawm in England und Roland Mousnier in Frankreich sich zu Wort meldeten. Nach Auffassung Hobsbawms ging der seit dem 16. Jahrhundert anhaltende wirtschaftliche Aufschwung um 1620 zu Ende. Anzeichen dafür sah er in der sinkenden Bevölkerungszahl und in sich häufenden Klassenkonflikten, deren Ursachen er in der behinderten Entfaltung der kapitalistischen Produktion angesichts der Dominanz des Feudalismus erkannte. Die Krise markierte einen Einschnitt im Übergang vom Feudalismus zum Kapitalismus.[245] Für Mousnier war das 17. Jahrhundert eine „Krisenepoche", weil in der ökonomischen, sozialen und staatlichen Sphäre, in den internationalen Beziehungen sowie in Kunst und Wissenschaft Krisensymptome festzustellen

243 G. Brendler, Niederlande, 56. Vgl. auch Ders., Revolutionszyklus, 29ff.
244 Vgl. R. Hilton, Crise général, 23ff.
245 Vgl. E. J. Hobsbawm, Crisis, 33ff., 44ff.

seien und soziale Widersprüche in verschiedenen Regionen Bürgerkriege und Bauernbewegungen auslösten.[246]

Beide Autoren konstatierten eine „Krise des 17. Jahrhunderts", konzentrierten sich aber auf unterschiedliche Objekte. „Für Hobsbawm ist eine allgemeine Krise eine Krise des Systems, der sozialökonomischen Formation, eine Krise, die den Niedergang dieses Systems signalisiert. Mousniers Krise ist eine ‚Krise des Jahrhunderts', eine von vielen Abweichungen, Ausschlägen in der Entwicklung der Gesellschaft, die im Grunde immer dieselbe bleibt, und die keine grundlegenden Veränderungen und Umbrüche kennt."[247]

Diese kontroversen Standpunkte lösten eine anhaltende Diskussion aus, indem Autoren das Für und Wider der Argumente abwogen und dabei meist einen spezifischen Bereich im Blick hatten, zum Beispiel die Rolle des Adels, der Landwirtschaft, des Handwerks, der Handelsbeziehungen oder der Preisbewegungen. Folglich fielen auch die Antworten unterschiedlich aus, indem einmal eine allgemeine Krise der gesellschaftlichen Beziehungen, ein anderes Mal nur eine Krise in einzelnen Bereichen wahrgenommen wurde.[248]

Vor diesem Hintergrund interessierte, die Häufung von Revolutionen und Revolten in der „Krisenphase" zu erklären. Hugh Trevor-Roper zum Beispiel deutete die zahlreichen innerstaatlichen „Explosionen" des 17. Jahrhunderts mit dem sich verschärfenden Gegensatz zwischen „Hof" und „Land".[249] Mit der Wirtschaftskrise seit 1620 hätten sich die Gegensätze so zugespitzt, so fasst Heinz Duchhardt zusammen, „daß irgendein Anlaß zur Eruption führte, die die Monarchie entweder stürzte wie in England oder sie zu einschneidenden Reorganisationen zwang wie in Frankreich nach der Fronde. Die 'Krise' ist also eine Krise des Staates. ‚Revolutionen' sind primär als Kampf gegen den staatlichen Zentralismus und für Beschränkungen des Aufwandes und der Expansion von Hof und Bürokratie zu verstehen."[250]

Auf andere Faktoren orientiert Theodore K. Rabb, indem er geistig-kulturelle Phänomene befragt und als psychologische Grundhaltung die anhaltende Angst vor Anarchie und den Mangel an anerkannter Autorität ermittelt. Wenn Autorität wieder etabliert werde, sei das ein Zeichen für die Überwindung der Krise.[251] Obwohl es fraglich ist, ob die (staatliche) Autorität so lange Zeit infrage gestellt war und Instabilität herrschte, kann die durch den Dreißigjährigen Krieg entstandene Situation durchaus als Autoritätskrise interpretiert werden. Nach Auffassung Rabbs wurde um 1660 mit der Durchsetzung staatlicher Autorität das Gleichgewicht wieder gewonnen. Schon vor Rabb interpretierte Ivo Schöffer das 16. Jahrhundert als Periode der Krise und Veränderung, das 17. Jahrhundert als Periode der Stabilisierung, der Ordnung und Disziplinierung.[252]

---

246 Vgl. R. Mousnier, Siècles.
247 M. Hroch/J. Petráň, Das 17. Jahrhundert, 17.
248 Vgl. die Beiträge in: T. Aston (Hg.), Crisis; G. Parker/L. M. Smith (Hg.), General Crisis.
249 Vgl. H. Trevor-Roper, General Crisis, 59ff.
250 H. Duchhardt, Absolutismus, 1. Aufl., 156.
251 Vgl. Th. K. Rabb, Struggle, 35ff.
252 Vgl. I. Schöffer, Golden Age, 83ff.

In kritischer Auseinandersetzung mit der Krisendiskussion weist Helmut G. Koenigsberger auf ein „fundamentales Mißverständnis" hin: Die europäische Gesellschaft sei seit dem 14. Jahrhundert stabil, aber niemals fest gefügt gewesen. Folglich könne nicht von einem sich im Gleichgewicht befindenden politischen Regime ausgegangen werden. Der Normalzustand sei vielmehr das Zusammenspiel dynamischer Kräfte, wobei sich als dynamischste der Staat erwies. „Aufruhr und Revolutionen waren in diese dynamische Struktur sozusagen eingebaut. Sie wurden psychologisch möglich durch die allgemeine Macht- und Loyalitätszersplitterung. Erst langsam, im Laufe des späten 17. und der ersten Hälfte des 18. Jahrhunderts baute der frühmoderne Staat ein effektives Machtmonopol aus."[253]

Nach Miroslav Hroch und Jozef Petráň, die eine die Krisenkontroverse kritisch reflektierende Untersuchung vorlegten, existiert die allgemeine Krise in Gestalt gehäufter und untereinander verbundener begrenzter Krisen in vielen Lebensbereichen und Gegenden Europas. „Die Aufhebung der feudalen gesellschaftlichen Verhältnisse und den Sieg des Kapitalismus halten wir in diesem Kontext nur für eine – und im 17. Jahrhundert keineswegs die vorherrschende – Alternative der Überwindung der Krise der alten Gesellschaft. Eine andere, die vorherrschende Alternative war die Wiederherstellung des Gleichgewichts innerhalb der wie auch immer modifizierten alten Gesellschaft."[254]

Mit einem neuen Element wurde die Debatte zuletzt mit dem Hinweis auf die „Frömmigkeitskrise des 17. Jahrhunderts" angereichert.[255] Hartmut Lehmann plädiert dafür, die anonyme Ebene zu verlassen und die Krisenverarbeitung durch die Menschen zu verfolgen.[256] Er empfiehlt, zwischen zwei Typen von Krisenorientierung zu unterscheiden, „einer im engeren Sinne von der Heilsgeschichte her argumentierenden und einer nur im weiteren Sinne religiös inspirierten."[257] Er argumentiert: „Wenn Zeitprobleme mit Hilfe des Buches Daniel und der Offenbarung Johannis und wenn Zeitzeichen mit Hilfe von Matthäus 24 erklärt wurden, dann erschien die eigene Zeit als die allerletzte Zeit, als Gnadenfrist nach dem Ende der vierten Weltmonarchie, dann stand die Vorbereitung auf Christi Wiederkunft ganz im Vordergrund .... Jenseits der Wiederkunft Christi schien es für solche Kreise keine innerweltliche Zukunft mehr zu geben. Wenn dagegen aus den religiösen Sorgen und Anliegen politische, wirtschaftliche und kulturelle Aktivitäten erwuchsen, wenn aus dem Krisenbewußtsein heraus die innerweltliche Askese gestärkt, die künstlerische Produktivität angeregt und politisch innovative Schlußfolgerungen gezogen wurden, dann konnte auch Neues initiiert oder zumindest anvisiert werden, dann konnte die Krisenerfahrung auch neue Wege in die Zukunft öffnen ...."[258]

Heinz Duchhardt urteilt in einer Übersicht zum Thema im Anschluss an eine Bemerkung Koenigsbergers, gegenwärtig stecke „,das historiographische Problem der

---

253 H. G. Koenigsberger, Krise, 161.
254 M. Hroch/J. Petráň, Das 17. Jahrhundert, 205.
255 Vgl. J. Wallmann, Reflexionen, 25ff.
256 Vgl. H. Lehmann, Krisen, 13ff.
257 Ebd., 21.
258 Ebd.

Krise des 17. Jahrhunderts selbst im Stadium der Krise', wodurch sich manche Historiker (nicht nur in Deutschland), die nie an eine spezielle Krise geglaubt haben, bestätigt fühlen mögen."[259] Die ökonomische Krise werde mit ständig neuen theoretischen Verfeinerungen und Modellen kaum noch weiter empirisch erhärtet, die „Allgemeinheit" der Krise zunehmend in Frage gestellt, und die Zusammenhänge mit den „politischen Krisen" seien letzten Endes auch nicht schlüssig, vor allem nicht europaweit geklärt. Duchhardt gibt resümierend zu bedenken: "Vielleicht steht am Ende dieser fruchtbaren Diskussion freilich auch das Eingeständnis, daß die ... zahlreichen ‚Revolutionen' des 17. Jahrhunderts gar nicht mit allgemeingültigen Erklärungsparametern versehen werden können, daß allenfalls Teilmodelle erarbeitet werden können, die aus der Einsicht erwachsen, daß es so lange Revolten gibt, wie der Staat nicht imstande ist, die gesellschaftlichen Gegensätze zu befrieden und sich das Monopol der Gewaltanwendung zu sichern."[260]

Bei allem, was problematisch an den vorgetragenen Konzepten sein mag, verdienen zwei Resultate festgehalten zu werden: Erstens ist eine krisenhafte Situation gegeben, wie immer sie auch zu charakterisieren und zu erklären ist. Ihre Wurzeln reichen bis in das 16. Jahrhundert zurück, aber sie kulminierte offensichtlich im zweiten Viertel des 17. Jahrhunderts. Zweitens sehen einige Autoren in der Krisenbewältigung das Bemühen, ein gestörtes Gleichgewicht wieder herzustellen – eine wesentliche Ausgangsbedingung für die gesellschaftlich-politische Entwicklung nach der Mitte des 17. Jahrhunderts. Folgt man den Krisenthesen nicht, müssen andere Erklärungen für die empirisch ermittelten Phänomene gefunden werden.

4.15 Alltagsgeschichte

Die Alltagsgeschichte ist ein jüngerer Zweig historischer Forschung, der sich den „Lebenswelten" und „Lebensformen" zuwendet.[261] Relevante Themen wurden seit langem bearbeitet, aber das Feld blieb überwiegend der Volkskunde überlassen. Der Alltag der Menschen ist jedoch ein Schlüssel für das Verständnis gesellschaftlicher Prozesse. Eine europageschichtliche Übersicht bietet nicht den Raum, um Alltagsprobleme explizit darzustellen. Wer nach dem spezifisch Europäischen in der Alltagskultur fragt, ist als Problem mit der räumlichen und zeitlichen Dimension konfrontiert. Räumlich sind große Unterschiede von Lebenswelten und Lebensformen zu registrieren. In einer zeitlichen Perspektive ist zu respektieren, dass die Alltagskultur sich durch Tradition und Beharren auszeichnet und Veränderungen in kurzen Zeiten kaum auszumachen sind. Es handelt sich in besonderem Maße um Prozesse von „langer Dauer" und Epochenspezifisches entzieht sich einem leichten Zugriff.

Die Erforschung der Alltagsgeschichte profitiert von einem „Perspektivenwechsel": „Die Aufbereitung ‚nichtstaatlichen', in der Privatsphäre entstandenen und diese beleuchtenden Quellenmaterials hat die sog. Alltagsgeschichte nachhaltig bereichert,

259 H. Duchhardt, Absolutismus, 1. Aufl., 158.
260 Ebd., 159.
261 Vgl. P. Münch, Lebensformen, S. 20.

wobei freilich zugleich auch immer deutlicher wird, wie schwierig und problematisch es ist, die von verschiedenen Disziplinen – außer der Geschichte namentlich der Volkskunde und der Kulturanthropologie – getragenen Einzelforschungen zu generalisieren."[262] Alltagsgeschichte reflektiert zudem einen Protest gegen die Orientierung auf Strukturen und Prozesse. „Alltagsgeschichte und Kulturanthropologie zielen gegenüber der Gesellschaftsgeschichte auf eine stärkere Berücksichtigung kultureller und mentaler Faktoren für den sozialen Wandel moderner Gesellschaften. Darüber hinaus klagen sie in Form einer Kritik am Fortschrittskonzept der Gesellschaftsgeschichte ein sensibleres Bewußtsein für die Dialektik der Aufklärung ein: Kosten und pathologische Begleiterscheinungen von Modernisierungsprozessen werden nun stärker betont und empirisch konkretisiert."[263]

Das Interesse gilt dem Individuum, den „kleinen Leuten", auch den Fremden und Marginalisierten. „Empirisch äußert sich dieser heuristische Impuls in einem gestiegenen Interesse an den ‚Verlierern' des Modernisierungsprozesses, an den von ihm Kolonisierten, aber auch an den kleinen Widerständen des Volkes gegenüber den Tendenzen politischer, sozialer und kultureller Disziplinierung."[264] Damit gewinnen Themen wie Erfahrung und deren Verarbeitung zentrale Bedeutung.[265]

Auf eine spezifische Dimension alltagsgeschichtlicher Forschung weist Fernand Braudel hin: „Alltag ist gleichbedeutend mit winzigen Fakten, die räumlich und zeitlich kaum ins Gewicht fallen. Je enger der Blickwinkel, desto besser die Aussicht, in den eigentlichen Bereich des materiellen Lebens vorzustoßen."[266] Sigrid und Wolfgang Jacobeit definieren, Alltag gewinne die Dimension einer Basiskategorie, „die all das beinhaltet, was der Mensch als gesellschaftliches Individuum für seinen tätigen Anteil am historischen Prozeß zur Voraussetzung braucht, was er aber auch durch die selbstgeschaffenen und erkämpften Möglichkeiten seines Tätigseins je nach den Gegebenheiten verändert – bereichernd oder verarmend."[267] Die Forschung zur Alltagsgeschichte widmet sich allen Faktoren, die mit dem Leben und Erleben der Menschen direkt oder indirekt im Zusammenhang stehen: dem Individuum, der Familie, dem Haus, dem Dorf, der Stadt und allen damit angesprochenen Lebensäußerungen. Sie fragt nach Ernährung, Kleidung und Wohnung, nach Arbeit, Alltag und Festtag, nach Lebensformen und Lebensweise im weitesten Sinne. Da die Gesellschaft einen harmonischen Zustand nicht kannte, ist es geboten, die Resultate der Konfliktforschung, vor allem die weniger attraktiven Konflikte in die Alltagsgeschichte zu integrieren.[268]

Lebensformen und Lebensweisen offenbaren eine disparate Fülle ganz unterschiedlicher Entwicklungen. Das erklärt wohl auch, warum ein Gesamtbild anstrebende Synthesen bisher selten sind. Ein bemerkenswertes Beispiel für eine globale Sicht bietet Fernand Braudel, der im Rahmen seines dreibändigen Werks „Zivilisation und Kapitalismus" vom 15. bis zum 18. Jahrhundert den ersten Band dem Thema „Die

262 Ebd., 194.
263 J. Rüsen/F. Jaeger, Historische Methode, 29f.
264 Ebd., 30.
265 Vgl. P. Münch (Hg.), ‚Erfahrung'.
266 F. Braudel, Sozialgeschichte, 1, 14.
267 S. Jacobeit/W. Jacobeit, Alltagsgeschichte, 10.
268 Vgl. zum Beispiel C. Ulbrich, Zankapfel, 107 ff.; L. Enders, 'Nichts als Ehr', 141ff.

Strukturen des täglichen Lebens: Das Mögliche und das Unmögliche" („*Les structures du quotidien: le possible et l'impossible*") widmet.[269] Es ist ein mutiger Versuch, das tägliche Leben nicht nur in Europa, sondern in der „Welt", das heißt auch in den islamischen Regionen, in China, im entdeckten Amerika darzustellen beziehungsweise in die Darstellung der europäischen Verhältnisse einzubeziehen.

Braudel erklärt, dieser erste Band sei der komplizierteste: „Zwar mag jedes seiner Kapitel, für sich betrachtet, dem Leser einfach erscheinen; die Schwierigkeit aber ergibt sich ganz beiläufig aus der Vielfalt der Zielsetzungen und Themen, die sich oft nur schwer aufspüren und in eine zusammenhängende Geschichtsdarstellung einbauen lassen, kurzum, aus dem Umstand, daß *parahistorische* Erörterungen über Bevölkerungsentwicklung, Ernährung, Kleidung, Wohnwesen, Technik, Geld, Städte, lauter Themen, die in den herkömmlichen Darstellungen gewöhnlich aus ihrem Zusammenhang gerissen und nur am Rande gestreift werden, hier mühsam zusammengetragen werden müssen."[270] Das Buch verspreche lediglich, so heißt es am Ende, „einen Überblick über die verschiedenen Daseinsbereiche, von der Ernährung bis zum Mobiliar und von den Techniken bis zu den Städten, zu vermitteln und damit zwangsläufig auch abzustecken, was materielles Leben ist und war – eine insgesamt recht schwierige Aufgabe."[271]

Braudels Darstellung gilt vornehmlich den materiellen Bedingungen des Alltagslebens. Er beginnt mit Klima und Demographie, widmet sich dann dem „täglichen Brot", Essen und Trinken, dem Haus, der Kleidung und Mode – alles Themen, die auch in anderen Darstellungen ihren Platz haben. Er geht aber auch ausführlich auf technische Innovationen, die Rolle des Geldes und der Städte ein. Jürgen Kuczynski respektiert die Darstellungsweise Braudels und der „Schule französischer Historiker": Ihr Ziel sei es stets, das Alltagsleben des Volkes oder bestimmter Klassen beziehungsweise Schichten zu erfassen: „Was die Menschen gegessen haben, wie sie sich gekleidet haben, wie sie gewohnt haben, was sie im Alltag gedacht, wie sie gearbeitet, wann sie geruht und geschlafen haben, wie es war, wenn sie krank wurden, in welche Kreise sie heirateten, ob sie von Ort zu Ort wanderten oder permanent ansässig blieben, wie das Verhältnis der Kinder zu den Eltern war, was mit den alten Menschen geschah, usw."[272]

Wie unterschiedlich dennoch die Darstellung von Alltagsgeschichte ausfallen kann, zeigen mehrere einem Land geltende Publikationen. A. Th. van Deursen legt mit seinem Werk „*Mensen van klein vermogen*" eine Alltagsgeschichte der Niederlande im 17. Jahrhundert vor.[273] Auch er handelt am Anfang vom „täglich Brot", versteht aber darunter Arbeit, Löhne und Lebensstandard, Einwanderung, Armut und Armenfürsorge, auch „Wege nach oben". Ein Kapitel über „Volk und Obrigkeit" beschäftigt sich mit den Regierenden, dem Geld, den Gemeinden und dem Krieg, ein anderes über „Hölle und Himmel" mit dem Volksglauben, den Calvinisten, Katholiken und Täufern. Die Darstellung ist konsequent an den Menschen orientiert. Im Unterschied zu Brau-

269 Vgl. F. Braudel, Sozialgeschichte, 1.
270 Ebd., 11.
271 Ebd., 614.
272 J. Kuczynski, Geschichte des Alltags, 1, 14.
273 Vgl. A. Th. van Deursen, Mensen.

del, für den die materielle Zivilisation im Zentrum steht, werden hier auch Faktoren einbezogen, die zur Mentalitätsgeschichte hinführen.

Jürgen Kuczynski beginnt seine Geschichte des Alltags des deutschen Volkes um 1600 (der erste Band behandelt den Zeitraum bis 1650). Er will eine „Geschichte der Werktätigen" schreiben, was für diesen ersten Band heißt, „vor allem die Bauern und andere ländliche ausgeplünderte Schichten" ins Zentrum zu rücken, ohne die Herrschenden auszuklammern. Die Atmosphäre des Alltagslebens erfasst er mit den Stichworten Angst, Gewalt und Sicherheit, das Gemeinschaftsleben mit der Arbeit von Frau und Familie, den Genossenschaften, der Rolle von Wirtshaus und Linde. Schließlich werden die „Grundbedürfnisse" behandelt (Nahrung, Kleidung, Wohnung). Angefügt ist ein von Wolfgang Jacobeit verfasster Abschnitt über Arbeit und Arbeitswerkzeuge. Die Darstellung informiert über für das Alltagsleben konstitutive Sachverhalte, sie integriert Aspekte der Mentalitätsgeschichte, aber der Faktor Arbeit wird auffällig an den Rand gedrängt. Anders strukturiert Richard van Dülmen seine Darstellung, die nicht nur dem Alltagsthema, sondern auch der Kulturgeschichte verpflichtet ist.[274] Er behandelt im ersten Band „Das Haus und seine Menschen", im zweiten „Dorf und Stadt", im dritten „Religion, Magie und Aufklärung".

Alltagsgeschichte wurde bisher überwiegend – was auch die Quellen nahelegen – aus einer lokalen und regionalen Perspektive oder auf spezielle Sachthemen orientiert erforscht. Daraus zogen Untersuchungen ihre Konkretheit und Anschaulichkeit. Aber welche lokalen oder landschaftlichen Ausprägungen von Alltagskultur können allgemeine Geltung beanspruchen? Wenn „kleine Welten" den Rahmen des Alltags abstecken, ist es kaum möglich, für ganz Europa Charakteristisches ausfindig zu machen. Bei Themen wie Nahrung, Wohnung und Kleidung oder Arbeit zeigen sich große Unterschiede zwischen den Regionen, die sich aus den unterschiedlichen klimatischen Bedingungen und sozialen Verhältnissen, aus differierenden Gewohnheiten und Mentalitäten ergaben. Auch erfuhr das Alltagsleben der verschiedenen gesellschaftlichen Schichten spezifische Ausprägungen. Die prononcierte Hinwendung der Forschung zum „unteren" Spektrum der Gesellschaft ist verständlich, wenn Defizite abgearbeitet werden sollen. Aber die „gehobenen" Stände oder Schichten haben auch ihren Alltag, dessen Erforschung ebenso konzentriert erfolgen sollte.

Ein Defizit besteht zudem hinsichtlich der Mentalitätsgeschichte. „Bei der Erforschung der kollektiven Verhaltensweisen waren zunächst – und lange Zeit – die Franzosen führend und wegweisend, die sich seit den ausgehenden 1960er Jahren von der Strukturgeschichte der Annales-Tradition, häufig einer ‚Geschichte ohne Menschen', abzuwenden begannen und, mit großem Selbstbewußtsein und oft dogmatischem Anspruch, die Mentalitätsgeschichte als eine *‚Histoire au troisième niveau'* wiederentdeckten und exemplarische Studien etwa zur Geschichte des Todes oder der Sexualität vorlegten."[275]

Warum das kein einfaches Unternehmen ist, dokumentiert Peter Dinzelbacher mit der Feststellung, Mentalität als historische Kategorie lasse sich besser beschreiben als definieren. Wolle man trotzdem eine bündige Formulierung offerieren, so schlage er

---

274 Vgl. R. van Dülmen, Kultur und Alltag.
275 H. Duchhardt, Absolutismus, 1. Aufl., 199.

vor: „Historische Mentalität ist das Ensemble der Weisen und Inhalte des Denkens und Empfindens, das für ein bestimmtes Kollektiv in einer bestimmten Zeit prägend ist. Mentalität manifestiert sich in Handlungen."[276]

Dinzelbacher ist Herausgeber eines Handbuchs, das erstmals die europäische Mentalitätsgeschichte im Überblick vorführt.[277] Die Stichworte reichen von Individuum, Familie und Gesellschaft über Sexualität, Liebe, Lebensalter, Ängste, Hoffnungen, Arbeit, Fest und Kommunikation bis zu Herrschaft, Recht, Natur und Umwelt. Deutlich wird, dass nicht nur Alltagsverhalten, sondern auch Mentalitäten sich nur langsam verändern. „Die Mentalitätsgeschichte ist die Geschichte der Langsamkeit in der Geschichte", urteilt pointiert Jacques Le Goff.[278]

Was änderte sich aber in kürzeren Fristen? Ist eine Eingrenzung bestimmter Entwicklungen auf die frühe Neuzeit möglich? Die Phänomene Angst und Sicherheit existierten unabhängig von einer bestimmten Epoche, aber die sie verursachenden Motive konnten wechseln: Naturkatastrophen, Hunger, Seuchen, Kriege. Epochenspezifische Züge weisen sicher die Arbeitsmoral oder das Heiratsverhalten auf. Auch können schichtenspezifische Merkmale von Veränderungen in einer Epoche geprägt werden. Die Mentalität eines Adligen beruhte auf anderen Normen als die eines Bauern, die eines Patriziers auf anderen als die eines Gesellen. Änderten sich die Voraussetzungen, war auch ein Normenwandel möglich. Die mentalen Folgen der Konfessionalisierung verweisen auf ein anderes Problem. Vielen Gläubigen fiel es lange Zeit schwer, die Unterschiede zwischen den Konfessionen und deren Bekenntnissen wahrzunehmen und ihnen nachzuleben.

Die Alltags- und die Mentalitätsgeschichte ermöglichen es, die Menschen aus der Anonymität zu befreien und ihre subjektiven Handlungsmotive zu erschließen. Die Integration der Erfahrungen in eine Gesamtdarstellung der europäischen Geschichte der frühen Neuzeit ist – trotz einiger mutiger Vorstöße – erst noch zu leisten.

4.16 Nationale Diskurse – komparative Perspektiven

Historiker und Vertreter anderer Disziplinen trugen in den letzten Jahrzehnten zahlreiche nationale Diskussionen aus. Manches Thema interessierte nur innerhalb der Landesgrenzen. Manche Debatte wurde außerhalb wahrgenommen, ohne dass Reaktionen erfolgten. Manche Diskurse nahmen auch internationale Dimensionen an. Es ist verständlich, wenn nationale Historiographien sich intensiv der Geschichte des eigenen Landes zuwenden. Davon profitierte in den letzten Jahrzehnten die Frühneuzeitforschung, die in vielen europäischen Staaten einen Schwerpunkt bildet. Eine große Zahl von monographischen Untersuchungen profilierte das Bild der frühen Neuzeit. Auch wurden nationalgeschichtliche Gesamtdarstellungen erarbeitet, in denen sich sowohl historiographische Traditionen als auch neue Sichten spiegeln.

---

276 P. Dinzelbacher, Theorie, XXI. Diese Definition wird dann in ihren einzelnen Elementen ausführlich erläutert (Vgl. XXI-XXVI).
277 Vgl. Ders. (Hg.), Mentalitätsgeschichte.
278 J. Le Goff, Geschichte, 23.

Die nationalen Historiographien folgen indes unterschiedlichen Traditionen, und daraus ergeben sich unterschiedliche Orientierungen der Forschung. In Deutschland ist eine Konzentration auf den Staat nicht zu übersehen, während in Frankreich mehr gesellschaftliche Strukturen interessieren. Das ist – zugegeben – eine verkürzte Sicht, verweist aber auf Eigenheiten nationaler Historiographien. Auch entstand mit den politischen Veränderungen seit 1989 eine neue Situation: Die marxistische Frühneuzeitforschung verstummte weitgehend, und in den osteuropäischen Ländern griffen neue Orientierungen um sich. In Polen zum Beispiel verlagerte sich das Interesse von den älteren Epochen auf die neuere Geschichte, und in Russland ist eine ähnliche Entwicklung zu beobachten.

In den einzelnen Ländern waren oder sind unterschiedliche Themen strittig. In Spanien ging es unter anderem darum, ob die mit der Personalunion der Kronen von Kastilien und Aragon eingeleitete Vereinigung Programm oder Zufall war, und mehr noch, inwieweit mit der Personalunion die staatliche Einheit hergestellt wurde. Umstritten war auch, ob die Bewegung der Comuneros und Germanias an die Schwelle einer sozialen Revolution führte. In das 17. Jahrhundert führte die Debatte über Ursachen, Umfang und Phasen der *„decadencia"*. Jüngst hat Henry Kamen ein erheblich revidiertes Bild des frühneuzeitlichen Spanien skizziert.[279] In den Niederlanden interessierte, ob die Teilung des Landes im Gefolge der Abwerfung der habsburgischen Herrschaft zufällig erfolgte oder sich schon längerzeitig abzeichnete und ein zwangsläufiges Resultat war.

Gewichtige Kontroversen wurden in England ausgetragen.[280] Anhaltend wurde über die Charakterisierung der Reformen in der Zeit Heinrichs VIII. als „Tudor-Revolution", als *„revolution in governement"*[281] sowie über die Ursachen und den Charakter der Revolution im 17. Jahrhundert diskutiert. Auch gegenwärtig ist das Revolutionsthema relevant.[282] Der „Revisionismus" richtet sich generell gegen modernistische, teleologische Interpretationen der Geschichte. Der „Kampf um die Verfassung" wird nicht länger als „Kampf um Freiheit und Demokratie" interpretiert.[283]

Die von der *„New British History"* ausgelösten Debatten konzentrieren sich jetzt auf die Frage, ob der Nationbildung oder der Staatsbildung der Vorrang gebühre. „Das alte Paradigma der Tudor-Geschichte als Ära fortschreitender administrativer Vereinheitlichung, königlicher Zentralisierung und eines kulturellen Imperialismus wurde nun angegriffen. Der Erfolgsgeschichte der königlichen Autorität im englischen Kernland standen nun die sehr viel fragilere Herrschaft in den Grenzregionen der Tudor-Monarchie gegenüber. Die Revisionisten der Stuart-Zeit schrieben den Bürgerkrieg um in einen Krieg der drei Königreiche (1638–1652), dessen Ursachen sie im Versagen der Monarchie beim Aufbau gesamtbritischer Strukturen für England, Irland und Schottland sahen."[284]

279 Vgl. H. Kamen, Habsburg Lands, 467ff.
280 Vgl. H. Haan, Prosperität, 79ff.
281 Vgl. W. D. Gruner, Reform, 269ff.
282 Vgl. R. G. Asch, Triumph, 523ff.
283 Vgl. St. G. Ellis, Revisionismus, 345.
284 Ebd., 350.

In der russisch-sowjetischen Historiographie war lange Zeit umstritten, wie die expansive Politik seit dem ausgehenden 15. Jahrhundert und das Entstehen eines zentralisierten Staates zu beurteilen sind, welche Kräfte diesen Prozess unterstützten und inwieweit ein einheitlicher Staat geschaffen wurde. Diese Debatte hatte auch aktuelle Interessen zum Hintergrund.[285] Gleiches gilt für die Frage, wie die *„opričnina"* Ivans IV. zu beurteilen ist, denn die Aufarbeitung der stalinistischen Repressionen forderte geradezu heraus, hier Parallelen zu sehen.[286] Ein generelles Thema war zudem der Übergang vom Feudalismus zum Kapitalismus: Wann und in welcher Gestalt bildeten sich Elemente eines frühen Kapitalismus, wann ein „gesamtrussischer Markt" aus?[287]

Manche Debatten wurden grenzüberschreitend geführt. Das gilt zum Beispiel für Diskurse über die Ausbildung frühneuzeitlicher Staaten, über Dimension und Funktion bäuerlichen Widerstands, über die frühneuzeitlichen Revolutionen oder über die „Krise des 17. Jahrhunderts". Hier spielten neben anderen marxistische Sichten ebenso eine Rolle wie bei der Diskussion von Problemen des frühen Kapitalismus oder des Agrardualismus. Zeitweilig war die Epoche der frühen Neuzeit ein bevorzugtes Feld methodologischer Experimente.

Anstöße boten der Frühneuzeitforschung zudem immer wieder historische Jahrestage. Erinnert sei nur – ganz unvollständig – an den 450. Jahrestag des deutschen Bauernkrieges 1975, an den 500. Geburtstag György Dózsas 1972, Martin Luthers 1983, Huldrych Zwinglis 1984, Thomas Müntzers 1989, Philipp Melanchthons 1997, an den 350. Jahrestag des Westfälischen Friedens 1998 und zuletzt an den 500. Geburtstag Karls V. 2000. Aus diesem Anlass – um beim letzten Beispiel zu bleiben – wurden mehrere Biographien veröffentlicht und über das Biographische hinaus die Politik des Kaisers und Aspekte seiner Zeit erschlossen. Genannt seien die Publikationen von Wim Blockmans, Pierre Chaunu/Michèle Escamilla, Alfred Kohler, Ferenc Majoros, Luise Schorn-Schütte und Ernst Schulin. Wieder aufgelegt wurden schon vorher die Biographien aus der Feder von Manuel Fernandez Alvarez und Ferdinand Seibt. Ein von Hugo Soly herausgegebener, gut ausgestatteter Band präsentiert Beiträge von Historikern aus mehreren europäischen Ländern, die von Alfred Kohler und Christoph Strosetzki besorgten Bände dokumentieren die Ergebnisse von Konferenzen. Historische Jahrestage können also eine positive Herausforderung sein.

„Europageschichte" der frühen Neuzeit kann heute unter günstigeren Voraussetzungen betrieben werden als noch vor einem Vierteljahrhundert. Einen Beitrag dazu leistet nicht zuletzt die Reihe „Europa bauen". Dennoch bleibt der kritische Punkt, ob es gelingt, „gemeinsame Gegenstände jenseits einer bloßen Addition der nationalstaatlichen Entwicklungen zu definieren."[288] Auch sind die methodischen Grundlagen weiter auszuarbeiten und zu präzisieren.[289] Vieles hängt von der Ausweitung des Radius der Fragestellungen ab. Notwendig sind zudem mehr komparative Forschungen,

---

285 Vgl. P. Nitsche (Hg.), Anfänge.

286 A. L. Choroskevič, Opričnina.

287 Vgl. H.-J. Torke/K. Zernack, Moskauer Reich, 24ff.

288 U. Jensen, Europa, 54.

289 Vgl. zum Beispiel R.Vierhaus, Grundlagen, 14f. und den Vorschlag von W. Schmale, Europäische Geschichte, 389ff.

ein intensiverer interdisziplinärer und internationaler Dialog und die Abklärung der quellenmäßigen Voraussetzungen für europageschichtliche Forschungen. Einige mögliche Orientierungen künftiger Arbeit könnten sein:

- Welche Leistungen Europas sind an die frühneuzeitliche Epoche gebunden? Gibt es das „Wunder Europa" und reicht es über den ökonomisch-sozialen Bereich hinaus? Welche positiven Wirkungen und negativen Folgen zeitigt die „Europäisierung der Erde"? Wie intensiv ist der Austausch mit anderen Kontinenten und Kulturen?
- Warum ist ein einheitliches Europa eine Fiktion, seine Aufsplitterung in Staaten und Nationen, Kulturen und Konfessionen die Realität? Wie ist die Vielfalt der politischen, sozialen und kulturellen Ausprägungen Europas zu erklären? Warum fällt einzelnen Regionen und Gesellschaften eine „Vorreiterrolle" zu und warum verlieren sie diese wieder?
- Wie intensiv bilden sich frühkapitalistische Formen des Wirtschaftens nicht nur im Handel, sondern auch in der Produktion aus? Welche Faktoren beschleunigen das ökonomische Wachstum? Wo liegen Grenzen und Gefahren? Welches Verhältnis besteht zwischen Stabilität, Risikobereitschaft und Krisenanfälligkeit? Welche ökologischen Folgen zeitigt die ökonomische Tätigkeit?
- In welchem Ausmaß verändern sich soziale Strukturen in den europäischen Regionen? Werden ständische Gliederungen ansatzweise durch klassenähnliche Strukturen ergänzt oder ersetzt? Welche Konsequenzen ergeben sich aus den Forschungen zur Frauen- beziehungsweise Geschlechtergeschichte für die Bestimmung des Platzes der Frau in der frühneuzeitlichen Gesellschaft?
- Welche realen Alternativen prägen die politisch-gesellschaftliche Entwicklung? Welches Gewicht haben Monarchismus (Absolutismus), Republikanismus und Kommunalismus? Welchen Einfluss übten Untertanen und ihr Widerstand auf die Formierung frühneuzeitlicher Staaten aus?
- Lässt sich eine europäische Identität aus den Quellen erschließen? Wie verläuft der Prozess der Konstituierung von Nationen? Welche Konstellationen fördern oder hemmen diesen Prozess? Welche Rolle spielen Mythen bei der Entwicklung eines europäischen, regionalen oder nationalen Bewusstseins? War „Europa" nur ein Mythos, die Nation eine „Erfindung"?
- In welchem Verhältnis stehen Kontinuität und Diskontinuität bei der Gestaltung von Staat und Gesellschaft in der frühen Neuzeit? Welche Rolle spielen Umbrüche und Widerstände? Welche Konsequenzen ergeben sich daraus für die Charakterisierung der Epoche?
- Welche gesellschaftlichen Veränderungen sind das Ergebnis von Reformschritten, welche das Resultat revolutionärer Umbrüche? Leiten frühneuzeitliche Revolutionen den Übergang in ein neues Stadium gesamtgesellschaftlicher Entwicklung ein?
- Welche Entwicklungen stimulieren das Verlangen nach Grund- und Freiheitsrechten? Von wem ging es aus? Welche Normen und Werte waren dafür charakteristisch? Wie konnten solche Rechte verbürgt werden?
- Mit welchen Kategorien können historische Prozesse der frühen Neuzeit erfasst und erklärt werden? Genügen dafür zeitgenössische Termini? Wo liegen die Möglichkeiten und Grenzen, moderne Kategorien zu gebrauchen?

Diese Auflistung soll nicht den Eindruck erwecken, als gebe es keine Vorleistungen, um diese oder andere Fragen zu beantworten. Natürlich lassen sich aus der großen Zahl vorliegender Forschungen viele Antworten ablesen. Aber eine „Europageschichte“, die mehr bietet, als nur ein Dach über Staatengeschichten zu errichten oder sich auf einzelne Sektoren zu beschränken, ist noch eine Zielvorstellung. Deshalb wird hier geworben, Forschungen künftig stärker auch auf die generellen Perspektiven der europäischen Geschichte in der frühen Neuzeit zu konzentrieren. Das heißt aber auch, daß eine Darstellung, die heute verfaßt wird, nur einen Schritt auf diesem Weg markieren kann.

5 Bibliographie

Im Text mehrfach zitierte Publikationen werden in der Bibliographie nur in dem Abschnitt notiert, in dem sie im Text erstmals erscheinen.

5.1 Europa

5.1.1 Neuere Überblicksdarstellungen (16./17. Jahrhundert)

ANDERSON Perry, Die *Entstehung* des absolutistischen Staates (engl. 1974), Frankfurt a.M. 1979.

BOIS Jean-Pierre, L'Europe à l'époque moderne. Origins, utopies et réalités de l'idee d'Europe, XVIe–XVIIIe siècle, Paris 1999.

BONNEY Richard, The European Dynastic States 1494–1660, 3. Aufl., Oxford 1991.

BRADY Thomas A./OBERMAN Heiko A./TRACY James D. (Hg.), Handbook of European History 1400–1600. 2 Bde., Leiden u.a.1994.

BURKE Peter (Hg.), The New Cambridge Modern History. Bd. 13: Companion Volume, Cambridge 1979.

CAMERON Euan (Hg.), Early Modern Europe, Oxford 1999.

COOPER J. C. (Hg.), The Decline of Spain and the Thirty Years War 1610–1648/59, Cambridge 1970 (The New Cambridge Modern History).

DIWALD Helmut, Anspruch auf Mündigkeit 1400–1555 (1975), Berlin 1998. (Propyläengeschichte Europas).

DUCHHARDT Heinz, Das Zeitalter des *Absolutismus* (1989), 3., überarb. Aufl., München 1998 (Oldenbourg Grundriß der Geschichte).

DÜLMEN Richard van, *Entstehung* des frühneuzeitlichen Europa 1550–1648 (1977), Augsburg 2000 (Fischer Weltgeschichte).

ELLIOTT John H., Europe Divided 1559–1598, London 1968 (The Fontana History of Europe).

ELTON Geoffrey (Hg.), The Reformation 1520–1559 (1958), Cambridge 1975 (The New Cambridge Modern History).

DERS., Europa im Zeitalter der Reformation 1517–1559 (engl. 1963), 2. Aufl., München 1982 (The Fontana History of Europe).

ENGEL Josef (Hg.), Die Entstehung des neuzeitlichen Europa (1971), 4. Aufl., Stuttgart 1994 (Handbuch der europäischen Geschichte, hg.v. Theodor Schieder, Bd. 3).

Hassinger Erich, Das *Werden* des neuzeitlichen Europa 1300–1600 (1957), 2. Aufl., Braunschweig 1964 (Geschichte der Neuzeit).
Hubatsch Walther, Das Zeitalter des Absolutismus 1600–1789, 4. Aufl. Braunschweig 1975 (Geschichte der Neuzeit).
Klueting Harm, Das konfessionelle *Zeitalter* 1525–1648, Stuttgart 1989.
Koenigsberger Helmut G./Mosse George L., Europe in the Sixteenth Century (1968), 9. Aufl., London/New York 1973 (A General History of Europe).
Kossok Manfred (Hg.), Allgemeine Geschichte der Neuzeit 1500–1917, Berlin 1986.
Ders., 1492. Die Welt an der Schwelle der Neuzeit, Leipzig 1992.
Lehmann Hartmut, Das Zeitalter des Absolutismus. Gottesgnadentum und Kriegsnot, Stuttgart 1980.
Lutz Heinrich, *Reformation* und Gegenreformation (1979), 5. Aufl., durchges. u. erg. von Alfred Kohler, München 2002 (Oldenbourg Grundriß der Geschichte).
Mieck Ilja, *Europäische Geschichte* der Frühen Neuzeit (1970), 5., verb. Aufl., Stuttgart u.a. 1994.
Mousnier Roland, Les XVIe et XVIIe *siècles*. Les progrès de la civilisation européenne et le déclin de l'orient 1492–1715 (1954), 3. Aufl., Paris 1961 (Histoire générale des civilisations).
Parker Geoffrey, Europe in Crisis 1598–1648, Ithaca/New York 1979 (The Fontana History of Europe).
Pennington D. H., Seventeenth Century Europe, London 1970 (A General History of Europe).
Ritter Gerhard, Die *Neugestaltung* Europas im 16. Jahrhundert. Die kirchlichen und staatlichen Wandlungen im Zeitalter der Reformation und der Glaubenskämpfe (1941), Berlin 1950.
Rössler Hellmuth, Europa im Zeitalter von Renaissance, Reformation und Gegenreformation, 1450–1650, München 1956 (Weltgeschichte in Einzeldarstellungen).
Romano Ruggiero/Tenenti Alberto, Die Grundlegung der modernen Welt. Spätmittelalter, Renaissance, Reformation (1967), Augsburg 2000 (Fischer Weltgeschichte).
Schilling Heinz, *Die neue Zeit*. Vom Christenheitseuropa zum Europa der Staaten, 1250–1750, Berlin 1999 (Siedler Geschichte Europas).
Smirin M. M. (Red.), Weltgeschichte, Bd. 4 (russ. 1958), Berlin 1964.
Wernham R. B. (Hg.), The Counter-Reformation and Price Revolution 1559–1610, Cambridge 1968 (The New Cambridge Modern History).
Zeeden Ernst Walter, Hegemonialkriege und Glaubenskämpfe 1556 bis 1648, (1977), Berlin 1998 (Propyläengeschichte Europas).

5.1.2 Charakter der Epoche

Adamson John (Hg.), The Princely *Courts* of Europe, 1500–1750, London 1999.
Agricola Georgius, *De re metallica* libri XII. Übers. u. bearb. von Georg Fraustadt/Hans Prescher, Berlin 1974.
Asch Ronald G./Birke Adolf M. (Hg.), *Princes*, Patronage, and the Nobility. The Court at the Beginning of the Modern Age c. 1450–1650, Oxford 1991.
Asholt Wolfgang, Nationales *Programm* und Satirenliteratur im Umkreis der ‚Poli-

tiques'. In: Klaus Garber (Hg.), Nation und Literatur im Europa der Frühen Neuzeit, Tübingen 1989, 404–428.

AYMARD Maurice, Die *Minderheiten*. In: Fernand Braudel (Hg.), Europa: Bausteine seiner Geschichte (frz. 1987), Frankfurt a.M. 1989, 69–97.

Ders./DUPÂQUIER Jacques, Die *Landnahme*. In: Fernand Braudel (Hg.), Europa: Bausteine seiner Geschichte (frz. 1987), Frankfurt a.M. 1989, 39–68.

BABEL Rainer/MOEGLIN Jean-Marie (Hg.), *Identité regionale* et conscience nationale en France et en Allemagne du moyen âge à l'époque moderne, Sigmaringen 1997.

BARRACLOUGH Geoffrey, Die *Einheit Europas* als Gedanke und Tat (engl. 1963), Göttingen 1964.

BAUSINGER Hermann/BEYER Klaus/KORFF Gottfried (Hg.), *Reisekultur*. Von der Pilgerfahrt zum modernen Tourismus, München 1991.

BECKER Werner, Vom alten *Bild* der Welt, Leipzig 1969.

BELLABARBA Marco/STAUBER Reinhard (Hg.), Territoriale Identität und politische Kultur in der Frühen Neuzeit, Bologna/Berlin 1998.

BERDING Helmut (Hg.), Nationale und kulturelle *Identität*, Bd. 2, Frankfurt a.M. 1994.

BINDER Ludwig, Johannes *Honterus*. Schriften, Briefe, Zeugnisse, Bukarest 1996.

BIRTSCH Günter (Hg.), *Grund- und Freiheitsrechte* im Wandel von Gesellschaft und Geschichte, Göttingen 1981.

DERS. (Hg.), Grund- und Freiheitsrechte von der ständischen zur spätbürgerlichen Gesellschaft, Göttingen 1987.

BLEICKEN Jochen/CONZE Werner/DIPPER Christoph u. a., *Freiheit*. In: GG Bd. 2, 425–542.

BLICKLE Peter, *Bauer*. In: FLG, 140–150.

DERS., *Reformation*. In: FLG, 220–230.

DERS., *Freiheit*. Ein Problem der Deutschen und Martin Luthers. In: Stefan Oehmig (Hg.), 700 Jahre Wittenberg, Weimar 1995, 79–94.

DERS. (Hg.), *Theorien* kommunaler Ordnung in Europa, München 1996.

DERS., Kommunalismus: *Skizzen* einer gesellschaftlichen Organisationsform, 2 Bde., München 2000.

BLOCH Marc, Die *Feudalgesellschaft* (frz. 1939), Frankfurt a.M. u.a. 1982.

BLOCKMANS Wim, *Regionale Identität* und staatliche Integration in den Niederlanden 13.–16. Jahrhundert. In: Antoni Czacharowski (Hg.), Nationale, ethnische Minderheiten und religiöse Identitäten in Mittelalter und Neuzeit, Toruń 1994, 137–149.

BOLDT Hans/CONZE Werner u. a., *Monarchie*. In: GG Bd. 4, 133–214.

BOLDT Hans/CONZE Werner/HAVERKATE Görg u. a., *Staat*, Souveränität. In: GG Bd. 6, 1–154.

BOSBACH Franz, *Monarchia universalis*. Ein politischer Leitbegriff der Frühen Neuzeit, Göttingen 1988.

BOSSONG Georg u. a. (Hg.), *Westeuropäische Regionen* und ihre Identität. Beiträge aus interdisziplinärer Sicht, Mannheim 1994.

BRAUDEL Fernand, Europa erobert den *Erdkreis*. In: Ders. (Hg.), Europa: Bausteine seiner Geschichte (frz. 1987), Frankfurt a.M. 1989, 7–38.

DERS., Das *Mittelmeer* und die mediterrane Welt in der Epoche Philipps II.(frz. 1966), 3 Bde., Frankfurt a.M. 1990.

BULST Neithard/FISCH Jörg/KOSELLECK Reinhart u. a., *Revolution*, Rebellion, Aufruhr, Bürgerkrieg. In: GG Bd. 5, 653–788.

BURKHARDT Johannes, *Frühe Neuzeit*. In: FLG, 364–385.

CZACHAROWSKI Antoni (Hg.), Nationale, ethnische *Minderheiten* und regionale Identitäten in Mittelalter und Neuzeit, Toruń 1994.

DAVIDS Karel/LUCASSEN Jan, *Introduction*. In. AMM, 1–25.

DICKENS Arthur G. (Hg.), The *Courts* of Europe. Politics, Patronage and Royality 1400–1800, London 1977.

DICKMANN Fritz (Bearb.), *Renaissance*, Glaubenskämpfe, Absolutismus, München 1966.

Dokumente zur Geschichte *der* europäischen *Expansion*. Bd. 2: Matthias Meyn u. a. (Hg.), Die großen Entdeckungen, München 1984.

DUBY George, *L'Économie rurale* et la vie des campagnes dans l'occident médieval (France, Angleterre, Empire), IXe–XVe siècles, 2 Bde, Paris 1962.

DERS., Die drei *Ordnungen*. Das Weltbild des Feudalismus (frz. 1978), Frankfurt a.M. 1981.

DUCHHARDT Heinz, *Was heißt* und zu welchem Ende betreibt man – europäische Geschichte? In: EGP, 191–202.

DÜLMEN Richard van, *Formierung* der europäischen Gesellschaft in der Frühen Neuzeit. In: Geschichte und Gesellschaft 7 (1981), 5–41.

DUPÀQUIER Jacques, *Population* and Environment. In: HH, 11–22.

EISENSTEIN Elizabeth L., Die *Druckerpresse*. Kulturrevolutionen im frühen modernen Europa (engl. 1983), Wien/New York 1997.

FEBVRE Lucien/MARTIN Henri-Jean, The Comming of the *Book*. The Impact of Printing 1450–1800 (frz. 1958), London 1986.

FOERSTER Rolf Hellmut (Hg.), Die *Idee Europa*, 1300–1946, München 1963.

DERS., *Europa*. Geschichte einer politischen Idee. Mit einer Bibliographie von 182 Einigungsplänen aus den Jahren 1306 bis 1945, München 1967.

FONTANA Josep, *Europa* im Spiegel. Eine kritische Revision der europäischen Geschichte, München 1995.

FRÖSCHL Thomas (Hg.), *Föderationsmodelle* und Unionsstrukturen. Über Staatenverbindungen in der frühen Neuzeit, Wien/München 1994.

DERS., ‚*Confoederationes*, Uniones, Ligae, Bünde'. Versuch einer Begriffsklärung für Staatenverbindungen der frühen Neuzeit in Europa und Nordamerika. In: Ders. (Hg.), Föderationsmodelle und Unionsstrukturen, Wien/München 1994, 21–44.

GARBER Klaus (Hg.), *Nation und Literatur* im Europa der Frühen Neuzeit, Tübingen 1989.

GERHARD Dietrich, *Regionalismus* und ständisches Wesen als ein Grundthema europäischer Geschichte, In: HZ 174 (1952), 307–337.

GIESEN Bernhard (Hg.), Nationale und kulturelle Identität. Studien zur Entwicklung des kollektiven Bewußtseins in der Neuzeit, Frankfurt am Main 1991.

GIRAULT René, Das *Europa der Historiker*. In: Rainer Hudemann/Hartmut Kaelble/Klaus Schwabe (Hg.), Europa im Blick der Historiker, München 1995, 55–90.

GÖLLNER Carl, *Turcica*. Die europäischen Türkendrucke des XVI. Jahrhunderts, 3 Bde., Baden-Baden 1961–1978.

GOLLWITZER Heinz, Zur *Wortgeschichte* und Sinndeutung von ‚Europa'. In: Saeculum 2 (1951), 161–172.

DERS., *Europa*, Abendland. In: Joachim Ritter (Hg.), Historisches Wörterbuch der Philosophie, Bd. 2, Basel/Stuttgart 1972, 824–828.

DERS., *Geschichte* des weltpolitischen Denkens. Bd. 1: Vom Zeitalter der Entdeckungen bis zum Beginn des Imperialismus, Göttingen 1972.

GORDON Bruce (Hg.), *Protestant History* and Identity in Sixteenth-Century Europe, Aldershot 1996.

GRÄF Holger Th./PRÖVE Ralf, *Wege* ins Ungewisse. Reisen in der frühen Neuzeit, 1500–1800, Frankfurt a.M. 1997.

GUTHMÜLLER Bodo/KÜHLMANN Wilhelm (Hg.), Europa und die *Türken* in der Renaissance, Tübingen 2000.

HALE John, Die Kultur der *Renaissance* in Europa (engl. 1993), München 1994.

HALECKI Oskar, *Europa*. Grenzen und Gliederung seiner Geschichte (engl. 1950), Darmstadt 1957.

DERS., Das europäische *Jahrtausend*, Salzburg 1966.

HEADLEY John, Tommaso Campanella and the Transformation of the World, Princeton 1997.

HERBERS Klaus/PLÖTZ Robert, *Nach Santiago* zogen sie. Berichte von Pilgerfahrten ans ‚Ende der Welt', München 1996.

HERRMANN Bernd (Hg.), *Umwelt* in der Geschichte. Beiträge zur Umweltgeschichte, Göttingen 1989.

HERRMANN Dagmar (Hg.), *Deutsche* und Deutschland aus russischer Sicht, 11.-17. Jahrhundert, München 1988.

HIESTAND Rudolf, ‚*Europa*' im Mittelalter – vom geographischen Begriff zur politischen Idee. In: Hans Hecker (Hg.), Europa – Begriff und Idee, Bonn 1991, 33–48.

HILSENBECK Renate, Mittelalterliche *Weltkunde* und Behaim-Globus. In: FBG Bd. 1, 223–238.

JONES Eric Lionel, Das *Wunder Europa*. Umwelt, Wirtschaft und Geopolitik in der Geschichte Europas und Asiens, Tübingen 1991.

KAMMLER Hans, Die *Feudalmonarchien*, Köln/Wien 1974.

KAMPMANN Christoph, Universalismus und Staatenvielfalt. Zur europäischen Identität in der frühen Neuzeit. In: Jörg A. Schlumberger/Peter Segl (Hg.), Europa – aber was ist es?, Köln u.a. 1994, 45–76.

KELLER Mechthild (Hg.), *Russen* und Rußland aus deutscher Sicht, 9.-17. Jahrhundert, München 1985.

KENNEDY Paul, *Aufstieg* und Fall der großen Mächte. Ökonomischer Wandel und militärischer Konflikt von 1500 bis 2000 (engl. 1990), Frankfurt a.M. 1994.

KINGDON Robert M., *Pamphlet Literature* of the French Reformation. In: Steven Ozment (Hg.), Reformation Europe: A Guide to Research, St. Louis 1982, 233–248.

KLEINHEYER Gerd, *Grundrechte*, Menschen- und Bürgerrechte, Volksrechte. In: GG Bd. 2, 1046–1082.

KLUG Ekkehard, Das ‚asiatische' *Rußland*. Über die Entstehung eines europäischen Vorurteils. In: HZ 245 (1987), 265–289.

DERS., ‚Europa' und ‚europäisch' im russischen Denken vom 16. bis zum frühen 19. Jahrhundert. In: Saeculum 38 (1987), 265–289.

KOENIGSBERGER Helmut G. (Hg.), *Republiken* und Republikanismus im Europa der Frühen Neuzeit, München 1988.

LAMB Hubert H., *Klima* und Kulturgeschichte. Der Einfluß des Wetters auf den Gang der Geschichte (engl. 1982), Reinbek 1994.

LANGEWIESCHE Dieter, *Revolution*. In: FLG, 250–270.

LAUBE Adolf/STEINMETZ Max/VOGLER Günter, *Illustrierte Geschichte* der deutschen frühbürgerlichen Revolution (1974), 2. Aufl., Berlin 1982.

LÖWENTHAL Richard, Die Gemeinsamkeiten des geteilten Europa. In: Werner Weidenfeld (Hg.), Die Identität Europas, Bonn 1985, 43–65.

LOTTES Günther (Hg.), Region, Nation, Europa. Historische Determinanten der Neugliederung eines Kontinents, Heidelberg 1992.

LUCASSEN Jan, *Labour* and early modern economic development. In: AMM, 367–409.

LUTZ Heinrich, *Christianitas afflicta*. Europa, das Reich und die päpstliche Politik im Niedergang der Hegemonie Kaiser Karls V. (1552–1556), Göttingen 1964.

DERS., *Normen* und gesellschaftlicher Wandel zwischen Renaissance und Revolution – Differenzierung und Säkularisierung: In: Ders., Politik, Kultur und Religion im Werdeprozeß der frühen Neuzeit. Aufsätze und Vorträge, Klagenfurt 1982, 279–291.

MĄCZAK Antoni (Hg.), *Klientelsysteme* im Europa der Frühen Neuzeit, München 1988.

DERS., Travel in Early Modern Europe (poln. 1980), Cambridge 1994.

DERS., *The traveller's view*: perceptions of Europe in the 16th and 17th centuries. In: EGP, 67–86.

DERS., *East-Central Europe*. In: HH, 188–195.

MALTBY William, The *Black Legend* in England. The Development of the Anti-Spanish Sentiment, 1558–1660, Durham 1971.

MATHIEU Jon, Geschichte der Alpen 1500–1900. Umwelt, Entwicklung, Gesellschaft (1998), 2. Aufl., Wien u.a. 2001.

MERTENS Dieter, *Europäischer Friede* und Türkenkrieg im Mittelalter. In: Heinz Duchhardt (Hg.), Zwischenstaatliche Friedenswahrung in Mittelalter und Früher Neuzeit, Köln/Wien 1991, 45–90.

MOELLER Bernd, Die frühe Reformation als Kommunikationsprozeß. In: Hartmut Boockmann (Hg.), Kirche und Gesellschaft im Heiligen Römischen Reich des 15. und 16. Jahrhunderts, Göttingen 1994, 148–164.

DERS., *Geschichte* des Christentums in Grundzügen (1978), 7., durchges.. Aufl., Göttingen 2000.

MOLLAT DU JOURDIN Michel, Europa und das *Meer* (frz. 1993), München 1993.

MONTAIGNE Michel de, *Essais*, Bd. 3, Zürich 1992.

MÜLLER Achatz Frhr. von, Die *‚Glücklichste Zeit'*? Der Prozeß der Renaissance in Italien. In: Wolf D. Gruner/Günter Trautmann (Hg.), Italien in Geschichte und Gegenwart, Hamburg 1991, 45–76.

MÜNCH Paul, *Lebensformen* in der frühen Neuzeit, Frankfurt a.M./Berlin 1992.

MÜNKLER Herfried, *Reich* – Nation – Europa. Modelle politischer Ordnung, Weinheim 1996.

ORESME Nicolas de, *Le livre* de Politique de Aristote. Hg. von Albert Douglas Menut, Philadelphia 1970.

OZMENT Steven, *Pamphlet Literature* of the German Reformation. In: Ders., Reformation Europe. A Guide to Research, St. Louis 1982, 85–105.

PFISTER Christian, *Wetternachhersage*. 500 Jahre Klimavariationen und Naturkatastrophen, Bern u.a. 1999.

POLLMANN Judith, Eine natürliche *Feindschaft*: Ursprung und Funktion der schwarzen Legende über Spanien in den Niederlanden, 1560–1581. In: Franz Bosbach (Hg.), Feindbilder, Köln 1992, 73–93.

POMIAN Krzysztof, *Europa* und seine Nationen (franz.1990), Berlin 1990.

RANUM Orest, *Counter-Identities* of Western European Nations in the Early Modern Period: Definitions and Points of Departure. In: P. Boerner (Hg.), Concepts of National Identity, Baden-Baden 1986, 63–78.

REESE Armin, Vom *Mittelalter* zur Frühen Neuzeit. Neue Außenpolitik, neue Wirtschaftsformen, neue Horizonte. In: Carl August Lückerath/Uwe Uffelmann (Hg.), Das Mittelalter als Epoche, Idstein 1995, 275–302.

REINHARD Wolfgang, Geschichte der *Staatsgewalt*. Eine vergleichende Verfassungsgeschichte Europas von den Anfängen bis zur Gegenwart, München 1999.

DERS., ‚Eine so barbarische und grausame *Nation* wie diese'. Die Konstruktion der Alterität Spaniens durch die Leyenda negra und ihr Nutzen für allerhand Identitäten. In: Hans-Joachim Gehrke (Hg.), Geschichtsbilder und Gründungsmythen, Würzburg 2001, 159–173.

REPGEN Konrad, Was ist ein *Religionskrieg*? In: Ders., Von der Reformation zur Gegenwart. Beiträge zu Grundfragen der neuzeitlichen Geschichte, Paderborn u.a. 1988, 84–97.

RICHARDSON Brian, *Printing*, Writers and Readers in Renaissance Italy, Cambridge 1999.

RODRÍGUEZ SÁNCHEZ Angel, *Politics* and States during the Sixteenth and Seventeenth Centuries. In: HH, 154–161.

RUMMEL Erika, *Voices* of Reform from Hus to Erasmus, in: HEH Bd. 2, 61–91.

SCHILLING Heinz, Konfessionelle und politische *Identität* im frühneuzeitlichen Europa. In: Antoni Czacharowski (Hg), Nationale, ethnische Minderheiten und regionale Identitäten in Mittelalter und Neuzeit, Toruń 1994, 103–123.

DERS., Die *‚Emder Revolution'* als europäisches Ereignis. In: Hajo van Lengen (Hg.), Die ‚Emder Revolution' 1595, Aurich 1995, 111–136.

SCHMALE Wolfgang, *Archäologie* der Grund- und Freiheitsrechte in der Frühen Neuzeit, München 1997.

DERS., *Das 17. Jahrhundert* und die neuere europäische Geschichte: In: HZ 264 (1997), 587–611.

DERS., *Geschichte Europas*, Wien u.a. 2000.

SCHNEIDMÜLLER Bernd, Die mittelalterlichen *Konstruktionen* Europas. Konvergenz und Differenzierung. In: EGP, 5–24.

SCHULZE Hagen, Staat und Nation in der europäischen Geschichte, München 1994.

DERS./PAUL Ina Ulrike (Hg.), *Europäische Geschichte*. Quellen und Materialien, München 1994.

SCHULZE Winfried, *„Von den großen Anfängen* des neuen Welttheaters". Entwicklung, neuere Ansätze und Aufgaben der Frühneuzeitforschung. In: GWU 44 (1993), 3–18.

DERS., Die *Entstehung* des nationalen Vorurteils. Zur Kultur der Wahrnehmung fremder Nationen in der europäischen Frühen Neuzeit. In: GWU 46 (1995), 642–665.

DERS., *Europa* in der Frühen Neuzeit – begriffsgeschichtliche Befunde. In: EGP, 35–65.

DERS., *Interpretationen*, Stufen und Alternativen politischen Gemeinschaftsbewußtseins in der Frühen Neuzeit. Österreichische Gesamtstaatsidee und ständische Versammlungen im sechzehnten Jahrhundert. In: Marco Bellabarba/Reinhard Stauber (Hg.), Territoriale Identität und politische Kultur in der Frühen Neuzeit, Bologna/Berlin 1998, 147–166.

SEGL Peter, Europas *Grundlegung* im Mittelalter. In: Jörg A. Schlumberger/Peter Segl (Hg.), Europa – aber was ist es?, Köln u.a. 21–43.

SMITH Anthony D., *National Identity*, London 1991.

SPUFFORD Peter, *Access* to credit and capital in the commercial centres of Europe. In: AMM, 303–337.

STOURZH Gerald, *Einleitung*. In: Grete Klingenstein/Heinrich Lutz/Gerald Stourzh (Hg.), Europäisierung der Erde? Studien zur Einwirkung Europas auf die außereuropäische Welt, München 1980, 9–14.

STRAUSS Gerald, *Ideas* of Reformatio and Renovatio from the Middle Ages to the Reformation. In: HEH Bd. 2, 1–30.

SZÜCS Jenö, Die drei historischen *Regionen* Europas (frz. 1985), Frankfurt a.M. 1990.

TAZBIR Janusz, Reformation und Gegenreformation und das europäische Bewußtsein. In: Karl-Ernst Jeismann/Rainer Riemenschneider (Hg.), Geschichte Europas für den Unterricht der Europäer, Braunschweig 1980, 56–66.

TRILLITZSCH Winfried (Bearb.), Der deutsche *Renaissancehumanismus*. Abriß und Auswahl, Leipzig 1981.

VIERHAUS Rudolf, *Grundlagen* europäischer Zivilisation. Zum Problem der Darstellung europäischer Geschichte. In: Karl-Ernst Jeismann/Rainer Riemenschneider (Hg.), Geschichte Europas für den Unterricht der Europäer, Braunschweig 1980, 12–22.

VOGLER Günter, Ulrich von *Hutten*. Ritter – Reformer – Rebell. In: Ulrich von Hutten. Mit Feder und Schwert, Frankfurt/Oder 1988, 7–38.

DERS., Ulrich von Hutten und sein „Vaterland". In: ZfG, 36 (1988), 410–427.

WALLERSTEIN Immanel, Das moderne *Weltsystem*. Bd. 1: Kapitalistische Landwirtschaft und die Entstehung der europäischen Weltwirtschaft im 16. Jahrhundert (engl. 1974), Frankfurt a.M. 1986.

WANG Sizhi, *China*. In: HH, 319–343.

WAWRIK Franz, Deutsche *Weltkarten* und Globen zwischen 1480 und 1520. In: FBG Bd. 1, 131–141.

WEBER Hermann, Die Bedeutung der *Dynastien* für die europäische Geschichte in der frühen Neuzeit. In: Zeitschrift für bayerische Landesgeschichte 44 (1981), 5–32.

WEIDENFELD Werner, *Europa* – aber wo liegt es? In: Ders., Die Identität Europas, Bonn 1985, 13–41.

WILLERS Johannes, *Leben* und Werk des Martin Behaim. In: FBG Bd.1, 173–188.

DERS., Die *Geschichte* des Behaim-Globus. In: FBG Bd. 1, 209–216.

WOLGAST Eike, *Reform*, Reformation. In: GG Bd. 5, 313–360.

ZERNACK Klaus, *Osteuropa*. Eine Einführung in seine Geschichte, München 1977.

5.2 Geschichte der europäischen Staaten vom Ende des 15. bis zur Mitte des 17. Jahrhunderts

5.2.1 Heiliges Römisches Reich deutscher Nation

ADAM Thomas, *Joß Fritz* – das verborgene Feuer der Revolution. Bundschuhbewegung und Bauernkrieg am Oberrhein im frühen 16. Jahrhundert, Ubstadt-Weiher 2002.

ARETIN Karl Otmar Frhr. von/FEHRENBACH Elisabeth/HAMMERSTEIN Notker u. a., *Reich*. In: GG Bd. 5, 423–568.

ARNDT Johannes, Das Heilige Römische Reich und die Niederlande 1566–1648. Politisch-konfessionelle Verflechtung und Publizistik im Achtzigjährigen Krieg, Köln u.a. 1998.

ARNOLD Klaus, *Niklashausen* 1476. Quellen und Untersuchungen zur sozialreligiösen Bewegung des Hans Behem und zur Agrarstruktur eines mittelalterlichen Dorfes, Baden-Baden 1980.

BAHLCKE Joachim, Regionalismus und Staatsintegration im Widerstreit. Die Länder der Böhmischen Krone im ersten Jahrhundert der Habsburgerherrschaft (1526–1619), München 1994.

BATTENBERG J. Friedrich, Die Juden in Deutschland vom 16. bis zum Ende des 18. Jahrhunderts, München 2001.

BERNDT Rainer (Hg.), Petrus Canisius SJ (1521–1597). Humanist und Europäer, Berlin 2000.

BIERTHER Kathrin, Der Regensburger *Reichstag* von 1640/1641, Kallmünz 1971.

BLICKLE Peter, Die *Revolution* von 1525 (1975), 3. Aufl., München 1993.

DERS., Die Reformation im Reich (1982), 3., überarb Aufl., Stuttgart 2000.

DERS., *Unruhen* in der ständischen Gesellschaft 1500–1800, München 1988.

BRÄUER Siegfried, *Protestierende* – Protestanten. Zu den Anfängen eines geschichtlichen Grundbegriffs im 16. Jahrhundert. In: Erich Donnert (Hg.), Europa in der Frühen Neuzeit. Festschrift für Günther Mühlpfordt, Bd. 6, Köln u.a. 2002, 91–113.

BRECHT Martin, Martin *Luther*, 3 Bde., Stuttgart 1981–1987.

BURKHARDT Johannes, Der Dreißigjährige Krieg, Frankfurt a.M 1992.

DERS., Deutsche Geschichte 1517–1617. Reformation und Konfessionsbildung im frühmodernen Reich, Stuttgart 1995.

CLASEN Claus-Peter, Anabaptism. A Social History, 1525–1618, Ithaca/London 1972.

DICKMANN Fritz, Der Westfälische *Frieden* (1959), 6. Aufl., Münster 1972.

DOTZAUER Winfried (Bearb.), Das Zeitalter der Glaubensspaltung (1500–1618), Darmstadt 1987.

DRUFFEL August von, Beiträge zur *Reichsgeschichte* 1546–1552, München 1882.

DUCHHARDT Heinz, Deutsche *Verfassungsgeschichte* 1495–1806, Stuttgart u.a. 1991.

DERS., (Hg.): Der Westfälische Friede. Diplomatie – politische Zäsur – kulturelles Umfeld – Rezeptionsgeschichte, München 1998.

EDELMAYER Friedrich/KOHLER Alfred (Hg.), Kaiser Maximilian II., München 1992.

EVANS Robert J. W., Rudolf II. Ohnmacht und Einsamkeit (engl. 1973), Graz u.a. 1980.

DERS., Das Werden der Habsburgermonarchie 1550–1700 (engl. 1979), Wien 1986.

GEBHARDT, Handbuch der deutschen Geschichte. Bd. 9: Wolfgang Reinhard, Probleme deutscher Geschichte 1495–1806, Reichsreform und Reformation 1496–1555, Stuttgart 2001; Bd.10: Maximilian Lanzinner/Gerhard Schormann, Konfessionelles Zeitalter 1555–1618, Dreißigjähriger Krieg 1618–1648, Stuttgart 2001.

GIDAL Nachama T., Die *Juden* in Deutschland, Köln 1997.

GOERTZ Hans-Jürgen, *Pfaffenhaß* und groß Geschrei. Die reformatorischen Bewegungen in Deutschland 1517–1529, München 1987.

DERS., Die *Täufer*. Geschichte und Deutung (1980), Berlin 1988.

HAUG-MORITZ Gabriele, Der *Schmalkaldische Bund* 1530–1541/42. Eine Studie zu den genossenschaftlichen Strukturelementen der politischen Ordnung des Heiligen Römischen Reiches Deutscher Nation, Leinfelden/Echterdingen 2002.

HECKEL Martin, Deutschland im konfessionellen Zeitalter (1983), 2., durchges. u. bibl. erw. Aufl., Göttingen 2001.

HEIN Jørgen, *Der ‚Dänische Krieg'* und die weitere Rolle Dänemarks. In: KFE Bd. 1, 103–110.

HÖFER Ernst, Das Ende des Dreißigjährigen Krieges. Strategie und Kriegsbild, Köln u.a. 1997.

HOFMANN Hanns Hubert, Quellen zum *Verfassungsorganismus* des Heiligen Römischen Reiches deutscher Nation 1495–1815, Darmstadt 1976.

ILISCH Peter, *Geld* und Münze während des Dreißigjährigen Krieges. In: KFE Bd. 1, 345–351.

JANÀCEK Josef, Rudolf II a jeho doba (Rudolf II. und seine Zeit), Prag 1987.

KAISER Michael, Politik und Kriegführung. Maximilian von Bayern, Tilly und die katholische Liga im Dreißigjährigen Krieg, Münster 1999.

KAUFMANN Thomas, Dreißigjähriger Krieg und Westfälischer Friede. Kirchengeschichtliche Studien zur lutherischen Konfessionskultur, Tübingen 1998.

KIRCHHOFF Karl-Heinz, Das *Phänomen* des Täuferreiches zu Münster 1534/35. In: Franz Petri u.a. (Hg.), Der Raum Westfalen, Bd. 6.1, Münster 1989, 277–422.

KLÖTZER Ralf (Red.), 1648–1998. Der Westfälische Frieden und seine Bedeutung für Europa. In: Westfalen 75 (1997), 1–113.

KOCH Ernst, Das konfessionelle *Zeitalter* – Katholizismus, Luthertum, Calvinismus (1563–1675), Leipzig 2000.

KOHLER Alfred, Das Reich im Kampf um die Hegemonie in Europa 1521–1648, München 1990.

DERS. (Hg.), *Quellen* zur Geschichte Karls V., Darmstadt 1990.

DERS., Karl V. 1500–1558. Eine Biographie, München 1999.

KOLLER Heinrich (Hg.), *Reformation* Kaiser Siegmunds, Stuttgart 1964.

KRUSENSTJERN Benigna von/MEDICK Hans (Hg.), Zwischen Alltag und Katastrophe. Der Dreißigjährige Krieg aus der Nähe (1999). 2. Aufl., Göttingen 2001.

LANGER Herbert, Hortus Bellicus. Der Dreißigjährige Krieg. Eine Kulturgeschichte (1978), 2. überarb. Aufl., Leipzig 1980.

DERS., Der Westfälische Frieden. Pax Europea und Neuordnung des Reiches, Berlin 1994.

DERS., Der ‚Königlich Schwedische in Deutschland geführte *Krieg'*. In: KFE Bd. 1, 187–196.

LANZINNER Maximilian, Friedenssicherung und politische Einheit des Reiches unter Kaiser Maximilian II. (1564–1576), Göttingen 1993.
LAUBACH Ernst, *Ferdinand I.* als Kaiser. Politik und Herrschaftsauffassung des Nachfolgers Karls V., Münster 2001.
LAUBE Adolf/SEIFFERT Hans Werner (Hg.), *Flugschriften* der Bauernkriegszeit, Berlin 1975.
LAUBE Adolf/VOGLER Günter u. a., Die *Epoche* des Übergangs vom Feudalismus zum Kapitalismus von den siebziger Jahren des 15. Jahrhunderts bis 1789 (1983), 2. Aufl., Berlin 1989.
LENK Werner (Bearb.), Die Reformation im zeitgenössischen *Dialog*, Berlin 1968.
LICHTENBERGER Johann, *Practica* vnnd Pronostication (Augsburg um 1530).
LORENZ Gottfried (Hg.), *Quellen* zur Vorgeschichte und zu den Anfängen des Dreißigjährigen Krieges, Darmstadt 1991.
LUTHER Martin, *Studienausgabe*. Hg. von Hans-Ulrich Delius, 5 Bde, Berlin 1979–1992.
LUTZ Heinrich, Das *Ringen* um deutsche Einheit und kirchliche Erneuerung. Von Maximilian I. bis zum Westfälischen Frieden 1490–1648, Berlin 1983.
MARON Gottfried, *Katholische Reform* und Gegenreformation. In: TRE Bd. 18, 45–72.
MOELLER Bernd, *Reichsstadt* und Reformation (1962). Bearb. Neuausg., Berlin 1987.
DERS., Deutschland im Zeitalter der Reformation (1977), 4., durchges. u. bibl. erg. Aufl., Göttingen 1999.
MOLITOR Hansgeorg, Die untridentinische *Reform*. Anfänge katholischer Erneuerung in der Reichskirche. In: W. Brandmüller u. a. (Hg.), Ecclesia militans. Festschrift für Remigius Bäumer, Bd. 1, Paderborn 1988, 399–431.
MÜLLER Gerhard (Hg.), Die *Religionsgespräche* der Reformationszeit, Gütersloh 1980.
MÜNCH Paul, Das Jahrhundert des Zwiespalts. Deutschland 1600–1700, Stuttgart u.a. 1999.
NEUHAUS Helmut, Von Karl V. zu Ferdinand I. Herrschaftsübertragung im Heiligen Römischen Reich 1555–1558. In: Christine Roll u. a. (Hg.), Recht und Reich im Zeitalter der Reformation. Festschrift für Horst Rabe, Frankfurt a.M 1996, 417–440.
DERS., Das Reich in der frühen Neuzeit, München 1997.
OKA Hiroto, Der *Bauernkrieg* in der Landgrafschaft Stühlingen und seine Vorgeschichte seit der Mitte des 15. Jahrhunderts, Konstanz 1998.
PÁNEK Jaroslav, Das politische System des böhmischen Staates im ersten Jahrhundert der habsburgischen Herrschaft (1526–1620). In: Mitteilungen des Instituts für Österreichische Geschichtsforschung 97 (1989), 53–82.
PARKER Geoffrey, Der Dreißigjährige Krieg (engl. 1984), Frankfurt a.M./New York 1987.
PETRÁN Josef, Die *Anfänge* des Krieges in Böhmen. In: KFE Bd. 1, 85–93.
POLIŠENSKÝ Josef, Der Krieg und die Gesellschaft in Europa 1618–1648. Documenta Bohemica Bellum Tricennale illustrantia, Bd. 1, Prag/Wien 1971.
DERS., War and Society in Central Europe 1618–1648, Cambridge 1978.
DERS./KOLLMANN Josef, Wallenstein. Feldherr des Dreißigjährigen Krieges (tschech. 1995), Köln u.a. 1997.
PRESS Volker, *Vorderösterreich* in der habsburgischen Reichspolitik des späten Mittelalters und der frühen Neuzeit. In: Hans Maier/Ders., Vorderösterreich in der frühen Neuzeit, Sigmaringen 1989, 1–41.

DERS.. Kriege und Krisen. Deutschland 1600–1715, München 1991.

DERS., Das Alte Reich. Ausgewählte Aufsätze. Hg. von Johannes Kunisch, Berlin 1997.

RABE Horst, Deutsche Geschichte 1500–1600. Das Jahrhundert der Glaubensspaltung, München 1991.

Reichsabschiede: Neue und vollständigere Sammlung der *Reichs-Abschiede*, 2. Teil, Frankfurt a.M. 1747.

REINHARD Wolfgang (Hg.), Bekenntnis und Geschichte. Die Confessio Augustana im historischen Zusammenhang, München 1981.

REPGEN Konrad, *Dreißigjähriger Krieg*. In: TRE Bd. 9, 169–188.

DERS., Krieg und Politik 1618–1648. Europäische Probleme und Perspektiven, München 1988.

DERS., Dreißigjähriger Krieg und Westfälischer Friede. Studien und Quellen, Paderborn 1998.

DERS., Die Westfälischen *Friedensverhandlungen*. Überblick und Hauptprobleme. In: KFE Bd. 1, 355–372.

RICHTER Karl, *Die böhmischen Länder* von 1471–1740. In: Karl Bosl (Hg.), Handbuch der Geschichte der böhmischen Länder, Bd. 2, Stuttgart 1974, 99–414.

RILL Bernd, Kaiser Matthias. Bruderzwist und Glaubenskampf, Graz u.a. 1999.

ROSSEAUX Ulrich, Die *Kipper und Wipper* als publizistisches Ereignis (1620–1626). Eine Studie zu den Strukturen öffentlicher Kommunikation im Zeitalter des Dreißigjährigen Krieges, Berlin 2001.

SCHAAB Meinrad (Hg.), *Territorialstaat* und Calvinismus, Stuttgart 1993.

SCHEIBLE Heinz: Das *Widerstandsrecht* als Problem der deutschen Protestanten 1523–1546, Gütersloh 1969.

SCHILLING Heinz, *Aufbruch* und Krise. Deutschland 1517–1648, Berlin 1988.

DERS., Veni, vidi, Deus vixit – Karl V. zwischen Religionskrieg und Religionsfrieden. In: Archiv für Reformationsgeschichte 89 (1998), 144–166.

SCHINDLING Anton/ZIEGLER Walter (Hg.), Die Kaiser der Neuzeit 1519–1918, München 1990.

DIES. (Hg.), Die *Territorien* des Reichs im Zeitalter der Reformation und Konfessionalisierung, 7 Bde., Münster 1992–1997.

SCHMIDT Georg, Der Dreißigjährige *Krieg*, München 1995.

DERS., *Geschichte* des alten Reiches. Staat und Nation in der Frühen Neuzeit 1495–1806, München 1999.

SCHULZE Winfried, Deutsche Geschichte im 16. Jahrhundert, Frankfurt a.M. 1987.

SCRIBNER Robert W., Religion und Kultur in Deutschland 1400–1800, Göttingen 2002.

TALKENBERGER Heike, *Sintflut*, Prophetie und Zeit, gesehen in Texten und Holzschnitten astrologischer Flugschriften 1488–1528, Tübingen 1990.

TSCHOPP Silvia Serena, Heilsgeschichtliche Deutungsmuster in der Publizistik des Dreißigjährigen Krieges, Frankfurt a.M. 1991.

Veranstaltungsgesellschaft 350 Jahre Westfälischer Friede (Hg.), 350 Jahre Westfälischer Friede – Entscheidungsprozesse, Weichenstellungen und Widerhall eines europäischen Ereignisses (Münster 1997).

VOGLER Günter, Der revolutionäre Gehalt und die räumliche *Verbreitung* der oberschwäbischen Zwölf Artikel. In: Peter Blickle (Hg.), Revolte und Revolution in Europa, München 1975, 206–231.

DERS., Der deutsche Bauernkrieg und die *Verhandlungen* des Reichstags zu Speyer 1526. In: ZfG 23 (1975), 1396–1410.

DERS., Die *Gewalt* soll gegeben werden dem gemeinen Volk. Der deutsche Bauernkrieg 1525 (1975), 2., überarb. u. erweit. Aufl., Berlin 1983.

DERS., Thomas Müntzer, Berlin 1989.

DERS., Thomas *Müntzers Sicht* der Gesellschaft seiner Zeit. In: ZfG 38 (1990), 218–234.

WIESFLECKER Hermann, Kaiser *Maximilian I.* Das Reich, Österreich und Europa an der Wende zur Neuzeit, 5 Bde., München 1971–1986.

WIESFLECKER-FRIEDHUBER Inge (Hg.), *Quellen* zur Geschichte Maximilians I., Darmstadt 1996.

WOLGAST Eike, Die *Religionsfrage* als Problem des Widerstandsrechts im 16. Jahrhundert, Heidelberg 1980.

DERS., *Hochstift* und Reformation. Studien zur Geschichte der Reichskirche zwischen 1517 und 1648, Stuttgart 1995.

DERS., *Reformierte Konfession* und Politik im 16. Jahrhundert. Studien zur Geschichte der Kurpfalz im Reformationszeitalter, Heidelberg 1998.

5.2.2 Die iberischen Staaten

ALCALÁ Angel (Hg.), Judios, Sefarditas, Conversos. La expulsión de 1492 y sus consecuencias, Valladolid 1995.

ALLEN Paul, Philip III and the Pax Hispanica, 1598–1621. The Failure of Grand Strategy. New Haven/London 2000.

BERNECKER Walther L./PIETSCHMANN Horst: *Geschichte Spaniens.* Von der frühen Neuzeit bis zur Gegenwart (1993), 2., überarb. u. erweit. Aufl., Stuttgart u.a. 1997.

BERNECKER Walther L./COLLADO SEIDEL Carlos/HOSER Paul (Hg.), Die spanischen Könige. 18 historische Porträts vom Mittelalter bis zur Gegenwart, München 1997.

BOXER C. R., The *Portuguese Seaborne Empire* 1415–1825, New York 1969.

CARRASCO Raphael u. a., Histoire et civilisation de Espagne Classique, 1492–1808, Paris 1991.

CZERNIN Ursula, Gattinara und die Italienpolitik Karls V. Grundlagen, Entwicklung und Scheitern eines politischen Programms, Frankfurt a.M./Berlin 1993.

DEVÈZE Michel, L'Espagne de *Philippe IV* (1621–1665), Bd. 1, Paris 1970.

DIFFIE Bailey W./WINIUS George D., Foundations of the Portuguese Empire 1415–1580, Minneapolis 1977.

DOMÍNGUEZ ORTIZ Antonio/VINCENT Bernard, Historia de los moriscos, Madrid 1978.

DUCHHARDT Heinz, Das *Tunisunternehmen* Karls V. 1535. In: Mitteilungen des österreichischen Staatsarchivs 37 (1984), 35–72.

DERS./STROSETZKI Christoph (Hg.), Siglo de Oro – Decadencia. Spaniens Kultur und Politik in der ersten Hälfte des 17. Jahrhunderts, Köln u.a. 1996.

EDELMAYER Friedrich (Hg.), Hispania – Austria II: Die Epoche Philipps II. (1556–1598), Wien/München 1999.

ELLIOTT John H., The *Revolt* of the Catalans. A Study in the Decline of Spain (1598–1640), Cambridge 1963.
DERS., The Count-Duke of *Olivares*. The Statesman in an Age of Decline, New Haven/London 1986.
DERS., *Krieg* und Frieden in Europa, 1618–1648. In: KFE Bd. 1, 23–40.
DERS./GARCIA SANCHEZ A. (Hg.), La Espana del Conde Duque de Olivares, Valladolid 1990.
FERNANDEZ ALVAREZ Manuel, Karl V. Herrscher eines Weltreichs (engl. 1975), München 1999.
GARCÍA CÁRCEL Ricardo/SIMÓN TARRÉS Antoni u. a., Edad Moderna II. Les estructuras sociales en los siglos XVI y XVII, Madrid 1997.
GRÜTTNER Michael, Die *Vertreibung* der spanischen Juden 1492. In: GWU 47 (1996), 166–188.
HEADLEY John M., The emperor and his chancellor. A study of the imperial chancellery under Gattinara, Cambridge 1983.
HEINE Hartmut, Geschichte Spaniens in der frühen Neuzeit 1400–1800, München 1984.
HOFMANN Christina, Das Spanische *Hofzeremoniell* von 1500–1700, Frankfurt a.M. 1985.
HROCH Miroslav/SKÝBOVÁ Anna, *Ecclesia Militans*. Inquisition im Zeitalter der Gegenreformation, Leipzig 1985.
JORZICK Regine, Herrschaftssymbolik und Staat. Die Vermittlung königlicher Herrschaft im Spanien der frühen Neuzeit (1556–1598), Wien/München 1998.
KAMEN Henry, *Inquisition* and Society in Spain, London/Bloomington 1985.
DERS., Spain 1469–1714. A Society of Conflict (1983), 2. Aufl., London/New York 1993.
DERS., Crisis and Change in Early Modern Spain, Aldershot 1993.
DERS., The Phoenix and the Flame. Catalonia and the Counter Reformation, New Haven/London 1993.
DERS., Philipp of Spain, New Haven/London 1997.
KENISTON Hayward, Francisco de los Cobos. Secretario de Carlos V, Madrid 1980.
KOHLER Alfred, *Karl I./V.* In: Walther L. Bernecker u. a. (Hg.), Die spanischen Könige, München 1997, 37–60.
DERS./EDELMAYER Friedrich (Hg.), Hispania – Austria: Die Katholischen Könige, Maximilian I. und die Anfänge der Casa de Austria in Spanien, Wien/München 1993.
LORENZ Gottfried (Hg.), *Quellen* zur Vorgeschichte und zu den Anfängen des Dreißigjährigen Krieges, Darmstadt 1991.
LYNCH John, *Spain* 1516–1598. From Nation State to World Empire, Oxford 1991.
DERS., The *Hispanic World* in Crisis and Change, 1598–1700, Oxford 1992.
MAJOROS Ferenc, Karl V. Habsburg als Weltmacht, Graz u.a. 2000.
MARTÍNEZ MILLÁN José, La corte de Felipe II, Madrid 1994.
OLIVEIRA MARQUES A. H. de, Geschichte Portugals und des portugiesischen Weltreichs, Stuttgart 2001.
PARKER Geoffrey, The *Army* of Flanders and the Spanish Road 1567–1659. The Logistics of Spanish Victory and Defeat in the Low Countries' War (1972), Cambridge 1995.
DERS., The *Grand Strategy* of Philip II, New Haven/London 1998.

Parry J. H., The *Spanish Seaborne Empire*, London 1966.
Pérez Joseph, *L'Espagne* du XVIe siècle, Paris 1973.
Ders., *Ferdinand und Isabella*. Spanien zur Zeit der katholischen Könige, München 1989.
Pieper Renate, Die Preisrevolution in Spanien (1500–1640), Wiesbaden 1985.
Rabe Horst, *Die iberischen Staaten* im 16. und 17. Jahrhundert: In: HEG, 581–662.
Rodríguez Sánchez Angel/Contreras Jaime u. a., Edad Moderna I. De los Reyes Católicos a los últimos Austrias. Madrid 1997.
Sánchez-Marcos Fernando, *Freiheitsbestrebungen* in Katalonien und Portugal. In: KFE Bd. 1, 207–214.
Straub Eberhard, Pax et Imperium. Spaniens Kampf um seine Friedensordnung in Europa zwischen 1617 und 1635, Paderborn 1980.
Vicens Vives Jame (Hg.), *Historia social* y economica de España y America, Bd.2 u. 3, Barcelona 1972.
Walser Fritz, Die spanischen *Zentralbehörden* und der Staatsrat Karls V. Grundlagen und Aufbau bis zum Tode Gattinaras. Bearb. u. erg. von Rainer Wohlfeil, Göttingen 1959.
Wohlfeil Rainer, *Kriegsheld* oder Friedensfürst? Eine Studie zum Bildprogramm des Palastes Karls V. in der Alhambra zu Granada. In: Christine Roll u .a. (Hg.), Recht und Reich im Zeitalter der Reformation, Frankfurt a.M. 1996, 57–96.

5.2.3 Die Niederlande

Bergsma Wiebe, *Church*, state and people. In: AMM, 196–228.
Blok Dirk Pieter u. a. (Hg.), Algemene Geschiedenis der Nederlanden, Bd. 5–9 (Nieuwe Tijd), Haarlem 1979–1980.
Blok Lodewijk, Die Reformierte *Öffentlichkeitskirche* und die anderen Religionsgemeinschaften in den Niederlanden im 17. Jahrhundert. In: Günter Vogler (Hg.), Wegscheiden der Reformation, Weimar 1994, 381–394.
Ders., *Wilhelm von Oranien* und die Entstehung des Nordniederländischen Staates. In: Ders., Opstellen en voordrachten, Diemen 1998, 11–19.
Ders./Vetter Klaus, Die *Unabhängigkeitserklärung* der Niederlande von 1581. In: ZfG 34 (1986), 275–282.
Boogman J. C., Die holländische *Tradition* in der niederländischen Geschichte (1962). In: G. A. M. Beekelaar u. a. (Hg.), Vaderlands verleden in veelvoud, Den Haag 1975, 89–104.
Ders., The Union of Utrecht, its Genesis and Consequences (1979). In: Ders., Van Spel en Spelers, s'Gravenhage 1982, 53–82.
Bruin C. C., De statenbijbel en haar voorgangers. Nederlandse bijbelvertalingen vanaf reformatie tot 1637, 2. Aufl., Haarlem/Brüssel 1993.
Clotz Henrike L., Hochschule für Holland. Die Universität Leiden im Spannungsfeld zwischen Provinz, Stadt und Kirche, 1575–1619, Stuttgart 1998.
Dane Jacques (Red.), 1648. *Vrede van Münster*, Zwolle 1998.
Darby Graham (Hg.), The Origins and Development of the Dutch Revolt, London/New York 2001.

De Jong Otto J., Nederlandse *Kerkgeschiedenis*, 3. Aufl., Nijkerk 1986.

Dillen Johannes Gerard van, Van *Rijkdom* en Regenten. Handboek tot de economische en sociale geschiedenis der Nederlanden tijdens de Republiek, s'Gravenhage 1970.

Faber Dirk E. A./De Bruin Renger E.: *Utrecht* als Gegner des Münsteraner Friedensprozesses, in: KFE Bd. 1, 413–422.

Frijhoff Willem/Spies Mareikje, 1650. *Bevochten eendracht*, Den Haag 1999.

Fruin Robert, *Geschiedenis* der Statsinstellingen in Nederland, s'Gravenhage 1901.

Gelderen Martin van, The *Political Thought* of the Dutch Revolt 1555–1590, Cambridge 1992.

Gillissen John, Les États Géneraux de Pays de par deca (1464–1632). In: Standen en Landen 33 (1965), 265–321.

Haak Bob, Hollandse schilders in de Gouden Eeuw, Amsterdam 1984.

Haitsma-Mulier E. O. G., Der Mythos Venedigs und der holländische Republikanismus im 17. Jahrhundert. In: Konrad Fritze u. a. (Hg.), Der Ost- und Nordseeraum, Weimar 1986, 108–119.

Hsia Ronnie Po-Chia/Nierop Henk van (Hg.), Calvinism and Religious Toleration in the Dutch Golden Age, Cambridge 2002.

Huizinga Johan, *Uit de voorgeschiedenis* van ons nationale besef (1912). In: Ders., Verzamelde Werken, Bd. 2, Haarlem 1948, 140 ff.

IJsewijn Josef, The comming of Humanism to the Low Countries. In: Heiko A. Oberman/Thomas A. Brady (Hg.), Itinerarium Italicum. The Profile of the Italian Renaissance in the Mirror of its European Transformation, Leiden 1995, 193–301.

Israel Jonathan, Dutch *Primacy* in World Trade 1585–1740, Oxford 1990.

Ders., The *Dutch Republic.* Its Rise, Greatness, and Fall 1477–1806, Oxford 1995.

Koenigsberger Helmut G., The *States General* of the Netherlands before the Revolt. In: Ders., Estates and Revolutions, Ithaca/London 1971, 125–143.

Kossman E. H./Mellink A. F. (Hg.), *Texts* concerning the Revolt of the Netherlands, Cambridge 1974.

Kuttner Erich, *Het hongerjaar* 1566 (1949), Amsterdam 1964.

Lademacher Horst, Die Niederlande. Politische Kultur zwischen Individualität und Anpassung, Berlin 1993.

Ders., Onder den Oranje boom. Dynastie in der Republik. Das Haus Oranien-Nassau als Vermittler niederländischer Kultur in deutschen Territorien im 17. und 18. Jahrhundert, München 1999.

Lesger Clé, *Handel* in Amsterdam ten tijde van de opstand. Kooplieden, commerciele expansie en veranderingen in de ruimtelijke economie van de Nederlanden ca. 1550 – ca. 1630, Hilversum 2001.

Maltby William S., *Alba.* A Biography of Fernando Alvarez Toledo, Third Duke Alba, 1507–1582, Berkeley/Los Angeles 1983.

Meij J. C. A. de, De *Watergeuzen.* Piraten en bevrijders, Haarlem 1980.

Nierop Henk F. K. van, The Nobility of Holland. From Knights to Regents, 1500–1650, Cambridge 1992.

Noordegraaf Leo/Zanden Jan Luiten van, Early modern *economic growth* and the standard of living: did labour benefit from Holland's Golden Age? In: AAM, 410–437.

O'BRIEN Patrick (Hg.), *Urban achievement* in Early Modern Europe. Golden Ages in Antwerp, Amsterdam and London, Cambridge 2001.

OTTERSPEER Willem, *Het bolwerk* van de vrijheid. De Leidse universiteit 1575–1672, Amsterdam 2000.

POLIŠENSKÝ Josef, *Nizonemská politika* a bílá hora (Die niederländische Politik und der Weiße Berg), Prag 1958.

PRAK Maarten, Gouden Eeuw. Het raadsel van de Republiek, Nijmegen 2002.

ROWEN Herbert H. (Hg.), The *Low Countries* in Early Modern Times, London/Melbourne 1972.

DERS., The *Princes* of Orange. The Stadholders in the Dutch Republic, Cambridge 1990.

SCHAMA Simon, Überfluß und schöner Schein. Zur Kultur der Niederlande im Goldenen Zeitalter (engl. 1987), München 1988.

SCHEPPER Hugo de, Belgium Nostrum, 1500–1650. Over de integratie en desintegratie van het Nederland, Antwerpen 1987.

SCHÖFFER Ivo, Veelvormig Verleden. Zeventien Studies in de Vaderlandse Geschiedenis, Amsterdam 1987.

TAMUSSINO Ursula, Margarete von Österreich. Diplomatin der Renaissance, Graz u.a. 1995.

TEMPLE Sir William, Observations upon the United Provinces of the Netherlands (1673). Hg. von G. Clark, Oxford 1972.

T'HART Marjolein, The Making of a Bourgeois State. War, Politic and Finance during the Dutch Revolt, Manchester/New York 1993.

TONGERLOO Louise van, Een *Hessisch diplomaat* over de Statse politiek ten opzichte van Duitsland (1630). In: Bijdragen en Mededelingen van het Historisch Genootschap 75 (1961), 65–74.

TRACY James D., Holland under Habsburg rule, 1506–1566, Berkeley 1990.

VERHEYDEN A. L. E., *Le Conseil* des Troubles. Liste des condamnés (1567–1573), Brüssel 1961.

VETTER Klaus, Wilhelm von Oranien. Eine Biographie, Berlin 1987.

VOGLER Günter, *Martin Luther* und die europäische Gesellschaft – Beobachtungen zur Wirkungsgeschichte der lutherischen Reformation bis zur Mitte des 16. Jahrhunderts. In: Horst Bartel u. a. (Hg.), Martin Luther. Leistung und Erbe, Berlin 1986, 68–83.

VRIES Jan de, The Dutch Rural Economy in the Golden Age, 1500–1700, New Haven/London 1974.

DERS./WOUDE A. van der, The First Modern *Economy*. Success, Failure, and Perseverance of the Dutch Economy, 1500–1815, Cambridge 1997.

WINTER P. J. van, De zeven *provincien*, Haarlem 1954.

WITTMAN Tibor, Das Goldene Zeitalter der Niederlande (ungar. 1965), Leipzig 1975.

WOLTJER Jan Juliaan, Der niederländische *Bürgerkrieg* und die Gründung der Republik der Vereinigten Niederlande (1555–1648). In: HEG, 663–688.

DERS., Tussen vrijheidsstrijd en burgeroorlog. Over de Nederlandse Opstand 1555–1580, Amsterdam 1994.

5.2.4 Die Schweizer Eidgenossenschaft

BENDER Wilhelm, Zwinglis *Reformationsbündnisse*, Zürich/Stuttgart 1970.

BERGIER Jean-Francois, Wirtschaftsgeschichte der Schweiz. Von den Anfängen bis zur Gegenwart (1983), 2. Aufl., Zürich 1990.

BOUWSMA William J., John *Calvin*. A Sixteenth-Century Portrait, New York/Oxford 1988.

BRADY Thomas A., *Turning Swiss*. Cities and Empire, 1450–1550, Cambridge 1985.

BRAUN Bettina, Die *Eidgenossen*, das Reich und das politische System Karls V., Berlin 1997.

CALVIN Johannes, *Unterricht* in der christlichen Religion (Institutio Christianae Religionis). Übers. u. bearb. von Otto Weber, Neukirchen 1937.

DÜRR Emil/ROTH Paul (Hg.), Aktensammlung zur Geschichte der *Basler Reformation* in den Jahren 1519 bis Anfang 1534, Bd. 3, Basel 1937.

EGGER Franz, Johann Rudolf *Wettstein* und die internationale Anerkennung der Schweiz als europäischer Staat. In: KFE Bd. 1, 423–432.

FARNER Oskar, Huldrych *Zwingli*, 4 Bde., Zürich 1943–1960.

GÄBLER Ulrich, Huldrych *Zwingli*. Eine Einführung in sein Leben und sein Werk (1983), Berlin 1985.

GOERTZ Hans-Jürgen, *Machtbeziehungen* in der Zürcher Reformation. In: Alfred Schindler/Hans Stickelberger (Hg.), Die Zürcher Reformation: Ausstrahlungen und Rückwirkungen, Bern 2001, 43–75.

GREYERZ Hans von, Die *Schweiz* von 1499–1648. In: HEG, 689–713.

GREYERZ Kaspar von, Die *Schweiz* während des Dreißigjährigen Krieges. In: KFE Bd. 1, 133–140.

GUGGISBERG Hans R., Sebastian *Castellio* 1515–1563. Humanist und Verteidiger der religiösen Toleranz im konfessionellen Zeitalter, Göttingen 1997.

IM HOF Ulrich, Von den *Chroniken* der alten Eidgenossenschaft bis zur neuen ‚Geschichte der Schweiz und der Schweizer'. In: Geschichte der Schweiz und der Schweizer, Basel/Frankfurt a.M. 1986, 13–22.

DERS., Geschichte der *Schweiz* (1974), 5., verb. u. erweit. Aufl., Stuttgart u.a. 1991.

DERS., Mythos Schweiz. Identität – Nation – Geschichte 1291–1991, Zürich 1991.

KOCH Bruno, *Kronenfresser* und deutsche Franzosen. Zur Sozialgeschichte der Reisläuferei aus Bern, Solothurn und Biel zur Zeit der Mailänderkriege. In: Schweizerische Zeitschrift für Geschichte 46 (1996), 151–184.

KÖRNER Martin, *Glaubensspaltung* und Wirtschaftssolidarität (1515–1648). In: Geschichte der Schweiz und der Schweizer, Basel/Frankfurt a.M. 1986, 357–446.

LOCHER Gottfried W., Huldrych *Zwingli* in neuer Sicht. Zehn Beiträge zur Theologie der Zürcher Reformation, Zürich/Stuttgart 1969.

DERS., Die *Zwinglische Reformation* im Rahmen der europäischen Kirchengeschichte, Göttingen/Zürich 1979.

MATHIEU Jon, Eine Agrargeschichte der inneren Alpen. Graubünden, Tessin, Wallis 1500–1800, Zürich 1991.

MATTMÜLLER Markus, Bevölkerungsgeschichte der Schweiz, Teil I: Die frühe Neuzeit 1500–1700, Basel 1987.

Moos Carlo, Freiheit für sich, Herrschaft über die anderen. Die Schweiz in der frühen Neuzeit. In: Thomas Fröschl (Hg.), Föderationsmodelle und Unionstrukturen, München/Wien 1994, 142–162.
Morkowska Marysia, Vom Stiefkind zum Liebling. Die Entwicklung und Funktion des europäischen Schweizbildes bis zur Französischen Revolution, Zürich 1997.
Mühling Andreas, Heinrich Bullingers europäische *Kirchenpolitik*, Bern u.a. 2001.
Muralt Leonhard von, *Renaissance* und Reformation. In: Handbuch der Schweizer Geschichte, Bd. 1, 2. Aufl., Zürich 1980, 389–570.
Peyer Hans Conrad, *Verfassungsgeschichte* der alten Schweiz, Zürich 1978.
Schindler Alfred/Stickelberger Hans (Hg.), Die *Zürcher Reformation*:Ausstrahlungen und Rückwirkungen, Bern u.a. 2001.
Stadler Peter, Das Zeitalter der *Gegenreformation*. In: Handbuch der Schweizer Geschichte, Bd. 1, Zürich 1980, 571–672.
Walder Ernst, Reformation und moderner Staat. In: Archiv des Historischen Vereins des Kantons Bern 64/65 (1980/81) 441–583.
Ders., Das *Stanser Verkommnis*. Ein Kapitel eidgenössischer Geschichte neu untersucht: Die Entstehung des Verkommnisses von Stans in den Jahren 1477 bis 1481, Stans 1994.
Wendland Andreas, Der *Nutzen* der Pässe und die Gefährdung der Seelen. Spanien, Mailand und der Kampf um das Veltlin (1620–1641), Zürich 1995.
Zwingli Huldreich, *Sämtliche Werke*. Hg. von Emil Egli/Georg Finsler, Bd. 1, Berlin 1905.

5.2.5 Die italienischen Staaten

Alonge Roberto/Anatra Bruno u. a., *Il tramonto* del Rinascimento, Mailand 1987 (Storia della società Italiana Bd. 10).
Alonge Roberto/Benzoni Gino u. a., La Controriforma e il Seicento, Mailand 1989 (Storia della società Italiana Bd. 11).
Black Christopher F., Early Modern Italy. A Social History, London/ New York 2001.
Caponetta Salvatore, La Riforma protestante nell'Italia del Cinquecento, Turin 1992.
Caravale Mario/Caracciolo Alberto, Lo *Stato pontificio* da Martino V a Pio IX, Turin 1978 (Storia d'Italia Bd. 14).
Cipriani Giovanni/D'Agostino Guido u. a., *I secoli* del primato italiano: il Quattrocento, Mailand 1988 (Storia della società Italiana Bd. 7).
Cochrane Eric, Italy 1530–1630, London/New York 1988.
Cole Alison, *Renaissance* von Mailand bis Neapel. Die Kunst an den Höfen Italiens (engl. 1995), München 1996.
Costantini Claudio, La Repubblica di Genova nell'età moderna, Turin 1978 (Storia d'Italia Bd. 9).
Cozzi Gaetano/Knapton Michael/Scarabello Giovanni, La Repubblica di *Venezia* nell' età moderna, Turin 1992 (Storia d'Italia Bd. 12).
De Rosa Gabriele/Gregory Tullio, Storia dell' Italia Religiosa II: L'età moderna, Rom/Bari 1994.
Diaz Furio, Il Granducato di *Toscana*. I Medici, Turin 1976 (Storia d'Italia Bd. 13.1).
Einaudi Giulio (Hg.), Storia dell' economia italiano II: L'età moderna, Turin 1991.

GALASSO Giuseppe/MASCILLI MIGLIORINI Luigi, *L'Italia* moderna e l'unità nazionale, Turin 1998 (Storia d'Italia Bd. 19).
GILBERT Felix, *Venedig*, der Papst und sein Bankier (engl. 1980), Frankfurt a.M./New York 1994.
GLEASON Elisabeth, *Catholic Reformation*, Counterreformation and Papal Reform in the Sixteenth Century. In: HEH Bd. 2, 317–345.
HEADLEY John M./TOMARO John B. (Hg.), San Carlo Borromeo. Catholic Reform and Ecclesiastical Politics in the Second Half of the Sixteenth Century, Washington/London 1988.
JEDIN Hubert, Geschichte des Konzils von *Trient*, 4 Bde., Freiburg i.Br. 1949–1975.
KOENIGSBERGER Helmut G., The *Revolt* of Palermo in 1647. In: Ders., Estates and Revolutions, Ithaca/London 1971, 253–277.
DERS., The Italian *Parliaments* from their Origins to the End of the 19th Century. In: Ders.: Politicians and Virtuosi, London 1986, 27–62.
LUTZ Heinrich, *Italien* vom Frieden von Lodi bis zum Spanischen Erbfolgekrieg (1454–1700). In: HEG, 851–901.
MERLIN Pierpaolo/ROSSO Claudio/SYMCOX Geoffrey/RICUPERATI Giuseppe, Il *Piemonte sabaudo*. Stato e territori in età moderna, Turin 1994.
MUSI Aurelio, La rivolta di *Masaniello* nella scena politica barocca, Neapel 1989.
ORESKO Robert/PARROTT David, *Reichsitalien* im Dreißigjährigen Krieg. In: KFE Bd.1, 141–160.
REINHARD Wolfgang, *Nepotismus*. Der Funktionswandel einer papstgeschichtlichen Konstante. In: Zeitschrift für Kirchengeschichte 86 (1975), 145–185.
DERS., *Reformpapsttum* zwischen Renaissance und Barock. In: Ders., Ausgewählte Abhandlungen, Berlin 1997, 37–52.
ROECK Bernd, *Kunstpatronage* in der Frühen Neuzeit. Studien zu Kunstmarkt, Künstlern und ihren Auftraggebern in Italien und im Heiligen Römischen Reich (15.–17. Jahrhundert), Göttingen 1999.
RUBINSTEIN Nicolai, Das politische *System Italiens* in der zweiten Hälfte des 15. Jahrhunderts. In: Peter Moraw (Hg.), ‚Bündnissystem' und ‚Außenpolitik' im späteren Mittelalter, Berlin 1988, 105–119.
SEIDLMAYER Michael, *Geschichte Italiens*. Vom Zusammenbruch des Römischen Reiches bis zum ersten Weltkrieg (1962), 2., erweit. Aufl., Stuttgart 1989.
SELLA Domenico/CAPRA Carlo, Il Ducato di *Milano* dal 1535 al 1796, Turin 1984 (Storia d'Italia Bd. 11).
VILLARI Rosario, The *Revolt* of Naples, Oxford 1993.
WELTI Manfred E., Kleine Geschichte der italienischen Reformation, Gütersloh 1985.

5.2.6 Frankreich

BENEDICT Philip, Settlements: *France*. In: HEH Bd. 2, 417–454.
BERCÉ Yves-Marie, *Croquants* et Nu-Pieds. Les soulèvements paysans en France du XVIe au XIXe siècle (1974), Paris 1991.
BERGIN Joseph, The Rise of Richelieu (1991), Manchester/New York 1997.
DERS./BROCKLISS, Laurence (Hg.), *Richelieu* and his Age, Oxford 1992.

BONNEY Richard J., Society and Government in France under Richelieu and Mazarin 1624–1661, London 1988.

BOURDE André, *Frankreich* vom Ende des Hundertjährigen Krieges bis zum Beginn der Selbstherrschaft Ludwigs XIV. (1453–1661). In: HEG, 714–850.

BRAUDEL Fernand (Hg.), Histoire économique et sociale de la France. Bd. 1.1: De 1450 à 1660. L'état et la ville (1977); Bd. 1.2: De 1450 à 1660. Paysannerie et croissance (1977), Paris 1993.

BURGUIÈRE André/REVEL Jacques (Hg.), Histoire de la France, 4 Bde. (L'espace français, L'État et les pouvoirs, Les conflits, Les formes de la culture), Paris 1989–1993.

CHAIX Gérald, Der französische König *Heinrich III.* (1574–1589). In: Heinz Duchhardt (Hg.), Der Herrscher in der Doppelpflicht, Mainz 1997, 77–96.

CONSTANT Jean-Marie, La Ligue, Paris 1996.

CROUZET Denis, Les guerriers de Dieu. La violence au temps des troubles de religion (vers 1525 – vers 1610), 2 Bde., Seyssel 1990.

DERS., La genèse de la Réforme Française 1520–1560, Paris 1996.

GARRISSON Janine, *L'Édit* de Nantes et sa révocation: Histoire d'une intolérance, Paris 1985.

GOUBERT Pierre, *Mazarin*, Paris 1990.

JOUANNA Arlette, Le devoir de révolte. Le noblesse française et la gestation de l'État moderne, 1559–1661, Paris 1989.

DIES., La France du XVIe siècle, 1483–1598, Paris 1996.

KNECHT R. J., Renaissance Warrior and Patron: The Reign of Francis I, Cambridge 1994.

DERS., Catherine de Medici, London/New York 1998.

DERS., The Rise and Fall of Renaissance France 1483–1610, 2. Aufl., Oxford 2001.

MAJOR J. Russell, From Renaissance Monarchy to Absolute Monarchy. French Kings, Nobles, and Estates, Baltimore/London 1997.

MALETTKE Klaus, *Pays d'Election* et pays d'États en France à l'époque moderne. In: Rainer Babel/Jean-Marie Moeglin (Hg.), Identité régionale et conscience nationale, Sigmaringen 1997, 73–88.

DERS., Richelieus Außenpolitik und sein Projekt kollektiver Sicherheit. In: Peter Krüger (Hg.), Kontinuität und Wandel in der Staatenordnung der Neuzeit, Marburg 1991, 47–68.

DERS., Frankreichs *Reichspolitik* zur Zeit des Dreißigjährigen Krieges und des Westfälischen Friedens. In: KFE Bd. 1, 177–186.

DERS., Les relations entre la France et le Saint-Empire au XVII. siècle, Paris 2001.

MEYER Jean, *Frankreich* im Zeitalter des Absolutismus 1515–1789 (frz. 1985), Stuttgart 1990.

MIECK Ilja, Die *Bartholomäusnacht* als Forschungsproblem. Kritische Bestandsaufnahme und neue Aspekte. In: HZ 216 (1973), 73–110.

DERS., Die *Entstehung* des modernen Frankreich 1450–1610. Strukturen, Institutionen, Entwicklungen, Stuttgart 1982.

PERNOT Michel, *Les guerres* de religion en France 1559–1598, Paris 1987.

DERS., *La Fronde*, Paris 1994.

PILLORGET René, *Les mouvements* insurrectionels de Provence entre 1596 et 1715, Paris 1975.

POLIDORI Robert/PÉROUSE DE MONTCLOS Jean-Marie, *Schlösser* im Loiretal, Köln 1997.
RANUM Orest, *La Fronde*. A French Revolution 1648–1652, New York 1993.
REINHARD Wolfgang, *Glaube* – Geld – Diplomatie. Die Rahmenbedingungen des Religionsgesprächs von Poissy im Herbst 1561 In: Gerhard Müller (Hg.), Die Religionsgespräche der Reformationszeit, Gütersloh 1980, 89–116.
SCHMALE Wolfgang, *Geschichte Frankreichs*, Stuttgart 2000.
SKALWEIT Stephan, Die ‚*Affaire* des placards' und ihr religionsgeschichtlicher Hintergrund. In: Erwin Iserloh/Konrad Repgen (Hg.), Reformata Reformanda. Festgabe für Hubert Jedin, 1. Teil, Münster 1965, 445–465.
TISCHER Anuschka, Französische Diplomatie und Diplomaten auf dem Westfälischen Friedenskongreß. Außenpolitik unter Richelieu und Mazarin, Münster 1999.
VOSS Jürgen, Geschichte Frankreichs. Bd. 2: Von der frühneuzeitlichen Monarchie zur Ersten Republik 1500–1800, München 1980.
WAGNER Michael, Kreuzzug oder Klassenkampf? Zur Sozialgeschichte der französischen Religionskriege im späten 16. Jahrhundert. In: ZHF 25 (1998), 85–1o3.
YARDENI Myriam, La conscience nationale en France pendant les guerres de religion (1559–98), Louvain/Paris 1971.

5.2.7 Die britischen Inseln

ASCH Ronald G. (Hg.), Three Nations – a Common History? England, Scotland, Ireland and British History, ca. 1600–1920, Bochum 1993.
ASTINGTON John H., Englisch *Court Theatre*, 1558–1642, Cambridge 1999.
AYLMER G. F., The *Levellers* in the English Revolution, 1975.
BARBER Sarah, Scotland and Ireland under the *Commonwealth*: a question of loyalty. In: Dies./Steven G. Ellis (Hg.), Conquest and Union, London/New York 1995, 195–221.
BRADSHAW Brendan/MORRILL John, British consciousness and identity, Cambridge 1998.
BRENNER Robert, Merchants and Revolution. Commercial change, Political conflict, and London's Overseas Traders, 1550–1653, Princeton 1993.
CARPENTER Christine, The *Wars* of the Roses. Politics and the Constitution in England, c. 1437–1509, Cambridge 1997.
COCHRANE Eric/GRAY Charles M./KISHLANSKY Mark M. (Hg.), *Early Modern Europe*: Crisis of Authority, Chicago/London 1987.
COLEMAN D. C., The economy of England, 1450–1750, Oxford 1977.
CONNOLLY S. J. (Hg.), Kingdoms United? Great Britain and Ireland since 1500, Dublin 1999.
ELLIS Steven G., *Tudor state* formation and the shaping of the British Isles. In: Ders./Sarah Barber (Hg.), Conquest and Union, London/New York 1995, 40–63.
DERS., *Ireland* in the Age of the Tudors 1447–1603. English Expansion and the End of the Gaelic Rule, London/New York 1998.
ELTON Geoffrey R., England unter den Tudors (engl. 1955, 1974), München 1983.
DERS. (Hg.), The *Tudor Constitution*. Documents and Commentary (1960), Cambridge 1995.
GAUNT Peter, Oliver Cromwell, Oxford 1997.

GOODARE Juliane, State and society in early modern Scotland, Oxford 1999.
GREAVES Richard L., *Society and Religion* in Elizabethan England, Minneapolis 1981.
GREYERZ Kaspar von, *England* im Jahrhundert der Revolution 1604–1714, Stuttgart 1994.
GUY John (Hg.), The Tudor Monarchy, London/New York 1997.
HAAN Heiner, *Prosperität* und Krise. Grundprobleme und Forschungsschwerpunkte der englischen Geschichte in der frühen Neuzeit. In: Gottfried Niedhart (Hg.), Einführung in die englische Geschichte, München 1982, 79–137.
DERS./NIEDHART Gottfried, Geschichte Englands vom 16. bis zum 18. Jahrhundert, München 1993.
HAIGH Christopher, English Reformations: Religion, Politics and Society under the Tudors, Oxford 1993.
DERS., *Elizabeth I*, Harlow 2001.
HAZLETT William Ian P., Settlements: The *British Isles*. In: HEH Bd. 2, 454–490.
HILL Christopher, *Society and Puritanism* in Pre-Revolutionary England (1964), London 1966.
DERS., The World Turned Upside Down. Radical Ideas during the English Revolution, London 1972.
KELSEY Harry, Sir *Francis Drake*. The Queens Pirate, New Haven 2000.
KENYON John Philipp (Hg.), The *Stuart Constitution* 1603–1688. Documents and Commentary, Cambridge 1966.
DERS./OHLMEYER Jane (Hg.), The *Civil Wars*. A Military History of England, Scotland, and Ireland 1638–1660, Oxford 1998.
KLUXEN Kurt, *Geschichte Englands*. Von den Anfängen bis zur Gegenwart (1968), 4. Aufl., Stuttgart 1991.
LEWALSKI Barbara Kiefer, The Life of John *Milton*. A Critical Biography, Oxford 2001.
LOADES David M., The Reign of Mary Tudor. Politics, government and religion in England 1553–1558 (1979), 2. Aufl., London/New York 1991.
DERS., *Revolution* in Religion: The English Reformation 1530–1570, Cardiff 1992.
DERS., Politics and Nation. England 1450–1660. 5. Aufl., Oxford 1999.
LOTTES Günther, Elisabeth I. Eine politische Biographie, Göttingen 1981.
MACCAFFREY W., *Elizabeth I*, London 1993.
MACCULLOCH, Diarmaid: Die zweite Phase der englischen Reformation (1547–1603) und die Geburt der anglikanischen Via Media, Münster 1998.
MEISSNER Paul, *England* im Zeitalter von Humanismus, Renaissance und Reformation, Heidelberg 1952.
MOODY T. W./MARTIN F. X./BYRNE F. J., A New History of Ireland. III: Early modern Ireland 1534–1691, Oxford 1991.
MORRILL John (Hg.), *Oliver Cromwell* and the English Revolution, 1990.
DERS., The fashioning of *Britain*. In: Steven G. Ellis/Sarah Barber (Hg.), Conquest and Union, London/New York 1995, 8–39.
DERS. (Hg.), The Oxford illustrated history of Tudor and Stuart Britain, Oxford/New York 1996.
DERS., *Revolt* in the Provinces. The People of England and the Tragedies of War, 1634–1648, 2. Aufl., Harlow 1999.

Nicholls Mark, A History of the Modern British Isles, 1529–1603. The Two Kingdoms, London 1998.
Ó Siochrú Michéal, *Ireland* in the 1640s. The Confederates and the Irish Civil Wars, Dublin 2001.
Palliser D. M., The *Age* of Elisabeth. England under the later Tudors 1547–1603 (1983), 2. Aufl., London/New York 1992.
Reinhard Wolfgang, *Staat und Heer* in England im Zeitalter der Revolutionen. In: Ders., Ausgewählte Abhandlungen, Berlin 1997, 193–230.
Robertson John, *Union* by Corporation. England, Scotland and Ireland 1603–1801. In: Thomas Fröschl (Hg.), Föderationsmodelle und Unionsstrukturen, München/Wien 1994, 104–118.
Russell Lord Conrad, Der englische König Jakob I. (1603–1625). In: Heinz Duchhardt (Hg.), Der Herrscher in der Doppelpflicht, Mainz 1997, 123–137.
Scarrisbrick J. J., *Henry VIII*, London 1968.
Schröder Hans-Christoph, Die *Revolutionen* Englands im 17. Jahrhundert, Frankfurt a.M. 1986.
Schulin Ernst, *England und Schottland* vom Ende des Hundertjährigen Krieges bis zum Protektorat Cromwells (1455–1660). In: HEG, 902–960.
Sharpe Kevin, The *Personal Rule* of Charles I, New Haven/London 1992.
Slack Paul, From Reformation to Improvement. Public Welfare in Early Modern England, Oxford 1999.
Smith Alan G. R., The emergence of a Nation State: the commonwealth of England 1529–1620 (1984), 2. Aufl., London/New York 1997.
Smith David L., A History of the Modern British Isles, 1603–1707. The Double Crown, Oxford 1998.
Ders., The *Stuart Parliaments*, 1603–1689. Reconstruction in Early Modern England, London 1999.
Todd Margo (Hg.), Reformation to revolution. Politics and Religion in Early Modern England, London/New York 1995.
Wedgwood Cicely V., The *Great Rebellion*, 2 Bde, London 1955, 1958.
Wende Peter, *Geschichte Englands* (1985), 2., überarb. u. erw. Aufl., Stuttgart u.a. 1995.
Wormald Jenny, *Court*, kirk and community. Scotland 1470–1625, London 1985.
Dies., Der schottische König Jakob VI. (1588–1625). In: Heinz Duchhardt (Hg.), Der Herrscher in der Doppelpflicht, Mainz 1997, 99–121.

5.2.8 Die skandinavischen Länder

Andersson Ingvar, *Schwedische Geschichte*. Von den Anfängen bis zur Gegenwart (schwed. 1943), München 1950.
Asche Matthias/Schindling Anton (Hg.), Dänemark, Norwegen und Schweden im Zeitalter der Reformation und Konfessionalisierung. Nordische Königreiche und Konfessionalisierung 1500 bis 1660, Münster 2002.
Attman Artur, The Struggle for Baltic Markets. Powers in Conflict 1558–1618, Lund 1979.
Bagge Sverre/Mykland Knut, Norge i dansketiden, Kopenhagen 1987.

Barudio Günter, Gustav Adolf der Große. Eine politische Biographie, Frankfurt a.M. 1982.

Behre Göran/Larsson Lars-Olof/Österberg Eva, Sveriges historia 1521–1809, Stockholm 1985.

Brandt Ahasver von, *Die nordischen Länder* von 1448 bis 1654. In: HEG, 961–1002.

Carlsson Sten/Rosén Jerker, Svensk historia I: Tiden före 1718 (1961), 4. Aufl., Lund 1980.

Danielsen Rolf u. a., Norway. A History from the Vikings to Our Own Time, Oslo 1995.

Feldbaek Ole, Danmarks ökonomiske historie 1500–1840, Herving 1993.

Findeisen Jörg-Peter, Das Ringen um die Ostseeherrschaft. Schwedens Könige der Großmachtzeit, Berlin 1992.

Forssman Erik, *Schwedische Baukunst* in der frühen Neuzeit und im Dreißigjährigen Krieg. In: Robert Bohn (Hg.), Europa in Scandinavia, Frankfurt a.M. 1994, 191–204.

Gerhard Dietrich, Probleme des dänischen *Frühabsolutismus*. In: Rudolf Vierhaus/Manfred Botzenhart (Hg.), Dauer und Wandel der Geschichte, Münster 1966, 269–292.

Grane Leif/Hørby Kai (Hg.), Die dänische *Reformation* vor ihrem internationalen Hintergrund, Göttingen 1990.

Gustafsson Harald, *Conglomerates* or unitary States? Integration Processes in Early Modern Denmark-Norway and Sweden. In: Thomas Fröschl (Hg.), Föderationsmodelle und Unionsstrukturen, München/Wien 1994, 45–62.

Heiberg Steffen (Hg.), *Christian IV* and Europe, Kopenhagen 1988.

Hein Jørgen, *Der ‚Dänische Krieg'* und die weitere Rolle Dänemarks. In: KFE Bd. 1, 103–110.

Hørby Kai/Venge Mikael/Gamrath Helge/Ladewig Petersen E., Tiden 1340–1648, Kopenhagen 1980 (Danmarks historie, Bd. 2).

Hubbard William H. u. a., Making a Historical Culture in Norway, Oslo 1995.

Imsen Steinar, *Kommunalismus* auf Norwegisch. In: Zeitschrift für Agrargeschichte und Agrarsoziologie 42 (1999), 15–33.

Jespersen Leon, Office and Offence. Crisis and Structural Transformation in 17th-century Scandinavia. In: SJH 18 (1993), 97–130.

Johannesson Knut, The Renaissance of the Goths in Sixteenth-Century Sweden. Johannes and Olaus Magnus as Politicians and Historians (schwed. 1982), Berkeley/Los Angeles 1991.

Jutikkala Eino, Geschichte Finnlands (1964), 2., überarb. Aufl., Stuttgart 1976.

Kan A. S., Geschichte der skandinavischen Länder (Dänemark, Norwegen, Schweden) (russ.1971), Berlin 1978.

Kirby David G., *Northern Europe* in the Early Modern Period. The Baltic World 1492–1772, London/New York 1990.

Kongsted Ole, Christian IV. und seine europäische *Musikerschaft*. In: Robert Bohn (Hg.), Europa in Scandinavia, Frankfurt a.M. 1994, 115–126.

Korell Günter, *Jürgen Wullenwever*. Sein sozial-politisches Wirken in Lübeck und der Kampf mit den erstarkenden Mächten Nordeuropas, Weimar 1980.

Krüger Kersten, *Absolutismus* in Dänemark – ein Modell für Begriffsbildung und Typologie. In: Zeitschrift der Gesellschaft für schleswig-holsteinische Geschichte 104 (1979), 171–206.

Ladewig Petersen E., Fra standsomfund til rangsomfund 1500–1700 (Dansk social historie Bd. 3), Kopenhagen 1980.

Lilja Sven, Swedish Urbanization c. 1570–1800. Chronology, Structure and Causes. In: SJH 19 (1994), 277–303.

Lindegren Jan, The Swedish ‚Military State', 1560–1720. In: SJH 10 (1985), 305–336.

Maarbjerg John P., *Diplomatic Relations* between Denmark and Russia during the Livonian Wars 1558–1581. In: SJH 16 (1991), 167–188.

Ders., The Economic *Background* to ‚The War of Clubs'. In: SJH 17 (1992), 1–24.

Ders., *Scandinavia* in the European World-Economy, ca. 1570–1625, New York 1995.

Metcalf Michael F. (Hg.), The Riksdag. A History of the Swedish Parliament, New York 1987.

Ders., *Scandinavia*, 1397–1560. In: HEH Bd. 2, 523–550.

Neumann Jens Martin, Die *Baukunst* Christians IV. von Dänemark. In: Robert Bohn (Hg.), Europa in Scandinavia, Frankfurt a.M. 1994, 205–218.

Oakley Stewart B. (Hg.), War and Peace in the Baltic 1560–1790, London/New York 1992.

Oystein Rian, Why did Norway Survive as a Kingdom? In: SJH 21 (1996), 49–62.

Roberts Michael, The Early Vasas. A History of Sweden 1523–1611, Cambridge 1968.

Ders., Gustav Vasa, Stockholm 1970.

Ders., Gustav Adolphus and the Rise of Sweden (1973), 2. Aufl., London 1992.

Runeby Nils, Das ‚bedingte' *Erbreich*: Schweden. In: Johannes Kunisch (Hg.), Der dynastische Fürstenstaat, Berlin 1982, 293–314.

Sandberg Robert, *Growth* and Transformation of an Early Modern Capital City. In: SJH 17 (1992), 295–314.

Schildhauer Johannes, *Reformation* im Ostseeraum und beginnender Kampf um das Dominium maris Baltici im 16. Jahrhundert. In: Konrad Fritze u. a. (Hg.), Der Ost- und Nordseeraum. Politik – Ideologie – Kultur vom 12. bis zum 17. Jahrhundert, Weimar 1986, 19–35.

Skarsten Trygve R., The *Reception* of the Augsburg Confession in Scandinavia. In: Sixteenth Century Journal XI, 3 (1980), 87–98.

Vogler Günter, *Bürgertum* und Staatsgewalt in der Epoche des Übergangs vom Feudalismus zum Kapitalismus. Zum Verhältnis von Ständen und absolutistischer Herrschaftsform in Staaten des hansischen Raumes. In: Jahrbuch für Geschichte des Feudalismus 1 (1977), 305–331.

Zernack Klaus, *Schweden* als europäische Großmacht der Frühen Neuzeit. In: Ders., Nordosteuropa, Lüneburg 1993, 203–227.

5.2.9 Russisches Reich

Alef Gustave, The Crisis of the Muscovite Aristocracy. A Factor in the Growth of Monarchial Power. In: FoG 15 (1970), 15–58.

Amburger Erik, Die Anwerbung ausländischer Fachkräfte für die Wirtschaft Rußlands vom 15. bis ins 19. Jahrhundert, Wiesbaden 1968.

Barudio Günter, *Moskau* und der Dreißigjährige Krieg. In: HGR Bd. 2/I, 86–96.

BINNER Rolf, Zur Datierung des ‚Samoderžavie' in der russischen Herrschertitulatur. In: Saeculum, 20 (1969), 57–68.

BOŠKOVSKA Nada, ‚Dort werden wir selber Bojaren sein'. Bäuerlicher Widerstand im Rußland des 17. Jahrhunderts. In: Jahrbuch für die Geschichte Osteuropas 37 (1989), 345–386.

BUSCHKOVITCH Paul, Religion and Society in Russia. The Sixteenth and Seventeenth Centuries, Oxford 1992.

CAMPHAUSEN H.-W., Die Bojarenduma unter Ivan IV., Frankfurt a.M. 1985.

ČEREPNIN L. V., *Zemskie sobory* Russkogo gosudarstva v XVI-XVII vv., Moskau 1978.

CRUMMEY Robert, The Reconstruction of the Bojar Aristocracy, 1613–1645. In: FoG 18 (1973), 187–220.

DERS., Court Groupings and Politics in Russia, 1645–1649. In: FoG 24 (1978), 203–221.

DERS., The Fate of Boyar Clans 1565–1613. In: FoG 38 (1986), 241–256.

DÖPMANN Hans-Dieter, Die Russische Orthodoxe Kirche in Geschichte und Gegenwart, Berlin 1977.

DONNERT Erich, *Rußland* an der Schwelle der Neuzeit. Der Moskauer Staat im 16. Jahrhundert, Berlin 1972.

DERS., Das russische Zarenreich. Aufstieg und Untergang einer Weltmacht, München/Leipzig 1992.

FLORJA B. N., Russko-pol'skie otnošenija i političeskie razvitie vostočno Evropy vo vtoroj polovine XVI – načale XVII v., Moskau 1978.

GITERMAN Valentin, *Geschichte Rußlands*, Bd.1 (1944), Frankfurt a.M. 1987.

GOEHRKE Carsten, Zum Problem des Regionalismus in der russischen Geschichte. In: FoG 25 (1978), 75–107.

HAUPTMANN Peter/STRICKER Gerd (Hg.), Die Orthodoxe Kirche in Rußland. Dokumente ihrer Geschichte (860–1980), Göttingen 1980.

HELLER Klaus, Russische Wirtschafts- und Sozialgeschichte, Bd. 1: Die Kiewer und Moskauer Periode 9.-17. Jh., Darmstadt 1987.

HÖSCH Edgar, Zur Rezeption der Rom-Idee im Rußland des 16. Jahrhunderts. In: FoG 25 (1978), 136–145.

HOFFMANN Peter, Zum *Widerhall* der Reformation in Rußland in der ersten Hälfte des 16. Jahrhunderts. In: Horst Bartel u. a. (Hg.), Martin Luther. Leistung und Erbe, Berlin 1986, 349–356.

KÄMPFER Frank, *Ivan (IV.)* der Schreckliche. In: Hans-Joachim Torke (Hg.), Die russischen Zaren 1547–1917, München 1995, 27–49.

KÄMPFER Frank/STÖKL Günther, *Rußland* an der Schwelle zur Neuzeit. In: HGR Bd. 1/II, 853–960.

KLEIMOLA A. M., Patterns of Duma Recruitment, 1547–1564. In: FoG 38 (1986), 205–214.

MEISKE Christian, Das *Sobornoe Uloženie* von 1649, Halle/Saale 1985.

NEUBAUER Helmut, *Car* und Selbstherrscher. Beiträge zur Geschichte der Autokratie in Rußland, Wiesbaden 1964.

DERS., Vom letzten *Rurikiden* zum ersten Romanov. In: HGR Bd. 1/II, 961–1071.

DERS., Vasilij Šujskij. In: Hans-Joachim Torke (Hg.), Die russischen Zaren 1547–1917, München 1995, 81–89.

Očerki istorii SSR. *Period feodalizma*. Konec XV – načalo XVII veka, Moskau 1955.
Očerki russkoij kultury, XVI veka, Moskau 1977; XVII veka, Moskau 1979.
PAVLOV A. P., Gosudarev dvor i političeskaja bor'ba pri Borise Godunove, Sankt Petersburg 1992.
PHILIPP Werner, Zur Frage nach der Existenz altrussischer Stände. In: FoG 27 (1980), 64–77.
RÜSS Hartmut, Adel und *Adelsoppositionen* im Moskauer Staat, Wiesbaden 1975.
DERS., Herren und Diener. Die soziale und politische Mentalität des russischen Adels, 9.-17. Jahrhundert, Köln u.a. 1994.
SCHAEDER Hildegard, *Moskau*, das dritte Rom. Studien zur Geschichte der politischen Theorien in der slawischen Welt (1929), Darmstadt 1957.
SCHIPPAN Michael, Alternative reformatorische Strömungen in Rußland, 16. bis 18. Jahrhundert. In: Günter Vogler (Hg.), Wegscheiden der Reformation, Weimar 1994, 415–437.
SKRYNNIKOV Ruslan G., Der Begriff Selbstherrschaft (samoderžavie) und die Entwicklung ständisch-repräsentativer Einrichtungen im Rußland des 16. Jahrhunderts. In: U. Halbach/H. Hecker/A. Kappeler (Hg.), Festschrift zum 70. Geburtstag von G. Stökl, Stuttgart 1986, 15–31.
DERS., Iwan der Schreckliche und seine Zeit, München 1992.
DERS., *Tragedija* Novgoroda, Moskau 1994.
STÖKL Günther, *Rußland* von 1462 bis 1689. In: HEG, 1135–1169.
TORKE Hans-Joachim, *Aleksej Michajlovič*. In: Ders. (Hg.), Die russischen Zaren 1547–1917, München 1995, 109–127.
DERS., Konzil, Reichsversammlung und Reichsrat. Zur Bedeutung der Begriffe ‚sobor' und ‚sovet' in der Smuta. In: FoG 50 (1995), 363–373.
DERS./ZERNACK Klaus, Das *Moskauer Reich* im 17. Jahrhundert (1613–1689). In: HGR Bd. 2/I, 9–85.
USTJUGOV N. V., *Evoljucija* prikaznogo stroja russkogo gosugarstva XVII v. In: Absoljutizm v Rossii (XVII-XVIII vv.), Moskau 1964, 134–167.
VODOFF Vladimir, Le régne d'Ivan III. Une étape dans l'histoire du titre 'tsar'. In: FoG 52 (1996), 15–20.
WINTER Eduard, *Rußland* und das Papsttum, Teil I: Von der Christianisierung bis zu den Anfängen der Aufklärung, Berlin 1960.
ZERNACK Klaus, Zum *Problem* der Geschichte Rußlands in der frühen Neuzeit. In: HGR Bd. 2/I, 1–7.
DERS., *Nordosteuropa*. Skizzen und Beiträge zu einer Geschichte der Ostseeländer, Lüneburg 1993.
DERS., *Polen und Rußland*. Zwei Wege in der europäischen Geschichte, Berlin 1994.
ZIMIN A. A., *Formirovanie* bojarskoj aristokratii v Rossii vo vtoroj polovine XV – pervoj treti XVI v., Moskau 1988.

5.2.10 Polen und Litauen

BIAŁOSTOCKI Jan, Art of the Renaissance in Eastern Europe. Hungary – Bohemia – Poland, Oxford 1976.

Baczkowski Krzysztof, Der jagiellonische Versuch einer ostmittel-europäischen Großreichsbildung um 1500 und die türkische Bedrohung. In: Ferdinand Seibt/Winfried Eberhard (Hg.), Europa 1500, Stuttgart 1987, 433–444.

Bogucka Maria, *Das alte Polen*, Leipzig u. a. 1983.

Dies., *The towns* of East-Central Europe from the fourteenth to the seventeenth century. In: Antoni Mączak u. a. (Hg.), East-Central Europe in transition, Cambridge 1985, 97–108.

Dies., Reformation, Kirche und der Danziger Aufstand in den Jahren 1517–1526. In: Evamaria Engel u. a. (Hg.), Hansische Stadtgeschichte – Brandenburgische Landesgeschichte, Weimar 1989, 217–224.

Dies., Bona Sforza, Warschau 1998.

Cynarski Stanisław, Zygmunt August, Wrocław 1988.

Czaplinski W., The Polish Parliament at the Summit of its Development (16th–17th Centuries), Wrocław 1985.

Davies Norman, God's Playground. A History of Poland, Bd. 1, New York 1982.

Fedorowicz J. K./Bogucka Maria/Samsonowicz Henryk (Hg.), A Republic of Nobles, Cambridge 1982.

Filipczak-Kocur Anna, Heinrich von Valois. Der polnische *König* (1573–1574). In: Heinz Duchhardt (Hg.), Der Herrscher in der Doppelpflicht, Mainz 1997, 53–76.

Frost Robert I., *Polen-Litauen* und der Dreißigjährige Krieg. In: KFE Bd. 1, 197–206.

Gierowski Jozef A., Die *Union* zwischen Polen und Litauen im 16. Jahrhundert und die polnisch-sächsische Union des 17. und 18. Jahrhunderts. In: Thomas Fröschl (Hg.), Föderationsmodelle und Unionsstrukturen, München/Wien 1994, 63–82.

Grodziski Stanisław, Die *Rolle der Union* als Verfassungsform in der polnischen Adelsrepublik. In: Heiner Timmermann (Hg.), Die Bildung des frühmodernen Staates – Stände und Konfessionen, Saarbrücken 1989, 309–322.

Grzybowski Stanislaw, Jan Zamoyski, Warschau 1994.

Ders., *Dzieje Polski* i Litwy (1506–1648), Krakau 2000.

Hellmann Manfred, Das Großfürstentum Litauen bis 1569. In: HGR Bd. 1/II, 717–848.

Hoensch Jörg K., Geschichte Polens (1983), 3., neubearb. u. erweit. Aufl., Stuttgart 1998.

Małłek Janusz, Die *Politik des Herzogtums* Preußen gegenüber Polen zur Zeit Herzog Albrechts (1525–1568). In: Ders., Preußen und Polen. Politik, Stände, Kirche und Kultur vom 16. bis zum 18. Jahrhundert, Stuttgart 1992, 11–25.

Ders., *Königliches Preußen*, Ordensstaat und Herzogtum Preußen im 15. und 16. Jahrhundert. In: Ders. (Hg.), Preußen und Polen, Stuttgart 1992, 82–95.

Ders., The *Reformation* in Poland and Prussia in the sixteenth century. Similarities and differences: In: Karin Maag (Hg.), The Reformation in Eastern and Central Europe, Aldershot 1997, 182–191.

Michalski J. (Hg.), Historia sejmu polskiego, 2 Bde., Warschau 1984.

Olszewski Henryk, Liberum veto – eine demokratische Institution im Dienste des oligarchischen Staates. In: Acta Poloniae Historica 60 (1989), 205–218.

Rhode Gotthold, *Geschichte Polens*. Ein Überblick, Darmstadt 1980.

Ders., *Polen-Litauen* vom Ende der Verbindung mit Ungarn bis zum Ende der Vasas (1444–1669). In: HEG, 1003–1060.

SALMONOWICZ Stanisław, Konfederacja warszawska 1573, Warschau 1985.
SCHMIDT Christoph, Auf Felsen gesät. Die Reformation in Polen und Livland, Göttingen 2000.
SCHRAMM Gottfried, Der polnische Adel und die Reformation 1548–1607, Wiesbaden 1965.
DERS., Staatseinheit und Regionalismus in Polen-Litauen (15.-17. Jahrhundert). In: FoG 11 (1966), 7–23.
STROHM Christoph (Hg.), *Johannes a Lasco* (1499–1560). Polnischer Baron, Humanist und europäischer Reformator, Tübingen 2000.
TAZBIR Janusz, Geschichte der polnischen *Toleranz*, Warschau 1977.
WISNER Henryk, Zygmunt III Waza, Warschau 1991.
DERS., Król i car. Rzeczpospolita i Moskwa w XVI wieku XVII, Warschau 1995.
WYCZÁNSKI Andrej, Polen als Adelsrepublik (poln. 1991), Osnabrück 2001.
ZYTKOWICZ Leonid, *Trends* of agrarian economy in Poland, Bohemia and Hungary from the middle of the fifteenth to the middle of the seventeenth century. In: Antoni Mączak u.a. (Hg.), East-Central Europe in transition, Cambridge 1985, 59–83.

5.2.11 Ungarn und Siebenbürgen

BARTA Gábor/BÓNA István u. a., Kurze Geschichte Siebenbürgens, Budapest 1990.
BÓNIS György, Die *Retorsionsgesetze* von 1514. In: Gusztáv Heckenast (Hg.), Aus der Geschichte der ostmitteleuropäischen Bauernbewegungen im 16.-17. Jahrhundert, Budapest 1977, 309–316.
BUCSAY Mihály, Der Protestantismus in Ungarn 1521–1978. Ungarns Reformationskirchen in Geschichte und Gegenwart, Wien u.a. 1977.
FATA Márta, *Ungarn*, das Reich der Stephanskrone im Zeitalter der Reformation und Konfessionalisierung, Münster 2000.
GUNST Péter, Der ungarische *Bauernaufstand* von 1514. In: Ders., Agrarian Development and Social Change in Eastern Europe, 14th – 19th Centuries, Aldershot 1996, Nr. VI, 62–83.
DERS., *Europa* – Ost-Elbien – Ungarn. Besonderheiten der ungarischen Agrarentwicklung im 16.-18. Jahrhundert. In: Ders., Agrarian Development, Aldershot 1996, Nr. VII, 1–21.
HANAK Peter (Hg.), Die Geschichte Ungarns. Von den Anfängen bis zur Gegenwart, Budapest 1988.
HOENSCH Jörg K., *Matthias Corvinus*, Graz u.a. 1998.
KISS István N., Agricultural and livestock *production*: wine and oxen. The case of Hungary. In: Antoni Mączak u. a. (Hg.), East-Central Europe in transition, Cambridge 1985, 84–96.
KUBINYI András, *Matthias Corvinus*. Die Regierung eines Königreichs in Ostmitteleuropa 1458–1490, Herne 1999.
LÁZÁR István, Kleine Geschichte Ungarns, 3., neu bearb. Aufl., Budapest 1990.
MAKKAI Lászlo, *Herausbildung* der ständischen Gesellschaft (1172–1526). In: Gábor Barta u.a., Kurze Geschichte Siebenbürgens, Budapest 1990, 175–240.

MOLNÁR Miklós, Geschichte Ungarns von den Anfängen bis zur Gegenwart (frz. 1996), Hamburg 1999.

NAGY Antonius Fekete/Kénéz Victor/SOLYMOSI Geisa (Hg.), *Monumenta Rusticorum* in Hungaria Rebellum Anno MDXIV, Budapest 1979.

NEHRING Karl, Matthias Corvinus, Kaiser Friedrich III. und das Reich, 2. erg. Aufl., München 1989.

NIEDERKORN Jan Paul, Die europäischen *Mächte* und der ‚Lange Türkenkrieg' Kaiser Rudolfs II. (1593–1606), Wien 1993.

PACH Zsigmont Pál, Hungary and the European Economy in Early Modern Times, Aldershot 1994.

REES Valery, *Pre-Reformation changes* in Hungary at the end of the fifteenth century. In: Karin Maag (Hg.), The Reformation in Eastern and Central Europe, Aldershot 1997, 19–35.

RHODE Gotthold, *Ungarn* vom Ende der Verbindung mit Polen bis zum Ende der Türkenherrschaft (1444–1699): In: HEG, 1061–1117.

ŠMAHEL František, *Matthias Corvinus.* Der böhmische König (1469–1490). In: Heinz Duchhardt (Hg.), Der Herrscher in der Doppelpflicht, Mainz 1997, 29–49.

SUGAR Peter F. (Hg.), A History of Hungary, Bloomington 1994.

SZÉKELY György, Der *Dósza-Aufstand.* In: Gusztáv Heckenast (Hg.), Aus der Geschichte der ostmitteleuropäischen Bauernbewegungen im 16.-17. Jahrhundert, Budapest 1977, 21–36.

SZÜCS Jenö, Die *Ideologie* des Bauernkrieges. In: Gusztáv Heckenast (Hg.), Aus der Geschichte der ostmitteleuropäischen Bauernbewegungen im 16.-17. Jahrhundert, Budapest 1977, 157–187.

TEKE Zsuzsa, Matthias Corvinus. Der ungarische König (1458–1490). In: Heinz Duchhardt (Hg.), Der Herrscher in der Doppelpflicht, Mainz 1997, 11–28.

WAGNER Ernst (Bearb.), Quellen zur Geschichte der *Siebenbürger Sachsen* 1191–1975 (1975), 2. durchges. u. erweit. Aufl., Köln/Wien 1981.

ZIMÁNYI Vera, Economy and society in sixteenth and seventeenth century Hungary (1526–165o), Budapest 1987.

5.2.12 Die Osmanen und Südosteuropa

ENDRESS Gerhard, Der Islam. Eine Einführung in seine Geschichte (1991), 3., überarb. Aufl., München 1997.

FINKEL Caroline, The Administration of Warfare: the Ottoman Military Campaigns in Hungary 1593–1606, Wien 1988.

FISCHER-GALATI Stephen A., *Ottoman Imperialism* and German Protestantism, Cambridge/Mass. 1959.

FLEISCHER C. R., Bureaucrat and Intellectual in the Ottoman Empire: the Historian Mustafa Ali, Princeton 1986.

HADSCHIKJAN Magarditsch/TROEBST Stefan (Hg.), Südosteuropa. Gesellschaft, Politik, Wirtschaft, Kultur. Ein Handbuch, München 1999.

HÖSCH Edgar, Geschichte der Balkanländer. Von der Frühzeit bis zur Gegenwart, München 1995.

INALCIK Halil, The Ottoman *Empire*: The Classical Age 1300–1600, London 1973.
DERS., The Ottoman Empire – *History*. In: HH, 216–226.
DERS./QUATAERT D. (Hg.), An Economic and Social History of the Ottoman Empire, Cambridge 1994.
JANSKY Herbert, Das Osmanische Reich in *Südosteuropa* von 1453 bis 1648. In: HEG, 1170–1188.
KAMATSU Guido, Die *Türkei* und das europäische Staatensystem im 16. Jahrhundert. Untersuchungen zu Theorie und Praxis des europäischen Völkerrechts. In: Christine Roll u. a. (Hg.), Recht und Reich im Zeitalter der Reformation. Festschrift für Horst Rabe, Frankfurt a.M. 1996, 121–144.
KÖHBACH Markus, Im Spannungsfeld von Zentrum und Peripherie. Die Territorialverwaltung des Osmanischen Reiches. In: Thomas Fröschl (Hg.), Föderationsmodelle und Unionsstrukturen, München 1994, 193–203.
KUNT Metin/WOODHEAD Christine (Hg.), Suleyman the Magnificent and his age. The Ottoman Empire in the early modern world, London 1995.
MAJOROS Ferenc/RILL Bernd, *Das Osmanische Reich* (1300–1922). Die Geschichte einer Großmacht, Graz u.a. 1994.
MATUZ Josef, *Das Osmanische Reich*. Grundlinien seiner Geschichte (1985), 2. Aufl., Darmstadt 1990.
SCHREINER Stefan (Hg.), Die *Osmanen* in Europa. Erinnerungen und Berichte türkischer Geschichtsschreiber, Leipzig/Weimar 1985.
STADTMÜLLER Georg, *Geschichte Südosteuropas*, München 1950.
SUGAR Peter F., Southeastern Europe under Ottoman Rule, 1354–1804 (1977), 2. Aufl., Seattle/London 1993.
TEKELI Sevim, The Ottoman Empire – *Sciences*. In: HH, 226–228.
TODOROV Nikolai, The Balkan City 1400–1900, Seattle/London 1993.
DERS., *Social Structures* in the Balkans. In: HH, 207–209.
DERS., *Aspects* of Cultural Life. In: HH, 210–215.
VOGLER Günter, Luthers Geschichtsauffassung im Spiegel seines Türkenbildes. In: Leo Stern/Max Steinmetz (Hg.), 450 Jahre Reformation, Berlin 1967, 118–127.
WERNER Ernst, Die *Geburt* einer Großmacht. Die Osmanen (1300–1481) (1966), 4. Aufl., Wcimar 1985.
DERS./MARKOV Walter, Geschichte der Türken. Von den Anfängen bis zur Gegenwart, Berlin 1978.
WOOTTON David, The Study of *Society*. In: HH, 95–108.

5.3 Entwicklungstendenzen von Staat und Gesellschaft

5.3.1 Staat, Verfassung, Politik

ANDERSON Matthew S., The *Origins* of the Modern European State System, 1494–1618, London/New York 1998.
BAHLCKE Joachim/BÖMELBURG Hans-Jürgen/KERSKEN Norbert (Hg.), Ständefreiheit und

Staatsgestaltung in Ostmitteleuropa. Übernationale Gemeinsamkeiten in der politischen Kultur vom 16.-18. Jahrhundert, Leipzig 1996.
BENEDICT Philip/MARNEF Guido u. a.(Hg.), *Reformation*, Revolt and Civil War in France and the Netherlands 1555–1585, Amsterdam 1999.
BILDHEIM Stefan: Calvinistische Staatstheorien. Historische Fallstudien zur Präsenz monarchomachischer Denkstrukturen im Mitteleuropa der Frühen Neuzeit, Frankfurt a.M. u.a. 2001.
BIRELEY Robert, The Counter-Reformation *Prince*. Anti-Machiavellianism or Catholic Statecraft in Early Modern Europe, Chapel Hill/London 1990.
BJOERN Claus/GRANT Alexander/STRINGER Keith J., *Nations*, Nationalism and Patriotism in the European Past, Kopenhagen 1994.
BLACK Jeremy (Hg.), A Military Revolution? Military Change and European Society 1550–1800, Atlantic Highlands 1991.
DERS., *Introduction*. In: Ders. (Hg.), War in the Early Modern World, London 1999, 1–22.
BLICKLE Peter, *Kommunalismus*, Parlamentarismus, Republikanismus. In: HZ 242 (1986), 529–556.
DERS. (Hg.), *Gemeinde und Staat* im Alten Europa, München 1998.
DERS./ELLIS Steven/ÖSTERBERG Eva, The *Commons* and the State: Representation, Influence, and the Legislative Process. In: Peter Blickle (Hg.), Resistance, Representation, and Communitiy, Oxford 1997, 115–153.
BLOCKMANS Wim, Geschichte der Macht in Europa. Völker, Staaten, Märkte, Frankfurt a.M./New York 1998.
BODIN Jean, Sechs Bücher über den *Staat*. Übers. u. mit Anm. versehen von Bernd Wimmer, 2 Bde., München 1981/1986.
BONNEY Richard (Hg.), The Rise of the *Fiscal State* in Europe, c. 1200–1815, Oxford 1999.
BRECHT Martin, Evangelische *Friedensliteratur*: Der Bußruf Johann Rists. In: KFE Bd. 1, 251–258.
BULL Hedley/KINGSBURY Benedict/ROBERTS Adam (Hg.), Hugo Grotius and International Relations, Oxford 1992.
BULST Neithard, *Rulers*, Representative Institutions and their Members as Power Elites: Rivals or Partners? In: Wolfgang Reinhard (Hg.), Power Elites and State Building, Oxford 1996, 41–58.
BURKHARDT Johannes, Die *Friedlosigkeit* der frühen Neuzeit. Grundlegung einer Theorie der Bellizität Europas. In: ZHF 24 (1997), 509–574.
CHRISTIN Olivier, *La Paix* de religion. L'autonomisation de la raison politique au XVIe siècle, Paris 1997.
CONTAMINE Philippe (Hg.), *War* and Competition between States, Oxford 2000.
DERS.(Hg.), *Guerre* et concurrence entre les États européens du XIVe au XVIIIe siècle, Paris 1998.
CYNARSKI Stanisław, The Shape of *Sarmatian Ideology* in Poland. In: Acta Poloniae Historica 19 (1968), 5–17.
DÖLEMEYER Barbara/KLIPPEL Diethelm (Hg.), *Gesetz* und Gesetzgebung im Europa der Frühen Neuzeit, Berlin 1998.

Duchhardt Heinz/Veit Patrice (Hg.), *Krieg* und Frieden im Übergang vom Mittelalter zur Neuzeit. Theorie – Praxis – Bilder, Mainz 2000.

Ellenius Allan (Hg.), Iconography, Propaganda, and Legitimation, Oxford 1998.

Elliott John H., A Europe of *Composite Monarchies*. In: Past and Present 137 (1992), 48–71.

Ders./Brockliss Laurence (Hg.), The World of the *Favourite*, New Haven/London 1999.

Engel Josef, Von der spätmittelalterlichen respublica christiana zum *Mächte-Europa* der Neuzeit. In: HEG Bd. 3, 1–443

Ericson Lars, Die schwedische *Armee* und Marine während des Dreißigjährigen Krieges – Von einer nationalen zu einer paneuropäischen Streitmacht. In: KFE Bd. 1, 301–307.

Ertmann Thomas, *Birth* of the Leviathan. Building States and Regimes in Medieval and Early Modern Europe, Cambridge 1997.

Faber Karl-Georg/Ilting Karl-Heinz, *Macht*. In: GG Bd. 2, 817–936.

Falke Rita, Versuch einer *Bibliographie* der Utopien. In: Romanistisches Jahrbuch 6 (1953/54), 92–109.

Fenske Hans, *Gleichgewicht*, Balance. In: GG Bd. 2, 959–996.

Ders./Mertens Dieter u. a., Geschichte der politischen Ideen. Von Homer bis zur Gegenwart (1987), 6. Aufl., Frankfurt a.M. 2001.

Fetscher Iring/Münkler Herfried (Hg.), Piepers *Handbuch* der politischen Ideen. Bd. 3 Neuzeit: Von den Konfessionskriegen bis zur Aufklärung, München/Zürich 1985.

Fisch Jörg/Kersting Wolfgang, *Vertrag*, Gesellschaftsvertrag, Herrschaftsvertrag. In: GG Bd. 6, 901–954.

Flacke Monika (Red.), Mythen der Nationen. Ein europäisches Panorama. Ausstellung des Deutschen Historischen Museums, Berlin 1998.

Fritze Konrad/Krause Günter, *Seekriege* der Hanse, Berlin 1989.

Groot Hugo de, *De Oudheid* van de Bataafse nu Hollandse Republiek. Hg. von G. C. Molewijk, Wesp 1988.

Günther Horst/Hilger Dietrich/Ilting Karl-Heinz u. a., *Herrschaft*. In: GG Bd. 3, 1–102.

Hale J. R., War and Society in *Renaissance* Europe 1450–1620, London 1985.

Hammerstein Notker (Hg.), Staatslehre der Frühen Neuzeit, Frankfurt a.M. 1995.

Hattenhauer Hans, Europäische *Rechtsgeschichte* (1992), 2. Aufl., Heidelberg 1994.

Hölscher Lucian, *Utopie*. In: GG Bd. 6, 733–788.

Imsen Steinar, *Communalism* and State-Building in Norway, 1537–1648. In: SJH 22 (1997), 21–29.

Janssen Wilhelm, *Friede*. In: GG Bd. 2, 543–591.

Ders., *Krieg*. In: GG Bd. 3, 567–615.

Kaufmann Thomas, Lutherische *Predigt* im Krieg und zum Friedensschluß. In: KFE Bd. 1, 245–250.

Kiernan V. G., Why was Early Modern Europe always at *War*? In: S. T. Christensen (Hg.), Violence and the absolutist state, Kopenhagen 1990, 17–43.

Kimminich Otto, Die Entstehung des neuzeitlichen Völkerrechts. In: Iring Fetscher/Herfried Münkler (Hg.), Piepers Handbuch der politischen Ideen, Bd.3, München/Zürich 1985, 73–100.

KOENIGSBERGER Helmut G., *Dominium Regale* or Dominium Politicum et Regale: Monarchies and Parliaments in Early Modern Europe. In: Ders., Politicians and Virtuosi. Essays in Early Modern History, London/Ronceverte 1986, 1–25.

KROENER Bernhard R., ‚Die Soldaten sind ganz arm, bloss, nackend, ausgemattet' – Lebensverhältnisse und Organisationsstruktur der militärischen Gesellschaft während des Dreißigjährigen Krieges. In: KFE Bd. 1, 285–292.

DERS./PRÖVE Ralf (Hg.), Krieg und Frieden. Militär und Gesellschaft in der Frühen Neuzeit, Paderborn 1996.

KRÜGER Kersten, Die ständischen *Verfassungen* in Skandinavien in der frühen Neuzeit. In: ZHF 10 (1983), 129–148.

KRÜGER Peter (Hg.), Das europäische Staatensystem im Wandel. Strukturelle Bedingungen und bewegende Kräfte seit der Frühen Neuzeit, München 1996.

KRÜGER Reinhard, Der *Kampf* der literarischen Moderne in Frankreich (1548–1554). In: Klaus Garber (Hg.), Nation und Literatur im Europa der Frühen Neuzeit, Tübingen 1989, 344–381.

KUNISCH Johannes/NEUHAUS Helmut (Hg.), Der dynastische *Fürstenstaat*. Zur Bedeutung von Sukzessionsordnungen für die Entstehung des frühmodernen Staates, Berlin 1982.

LANGER Herbert, *Heeresfinanzierung*, Produktion und Märkte für die Kriegführung. In: KFE Bd. 1, 293–299.

LANGEWISCHE Dieter, *‚Nation'*, ‚Nationalismus', ‚Nationalstaat' in der europäischen Geschichte seit dem Mittelalter – Versuch einer Bilanz. In: Ders. /Georg Schmidt (Hg.), Föderative Nation. Deutschlandkonzepte von der Reformation bis zum Ersten Weltkrieg, München 2000, 9–30.

LAUBE Adolf, ‚Daß die *Untertanen* den Obrigkeiten zu widerstehen schuldig sind'. Widerstandspflicht um 1530. In: Günter Vogler (Hg.), Wegscheiden der Reformation, Weimar 1994, 259–276.

MACHIAVELLI Niccolò, *Discorsi*. Gedanken über Politik und Staatsführung. Übers. u. erläut. von Rudolf Zorn, 2. Aufl., Stuttgart 1977.

MAGER Wolfgang, *Republik*. In: GG Bd. 5, 549–651.

MANUEL Frank E./MANUEL Fritzie P., *Utopian Thought* in the Western World (1979), 7. Aufl., Cambridge, Mass. 1997.

MARCHAL Guy, Das *Geschichtsbild* vom Bauernvolk und der Mythos vom Tell. Alteritätsbehauptung und Auskristallisierung eines Identitätskerns. In: Hans-Joachim Gehrke (Hg.), Geschichtsbilder und Gründungsmythen, Würzburg 2001, 119–144.

MATE Reyes/NIEWÖHNER Friedrich (Hg.), Spaniens Beitrag zum politischen Denken in Europa um 1600, Wiesbaden 1994.

MAYER Theodor, Die Ausbildung der Grundlagen des modernen deutschen Staates im hohen Mittelalter. In: HZ 159 (1939), 457–487.

MELVILLE Gert, Troja. Die integrative Wiege europäischer Mächte seit dem ausgehenden Mittelalter. In: Ferdinand Seibt/Winfried Eberhard (Hg.), Europa um 1500, Stuttgart 1987, 415–432.

MÖRKE Olaf, Bataver, Eidgenossen und Goten. Gründungs- und Begründungsmythen in den Niederlanden, der Schweiz und Schweden in der Frühen Neuzeit. In: Helmut Berding (Hg.), Mythos und Nation, Bd. 3, Frankfurt a.M. 1996, 104–132.

Molas Ribalta Pere, The *Impact* of Central Institutions. In: Wolfgang Reinhard (Hg.), Power Elites and State Building, Oxford 1996, 19–39.

Münkler Herfried, *Im Namen* des Staates. Die Begründung der Staatsraison in der Frühen Neuzeit, Frankfurt a.M. 1987.

Ders., Machiavelli. Die Begründung des politischen Denkens der Neuzeit aus der Krise der Republik Florenz, Frankfurt a.M. 1995.

Ders./Grünberger Hans/Mayer Kathrin (Hg.), *Nationenbildung*. Die Nationalisierung Europas im Diskurs humanistischer Intellektueller, Berlin 1998.

Oestreich Gerhard, Strukturprobleme der frühen Neuzeit. Ausgewählte Aufsätze, Berlin 1980.

Padoa-Schioppa Antonio (Hg.), *Legislation* and Justice, Oxford 1997.

Palmer Robert R./Colton Joel G., A *History* of the Modern World (1950), 5. Aufl., New York 1978.

Parker Geoffrey, Die militärische Revolution. Die Kriegskunst und der Aufstieg des Westens 1500–1800 (engl. 1988), Frankfurt a.M. 1990.

Ranum Orest (Hg.), National *Consciousness*. History and Political Culture in Early-Modern Europe, Baltimore/London 1975.

Rao Anna Maria/Supphellen Steinar, Power Elites and *Dependent Territories*. In: Wolfgang Reinhard (Hg.), Power Elites and State Building, Oxford 1996, 79–99.

Reinhard Wolfgang (Hg.), *Power Elites* and State Building, Oxford 1996.

Ders., *Humanismus* und Militarismus. Antike-Rezeption und Kriegshandwerk in der oranischen Heeresreform. In: Ders., Ausgewählte Abhandlungen, Berlin 1997, 179–192.

Repgen Konrad, *Kriegslegitimationen* in Alteuropa. Entwurf einer historischen Typologie. In: Ders., Von der Reformation zur Gegenwart, Paderborn 1988, 67–83.

Ridder-Symoens Hilde de, *Training* and Professionalization. In: Wolfgang Reinhard (Hg.), Power Elites and State Building, Oxford 1996, 149–172.

Roberts Michael, Die militärische *Revolution* 1560–1660 (1967). In: Ernst Hinrichs (Hg.), Absolutismus, Frankfurt a.M. 1986, 273–309.

Rogers C. J. (Hg.), The Military Revolution Debate. Readings on the Military Transformation of Early Modern Europe, Boulder u.a. 1995.

Schilling Heinz, *Formung* und Gestalt des internationalen Systems in der werdenden Neuzeit – Phasen und bewegende Kräfte. In: Peter Krüger (Hg.), Kontinuität und Wandel in der Staatenordnung der Neuzeit, Marburg 1991, 19–46.

Ders., *Krieg* und Frieden in der werdenden Neuzeit – Europa zwischen Staatenbellizität, Glaubenskrieg und Friedensbereitschaft. In: KFE Bd. 1, 13–22.

Schöffer Ivo, The *Batavian myth* during the sixteenth and seventeenth centuries (1975). In: Ders., Veelvormig Verleden, Amsterdam 1987, 63–77, 248–250.

Schulze Winfried, *Reich* und Türkengefahr im späten 16. Jahrhundert. Studien zu den politischen und gesellschaftlichen Auswirkungen einer äußeren Bedrohung, München 1978.

Schweitzer Richard/Steiger Heinhard, *Neutralität*. In: GG Bd. 4, 315–370.

Seibt Ferdinand, *Utopica* (1972), München 2001.

Sicken Bernhard, Die oranische Heeresreform. In: Horst Lademacher (Hg.), Onder den Oranjeboom, München 1999, 103–116.

SKINNER Quentin, The Foundations of Modern Political Thought, 2 Bde., Cambridge 1978.

STAUBER Reinhard, Nationalismus vor dem Nationalismus? Eine Bestandsaufnahme der Forschung zu ‚Nation' und ‚Nationalismus' in der Frühen Neuzeit. In: GWU 47 (1996), 139–165.

STEIGER Heinhard, *Völkerrecht*. In: GG Bd. 7, 97–140.

STROHMEYER Arno, Theorie der Interaktion. Das europäische Gleichgewicht der Kräfte in der frühen Neuzeit, Wien u.a. 1994.

TALLETT Frank, War and Society in Early Modern Europe, 1495–1715, London/New York 1992.

THOMSON J. K. J., Decline in History. The European Experience, Cambridge 1988.

THUILLIER Jacques, Der Dreißigjährige Krieg und die *Künste*. In: KFE Bd. 2, 15–28.

VOGL Markus, *Friedensvision* und Friedenspraxis in der Frühen Neuzeit 1500–1649, Augsburg 1996.

VOGLER Günter (Hg.), Europäische Herrscher. Ihre Rolle bei der Gestaltung von Politik und Gesellschaft vom 16. bis zum 18. Jahrhundert, Weimar 1988.

WECZERKA Hugo (Hg.), Stände und Landesherrschaft in Ostmitteleuropa in der frühen Neuzeit, Marburg 1995.

WILSON Peter, *European warfare* 1450–1815. In: Jeremy Black (Hg.), War in the early modern world, London 1999, S. 177–206.

WOHLFEIL Rainer, *Pax antwerpiensis*. Eine Fallstudie zu Verbildlichungen der Friedensidee im 16. Jahrhundert am Beispiel der Allegorie ‚Kuß von Gerechtigkeit und Friede'. In: Brigitte Tolkemitt/Rainer Wohlfeil (Hg.), Historische Bildkunde, Berlin 1991, 211–258.

DERS., Kriegs- und Friedensallegorien. In: Martin Knauer/Sven Tode (Hg.), Der Krieg vor den Toren. Hamburg im Dreißigjährigen Krieg 1618–1648, Hamburg 2000, 349–386.

DERS./WOHLFEIL Trudl, Verbildlichungen der Friedenssehnsucht. In: Friedensgedanke und Friedensbewahrung am Beginn der Neuzeit, Leipzig 1987, 60–83.

WOHLFEIL Trudl, *Friedensvorstellungen* im Werk des Petrarca-Meisters. In: Brigitte Tolkemitt/Rainer Wohlfeil (Hg.), Historische Bildkunde, Berlin 1991, 177–190.

WOLGAST Eike, Die *Religionsfrage* als Problem des Widerstandsrechts im 16. Jahrhundert, Heidelberg 1980.

WOLLGAST Siegfried (Hg.), Zur *Friedensidee* in der Reformationszeit. Texte von Erasmus, Paracelsus, Franck, Berlin 1968.

DERS., Der utopische *Sozialismus*. Ewiger Traum und Unwirklichkeit, Leipzig 2001.

DERS., Krieg und Frieden im utopischen Denken des 17. Jahrhunderts in Deutschland. In: Klaus Garber u.a. (Hg.), Erfahrung und Deutung von Krieg und Frieden, München 2001, 201–245.

WORSTBROCK Franz Josef (Hg.), *Krieg* und Frieden im Horizont des Renaissancehumanismus, Weinheim 1986.

WUNDERLI Peter (Hg.), Herkunft und Ursprung. Historische und mythische Formen der Legitimation, Stuttgart 1994.

ZERNACK Klaus, Handelsbeziehungen und *Gesandtschaftsverkehr* im Ostseeraum. In: Ders., Nordosteuropa, Lüneburg 1993, 81–104.

5.3.2 Tendenzen im Wirtschaftsleben

ABEL Wilhelm, *Massenarmut* und Hungerkrisen im vorindustriellen Europa, Hamburg/Berlin 1974.

BAECHLER Jean/HALL John A./MANN Michael (Hg.), Europe and the Rise of Capitalism, Oxford 1989.

BAIROCH Paul/BATOU Jean/CHÉVRE Pierre, *La population* des villes de 800 á 1850, Genf 1988.

BANG ANDERSEN Arne/GREENHILL Bill/GRUDE Egil Harald (Hg.), The North Sea. A History of Economic and Cultural Exchange, Oslo 1985.

BARDET Jean-Pierre/DUPÂQUIER Jacques (Hg.), Histoire des populations de l'Europe, Bd. 1, Paris 1997.

BAUER Leonhard/MATIS Herbert, *Geburt* der Neuzeit. Vom Feudalsystem zur Marktgesellschaft, München 1988.

BEHRINGER Wolfgang, *Thurn und Taxis.* Die Geschichte ihrer Post und ihrer Unternehmen, München/Zürich 1990.

BRAUDEL Fernand, *Sozialgeschichte* des 15.-18. Jahrhunderts, Bd. 1: Der Alltag (frz. 1979), München 1985.

BURKHARDT Johannes/OEXLE Otto Gerhard/SPAHN Peter, *Wirtschaft.* In: GG Bd. 7, 511–594.

CONZE Werner, *Arbeit.* In: GG Bd. 1, 154–215.

DAVIDS Karel, *Shifts* of technological leadership in early modern Europe. In: AMM, 338–366.

GARCÍA SANZ Angel, *Economy* and Society during the Sixteenth and Seventeenth Centuries. In: HH, 127–139.

GESTRICH Andreas/KRAUSE Jens-Uwe/MITTERAUER Michael, Geschichte der Familie, Stuttgart 2001.

GLAMANN Kristof, Der Europäische *Handel* 1500–1750. In: EWG, 271–333.

GRÖSSING Helmut, Das *Itinerar-Weltbild.* In: FBG Bd. 1, 115–118.

HABIB Irfan, *Technological Development.* In: HH, 23–28.

HEITZ Gerhard, Ländliche *Leinenproduktion* in Sachsen 1470–1555, Berlin 1961.

HILGER Marie-Elisabeth, *Kapital,* Kapitalist, Kapitalismus. In: GG Bd. 3, 399–454.

JOHANEK Peter/STOOB Heinz (Hg.), Europäische Messen und Märktesysteme in Mittelalter und Neuzeit, Köln u.a. 1995.

KADATZ Hans-Joachim, Deutsche *Renaissancebaukunst* von der frühbürgerlichen Revolution bis zum Ausgang des Dreißigjährigen Krieges, Berlin 1983.

KELLENBENZ Hermann, *Wirtschaft* und Gesellschaft Europas 1350–1650. In: HEW, 1–387.

DERS., Europa, Raum wirtschaftlicher Begegnung (Kleine Schriften I); Dynamik in einer quasi-statischen Welt (Kleine Schriften II); Wirtschaftliche Leistung und gesellschaftlicher Wandel (Kleine Schriften III), Stuttgart 1991.

KRIEDTE Peter, Spätfeudalismus und Handelskapital. Grundlinien der europäischen Wirtschaftsgeschichte vom 16. bis zum Ausgang des 18. Jahrhunderts, Göttingen 1980.

LAUBE Adolf, Studien über den erzgebirgischen *Silberbergbau* von 1470 bis 1546, Berlin 1974.

DERS., Die ursprüngliche Akkumulation des Kapitals – Problemstellung und vergleichende Sicht. In: Konrad Fritze u. a. (Hg.), Zins – Profit – Ursprüngliche Akkumulation, Weimar 1981, 117–138.

LUCASSEN Jan, *Labour* and early modern economic development. In: AMM, 367–409.

LUDWIG Karl-Heinz/SCHMIDTCHEN Volker, *Metalle und Macht* 1000–1600, Berlin 1992.

MADDALENA Aldo de, *Das ländliche Europa* 1500–1750. In: EWG, 171–221.

MARX Karl, Das *Kapital*, Bd. 1. In: Karl Marx/Friedrich Engels, Werke, Bd. 23, Berlin 1962.

MINCHINTON Walter, Die Veränderungen der *Nachfragestruktur* von 1500–1700. In: EWG, 51–112.

MOLS Roger, Die *Bevölkerung* Europas 1500–1700. In: EWG, 5–49.

NITZ Hans-Jürgen (Hg.), The Early Modern World-System in Geographical Perspective, Stuttgart 1993.

NOORDEGRAAF Leo, Betriebsformen und Arbeitsorganisation im Gewerbe der nördlichen Niederlande 1400–1800. In: Konrad Fritze u. a. (Hg.), Gewerbliche Produktion und Stadt-Land-Beziehungen, Weimar 1979, 54–64.

NORTH Michael, Kommunikation, Handel, Geld und Banken in der Frühen Neuzeit, München 2000.

OHLER Norbert, *Entdeckungen* – trotz archaischer Verkehrsverhältnise. In: FBG Bd. 1, 309–320.

PARKER Geoffrey, *Introduction*. In: Ders./Lesley M. Smith (Hg.), The General Crisis of the Seventeenth Century, London 1978, 1–25.

POHL Hans (Hg.), Die Bedeutung der Kommunikation für Wirtschaft und Gesellschaft, Stuttgart 1989.

DERS., Europäische *Bankengeschichte*, Frankfurt a.M. 1993.

ROMANO Ruggiero, Between the Sixteenth and Seventeenth Centuries: the *Economic Crisis* of 1619–1622. In: Geoffrey Parker/Lesley M. Smith (Hg.), The General Crisis of the Seventeenth Century, London 1978, 165–225.

SCHNALL Uwe, *Schiffbau* und Navigation vom Spätmittelalter bis zum Beginn des 19. Jahrhunderts. In: FBG Bd. 1, 321–330.

SCHULTZ Helga, *Handwerker*, Kaufleute, Bankiers. Wirtschaftsgeschichte Europas 1500–1800, Frankfurt a.M. 1997.

SCHULZ Knut (Hg.), *Handwerk* in Europa. Vom Spätmittelalter bis zur Frühen Neuzeit, München 1999.

SPUFFORD Margaret, *Literacy*, trade and religion in the commmercial centres of Europe. In: AMM, 229–283.

STEENSGARD Niels, The Seventeenth-century *Crisis*. In: Geoffrey Parker/Lesley M. Smith (Hg.), The General Crisis of the Seventeenth Century, London 1978, 26–56.

TRACY James D. (Hg.), The Rise of Merchant Empires. Long Distance Trade in the Early Modern World, 1350–1750, Cambridge 1990.

ULBRICHT Otto, Die leidige Seuche. Pest-Fälle in der Frühen Neuzeit, Köln 2002.

WAWRIK Franz, Deutsche *Weltkarten* und Globen zwischen 1480 und 1520. In: FBG Bd. 1, 131–141.

WESTERMANN Ekkehard (Hg.), Bergbaureviere als Verbrauchszentren. Fallstudien zu Beschaffung und Verbrauch von Lebensmitteln sowie Roh- und Hilfsstoffen in Montandistrikten des vorindustriellen Europa (13.-18. Jahrhundert), Stuttgart 1997.

WILSDORF Helmut/QUELLMALZ Werner, Bergwerke und Hüttenanlagen der Agricola-Zeit, Berlin 1971.

ZUNCKEL Julia, Rüstungsgeschäfte im Dreißigjährigen Krieg. Unternehmerkräfte, Militärgüter und Marktstrategien im Handel zwischen Genua, Amsterdam und Hamburg, Berlin 1997.

5.3.3 Entdeckung, Eroberung, „Europäisierung"

BITTERLI Urs (Hg.), Die *Entdeckung* und Eroberung der Welt. Dokumente und Berichte, 1.Bd.: Amerika, Afrika, München 1980; 2. Bd.: Asien, Australien, Pazifik, München 1981.

DERS., *Alte Welt* – neue Welt. Formen des europäisch-überseeischen Kulturkontakts vom 15. bis zum 18. Jahrhundert, München 1986.

DERS., *Entdecken*, Erobern, Verstehen. Einige Überlegungen zur Terminologie der Entdeckungsgeschichte. In: FBG Bd. 1, 473–483.

DERS., *Die ‚Wilden'* und die ‚Zivilisierten'. Grundzüge einer Geistes- und Kulturgeschichte der europäisch-überseeischen Begegnung (1976), 2., durchges. u. erweit. Aufl., München 1997.

CANNY Nicholas/PAGDEN Anthony (Hg.), *Colonial Identity* in the Atlantic World, 1500–1800, Princeton 1987.

DIPPER Christoph/VOGT Martin (Hg.), Entdeckungen und frühe Kolonisation, Darmstadt 1993.

Dokumente zur Geschichte *der* europäischen *Expansion*. Bd. 3: Matthias Meyn u. a. (Hg.), Der Aufbau der Kolonialreiche, München 1987; Bd. 4: P. C. Emmer u. a.(Hg.), Wirtschaft und Handel der Kolonialreiche, München 1988.

DRESSENDÖRFER Werner, ‚ist ein fremd *gewechs*, newlich in unser Teutschland gebracht'. Geruch und Geschmack ändern sich durch die Reisen. In: FBG Bd. 1, 377–394.

EDELMAYER Friedrich/LANDSTEINER Erich/PIEPER Renate (Hg.), Die Geschichte des europäischen Welthandels und der wirtschaftliche Globalisierungsprozeß, München 2001.

FISCH Jörg, Die europäische Expansion und das Völkerrecht. Die Auseinandersetzungen um den Status der überseeischen Gebiete seit dem 15. Jahrhundert bis zur Gegenwart, Stuttgart 1984.

DERS., *Folgen* der Entdeckungen. In: FGB Bd. 1, 485–493.

GAASTRA Femme S., *Geschiedenis* van de VOC, 3. Aufl., Amsterdam 2002.

GEWECKE Frauke, Wie die neue Welt in die alte kam, Stuttgart 1986.

HAMANN Günther, Christoph *Columbus* zwischen Mittelalter und Neuzeit – Nachfahre und Wegbereiter. In: Grete Klingenstein u. a. (Hg.), Europäisierung der Erde?, München 1980, 15–38.

KING David A., Die *Astrolabiensammlung* des Germanischen Nationalmuseums. In: FGB Bd. 1, 101–114.

LESZCZYNSKI Grzegorz, Der andere *Weg* nach China. In: FBG Bd. 1, 331–342.

PIEPER Renate, Die Vermittlung einer neuen Welt. Amerika im Nachrichtennetz des Habsburgischen Imperiums 1493–1598, Mainz 2000.
POHL Hans (Hg.), The *European Discovery* of the World and its Economic Effects on the Pre-Industrial Society, 1500–1800, Stuttgart 1990.
PREOBRAŽENSKIJ A. A., Ural i Zapadnaja Sibir v konce XVI – načale XVII veka, Moskau 1972.
PROSPERI Adriano/REINHARD Wolfgang (Hg.), Die *Neue Welt* im Bewußtsein der Italiener und Deutschen des 16. Jahrhunderts, Berlin 1993.
REINHARD Wolfgang, Geschichte der europäischen *Expansion*, Bd. 1 u. 2, Stuttgart 1983/1985.
DERS., *Parasit* oder Partner? Europäische Wirtschaft und Neue Welt 1500–1800, Münster 1997.
DERS., Gelenkter *Kulturwandel* im 17. Jahrhundert. Akkulturation in den Jesuitenmissionen als universalhistorisches Problem. In: Ders., Ausgewählte Abhandlungen, Berlin 1997, 347–400.
SCHMITT Eberhard, Die *Anfänge* der europäischen Expansion, Idstein 1991.
SCHNURMANN Claudia, Europa trifft Amerika. Atlantische Wirtschaft in der Frühen Neuzeit 1492–1783, Frankfurt a.M. 1998.
SCHWARTZ Stuart B., Observing, Reporting, and Reflecting on the Encounters between Europeans and other Peoples in the Early Modern Era, Cambridge 1996.
SEED Patricia, *Ceremonies* of Possession in Europe's Conquest of the New World 1492–1640, Cambridge 1995.
SMART Ninian, *Religions* and World-Views. In: HH, 74–82.
SMITH Alan K., Creating a World Economy. Merchant Capital, Colonialism, and World Trade, 1400–1800, Boulder u.a. 1991.
STOURZH Gerald, *Einleitung*. In: Grete Klingenstein u. a. (Hg.), Europäisierung der Erde?, München 1980, 9–14.
ZÖGNER Lothar, Die *Veränderungen* des geographischen Weltbildes in Europa nach dem Zeitalter der Entdeckungen. In: FBG Bd. 1, 157–165.

5.3.4 Gesellschaftliche Strukturen

ALEKSANDROV V. A., *Obščinnoe zemlevladenie* v feodal'noj Rossii. Osnovnye istoriografičeskie aspekty voprosa. In: Istorija SSSR, H. 6 (1983), 89–106.
ANDERSON Bonnie S./ZINSSER Judith P., Eine eigene *Geschichte*. Frauen in Europa, 2 Bde., (engl. 1989), Zürich 1992/93.
ANDERSSON Christiane, Von ‚Metzen' und ‚Dirnen'. Frauenbilder in Kriegsdarstellungen der Frühen Neuzeit. In: Karen Hagemann/Ralf Pröve (Hg.), Landsknechte, Soldatenfrauen und Nationalkrieger, Frankfurt a.M./New York 1998, 171–198.
ANTONIADIS-BIBICOU Hélène, *Griechenland* 1350–1650. In: HEW, 1188–1245.
ASCH Ronald G. (Hg.), Der europäische *Adel* im Ancien Régime. Von der Krise der ständischen Monarchien bis zur Revolution (ca. 1600–1789), Köln u.a. 2001.
BACKMANN Sibylle/KÜNAST Hans-Jörg/ULLMANN Sabine (Hg.), Ehrkonzepte in der Frühen Neuzeit (Identitäten und Abgrenzungen), Berlin 1998.
BADER Karl Siegfried, *Dorfgenossenschaft* und Dorfgemeinde, Weimar 1962.

Benevolo Leonardo, Die Stadt in der europäischen Geschichte, 2. Aufl. München 1998.

Bennett Judith M./Froide Amy M., *Singlewomen* in the European Past, 1250–1800, Philadelphia 1998.

Bethencourt Francisco, *L'Inquisition* à l'Europe moderne. Espagne, Italie, Portugal XVe–XIXe siècle, Paris 1995.

Blickle Peter, *Landschaften* im Alten Reich. Die staatliche Funktion des gemeinen Mannes in Oberdeutschland, München 1973.

Ders. (Hg.), Landgemeinde und Stadtgemeinde in Mitteleuropa. Ein struktureller Vergleich, München 1991.

Bock Gisela, Frauen in der europäischen Geschichte. Vom Mittelalter bis zur Gegenwart, München 1993.

Boškovska Nada, Die russische *Frau* im 17. Jahrhundert, Köln u.a. 1998.

Bruckmüller Ernst, Sozialgeschichte Österreichs (1985), 2. Aufl., München 2001.

Brunner Otto, Europäisches Bauerntum (1951). In: Ders., Neue Wege der Verfassungs- und Sozialgeschichte (1956), 3. Aufl., Göttingen 1980, 199–212.

Ders., Europäisches und russisches *Bürgertum* (1953). In: Ders., Neue Wege der Verfassungs- und Sozialgeschichte, Göttingen 1980, 213–241.

Burke Peter, Die Geschichte des *Hofmann*. Zur Wirkung eines Renaissance-Breviers über angemessenes Verhalten, Berlin 1996.

Ders., Die europäische *Renaissance*, München 1998.

Bush M. L. (Hg.), *Social Orders* and Social Classes in Europe since 1500: Studies in Social Stratification, Harlow/New York 1992.

Ders., An anatomy of *Nobility*. In: Ders. (Hg.), Social Orders and Social Classes, Harlow/New York 1992, 26–46.

Communautés: Les *communautés* rurales. Recueils de la Société Jean Bodin pour l'histoire comparative des institutions, Paris 1987.

Conrad Anne (Hg.), ‚*In Christo* ist weder Mann noch Weyb'. Frauen in der Zeit der Reformation und der katholischen Reform, Münster 1999.

Conze Werner, *Adel*, Aristokratie. In: GG Bd. 1, 1–48.

Ders., *Bauer*, Bauernstand, Bauerntum. In: GG Bd. 1, 407–439.

Ders./Oexle Otto Gerhard/Walther Rudolf, *Stand*, Klasse. In: GG Bd. 6, 155–284.

Cvetkova Bistra A., *Bulgarien* 1350–1650. In: HEW, 1166–1187.

Dahlbäck Göran, *Schweden* und Finnland 1350–1650. In: HEW, 389–437.

Davis Natalie Zemon/Farge Arlette (Hg.), Histoire des femmes en Occident. Bd. 3: XVIe–XVIIIe siècles, Paris 1991.

Delumeau Jean, *Angst* im Abendland. Die Geschichte kollektiver Ängste im Europa des 14. bis 18. Jahrhunderts (frz. 1978), Reinbek 1989.

Dülmen Richard van, Der ehrlose Mensch. Unehrlichkeit und soziale Ausgrenzung in der Frühen Neuzeit, Köln 1999.

Edwards John, The *Jews* in Christian Europe 1400–1700, London 1988.

Ehmer Joseph/Gutschner Peter, *Probleme* und Deutungsmuster der ‚Arbeitsgesellschaft' in der Gegenwart und der frühen Neuzeit. In: Gerhard Ammerer u.a. (Hg.), Tradition und Wandel. Festschrift Heinz Dopsch, München 2001, 305–320.

EHMER Joseph/REITH Reinhold, Die frühneuzeitliche Stadt als Arbeitsmarkt. In: Peter Feldbauer u. a. (Hg.), Die vormoderne Stadt. Asien und Europa im Vergleich, München 2002.

ENDRES Rudolf (Hg.), *Adel* in der Frühneuzeit. Ein regionaler Vergleich, Köln/Wien 1991.

DERS., *Adel* in der frühen Neuzeit, München 1993.

FONSECA Luís Adao da, *Portugal* 1350–1500. In: HEW, 777–799.

FREYBE Peter (Hg.), *Mönchshure* und Morgenstern. ‚Katharina von Bora, die Lutherin', Wittenberg 1999.

FRIEDEBURG Robert von, Lebenswelt und Kultur der unterständischen Schichten in der Frühen Neuzeit, München 2002.

GERHARD Ute (Hg.), *Frauen* in der Geschichte des Rechts. Von der Frühen Neuzeit bis zur Gegenwart, München 1997.

GERTEIS Klaus, *Bürger*, Bürgertum. In: FLG, 150–161.

GILES Mary E. (Hg.), Women in the Inquisition. Spain and the New World, Baltimore 1998.

GOEHRKE Carsten, Die *Theorien* über die Entstehung und Entwicklung des ‚Mir', Wiesbaden 1964.

DERS., Das *Moskauer Reich* 1400–1650. In: HEW, 1034–1063.

DERS., *Litauen* und Weißrußland 1450–1650. In: HEW, 1064–1073.

GUGGISBERG Hans R., Zur sozialen *Stellung* und Funktion des Adels im frühneuzeitlichen Spanien. In: Winfried Schulze (Hg.), Ständische Gesellschaft und soziale Mobilität, München 1988, 205–220.

GUNST Péter, *Aspekte* kommunaler Ordnung im mittelalterlichen Ungarn (bis 1848). In: Ders., Agrarian Development and Social Change in Eastern Europe, 14th–19th Centuries, Aldershot 1996, Nr. V, 1 ff.

HALBACH Silke, *Argula von Grumbach* als Verfasserin reformatorischer Flugschriften, Frankfurt a.M. 1992.

HARNISCH Hartmut, Bauern – Feudaladel – Städtebürgertum, Weimar 1980.

HIPPEL Wolfgang von, *Armut*, Unterschichten, Randgruppen in der frühen Neuzeit, München 1995.

HOEGES Dirk, Frauen der italienischen Renaissance. Dichterin – Herrscherin – Mäzenatin – Ordensgründerin – Kurtisane, Frankfurt a.M. u.a. 1999.

HOLENSTEIN André, Bauern zwischen Bauernkrieg und Dreißigjährigem Krieg, München 1996.

HUFTON Olwen, The *Prospect* before her. A History of Women in Western Europe. Bd. 1: 1500–1800, London 1997.

HUTTEN Ulrich von, *Opera* quae regeriri potuerunt omnia. Hg. von Eduard Böcking, Bd. 4, Leipzig 1860.

IMSEN Steinar/VOGLER Günter, *Communal Autonomy* and Peasant Resistance in Northern and Central Europe. In: Peter Blickle (Hg.), Resistance, Representation, and Community, Oxford 1997, 5–43.

ISAACS Ann Katherine/PRAK Maarten, *Cities*: Bourgeoisies, and States. In: Wolfgang Reinhard (Hg.), Power Elites and State Building, Oxford 1996, 207–234.

JOUANNA Arlette, Die *Legitimierung* des Adels und die Erhebung in den Adelsstand in

Frankreich (16.-18. Jahrhundert). In: Winfried Schulze (Hg.), Ständische Gesellschaft und soziale Mobilität, München 1988, 165–177.

Kamen Henry, European *Society* 1500–1700, London 1984.

Knittler Herbert (Schriftleiter), Adel im Wandel. Politik – Kultur – Religion 1500–1700, Wien 1990.

Ders., Die europäische Stadt in der frühen Neuzeit, München 2000.

Kobelt-Groch Marion, *Aufsässige Töchter Gottes*. Frauen im Bauernkrieg und in den Täuferbewegungen, Frankfurt a.M./New York 1993.

Kuchenbuch Ludolf, *Adel*. In: FLG, 105–120.

Labatut Jean-Pierre, *Les noblesses* européennes de la fin du XVe siècle à la fin du XVIIIe siècle, Paris 1978.

Lorenz-Schmidt Sabine, Vom Wert und Wandel weiblicher Arbeit. Geschlechtsspezifische Arbeitsteilung in der Landwirtschaft in Bildern des Spätmittelalters und der Frühen Neuzeit, Stuttgart 1998.

Luther Martin, *Studienausgabe*. Hg. von Hans-Ulrich Delius, Bd. 2, Berlin 1982.

Mączak Antoni, The Nobility-State *Relationship*. In: Wolfgang Reinhard (Hg.), Power Elites and State Building, Oxford 1996, 189–206.

Manning Patrick (Hg.), *Slave Trades*, 1500–1800: Globalization of Forced Labour, Aldershot 1996.

Maravall José Antonio, *Poder*, honor y élites en el siglo XVII. Madrid 1979.

Marshall Sherrin (Hg.), *Women* in Reformation and Counter-Reformation Europe, Bloomington/Indianapolis 1989.

Maur Eduard, Gutsherrschaft und ‚zweite Leibeigenschaft' in Böhmen, München 2001.

Millet Hélène/Moraw Peter, *Clerics* in the State. In: Wolfgang Reinhard (Hg.), Power Elites and State Building, Oxford 1996, 173–188.

Mitterauer Michael, Geschlechtsspezifische Arbeitsteilung und Geschlechterrollen in ländlichen Gesellschaften Mitteleuropas. In: Jochen Martin/Renate Zoepffel (Hg.), Aufgaben, Rollen und Räume von Frau und Mann, Freiburg/München 1989, 819–914.

Münch Paul (Hg.), *Ordnung*, Fleiß und Sparsamkeit. Texte und Dokumente zur Entstehung der ‚bürgerlichen Tugenden', München 1984.

Ders., *Grundwerte* der frühneuzeitlichen Ständegesellschaft? Aufriß einer vernachlässigten Thematik. In: Winfried Schulze (Hg.), Ständische Gesellschaft und soziale Mobilität, München 1988, 53–72.

Nenonen Marko, ‚Envious Are All the People, *Witches* Watch at Every Gate'. Finnish witches and witch trials in the 17th century. In: SJH 18 (1993), 77–91.

Österberg Eva, Mentalities and Other Realities. Essais in Medieval and Early Modern Scandinavian History, Lund 1991.

Oexle Otto Gerhard, Die funktionale *Dreiteilung* der ‚Gesellschaft' bei Adalbero von Laon. Deutungsschemata der sozialen Wirklichkeit im früheren Mittelalter. In: Frühmittelalterliche Studien 12 (1987), 1–54.

Ders., Die funktionale Dreiteilung als *Deutungsschema* der sozialen Wirklichkeit in der ständischen Gesellschaft des Mittelalters. In: Winfried Schulze (Hg.), Ständische Gesellschaft und soziale Mobilität, München 1988, 19–51.

Oliveira Ramos L. A. de, *Portugal* 1500–1650. In: HEW, 800–821.

Ossola Carlo, *Il libro* del Cortegiano: esemplarità e difformittà. In: Ders. (Hg.), La corte e il ‚Cortegiano', Bd. 1, Rom 1980.

Panova Sneschka, Die *Juden* zwischen Toleranz und Völkerrecht im Osmanischen Reich. Die Wirtschaftstätigkeit der Juden im Osmanischen Reich (die Südosteuropaländer) vom 15. bis zum 18. Jahrhundert, Frankfurt a.M. 1997.

Peters Jan (Hg.), Gutsherrschaftsgesellschaften im europäischen Vergleich, Berlin 1997.

Pitz Ernst, Der *Untergang* des Mittelalters. Die Erfassung der geschichtlichen Grundlagen Europas in der politisch-historischen Literatur des 16. bis 18. Jahrhunderts, Berlin 1987.

Press Volker, Adel im Alten Reich. Gesammelte Vorträge und Aufsätze. Hg. von Franz Brendle/Anton Schindling, Tübingen 1998.

Pullan Brian, The Jews of Europe and the Inquisition of Venice 1550–1670, Oxford 1983.

Raupp Hans-Joachim, *Bauernsatiren*. Entstehung und Entwicklung des bäuerlichen Genres in der deutschen und niederländischen Kunst ca. 1470–1570, Niederzier 1986.

Rausch Wilhelm (Hg.), Die *Stadt* an der Schwelle zur Neuzeit, Linz 1980.

Reinhard Wolfgang, *Kirche* als Mobilitätskanal in der frühneuzeitlichen Gesellschaft. In: Ders., Ausgewählte Abhandlungen, Berlin 1997, 53–73.

Riedel Manfred, *Bürger*, Staatsbürger, Bürgertum. In: GG Bd. 1, 672–722.

Roeck Bernd, *Außenseiter*, Randgruppen, Minderheiten, Göttingen 1993.

Rösener Werner, Die *Bauern* in der europäischen Geschichte, München 1993.

Rublack Ulinka, Magd, Metz' oder Mörderin. Frauen vor frühneuzeitlichen Gerichten, Frankfurt a.M. 1998.

Schmidt Paul Gerhard (Hg.), Die Frau in der Renaissance, Wiesbaden 1994.

Schormann Gerhard, Die gemeinsame *Angst*: europäische Hexenprozesse. In: Hans Hecker (Hg.), Europa – Begriff und Idee, Bonn 1991, 49–60.

Schorn-Schütte Luise, *‚Gefährtin'* und ‚Mitregentin'. Zur Sozialgeschichte der evangelischen Pfarrfrau in der Frühen Neuzeit. In: Heide Wunder/Christina Vanja (Hg.), Wandel der Geschlechterbeziehungen zu Beginn der Neuzeit, Frankfurt a.M. 1991, 109–153.

Dies., Evangelische *Geistlichkeit* in der Frühneuzeit. Deren Anteil an der Entfaltung frühmoderner Staatlichkeit und Gesellschaft, Gütersloh 1996.

Schubert Ernst, *Mobilität* ohne Chance: Die Ausgrenzung des fahrenden Volkes. In: Winfried Schulze (Hg.), Ständische Gesellschaft und soziale Mobilität, München 1988, 113–164.

Schulze Winfried (Hg.), *Ständische Gesellschaft* und soziale Mobilität, München 1988.

Schuster Beate, Die freien Frauen. Dirnen und Frauenhäuser im 15. und 16. Jahrhundert, Frankfurt a.M. 1995.

Scott Tom (Hg.), The *Peasantries* of Europe. From the Fourteenth to the Eighteenth Centuries, London 1998.

Sundhausen Holm, Die Ursprünge der osteuropäischen Produktionsweise in der Frühen Neuzeit. In: Nada Boškovska Leimgruber (Hg.), Die Frühe Neuzeit in der Geschichtswissenschaft, Paderborn 1997, 145–162.

TAZBIR Janusz, *Hexenprozesse* in Polen. In: Archiv für Reformationsgeschichte 71 (1980), 280–307.

TILLY Charles/BLOCKMANS Wim P. (Hg.), *Cities* and the Rise of States in Europe A. D. 1000 to 1800, Boulder u.a. 1994.

ULBRICH Claudia, Frauen in der Reformation. In: Nada Boškovska Leimgruber (Hg.), Die Frühe Neuzeit in der Geschichtswissenschaft, Paderborn 1997, 163–177.

ULBRICHT Otto (Hg.), Von Huren und Rabenmüttern. Weibliche Kriminalität in der Frühen Neuzeit, Köln 1995.

UNVERHAU Dagmar, *Die abendländische Hexe.* Beispiele ihrer Verfolgung. In: Helfried Valentinitsch (Hg.), Hexen und Zauberer, Graz/Wien 1987, 237–264.

VOGLER Günter, *Luther* und die Gesellschaft. In: Luther-Jahrbuch 52 (1985), 230–238.

WILSON Katharina M. (Hg.), *Women Writers* of the Renaissance and Reformation, Athens/London 1987.

WOHLFEIL Rainer/WOHLFEIL Trudl, *Verbildlichungen* ständischer Gesellschaft. Bartholomäus Bruyn d. Ä. – Petrarcameister. In: Winfried Schulze (Hg.), Ständische Gesellschaft und soziale Mobilität, München 1988, 269–319.

DIES., Stände und Konfessionen. Lucas Cranach d. J.: ‚Die Predigt Johannes des Täufers', Bartholomeus Bruyn d. Ä. ‚Die Drei Stände der Christenheit' im Vergleich. In: Heiner Timmerman (Hg.), Die Bildung des frühmodernen Staates – Stände und Konfessionen, Saarbrücken 1989, 263–292.

WOUDE A. M. van der, Het *Noorderkwartier*, Wageningen 1972.

WUNDER Heide, Die bäuerliche *Gemeinde* in Deutschland, Göttingen 1986.

DIES., *‚Er ist die Sonn,* sie ist der Mond'. Frauen in der Frühen Neuzeit, München 1992.

DIES., *Herrschaft* und öffentliches Handeln von Frauen in der Gesellschaft der Frühen Neuzeit. In: Ute Gerhard (Hg.), Frauen in der Geschichte des Rechts, München 1997, 27–54.

DIES./VANJA Christina (Hg.), Weiber, Menscher, Frauenzimmer. Frauen in der ländlichen Gesellschaft 1500–1800, Göttingen 1996.

ZUNKEL Friedrich, *Ehre,* Reputation. In: GG Bd. 2, 1–63.

ZWAHR Hartmut, *Herr und Knecht.* Figurenpaare in der Geschichte, Leipzig u.a. 1990.

5.3.5 Reformatorische Bewegungen und gesellschaftliche Konflikte

a) Reformatorische Bewegungen

BENZING Josef, *Lutherbibliographie.* Verzeichnis der gedruckten Schriften Martin Luthers bis zu dessen Tod, Baden-Baden 1966.

BLICKLE Peter, *Gemeindereformation.* Die Menschen des 16. Jahrhunderts auf dem Weg zum Heil, München 1985.

ČISTOZVONOV Alexander N., *Lutheraner* in den Niederlanden (1517–1533). In: Günter Vogler (Hg.), Martin Luther. Leben – Werk – Wirkung (1983), 2. Aufl., Berlin 1986, 391–405.

CLAUS Helmut/PEGG Michael A., *Ergänzungen* zur Bibliographie der zeitgenössischen Lutherdrucke, Gotha 1982.

CZOK Karl, Revolutionäre *Volksbewegungen* in mitteldeutschen Städten zur Zeit von Re-

formation und Bauernkrieg. In: Leo Stern/Max Steinmetz (Hg.), 450 Jahre Reformation, Berlin 1967, 128–145.
DÜLMEN Richard van, *Reformation* und Neuzeit. In: ZHF 14 (1987), 1–25.
DUKE Alistair/LEWIS Gillian/PETTEGREE Andrew (Hg.), Calvinism in Europe 1540–1610. A collection of documents, Manchester 1992.
EDWARDS Mark U., Luther and the *False Brethren*, Stanford, Calif. 1975.
DERS., Luthers's *Last Battles*. Politics and Polemics, 1531–46, Ithaca/London 1983.
GOERTZ Hans-Jürgen, Religiöse Bewegungen in der frühen Neuzeit, München 1983.
DERS./STAYER James M. (Hg.), *Radikalität* und Dissent im 16. Jahrhundert, Berlin 2001.
GRAHAM Fred W. (Hg.), Later Calvinism. International Perspectives, Kirksville 1994.
GRELL Ole Peter/SCRIBNER Bob (Hg.), *Tolerance* and intolerance in the European Reformation, Cambridge 1996.
GREYERZ Kaspar von (Hg.), Religion and Society in Early Modern Europe 1500–1800, London 1984.
HALICZER Stephen (Hg.), Inquisition and Society in Early Modern Europe, London/Sidney 1987.
HERZIG Arno, Der Zwang zum wahren Glauben. Rekatholisierung vom 16. bis zum 18. Jahrhundert, Göttingen 2000.
HSIA Ronnie Po-Chia, Gegenreformation. Die Welt der katholischen Erneuerung 1540 bis 1770, Frankfurt a.M. 1998.
ISERLOH Erwin/GLAZIK Josef/JEDIN Hubert, *Reformation*, Katholische Reform und Gegenreformation, Freiburg u.a. 1967.
KAISEROVÁ Kristina, Zur Frage des *Widerhalls* der lutherischen Reformation in Nordwestböhmen. In: Günter Vogler (Hg.), Martin Luther. Leben – Werk – Wirkung (1983), 2. Aufl., Berlin 1986, 451–462.
KINGDON Robert M., Church and Society in Reformation Europe, London 1985.
KIRCHNER Hubert *Reformationsgeschichte* von 1532–1555/1566, Berlin 1987.
KLAASSEN Walter, Living at the End of the Ages. Apocalyptic Expectation in the Radical Reformation, Lanham u.a. 1992.
KRAUSE Armin *Bibelübersetzungen*. In: Günter Gurst u. a. (Hg.), Lexikon der Renaissance, Leipzig 1989, 87–92.
KÜMIN Beat A., Reformations Old and New. Essays on the Socio-Economic Impact of Religious Change c. 1470–1630, Aldershot 1996.
LINDBERG Carter, The European Reformations, Oxford 1996.
LUTHER Martin, *Werke*, Bd. 1, Weimar 1883; Bd. 50, Weimar 1914.
DERS., *Werke, Briefwechsel*, Bd. 1, Weimar 1930.
DERS., *Werke, Tischreden*, Bd. 4, Weimar 1916.
MAAG Karin (Hg.), The Reformation in Eastern and Central Europe, Aldershot 1997.
MACGOLDRICK James Edward, Luther's English *Connection*. The Reformation Thought of Robert Barnes and William Tyndale, Milwaukee, Wisc. 1979.
MÜNTZER Thomas, *Schriften* und Briefe. Hg. von Günther Franz, Gütersloh 1968.
OZMENT Steven (Hg.), Reformation Europe. A Guide to Research, St. Louis 1982.
PETTEGREE Andrew (Hg.), The Early Reformation in Europe, Cambridge 1992.
DERS./DUKE Alastair/LEWIS Gillian (Hg.), *Calvinism* in Europe 1540–1620, Cambridge 1994.

PRODI Paolo/REINHARD Wolfgang (Hg.), Das Konzil von Trient und die Moderne, Berlin 2001.

REID W. Stanford, John *Calvin*. His Influence in the Western World, Grand Rapids, Michigan 1982.

REINHARD Wolfgang/SCHILLING Heinz (Hg.), *Die katholische Konfessionalisierung*, Gütersloh 1995.

ROGGE Joachim, *Anfänge* der Reformation, Berlin 1983.

RUBLACK Hans-Christoph (Hg.), *Die lutherische Konfessionalisierung* in Deutschland, Gütersloh 1988.

SCHILLING Heinz (Hg.), *Die reformierte Konfessionalisierung* in Deutschland. Das Problem der ‚Zweiten Reformation', Gütersloh 1986.

DERS., Die konfessionellen *Glaubenskriege* und die Formierung des frühmodernen Europa. In: Peter Herrmann (Hg.), Glaubenskriege in Vergangenheit und Gegenwart, Göttingen 1996, 123–137.

TAZBIR Janusz, Die *Stellung* der polnischen Antitrinitarier zu Luther und der lutherischen Tradition, in: Günter Vogler (Hg.), Martin Luther. Leben – Werk – Wirkung (1983), 2. Aufl., Berlin 1986, 439–450.

TRÜDINGER Karl, Luthers Briefe und Gutachten an weltliche Obrigkeiten zur Durchführung der Reformation, Münster 1975.

VENARD Marc (Hg.), Von der Reform zur Reformation, 1450–1530, (frz. 1994), Freiburg i. Br. 1995.

DERS. (Hg.), Die Zeit der Konfessionen, 1530–1620, (frz. 1992), Freiburg i. Br. 1992.

VOGEL Paul Heinz, Europäische *Bibeldrucke* des 15. und 16. Jahrhunderts in den Volkssprachen, Baden-Baden 1962.

ZEEDEN Ernst Walter, Konfessionsbildung. Studien zur Reformation, Gegenreformation und katholischen Reform, Stuttgart 1985.

b) Gesellschaftliche Konflikte

BAEUMER Maximilian Lorenz, Die *Reformation* als Revolution und Aufruhr, Frankfurt a.M. 1991.

BAK János M./BENECKE Gerhard (Hg.), *Religion* and rural revolt, Manchester 1984.

BERCÉ Yves-Marie, Fète et Révolte. Des mentalités populaires du XVIe au XVIIIe siècle, Paris 1976.

DERS., *Révoltes* et Révolutions dans l'Europe moderne (XVIe–XVIIIe siècles), Paris 1980.

BIERBRAUER Peter, *Freiheit* und Gemeinde im Berner Oberland 1300–1700, Bern 1991.

BLICKLE Peter (Hg.), *Resistance*, Representation, and Community, Oxford 1997.

BLICKLE Renate, *Rebellion* oder natürliche Defension. Der Aufstand der Bauern in Bayern 1633/34 im Horizont von gemeinem Recht und christlichem Naturrecht. In: Richard van Dülmen (Hg.), Verbrechen, Strafen und soziale Kontrolle, Frankfurt a.M. 1990, 56–84.

BOONE Marc/PRAK Maarten, *Rulers*. patricians and burghers: the Great and the Little traditions of urban revolt in the Low Countries. In: AMM, 99–134.

BUGANOV V. I., Der *Klassenkampf* in Rußland in der Epoche der Bauernkriege im 17. und 18. Jahrhundert. In: Ders./Peter Hoffmann u. a. (Hg.), Klassenkampf und revolutionäre Bewegung in der Geschichte Rußlands, Berlin 1977, 49–69.

Burke Peter, Renaissance, Reformation, *Revolution*. In: Reinhart Koselleck/Paul Widmer (Hg.), Niedergang. Studien zu einem geschichtlichen Thema, Stuttgart 1980, 137–147.

Davies Clifford S. L., Die bäuerliche *Gemeinde* in England (1400–1800). In: Winfried Schulze (Hg.), Aufstände, Revolten, Prozesse, Stuttgart 1983, 41–59.

Deyon Solange u. a., Les conflits (Histoire de la France), Paris 1990.

Eichmeyer Karl/Feigl Helmuth/Litschel Rudolf Walter, Weilß gilt die *Seel* und auch das Guet. Oberösterreichische Bauernaufstände und Bauernkriege im 16. und 17. Jahrhundert, Linz 1976.

Enders Lieselott, Die *Landgemeinde* in Brandenburg. Grundzüge ihrer Funktion und Wirkungsweise vom 13. bis zum 18. Jahrhundert. In: Blätter für deutsche Landesgeschichte 129 (1993), S. 195–256.

Harnisch Hartmut, Die *Landgemeinde* in der Herrschaftsstruktur des feudalabsolutistischen Staates. In: Jahrbuch für Geschichte des Feudalismus 13 (1989), 201–245.

Heckenast Gusztáv (Hg.), Aus der Geschichte der ostmitteleuropäischen *Bauernbewegungen* im 16.-17. Jahrhundert, Budapest 1977.

Heitz Gerhard/Vogler Günter, *Bauernbewegungen* in Europa vom 16. bis zum 18. Jahrhundert. In: ZfG 28 (1980), 442–454.

Dies., Agrarfrage, bäuerlicher Klassenkampf und bürgerliche Revolution in der Übergangsepoche vom Feudalismus zum Kapitalismus. In: Manfred Kossok/Werner Loch (Hg.), Bauern und bürgerliche Revolution, Berlin 1985, 43–62.

Herrmann Matthias, Der *Pönfall* der oberlausitzischen Sechsstädte und seine überregionale Einordnung. In: Joachim Bahlcke/Volker Dudeck (Hg.), Welt – Geist – Macht. Das Haus Habsburg und die Oberlausitz 1526–1635, Görlitz/Zittau 2002, 97–110.

Hroch Miroslav, *Buržoazní revoluce* v Evropě, Prag 1981.

Kaiser Wolfgang, *Marseille* im Bürgerkrieg. Sozialgefüge, Religionskonflikt und Faktionskämpfe von 1559–1596, Göttingen 1991.

Kamen Henry, *Bauernaufstände* und dörfliche Gemeinde in Spanien und Europa im 16. und 17. Jahrhundert. In: Winfried Schulze (Hg.), Aufstände, Revolten, Prozesse, Stuttgart 1983, 13–22.

Kossok Manfred (Hg.), *Revolutionen* der Neuzeit 1500–1917, Berlin 1982.

Lademacher Horst, *Geschichte* der Niederlande. Politik – Verfassung – Wirtschaft, Darmstadt 1983.

Maron Gottfried, Bauernkrieg. In: TRE Bd. 5, 319–338.

Meyer Manfred, *Sickingen*, Hutten und die reichsritterschaftlichen Bewegungen in der deutschen frühbürgerlichen Revolution. In: Jahrbuch für Geschichte des Feudalismus 7 (1983), 215–246.

Nierop Henk van, The *Nobility* and the Revolt of the Netherlands: Between Church and King, and Protestantism and Privileges. In: Philip Benedict u. a. (Hg.), Reformation, Revolt and Civil War in France and the Netherlands 1555–1585, Amsterdam 1999, 83–98.

Pánek Jaroslav, *Stavovská opozice* a její zápas s Habsburky 1547–1577 (Die ständische Opposition und ihr Kampf mit den Habsburgern 1547–1577), Prag 1982.

PRESS Volker, Von den *Bauernrevolten* des 16. zur konstitutionellen Verfassung des 19. Jahrhunderts. Die Untertanenkonflikte in Hohenzollern-Hechingen und ihre Lösungen. In: Hermann Weber (Hg.), Politische Ordnungen und soziale Kräfte im Alten Reich, Wiesbaden 1980, 85–112.

SABEAN David W., Die *Dorfgemeinde* als Basis der Bauernaufstände in Westeuropa bis zum Beginn des 19. Jahrhunderts. In: Winfried Schulze (Hg.), Europäische Bauernrevolten der frühen Neuzeit, Frankfurt a.M. 1982, 191–205.

SCHREINER Klaus/SCHWERHOFF Gerd (Hg.), Verletzte Ehre. Ehrkonflikte in Gesellschaften des Mittelalters und der Frühen Neuzeit, Köln 1995.

SCHULZE Winfried, Der Windische *Bauernaufstand* von 1573. Bauernaufstand und feudale Herrschaft im späten 16. Jahrhundert. In: Südostforschungen 33 (1974), 15–61.

DERS.(Hg.), Europäische *Bauernrevolten* der frühen Neuzeit, Frankfurt a.M. 1982.

DERS., Europäische und deutsche *Bauernrevolten* der frühen Neuzeit – Probleme vergleichender Betrachtung, in: Ders. (Hg.), Europäische Bauernrevolten, Frankfurt a.M. 1982, 10–60.

DERS., *Einführung* in die Neuere Geschichte (1987), 4. Aufl., Stuttgart 2002.

SMIRNOV I. I., *Vostanie Bolotnikova* 1606–1607, Moskau 1951.

STRAUB Dietmar (Hg.), Der oberösterreichische *Bauernkrieg* 1626, Linz 1976.

STURMBERGER Hans, Georg Erasmus *Tschernembl*. Libertät und Widerstand. Ein Beitrag zur Geschichte der Gegenreformation im Lande ob der Enns, Graz/Köln 1953.

DERS., Adam Graf *Herberstorff*. Herrschaft und Freiheit im konfessionellen Zeitalter, München 1975.

SUTER Andreas, Der schweizerische *Bauernkrieg* von 1653. Politische Sozialgeschichte – Sozialgeschichte eines politischen Ereignisses, Tübingen 1997.

TILLY Charles, Die europäischen *Revolutionen*, München 1993.

ULBRICH Claudia, Bäuerlicher *Widerstand* in Triberg. In: Peter Blickle (Hg.), Aufruhr und Empörung?, München 1980, 146–214.

VETTER Klaus, Das *„Kaas- en Broodspel"*. Ein wenig beachteter Bauernaufstand am Vorabend der deutschen frühbürgerlichen Revolution. In: ZfG 28 (1980), 651–660.

YLIKANGAS Heikki, The Historical Connections of European Peasant Revolts. In: SJH 16 (1991), 85–104.

5.3.6 Geistig-kulturelle Tendenzen

ARASSE Daniel/TÖNNESMANN Andreas, Der europäische *Manierismus* 1520–1610, München 1997.

AUGUSTIJN Cornelis, Erasmus. His Life, Works, and Influence, Toronto 1991.

BACHTIN Michail, Rabelais und seine Welt. Volkskultur als Gegenkultur (1965), Frankfurt a.M. 1995.

BLUMENBERG Hans, Die *Legitimität* der Neuzeit, Frankfurt a.M. 1966.

BRÄUNLEIN Peter J., *Theatrum Mundi*. Zur Geschichte des Sammelns im Zeitalter der Entdeckungen. In: FBG Bd. 1, 355–376.

BUCK August (Hg.), Renaissance – Reformation. Gegensätze und Gemeinsamkeiten, Wiesbaden 1984.

DERS.(Hg.), *Erasmus* und Europa, Wiesbaden 1988.

DERS. u. a. (Hg.), Europäische Hofkultur im 16. und 17. Jahrhundert, 3 Bde, Hamburg 1981.

DERS./KLANICZAY Tibor (Hg.), Das Ende der Renaissance: Europäische Kultur um 1600, Wiesbaden 1987.

BURKE Peter, The Courtier abroad, or the uses of Italy. In: Georg Kauffmann (Hg.), Die Renaissance im Blick der Nationen Europas, Wiesbaden 1991, 1–16.

DERS., *Information* and Communication. In: HH, 117–124.

CAVALLO Guglielmo/CHARTIER Roger (Hg.), A History of Reading in the West (franz. 1997), Cambridge 1999.

CHAIX Gèrald (Hg.), L'Europe de la Renaissance. 1470–1560, Paris 1999.

CHARTIER Roger, Lesewelten. Buch und Lektüre in der frühen Neuzeit (frz. 1987), Frankfurt a.M. 1990.

DERS., ‚Volkstümliche' Leser und ihr Lesestoff von der Renaissance bis zum Age classique. In: Nada Boškovska Leimgruber (Hg.), Die Frühe Neuzeit in der Geschichtswissenschaft, Paderborn 1997, 229–247.

CHECA CREMADES Fernando, *Monarchic Liturgies* and the ‚Hidden King'. The Function and Meaning of Spanish Royal Portraiture in the Sixteenth and Seventeenth Centuries. In: Allan Ellenius (Hg.), Iconography, Propaganda, and Legitimation, Oxford 1998, 89–104.

CHRISTIANSON John Robert, On Tycho's *Island*. Tycho Brahe and his Assistants, Cambridge 2002.

COPERNICUS Nicolaus, Über die *Kreisbewegungen* der Weltkörper. Übers. u. eingel. von C. L. Menzzer, Leipzig 1939.

DERS., Über die Kreisbewegungen der *Weltkörper* (De revolutionibus orbium coelestium). 1. Buch. Hg. u. eingel. von Georg Klaus, Berlin 1959.

DÜLMEN Richard van (Hg.), Die Entdeckung des Individuums (1997), Köln u.a. 2001.

DÜRER Albrecht, *Schriften* und Briefe. Hg. von Ernst Ullmann, Leipzig 1971.

EBERHARD Winfried/STRNAD Alfred A. (Hg.), Humanismus und Renaissance in Ostmitteleuropa vor der Reformation, Köln u.a. 1996.

EGGEBRECHT Axel, *Weltliteratur*. Ein Überblick, Berlin 1948.

ENGEL Evamaria/LAMBRECHT Karen/NOGOSSEK Hanna (Hg.), Metropolen im Wandel. Zentralität in Ostmitteleuropa an der Wende vom Mittelalter zur Neuzeit, Berlin 1995.

FERNÁNDEZ ALVÁREZ Manuel, Western Europe – *Culture*. In: HH, 173–187.

FUČIKOVÁ Eliška, Die *Sammmlungen* Rudolfs II. In: Jiři Dvorsky (Red.), Die Kunst am Hofe Rudolfs II. (tschech. 1988), Hanau 1990.

GARIN Eugenio, Der Mensch der Renaissance, Frankfurt a.M./New York 1988.

GOODMAN David/RUSSELL Colin, The Rise of Scientific Europe 1500–1800, Sevenoaks 1991.

GRAFTON Anthony, *Cardano's Cosmos*. The worlds and works of a Renaissance astrologer, Cambridge, Mass. 2000.

GURST Günter u. a. (Hg.), Lexikon der Renaissance, Leipzig 1989.

HARRIS Steven J., The Study of *Nature* and the Universe. In: HH, 83–95.

Heintze Horst, Das 15. und 16. *Jahrhundert* in Italien: Von der Dualität Latein-Volgare zur sprachlichen und literarischen Kodifizierung. In: Klaus Garber (Hg.), Nation und Literatur im Europa der Frühen Neuzeit, Tübingen 1989, 262–286.

Herzig Arno/Schoeps Julius H. (Hg.), *Reuchlin* und die Juden, Sigmaringen 1993.

Hutten Ulrich von, *Deutsche Schriften*. Ausgew. u. hg. von Heinz Mettke, Bd. 2, Leipzig 1974.

Kauffmann Georg (Hg.), Die *Renaissance* im Blick der Nationen Europas, Wiesbaden 1991.

Kondylis Panajotis/Pöschl Viktor, *Würde*. In: GG Bd. 7, 637–677.

Kruft Hanno-Walter, Städte in Utopia. Die Idealstadt vom 15. bis 18. Jahrhundert zwischen Staatsutopie und Wirklichkeit, München 1989.

Lazard M., *Rabelais*. L'humaniste, Paris 1993.

Lehmann Hartmut (Hg.), Säkularisierung, Dechristianisierung, Rechristianisierung im neuzeitlichen Europa, Göttingen 1997.

Marijnissen Roger H./Ruyffelaere Peter, *Hieronymus Bosch*. Das vollständige Werk, Köln 1999.

Michelet Jules, *Histoire de France*, Bd. 7, Paris 1855.

Mitter Partha, The *Arts*. In: HH, 109–116.

Monter William, Ritual, Myth and Magic in Early Modern Europe, Brighton 1983.

Müller Jan-Dirk, Gedechtnus. Literatur und Hofgesellschaft um Maximilian I., München 1982.

North Michael, *Art* and commerce in the Dutch Republic. In: AMM, 284–302.

Ders., Das Goldene Zeitalter. *Kunst und Kommerz* in der niederländischen Malerei des 17. Jahrhunderts (1992), 2., erweit. Aufl., Köln u.a. 2001.

Oberman Heiko A./Brady Thomas A. (Hg.), Itinerarium Italicum. The Profile of the Italian Renaissance in the Mirror of its European Transformation, Leiden 1995.

Paracelsus, *Sämtliche Werke*, 1. Abt. Hg. von Karl Sudhoff, Bd. 4, München/Berlin 1931.

Pico della Mirandola Giovanni, Über die *Würde* des Menschen. Hg. u. eingel. von August Buck, Hamburg 1990.

Propyläen Geschichte der Literatur. Bd. 3: Renaissance und Barock 1400–1700, Berlin 1988.

Rabil Albert (Hg.), *Renaissance Humanism*. Foundations, Forms and Legacy, 3 Bde., Philadelphia 1988.

Rebel Ernst, *Albrecht Dürer*. Maler und Humanist, München 1999.

Rhetikus Georg Joachim, *Erster Bericht* über die 6 Bücher des Kopernikus von den Kreisbewegungen der Himmelsbahnen. Übers. u. eingel. von K. Zeller, München/Berlin 1943.

Ridder-Symoens Hilde de (Hg.), University in Early Modern Europe (1500–1800), Cambridge 1996.

Rossi Paolo, Die *Geburt* der modernen Wissenschaft in Europa, München 1997.

Rüegg Walter (Hg.), Geschichte der Universität in Europa. Bd. 2: Von der Reformation bis zur Französischen Revolution (1500–1800), München 1996.

Scribner Robert W., Elemente des Volksglaubens. In: Ders., Religion und Kultur in Deutschland 1400–1800, Göttingen 2002, 66–99.

SHAPIN Steven, Die wissenschaftliche Revolution (engl. 1996), Frankfurt a.M. 1998.
SCHULZE Winfried (Hg.), Ego-Dokumente. Annäherung an den Menschen in der Geschichte, Berlin 1996.
SIMSON Otto von, Peter Paul Rubens (1577–1640). Humanist, Maler und Diplomat, 2. Aufl., Mainz 2000.
SPUFFORD Margaret, *Literacy*, trade and religion in the commercial centres of Europe. In: AMM, 229–283.
TEKELI Sevim, The Ottoman Empire – *Sciences* In: HH, 226–227.
WINNER Matthias, The *Orb as the Symbol* of the State in the Pictoral Cycle Depicting the Life of Maria de' Medici by Rubens. In: Allan Ellenius (Hg.), Iconography, Propaganda, and Legitimation, Oford 1998, 63–85.

5.4 Forschungsstand, Kontroversen, Perspektiven

ASCH Ronald G., *Triumph* des Revisionismus oder Rückkehr zum Paradigma der bürgerlichen Revolution? In: ZHF 22 (1995), 523–540.
DERS./DUCHHARDT Heinz (Hg.), Der Absolutismus – ein Mythos? Strukturwandel monarchischer Herrschaft in West- und Mitteleuropa (ca. 1550–1700), Köln u.a. 1996.
ASTON Trevor/HILL Christopher (Hg.), *Crisis* in Europe 1560–1660. Essays from Past and Present (1965), 6. Aufl., London 1980.
BAHLCKE Joachim/STROHMEYER Arno (Hg.), Konfessionalisierung in Ostmitteleuropa. Wirkungen des religiösen Wandels im 16. und 17. Jahrhundert in Staat, Gesellschaft und Kultur, Stuttgart 1999.
BAUMGART Peter, Absolutismus ein Mythos? Aufgeklärter Absolutismus ein Widerspruch? Reflexionen zu einem kontroversen Thema gegenwärtiger Frühneuzeitforschung. In: ZHF 27 (2000), 573–589.
BENDER Karl-Heinz, Der politische *Revolutionsbegriff* in Frankreich zwischen Mittelalter und Glorreicher Revolution: In: Helmut Reinalter (Hg.), Revolution und Gesellschaft. Zur Entwicklung des neuzeitlichen Revolutionsbegriffs, Innsbruck 1980, 35–52.
BLACK Antony, *Republikanismus* als europäisches Phänomen. In: Peter Blickle (Hg.), Verborgene republikanische Traditionen, Tübingen 1998, 13–24.
BLÄNKNER Reinhard, ‚*Absolutismus*' und ‚frühmoderner Staat'. Probleme und Perspektiven der Forschung. In: Rudolf Vierhaus (Hg.), Frühe Neuzeit – Frühe Moderne?, Göttingen 1992, 48–74.
BLICKLE Peter (Hg.), *Revolte* und Revolution in Europa, München 1975.
DERS. (Hg.), *Aufruhr* und Empörung? Studien zum bäuerlichen Widerstand im Alten Reich, München 1980.
DERS., Der Kommunalismus als *Gestaltungsprinzip* zwischen Mittelalter und Moderne. In: Nicolai Bernard/Quirinus Reichen (Hg.), Gesellschaft und Gesellschaften. Festschrift Ulrich Im Hof, Bern 1982, 95–113.
DERS. (Hg.), Verborgene republikanische *Traditionen* in Oberschwaben, Tübingen 1998.
DERS., *Republiktheorie* aus revolutionärer Erfahrung (1525). In: Ders. (Hg.), Verborgene republikanische Traditionen, Tübingen 1998, 195–210.

DERS., *Eidgenossenschaften* in reformatorischer Absicht. Oder: Wie begründet ist die Kritik an der ‚Gemeindereformation'? In: Hans R. Guggisberg/Gottfried Krodel (Hg.), Die Reformation in Deutschland und Europa, Gütersloh 1993, 159–173.

DERS., *Begriffsverfremdung*. Über den Umgang mit dem wissenschaftlichen Ordnungsbegriff Kommunalismus. In: ZHF 22 (1995), 246–253.

DERS., Praktisch auf dem *Weg* zu einer europäischen Historiographie. In: EGP, 183–189.

BLOCKMANS Wim, Keizer Karel V. De utopie van het keisershap, Amsterdam 2000.

DERS., *Les origines* des états modernes en Europe, XIIIe–XVIIIe siècles. In: Ders./Jean-Philippe GENET (Hg.), Visions sur le développement des états Européens, Rom 1993, 1–14.

BÖDECKER Hans Erich/HINRICHS Ernst, *Alteuropa* – Frühe Neuzeit – Moderne Welt? In: Dies. (Hg.), Alteuropa – Ancien Régime – Frühe Neuzeit. Probleme und Methoden der Forschung, Stuttgart-Bad Canstatt 1991, 11–50.

BOŠKOVSKA LEIMGRUBER Nada (Hg.), Die Frühe Neuzeit in der Geschichtswissenschaft. Forschungstendenzen und Forschungserträge, Paderborn 1997.

BRADY Thomas A./OBERMAN Heiko A./TRACY James D.(Hg), *Introduction*. In: HEH Bd. 1, XIII–XXIV.

BRENDLER Gerhard, Zur Problematik des frühbürgerlichen *Revolutionszyklus*. In: Manfred Kossok (Hg.), Studien zur vergleichenden Revolutionsgeschichte 1500–1917, Berlin 1974, 29–52.

DER., Die Revolution der *Niederlande* 1566–1579. In: Manfred Kossok (Hg.), Revolutionen der Neuzeit, 1500–1917, Berlin 1982, 35–60.

DERS./LAUBE Adolf (Hg.), Der deutsche *Bauernkrieg* 1524/25, Berlin 1977.

BURKE Peter, *Concepts* of Continuity and Change in History. In: Ders. (Hg.), The New Cambridge Modern History. Bd. 13: Companion Volume, Cambridge 1979.

DERS./INALCIK Halil, *Introduction*. In: HH, 3–7.

BUSZELLO Horst, *Modelle* und Programme politischer Gestaltung im Bauernkrieg. In: Mühlhausen, der Bauernkrieg und Thomas Müntzer, Mühlhausen 2000, 28–65.

CHAUNU Pierre, *Le temps* de Réformes. Histoire religieuse et système de civilisation, 1250–1550, Paris 1975.

DERS./ESCAMILLA Michèle, Charles Quint, Paris 2000.

CHOROSKEVIČ Anna L., Die *Opričnina* und der Charakter des russischen Staates in der sowjetischen Historiographie von den 20er bis zu den 50er Jahren. In: Forschungen zur osteuropäischen Geschichte 52 (1996), 69–92.

DANILOVA Ljudmila V., *Sel'skaja obščina* v srednevekovoj Rusi (Die Landgemeinde in der mittelalterlichen Rus'), Moskau 1994.

DELUMEAU Jean, *Le péché* et la peur. La culpabilisation en Occident, XIIIe–XVIIIe siècles, Paris 1989.

DEURSEN A. Th. van, *Mensen* van klein vermogen. Het kopergeld van de Gouden Eeuw (1991), 3. Aufl., Amsterdam 1996.

DICKENS Arthur G., The *German Nation* and Martin Luther, New York 1974.

DINZELBACHER Peter (Hg.), Europäische *Mentalitätsgeschichte*, Stuttgart 1993.

DERS., Zu *Theorie* und Praxis der Mentalitätsgeschichte. In: Ders. (Hg.), Europäische Mentalitätsgeschichte, Stuttgart 1993, XV-XXXII.

DUCHHARDT Heinz, *Absolutismus* – Abschied von einem Epochenbegriff? In: HZ 258 (1994), 113–122.

DERS., *Einleitung*. In: EGP, 1–4.

DÜLMEN Richard van, Reformation als Revolution. Soziale Bewegung und religiöser Radikalismus in der deutschen Reformation, München 1977.

DERS., *Kultur und Alltag* in der Frühen Neuzeit, 3 Bde, München 1990–1994.

EIBACH Joachim/LOTTES Günther (Hg.), *Kompass* der Geschichtswissenschaft. Ein Handbuch, Göttingen 2002.

ELLIOTT John H., *Revolution* and Continuity in Early Modern Europe. In: Past and Present 42 (1969), 35–56.

ELLIS Steven: *Revisionismus*. In: Joachim Eibach/Günther Lottes (Hg.), Kompass der Geschichtswissenschaft, Göttingen 2002, 342–354, 391–393.

ENDERS Lieselott, *Nichts als Ehr'*, Lieb's und Gut's'. Soziale Konflikt- und Ausgleichspotenzen in der Frühneuzeit. In: Axel Lubinski u. a. (Hg.), Historie und Eigensinn. Festschrift Jan Peters, Weimar 1997, 141–161.

FERGUSON W. K., The *Church* in a Changing World. A Contribution to the Interpretation of the Renaisance. In: The American Historical Review 53 (1953), 1–18.

FRANZ Günther, Der deutsche *Bauernkrieg*. 10., verbess. u. erweit. Aufl., Darmstadt 1975.

FRIEDEBURG Robert von, ‚*Kommunalismus*' und ‚Republikanismus' in der frühen Neuzeit? Überlegungen zur politischen Mobilisierung sozial differenzierter ländlicher Gemeinden unter agrar- und sozialhistorischem Blickwinkel. In: ZHF 21 (1994), 65–91.

GAUNT Peter (Hg.), The English *Civil War*. The Essential Reading, Oxford 2001.

GERHARD Dietrich, Zum Problem der *Periodisierung* der europäischen Geschichte. In: Ders., Alte und Neue Welt in vergleichender Geschichtsbetrachtung, Göttingen 1962, 40–56.

DERS., Das *Abendland* 800–1800. Ursprung und Gegenbild unserer Zeit, Freiburg/Würzburg 1985.

GOERTZ Hans-Jürgen, Eine ‚*bewegte Epoche*'. Zur Heterogenität reformatorischer Bewegungen. In: Günter Vogler (Hg.), Wegscheiden der Reformation, Weimar 1994, 23–56.

DERS. (Hg.), Geschichte. Ein *Grundriß* (1998), 2. Aufl.,Reinbek 2001.

GROENVELD Simon, Der *Friede* von Münster als Abschluß einer progressiven Revolution in den Niederlanden. In: KFE Bd 1, 123–132.

GRUNER Wolf D., *Reform*, Reformation, Revolution: Anmerkungen zur Regierungszeit Heinrichs VIII. in England. In: Rainer Postel/Franklin Kopitzsch (Hg.), Reformation und Revolution. Festschrift für Rainer Wohlfeil zum 60. Geburtstag, Stuttgart 1989, 269–292.

GUTIERREZ NIETO Juan I., Las *Comunidades* como movimiento antisenorial, Barcelona 1973.

HALICZER Stephen, The Comuneros of Castile. The Forging of a Revolution, 1475–1521, Madison/London 1981.

HARNISCH Hartmut, *Bauernbewegungen* gegen die Gutsherrschaft. Die Mark Brandenburg im Jahrhundert vor dem Dreißigjährigen Krieg. In: Winfried Schulze (Hg.), Aufstände, Revolten, Prozesse, Stuttgart 1983, 135–148.

HATTENHAUER Hans, Europäische Rechtsgeschichte – *Probleme* und Aufgaben. In: EGP, 173–182.

HEEREN Arnold, Europäisches *Staatensystem*. In: Horst Günther (Hg.), Europäische Geschichte. Ein Lesebuch, Frankfurt a.M./Leipzig 1993, 353–429.

HEITZ Gerhard/LAUBE Adolf u. a. (Hg.), Der *Bauer* im Klassenkampf. Studien zur Geschichte des deutschen Bauernkrieges und der bäuerlichen Klassenkämpfe im Spätfeudalismus, Berlin 1975.

HENSHALL Nicholas, The *Myth* of Absolutism. Change and Continuity in Early Modern European Monarchy, London/New York 1992.

HILTON Rodney H., Y eut-il une *crise générale* de la féodalité? In: Annales 6 (1951), 23–30.

HINRICHS Ernst, Zum *Stand* und zu den Aufgaben gegenwärtiger Absolutismusforschung. In: Ders. (Hg.), Absolutismus, Frankfurt a.M. 1986, 7–32.

DER., *Abschied* vom Absolutismus? Eine Antwort auf Nicholas Henshall. In: Ronald G. Asch/Heinz Duchhardt (Hg.), Der Absolutismus – ein Mythos?, Köln u.a. 1996, 353–371.

DERS., *Fürsten* und Mächte. Zum Problem des europäischen Absolutismus, Göttingen 2000.

HOBSBAWM Eric J., The *Crisis* of the Seventeenth Century (1954). In: Trevor Aston/Christopher Hill (Hg.), Crisis in Europe 1560–1660, 6. Aufl., London 1980, 5–58.

HOYER Siegfried, *Reform* – Reformation – Revolution. Versuch einer historischen Standortbestimmung. In: Ders. (Hg.), Reform, Reformation, Revolution, Leipzig 1980, 9–18.

HROCH Miroslav/PETRÁŇ Josef, *Das 17. Jahrhundert* – Krise der Feudalgesellschaft? (tschech. 1976), Hamburg 1981.

IMSEN Steinar, *Norsk Bondekommunalisme* fra Magnus Lagabote til Kristian Kvart, Del 2: Lydriketiden, Trondheim 1994.

JACOBEIT Sigrid/JACOBEIT Wolfgang, Illustrierte *Alltagsgeschichte* des deutschen Volkes 1550–1810, Leipzig u.a. 1985.

JEDIN Hubert, *Katholische Reformation* oder Gegenreformation?, Luzern 1946.

DERS., *Katholische Reform* und Gegenreformation. In: Erwin Iserloh/Josef Glazik/Hubert Jedin (Hg.), Reformation, Katholische Reform und Gegenreformation, Freiburg u.a. 1967, 447–604, 650–683.

JENSEN Uffa, Ach *Europa*! Die Reihe ‚Europäische Geschichte' im Fischer Taschenbuch Verlag. In: ZfG 47 (1999), 50–57.

JOUANNA Arlette, Die *Debatte* über die absolute Gewalt im Frankreich der Religionskriege. In: Ronald G. Asch/Heinz Duchhardt (Hg.), Der Absolutismus – ein Mythos?, Köln u.a. 1966, 57–78.

Kaiser Karl V. (1500–1558). Macht und Ohnmacht Europas. Ausstellungs-Katalog, Bonn/Wien 2000.

KAMEN Henry, The *Habsburg Lands*: Iberia. In: HEH Bd. 1, 467–498.

KAUFMANN Thomas, Die Konfessionalisierung von Kirche und Gesellschaft. In: Theol. Literaturzeitung, 121 (1996), 1008–1025, 1112–1121.

KOENIGSBERGER Helmut G., Die *Krise* des 17. Jahrhunderts. In: ZHF 9 (1982), 143–165.

DERS., Zur *Einführung*. In: Ders. (Hg.), Republiken und Republikanismus im Europa der Frühen Neuzeit, München 1988, IX.

DERS., *Republiken* und Republikanismus im Europa der frühen Neuzeit aus historischer Sicht. In: Ders. (Hg.), Republiken und Republikanismus, München 1988, 285–302.
KOHLER Alfred/HAIDER Barbara/OTTNER, Christine (Hg.), Karl V. 1500– 1558. Neue Perspektiven seiner Herrschaft in Europa und Übersee, Wien 2002.
KOHT Halvdan, *Norsk bondereising* (1926), Oslo 1976.
KOSELLECK Reinhart, Wie neu ist die *Neuzeit*? In: HZ 251 (1990), 539–553.
KOSSOK Manfred, *Comuneros* und Germanias. Spanien an der Schwelle der frühbürgerlichen Revolution? In: ZfG 27 (1979), 46–65.
DERS., *Regionalismus* – Zentralismus – Absolutismus. Der Fall Spanien. In: Heiner Timmermann (Hg.), Die Bildung des frühmodernen Staates, Saarbrücken 1989, 49–85.
KUCZYNSKI Jürgen, *Geschichte des Alltags* des deutschen Volkes. Bd. 1: 1600–1650, Berlin 1980.
KUNISCH Johannes, Über den Epochencharakter der Frühen Neuzeit. In: Eberhard Jäckel/E. Weymar (Hg.), Die Geschichte in unserer Zeit, Stuttgart 1975, 150–161.
LE GOFF Jacques, Eine mehrdeutige *Geschichte*. In: Ulrich Raulff (Hg.), Mentalitäten-Geschichte, Berlin 1987, 18–32.
LEHMANN Hartmut, Die *Krisen* des 17. Jahrhunderts als Problem der Forschung. In: Manfred Jakubowski-Tiessen (Hg.), Krisen des 17. Jahrhunderts, Göttingen 1999, 13–24.
LÜTGE Friedrich, *Das 14./15. Jahrhundert* in der Sozial- und Wirtschaftsgeschichte (1950). In: Ders., Studien zur Sozial- und Wirtschaftsgeschichte, Stuttgart 1963, 281–335.
MARAVALL José Antonio, Las *Comunidades* de Castilla. Una primera revoluciòn moderna, Madrid 1963.
MAYER Theodor, Die *Ausbildung* der Grundlagen des modernen deutschen Staates im hohen Mittelalter. In: HZ 159 (1939), 457–487.
MERRIMAN Roger B., Six Contemporaneous *Revolutions*, Oxford 1938.
MIECK Ilja, Die Frühe Neuzeit. Definitionsprobleme, Methodendiskussion, Forschungstendenzen. In: Nada Boškovska Leimgruber (Hg.), Die Frühe Neuzeit in der Geschichtswissenschaft, Paderborn 1997, 17–38.
MORAW Peter, Über *König* und Reich. Aufsätze zur deutschen Verfassungsgeschichte des späten Mittelalters, Sigmaringen 1995.
MOUSNIER Roland, *Les caractères* des monarchies absolues européennes. In: XVe Congrès international des sciences historiques, Rapports II, Stuttgart 1985, 425–428.
DERS., *Fureurs paysannes*. Les paysans dans les révoltes du XVIIe Siècle (France, Russie, Chine), Paris 1967.
DERS., Recherches sur les soulèvements populaires en France avant la Fronde. In: Revue d'histoire moderne et contemporaine 5 (1958), 81–119.
MÜNCH Paul (Hg.), *‚Erfahrung'* als Kategorie der Frühneuzeitgeschichte, Berlin 2001.
NÄF Werner, *Frühformen* des ‚modernen Staates' im Spätmittelalter. In: HZ 171 (1951), 225–243.
NITSCHE Peter (Hg.), Die *Anfänge* des Moskauer Staates, Darmstadt 1977.
NORTH Michael, Geschichte der *Niederlande*, München 1997.
OBERMAN Heiko A., Die *Reformation* als theologische Revolution. In: Peter Blickle/Andreas Lindt/Alfred Schindler (Hg.), Zwingli und Europa, Zürich 1985, 11–26.

OESTREICH Gerhard, *Geist und Gestalt* des frühmodernen Staates, Berlin 1969.
DERS., *Strukturprobleme* des europäischen Absolutismus. In: Ders., Geist und Gestalt des frühmodernen Staates, Berlin 1969, 179–197.
OZMENT Steven, The *Age* of Reform 1250–1550. An intellectuel and religious History of Late Medieval and Reformation Europe, New Haven/London 1980.
DERS., Die *Reformation* als intellektuelle Revolution. In: Peter Blickle/Andreas Lindt/Alfred Schindler (Hg.), Zwingli in Europa, Zürich 1985, 27–45.
PARKER Geoffrey, *Spain* and the Netherlands 1559–1659. Ten Studies, Glasgow 1990.
DERS./SMITH Lesley M. (Hg.), The *General Crisis* of the Seventeenth Century (1978), London 1985.
PETERS Jan (Hg.), *Konflikt* und Kontrolle in Gutsherrschaftsgesellschaften. Über Resistenz und Herrschaftsverhalten in ländlichen Sozialgebilden der frühen Neuzeit, Göttingen 1995.
PÉREZ Joseph, La *Révolution* des ‚comunidades' de Castille (1520–1521), Bordeaux 1970.
PIETSCHMANN Horst, Zwei frühneuzeitliche *Volkserhebungen* im Vergleich: die ‚Comunidades' von Kastilien und der deutsche Bauernkrieg. In: Rainer Postel/Franklin Kopitzsch (Hg.), Reformation und Revolution. Festschrift für Rainer Wohlfeil zum 60. Geburtstag, Stuttgart 1989, 101–119.
PORŠNEV B. F., Die *Volksaufstände* in Frankreich vor der Fronde 1623–1648 (russ. 1948), Leipzig 1954.
PRESS Volker, Kommunalismus oder *Territorialismus*? Bemerkungen zur Ausbildung des frühmodernen Staates in Mitteleuropa. In: Heiner Timmermann (Hg.), Die Bildung des frühmodernen Staates – Stände und Konfessionen, Saarbrücken 1989, 109–135.
RABB Theodore K., *Struggle* for Stability in Early Modern History, New York 1975.
REINHARD Wolfgang, *Konfession* und Konfessionalisierung in Europa. In: Ders. (Hg.), Bekenntnis und Geschichte, München 1981, 165–189.
DERS., *Sozialdisziplinierug* – Konfessionalisierung – Modernisierung. Ein historiographischer Diskurs. In: Nada Boškovska Leimgruber (Hg.), Die Frühe Neuzeit in der Geschichtswissenschaft, Paderborn 1995, 39–55.
DERS., Was ist katholische *Konfessionalisierung*? In: Ders./Heinz Schilling (Hg.), Die katholische Konfessionalisierung, Gütersloh 1995, 419–452.
ROSCHER Wilhelm, Geschichte der *National-Oekonomik* in Deutschland (1874), 2. Aufl., München/Berlin 1924.
RÜSEN Jörn/JAEGER Friedrich, *Historische Methode*. In: FLG, 13–32.
SCHIEDER Theodor, *Probleme* einer europäischen Geschichte, Opladen 1973.
SCHIFF Otto, Die deutschen *Bauernaufstände* von 1525 bis 1789. In: HZ 130 (1924), 189–209.
SCHILLING Heinz, Konfessionskonflikt und Staatsbildung, Gütersloh 1981.
DERS., Die *‚Zweite Reformation'* als Kategorie der Geschichtswissenschaft. In: Ders. (Hg.), Die reformierte Konfessionalisierung in Deutschland, Gütersloh 1986, 387–437.
DERS, Die deutsche *Gemeindereformation*. Ein oberdeutsch-zwinglianisches Ereignis vor der ‚reformatorischen Wende' des Jahres 1525? In: ZHF 14 (1987), 325–332.
DERS., Gab es im späten Mittelalter und zu Beginn der Neuzeit in Deutschland einen städtischen *‚Republikanismus'*? In: Helmut G. Koenigsberger (Hg.), Republiken und Republikanismus im Europa der Frühen Neuzeit, München 1988, 101–143.

DERS. (Hg.), *Kirchenzucht* und Sozialdisziplinierung im frühneuzeitlichen Europa, Berlin 1994.

DERS., Die *Konfessionalisierung* von Kirche, Staat und Gesellschaft – Profil, Leistung, Defizite und Perspektiven eines geschichtswissenschaftlichen Paradigmas: In: Wolfgang Reinhard/Ders.(Hg.), Die katholische Konfessionalisierung, Gütersloh 1995, 1–49.

DERS., *Reformation* – Umbruch oder Gipfelpunkt eines Temps des Réformes? In: Bernd Moeller (Hg.), Die frühe Reformation in Deutschland als Umbruch, Gütersloh 1998, 13–34.

DERS. (Hg.), *Institutionen*, Instrumente und Akteure sozialer Kontrolle und Disziplinierung im frühneuzeitlichen Europa, Frankfurt a.M. 1999.

SCHINDLING Anton, *Konfessionalisierung* und Grenzen der Konfessionalisierbarbeit. In: Ders./Walter Ziegler (Hg.), Die Territorien des Reiches im Zeitalter der Reformation und Konfessionalisierung, Bd. 7, Münster 1997, 9–44.

SCHMALE Wolfgang, Europäische Geschichte als historische Disziplin. Überlegungen zu einer ‚Europäistik'. In: ZfG 46 (1998), 389–405.

SCHMIDT Georg, *Agrarkonflikte* und Territorialisierung. Beobachtungen zum bäuerlichen Widerstand in einer ‚hessischen' Region. In: Jahrbuch für Regionalgeschichte 16/I (1989), 39–56.

SCHMIDT Heinrich R., *Konfessionalisierung* im 16. Jahrhundert, München 1992.

DERS., Gemeinde und *Sittenzucht* im protestantischen Europa der Frühen Neuzeit. In: Peter Blickle (Hg.). Theorien kommunaler Ordnung in Europa, München 1996, 181–214.

DERS., *Sozialdisziplinierung?* Ein Plädoyer für das Ende des Etatismus in der Konfessionalisierungsforschung. In: HZ 265 (1997), 639–682.

SCHÖFFER Ivo, Did Holland's *Golden Age* Coincide with a Period of Crisis? In: Geoffrey Parker/Lesley M. Smith (Hg.), The General Crisis of the Seventeenth Century, London 1985, 83–109.

DERS. u. a. (Hg.), *De Lage Landen* van 1500 tot 1780, Amsterdam/ Brüssel 1978.

SCHORN-SCHÜTTE Luise (Hg.), Alteuropa oder Frühe Neuzeit? Deutungsmuster für das 16. bis 18. Jahrhundert aus dem Krisenbewußtsein der Weimarer Republik in Theologie, Rechts- und Geschichtswissenschaft, Berlin 1999.

DIES., Karl V. Kaiser zwischen Mittelalter und Neuzeit, München 2000.

SCHULIN Ernst, Kaiser Karl V. Geschichte eines übergroßen Wirkungsbereiches, Stuttgart u. a. 1999.

SCHULZE Winfried, *Bäuerlicher Widerstand* und feudale Herrschaft in der frühen Neuzeit, Stuttgart/Bad Cannstatt 1980.

DERS. (Hg.), *Aufstände*, Revolten, Prozesse. Beiträge zu bäuerlichen Widerstandsbewegungen im frühneuzeitlichen Europa, Stuttgart 1983.

DERS., Gerhard Oestreichs *Begriff* ‚Sozialdisziplinierung in der Frühen Neuzeit'. In: ZHF 14 (1987), 265–302.

DERS., *Neuere Geschichte* – ein problematisches Fach. In: Hans-Jürgen Goertz (Hg.), Geschichte. Ein Grundkurs, Reinbek 1998, 287–317.

SEEBASS Gottfried, *Reformation*. In: TRE Bd. 28, 386–404.

SEIBT Ferdinand, Karl V. Der Kaiser und die Reformation (1990), Augsburg 1997.

DERS., *Revolution* in Europa. Ursprung und Wege innerer Gewalt, München 1984.

Skalweit Stephan, Der *Beginn* der Neuzeit. Epochengrenze und Epochenbegriff, Darmstadt 1982.

Smit J. W., The Netherlands *Revolution*. In: Robert Forster/Jack P. Greene, Preconditions of Revolution in Early Modern Europe (1970), 2. Aufl., Baltimore/London 1975, 19–54.

Soly Hugo (Hg.), Karl V. 1500–1558 und seine Zeit, Köln 2000.

Steinmetz Max (Hg.), Der deutsche *Bauernkrieg* und Thomas Müntzer, Leipzig 1976.

Ders. (Hg.), Die frühbürgerliche *Revolution* in Deutschland, Berlin 1985.

Strosetzky Christoph (Hg.), Aspekte der Geschichte und Kultur unter Karl V., Frankfurt a.M. 2000.

Sturmberger Hans: Der oberösterreichische *Bauernkrieg* von 1626 im Rahmen der Landesgeschichte. In: Dietmar Straub (Red.), Der oberösterreichische Bauernkrieg 1626, Linz 1976, 1–14.

Tilly Charles, The *Long Run* of European State Formation. In: Wim Blockmans/Jean-Philippe Genet (Hg.), Visions sur le développement des états Européens, Rom 1993, 137–150.

Trevor-Roper H. R., The *General Crisis* of the Seventeenth Century. In: Trevor Aston/Christopher Hill, Crisis in Europe 1560–1660, London 1980, 59–95.

Troeltsch Ernst, Die Bedeutung des *Protestantismus* für die Entstehung der modernen Welt. In: HZ 97 (1906), 1–66.

Ders., Luther, der Protestantismus und die moderne Welt. In: Ders., Aufsätze zur Geistesgeschichte und Religionssoziologie, Tübingen 1925, 202–254.

Ulbrich Claudia, *Zankapfel* ‚Weiber-Gestühl'. In: Axel Lubinski u. a. (Hg.), Historie und Eigensinn. Festschrift Jan Peters, Weimar 1997, 107–114.

Vierhaus Rudolf, Vom *Nutzen* und Nachteil des Begriffs ‚Frühe Neuzeit'. In: Ders. (Hg.), Frühe Neuzeit – Frühe Moderne? Forschungen zur Vielschichtigkeit von Übergangsprozessen, Göttingen 1992, 13–25.

Ders., *Sicherheit*, Recht, Freiheit. Gedanken über den Staat am Ende des 20. Jahrhunderts. In: Wim Blockmans/Jean-Philippe Genet (Hg.), Visions sur le développement des états Européens, Rom 1993, 61–70.

Vogler Günter, *Bäuerlicher Klassenkampf* als Konzept der Forschung. In: Winfried Schulze (Hg.), Aufstände, Revolten, Prozesse, Stuttgart 1983, 23–40.

Ders., *Dorfgemeinde* und Stadtgemeinde zwischen Feudalismus und Kapitalismus. In: Peter Blickle (Hg.), Landgemeinde und Stadtgemeinde in Mitteleuropa, München 1991, 39–64.

Ders., Das *Konzept* ‚deutsche frühbürgerliche Revolution'. Genese – Aspekte – kritische Bilanz. In: Sitzungsberichte der Leibniz-Sozietät, Berlin 2003.

Wallmann Johannes, *Reflexionen* und Bemerkungen zur Frömmigkeitskrise des 17. Jahrhunderts. In: Manfred Jakubowski-Tiessen (Hg.), Krisen des 17. Jahrhunderts, Göttingen 1999, 25–42.

Wenger John C., Die *dritte Reformation*. Kurze Einführung in Geschichte und Lehre der Täuferbewegung, Kassel 1963.

Wohlfeil Rainer (Hg.), *Reformation* oder frühbürgerliche Revolution?, München 1972.

Ders., Reformation in sozialgeschichtlicher *Betrachtungsweise*. In: Siegfried Hoyer (Hg.), Reform, Reformation, Revolution, Leipzig 1980, 95–104.

DERS., *Einführung* in die Geschichte der deutschen Reformation, München 1982.
DERS., Reformation als ‚frühbürgerliche Revolution'? Die deutsche Reformation in der Historiographie der DDR. In: Alexander Fischer/Günther Heydemann (Hg.), Geschichtswissenschaft in der DDR, Bd. 2, Berlin 1990, 177–213.
ZEEDEN Ernst Walter, Die Entstehung der *Konfessionen*. Grundlagen und Formen der Konfessionsbildung im Zeitalter der Glaubenskämpfe, München/Wien 1965.
DERS., Das Zeitalter der *Glaubenskämpfe* (1555–1648). In: Gebhardt, Handbuch der deutschen Geschichte, Bd. 2, 9. Aufl., Stuttgart 1994, 118–239.

Zeittafel 1453–1660

1453	• 29. Mai – Eroberung von Konstantinopel
1454	• 9. Apr. – Friede von Lodi
	• 30. Aug. – Lega italica
1455	• Abhängigkeit des Fürstentums Moldau
1462	• Abhängigkeit der Walachei von den Osmanen
1462	• Georg von Podiebrads Projekt eines europäischen Fürstenbundes
1463	• Osmanen unterwerfen Bosnien, 1468 Albanien, 1479 Serbien,
	• 1483 Herzegowina, 1499 Montenegro
1463–1479	• Krieg der Osmanen gegen Venedig
1470 (um)	• Fortescue: „The Governance of England"
1471	• 10. Okt. – Schlacht am Brunkeberg bei Stockholm
1474	• Personalunion zwischen Kastilien und Aragon
	• Nov. – Statuten von Nessau (Nieszawa)
1476	• Apr.-Juli – Auftreten Hans Böheims in Niklashausen
	• Beginn einer Welle städtischer Aufstände im Reich
	• Erster Druck der Reformschrift „Reformatio Sigismundi"
1477	• 11. Febr. – „Großes Privileg" Marias von Burgund
1477/1478	• Botticelli: "Frühling", 1486 „Geburt der Venus"
1478	• 18. Jan. – Angliederung der Stadtrepublik Novgorod an den Moskauer Staat
1479	• 4. Sept. – Vertrag von Alcácovas, Abgrenzung von Interessensphären
1481	• 22. Dez. – Stanscr Verkommnis
1483	• Einrichtung des Inquisitionsrats in Spanien
1485	• Unterwerfung des Großfürstentums Tver, 1510 der Stadtrepublik Pskov, 1521 des Großfürstentums Rjasan unter Moskaus Herrschaft
	• 22. Aug. – Schlacht von Bosworth
1485–1603	• Herrschaft des Hauses Tudor in England
1485 (um)	• Bosch: „Der Garten der Lüste"
1486	• Pico della Mirandola: „Oratio de hominis dignitate"
	• Landfrieden Kaiser Friedrichs III.
1486–1508	• Russisch-polnische Kriege um Litauen bis 1494, 1500–1503, 1507–1508
1488	• Lichtenberger: „Pronosticatio"
	• Dias' Umschiffung des Kaps der guten Hoffnung

1491	• Aufstand in Holland („Kaas en Broodspel")
1492	• 2. Jan. – Kapitulation Granadas
	• 31. März – Spanisches Judenedikt
1492–1494	• Globus von Behaim
1492–1504	• Vier Fahrten von Columbus, um den Seeweg nach Indien in westlicher Richtung zu suchen
1493	• Bundschuhverschwörung, weitere im Elsass und am Oberrhein 1502, 1513 und 1517
	• 23. Mai – Vertrag von Senlis, Teilung des burgundischen Erbes
1494	• 7. Juli – Vertrag von Tordesillas, Absteckung atlantischer Interessensphären
	• Pacioli: „Summa de arithmetica"
1494–1516	• Kampf der Valois und der Habsburger um Italien
1495	• 31. März – „Heilige Liga" von Venedig
	• März-Sept. – Reformreichstag in Worms
1495–1498	• Leonardo da Vinci: „Abendmahl", 1503–1506 „Mona Lisa"
1496	• Amerikafahrt Cabots
1497	• Rebellion in Cornwall
	• Gesetzbuch (Sudebnik) für das ganze russische Reich
1497–1499	• Vasco da Gama segelt um das Kap bis Indien
1498	• Dürers Holzschnitte zur Apokalypse, Selbstbildnis
1499	• Febr.–Sept. – „Schwabenkrieg"
1501	• 25. Okt. – Mielniker Privileg
1501–1505	• Riemenschneider: Rothenburger „Heiligblutaltar", zwischen 1520 und 1525 Maidbronner „Beweinung Christi"
1502	• 11. Febr. – Edikt gegen die Mauren
	• 6. Juli – Gründung der Universität Wittenberg
1505	• Radomer Konstitution (Nihil-novi-Konstitution)
1506–1626	• Neubau der Peterskirche in Rom
1508	• Moskau – das „dritte Rom"
1508	• Gründung der Universität Alcalá de Henares, 1514–1517 Veröffentlichung der Polyglotta Complutensis
1508–1512	• Michelangelo: Gewölbefresken der Sixtinischen Kapelle, 1534 „Jüngstes Gericht" der Altarwand
1508–1517	• Raffael: Stanzen im Vatikan, 1513/1514 Sixtinische Madonna
1510	• 25. Sept. – Balboa erreicht den Pazifik
1511–1512	• Sakkuli-Aufstand in Antalya
1512–1515	• Grünewald: Isenhcimer Altar
1514	• April-Herbst – Ungarischer Bauernkrieg
	• Werböczy: „Opus tripartium"
	• Mai-Juni – Aufstand des „Armen Konrad" in Württemberg, 8. Juli – Tübinger Vertrag
	• 8. Sept. – Einnahme von Smolensk durch Moskau
1515	• 13./14. Sept. – Niederlage der Eidgenossen bei Marignano
1515/1517	• „Epistolae obscurorum virorum"

1516	• 29. Sept. – Friedensschluss in Freiburg im Üchtgau • Einrichtung eines Judenviertels auf der Insel Geto (Venedig) • Edition des Neuen Testaments durch Erasmus • Morus: „Utopia“
1517	• 31. Okt. – Luthers 95 Thesen über den Ablaß • Erasmus: „Querela pacis“ • Ratgeb: Beginn der Arbeit am Herrenberger Altar
1519	• 27. Juni–16. Juli – Leipziger Disputation • 28. Juni – Kaiserwahl Karls V. • Seyssel: „La Grand Monarchie de France“ • Beginn des Celali-Aufstands in Mittelanatolien • Beginn der Eroberung Mittelamerikas (1519–1521 Cortez, 1532–1533 Pizarro)
1519–1522	• Magellan entdeckt die Südpassage, erste Weltumsegelung • Erhebung der Germanias von Valencia
1520–1522	• Aufstand der Comuneros in Kastilien
1520	• Luthers reformatorische Schriften „An den christlichen Adel“, „Von der babylonischen Gefangenschaft der Kirche“, „Von der Freiheit eines Christenmenschen“ • 8./9. Nov. – Stockholmer „Blutbad“
1521	• 18. Apr. – Luthers Verweigerung des Widerrufs, 25. Mai Erlass des Wormser Edikts • 29. Aug. – Eroberung Belgrads durch die Osmanen
1521/1522	• Habsburgische Erbteilung
1521–1559	• Kriege Karls V. und Franz I. 1521–1526, 1526–1529, 1536–1538, 1542–1544, 1551–1559
1522/23	• Fehde der Ritterschaft unter Führung Franz von Sickingens
1523	• 29. Jan. – Erste und 26.–28. Okt. zweite Züricher Disputation • Auflösung der Kalmarer Union
1523–1654	• Herrschaft des Hauses Vasa in Schweden
1524–1525	• Bauernkrieg in mehreren deutschen Territorien
1525	• 21. Jan. – Erste Erwachsenentaufe im Züricher Gebiet und Gründung von Täufergemeinden • 24. Febr. Schlacht von Pavia • Ende Febr. – Veröffentlichung der „12 Artikel“ • 8. April – Säkularisation des Deutschen Ordenstaates
1525/26	• Erhebung slowakischer Bergleute
1526	• 14. Jan. – Friede von Madrid • Febr./März – Gaismairs „Tiroler Landesordnung“ • 22. Mai – Liga von Cognac • Aug. – Speyerer Kompromiss in der Religionsfrage • 29. Aug. – Schlacht bei Mohács • 23. Okt. – Habsburger gewinnen die böhmische, am 17. Dez. die ungarische Krone • Dürer: Vier Apostel

1527	• 6. Mai ff. – Sacco di Roma • Reichstag zu Västeras, Einleitung der Reformation in Schweden
1528	• 7. Febr. – Berner Reformationsmandat
1529	• 19. Apr. – Speyerer Protestation • 22. Apr. – Bedrohung der Täufer mit der Todesstrafe • 22. Apr. – Vertrag von Saragossa, Absteckung von Interessensphären im Pazifik • 26. Juni – Erster Kappeler Landfriede • 3. Aug. – Friede von Cambrai • 1.–3. Okt. – Marburger Religionsgespräch • Vorstoß der Osmanen bis Wien, 1532 ein weiteres Mal • Franck: „Kriegbüchlin des Friedes"
1530	• Juni – Vorlage der „Confessio Augustana" • Guicciardini: „Storia d'Italia", Balanceidee
1531	• 27. Febr. Gründung des Schmalkaldischen Bundes • 16. Nov. – Zweiter Kappeler Landfrieden • Verbannung Maxim Greks als Häretiker
1532	• 23. Juli – Befristeter „Religionsfriede" im Reich, 1539 verlängert • Beginn der englischen Reformationsgesetzung, 3. Nov. 1534 „Act of Supremacy" • Machiavelli: „Il principe" • Rabelais: „Pantagruel", 1534 „Gargantua"
1534	• 9. Febr. – Täuferherrschaft in Münster (bis 25. Juni 1535) • „Biblia Deutsch" in der Übersetzung Luthers und seiner Mitarbeiter • 17./18. Okt. – „Affaire des placards" • Entdeckung Neufundlands durch Cartier
1534–1536	• „Grafenfehde" Lübecks gegen Dänemark
1535	• Aufstand von Täufern in Amsterdam • Juni – Karl V. erobert Tunis • Coverdales englische Übersetzung der Bibel
1536	• März – Calvin: „Institutio religionis christianae" • 29. Mai – „Wittenberger Konkordie" • Okt. – Beginn der „Pilgrimage of Grace" (bis 1537)
1537–1539	• Aufstand in Gent
1538	• 28. Sept. – Seeschlacht von Prevesa • Holbein: „Bilder des Todes"
1539	• 24. Juni – Gründung des Jesuitenordens (Societas Jesu), 27. Sept. 1540 Bestätigung durch den Papst
1540	• Biringuccio: „De la Pirotechnica"
1541	• 29. Aug. – Eroberung Budas durch Osmanen • 9./20. Nov. – Genfer calvinistische Kirchenordnung • 29. Dez. – Dreiteilung Ungarns
1542	• Widerstand gegen die Salzsteuer in Frankreich
1542–1546	• Krieg Heinrichs VIII. gegen Schottland

1543	• Copernicus: „De revolutionibus caelesticum“
	• Vesalius: „De humani corporis fabrica“
1544	• 18. Sept. – Friede von Crépy
1545	• Apr. – Beginn der Verfolgung der Waldenser
1545–1563	• Konzil von Trient, Sitzungsperioden 1545–1549, 1551–1552, 1562–1563
1546/1547	• Schmalkaldischer Krieg, 24. Apr. 1547 Schlacht bei Mühlberg, 19. Mai – „Wittenberger Kapitulation“
1547	• Ständeopposition in Böhmen und der Oberlausitz
	• 21. Juni – Großbrand in Moskau und Aufstand
	• „Kirchenordnung aller Deutschen in Siebenbürgen“
1548	• 15. Mai – Augsburger Interim, 9. Juli – Formula Reformationis
	• 26. Juni – Burgundischer Vertrag
	• Aufstand der „Pétauds“ in Frankreich
1549	• 15. Jan. – Sanktionierung des „Book of Common Prayer“, 9. Nov. 1552 revidierte Fassung
	• Ende Mai – Consensus Tigurinus
	• Pragmatische Sanktion, Unteilbarkeit der niederländischen Territorien
	• Juli – Rebellion Ketts in Norfolk
1551	• „Hundert-Kapitel-Synode“ in Moskau
1552	• 15. Jan. – Vertrag von Chambord
	• März-Mai – Rebellion protestantischer Fürsten
	• 2. Aug. – Passauer Vertrag
	• 2. Okt – Eroberung Kazans, im Herbst 1556 Astrachans
	• Englische Expedition nach Russland
1553	• Beginn der katholischen Restauration in England (bis 1558)
	• 27. Okt. – Verbrennung Servets in Genf
1555	• Befristete Glaubensfreiheit für polnischen Adel (Interim)
	• 25. Sept. – Augsburger Religionsfriede
	• Agricola: „De re metallica“
	• Gründung der „Muskovy Company“ englischer Kaufleute
1555/1556	• 25. Okt./16. Jan./12. Sept. – Abdankung Karls V.
1557	• Erster spanischer Staatsbankrott, weitere folgen 1560, 1575, 1596, 1647
	• Hosius: „Confessio Fidei Catholicae“
1558–1583	• Kriege um Livland zwischen Russland, Polen, Schweden und Dänemark
1559	• 3. Apr. – Friede von Cateau-Cambrésis
	• 29. Apr. – Wiederherstellung der Reformationsgesetze in England
	• Bilder- und Klosterstürme in Schottland
	• Reformierte Bekenntnisschriften: „Confessio Gallicana“, „Scotica“ (1560), „Belgica“ (1561), „Helvetica posterior“ (1566)
	• Erster päpstlicher Index verbotener Bücher
	• Breughel: „Sprichwörter“, „Karneval und Fasten“, 1563 „Turmbau zu Babel“, 1565 Monatsbilder

1559–1567	• Aufstand in Irland, weitere folgen 1569–1573, 1579–1583, 1594–1603
1562	• Jewel: „Apologia Ecclesiae Anglicanae“
1562–1598	• Bürgerkriege in Frankreich (Hugenottenkriege)
1563	• 19. Jan. – Heidelberger Katechismus
	• Ende des Konzils von Trient, Verbindung von katholischer Reform und Gegenreformation
1563–1586	• Bau von San Lorenzo de El Escorial bei Madrid
1564	• Veröffentlichung der „Professio Fidei Tridentinae“
1565–1572	• „Opričnina“ Zar Ivans IV.
1566	• Jan. – Bündnis calvinistischer Adliger in den Niederlanden („Kompromiss“)
	• 10. Aug. – Bilderstürme in den Niederlanden, Beginn des Kampfes gegen die spanische Herrschaft
	• Annahme der Konzilsdekrete durch katholische Reichsstände
1567	• 24. Mai – „Sturemorde“ in Schweden
	• Edikt gegen Moriskos, 1568–1570 Aufstand im Hochland von Granada
1568	• 5. Juni – Hinrichtung Egmonts und Hoorns
	• Ammann: Ständebuch
1569	• 1. Juli – Polnisch-litauische Union (Lubliner Union)
1569–1570	• Schottischer Aufstand
1570	• 9. Apr. – Konsens von Sandomiersz
	• Ortelius: „Theatrum Orbis Terrarum“
1571	• Annahme der „39 Artikel“ durch das englische Parlament
	• 23. Mai – Krimtataren brennen Moskau nieder
	• 7. Okt. Seesieg der „Heiligen Liga“ bei Lepanto im Golf von Korinth
1572	• 1. April – Besetzung Brielles durch Geusen
	• 7. Juli – Ende der Jagiellonenherrschaft in Polen
	• 23./24. Aug. – Bluttat der „Bartholomäusnacht“
1573	• 28. Jan. – Toleranz für polnischen Adel
	• Mai – Polen wird Wahlmonarchie
	• Bauernaufstände in Slowenien und Kroatien
1574	• 2. Okt. – Entsetzung Leidens durch Geusen, 6. Jan. 1575 Gründung der Universität
1576	• 8. Nov. – Genter Pazifikation
	• Bodin: „Six livres de la république“
	• Einrichtung von Brahes Sternwarte Uraniborg
1577	• 23. Okt. – Übergang der Macht in Gent an die Calvinisten
	• 25. Juni – Lutherische „Konkordienformel“, 30. Juni 1580 „Konkordienbuch“
1577–1580	• Drakes Weltumsegelung
1578	• Besson: „Théatre des Instruments“
1579	• 6. Jan. – Union von Arras, 23. Jan. – Union von Utrecht
	• „Vindiciae contra Tyrannos“
1580	• Personalunion zwischen Spanien und Portugal (bis 1640)
1581	• 26. Juli – „Plakkaat van Verlatinge“

1581	• Beginn der Erschließung und Eroberung Sibiriens
1582	• 15. Jan – Friede von Jam Zapol'skij
	• 24. Febr. – Kalenderreform Papst Gregors XIII.
1583	• 10. Aug. – Friedensschluss an der Plussja
1584	• 10. Juli Ermordung Wilhelms von Oranien
1585	• Schließung der Scheldemündung
1586–1588	• El Greco: „Begräbnis des Grafen Orgaz", um 1605 „Ansicht von Toledo"
1587	• 16. Febr. – Hinrichtung Maria Stuarts
	• Gründung der Bank von Venedig
1588	• 28. Juli – Niederlage der spanischen Armada im Ärmelkanal
1589	• Botero: „Della ragione de stato"
	• Moskau erlangt Rang eines Patriarchats
1589–1793	• Herrschaft des Hauses Bourbon in Frankreich
1590–1598	• Krieg zwischen Spanien und Frankreich
1590–1592	• Antikastilischer Aufstand in Aragon
1592–1598	• Polnisch-schwedische Union
1593–1595	• Erhebung der „Croquants"
1593–1606	• „Langer Türkenkrieg" in Ungarn
1594–1612	• Shakespeare in London
1595	• März – Anerkennung der „vier rezipierten Religionen" in Siebenbürgen
	• 18. Mai – Friede von Teušina
1595–1597	• Bauernaufstand in Oberösterreich
1596	• Okt.–Union von Brest zwischen Katholiken und Orthodoxen in Polen
1596–1597	• „Keulenkrieg" in finnischen Provinzen
1598	• 13. Apr. – Edikt von Nantes
	• 2. Mai – Friede von Vervins
	• Ende der Herrschaft der Rurikiden in Russland, Beginn der „Zeit der Wirren" (Smuta)
	• Beginn der Aufstände unter Kara Yazici in Anatolien
1599	• Konföderation von Wilna
1600	• 17. Febr. – Verbrennung von Bruno
1602	• 20. März – Gründung der Vereinigten Ostindischen Companie
1603	• Beginn der Herrschaft der Stuarts, Personalunion zwischen Schottland und England
	• Beginn des Streits zwischen Arminianern und Gomaristen
	• Lipsius: „Politica"
1604	• Aufstand Bocskais in Ungarn
1605	• 5. Nov. – „Pulververschwörung" im englischen Parlament
1605/1615	• Cervantes: „Don Quichote"
1606	• 11. Nov. – Friede von Zsitva-Torok
1606–1607	• Mai–Okt. – Bauernkrieg unter Führung Bolotnikovs
	• Aufstand einer polnischen Adelskonföderation
1606–1617	• Zeising: „Theatrum machinarum"

1608	• 15. Mai – Gründung der protestantischen Union
1609	• 9. Apr. – Zwölfjähriger Waffenstillstand Spaniens und der Niederlande
	• Juli – Beginn des polnischen Feldzugs gegen Moskau
	• Beginn der Vertreibung der Moriskos
	• 9. Juli – Majestätsbrief Rudolfs II.
	• 10. Juli – Gründung der katholischen Liga
	• Eröffnung der Amsterdamer Wechselbank
	• Kepler: „Astronomia nova", 1619 „Harmonia mundi"
1609–1614	• Jülich-clevischer Erbfolgekrieg
1610	• 14. Mai – Ermordung Heinrich IV.
1611–1613	• Dänisch-schwedischer Krieg
1612	• Frankfurter Aufstand
	• 10. Aug. – Befreiung Moskaus von polnischer Fremdherrschaft
	• Suárez: „Tractatus de legibus et legislatore Deo"
1613	• 20. Jan. – Friede von Knäred
	• 7. Febr. Beginn der Herrschaft des Hauses Romanov in Russland
1614	• 12. Nov. – Vertrag von Xanten
1614–1617	• Schwedisch-russischer Krieg
1617	• 27. Febr. – Friede von Stolbovo
	• 6. Juni – Oñate-Vertrag
	• Erste europäische Militärakademie in Siegen
1618–1648	• Dreißigjähriger Krieg
1618	• 30. Mai – Prager Fenstersturz
	• 24. Dez. – Waffenstillstand von Deulino
1618–1619	• 13. Nov.–29. Mai – Synode von Dordrecht
1619	• 23. Juli – Böhmischer Konföderationslandtag
1620	• 8. Nov. – Schlacht am Weißen Berg
	• Bacon: „Novum organum scientiarum"
1620–1626	• Kampf um das Veltlin
1621	• Wiederbeginn des Krieges zwischen Spanien und den Niederlanden
	• Rubens: „Der Höllensturz der Verdammten"
1621–1629	• Schwedisch-polnischer Krieg
1621–1622	• Neuer Hugenottenkrieg
1622	• Bernini: „Apoll und Daphne"
1625	• Grotius: „De jure belli ac pacis"
	• 19. Dez. – Haager Allianz
1625–1628	• Letzter Hugenottenkrieg
1626	• Bauernaufstand in Oberösterreich
	• 27. Aug. – Dänische Niederlage bei Lutter am Barenberg
1627	• 10. Mai – „Verneuerte Landesordnung" für Böhmen
1628	• 23. Mai–4. Aug. – Erfolgreiche Verteidigung Stralsunds
	• 7. Juni – „Petition of Right"
	• 28. Okt. – Einnahme von La Rochelle
	• Piet Heyn überfällt die spanische Silberflotte
1628–1631	• Mantuanischer Erbfolgekrieg

1629	• 6. März – Restitutionsedikt Ferdinands II. • 22. Mai – Lübecker Frieden • 26. Sept. – Waffenstillstand von Altmark
1629/1630	• Rubens: „Minerva beschützt Pax vor Mars“, 1637/1638 „Die Schrecken des Krieges“
1630	• 6. Juli – Landung Gustav II. Adolfs in Vorpommern
1631	• 13. Jan. – Vertrag von Bärwalde • 6. Apr. – Friede von Cherasco • Spee: „Cautio criminalis“
1632	• 16. Nov. – Schlacht bei Lützen • Herzog von Sullys „Großer Entwurf“
1633	• 27. Apr. – Heilbronner Bund • Dez. – Aufstand in Bayern • Verurteilung Galileis, 1638 „Discorsi“
1634	• 25. Jan. – Ermordung Wallensteins • 4. Juni – Friedensschluss an der Poljanovka • 5./6. Sept. – Schlacht bei Nördlingen
1635	• 19. Mai – Französische Kriegserklärung an Spanien • 30. Mai – Prager Frieden • 2. Sept. – Vertrag von Stuhmsdorf
1636	• Erhebung der „Nouveaux-Croquants“, 1639 der „Nu-Pieds“ • Descartes: „Discours de la méthode“ • Caldéron: „El gran teatro del mundo“
1638	• 2. Febr. – „National Covenant“ in Schottland • Bewaffnete Neutralität der Eidgenossenschaft
1639	• 21. Okt. – Niederlage der spanischen Flotte vor Dover • Russische Entdecker erreichen den Pazifik
1640	• Nürnberger Kurfürstentag, Drängen auf Friedensverhandlungen • Aufstände in Portugal und Katalonien • 13. Apr. – Zusammentreten des „kurzen Parlaments“ in England • 3. Nov. – Zusammentritt des „langen Parlaments“
1641	• 23. Okt. – Konföderation katholischer Iren und Aufstand • 1. Dez. – „Great Remonstrance“ des englischen Parlaments • 25. Dez. – Hamburger Präliminarfriede
1642	• 22. Aug. – Beginn des ersten Bürgerkriegs in England • Tasman entdeckt die südostasiatische Inselwelt • Rembrandt: „Die Schützenkompanie“ (Nachtwache)
1643	• 19. Mai – Schlacht bei Rocroi
1643–1645	• Schwedisch-dänischer Krieg
1644	• Juli – Schlacht von Marston Moor • 4. Dez. – Beginn der Friedensverhandlungen in Münster und Osnabrück
1645	• 14. Juni – Schlacht von Naseby • 13. Aug. – Friede von Brömsebro
1647	• 28. Okt.–1. Nov. – Putney-Konferenz

1647/1648	• Aufstand Masaniellos in Neapel, Aufstand in Palermo
1648	• 30. Jan. – Sonderfrieden Niederlande – Spanien
	• Seit 1. Juni – Aufstände in Moskau und weiteren russischen Städten
	• Juni – Beginn des zweiten Bürgerkriegs in England
	• Juli – Städte und Länder der Eidgenossenschaft billigen den Souveränitätsartikel
	• 17.–19. Aug. – Schlacht von Preston
	• 24. Okt. – Unterzeichnung der Friedensverträge von Münster und Osnabrück
	• 6. Dez. – „Säuberung" des englischen Parlaments
1649	• 29. Jan. – Neues Gesetzbuch (Sobornoe Uloženie) für Russland
	• 30. Jan. – Enthauptung König Karls I.
	• 17. März – England wird „Commonwealth" (Republik)
1649–1653	• Parlaments- und Adelsfronde in Frankreich
1651	• Schottland wird Teil des „Commonwealth"
	• Hobbes: „Leviathan"
1652	• Erstmals Praktizierung des liberum veto in Polen
1653	• Schweizer Bauernkrieg
1659	• 4. Juni – Pyrenäenfrieden
1660	• 23. Mai – Restauration der Stuarts

Verzeichnis der Karten

Die Zeichnungen fertigte Helmuth Flubacher, Waiblingen, nach Vorlagen aus der zitierten Literatur.

Personen-, Orts- und Sachregister

Während Personen, Orte und Länder vollständig verzeichnet werden, musste für Sachbegriffe angesichts ihrer großen Zahl ein Maß gefunden werden. Deshalb subsumiert zum Beispiel das Stichwort Frankreich auch Franzosen, französische Krone, französische Truppen usw. Analog wird bei allen anderen Länderbegriffen verfahren. Manche Sachbegriffe (zum Beispiel Bündnisse, Institutionen, Kirchen, Kriege, Stände) können angesichts ihrer Häufigkeit nur in Auswahl nachgewiesen werden. Nicht unterschieden wird zwischen Städten und Territorien (zum Beispiel Mailand: Stadt und Herzogtum, Neapel: Stadt und Königreich usw.).

B.= Bischof, Eb.= Erzbischof, F.= Fürst, G.= Graf, Hzg.= Herzog, Kf.= Kurfürst, Kg.= König, Kgn.= Königin, Ks.= Kaiser

Autorenregister

Fettgedruckte Seitenzahlen verweisen auf die Bibliographie